contemporary
theories of psychotherapy
and counseling

현대 심리치료와
상담 이론

마음의 치유와 성장으로 가는 길

| 권석만 저 |

학지사

서 문

'인생은 고해(苦海)'라는 말이 있듯이, 우리 인간의 삶에는 고통과 갈등이 참으로 많다. 인간은 누구나 나름대로의 힘겨운 십자가를 짊어지고 살아간다. 인생의 여정에서 겪게 되는 가족 간의 불화와 반목, 학업과 직업에서의 좌절과 실패, 인간관계에서의 갈등과 상실 등으로 때로는 참기 어려운 슬픔과 분노에 휩싸이기도 하고 때로는 해결책이 보이지 않는 갈등과 혼란 속에서 처절한 고독과 절망을 경험하기도 한다. 이러한 고통에서 벗어나려는 발버둥이 때로는 자신을 더욱 깊은 자기파멸의 늪속으로 이끌기도 하고 때로는 다른 사람에게 깊은 상처를 안겨주는 비극적인 결과를 초래하기도 한다.

인간의 삶에는 왜 이렇게 고통과 불행이 많은 것일까? 인간은 어떤 심리적 과정을 통해서 고통과 불행의 늪에 빠져들게 되는 것일까? 이러한 고통과 불행의 늪에서 헤어나려면 어떻게 해야 할까? 고통과 불행의 경험을 어떻게 성장과 성숙으로 승화시킬 수 있을까? 과연 인간이란 어떤 존재인가? 이러한 물음은 심리치료자와 상담자들이 항상 가슴에 안고 살아가는 화두(話頭)이다.

심리치료 이론은 많은 사람들의 고통스러운 삶을 가장 가까이에서 지켜보았던 심리치료자들의 경험과 통찰이 농축되어 있는 지혜의 보고(寶庫)이다. 내담자를 치료하면서 그들의 삶과 마음을 깊숙이 접할 수 있었던 심리치료의 거장들이 인간의 본성에 대해서, 고통과 불행의 원인에 대해서, 그리고 그러한 불행을 치유하는 방법에 대해서 제시하고 있는 견해가 심리치료 이론이다. 이런 점에서 심리치료 이론은 심리학의 관점에서 본 인간론이자 인생론인 동시에 인간의 치유론이며 성장론이라고 할 수 있다.

걸출한 인물들이 다양한 치료적 입장을 제시하고 있는 심리치료의 세계는 매우 넓고 깊다. 심리치료 이론을 공부하는 것은 마치 수많은 거봉준령(巨峰峻嶺)으로 이루어진 거대한 산맥을 등반하는 것과 같은 특별한 즐거움을 준다. 치료이론들은 우리의 인생을 다양한 관점에서 바라볼 수 있는 새로운 안목과 통찰을 제시해주고 있기 때문이다. 심리치료와 상담을 공부하고자 하는 사람은 각기 다른 관점과 나름대로의 매력을 지니고 있는 다양한 치료이론을 섭렵하는 것이 바람직하다. 더구나 21세기에는 여러 치료이론의 장점을 결합하는 '심리치료 통합(psychotherapy integration)'이 대세를 이룰 전망이므로 다양한 치료이론에 대한 기본적 이해를 갖추는 것은 필수적이라고 할 수 있다.

현재 지구상에는 명칭을 달리하는 심리치료법이 무려 400여 개에 달하는 것으로 추산되고 있다. 그러나 체계적인 이론과 구체적인 기법을 잘 구비하고 있는 주요한 치료이론은 10여 개로 압축할 수 있다. 이 책은 현재 세계적으로 가장 널리 시행되고 있을 뿐만 아니라 이론적 체계를 잘 갖춘 12개의 치료적 입장을 소개하고 있다. 심리치료의 모태라고 할 수 있는 정신분석 치료에서부터 자아초월 심리치료에 이르기까지 각 치료적 입장에서 제시하고 있는 성격 이론, 정신병리 이론, 치료 원리, 치료기법과 과정, 그리고 장단점을 심도 있게 살펴보고자 했다. 특히 '심리치료 이론은 창시자의 자기고백'이라는 말이 있듯이, 창시자의 생애와 치료이론의 개발과정을 소상하게 소개하려고 노력했다. 아울러 동양의 심리치료, 특히 한국인에 의해서 제안된 심리치료와 상담 방법도 소개하고자 했다. 가능한 한 중립적인 입장에서 각 치료이론의 진면목과 매력을 전달하고자 최선의 노력을 기울였다. 미흡함이 있다면 저자의 부족한 공부와 경험 때문인 것으로 여겨주기 바란다.

이 책에는 지난 10년 동안 서울대학교 심리학과 대학원에서 개설해온 '심리치료와 고급상담이론' 과목을 수강했던 많은 학생들의 노력이 담겨 있다. 일일이 거명할 수는 없지만 심리치료와 상담 이론에 관한 다양한 저술과 문헌을 함께 공부하며 토론했던 수강생들에게 감사의 마음을 전한다. 이 책의 마무리 과정에서 원고를 읽고 교정을 도와준 대학원생 김일중, 서성민, 권혁진 군과 홍초롱, 이미소 양에게 고마움을 전한다. 아울러 지난 20년 동안 변함없이 저술을 격려하고 지원해주신 학지사 김진환 사장님과 이번에도 책을 세심하게 편집해주신 이지혜 부장님께 깊이 감사드린다. 고통과 불행이 많은 이 시대에 심리치료자와 상담자의 길을 가고자 하는 모든 분께 이 책이 마음의 치유와 성장에 이르는 여러 갈래 길의 좋은 안내서가 되기를 소망한다.

2012년 7월
관악산 기슭의 연구실에서
권석만

차 례

차 례

제 2 장 | 정신분석 치료   45

제 5 장 │ 행동치료　153

제10장 | 게슈탈트 치료   339

제11장 | 현실치료 377

제14장 21세기의 심리치료와 상담   513

제 **1** 장

심리치료와 상담의 기본적 이해

제1장
심리치료와 상담의 기본적 이해

1. 고통과 불행이라는 인간의 문제

인간은 누구나 안락과 행복을 추구하고 고통과 불행을 회피하고자 한다. 그런데 인간의 삶은 만만한 것이 아니어서 한평생을 안락함 속에서 행복하게 살아가는 것이 지극히 어려운 일이다. 인간의 삶에는 필연적으로 고통이 수반될 뿐만 아니라 다양한 모습의 불행이 존재한다. 어린 시절에 부모로부터 받은 학대나 차별, 부모의 갈등과 가정의 불화, 형제자매 간의 경쟁과 갈등, 학업에서의 좌절과 실패, 친구들로부터의 왕따와 괴롭힘, 육체적인 질병이나 상해, 이성관계에서의 상처와 실연, 직장에서의 좌절이나 실직, 직장동료와의 갈등과 반목, 사업의 실패나 경제적 곤란 등 수없이 많은 부정적 사건들이 인간의 삶을 고통스럽고 불행하게 만든다.

이러한 불행한 사건들은 우리의 인생에서 필연적으로 경험하게 되는 삶의 일부분이다. 사람마다 이러한 부정적 사건을 경험하는 시기 그리고 불행한 사건의 내용과 심각도가 다를 수 있지만, 대부분의 사람들은 삶의 과정 속에서 이처럼 고통스럽고 불행한 경험을 하게 된다. 이러한 인생의 도전과 위기를 잘 극복하면서 건강한 삶을 영위하는 사람들도 있지만, 상당수의 사람들은 부정적인 사건을 경험하면서 지우기 힘든 마음의 상처를 입거나 심리적 고통과 갈등 속에서 불행한 삶을 살아가기도 한다. 이러한 심리적 상처와 갈등이 너무 깊거나 오래도록 지속될 경우, 인간은 여러 가지 부적응적인 행동이나 심리적 장애를 나타낼 수 있다.

대부분의 사람들은 이러한 심리적 문제에 부딪히게 되면 가족, 친구, 선배들과 상의하며 조언을 구한다. 일부 사람들은 종교인, 심지어 주술사나 역술인에게 도움을 구하는 경우도 있다. 이처럼 주변사람들의 조언과 도움을 통해 삶 속에서 부딪히는 심리적 어려움을 극복하게 된다. 그러나 이러한 도움을 통해서 극복하기 어려운 심리적 문제를 경험하게 되는 경우가 많다. 심리적 문제가 매우 심각하여 주변사람들의 도움만으로는 해결될 수 없는 경우도 있다. 이처럼 일상적인 노력만으로는 극복할 수 없는 심각한 심리적 문제를 지니게 되는 경우에 전문가의 도움을 구하게 된다.

심리치료와 상담은 이처럼 스스로 해결할 수 없는 심리적 문제를 지닌 사람을 돕는 전문적 활동이다. 현대사회에는 심리적 문제나 장애로 인하여 개인적 고통은 물론 대인관계나 직업적 적응에 심각한 어려움을 겪는 사람들이 많다. 특히 개인주의적 경향이 만연하고 경쟁이 치열해지는 현대사회를 살아가는 현대인들은 과거 어떤 시대보다도 심리적 고독과 갈등을 많이 경험하고 있다. 이러한 사회적 변화 속에서, 심리치료와 상담은 심리적인 문제와 장애를 지닌 사람들을 돕기 위해서 20세기에 새롭게 탄생한 전문분야라고 할 수 있다.

2. 마음의 치유와 성장을 위한 전문 활동

1) 심리치료의 정의

심리치료(psychotherapy)는 스스로 해결할 수 없는 심리적 문제나 장애를 지닌 사람을 돕는 전문적인 직업적 활동이다. 그러나 심리치료는 학자에 따라 다양하게 정의되고 있다. 심리치료의 이해를 위해서 몇 가지 주요한 정의를 살펴보기로 한다.

Corsini(2002)에 의해 편집된 『심리학 백과사전』에 의하면, 심리치료는 "성격이론에 근거하여 사고, 감정, 행동의 바람직한 변화를 성취하기 위한 체계적 방법"이라고 정의되고 있다. Wolberg(1977)에 따르면, 심리치료는 "증상을 제거·수정·경감하고 장애행동을 조절하며 긍정적인 성격발달을 증진하기 위한 목적으로 훈련된 사람이 환자와 전문적인 관계를 형성하여 정신적 문제를 심리학적 방법으로 치료하는 것"이다.

심리치료에 관한 많은 저술을 한 임상심리학자 Garfield(1995)는 심리치료를 다음과 같이 설명하고 있다. "심리치료는 두 사람(두 사람 이상이 될 수도 있지만) 사이의 상호작용으로 이루어진다. 그중의 한 명인 환자 또는 내담자는 도움을 받을 수 있다고 생각되는 문제를 해결하기 위해서 치료를 받고자 한다. 나머지 한 사람은 필요한 치료적 도움을 제공할 수 있도록 전문적인 훈련을 받고 필요한 자원을 가지고 있는 치료자이다. 이러한 두 사람 사이의 상호작용은 제스처, 동작, 표정, 감정표현을 통해서도 이루어지지만 주로 언어를 통해서 이루어진다. 따라서 치료자와 내담자 간의 언어적인 상호작용을 통해서 치료자가 내담자로 하여금 어려움을 극복하도록 도와주는 것이 심리치료이다."(Garfield, 1995, p. 9)

심리치료에 대한 국가적 지원체계가 가장 잘 이루어진 독일에서는 심리치료에 대해서 매우 엄격한 정의를 제시하고 있다. Senf와 Broda(1996)는 다양한 심리치료 학파를 만족시킬 수 있는 단일한 정의를 내리기는 어렵지만 심리치료에는 다음과 같은 공통점이 있다고 지적하였다(윤순임, 1999, 재인용). 심리치료는 "공적인 국가보건제도의 규칙과 범위 내에서, 학문적인 기초가 있고 경험적으로 검증된 병리이론과 치료이론에 근거해서 효과적인 절차와 방법을 사용하여 신뢰성 있는 진단이 내려진 후 공식화된 치료목표하에 공인된 자격을 갖춘 전문적인 심리치료자에 의해 실시되며, 윤리적인 규범과 규칙에 따라 심인성 질병과 장애를 지닌 환자를 치료하는 활동"이라고 정의된다. 이러한 정의는 건전한 사회를 위해서 학문적, 법적인 규제 아래 인격적인 관계 속에서 윤리적인 규범을 지키며 이루어지고 있는 심리치료의 측면을 강조한 정의라고 할 수 있다.

2) 심리치료와 상담

상담(counseling)은 심리치료와 매우 유사한 활동으로서 우리나라에서는 심리치료와 상담이라는 용어가 혼용되는 경향이 있다. 일반적으로, 심리치료는 병원과 같은 임상장면에서 비교적 심각한 심리적 문제, 즉 심리장애나 정신질환을 지닌 사람을 치료하는 활동을 지칭하는 반면, 상담은 학교나 기업과 같은 비임상장면에서 비교적 심각성이 경미한 심리적 문제나 적응 과제를 돕는 활동을 지칭한다.

최근에 우리나라에서는 상담이라는 용어가 다양한 영역의 도움을 제공하는 서비스 활동에 광범위하게 사용되고 있다. 예컨대, 교육상담, 진로상담, 직업상담뿐만 아니라 법률상담, 재무상담, 부동산상담 등과 같은 다양한 분야에서 상담이라는 용어가 사용되고 있다. '서로 만나 대화를 통해 의논한다.'는 사전적 의미를 지닌 상담(相談)은 도움을 주고받는 모든 일상적 대화를 지칭하는 데 사용되고 있다. 따라서 이러한 상담활동과 구별하여, 심리적 문제나 장애를 극복하도록 돕는 전문적인 상담활동은 '심리상담(psychological counseling)'이라고 지칭하는 것이 적절하다고 생각된다.

우리나라에서는 임상심리학자와 정신과의사들이 하는 상담활동은 심리치료라고 칭하고 상담심리학자들이 하는 치료적 활동은 심리상담이라고 칭해왔다. 최근에는 상당수의 임상심리학자와 정신과의사들이 임상장면에서 자신이 하는 치료적 활동을 심리상담이라고 지칭할 뿐만 아니라 상담심리학자 역시 자신의 활동을 심리치료라고 부르는 현상이 나타나고 있다. 요컨대, 심리치료와 심리상담의 구분이 모호해지고 있다. 이 책에서는 인간의 심리적 고통과 불행을 완화하고 나아가서 심리적 성장을 촉진하는 전문적 활동을 모두 심리치료 또는 심리상담이라고 지칭하고자 한다. 특히 "국가기관이나 공신력 있는 단체로부터 전문적 교육과 훈련을 받고 규정된 심사과정을 통해서 전문가로서의 능력을 인정받은 사람이 심리적 문제나 장애를 지닌 사람을 돕는 전문적 활동"의 경우에는 심리치료와 심리상담이라는 용어를 구별 없이 호환적으로 사용하고자 한다.

3) 심리치료와 상담의 전문가 집단

심리치료와 심리상담은 정신건강 증진활동으로서 다양한 학문분야의 전문가들이 시행하고 있다. 예컨대, 임상심리사, 상담심리사, 정신과의사, 사회복지사, 간호사 등과 같은 다양한 정신건강 전문가들이 심리치료와 심리상담에 참여하고 있다. 이러한 여러 분야의 정신건강 전문가들은 그들의 교육과 훈련 배경에 따라 구분되는 경우가 많으나 활동영역이 중첩되는 경우가 많아서 명쾌한 구분이 쉽지 않다.

심리치료와 가장 밀접한 관계를 맺고 있는 학문분야는 정신의학이다. 정신의학은 의학적 모델에 근거하여 정신장애를 연구하고 치료하는 의학의 한 전문분야이다. 정신과의사는 정신장애를 치료하는 가장 주된 전문가 집단으로서 20세기에 심리치료가 발달하는 데 크게 기여하였다. 그러나 21세기로 접어들어 많은 정신과의사들이 생물의학적 입장에 근거한 정신병리 이론과 약물치료에 치중하면서 심리치료에 대한 관심이 급격하게 감소하고 있다.

임상심리학은 정신장애에 대한 평가 및 진단과 더불어 심리치료를 주된 역할로 수행하는 정신건강 분야이다. 임상심리사는 정신과병원에서 정신장애 환자를 대상으로 한 수련과정을 필수적으로 이수해야 하며 심리진단, 심리치료 및 예방, 그리고 연구활동을 수행하는 전문가 집단이다. 한국의 경우에는 보건복지부에서 국가가 공인하는 정신보건 임상심리사 자격증과 한국심리학회에서 공인하는 임상심리전문가 자격증 제도가 시행되고 있다.

상담심리학은 정상적인 적응을 하고 있는 사람들이 생활 속에서 직면하는 다양한 적응문제(예: 진로 및 직업문제, 학업문제, 경미한 심리적 문제 등)의 해결을 도와주는 심리학의 한 분야이다. 앞 절에서 언급했듯이, 근래에는 심리치료와 심리상담의 경계가 모호해지면서 많은 상담심리사들이 심리장애의 치료에 깊은 관심을 지니고 있다. 최근에는 다양한 기관과 단체에서 전문적인 교육과 훈련 없이 상담심리사 또는 심리상담사라는 명칭의 자격증을 남발하는 현상이 나타나고 있다. 그러나 한국심리학회에서 공인하는 상담심리사 자격증이 가장 오랜 역사를 지니고 있을 뿐만 아니라 사회적 신뢰도 역시 가장 높다. 이 밖에도 최근에 설립된 한국상담학회에서도 2010년부터 전문상담사 자격증을 발급하고 있다.

사회복지학 분야에서는 정신보건 사회복지사가 정신장애를 유발하는 사회환경적 요인에 주된 관심을 지니며 치료과정에서도 가족과 지역사회의 사회환경적 개입을 하는 정신건강 전문가이다. 보건복지부에서 정신보건 사회복지사 자격증을 발급하고 있으며, 많은 사회복지사들이 가족치료를 위시한 심리치료와 심리상담 활동에 참여하고 있다. 정신보건 간호사는 주로 정신병동이나 정신보건센터에서 정신장애 환자들을 돌보고 간호하는 일을 담당하는 전문 간호사로서 보건복지부에서 정신보건 간호사 자격증을 발급하고 있다. 정신보건 간호사들도 정신장애 환자를 간호하는 일과 더불어 심리치료와 심리상담 활동에 참여하고 있다.

3. 심리치료와 상담의 기본요소

심리치료와 심리상담은 "국가기관이나 공신력 있는 단체로부터 전문적 교육과 훈련을 받고 규정된 심사과정을 통해서 전문가로서의 능력을 인정받은 사람이 심리적 문제나 장애를 지닌 사람을 돕는 전문적 활동"이다. 달리 말하면, 심리치료는 "심리적 문제와 장애를 완화하기 위해서 도움을 요청하는 내담자에게 심리적 문제와 해결방법에 관한 전문적 지식과 능력을 공인받은 치료자가 상호작용을 통해 전문적인 심리적 도움을 제공하는 활동"이라고 정의할 수 있다. 요컨대, 심리치료와 심리상담은 내담자, 치료자 그리고 이들 간의 상호작용이라는 세 가지 핵심적 구성요소에 의해서 정의될 수 있다.

1) 내담자

내담자(client)는 스스로 해결할 수 없는 심리적 문제나 장애를 지니고 전문적 도움을 요청하는 사람을 의미하며, 임상장면에서는 환자(patient)라고 지칭되기도 한다. 내담자가 도움 받기를 원하는 심리적 문제는 그 내용과 심각한 정도에 있어서 매우 다양하다. 예컨대, 심리치료를 받기 위해 찾아오는 내담자들 중에는 개인적 고민이나 열등감, 다양한 인간관계에서의 갈등, 학업부진이나 직장 부적응을 호소하는 경우에서부터 우울증과 불안장애를 비롯하여 망상과 환각을 나타내는 심각한 정신병을 지닌 사람에 이르기까지 다양하다. 심리치료를 받기 위해 찾아온 내담자들이 호소하는 심리적 문제의 몇 가지 사례를 살펴보기로 한다.

사례 1

대학생인 K군은 시험이 다가올 때마다 고민스럽다. 매우 성실한 K군은 시험 때마다 철저하게 준비를 하지만, 시험성적을 받아보면 늘 좌절감을 느끼게 된다. 시험을 볼 때마다 불안과 긴장이 고조되어 자신이 공부한 내용을 시험지에 다 써넣지 못하기 때문이다. 지난 학기에는 중요한 전공과목의 시험을 앞두고 며칠 밤을 새워가며 열심히 공부했지만, 예상한 것과 다른 문제가 나온 시험지를 받고 당황하게 되자 머릿속이 텅 빈 것처럼 정신이 혼미해져서 아무것도 생각이 나질 않았다. 평소 글씨체가 좋은 K군이었지만 당황하게 되자 손이 떨려 답을 제대로 쓰기가 어려웠다. 억지로 힘을 주어 글을 쓰려고 했지만 팔과 어깨가 마비되는 것처럼 굳어지고 통증을 느끼게 되어 결국 시험을 망치게 되었다. K군은 시험을 볼 때마다 이와 비슷한 일이 나타나서 고통스럽다. K군은 고등학교 때에도 평소의 학교성적에 비해 수능시험과 같이 중요한 시험에서는 이상하게도 결과가 좋지 않았다.

사례 2

미모의 여대생인 S양은 이성관계가 매우 복잡하고 불안정하다. 남자친구와의 관계가 몇 달간 지속되지 못하고 늘 불행한 결과를 초래하며 헤어지게 된다. 자신에게 호감을 지니고 접근하는 이성친구에게 급속하게 뜨거운 애정을 느끼게 되지만, 항상 남자친구가 자신의 곁에 있어주기를 원하고 자신에 대한 애정을 지속적으로 보여주기를 원한다. 따라서 남자친구의 애정을 수시로 확인하려 하며 이러한 기대가 조금이라도 좌절되면, 남자친구에게 심한 분노와 배신감을 느끼게 된다. 이처럼 분노를 느끼게 되면, S양은 남자친구에게 냉혹한 태도를 취하며 괴롭힌다. 예컨대, 남자친구의 열등한 면에 대해서 가혹한 모욕적인 비난을 하면서 남자친구에게 심한 마음의 상처를 주곤 한다. S양은 자신의 곁에 남자친구가 없으면 허전하고 공허하여 새로운 남자친구를 사귀게 되지만, 이러한 이성관계의 패턴 때문에 남자친구를 사귈 때마다 불행한 결과를 초래하며 헤어지는 일이 반복되고 있다.

사례 3

　　명문대학의 대학원생인 H양이 수면제 수십 알을 먹고 동네 뒷산에서 자살을 시도하였다. 마침 새벽에 산을 오르던 등산객에게 발견되어 생명은 건지게 되었지만, H양은 자살할 생각을 버리지 않았다. 한 학기 전에 졸업논문을 준비하던 H양은 발표한 논문계획안이 부실하다는 이유로 기각되는 경험을 했다. 성장과정에서 한 번도 학업의 실패를 경험하지 못했던 H양에게 이 사건은 커다란 충격이었다. 이후 자기 자신에 대한 회의와 더불어 비관적인 생각에 빠져들게 되었으며, 논문에 실패한 자신을 다른 사람들이 무시하는 것처럼 느껴졌다. 이처럼 복잡한 심경 속에서 다시 졸업논문을 준비하면서 많은 어려움을 겪게 된 H양은 자신감을 잃게 되었다. 자신은 결코 졸업하지 못할 것이라는 비관적인 생각과 그동안 자신이 우수한 사람이라는 커다란 착각 속에서 살아왔다는 자괴감에 빠져들게 되었다. 이렇게 무능한 자신이 졸업도 하지 못하고 취업도 하지 못한 채, '백수'가 되어 무기력한 삶을 살아가게 될 것이 두려웠다. 더구나 그 동안 어려운 가정환경 속에서도 자신을 뒷바라지하며 고생해오신 부모님에게 실망과 부담만 안겨줄 것을 생각하니 견딜 수가 없었다. 이러한 비관적인 생각에 휩싸인 H양은 자살을 통해 모든 고통에서 벗어날 생각을 하고 있다.

사례 4

　　40대의 사업가인 M씨는 약 1년 동안 거의 매일 밤 편안하게 잠을 이룰 수가 없다. 잠자리에 누우면 자신의 심장이 비정상적으로 뛴다는 느낌을 갖게 되고 이러다가 심장마비로 죽지 않을까 하는 두려움을 지울 수가 없기 때문이다. M씨는 1년 전 사업자금을 융자받기 위해 은행에서 지점장 면담을 불안하게 기다리던 중 갑자기 심장이 평상시와 달리 심하게 뛰고 박동이 불규칙한 것을 느끼게 되었다. 이때 그는 심장마비가 온 것이라는 생각이 들었고 그러자 심장은 더욱 심하게 뛰었으며 곧 죽을지 모른다는 심한 공포에 휩싸여 병원 응급실로 달려간 적이 있다. 병원에서 심장검사결과 정상이라는 판정을 받았음에도 불구하고 거의 매일 밤이면 심장에 신경이 쓰이고 심장마비가 걱정되어 잠을 이루지 못하고 있다. M씨는 자신의 약해진 심장에 충격이 가지 않도록, 평소에 좋아하던 운동도 하지 않고 부부관계도 맺지 않으며 매사에 조심하고 있다.

사례 5

대기업의 중견사원인 C씨는 유능하고 예의 바르며 성실한 사람으로 알려져 있다. 그런데 C씨는 하루에도 수십 번씩 집으로 전화를 걸어 부인의 거취를 확인해야만 한다. 직장에만 나오면 부인이 다른 남자를 만나 부정한 관계를 맺을 것이라는 의심을 지울 수가 없기 때문이다. 이 때문에 C씨는 몰래 부인의 일기장이나 핸드폰의 통화내역을 확인하고 사소한 단서에 근거하여 부인을 추궁하곤 했다. C씨의 의심 어린 눈에는 부인의 사소한 행동들이 모두 부정한 행동과 관련된 것으로 여겨졌다. 점차 부인의 부정에 대한 의심이 강해지면서, 자신의 두 자녀도 부인이 외도를 하여 낳은 자식일 수 있다는 의심을 하기까지 했다. 부인의 어떠한 해명도 C씨에게는 설득력이 없었으며, C씨는 집요하게 부인의 과거를 캐물으며 심지어 구타까지 하게 되었다. C씨의 부인은 남편의 오해를 바꾸기 위해 온갖 노력을 했으나 오히려 의심은 강화되고 구타당하는 일이 반복되자 이혼소송을 제기하게 되었다.

사례 6

초등학교 1학년 아동인 J군의 부모는 요즘 걱정이 많다. J군을 초등학교에 입학시키고 나서 J군의 문제로 자주 학교에 불려갔다. 평소 부산하고 장난이 심하긴 해도 총명하던 J군이 초등학교에 가고 나서 여러 가지 문제를 일으키고 있기 때문이다. 담임교사의 말에 따르면, 수업시간에도 주의를 집중하지 못할 뿐 아니라 자리에 가만히 앉아 있지 못하고 떠들며 옆에 앉은 아이를 건드리고 때리는 행동을 하여 수업을 진행할 수 없다는 것이다. 부모의 간곡한 부탁으로 담임교사가 J군에게 특별한 배려를 하며 수업을 진행해보았지만 전혀 개선되는 조짐이 나타나지 않았다. 부모가 야단을 치기도 하고 달래보기도 했지만 J군의 행동은 변하지 않아 최근에는 특수학교로 전학을 고려하고 있다.

만약 이러한 문제를 지닌 내담자가 당신에게 도움을 요청한다면, 당신은 어떻게 치료하겠는가? 당신은 내담자가 어떤 심리적인 이유로 이러한 문제를 지니게 되었다고 생각하는가? 당신은 내담자의 문제를 해결하기 위해서 어떤 방법과 절차로 상담해 나가겠는가? 이러한 물음에 대한 해답을 제시하고 있는 것이 심리치료 이론이다. 이 책에서 소개하고 있는 심리치료 이론들은 내담자의 문제를 이해하기 위한 이론적 체계와 더불어 문제해결을 위한 실제적 방법을 제시하고 있다.

모든 내담자는 각기 다른 아픔과 슬픔을 지니고 있다. 그들이 호소하는 문제가 다를 뿐만 아니라 그들의 성격과 현재 처해 있는 상황 역시 다르다. 그러나 일부의 내담자들은 상당히 유사하거나 공통적인 증상과 문제를 호소하는 경향이 있다. 예컨 대, 슬픈 감정과 더불어 삶의 의욕이 저하된 채 비관적인 생각에 휩싸여 자기비하와 무력감에 빠져있는 사람들, 즉 '우울증'이라는 심리적 장애를 나타내는 내담자들이 있다. 주로 임상장면에서 활동하는 치료자들은 내담자가 나타내는 문제나 증상에 근 거하여 진단을 하는 경향이 있다. 일반적으로 정신과의사나 임상심리학자들은 내담 자의 문제를 특정한 정신장애로 진단하고 그 유형에 따라 심리적 원인을 밝히고 효과 적인 치료방법을 적용하는 접근법을 선호하는 경향이 있다. 예컨대, 우울증을 나타내 는 사람들의 공통적인 심리적 원인을 밝혀내고 우울증을 치료하는 효과적인 치료방 법을 개발하여 적용할 수 있다. 반면, 일부의 치료자들은 내담자에 대한 진단이 내담 자를 이해하고 치료하는 데 아무런 도움이 되지 않을 뿐만 아니라 오히려 내담자를 낙인찍고 치료자에게 고정관념을 부여하는 부정적 영향을 미친다는 점에서 진단에 반대한다. 당신은 진단 유용론과 진단 무용론 중 어느 편을 지지하는가? 이 책에서 소개될 여러 심리치료 이론들은 내담자를 이해하고 치료하기 위한 정신장애 진단의 유용성에 대해서 각기 다른 입장을 취하고 있다.

일반적으로 정신장애 진단의 유용성을 믿는 치료자들은 내담자가 나타내는 부적 응적 문제와 증상을 진단하고 그에 따라 적절한 치료방법을 적용하게 된다. 현재 가 장 널리 사용되고 있는 정신장애의 분류체계는 2013년에 미국정신의학회에서 발간한 『정신장애 진단 및 통계 편람-5판(DSM-5: *Diagnostic and Statistical Manual of Mental Disorders-5th edition*)』이다. DSM-5는 정신장애를 크게 20개의 범주로 나누 고 그 하위장애로 300여 개 이상의 장애를 구분하여 진단기준을 제시하고 있다. DSM-5에서 제시하고 있는 주요한 정신장애의 범주를 열거하면 〈표 1-1〉과 같다(권 석만, 2013).

표 1-1 DSM-5에 제시된 정신장애 범주

① 불안장애(범불안장애, 사회불안장애, 광장공포증, 공황장애, 분리불안장애 등)
② 강박 및 관련 장애(강박장애, 신체변형장애, 저장장애, 모발 뽑기 장애 등)
③ 외상- 및 스트레스 사건-관련 장애(외상후 스트레스 장애, 반응성 애착장애 등)
④ 우울장애(주요 우울장애, 지속성 우울장애, 월경전기 불쾌장애 등)
⑤ 양극성 및 관련 장애(제1형 또는 제2형 양극성 장애, 감정순환 장애)
⑥ 정신분열증 스펙트럼 및 기타 정신증적 장애(정신분열증, 분열정동장애, 분열형 장애, 망 상장애 등)
⑦ 성격장애(경계선, 자기애성, 반사회성, 연극성, 편집성, 강박성, 의존성 성격장애 등)

⑧ 신체증상 및 관련 장애(신체증상장애, 질병불안장애, 전환장애 등)
⑨ 해리장애(해리성 정체감 장애, 해리성 기억상실증 등)
⑩ 급식 및 섭식장애(신경성 식욕부진증, 신경성 폭식증, 폭식장애 등)
⑪ 수면-각성 장애(불면장애, 과다수면 장애, 수면발작증, 수면이상증 등)
⑫ 성기능 장애(남성 성욕감퇴 장애, 발기장애, 조루증, 여성 절정감 장애 등)
⑬ 성도착 장애(관음장애, 노출장애, 성적 가학 장애, 아동성애 장애 등)
⑭ 성 불편증(아동 성불편증, 청소년 및 성인 성불편증)
⑮ 물질-관련 및 중독 장애(알코올-관련 장애, 아편류-관련 장애, 도박장애 등)
⑯ 파괴적, 충동통제 및 품행장애(적대적 반항장애, 품행장애, 간헐적 폭발성 장애 등)
⑰ 신경발달장애(자폐 스펙트럼 장애, 주의력 결핍/과잉행동 장애, 의사소통 장애 등)
⑱ 배설장애(유뇨증, 유분증 등)
⑲ 신경인지장애(주요 신경인지장애, 경도 신경인지장애, 섬망 등)
⑳ 기타 정신장애

2) 심리치료자

심리치료자(psychotherapist) 또는 상담자(counselor)는 내담자에게 실질적인 도움을 줄 수 있는 전문적인 지식과 능력을 갖춘 전문가를 말한다. 심리치료자는 내담자가 지닌 심리적 문제나 장애를 깊이 있게 이해하고 치료할 수 있는 전문적 지식과 기술을 지니고 있어야 한다. 이를 위해서 심리치료의 원리에 대한 이론적 지식뿐만 아니라 전문적 기술에 대한 교육과 훈련을 받아야 한다. 전문직 활동으로서의 심리치료와 심리상담은 이러한 전문적 교육과 훈련을 받고 국가기관이나 공신력 있는 단체로부터 자격을 인정받은 전문가에 의해서 시행되는 것이다.

(1) 심리치료자의 동기와 자질

당신이 심리치료자 또는 상담자가 되려는 이유는 무엇인가? 수많은 직업 중에서 왜 어떤 동기로 심리치료와 상담을 하는 직업을 선택했는가? 심리치료자가 되면 당신의 어떤 욕구가 충족될 것이라고 생각하는가? 심리치료자나 상담자가 되려는 동기나 이유는 다양하다. 이러한 동기에는 의식적 동기와 무의식적 동기가 있을 수 있다.

심리치료자는 자신이 치료자가 되고자 하는 동기를 깊이 있게 이해하는 것이 필요하다. 일반적으로 심리치료자는 어려움을 지닌 타인을 돕고자 하는 이타적인 동기에서 심리치료를 공부하게 된다. 뿐만 아니라 심리치료자의 약 70%가 자신의 심리적 문제를 이해하고 스스로 치유하기 위해서 이 분야를 선택한다는 보고도 있다.

그러나 다양한 무의식적인 동기가 심리치료와 심리상담을 매력적인 활동으로 느끼게 할 수 있다. Schafer(1954)는 심리치료자가 되려는 무의식적인 동기를 다음과 같이 제시하고 있다. 그 첫째는 관음증적 동기이다. 심리치료의 과정에서 타인의 은밀한 사생활을 훔쳐보고자 하는 관음증적 동기가 숨어 있다는 것이다. 둘째는 마술사적 동기이다. 다른 사람의 마음을 마음대로 움직이고 조종할 수 있는 마술적인 치료능력을 얻고자 하는 동기이다. 셋째는 지배자의 동기로서 내담자를 자신의 마음대로 좌지우지하며 통제하려는 욕구를 의미한다. 마지막은 구원자의 동기로서 고통 받는 사람에게 인생의 빛을 제시함으로써 마치 메시아와 같은 역할을 하고자 하는 동기이다. 이러한 동기들은 자각되어 잘 통제되면, 치료자의 건강한 동기가 될 수 있다. 그러나 그러하지 못할 경우에는 치료과정에서 다양한 부작용과 역효과를 나타낼 수 있다.

유능한 심리치료자가 되기 위해서는 강렬한 의욕만으로는 부족하다. 치열한 노력뿐만 아니라 심리치료에 적절한 자질과 성품을 지닌 사람이 유능한 치료자가 될 수 있다. 흔히 심리치료자가 갖추어야 할 자질로는 다음과 같은 점들이 주장되고 있다 (Korchin, 1975). ① 인간에 대한 애정과 인간의 고통에 대한 깊은 관심, ② 자기통제 능력, ③ 친밀하고 신뢰로운 인간관계 형성능력, ④ 언어적 표현능력, ⑤ 대인관계 예민성, ⑥ 보통 상 수준 이상의 지능, ⑦ 다양한 문화적 배경과 지식, ⑧ 도덕성과 윤리의식.

흔히 심리치료자들은 나름대로 강렬한 의욕을 지니고 이 분야에 입문하게 되지만, 대부분의 초심자들은 실제적인 심리치료 과정에서 좌절을 경험하는 경향이 있다. 이러한 경우에 치료자로서 자신의 자질에 대해서 회의를 하거나 심지어 심한 좌절감으로 인해 우울상태에 빠지기도 한다. 이는 심리치료에 입문한 초심자들이 흔히 경험하는 것으로서 심리치료에 대한 잘못된 환상, 심리치료자가 되려는 부적절한 동기, 심리치료에 대한 지식과 기술의 부족 등에 기인한 것일 수 있다. 심리치료에 입문하는 초심자들은 대부분 이러한 좌절과 회의를 겪으면서 심리치료에 대한 기대와 동기를 현실적인 것으로 수정하고 자신의 인격과 치료적 기술을 연마함으로써 좀 더 숙련된 치료자로 성장하게 된다.

(2) 심리치료자의 교육과 훈련

심리치료자는 내담자가 지닌 심리적 문제나 장애를 정확하고 체계적으로 이해할 수 있는 전문적 지식을 지니고 있어야 한다. 내담자가 호소하는 심리적 문제의 구체적 내용과 심각한 정도, 심리적 문제가 내담자의 삶에 미치는 영향, 나아가서 심리적 문제의 원인 등을 체계적으로 파악할 수 있는 전문적 안목과 능력을 지니고 있어야 한다.

아울러 심리치료자는 내담자의 심리적 문제를 긍정적인 방향으로 변화시킬 수 있는 치료적 기술과 능력을 지니고 있어야 한다. 이를 위해서 심리치료의 원리에 대한 이론적 지식을 지녀야 할 뿐만 아니라 전문적 훈련을 받아야 한다. 전문직 활동으로서의 심리치료는 국가나 신뢰성 있는 학술단체에서 자격을 인정받은 전문가에 의해서 시행되어야 한다. 심리치료 활동을 할 수 있는 자격을 부여하는 대부분의 기관과 단체는 전문가 자격을 취득하기 위한 이론적 교육과 실제적 훈련 요건을 규정하고 있으며 엄격한 심사과정을 통해서 공인된 자격증을 부여하게 된다. 이처럼 전문가로서의 자격을 갖춘 치료자에 의해 시행된다는 점에서, 심리치료는 심리적 문제를 지닌 사람들을 돕기 위한 의도로 시행되는 일반인 또는 비전문가의 활동과 구별된다.

심리치료자는 정부기관이나 공신력 있는 학회 또는 전문가 단체에서 정한 소정의 교육과 훈련을 받아야 한다. 심리치료나 상담 전문가가 되기 위한 교육과 훈련 내용은 전문가 자격을 발급하는 기관이나 학회에 따라 차이가 있다. 예를 들어, 한국심리학회에서 시행하고 있는 임상심리전문가와 상담심리사(1급)의 기본적인 수련내용과 자격취득 조건을 간략히 소개하면 다음과 같다.

첫째, 임상심리학 또는 상담심리학과 관련된 분야의 석사학위 이상을 취득해야 한다. 아울러 학위취득 과정에서 심리치료 이론, 정신병리학(또는 이상심리학), 심리평가를 비롯한 다수의 전공과목을 이수해야 할 뿐만 아니라 통계 및 연구방법론과 성격심리학 등의 기초과목을 이수해야 한다. 석사과정 재학 중 또는 학위취득 후 한국심리학회에 가입하면서부터 수련생 등록이 이루어지고 수련수첩을 발급받으면서 본격적인 수련이 시작된다.

둘째, 석사학위 취득 후 3년 이상의 현장 실무경험을 통해서 전문가의 슈퍼비전 하에 심리치료와 상담, 심리평가, 집단상담 등의 사례를 경험해야 한다. 예컨대, 심리치료의 경우는 20명 이상의 내담자와 300회 이상 심리치료를 시행하고 이 중에서 40회 이상 전문가의 슈퍼비전을 받아야 한다. 이러한 수련내용은 수련수첩에 기록하고 슈퍼바이저의 확인을 받는다.

셋째, 학회에서 수련생을 대상으로 시행하는 이론교육과 실무교육에 일정시간 이상 참석해야 한다. 한국의 경우에는 대학이나 수련기관이 교육여건의 한계로 인해 제공하기 어려운 세부전공 교과목이나 실무 관련 교육을 자격제도를 관리하는 학회나 단체에서 실시하고 있다.

마지막으로, 이러한 소정의 수련을 마치게 되면 학회에서 시행하는 자격시험과 더불어 자격심사를 받게 된다. 자격시험은 일반적으로 필기시험과 면접시험으로 이루어지며, 자격심사는 수련과정 중에 받은 이론교육과 실무경험을 전반적으로 검토하여 전문가로서의 자격을 최종적으로 평가하는 과정이다. 이러한 일련의 수련과 심사 과정을 통해서 한국심리학회로부터 임상심리전문가 또는 상담심리사(1급) 자격을 공인받음으로써 전문가로서 독자적으로 심리치료와 상담을 시행할 수 있다.

이처럼 심리치료와 상담의 전문가가 되기 위해서는 석사학위 이상의 교육적 배경을 지녀야 할 뿐만 아니라 공신력 있는 학회나 단체의 관리하에서 3년 이상의 실무경험과 슈퍼비전을 받고 소정의 자격시험과 자격심사를 통과해야 한다. 특정한 전문가 자격을 취득하기 위한 구체적인 수련내용과 자격취득 절차는 자격증 발급 기관마다 상당한 차이가 있다.

(3) 심리치료자의 윤리

심리치료자와 상담자는 내담자와 개인적인 관계를 맺고 소정의 치료비를 받으며 그의 매우 사적인 경험을 취급하기 때문에 다양한 윤리적인 문제에 빠져들 수 있다. 예컨대, 치료자는 자신의 치료능력을 과장하여 무책임한 태도로 치료에 임하거나 과도한 액수의 치료비를 요구하는 경우도 있고 자신의 욕구충족을 위해서 내담자를 이용하거나 내담자와 부적절한 성적인 관계를 맺는 경우도 있다. 이러한 이유 때문에 심리치료와 상담 전문가 자격을 관리하는 단체나 학회는 엄격한 자격심사과정을 통해서 내담자에게 실질적인 도움을 줄 수 있는 능력의 소유자에게만 자격증을 부여할 뿐만 아니라 전문가 활동에 대한 윤리적 감독을 하게 된다.

심리치료자와 상담자는 내담자의 안녕과 복지를 최우선 가치로 두어야 한다. 심리치료자와 상담자가 지켜야 할 윤리적 지침은 관련 단체마다 매우 구체적으로 명시하여 공개하고 있다. 그 주된 내용을 몇 가지 소개하면 다음과 같다.

① 심리치료자는 전문가로서 자기 능력의 한계를 인정하고 자격이 주어진 상담 활동만을 하는 동시에 과학적이고 전문적인 지식과 기술의 습득에 지속적인 노력을 기울여야 한다.
② 심리치료자는 자신의 가치관, 신념, 제한점 등이 치료활동에 미칠 영향을 자각하고 치료목표와 치료방법 그리고 한계점 등을 내담자에게 명확하게 알려야 한다.
③ 심리치료자는 사회의 윤리와 도덕기준을 존중해야 하며 내담자의 인격을 존

중하고 자신의 개인적 욕구충족을 위해서 내담자를 희생시켜서는 안 된다.

④ 치료비용을 책정할 때는 내담자의 재정 상태와 개인적 상황을 고려해야 하며, 만약 책정된 치료비가 내담자에게 적절치 않을 경우에는 가능한 비용으로 적합한 서비스를 받을 수 있는 방법을 찾아줌으로써 내담자를 돕는다.

⑤ 심리치료자는 자신의 방식과 다른 전문적인 치료적 접근을 존중해야 하며, 함께 일하는 다른 전문적 집단의 전통과 실제를 이해하려고 노력해야 한다.

⑥ 심리치료자는 객관성과 전문적 판단에 부정적인 영향을 미칠 수 있는 이중관계(예: 가까운 친구, 친인척, 직장 동료와의 상담)를 피해야 하며 내담자와의 관계에서 상담료 이외의 어떤 금전적, 물질적 거래관계도 맺어서는 안 된다.

⑦ 심리치료자는 내담자와 어떠한 종류이든 성적인 관계를 피해야 한다.

⑧ 심리치료자는 사생활과 비밀유지에 대한 내담자의 권리를 최대한 존중해야 한다.

심리치료자는 내담자를 치료하는 과정에서 다양한 유혹과 함정에 빠져들 수 있다. 심리치료자는 이러한 유혹과 함정을 인식하고 전문가로서의 윤리적 지침을 준수하기 위한 자기관리에 철저해야 한다.

3) 치료자와 내담자의 상호작용

심리치료는 치료자와 내담자의 만남에 의해서 시작된다. 심리치료는 치료자와 내담자가 치료적 관계를 형성하고 치료목표를 이루기 위해서 주로 언어를 매개로 한 상호작용으로 진행된다. 치료자는 내담자가 원하는 치료목표를 이루기 위해서 최선을 다할 것이라는 명시적 또는 암묵적 계약을 통해 치료관계를 형성한다.

심리치료의 목표는 일차적으로 내담자가 치료에서 기대하는 내용으로 이루어진다. 그러나 치료목표는 치료자의 능력과 권유에 의해 제한될 수도 있고 확대될 수도 있으며, 내담자와 치료자 간의 합의에 의해 수립되는 것이 일반적이다. 심리치료는 크게 세 가지의 목표, 즉 (1) 내담자가 호소하는 심리적 문제의 해결이나 증상의 완화, (2) 내담자의 심리사회적 적응을 돕는 적응 능력과 기술의 향상, (3) 내담자의 심리적 성장 및 성숙으로 구분될 수 있다.

심리치료는 내담자가 원하는 목표를 이루기 위한 심리적인 서비스 활동이다. 즉, 내담자의 문제를 해결하고 심리적 성장을 유도하기 위해서 다양한 심리적 수단, 특히 언어를 매개로 한 인지적·정서적·행동적 수단을 사용하게 된다. 이처럼 언어를 중심으로 한 심리적 수단에 의해 치료적 상호작용이 이루어진다는 점에서, 심리치료는 약물이나 전기충격과 같은 물리적 치료와 구별된다.

심리치료가 이루어지는 기간과 만남의 횟수는 내담자가 호소하는 문제의 내용과 심각도, 치료목표, 치료자의 접근방법, 내담자의 현실적 여건 등에 따라 달라진다. 심리치료는 치료기간에 따라 단기치료, 중기치료, 장기치료로 나누어질 수 있다. 일반적으로 단기치료는 20회 이내 또는 6개월 이내의 면담으로 이루어지며, 중기치료는 7~12개월 그리고 장기치료는 1년 이상 수년간에 걸쳐 이루어질 수 있다. 그러나 치료자와 내담자가 얼마나 자주 만나느냐에 따라 치료의 집중도가 달라지기 때문에, 치료의 기간만으로 단기치료, 중기치료, 장기치료를 구분하기는 어렵다.

치료기간에 상관없이, 심리치료는 일반적으로 세 단계, 즉 (1) 초기, (2) 중기, (3) 종결기로 구분될 수 있다. 각 단계마다 치료과정에서 이루어지는 작업은 치료적 접근에 따라 상당히 달라질 수 있지만, 일반적인 과정은 다음과 같다.

심리치료의 초기 단계는 치료자가 내담자의 문제를 이해하고 치료계획을 수립하는 동시에 내담자와 치료적 관계를 형성하는 시기이다. 일반적으로 초기 단계는 치료자가 내담자를 처음 만나 면담을 나누는 최초면접(initial interview)을 포함한 3~4회 이내의 면접회기를 의미한다. 심리치료의 초기, 특히 최초면접은 치료의 성공여부에 결정적인 영향을 미치는 매우 중요한 시기이다. 최초면접에서는 일반적으로 (1) 내담자가 호소하는 심리적 문제나 증상에 대한 탐색, (2) 치료에 대한 내담자의 기대 탐색, (3) 긍정적인 치료적 관계의 형성, (4) 치료에 대한 구조화 등이 이루어진다. 치료의 구조화(structuring)는 치료 목표, 치료 시간 및 기간, 치료비, 치료과정에서 내담자와 치료자가 지켜야 할 규칙 등을 합의하는 과정을 말한다. 이러한 최초면접에 이어서 초기 단계에서는 내담자의 문제를 좀 더 자세하게 탐색하고 내담자 문제와 관련된 배경적 정보를 수집하며, 치료자는 나름대로 치료계획을 수립하게 된다. 이를 위해서 내담자의 문제와 특성을 평가하기 위한 다양한 심리검사가 시행될 수도 있다. 또한 치료자는 내담자에게 앞으로 이루어질 심리치료의 원리와 과정을 설명하는 경우도 있으며, 내담자의 치료동기를 높이는 노력을 기울이게 된다. 아울러 내담자가 치료자를 신뢰하고 치료에 적극적으로 임할 수 있도록 긍정적인 치료적 관계를 형성하는 일이 매우 중요하다.

심리치료의 중기 단계는 치료목표의 달성을 위해 본격적인 치료적 활동이 이루어지는 시기이다. 일반적으로 초기 단계에서 수립한 치료계획을 구체적으로 실행하는 과정이 중기 단계라고 할 수 있다. 심리치료의 중기 단계는 치료자와 내담자 사이에서 변화무쌍한 많은 일들이 나타날 뿐만 아니라 치료자의 입장에 따라 다양한 방식의 접근이 이루어지기 때문에 그 진행과정을 일목요연하게 설명하기가 쉽지 않다. 그러나 일반적으로 중기 단계에서 치료자는 내담자에 대한 이해를 더욱 심화시키면서 내담자의 변화를 위해 다양한 기법을 적용하고 그 효과를 평가하면서 자신의 치료계

◆ 심리치료와 약물치료

　　현재 정신장애를 치료하는 대표적인 방법은 심리치료와 약물치료이다. 약물치료는 한국의 경우 정신건강전문가 중 정신과의사들만이 사용할 수 있다. 약물치료(drug therapy)는 생물의학적 이론에 근거한 치료법으로서 뇌중추신경계의 신경전도물질에 영향을 주는 화학물질, 즉 약물을 통해서 증상을 완화하는 방법이다. 1950년대 이후 향정신성 약물의 급격한 개발이 이루어져 현재는 다양한 약물이 정신장애의 치료에 사용되고 있다. 약물치료는 여러 가지 부작용이 따른다는 약점을 지니고 있으나 최근에는 이러한 부작용을 최소화하는 여러 가지 약물이 개발되고 있다. 예컨대, 프로작(Prozac)은 신경전도물질인 세로토닌의 재흡수를 선택적으로 억제하여 우울증상을 완화하는 화학물질인 플루옥세틴(Fluoxetine)의 상표명으로서 우울증 치료에 널리 사용되고 있다.

　　약물치료는 환자의 입장에서 커다란 노력 없이 비교적 저렴한 가격으로 증상을 완화시킬 수 있다는 점에서 매우 경제적인 치료수단이다. 또한 정신분열증이나 조울증과 같은 심각한 정신장애의 경우에는 약물치료가 필수적이다. 그러나 약물치료는 여러 가지 한계를 지니고 있다. 첫째, 모든 심리적 장애가 약물치료에 의해서 호전되는 것은 아니다. 예컨대, 성격장애를 비롯한 일부 장애의 경우에는 치료약물이 개발되어 있지 않으며, 약물치료에 가장 좋은 반응을 나타내는 우울증의 경우에도 일부의 환자들은 약물치료에 의해서 도움을 받지 못한다. 이처럼 약물치료만으로 해결할 수 없는 심리적 문제와 장애는 매우 많다. 둘째, 상당수의 사람들은 약물치료를 원하지 않을 뿐만 아니라 약물치료의 크고 작은 부작용으로 인해서 약물치료를 중단하게 된다. 일부 사람들은 심한 증상을 지니고 있더라도 자신의 정신세계가 화학물질인 약물에 의해서 영향 받는 것을 원하지 않는다. 또한 향정신성 약물은 필연적으로 크고 작은 부작용을 유발하기 때문에 증상은 완화되어도 다른 심리적·신체적 기능이 약화되는 희생을 감수해야 한다. 셋째, 심리적 문제와 증상을 약물치료에 의존하게 되면 결국 환자 스스로 심리적 방법을 활용하여 문제에 대처하는 능력을 학습하지 못하거나 그러한 능력이 손상될 수 있다. 이러한 이유 때문에 약물치료를 받은 환자들은 증상이 재발되어 약물치료를 반복적으로 받게 되는 악순환에 빠질

획을 실행하거나 수정하는 과정을 거치게 된다.

심리치료의 종결 단계는 치료목표가 상당부분 달성되어 치료를 마무리하는 과정을 의미한다. 내담자 스스로 심리치료의 성과에 만족하거나 치료자의 관점에서 내담

수 있다. 약물치료의 가장 근본적인 한계는 약물치료가 증상을 완화시킬 뿐 심리적 장애의 원인을 치료하지 못한다는 점이다. 예컨대, 대인기술의 부족이나 피해의식적인 사고경향 때문에 인간관계가 고립되어 반복적으로 우울증에 빠지는 사람의 경우, 항우울제를 복용함으로써 침체된 기분과 의욕상실로부터 어느 정도 회복될 수는 있으나 대인기술과 피해의식이 개선되는 것은 아니다.

그러나 약물치료는 증상을 완화시킴으로써 심리적 문제를 개선하고 문제의 악화를 방지하는 데 커다란 도움이 될 수 있다. 예컨대, 심한 무기력감과 의욕 상실의 우울증상을 지닌 사람의 경우, 학업이나 직업과 같은 현실적인 과제를 수행하지 못하고 대인관계를 회피함으로써 문제상황이 더욱 악화될 수 있다. 이 경우에 약물치료는 우울증상을 호전시킴으로써 최소한의 현실적인 과제를 수행하고 대인관계를 유지하는 데 도움이 될 수 있다. 그러나 우울증상을 갖게 된 심리적 원인을 밝혀 치유하지 않는 한 항상 재발의 위험이 있을 뿐만 아니라 치유과정에서 심리적으로 성장할 수 있는 기회를 상실하게 된다.

심리치료와 약물치료는 각기 다른 장점과 한계점을 지니고 있다. 어떤 치료를 선택하느냐 하는 것은 최종적으로 심리적 문제를 지닌 사람의 판단에 달려 있다. 어떤 치료법도 만병통치적인 것은 아니다. 심리치료와 상담 전문가들도 약물치료에 대한 기본적인 이해를 지닐 필요가 있다. 현실판단력이 현저하게 저하되어 있거나 생물학적 원인이 중요한 역할을 하는 정신장애(예: 정신분열증, 양극성 장애 등)의 경우에는 입원치료와 더불어 약물치료가 필수적이다. 또한 현실적응을 훼손할 수 있는 심각한 증상을 지니고 있어서 신속하게 증상을 완화시킬 필요가 있거나 심리치료를 통해 호전되기 어려운 조건을 지닌 내담자의 경우에는 약물치료를 받거나 심리치료와 병행하도록 권장하는 것이 바람직하다.

대부분의 심리적 문제와 증상은 개인의 변화와 성장을 요구하는 신호라고 할 수 있다. 즉, 심리적 고통과 증상은 심리적 성장을 위한 진통이라고 할 수 있다. 자신의 삶의 방식을 되돌아보고 성찰하며 좀 더 효율적인 새로운 변화와 성숙을 촉구하는 지혜로운 마음의 표현인 것이다. 심리치료는 이러한 심리적 변화와 성장을 돕는 전문적 활동이다. 약물은 증상을 완화시킬 수 있으나 인간을 성숙시킬 수는 없다. 심리치료는 내담자와의 신뢰로운 관계 속에서 내담자로 하여금 자신의 마음을 바라보며 성찰하게 함으로써 좀 더 행복한 삶을 위한 변화의 노력을 통해 성장하도록 돕는 전문적 활동이라고 할 수 있다.

자의 문제가 상당 부분 해결되었다고 판단될 경우, 치료자는 내담자와 합의하에 치료의 종결을 준비하게 된다. 종결 단계에서 치료자는 내담자와 함께 그동안 진행된 치료과정을 검토하고 치료 후에 예상되는 어려움과 그 대처방법을 논의한다. 아울러 내담자가 치료의 종결을 편안하고 자연스럽게 받아들이는 동시에 자신감을 지니고 독립적인 삶을 영위할 수 있도록 격려한다. 심리치료 후에도 간헐적으로 추수회기(booster session)를 통해 내담자의 삶을 살펴보며 치료효과가 지속적으로 유지되는지를 확인할 수 있다.

4. 심리치료와 상담 이론의 중요성

1) 심리치료 이론의 의미와 필요성

심리치료자는 내담자와 합의한 치료목표에 도달하기 위해서 상호작용을 통해 내담자를 돕는다. 매번의 면담시간마다 치료자는 어떤 주제를 어떤 방식으로 대화하며 내담자를 이끌어나갈 것인가? 과연 심리치료자는 무엇에 근거하여 내담자를 이해하고 치료해나갈 것인가? 심리치료는 치료자와 내담자가 새로운 낯선 곳으로 함께 떠나는 여행과 같다. 심리치료는 내담자의 문제를 해결하기 위해서 그의 마음을 깊이 살펴보고 새로운 경험을 통해서 심리적인 성숙을 이루도록 치료자가 안내하는 심리여행이다. 이러한 심리여행의 과정에는 뜻하지 않은 수많은 사건들이 변화무쌍하게 일어난다. 심리여행의 안내자인 심리치료자는 무엇에 근거하여 고객인 내담자를 안내할 것인가? 심리치료 이론은 이러한 심리여행을 안내하는 지도 또는 지침서와 같은 것이다. 이러한 심리여행을 많은 내담자들에게 성공적으로 안내한 경험을 지닌 탁월한 심리치료자들이 제시하는 여행의 지침서가 바로 심리치료 이론이다.

치료자는 심리치료 과정에서 크게 두 가지의 물음에 직면하게 된다. (1) 내담자의 문제를 어떻게 이해할 것인가? (2) 내담자의 문제를 어떻게 치료할 것인가? 이러한 물음에 대한 대답과 방향을 제시하는 근거가 심리치료 이론이다. 현재 이 지구상에는 명칭을 달리하는 심리치료가 약 400여 개에 달하는 것으로 알려져 있다(Corsini, 2002). 이러한 치료법들은 기본가정과 철학적 배경, 인간의 성격과 정신병리를 설명하는 이론, 치료의 원리와 구체적인 방법에 있어서 각기 다르다. 또한 각 치료법들은 각기 다른 장단점을 지니고 있으며 효과적으로 적용될 수 있는 치료대상과 문제유형도 다르다.

　　심리치료자는 어떤 치료이론에 근거하여 치료할 것인가? 어떤 치료이론을 자신의 치료 근거로 삼을 것인가? 치료자들이 자신의 치료적 입장을 선택하는 과정에는 우연과 필연의 요소가 개입한다. 치료자들은 자신이 교육받는 과정에서 만나게 되는 교육자나 슈퍼바이저의 치료적 입장으로부터 영향을 받을 수 있다. 또는 치료자의 성격과 신념체계가 작용하여 왠지 모르게 특정한 치료적 입장에 호감과 매력을 느끼며 이끌리는 경우도 있다. 때로는 치료자의 교육배경, 직업분야, 취업장면 등에 의해서 특정한 치료적 입장을 선택할 수밖에 없는 경우도 있다.

　　심리치료자가 되고자 하는 사람은 자신에게 적합한 치료적 입장을 선택하는 것이 중요하다. 특정한 치료적 입장만을 철저하게 고수하는 치료자도 있지만, 대부분의 심리치료자들은 여러 심리치료 이론을 자신의 방식으로 조합하거나 통합하여 치료하는 경향이 있다. 어떠한 경우든 다양한 심리치료 이론을 이해하는 것은 중요하다. 심리치료라는 결코 쉽지 않은 험난한 여행을 떠났던 출중한 선배 치료자들의 경험과 통찰에 귀를 기울일 필요가 있다.

2) 심리치료 이론의 평가기준

　　현재 지구상에는 명칭을 달리하는 심리치료법이 무려 400여 개에 달하는 것으로 추산되고 있다. 각 치료법들은 이론적인 체계와 치료기법 그리고 치료대상 등에 있어서 다를 뿐만 아니라 각기 다른 장단점을 지니고 있다. 이 책에서는 현재 세계적으로 가장 널리 시행되고 있을 뿐만 아니라 이론적 체계를 잘 갖춘 12개의 치료적 입장을 소개하고 있다. 이 책에서 소개하는 심리치료 이론들은 다음과 같은 관점에서 각기 다른 장점과 단점을 지니고 있다.

　　첫째, 좋은 심리치료 이론은 내담자의 심리적 문제와 그 치료원리를 체계적으로 설명한다. 즉, 인간의 심리구조와 발달과정을 설명하는 성격이론, 심리적 문제나 장애가 발생하는 원인과 유지되는 과정을 설명하는 정신병리이론, 이러한 심리적 장애를 변화시킬 수 있는 치료원리에 대한 이론, 그리고 치료원리를 실제 사례에 적용하게 되는 치료기법을 구체적으로 제시한다. 인간의 성격, 정신병리, 치료원리, 치료기법 등에 대해서 체계적이고 일관성 있는 설명을 제시하는 이론을 대이론(major theory)이라고 한다. 이러한 대이론들은 다양한 심리적 문제나 장애를 설명할 수 있는 포괄적인 이론적 체계를 갖추고 있다.

　　둘째, 내담자의 문제와 치료원리를 가능한 한 적은 수의 명료한 개념으로 정교하게 설명할수록 좋은 치료이론이라고 할 수 있다. 동일한 현상을 설명하는 경우, 여러 가지 복잡하고 모호한 개념을 동원하기보다 소수의 명료한 개념으로 설명하는 이론이 우월하다고 할 수 있다. 아울러 동일한 수의 개념으로 다양한 현상을 정교하게 설명하는 이론일수록 우수한 이론이라고 할 수 있다. 즉, 소수의 개념으로 다양한 현상을 설명하는 이론은 경제적이라는 점에서 좋은 이론이라고 할 수 있다. 그러나 대부분의 경우, 소수의 개념을 사용하는 이론은 설명범위가 제한되는 반면, 다양한 심리적 현상을 설명하는 이론은 많은 수의 복잡한 개념을 사용하는 경우가 많다.

셋째, 좋은 심리치료 이론은 과학적인 연구결과에 근거하고 있어야 한다. 이것이 바로 심리치료가 종교나 철학 또는 미신적 행위와 다른 점이다. 심리치료 이론에서 주장하는 내용은 실제적인 경험적 세계에서 확인할 수 있는 검증 가능성을 지니고 있어야 한다. 이를 위해서는 경험적 확인이 가능하도록 개념이 명료해야 할 뿐만 아니라 그러한 주장이 경험적 자료에 의해서 확인될 수 있어야 한다. 그렇지 못한 이론은 경험적 근거를 지니지 못한 추상적인 담론 수준의 주장에 불과하다고 할 수 있다.

넷째, 특정한 심리치료 이론의 유용성은 그 치료효과에 있다. 심리치료의 궁극적인 목적은 내담자의 문제를 해결하는 데 있기 때문이다. 심리치료 이론에서 제시한 치료방법이 내담자의 문제해결과 증상완화에 얼마나 효과적인가 하는 점은 매우 중요하다. 이런 점에서 다양한 심리적 장애에 대한 치료효과와 재발방지 효과가 잘 입증된 치료이론이 좋은 이론이라고 할 수 있다.

마지막으로, 좋은 심리치료는 최소한의 치료적 노력으로 최대한의 치료효과를 거둘 수 있는 경제적인 것이어야 한다. 동일한 치료효과를 거두기 위해서 투자되는 비용이 적을수록 우수한 치료라고 할 수 있다. 치료에 투자되는 비용은 다양한 관점에서 고려될 수 있다. 우선, 내담자의 입장에서는 자신의 심리적 문제가 단기간에 적은 치료비용으로 해결되는 치료를 선호하게 될 것이다. 치료자의 관점에서도 특정한 치료방법을 습득하고 성공적으로 시행하는 데 적은 노력이 투여될수록 바람직하다고 볼 수 있다. 이런 점에서 치료자의 교육과 훈련이 상대적으로 용이한 치료일수록 경제적이라고 할 수 있다.

5. 심리치료와 상담의 역사

1) 심리치료와 상담의 과거

심리치료의 역사는 짧지만 과거는 길다. 인간이 심리적 고통과 불행의 치유에 관심을 갖기 시작한 것은 매우 오랜 과거로까지 거슬러 올라갈 수 있다. 동서고금을 막론하고 모든 문화권에는 인간의 심리적 문제와 장애의 원인을 나름대로 설명하는 개념체계와 그 치료방법이 제시되었다. 고대의 원시사회에서는 정신장애를 초자연적 현상으로 이해하여 귀신에 씌었거나 신의 저주를 받은 것으로 보고 귀신을 쫓거나 달래는 주술적 또는 종교적 의식을 치렀다.

기원전 4세기경 그리스의 Hippocrates(B.C. 460~377)는 정신장애를 종교나 미신과 분리시켜서 의학적 문제로 간주했다. Hippocrates는 정신장애의 치료를 위해서 주술적인 방법을 지양하고 식이요법, 심리적 안정, 성행위의 자제 등과 같은 방법을 제시하면서 정신장애는 종교인보다는 의료인이 다루어야 하는 영역이라고 주장하였다.

모든 영역이 그러했듯이, 서양의 중세는 맹목적인 기독교 신앙에 의해서 지배된 암흑시대였으며 정신장애를 지닌 사람에게도 수난의 시대였다. 중세에는 그리스·로마시대에 발전한 정신장애에 대한 의학적 관점이 억압되고 고대의 귀신론으로 회귀하였다. 인간의 삶은 사탄과 악령에 대항하는 영적인 전쟁으로 간주되었으며 정신병자는 사탄과 악령에 사로잡힌 사람으로 규정되었다. 정신병자는 죄를 지어 하나님으로부터 벌을 받는 것이라거나 마귀의 수족 역할을 하는 자로 여겨져서 종교재판의 대상이 되었으며 마귀를 쫓기 위한 다양한 형태의 고문을 당하거나 심지어 화형을 당하기도 했다.

중세의 귀신론에 근거한 비인간적인 처우를 받던 정신병자에게 인도주의적인 치료를 해주어야 한다는 주장이 18세기부터 서서히 제기되기 시작했다. 프랑스의 내과 의사였던 Philippe Pinel(1745~1826)은 정신병자에게 인도주의적인 대우를 해주어야 한다고 주장한 최초의 사람이다. 1793년 프랑스 대혁명이 휘몰아치던 시기에, 파리에 있는 한 정신병자 수용소의 소장으로 부임한 Pinel은 정신병자에게 채워졌던 쇠사슬을 제거하고 어두운 감방 대신 햇살이 들어오는 방에 기거하게 했으며 수용소의 뜰에서 운동을 할 수 있도록 허용하였고 직원이 정신병자를 구타하지 못하도록 하였다. 영국에서는 William Tuke(1732~1822)가 요크 요양소를 만들고 정신병 환자를 수용하여 인도적으로 치료하였다. 미국에서는 Dorothea Dix(1802~1887)가 정신병 환자들을 인도적으로 대우해야 한다고 사회적으로 호소하여 많은 호응을 얻었으며 오늘날의 정신병원 형태를 갖춘 병원이 여러 주에 세워지게 되었다. 이처럼 정신장애를 일종의 질병으로 보고 정신장애자에게 인도주의적인 치료를 해주어야 한다는 근대적인 관점이 인류역사에 나타나게 된 것은 약 200년 전의 일이다.

2) 현대 심리치료의 발전사

19세기에 이르기까지 고대의 귀신론이 일반인들에게 널리 퍼져 있었으며, 의료인들도 주로 신체적 원인론(somatogenesis)에 기초하여 정신장애를 이해하고 치료하였다. 그러나 19세기에 들어서 정신장애가 심리적 원인에 의해 유발될 수 있다는 심리적 원인론(psychogenesis)이 제기되기 시작하였다. 1879년에는 독일의 Wilhelm Wundt가 라이프치히 대학에 심리학 실험실을 설립하며 인간의 심리적 현상을 과학적인 방법으로 연구하면서 현대 심리학의 효시를 이루었다. Wundt는 인간의 심리적 특성을 객관적으로 측정하는 방법뿐만 아니라 심리적 고통을 감소시키는 초보적인 치료방법을 개발하려고 시도하였다.

현대의 심리치료가 시작된 것은 19세기의 유럽에서였다. 인류사에서 본격적인 심리치료를 시도한 최초의 인물은 정신분석(psychoanalysis)을 창시한 Sigmund Freud라고 할 수 있다. 그는 정신장애를 과학적인 관점에서 체계적으로 설명하는 정신분석이론을 제시했을 뿐만 아니라 정신장애를 치료할 수 있는 구체적인 방법을 제시한 최초의 인물이다. 현대의 심리치료 이론은 대부분 Freud가 제시한 정신분석으로부터 파생되었거나 그에 대한 반발로 생겨난 것이라고 할 수 있다. 한때 Freud와 함께 정신분석학회를 이끌던 Carl Jung과 Alfred Adler는 각자 독립적인 이론체계를 구축하여 분석심리학(analytic psychology)과 개인심리학(individual psychology)을 제창하고 그에 근거한 치료방법을 제시했다. 정신분석 치료를 비롯하여 무의식의 심리적 역동을 강조하는 다양한 심리치료들은 정신역동적 치료(psychodynamic therapy)로 분류되고 있다.

한편, 미국에서는 William James에 의해서 과학적 심리학이 주창되었으며 1896년에는 Lighter Witmer가 펜실베이니아 대학교에 최초의 심리클리닉을 설립하여 학습장애와 행동장애 아동을 대상으로 치료활동을 시작했다. Witmer는 임상심리학(clinical psychology)이라는 용어를 최초로 사용했으며 치료적 목적을 위해서 심리학의 지식과 방법을 활용하고자 했다. 1920년대에는 행동주의 심리학이 급격히 발전하면서 학습이론에 근거하여 문제행동을 치료하는 행동치료(behavior therapy)가 대두되었다. B. F. Skinner, Joseph Wolpe, Hans Eysenck와 같은 인물에 의해서 행동치료가 발전되었으며 정신분석 치료의 대안으로 떠오르게 되었다.

1950년대까지 심리치료 분야에서는 정신분석과 행동치료가 두 축을 이루며 발전했다. 그러나 1950년에 들어서 인간에 대한 긍정적인 관점을 지니는 인본주의 심리학이 제3의 심리학으로 등장했다. Carl Rogers는 인간중심치료(person-centered therapy)를 제시하면서 심리치료 분야에 커다란 영향을 미치게 되었다. 이와 더불어 Rollo May와 Victor Frankl의 영향으로 실존주의 치료(existential therapy)가 발전하기 시작했으며 Fritz Pearls는 게슈탈트 치료(Gestalt therapy)를 제창하였다. 이러한 인본주의-실존주의적 심리치료는 무의식보다 의식적인 경험을 더 중시할 뿐만 아니라 진실하고 공감적인 치료관계를 강조하는 지지적인 치료방법을 제시하였다.

1950년대의 또 다른 변화는 인지심리학의 발전과 더불어 인지에 초점을 맞추는 치료방법들이 개발되었다는 점이다. Albert Ellis는 합리적 정서치료(RET: rational emotive therapy)를 제시했으며 Aaron Beck은 인지치료(cognitive therapy)를 제안하였다. 1960년에는 William Glasser가 현실치료(reality therapy)를 제시하였다. 인지변화에 초점을 맞춘 이러한 치료법들은 1970년대에 행동치료와 접목되면서 인지행동치료(CBT: cognitive behavior therapy)라는 커다란 치료적 흐름으로 발전하였다.

정신장애를 치료하는 심리치료는 본래 정신과의사들의 주된 분야였다. 그러나 두 차례의 세계대전을 거치면서 미국의 심리학자들은 퇴역군인의 재활을 돕기 위한 심리치료 활동에 참여하게 되었다. 제1차 세계대전 이후에 임상심리학이 독자적인 학문분야로 인정되었으며 1919년에 미국심리학회의 제12분과로 임상심리학 분과가 출범하였다. 다양한 학문적 배경을 지닌 사람들이 정신분석 치료에 참여하는 유럽과 달리, 미국의 정신분석 치료자들은 의사들만이 정신분석을 할 수 있다는 배타적인 입장을 취했다. 임상심리학자인 Carl Rogers는 정신분석 치료의 대안으로 인간중심치료를 제시하면서 자신의 치료활동을 '카운슬링(counseling)'이라고 지칭하였다. 그동안 응용심리학 등으로 명칭을 바꾸어오던 미국심리학회의 제17분과가 1952년에 상담심리학 분과로 개칭하면서 상담심리학이라는 학문분야가 공식적으로 태동되었다. 현재 미국의 경우, 임상심리학과 상담심리학은 심리치료와 상담 활동을 전문적으로 시행하는 가장 중심적인 학문분야로 발전하였다.

1970년대에는 가족치료(family therapy) 또는 체계치료(systems therapy)라는 새로운 치료적 접근법이 제시되었다. 가족치료는 개인에 초점을 맞추는 기존의 치료와 달리 가족 전체의 체계와 역동에 초점을 맞춘다는 점에서 매우 새롭고 획기적인 치료방법이라고 할 수 있다. 아울러 명상법과 불교가 서양사회에 전파되면서 의식의 변형과 인간의 영적인 측면에 깊은 관심을 기울이는 자아초월 심리학(transpersonal psychology)이 발전하였다. Ken Wilber는 다수의 저술을 통해서 자아초월 심리학의 이론체계를 발전시켰으며 최근에는 그의 이론에 근거한 통합적 심리치료(integral psychotherapy)를 제시하였다.

지금까지 현대 심리치료의 주요한 발전과정을 간략하게 살펴보았다. 20세기는 다양한 심리치료의 이론과 기법이 개발된 시기라고 할 수 있다. 이 책은 정신분석 치료에서부터 자아초월 심리치료에 이르는 12개의 주요한 심리치료 이론을 소개하고 있다. 21세기의 심리치료는 20세기에 발전한 심리치료 이론들이 서로 접목되고 통합되면서 더욱 다채롭게 발전할 것으로 예견되고 있다.

제 2 장

정신분석 치료

제2장
정신분석 치료

1. 정신분석 치료의 개요

정신분석(psychoanalysis)은 지그문트 프로이트(Sigmund Freud, 1856~1939)에 의해서 창시된 심층심리학의 이론체계이자 심리치료 방법이다. Freud는 정신장애가 심리적 원인, 즉 무의식의 갈등에 의해서 유발될 수 있음을 체계적으로 제시했을 뿐만 아니라 정신장애를 치료할 수 있는 구체적인 심리적 방법을 제시한 최초의 인물이다. Freud는 자기기만과 위선의 장막을 걷어내고 정직하게 인간의 마음을 깊이 직시하고자 했다. 인간의 행동 대부분이 무의식에 의해서 결정되며 무의식의 주된 내용은 성적인 것이라고 주장함으로써 인간관의 혁명적 변화를 가져왔다.

정신분석 이론에 따르면, 인간의 마음은 성적인 본능적 충동으로 이루어진 원초아(Id), 본능적 충동과 환경적 요구를 중재하는 자아(Ego), 그리고 사회의 도덕적 가치관을 반영하는 초자아(Superego)로 구성되며 이러한 심리적 세력들 간의 힘겨루기, 즉 정신역동(psychodynamics)에 의해서 인간의 행동이 결정된다. 본능적 충동만을 지닌 상태로 태어난 유아는 부모와 상호작용을 하며 구강기, 항문기, 남근기 등을 거치면서 발달한다. 어린 시절의 경험을 통해서 성격구조가 형성되며 부모와의 갈등 경험은 무의식 속에 축적되어 성장한 후에 발생하는 심리적 문제의 근원을 이룬다. 성장하면서 자아가 발달하여 성격의 중심으로 자리 잡게 되는데, 자아는 성적 또는 공격적 충동의 자각으로 인한 불안을 완화하기 위해서 억압, 부인, 투사, 합리화와 같은 다양한 방어기제를 발달시킨다.

정신장애는 무의식적인 갈등, 즉 원초아, 자아, 초자아 간의 갈등과 불균형, 어린 시절에 겪은 부모와의 갈등 그리고 미숙한 방어기제에 의해서 유발될 수 있다. 정신분석 치료의 목적은 무의식을 의식화하는 것이다. 자유연상, 꿈 분석, 전이분석, 저항분석 등과 같은 다양한 방법을 통해서 내담자로 하여금 자신의 무의식적 갈등과 역동을 자각하게 함으로써 무의식에 휘둘리지 않고 자아를 중심으로 자기 삶의 진정한 주인이 되게 하는 것이다. 달리 말하면, 정신분석은 원초아(id)가 있는 곳에 자아(ego)가 있게 하는 것이다.

정신분석 치료는 현대 심리치료의 모태라고 할 수 있다. 정신분석은 최초의 심리치료로서 많은 심리치료 이론이 그로부터 파생되었거나 그에 대한 반작용으로 발전했기 때문이다. 또한 정신분석 치료는 인간의 문제에 가장 심층적이고 총체적으로 접근하는 치료방법이라고 할 수 있다. 이런 점에서 Freud의 정신분석 치료를 깊이 이해하는 것은 모든 심리치료자와 상담자에게 중요한 일이다.

정신분석 이론의 실체를 정확하게 파악하는 것은 어려운 일이다. Freud는 많은 저술을 남겼을 뿐만 아니라 끊임없이 자신의 이론을 수정하였다. Freud에 의해 주장된 소위 '고전적 정신분석 이론'은 그의 사망 이후에 여러 학자에 의해서 상당부분 수정되었다. 현대에는 자아의 기능에 초점을 두는 자아심리학(ego psychology)이 정통적 정신분석의 계보를 잇고 있다. 이 밖에도 대상관계 이론(object relations theory), 자기심리학(self psychology), 관계적 정신분석(relational psychoanalysis)과 같은 정신분석 이론이 발전하였으며 현재에도 계속 수정과 보완이 이루어지고 있다. 이런 점에서 정신분석은 완결된 이론체계가 아니라 끊임없이 발전하고 있는 이론체계라고 할 수 있다. 여기에서는 Freud 자신에 의해 주장된 고전적 정신분석을 중심으로 소개하고 마지막 절에서 Freud의 사후에 발전한 현대의 정신분석 이론들을 간략히 살펴볼 것이다.

2. Freud의 생애와 정신분석의 발전과정

"심리치료 이론은 창시자의 자기고백이다."라는 말이 있듯이, 어떤 이론을 충분히 이해하기 위해서는 창시자의 개인적 생애와 그가 살았던 시대적 배경을 이해하는 것이 중요하다. 정신분석의 창시자인 Freud는 도덕적 윤리와 사회적 계급이 중요시되던 19세기 유럽의 보수적 환경 속에서 당시 눈부시게 발전하던 자연과학과 더불어 인문·사회과학을 접하였고 두 차례의 세계대전을 비롯한 사회적 격동기를 경험하며 '인간의 마음'을 치열하게 탐구한 위대한 인물이다. Freud의 삶과 인격에 대해서는 추종자들의 미화적 기술과 비판자들의 폄하적 기술이 공존한다. 그러나 '무의식'이라는 인간의 심층적인 내면세계를 체계적으로 정교하게 밝힘으로써 획기적인 인간 이해의 틀을 마련했다는 점에서 Freud는 인류문명사에 길이 남을 위인이라고 할 수 있다.

1) Freud의 성장과정과 교육배경

Freud는 1856년 5월 6일 당시 오스트리아의 Freiberg라는 작은 마을(현재는 체코 슬로바키아)에서 유태인 아버지 Jacob Freud와 어머니 Amalie 사이의 첫 아들로 태어났다. Amalie는 Jacob보다 19세 연하였으며 그의 세 번째 아내였다. Freud가 출생했을 때에는 아버지의 전처에게서 태어나 이미 장성한 두 명의 이복형제가 있었다. Freud 밑으로 남동생이 태어났으나 생후 8개월 만에 사망했으며, 그 이후에 다섯 명의 여동생과 막내 남동생이 태어났다.

아동기부터 노년기에 이르기까지 Freud의 다양한 얼굴모습

Freud 가족은 반유태주의를 피해 1859년에 오스트리아의 수도인 비엔나로 이주하였으며 Freud는 이곳에서 성장하였다. 직물상이었던 아버지는 가족 내에서는 권위적인 모습을 보였으나 유태인으로서 사회적 제약과 수모를 경험하며 많은 가족을 부양하기 위한 경제적 어려움을 겪었다. 어머니는 첫아들에 대해서 사랑과 긍지를 느꼈으며 많은 기대를 지닌 정이 많은 사람이었다. Freud는 2세경에 어머니의 벗은 모습을 보고 어머니에 대한 성적 애착을 느꼈다고 그의 전기작가인 Jones(1963)는 기술하고 있다. Freud와 어머니의 관계는 비교적 갈등이 적었으나 아버지와의 관계는 복잡했던 것 같다. 1896년 부친이 사망했을 때 Freud는 심한 죄책감으로 괴로워했으며, 이를 계기로 자기분석을 시작하여 정신분석의 토대를 마련하였다. Freud가 심리학에 관심을 갖게 되었을 뿐만 아니라 그의 정신분석 이론에서 성욕설과 오이디푸스 콤플렉스를 주장하게 된 것은 그 자신이 어머니와 아버지 사이에서 겪었던 어린 시절의 경험을 반영한 것이라는 주장이 있다. 또한 유태인이었던 Freud는 당시의 사회로부터 여러 가지 제한을 받고 있었으며 기존 학문에 대한 반항적 태도와 더불어 모세와의 동일시를 통한 가부장적이고 권위주의적인 선지자의 역할을 동경했다는 주장도 있다.

Freud의 어린 시절에 대한 전기적 자료는 빈약한 편이다. 경제적으로 궁핍했으나 학생시절에는 반에서 늘 수석을 하였으며 문장력이 우수했다고 한다. 독서를 많이 하며 열심히 공부하는 학생이었다. 당시 사회적 제약이 많았던 유태인들은 상업, 법률, 의학에 관심이 많았다. Freud는 처음에 의학에는 흥미를 느끼지 못했으며 자연현상보다는 인문학적인 관심이 많았다. 그러나 자연을 찬미한 괴테의 수필을 접하면서 의학을 공부하기로 결심하였다.

Freud는 1873년에 비엔나대학교의 의과대학에 입학하였다. 그 후 유태인으로서의 소외감과 열등감을 뼈저리게 느끼는 경험을 하였으며 이러한 경험은 독립적인 판단력을 키우는 계기가 되었다. 그는 5년 만에 끝내는 의학공부를 8년간 하게 되었지만 아버지는 경제적 어려움에도 불구하고 아들이 유태교의 이상에 따라 지혜로운 학자가 되기를 바라며 지원했다.

Freud가 성장한 19세기 후반의 유럽에서는 학문적 발전이 급속하게 이루어지고 있었다. Freud는 1874~1876년에 Frantz Brentano의 철학세미나에 참석하였으며 물리학, 생물학, 동물학 등을 공부했다. Karl Claus의 동물실험실에서 연구하였으며, 1877년에는 뱀장어 수컷의 생식기에 관한 연구를 하였다. Darwin이 주장한 진화론의 지지자인 Ernst Haeckel로부터 개체발생은 계통발생을 반복한다는 생물발생학적 이론을 배우기도 했다.

1876~1882년에 Freud는 실험의학의 아버지라고 하는 Brucke 교수의 생리학 실험실에서 일하였으며 이때 Josef Breuer를 만나 히스테리 증상에 관한 이야기를 접하게 된다. 1881년 3월에 의학박사 학위를 받고 1년간 Brucke 교수의 연구실에서 일하면서 진로에 대한 고민을 하던 Freud는 1882년 6월에 Martha Bernays와 약혼하면서 경제적인 문제를 고려하여 대학의 연구자가 되기보다 의사가 되기로 결정한다. 1884년 1월에 정식 신경과의사가 되었으며 1885년 2월에는 교수자격과정을 마치고 신경병리학의 강사가 되어 코카인 복용에 관한 연구를 하기도 했다. Freud는 이 당시부터 간헐적으로 우울감, 피로감, 초조감 등의 신경증적 증상을 경험했으며 코카인을 통해 진정시키곤 했다. 이러한 증상은 Freud가 자기분석을 통해 극복할 때까지 계속되었다. 그러나 이때부터 생겨난 편두통은 전 생애 동안 치료가 잘 되지 않은 채 Freud를 괴롭혔다.

1885년에 Freud는 프랑스에서 연수할 기회를 얻어 파리 대학에서 최면치료로 명성을 날리고 있던 Charcot를 만나게 되는데, 이때 접하게 된 최면치료의 경험은 Freud가 무의식의 중요성을 인식하는 중요한 계기가 되었다. 비엔나로 돌아와 결혼식을 올리고 신경과의사로 개업한 Freud는 다양한 증상의 환자들을 접하면서 새로운 치료방법을 모색하게 된다. 최면치료의 한계를 인식하고 자유연상법이라는 새로운 치료방법을 시도하면서 Freud는 정신분석이라는 새로운 치료방법과 이론체계를 발전시키게 된다.

2) 정신분석의 발전과정

정신분석의 발전과정은 다음과 같이 크게 네 단계로 나누어 볼 수 있다(이무석, 2003; Sandler, Dare, & Holder, 1972). (1) 신경증의 주된 원인을 심리적 외상으로 생각했던 시기(1886~1896년), (2) 의식 · 전의식 · 무의식의 지정학적 이론을 추동 중심으로 발전시키던 시기(1896~1923년), (3) 원초아 · 자아 · 초자아를 중심으로 한 성격구조 이론을 자아 중심으로 발전시킨 시기(1923~1939년), (4) Freud 사후에 정신분석이 발전한 시기(1939년~현재).

제1기: 심리적 외상론의 시기(1886~1896년)

Freud는 Brucke 교수의 실험실에서 일하던 1880~1882년에 14세 연상인 신경과의사 Breuer를 만나 Anna O의 사례를 접하면서 히스테리 증세에 관심을 갖게 되

Freud의 청년기, 중년기, 노년기의 모습

었다. 29세가 되던 1885년에 그는 비엔나 대학교의 신경병리학의 강사가 되었으며 같은 해에 4개월 동안 프랑스 파리대학의 신경과 교수인 Charcot로부터 최면치료를 연수할 기회를 갖게 되었다. 이때 최면을 통해서 환자의 손과 발이 마비되거나 마비가 풀리는 것을 직접 목격하면서 충격을 받게 되었다. 이러한 경험을 통해서 Freud는 신체적 마비를 주된 증상으로 나타내는 히스테리가 심리적 원인에 의해서 발생될 수 있다는 것과 무의식이 존재한다는 것에 대한 확신을 갖게 되었다. 나아가서 히스테리의 원인이 과거에 경험한 심리적 외상(trauma), 특히 성(性)과 관련된 충격적 사건일 수 있다는 점을 인식하게 되었다.

1886년에 파리에서 돌아와 결혼한 Freud는 신경과의사로 개업하여 신경증과 내과적 증상을 나타내는 다양한 환자를 치료하게 되었다. 특히 신체적 마비 증세를 나타내는 히스테리 환자에 대해 깊은 관심을 갖게 되었으며 상처받은 사건의 기억이 증세와 관련되어 있다는 것을 발견하게 되었다. 당시 Freud는 Charcot에게서 배운 최면치료와 더불어 Breuer를 통해 알게 된 카타르시스 방법을 통해 치료했다. 1895년에는 Breuer와 함께 히스테리 환자의 증례를 보고하는 『히스테리 연구(Studies on Hysteria)』를 발표했다. 이 당시에 Freud는 심리적 외상이 히스테리를 비롯한 신경증의 주요한 원인이라고 생각했다. 특히 성적인 내용의 충격적인 사건에 대한 기억과 감정이 무의식적 과정을 통해서 증상을 유발하며 망각된 기억을 회상하고 관련된 감정을 배출함으로써 증세가 호전될 수 있다고 생각했다. 이러한 생각은 '신경증의 심리적 외상론'이라고 할 수 있다.

제2기: 추동심리학의 시기(1896~1923년)

심리적 외상론에 근거하여 환자를 진료하던 Freud는 새로운 사례들을 접하면서 최면술의 효과에 실망하게 된다. 최면에 걸리지 않는 환자들이 많을 뿐만 아니라 그 효과도 일시적이어서 만족스럽지 않았기 때문이다. 또한 Freud는 자신이 최면을 잘 유도하는 스타일이 아니라고 생각하며 새로운 방법을 모색하게 되었다. 그래서 환자를 장의자에 눕게 하고 마음에 떠오르는 생각을 자유롭게 말하게 하는 자유연상법을 시도하게 되었다. 만 40세가 되던 1896년에 Freud는 자유연상법을 통해 환자의 무의식을 탐색하여 치료하는 자신의 방법을 '정신분석'이라고 처음 명명하였다. 이러한 점에서 1896년은 정신분석이 시작된 해로 여겨지고 있다.

Freud는 환자의 사례분석뿐만 아니라 자기분석을 통해 정신분석 이론을 발전시켰다. Freud는 이미 1895년 7월에 꾼 '이르마의 주사'라고 명명된 자신의 꿈을 해석하면서 자기분석을 시작했다. 당시 Freud는 겉으로 보기에 성공한 신경과의사로서 다섯 명의 자녀를 둔 행복한 가장이었으나 내면적으로는 우울과 공포에 휩싸여 있었다. 자주 우울감에 빠졌고 격렬한 분노를 경험했으며, 여행하기를 두려워했고 때로는 길 건너는 것에서도 공포를 느꼈다. 뿐만 아니라 신체적 증상이 나타나서 위장장애와 심장장애로 진단받기도 했다. 그리고 절친한 친구이자 내과의사인 Fliess에게 과도한 의존성을 나타내고 있었다. 특히 1896년 10월에 아버지가 사망했을 때 Freud는 심한 죄책감과 신경증 증세로 괴로워했으며 이를 계기로 자기분석을 시작했다. 이러한 자기분석은 Freud가 오이디푸스 콤플렉스와 유아기 성욕설을 비롯한 정신분석 이론의 골격을 발전시키는 토대가 되었는데, 1895~1899년을 Freud의 자기분석기라고 한다.

1897년에 Freud는 불면증이 심한 한 여성환자를 치료하면서 발상의 전환을 가져온 새로운 임상경험을 하게 된다. 이 환자는 어린 시절에 아버지로부터 성적 유혹을 받은 기억을 떠올렸는데 매번 그 기억의 내용이 달랐다. 과거에 실제로 있었던 사건에 대한 기억이라면 기억의 내용이 매번 다를 수 없다는 것을 알게 되면서, Freud는 환자들이 호소하는 성적 외상의 내용은 실재한 사건에 대한 기억이 아니라 환자의 공상과 상상에 의한 것이라는 것을 깨닫게 되었다. 즉, 부모로부터 유혹받기를 기대한 공상이 마치 실제 사건인 것처럼 기억된다는 것을 깨닫게 되면서, Freud는 유아기 외상이론에서 유아기 공상이론으로 전환하게 된다. 즉, 실재하는 사건보다는 환자의 내면적 욕망과 공상이 증상을 초래하는 주된 심리적 원인이라는 것을 깨달은 Freud는 환자의 내면세계에서 일어나는 무의식적인 심리적 역동에 관심을 갖게 되었다. 이러한 발상의 전환이 정신분석의 진정한 시작이라고 보는 이들도 있다.

이러한 자기분석과 임상경험을 통해서 Freud는 인간을 특정한 방향으로 몰아가는 내면적인 충동, 즉 추동(drive)에 깊은 관심을 갖게 되었다. 또한 이러한 추동에 대한 내면적 공상과 심리적 과정을 이해하는 것이 심리학의 주요과제라고 생각하게 되었다. 이러한 생각 속에서 이루어진 Freud의 이론적 작업을 추동심리학(drive psychology)이라고 한다. 그는 1900년에 발표한 『꿈의 해석(Die Traumdeutung)』을 통해서 인간의 내면세계를 무의식, 전의식, 의식으로 구분하는 지형학적 모델(topographical model)을 제시했다. 무의식은 원시적이고 비합리적인 일차과정(primary process)에 의해 작동하며 쾌락원리(pleasure principle)를 따르는 반면, 전의식과 의식은 외부 현실을 고려하여 합리적이고 논리적으로 기능하는 이차과정(secondary process)과 현실원리(reality principle)를 따른다는 것이 그 골자이다. 1905년에는 『성욕이론에 관한 세 가지 에세이』를 통해서 유아기 성욕설을 제시했다.

　『꿈의 해석』은 세간의 주목을 받았고 추종자들이 생겨났다. Freud는 수요일마다 집에서 추종자들과 토론모임을 열었으며 점차 많은 사람들이 참여하게 되면서 정신

심리학자 Stanley Hall(앞줄 가운데)의 초청으로 1909년 미국을 방문했을 때의 사진
(앞줄 왼쪽이 Freud, 오른쪽은 Jung이며, 뒷줄 왼쪽부터 Abraham Brill,
Ernest Jones, Sandor Ferenzi임)

분석학회를 결성하게 되었다. Adler와 Jung은 이 시기에 Freud의 인정을 받으며 학회활동의 중심인물로 떠오르게 되었다. 1909년에 Freud는 미국의 클라크대학 총장이었던 심리학자 Stanley Hall의 초청으로 정신분석에 대한 강연을 하게 되면서 세계적인 명성을 얻게 된다. 1910년에는 국제정신분석학회가 결성되면서 추종자들이 급격히 증가하게 되었다.

제2기는 Freud가 40세에서 67세에 이르는 기간으로서 그의 전집 23권 중 15권을 저술하고 심리성적 발달단계와 오이디푸스 콤플렉스와 같은 정신분석의 주요한 개념과 이론을 제시하며 가장 왕성하게 탐구했던 시기이다. Freud가 인간의 무의식속에 어떤 추동이 있으며, 인간은 성장과정에서 이러한 추동에 어떻게 대응하고, 그 과정에서 어떤 심리적 갈등이 발생하며, 이러한 갈등이 신경증적 증상과 어떻게 관련되고, 이러한 증상을 치료하기 위해서는 어떤 치료기법이 효과적인가를 탐색했던 시기가 바로 제2기이다. 이 시기는 성적 추동을 중심으로 무의식적인 심리적 과정에 초점을 맞추고 있기 때문에, 이 시기에 주장된 Freud의 이론을 '추동심리학'이라고 부른다.

제3기: 자아심리학의 시기(1923~1939년)

Freud가 궁극적으로 추구한 것은 인간의 정신세계 전체를 통합적으로 설명할 수 있는 심리학 체계를 구축하는 것이었다. 제2기에는 Freud가 인간의 추동을 중심으로 한 무의식 세계에 관심을 두었다면, 제3기는 인간이 환경과 상호작용하면서 내면적 추동과 외부적 현실을 조정하는 자아의 기능으로 Freud의 관심이 옮겨간 시기라고 할 수 있다. 그래서 이 시기를 자아심리학(ego psychology)의 시기라고 한다.

1923년에 Freud는 『자아와 원초아』의 발표를 통해서 지형학적 모델을 성격의 삼원 구조 이론(tripartite theory of personality)으로 수정하면서 자아의 기능을 구체적으로 제시했다. 원초아(id)는 제2기에 제시한 추동 이론에 의해서 거의 그대로 설명되었으며, 자아(ego)는 원초아의 일부가 변형된 것으로서 원초아와 현실의 요구를 조정하는 심리적 기능으로 보았다. 초자아(superego)는 어린 시절에 부모와의 관계를 통해서 내면화된 도덕관념과 이상적 자아상을 포함하는 것으로 제시하였다. 1926년에 발표된 『억압, 증상과 불안』에서는 불안을 위험신호에 대한 자아의 적극적인 반응으로 보았으며 자아는 불안감소를 위해서 방어기제를 사용할 뿐만 아니라 현실적 적응을 위한 여러 기능을 담당한다고 주장하였다. Freud의 막내딸인 Anna Freud는 이러한 생각을 이어받아 1936년에 발표한 『자아와 방어기제』에서 다양한 방어기제를 제시했으며 Freud 사후에 자아심리학을 발전시키는 데 크게 기여하였다.

Freud는 평소에 하루 평균 20개비의 시가를 피우는 애연가였다. 1923년에 처음 턱에 암이 발생했으며 그 후 16년 동안 33회의 턱 수술을 받았다. 이처럼 여러 번의 수술을 통해 심한 고통을 받으면서도 그는 정신분석에 관한 연구를 게을리하지 않았다. 1933년에는 히틀러에 의해 Freud의 저서가 공개적으로 불태워졌으며 유태인에 대한 박해가 심해졌다. Freud는 82세가 되던 1938년에 유태인 학살을 피해서 비엔나를 떠나 런던으로 피신했다. 1939년 병세가 악화되어 더 이상의 삶이 무의미하다고 판단한 Freud는 안락사를 요구했으며 9월 23일 모르핀 투여를 통해 잠이 든 상태에서 세상을 떠났다. Freud는 호기심, 대담성, 불굴의 의지로 인간 정신의 심층세계를 철저하게 파헤친 위대한 탐구자였다. 또한 언어감각이 탁월한 문장가이기도 했다. 독일어로 쓰인 그의 글과 논문들이 영어로 번역되는 과정에서 미묘한 은유적 표현이 훼손되어 그의 사상이 왜곡되었다는 주장도 있다.

제4기: Freud 사후 정신분석의 발전(1939년~현재)

Freud 사망 이후에 정신분석은 크게 두 가지의 흐름으로 발전했다. 한 흐름은 Freud가 주장한 정신분석의 기본적인 주장을 고수하며 더욱 정교하게 발전시킨 것으로서 자아심리학, 대상관계 이론, 자기심리학, 관계적 정신분석이 여기에 속한다. 이러한 네 가지의 정신분석 이론은 이 장의 마지막 절에서 간략히 소개될 것이다. 다른 흐름은 무의식을 인정하되 Freud의 정신분석을 비판하고 독자적인 이론적 체계로 발전한 정신역동이론으로서 Jung의 분석심리학, Adler의 개인심리학, 그리고 Sullivan, Horney, Fromm 등과 같은 신(新)Freud 학파의 이론이 이에 해당한다. Jung의 분석심리학과 Adler의 개인심리학은 2장과 3장에서 자세하게 소개될 것이다.

3. 주요개념과 성격이론

1) 정신분석의 기본가정

Freud는 히스테리의 연구로 출발하여 정신장애뿐만 아니라 인간의 모든 행동과 문화현상까지 설명하는 거대한 이론체계를 제시하고자 했다. 그의 정신분석 이론은 인간의 심리적 현상에 대한 몇 가지 기본적인 가정에 기초하고 있다(Brenner, 1955).

첫째는 심리적 결정론(psychic determinism)으로서 인간의 모든 행동은 원인 없이 일어나지 않는다는 가정이다. 아무리 사소하고 이해하기 어려운 행동이라 하더라도 우연하게 일어나지는 않으며 심리적 원인에 의해 결정된다는 것이다. 우리의 신체와 마찬가지로, 정신 역시 우연히 일어나는 일은 없다. 모든 심리적 현상은 그에 선행하는 어떤 것에 의해 결정된다.

둘째는 무의식(unconsciousness)에 대한 가정이다. 인간의 심리적 세계에는 개인에게 자각되지 않는 무의식적 정신현상이 존재하며, 인간의 행동은 의식적 요인보다 무의식적 요인에 의해서 더 많은 영향을 받는다는 것이다. 행동의 원인을 밝히기 어려운 이유는 많은 행동이 이러한 무의식적 요인에 의해 결정되기 때문이다. 정신분석은 인간행동에 영향을 미치는 무의식적 과정을 탐구하는 것이라고 할 수 있다.

셋째는 성적 추동(sexual drive)이 인간의 가장 기본적 욕구이며 무의식의 주된 내용을 구성한다는 가정이다. 성적 욕구는 사회의 도덕적 기준에 위배되기 때문에 억압되어 무의식 속에 자리 잡게 되지만 인간의 행동에 지대한 영향을 미치게 된다. Freud는 나중에 성적 욕구와 더불어 공격적 욕구를 인간의 기본적인 욕구로 여겼다.

마지막으로, 정신분석은 어린 시절의 경험을 중요시한다. 어린 시절의 경험, 특히 부모와의 상호작용 경험이 성격형성의 기초를 이룬다고 본다. 성인의 행동은 어린 시절의 경험을 통해 형성된 무의식적인 성격구조가 발현된 것으로 이해된다. 따라서 개인의 행동을 이해하기 위해서는 어린 시절의 경험과 기억을 잘 탐색해야 한다는 것이 정신분석의 기본적 입장이다.

2) 마음의 지형학적 모델: 무의식의 세계

본래 신경과 의사였던 Freud는 신체적 손상이 없음에도 불구하고 신체 일부의 마비 증상을 나타내는 히스테리 환자들을 치료하면서 이러한 증상이 심리적 요인에 의한 것임을 알게 되었다. 그러나 환자들은 자신의 증상이 왜 어떤 이유로 생겨났는지에 대한 자각이 전혀 없었다. 그 이유는 환자 자신도 알지 못하는 무의식 세계가 존재하며 그 속에서 일어나는 심리적 활동이 증상의 원인이기 때문이다. 자유연상과 꿈 분석을 통해 무의식의 존재와 기능을 인식한 Freud는 자신의 생각을 체계적인 이론으로 정리하여 발표하기 시작했다. 그는 1900년에 발표한 『꿈의 해석』에서 인간의 정신세계를 의식, 전의식, 무의식으로 구분하는 지형학적 모델(topographical model)을 제시했다.

이 모델에 따르면, 인간의 심리적 경험은 의식적 접근의 가능성을 기준으로 다음과 같은 세 가지 수준으로 구분할 수 있다. 그 첫째는 의식 수준(conscious level)으로서 항상 자각하고 있는 지각, 사고, 정서 경험을 포함한다. 이러한 의식적 경험은 인간의 정신세계에 있어서 극히 일부분에 해당된다. 정신세계라는 거대한 빙산에서 수면으로 떠오른 일부가 의식적 경험에 해당된다. 둘째는 전의식 수준(preconscious level)으로서 평소에는 의식하지 못하지만 약간의 노력을 기울이면 쉽게 의식으로 떠올릴 수 있는 기억과 경험을 의미한다. 전의식은 무의식의 내용을 의식으로 연결하는 교량 역할을 한다.

마지막으로, 무의식 수준(unconscious level)은 자각하려는 노력에도 불구하고 쉽게 의식되지 않는 다양한 심리적 경험을 포함한다. 이러한 무의식은 수용되기 어려운 성적 욕구, 폭력적 동기, 부도덕한 충동, 비합리적 소망, 수치스러운 경험과 같이 의식에 떠오르면 위협적인 것으로 느껴지기 때문에 억압된 욕구, 감정, 기억의 보관소라고 할 수 있다. Freud는 정신세계를 빙산에 비유하면서 [그림 2-1]과 같이 그 대부분은 무의식의 수면 아래 잠겨 있다고 주장했다. 이러한 무의식은 의식에 잘 떠오르지 않

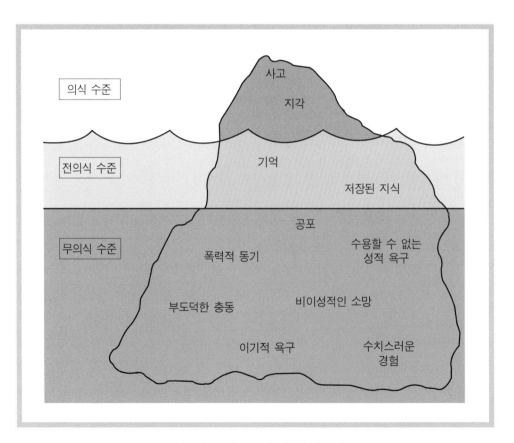

[그림 2-1] 마음의 지형학적 모델

지만 개인의 생각과 행동에 지대한 영향을 미친다는 점에서 중요한 의미를 지닌다.

마음의 지형학적 모델은 무의식의 중요성을 강조한다. 정신장애를 유발할 뿐만 아니라 인간 행동의 대부분이 무의식 속에 존재하는 심리적 요인에 의해서 결정된다는 것이다. 따라서 정신분석 치료의 핵심은 무의식 속에 억압되어 있는 심리적 내용을 찾아내어 의식화하는 것이다. Freud에 따르면, 꿈은 무의식에 이르는 왕도이다. 꿈 해석은 무의식을 이해하는 대표적인 방법으로서 꿈의 내용 속에 은밀하게 담겨 있는 무의식적 욕구, 소망, 갈등을 발견하는 것이다. 이 밖에도 다양한 심리적 증상을 비롯하여 일상적인 실수, 망각, 농담에도 무의식의 소망과 갈등이 위장되어 나타난다. 환자로 하여금 꿈을 비롯하여 그의 다양한 행동과 경험을 정밀하게 검토하여 무의식의 소망과 갈등을 의식화하도록 돕는 것이 정신분석의 핵심이다.

그런데 인간의 무의식 세계는 매우 복잡하고 다층적이어서 이해하기가 쉽지 않다. 무의식 세계에는 개인의 심리적 경험 중에서 자각될 경우 불쾌하거나 고통스럽게 느껴지는 것들이 억압되어 저장된다. 과거 경험은 의식되지 않는다고 해서 영원히 사라지는 것이 아니라 무의식 속에 남아 지속적인 영향을 미친다. 무의식에 저장된 심리적 요소들은 일치성이나 상충성에 따라 서로를 촉진하거나 억제하는 역동적인 관계를 지니는데, 이를 정신역동(psychodynamics)이라 한다. 개인의 행동은 다양한 무의식적 요소들 간의 타협과 절충의 산물이라고 할 수 있다. 이러한 점에서 인간의 무의식 세계는 과거의 수많은 기억과 억압된 경험들이 축적되어 있는 심리적 지하의 어두운 저장소인 동시에 다양한 심리적 요인들이 어둠 속에서 은밀하게 경쟁하고 타협하는 심리적인 지하공장이라고 할 수 있다. 이러한 무의식 세계의 구조와 작동원리를 밝히는 것이 Freud의 주된 관심사였다.

3) 성적 추동: 마음을 움직이는 원동력

Freud는 인간의 마음, 특히 무의식 세계를 움직이는 가장 근원적인 동력을 규명하고자 했다. 그는 자기분석과 임상경험에 근거하여 무의식을 움직이는 원동력은 추동(drive), 즉 내면적인 욕망과 충동이라고 생각했다. 추동은 개인을 어떤 방향으로 몰아가는 내면적인 힘으로서 무의식적인 심리적 과정을 통해서 개인의 행동과 증상에 영향을 미친다. Freud는 이러한 추동의 본질을 밝히고 추동이 개인의 삶에 영향을 미치는 무의식적인 과정을 규명하는 것이 정신분석의 주된 과제라고 생각했다.

추동(趨動, drive)은 정신분석 이론의 가장 핵심적인 개념으로서 인간이 출생 초기부터 지니고 있는 생물학적인 욕구를 의미한다. Freud는 추동을 숨쉬기, 먹기, 마시

기, 배설하기와 같은 행동을 유발하는 자기 보존적 추동(self-preservative drive)과 성
적인 쾌락과 행동을 추구하는 종(種) 보존적 추동(species-preservative drive)으로 구분
했다. 특히 일상생활에서 쉽게 충족되지 않을 뿐만 아니라 사회적으로 억압되는 성적
인 추동(sexual drive)을 무의식 세계의 주된 동력이라고 생각했으며 이러한 성적인
에너지를 리비도(libido)라고 지칭했다.

　　Freud에 따르면, 인간이 나타내는 대부분의 행동은 근원적으로 성적인 추동에
의한 것이며 그러한 추동이 사회적으로 수용될 수 있는 형태로 변형되어 나타난 것이
다. 그는 인간의 마음을 움직이는 가장 중요한 동력을 성욕이라고 보았다. 1905년에
는 『성욕이론에 관한 세 가지 에세이』를 통해 어린 아이에게도 성욕이 있다는 유아기
성욕설을 제시했다. 이러한 주장은 당시에 종교인을 비롯한 많은 사람들로부터 비난
과 공격의 대상이 되었다. 그럼에도 불구하고 자신의 임상경험과 자기분석 그리고 많
은 문화적 현상의 관찰을 통해서 확신한 진실을 불굴의 의지로 정직하고 용기 있게
주장한 것은 Freud의 위대한 면모 중 하나이다. 이처럼 성적 추동을 중심으로 체계화
한 그의 주장들을 '추동심리학'이라고 부르며 '리비도 심리학(libido psychology)' 또
는 '원초아 심리학(id psychology)'이라고 부르기도 한다.

　　1914년에 발발한 제1차 세계대전과 둘째 딸의 사망을 경험하면서, Freud는 성적
인 욕구뿐만 아니라 공격적인 욕구가 매우 보편적이고 강력함을 깨닫게 되었다. 그는
1920년에 『쾌락의 원리를 넘어서』를 통하여 자기 소멸과 파괴를 향한 죽음 본능
(thanatos)에서 유래하는 공격적 욕구를 인간의 근원적 추동으로 제안했다. 삶의 본능
인 성욕과 죽음의 본능인 공격욕이 인간의 주된 두 가지 욕구라는 이러한 주장은 '이
중 본능 이론(dual instincts theory)'이라고 불린다. 성욕과 공격욕은 서로 충돌하여 갈
등을 일으키기도 하는데, 예를 들어 유아가 엄마의 젖을 빨면서 씹거나 깨무는 것은
이 두 가지 욕망이 함께 작동하는 결과로서 사랑과 미움 그리고 애착과 공격을 함께
표현하는 행위로 이해될 수 있다.

4) 심리성적 발달단계

　　Freud는 환자들의 무의식에 존재하는 어린 시절의 경험이 중요한 영향을 미친다
는 사실을 깨닫게 되면서 유아의 발달과정에 관심을 갖게 되었다. 특히 가장 근원적
인 성적 추동이 유아의 성장과정에서 어떻게 나타나는지를 밝히고자 했다. Freud가
말하는 성욕은 넓은 의미를 지니는 것으로서 타인과의 접촉을 통해 쾌락과 애정을 얻
고자 하는 욕구를 뜻한다. 성욕의 궁극적인 목표는 성교행위를 통한 종의 보전이지

만, Freud는 이와 관련하여 신체적 쾌락과 만족을 추구하려는 충동들을 성욕이라고 넓게 정의한 것이다. 이런 관점에서 보면, 유아도 성욕을 지니고 있는 것이다.

인간의 몸에는 점막으로 이루어진 세 부위가 있다. 입, 항문 그리고 성기이다. 이렇게 음식섭취, 배설 그리고 성행위를 담당하는 세 부위는 피부의 보호를 위해 조밀한 세포구조로 이루어져 있고 많은 신경이 분포되어 감각과 쾌감을 민감하게 느낄 수 있다. 유아는 태어나면서부터 입으로 엄마의 젖꼭지를 빨면서 쾌감을 경험한다. 조금 더 성장하면 배변훈련을 받으면서 항문이 주된 관심사가 되고 이어서 성기로 관심의 초점이 옮겨간다. 이처럼 입, 항문, 성기는 쾌락과 만족감을 줄 뿐만 아니라 부모와의 상호작용이 일어나는 주된 신체기관이다. Freud는 이런 점에 착안하여 신체부위에 초점을 맞춘 **심리성적 발달이론**(theory of psychosexual development)을 제시하였다.

Freud는 **유아 성욕**(infantile sexuality)을 주장하면서 어린 아이가 쾌락을 추구하는 신체부위는 나이에 따라 변천하며 이러한 욕구충족 경험이 성격형성에 중요하다고 보았다. 즉, 어머니를 비롯한 양육자와의 상호작용에서 유아는 입, 항문, 성기를 통해 쾌락을 추구하는데, 이 과정에서 아이가 겪게 되는 욕구의 만족과 좌절 경험이 성격형성에 중대한 영향을 미친다는 것이다. 특히 심리성적 발달과정에서 과도한 만족이나 좌절은 아이의 성격형성에 부정적인 영향을 미쳐서 성인기의 심리적 장애를 유발하는 원인이 될 수 있다.

구강기(oral stage)는 출생 직후부터 1년 반까지의 시기에 해당한다. 이 시기에 유아는 입으로 엄마의 젖을 빨거나 먹는 것에 관심을 집중하며 입술과 혀, 목구멍을 통해서 쾌감을 얻게 된다. 유아는 입을 통해 엄마의 젖을 빨면서 외부 대상과 처음으로 관계경험을 하게 된다. 입을 통해 엄마와 상호작용하며 만족감과 좌절감을 경험하며 외부 존재에 대한 기초적 인식을 형성하게 되는데, 이러한 경험들이 성격형성에 영향을 주게 된다. 구강기의 욕구가 과도하게 충족되면, 의존적이고 자기중심적이며 요구가 많은 구강기적 성격이 형성될 수 있다. 욕구의 과도한 좌절은 입으로 씹고 깨물고 내뱉는 행동을 유발하여 구강기의 공격적 성격을 형성하여 빈정거림, 냉소, 논쟁적인 행동으로 나타날 수 있다. 반면에 이 시기에 욕구가 적절하게 충족되면, 자신감 있고 관대하며 외부세계에 대해 신뢰감을 지니는 안정된 성격을 형성하게 된다.

항문기(anal stage)는 생후 1년 반에서 3년까지의 시기로서 쾌락을 추구하는 신체부위가 입에서 항문으로 옮겨진다. 이 시기에 아동은 배변을 참거나 배설하면서 긴장감과 배설의 쾌감을 경험한다. 이 시기는 부모가 아동에게 배변훈련(toilet training)을 하는 시기로서 아동은 부모의 통제를 받게 되는 과정에서 갈등을 경험하게 된다. 배변훈련과정에서 아동은 불안과 수치심을 경험하게 되며 자율성과 자기통제력을 발달시키게 된다. 항문기에 욕구가 지나치게 만족되거나 좌절되면, 완벽주의적이고 청결과 질서에 집착하며 인색한 성격이 형성되거나 불결하고 분노를 잘 느끼며 양가감정적인 성격으로 나타날 수 있다. 그러나 적절한 욕구만족 경험을 하게 되면 독립적이고 자기주장적이며 협동적인 성격을 형성하게 된다.

남근기(phallic stage)는 만 3세에서 6세 사이의 시기로서 쾌락을 추구하는 신체부위가 항문에서 성기로 바뀌게 된다. 남자 아동의 경우는 자신의 남근에 많은 관심을 갖게 되는 반면, 여자 아동은 남근에 해당하는 음핵을 통해 쾌감을 느끼려는 성향이 나타난다. 이 시기는 아동 성기기라고 불리기도 하는데, 아동은 성기에 대한 호기심과 노출행동을 나타내고 소변을 보면서 쾌감을 얻는다.

Freud는 남근기가 성격발달에 있어서 각별히 중요한 의미를 지닌다고 보았다. 성기에 대한 아동의 관심이 이성 부모에게로 확산되면서, 아동은 이성 부모에게 유혹적인 행동을 보이며 애정을 독점하려고 노력하는 동시에 동성 부모를 경쟁자로 인식하게 된다. 이 시기의 아동은 부모와의 삼각관계 속에서 복잡한 심리적 갈등을 경험하며 상상 활동이 활발해진다. 남자 아동은 어머니를 독점하려 하지만 경쟁자인 강력한 아버지에 의해 남근이 잘릴지도 모른다는 상상 속에서 거세불안(castration anxiety)을 경험하게 된다. 어머니의 애정을 독점하려는 남자 아동은 아버지에 대해서 경쟁심, 적대감, 두려움, 존경심, 애정 등의 복잡한 감정 속에서 갈등을 경험하게 된다. Freud는 남자 아동이 어머니의 사랑을 얻기 위해 아버지와 경쟁하는 삼각관계에서 경험하는 복잡한 심리적인 갈등을 오이디푸스 콤플렉스(Oedipus complex)라고 명명했다.

남근기에 나타내는 남자 아동의 유혹적인 행동에 대해서 부모가 유연하게 대응하면, 아동이 세대의 구분을 이해하게 되면서 어머니에 대한 유혹적 행동이 줄어들고 아버지에 대한 동일시를 통해서 남자의 성역할을 학습하게 된다. 오이디푸스 콤플렉스의 원만한 해결은 건강한 성정체감의 형성, 초자아와 자아의 발달, 삼각관계의 수용과 더불어 건강한 이성관계를 맺을 수 있는 능력의 발달이라는 긍정적인 결과를 낳게 된다. 그러나 오이디푸스 콤플렉스가 잘 해결되지 못하면 이후의 적응과 성격형성에 문제를 초래할 수 있다. 예컨대, 권위적 인물에 과도한 두려움과 복종적 태도를 나타내거나 지나치게 경쟁적 성격특성을 나타낼 수 있다. 여자 아동의 경우에는 아버지의 애정을 독점하려 하면서 어머니를 경쟁자로 인식하게 되는 유사한 현상이 나타나는데, 이는 엘렉트라 콤플렉스(Electra complex)라고 불린다. Freud는 오이디푸스 콤플렉스와 관련된 고통스러운 경험들이 나중에 성인기의 신경증을 유발하는 주요한 원인이라고 보았다.

잠복기(latency stage)는 만 6세부터 사춘기 이전까지의 시기로서 학업과 친구에 대한 관심이 증가하면서 성적인 욕망의 표출이 뚜렷하게 나타나지 않는다. 성적인 욕구가 잠복하는 대신에 아동은 학교생활, 친구교제, 운동, 취미활동에 관심을 쏟게 된다. 이 시기는 자아가 성숙하고 초자아가 확립되는 시기로서 현실적 성취와 원만한 대인관계를 위한 적응능력이 발달하게 된다. 그러나 이 시기에 좌절을 경험하게 되면 열등감이 형성되고 소극적이고 회피적인 성격특성을 나타낼 수 있다.

성기기(genital stage)는 사춘기 또는 청소년기 이후의 시기로서 육체적인 성숙과 더불어 성적인 측면에서 성인으로 발전하는 시기이다. 이 시기의 성 에너지는 이성에게 집중된다. 성 욕구가 현저하게 증가하며 이성과의 연인관계를 통해서 성 욕구를 충족시키고자 한다. 성기기는 급격한 신체적 변화와 더불어 부모로부터의 심리적 독립과 자기정체성의 확립이라는 과중한 발달과제를 안고 있는 시기이기도 하다. Freud는 성기기를 통해서 성격형성이 완결된다고 보았다.

5) 성격의 삼원구조 이론

Freud는 인간의 다양한 행동을 설명할 수 있는 좀 더 정교한 성격이론을 개발하기 위해 끊임없이 노력했다. 그는 1923년에 발표한 『자아와 원초아』에서 마음의 지형학적 모델을 성격의 삼원구조 이론(tripartite theory of personality)으로 발전시켰다. 그는 원초아, 자아, 초자아라는 세 가지 심리적 구조를 제안했으며 특히 자아의 기능을 중요하게 여겼다. 인간의 정신세계는 매우 충동적이고 비합리적인 마음, 현실을 고려하는 합리적인 마음, 그리고 도덕과 양심을 중시하는 마음이 서로 충돌하고 타협하면서 외부세계와 상호작용한다. Freud는 이러한 세 가지 마음을 각각 원초아, 자아, 초자아라고 명명한 것이다.

원초아(原初我: id)는 충동적 행동을 유발하는 원초적 욕구와 이를 충족시키려는 심리적 과정을 의미한다. 원초아는 현실적 여건을 고려하지 않고 즉각적으로 욕구를 충족시키려는 쾌락원리(pleasure principle)에 따라 작동한다. 또한 자기중심적이고 비현실적이며 비논리적인 원시적 사고과정을 나타내게 되는데, 초기의 기초적인 심리적 과정이라는 의미에서 이를 일차 과정(primary process)이라고 부른다. 어린 유아는 이러한 원초아 상태에서 삶을 시작한다. 성적 에너지인 리비도는 욕구를 충족시켜 줄 대상에게 지향되어 투여되는데 이러한 과정을 부착(cathexis)이라고 한다. 원초아는 항상 즉각적인 욕구충족을 추구한다. 그러나 욕구충족이 차단된 상태에서는 원래의 충족 대상과 가장 유사한 다른 대상에게로 리비도 부착이 이동한다. 예컨대, 배가 고프면 엄마의 젖가슴을 찾지만 엄마가 없을 경우에는 엄마의 젖가슴에 대한 기억과 상상을 하게 된다.

어린 유아는 엄마와의 상호작용 속에서 욕구의 충족이 지연되거나 좌절되는 경험을 하게 된다. 이러한 과정 속에서 유아는 환경의 현실에 적응하는 심리적 기능을 발달시키게 된다. 예를 들어, 아이는 배가 고플 때 즉각적으로 울음을 터뜨리며 보채기보다는 "먹을 것을 주세요."라고 요구하는 것을 배우게 된다. 이처럼 욕구충족을 지연하면서 현실을 고려하고 미래를 예상하여 행동을 선택하는 심리적 기능이 발달하게 되는데, 이것이 바로 자아이다.

자아(ego)는 환경에 대한 현실적인 적응을 담당하는 심리적 구조와 기능을 의미한다. 이러한 자아는 생후 6~8개월부터 발달하기 시작하며 2~3세가 되어야 자아의 기능을 제대로 수행하게 된다. 자아는 현실의 여건을 고려하여 판단하고 욕구충족을 지연하며 행동을 통제하는데, 이것은 자아가 현실원리(reality principle)에 따라 작동하기 때문이다. 자아는 감각과 운동, 지각, 추론, 판단, 기억, 언어 등의 인지적 기능을 비롯하여 감정조절, 만족지연, 좌절인내와 같은 다양한 적응적 기능을 담당한다. 자아는 현실적이고 합리적이며 이성적인 사고과정을 나타내는데, 이를 이차 과정(secondary process)이라고 부른다.

부모는 어린 자녀를 양육하면서 사회의 도덕과 윤리규범에 따라 아이의 행동에 대해서 칭찬을 하기도 하고 처벌을 하기도 한다. 이런 경험이 반복되면서, 아이는 부모의 칭찬과 처벌에 일정한 규칙이 있음을 알게 되고 이를 자신의 심리적 세계 속에 내재화하게 된다. 이처럼 아동의 마음속에 내면화된 사회적 규범과 부모의 가치관을 초자아(超自我: superego)라고 한다. 아동은 초자아를 통해 자신의 행동을 스스로 통제함으로써 부모의 처벌과 그에 대한 불안을 회피할 수 있게 된다. Freud는 초자아가 5~6세에 형성되기 시작하여 10~12세가 되어야 제대로 기능한다고 보았다. 아동이 부모가 자신에게 원하는 가치를 내면화한 자아 이상(ego ideal)도 초자아의 일부를 구성하게 된다. 초자아는 행동의 선악을 판단하는 도덕적 규범이나 가치관으로서 도덕원리(moral principle)에 따라 기능한다.

[그림 2-2]에 제시되어 있듯이, 원초아는 대부분 무의식 속에서 기능한다. 자아는 의식과 전의식 수준에서 외부현실과 접촉하며 원초아의 소망과 현실의 요구를 절충하는 기능을 한다. 초자아는 상당부분이 무의식에서 기능하지만 일부는 의식될 수 있다. 원초아, 자아, 초자아는 인간의 다양한 행동을 설명하기 위한 심리적 기능과 장치를 의미하는 것으로서 실재하는 것은 아니다.

인간의 마음에서는 원초아, 자아, 초자아가 서로 경합한다. 원초아의 힘이 강할 때는 충동적이거나 비이성적인 제멋대로의 행동이 나타나게 된다. 반면에, 초자아가

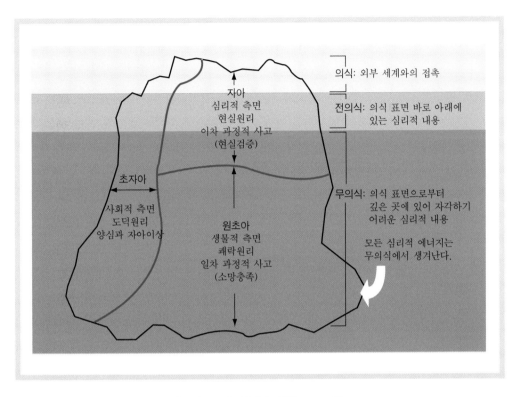

의식: 외부 세계와의 접촉

전의식: 의식 표면 바로 아래에 있는 심리적 내용

자아
심리적 측면
현실원리
이차 과정적 사고
(현실검증)

무의식: 의식 표면으로부터 깊은 곳에 있어 자각하기 어려운 심리적 내용

모든 심리적 에너지는 무의식에서 생겨난다.

초자아
사회적 측면
도덕원리
양심과 자아이상

원초아
생물적 측면
쾌락원리
일차 과정적 사고
(소망충족)

[그림 2-2] 성격의 삼원구조 모델

강할 경우에는 지나치게 도덕적이거나 완벽주의적인 완고한 행동이 나타날 수 있다. 자아는 외부 현실을 고려하여 원초아와 초자아의 요구를 절충하여 행동하려고 노력한다. Freud는 이처럼 인간의 정신세계에서는 원초아, 자아, 초자아가 서로 경쟁하고 타협하는 역동적인 과정이 일어난다고 보았다. 아울러 건강한 삶을 위해서는 자아의 기능이 중요하다고 보았다. 그는 자아를 외부환경과 더불어 원초아와 초자아를 중재하는 성격의 중심구조로 여겼다. Freud에 따르면, 건강하고 성숙한 사람은 환경의 여건을 고려하여 원초아의 욕구를 초자아의 도덕관념과 절충하면서 적절하게 충족시키는 자아의 기능이 잘 발달된 사람이라고 할 수 있다. 달리 말하면, 욕망과 도덕 그리고 현실의 요구를 균형적으로 잘 조화시키는 사람이라고 할 수 있다.

6) 방어기제

자아는 환경의 요구와 더불어 원초아와 초자아를 중재하는 성격의 중심구조로서 이들을 잘 조절해야 하는 부담을 지닌다. 자아의 기능이 약해지거나 다른 세력의 힘이 강해지면, 자아는 불안을 느끼게 된다. Freud는 1926년에 『억압, 증상과 불안』의 저술을 통해서 자아는 불안을 감소시키기 위해 방어기제를 사용한다고 주장했다. 그는 자아가 느끼는 불안을 세 가지 유형으로 구분했다. 그 첫째는 외부의 실재적 위협에 대한 현실불안(reality anxiety)으로서 현실의 위험요소를 제거함으로써 해소될 수 있다. 다른 두 가지는 개인의 내부에서 발생하는 불안으로서 원초아, 자아, 초자아 간의 갈등에 의해서 발생한다. 원초적인 욕구를 지나치게 억압하면 무의식의 원초아 세력이 강해져서 의식으로 침범하게 된다. 이러한 경우처럼 자아가 원초아의 세력을 조절하지 못함으로써 강렬한 욕망과 감정을 통제할 수 없을 것 같은 두려움을 느끼게 되는데, 이를 신경증적 불안(neurotic anxiety)이라고 한다. 자아는 초자아와의 갈등으로 인해서 도덕적 규범이나 부모가 소중하게 여기는 가치를 위배하는 것에 대한 두려움을 느낄 수 있는데, 이것은 도덕적 불안(moral anxiety)이라고 불린다. 이러한 내면적 갈등으로 인한 불안을 감소시키기 위해서 자아가 발달시키는 기능이 방어기제(defense mechanism)이다.

방어기제는 불안을 감소하기 위해서 무의식적으로 작동하는 자아의 기능으로서 다양한 종류가 있다. Freud가 억압, 부인, 투사 등과 같은 기본적인 방어기제를 소개했으며 그의 막내딸인 Anna Freud는 1936년에 『자아와 방어기제』를 통해서 다음과 같은 다양한 방어기제를 제시했다.

억압(repression)은 수용하기 힘든 원초적 욕구나 불쾌한 경험이 의식에 떠오르지 못하도록 무의식 속에 눌러두는 것을 뜻한다. 억압은 의식적인 경험을 무의식적인 것으로 전환시키는 것으로서 가장 일반적인 방어기제이며 불안의 원천이기도 하다. Freud에 따르면, 5세 이전에 발생한 성적 학대와 같은 외상 경험은 억압을 통해서 무의식에 저장되며 외상 기억의 과도한 억압은 히스테리 반응을 초래하게 된다.

부인(denial)은 자신의 감각이나 사고 또는 감정을 심하게 왜곡하거나 인식하지 못함으로써 고통스러운 현실을 부정하는 것이다. 예컨대, 사랑하는 사람을 갑자기 사고로 잃은 사람은 그의 죽음을 인정하지 않은 채 부정할 수 있다.

반동형성(reaction formation)은 받아들이기 어려운 심리상태와 반대되는 행동을 함으로써 불안을 회피하는 것이다. 예를 들어, 남편에 대한 증오심을 지닌 한 여성은 반대로 사랑과 헌신의 행동을 나타내면서 매일의 불쾌감을 회피하는 동시에 결혼생활 파탄의 위험을 피할 수 있게 된다.

투사(projection)는 용납할 수 없는 자신의 감정이나 욕구를 다른 사람의 것으로 돌리는 것을 뜻한다. 예를 들어, 직장상사에게 적개심을 지닌 부하직원은 자신의 적개심을 상사에게 투사하여 그가 자신을 미워한다고 인식할 수 있다.

대치(displacement)는 자신의 감정이나 욕구를 위험한 사람이나 대상에게 표출하지 않고 안전한 것으로 돌려 대리적으로 충족하는 것을 말한다. 종로에서 뺨 맞고 한 강에서 화풀이한다는 말이 있듯이, 직장상사에게 야단을 맞은 사람이 상사에게 대들지 못하고 부하직원에게 짜증을 내는 경우가 이에 속한다.

합리화(rationalization)는 빈약한 성과나 실패와 같이 불쾌한 상황을 그럴듯한 이유로 정당화함으로써 불안을 회피하는 것이다. 합리화의 좋은 예는 포도를 따기 위해 노력했지만 결국 실패한 여우가 돌아서면서 "저건 신포도."라고 말하며 스스로를 위안하는 〈여우와 신포도〉의 비유이다.

퇴행(regression)은 이전의 발달단계로 되돌아감으로써 현재의 불안이나 책임감을 회피하는 것이다. 대소변을 잘 가렸던 아이가 새로 태어난 동생에게 부모의 관심이 집중되면서 다시 대소변을 지리게 되는 경우가 퇴행에 속한다.

동일시(identification)는 다른 사람의 특징을 자신의 것으로 여기면서 불안과 같은 부정적인 감정을 감소시키는 것이다. 예를 들어, 강력한 힘을 지닌 아버지의 행동을 일부 따라하면서 마치 자신이 아버지처럼 강력한 힘을 지닌 것으로 느끼는 어린 아이의 경우가 동일시에 속한다.

지성화(intellectualization)는 정서적인 주제를 이성적인 주제로 전환하여 추상적으로 다룸으로써 불안을 회피하는 것이다. 예를 들면, 여자로부터 거부를 당한 남자가 현대 여성의 심리와 이성관계에 대해서 지적인 분석을 하면서 자신의 고통과 상처를 회피할 수 있다.

승화(sublimation)는 성적이거나 공격적인 욕구를 사회적으로 수용될 수 있는 건설적인 행동으로 변환하는 것을 뜻한다. 예를 들어, 성적인 욕구를 아름다운 그림으로 표현하거나 공격적인 욕구를 스포츠 활동으로 표현하는 경우가 승화에 속한다.

이 밖에도 다양한 방어기제가 존재한다. Freud 사후에 자아의 중요성을 강조하면서 자아의 기능을 정교하게 체계화하는 이론이 발전하였는데, 이를 자아심리학(ego psychology)이라고 한다. 방어기제는 불안을 회피하기 위한 자아의 무의식적인 기능으로서 그 성숙도에 따라 다양하게 분류된다.

4. 정신병리 이론

1) 정신병리의 일반적 원인

Freud가 정신분석 이론을 발전시킨 일차적 이유는 그 당시의 지식으로는 이해할 수 없었던 히스테리를 비롯한 정신장애의 원인과 치료방법을 발견하기 위한 것이었다. 초기에 그는 어린 시절에 겪은 외상 경험이 무의식에 억압되어 있다가 임상적 증상으로 표출된다고 생각했다. 그러나 외상 경험에 대한 환자들의 기억이 자주 변한다는 것을 인식하면서, Freud는 그러한 경험이 사실이 아니라 공상에 의한 것일 수 있다고 생각했다. 즉, 실재하는 사건보다는 환자의 내면적 욕망과 공상이 증상을 초래하는 주된 심리적 원인이라는 것을 깨닫게 되면서, Freud는 환자의 내면세계에서 일어나는 무의식적인 심리적 역동에 관심을 갖게 되었다.

Freud에 따르면, 인간의 내면세계는 원초아, 자아, 초자아가 무의식 속에서 경합하는 역동적인 세계이다. 원초아는 야생마처럼 성적인 또는 공격적인 욕망의 즉각적인 충족을 요구하며 날뛴다. 초자아는 엄격하고 깐깐한 교사처럼 도덕적 규범과 부모의 가치를 요구하며 압박한다. 자아는 외부적으로 현실의 상황을 고려하는 동시에 내면적으로는 원초아와 초자아의 요구를 절충하고 조정하기 위해서 애를 쓴다. 이처럼 인간의 내면세계는 다양한 심리적 세력 간의 힘겨루기와 더불어 타협을 위한 암중모색이 일어나는 역동적인 장이다.

심리적으로 건강한 사람은 자아가 잘 발달되어 주도권을 쥐고 원초아와 초자아의 요구를 적절하게 해소하면서 현실에 잘 적응한다. 그러나 여러 가지 이유로 자아가 조정자의 기능을 잘 하지 못하게 되면 무의식적인 갈등이 심화되고 심리적 증상이 초래될 수 있다. 무의식적인 갈등이 심화되는 첫 번째 이유는 성적이거나 공격적인 욕구의 과도한 억압으로 인해 짓눌린 원초아의 요구가 강력해지는 것이다. 둘째는 초자아가 과도하게 경직된 윤리의식이나 완벽주의적인 가치를 요구하는 경우이다. 셋째는 현실적인 문제의 해결을 위한 심리적 부담이나 스트레스로 인해서 자아의 기능이 약화되는 경우이다. 어떠한 경우든 자아가 효과적으로 조정자의 역할을 수행하지 못하면 심리적 불안을 느끼게 된다.

불안을 느끼게 되면, 자아는 방어기제를 동원하게 된다. 앞에서 언급했듯이, 방어기제는 매우 다양하다. 개인은 자신에게 익숙한 방어기제를 통해서 불안을 감소시키고자 한다. 이때 특정한 방어기제를 너무 자주 그리고 융통성 없이 부적절하게 사용하면 현실적응이 저하될 뿐만 아니라 정신병리로 나타날 수 있다. 특히 미숙한 방어기제에 과도하게 의존하게 되면 부적응이 심화되어 정신장애를 유발할 수 있다. 정신장애의 증상은 방어기제의 유형과 더불어 무의식적 갈등의 내용과 상징적 또는 연상적 관련성을 지닌 형태로 나타나게 된다.

방어기제는 그 성숙도에 따라 다양하게 분류된다. Vaillant(1971, 1992)는 방어기제를 그 성숙도에 따라 성숙한 방어(예: 승화, 이타주의, 유머), 신경증적 방어(예: 억압,

반동형성, 대치, 합리화), 미성숙한 방어(예: 퇴행, 신체화, 동일시, 행동화), 자기애적 방어(예: 부정, 분리, 투사)의 네 가지 유형으로 분류했다. 성숙한 방어기제는 적응에 도움이 되지만, 다른 유형의 방어기제는 과도하게 사용하게 되면 부적응적 결과를 초래하게 된다. 정신장애의 증상은 개인이 사용하는 부적응적인 방어기제와 밀접하게 관련되어 있다.

　　Freud는 성격특성과 정신장애의 기원이 어린 시절의 경험에 있다고 보았다. 그는 1920년에 발표한 『쾌락원칙을 넘어서』에서 반복강박(repetition-compulsion)의 개념을

◆ Little Hans의 사례

　　Little Hans의 사례는 오이디푸스 콤플렉스의 증거를 보여줄 뿐만 아니라 무의식적 갈등이 어떻게 특정한 증상으로 나타나는지를 잘 보여주고 있다. Little Hans는 말 공포증을 지닌 5세의 남자 아이이다. 그는 당시 비엔나의 길거리를 뛰어다니는 말이 자신을 깨물지도 모른다는 공포를 지니고 있었다. 그의 아버지에 따르면, Hans는 3세경부터 '고추'에 관심을 갖기 시작했고 어머니에게 고추를 보여주며 만지는 행동을 자주 보였다. 그래서 어머니는 Hans에게 고추를 만지지 말라며 그렇지 않으면 의사를 불러 고추를 잘라 버리겠다고 말한 적이 있었다. 5세가 될 즈음에 Hans는 길거리에 다니는 말의 커다란 성기를 보고 나서 말에 대한 두려움이 생겼다.

　　Freud는 1909년에 발표한 『5세 남아의 공포증 분석』을 통해서 Hans의 사례를 다음과 같이 해석했다. Hans의 말 공포증은 오이디푸스 콤플렉스의 표현이다. 남근기에 접어든 Hans는 어머니의 사랑을 독차지하고자 하면서 아버지를 경쟁상대로 여겼다. 그러나 아버지는 크고 강한 존재이기 때문에 Hans는 아버지에게 두려움을 느꼈으며 특히 자신의 고추를 잘라버릴지 모른다는 거세불안을 느꼈다. Hans의 말 공포증은 아버지에 대한 두려움, 특히 거세불안을 상징적으로 표출한 것이다. Hans는 특히 검정색 눈가리개를 한 하얀 말을 두려워했는데, 그의 아버지는 매우 열정적인 백인이며 턱수염이 많고 검정색 안경을 끼고 있었다. 늘 집에서 접해야 하는 아버지에 대한 두려움을 완화하기 위해서 Hans는 무의식적으로 아버지를 연상시키는 말에게 두려움을 전이한 것이다. 특히 말이 깨물지 모른다는 두려움은 아버지에 대한 거세불안을 의미한다. Hans의 말 공포증은 Freud의 조언에 따라 그의 아버지가 Hans에게 고추를 거세할 의도가 없다는 것을 설득하고 나서 점진적으로 사라졌다고 한다.

제시하고 있다. 인간은 과거에 경험한 것을 반복하려는 집요한 경향이 있으며, 특히 어린 시절에 경험했던 행동을 성장 후에도 반복하게 된다. 성인이 되어 경험하는 심리적 갈등은 어린 시절에 경험했던 갈등이 부활하거나 재현된 것이라고 할 수 있다.

이런 점에서 개인의 성격과 증상을 이해하기 위해서는 어린 시절의 심리성적 발달과정을 잘 이해하는 것이 중요하다. 심리성적 발달과정에서 과도한 욕구만족이나 좌절을 경험하게 되면 특정한 발달단계에 고착되어 성숙한 성격으로의 발달이 저해될 수 있다. 또한 성장한 후에도 심한 좌절을 경험하면 만족스러웠던 이전의 발달단계로 퇴행할 수도 있다. 즉, 정신장애는 심리성적 발달과정에서의 고착이나 퇴행에 의해서 이해될 수 있다. 특히 Freud는 남근기에 겪게 되는 오이디푸스 콤플렉스와 관련된 무의식적인 갈등이 나중에 성인기의 신경증을 유발하는 주요한 원인이라고 보았다.

모든 심리성적 발달단계를 원만하게 통과하는 경우는 드물기 때문에 인간은 대부분 성격적인 문제점과 정신병리에 대한 취약성을 지닌다. 특히 심리성적 발달의 좀 더 이른 단계에서 갈등을 경험할수록 더 미숙한 방어기제를 사용하게 되고 그 결과 더욱 심각한 정신장애를 나타낼 수 있다. Freud는 남근기의 오이디푸스 콤플렉스에 초점을 맞추어 신경증을 설명하는 데 주력한 반면, 대상관계 이론가들은 남근기 이전의 생애 초기 단계에서 겪게 되는 어머니와 관계갈등에 초점을 맞추어 심각한 성격장애와 정신장애를 설명하고 있다.

2) 특정한 정신장애의 원인

정신분석 이론의 강점 중 하나는 환자의 정신장애 유형뿐만 아니라 증상의 의미까지 이해할 수 있는 설명체계를 제공한다는 점이다. Freud는 주로 히스테리를 비롯한 다양한 신경증이 발생하는 무의식적 과정을 설명하고자 했다. 어린 시절의 고통스러운 경험과 억압된 감정, 현재의 무의식적 갈등과 정신역동 그리고 주로 사용하는 방어기제의 유형에 의해서 다양한 정신장애를 설명하고자 했다.

과거에 히스테리라고 불렸던 전환장애는 Freud가 정신분석을 발전시키는 초기에 주목을 받았던 장애이다. 전환장애는 운동기능의 마비나 감각기능의 상실과 같은 신경과적 증상과 유사한 신체적 문제를 호소하는 장애이다. Freud에 따르면, 전환장애는 억압된 성적 욕구와 관련된 무의식적 갈등이 신체증상으로 전환되어 나타난 것이다. 억압된 성적 욕구를 표출하려는 소망과 그에 대한 두려움의 타협으로 특정한 신체부위의 전환증상이 생겨난다. 전환증상의 부위와 특성은 환자의 무의식적 갈등 내용과 상징적인 연관성을 지니게 된다.

범(汎)불안장애는 이유를 알 수 없는 걱정과 불안이 항상 지속되는 장애로서 성격 구조 간의 불균형에 의해서 경험되는 부동 불안(free-floating anxiety)을 반영한다. 부동 불안은 특정한 대상에 고정되지 않고 다양한 대상에 옮겨다니는 불안으로서 억압된 원초아의 충동이 강해져서 통제 곤란의 위협을 경험하는 자아가 느끼는 신경증적 불안을 의미한다. 범불안장애는 방어기제에 의해 변형되지 않은 순수한 형태의 신경증적 불안을 경험하는 것으로서 무의식적 갈등에 의한 것이기 때문에 불안한 이유를 자각하지 못한다.

특정한 생각과 행동을 반복하는 강박장애는 지성화, 고립, 반동형성, 대치와 같은 방어기제가 작동한 것으로 설명된다. 수용하기 힘든 성적인 욕구나 공격적 충동을 지적인 사고의 형태로 지성화하여 집착하는 동시에 관련된 감정들을 분리하여 고립시킨다. 특히 청결하고 정돈된 것에 집착하는 강박행동은 더러운 것으로 느끼는 성적 욕망에 대한 반동형성과 대치에 의한 것으로 해석될 수 있다.

공포증은 특정한 대상과 상황을 두려워하며 회피하는 증상으로서 무의식적인 공포가 외부의 대상으로 전이되거나 대치된 것이다. Little Hans의 사례에서 볼 수 있듯이, 피하기 어려운 대상에 대한 두려움을 상징적으로 또는 연상적으로 유사한 다른 대상에게 전이하거나 대치함으로써 공포증이 나타날 수 있다.

우울증은 상실로 인한 분노를 자신에게 내향화한 것이다. 사랑하는 사람의 죽음과 같은 상실경험은 자신의 중요한 일부를 잃었다는 슬픔뿐만 아니라 자신을 두고 떠나간 사람에 대한 원망과 분노를 유발한다. 그러한 원망과 분노는 그 표출대상이 사라진 상태에서 자기 자신에게 향해져 자책감, 죄책감, 자기비하, 열등감, 자해나 자살과 같은 자기파괴적 행동으로 나타나게 된다.

Freud에 따르면, 히스테리, 즉 전환장애를 비롯한 다양한 신경증은 자아가 성격의 중심적 역할을 하면서 원초아와 초자아의 강력한 요구에 대처하기 위해 다양한 방어기제를 동원한 결과라고 할 수 있다. 반면에, 정신분열증과 같이 현실판단력을 상실한 정신병은 자아의 기능이 와해된 것으로서 원초아가 성격의 중심으로 떠올라 일차 과정에 의한 비현실적이고 비논리적인 사고와 충동적인 행동을 나타내게 된다. 특정한 정신장애의 원인에 대한 정신분석적 설명은 정신분석학자에 따라 매우 다양하게 주장되고 있어서 일목요연하게 제시하기가 쉽지 않다.

5. 치료 이론

1) 치료의 목표와 원리

정신분석 치료의 궁극적인 목표는 내담자의 성격구조를 건강하게 변화시키는 데 있다. 내담자가 호소하는 증상은 성격의 구조적 갈등에 의해 파생된 것이다. 내담자의 무의식적 갈등을 해결하고 건강한 성격을 함양함으로써 증상은 자연히 해소된다. 정신분석 치료는 증상의 제거에 초점을 맞추기보다 증상을 유발한 무의식적 갈등과 성격적 문제의 해결을 목표로 한다.

대부분의 정신장애는 어린 시절의 좌절경험에 뿌리를 둔 무의식적 갈등에 의한 것이다. 내담자로 하여금 무의식적 갈등을 자각하여 해결하게 함으로써 정신장애가 치유될 수 있다. 즉, 정신분석 치료의 핵심적 원리는 무의식을 의식화하는 것이다. 의식되지 않는 내면적 세계에 대한 자각을 확대하고 심화하는 것이다. Freud는 무의식적 갈등을 의식화하면 자아의 통제하에서 해결될 수 있다고 보았다. 비유컨대, 어둠 속에서 날뛰는 무의식적 욕망과 갈등에 의식의 빛을 비추어 그 정체가 드러나면 자아가 그것의 고삐를 틀어쥐어 통제 가능한 상태로 조절할 수 있게 된다.

달리 말하면, 정신분석적 치료의 목표는 '원초아가 있는 곳에 자아가 있게 하는 것(Where Id was, Ego is)'이다. 자아의 기능을 강화함으로써 충동적이고 비합리적인 원초아를 효과적으로 제어하게 하는 것이다. 따라서 자아가 성격의 주인으로 확고하게 자리 잡고 원초아, 초자아 그리고 현실의 요구를 효과적으로 조정하는 것이다.

정신분석 치료에서는 어린 시절을 포함하여 인생 전체의 경험을 재구성하고 무의식적 갈등을 자각함으로써 자기이해가 심화된다. 정신분석 치료를 성공적으로 마친 내담자는 자신의 증상에 대한 무의식적 의미를 이해하고 다른 사람과의 관계패턴에 대한 통찰을 얻게 되며 부적절한 방어기제의 사용을 자제하게 된다. 따라서 내담자는 불필요한 심리적 에너지의 낭비가 줄어들게 되므로 의욕이 회복되고 대인관계가 개선되며 삶 속에서 즐거움을 느끼게 된다. 정신분석 치료의 목표는 증상 제거를 넘어서 건강하게 일하고 사랑할 수 있는 성숙한 성격으로 변화하는 것이다(McWilliams, 1999).

2) 치료기법

정신분석 치료자는 내담자가 자신의 무의식적 갈등과 관련된 정보를 많이 내어

놓을 수 있도록 유도한다. 이를 위해서 치료자는 중립적인 태도를 취하는 것이 중요하다. 내담자의 반응에 대한 치료자의 영향력을 최소화한 상태에서 내담자가 무의식적인 재료들을 떠올리도록 하는 것이 중요하다. 치료자는 내담자가 어떤 감정을 나타내더라도 즉각적으로 반응하기보다 그러한 감정을 이해하고 자유연상을 하도록 격려하는 것이 바람직하다.

또한 치료자는 내담자가 나타내는 모든 반응에 대해서 '고르게 주의를 기울이는 것(evenly hovering attention)'이 매우 중요하다. 특정한 반응에 남다른 주의를 기울이기보다 내담자의 모든 반응에 주의를 고르게 기울이며 내담자가 자신의 모습을 자연스럽게 나타낼 수 있도록 해야 한다. 이러한 태도를 유지하고, 다양한 방법으로 내담자가 자신의 무의식을 탐색하며, 그 의미를 깨달을 수 있도록 유도한다. 무의식을 의식화하는 정신분석적 치료기법에는 자유연상, 꿈 분석, 전이분석, 저항분석, 해석, 훈습이 있다.

(1) 자유연상

자유연상(free association)은 내담자가 편안하게 누운 상태에서 아무런 억제나 논리적 판단 없이 마음에 떠오르는 생각을 그대로 솔직하게 이야기하는 방법이다. 이는 의식적 억제를 최소화한 자유로운 상태에서 억압된 무의식 내용이 잘 떠오를 수 있다는 점을 이용한 기법이다. Freud는 자유연상을 촉진하기 위해서 환자를 장의자(couch)에 눕게 하고 눈 맞춤을 피할 수 있도록 그 머리맡에 앉아서 치료했다.

내담자는 누워서 자신의 마음에 떠오르는 것을 자유롭게 이야기한다. 치료자는 그의 이야기를 경청하며 그 내용뿐만 아니라 감정, 목소리, 침묵 등과 같은 다양한 반응을 유심히 관찰한다. 때로는 특정한 주제에 대해서 자유연상을 하도록 권할 수도 있다. 내담자는 자유연상 과정에서 자신의 무의식에 대한 자각이 증진될 수 있다. 치료자는 자유연상 내용을 다른 자료들과 통합하여 내담자의 무의식적

정신분석 치료를 하는 장면

갈등을 이해하고 해석하는 데 활용하게 된다.

(2) 꿈 분석

꿈 분석(dream analysis)은 꿈에 나타난 주제나 내용들을 면밀히 분석함으로써 무의식의 갈등을 발견하는 방법이다. Freud가 "꿈은 무의식에 이르는 왕도"라고 말한 바 있듯이, 꿈 해석은 무의식의 활동에 관한 지식을 얻는 중요한 수단이다. 수면상태에서는 의식적 억제가 약화되기 때문에 억압되었던 무의식 내용들이 의식에 떠오르게 된다. Freud는 꿈과 증상이 유사한 구조를 가지고 있다는 점에 주목했다. 꿈과 증상은 모두 수용되기 어려운 욕구나 기억들이 상징적인 형태로 표현된 것이기 때문이다.

꿈은 원초아의 억압된 추동과 자아의 방어 사이에서 이루어진 타협의 산물이라고 할 수 있다. 꿈은 내담자가 기억하는 내용을 의미하는 현재몽(manifest dream)과 꿈에 상징적으로 표현되고 있는 무의식적 동기를 뜻하는 잠재몽(latent dream)으로 구분된다. 꿈 분석의 목적은 현재몽을 통해서 잠재몽을 이해하는 것이다. 꿈은 무의식 내용이 응축, 대치, 상징화 등 다양한 방어에 의해서 변형되어 있기 때문에 그 의미를 이해하기 어렵다. 치료자는 내담자로 하여금 꿈의 다양한 측면에 대해서 자유연상을 하도록 격려하며 통합적인 자료를 검토하여 꿈의 의미를 해석한다.

(3) 전이분석

내담자는 중립적인 태도를 취하는 치료자에게 나름대로의 독특한 감정과 관계패턴을 나타낸다. 전이(transference)는 내담자가 과거에 중요한 타인에게 느꼈던 감정이나 환상을 무의식적으로 치료자에게 나타내는 것이다. Freud는 초기에 전이가 치료를 방해하는 것으로 여겼으나 이러한 전이반응 속에 내담자의 핵심적인 무의식적 갈등이 담겨 있음을 발견하면서 정신분석의 중요한 치료수단으로 발전시켰다.

전이분석(transference analysis)은 내담자가 치료과정에서 치료자에게 나타내는 전이현상을 분석하는 것으로서 정신분석의 핵심적 요소 중 하나이다. 치료자가 중립적인 태도를 취하는 이유는 내담자의 전이를 유도하기 위한 것이기도 하다. 내담자가 어린 시절에 부모에게서 느꼈던 감정과 관계패턴을 치료자에게 나타내도록 유도함으로써 그의 무의식적 갈등을 이해할 수 있기 때문이다. 그러므로 치료가 효과적으로 진행되려면 전이관계가 형성되어야 하며 전이분석을 통해서 내담자의 무의식적 갈등과 방어기제가 자각될 수 있다.

여기에서 주목할 점은 치료자도 내담자에게 전이현상을 나타낼 수 있는데, 이를 역전이(countertransference)라고 한다. 치료자의 역전이는 내담자의 반응을 왜곡하여 받아들이게 하기 때문에 최소화되어야 한다. 치료자는 교육분석을 통해서 자신의 무의식적 갈등을 충분히 이해하여 해소하는 것이 필수적이다. 그러나 현대의 정신분석에서는 역전이의 제거가 불가능하다는 점과 더불어 치료자와 내담자 두 사람의 상호전이를 이해하는 것이 중요하다는 점에서 역전이를 치료적으로 활용하는 움직임이 나타나고 있다.

(4) 저항분석

저항분석(resistance analysis)은 내담자가 치료과정에서 나타내는 비협조적이고 저항적인 행동의 의미를 분석하는 작업이다. 저항(resistance)은 내담자가 자발적으로 치료를 받기 위해 찾아왔음에도 불구하고 다양한 방식으로 원활한 치료과정을 방해하는 반(反)치료적인 행동들을 의미한다. 예를 들어, 치료시간에 늦거나 치료시간을 잊는 일, 꿈을 기억해오지 않는 일, 자유연상이 잘 되지 않는 것, 치료에 흥미를 잃는 것은 저항의 한 형태라고 할 수 있다. 치료자는 이러한 저항행위에 주목해야 한다. 저항행위는 치료를 방해할 뿐만 아니라 내담자의 무의식적인 갈등을 반영하는 것이기 때문이다. 저항분석을 통해서 내담자의 무의식적 의도와 갈등을 살펴볼 수 있으며 내담자에게 저항의 무의식적 의미를 깨닫게 할 수 있다.

(5) 해석

내담자는 치료과정에서 스스로 자신의 무의식적 갈등에 대한 통찰(insight)을 얻게 된다. 그러나 모든 내담자가 스스로 통찰에 이르는 것은 아니며 통찰의 내용과 수준에는 한계가 있다. 따라서 치료자는 내담자가 스스로 이해하기 어려운 무의식적 갈등에 대해서는 해석을 해줄 수 있다. 치료자는 내담자가 내어놓는 다양한 무의식적 재료들을 종합하여 무의식적 갈등이나 방어기제를 해석해줄 수 있다. 그러나 내담자에 의해서 수용되지 않는 해석은 무의미하기 때문에 저항과 방어를 잘 다루며 신중하게 이루어져야 한다. 일반적으로, 해석할 내용에 대해서 내담자가 어렴풋한 인식을 하고 있을 때 해석을 해주는 것이 바람직하다. 해석의 효과는 치료자가 제시하는 해석의 정확성보다 내담자가 받아들일 수 있는 수용상태에 따라 더 커진다. 성급한 해석은 오히려 역효과를 낼 수도 있음을 치료자는 항상 유념해야 한다.

(6) 훈습

내담자가 자신의 무의식적 갈등을 깨닫게 되면 그러한 갈등에 휘둘리지 않으면서 행동에도 변화가 나타나게 된다. 그러나 무의식에 대한 깨달음이 행동변화로 이어지지 않는 경우도 많다. 무의식적 갈등이 어떻게 현실생활에서 나타나고 있으며 그에 대한 깨달음을 어떻게 적응적 행동으로 실천할 수 있는지를 검토하며 변화하는 점진적인 과정을 훈습(working-through)이라 한다. 치료자는 내담자로 하여금 무의식적 갈등이 자신의 삶을 어떻게 지배하고 있는지를 검토하고 그로부터 벗어나 실제생활에서 적응적 행동을 실천하도록 격려한다. 정신분석의 마지막 단계인 오랜 훈습의 과정에서 내담자는 점차적으로 미숙한 방어와 증상들을 포기하게 되고 충동들을 새로운 적응적 방식으로 충족시키게 된다. 이처럼 자신의 내면세계에 대한 자각능력이 증가하고 새로운 적응적 방어를 사용하게 됨으로써 성격의 구조적 변화가 나타나게 된다. 이러한 변화를 통해서 어린 시절에 경험한 무의식적 갈등에 묶여 있던 에너지가 자아를 더욱 건강하고 성숙하게 만드는 데 사용되면서 더욱 적응적이고 생산적인 삶으로 나아가게 된다.

6. 정신분석 치료의 실제

정신분석 치료는 일반적으로 장기간에 걸쳐 이루어지며 내담자에 따라 매우 다양하고 변화무쌍한 과정을 거치게 된다. 그러나 정신분석 치료의 과정은 편의상 초기, 중기, 종결기로 구분해볼 수 있다. 내담자가 정신분석 치료에 적절하다고 판단되어 치료약속을 하면서부터 본격적인 치료가 시작된다. 일반적으로, 치료가 시작되어 전이관계가 형성되기까지를 치료의 초기라고 볼 수 있으며, 치료 중기는 전이와 저항이 나타나고 훈습이 진행되는 기간을 말한다. 치료 중기는 가장 긴 기간으로서 전이에 대한 통찰이 생기고 이 통찰을 훈습하는 과정에서 많은 시간이 소요된다. 종결기는 치료의 성과가 나타나면서 치료를 마무리하는 시기이다. 전이가 해소되어 치료자를 현실적인 대상으로 볼 수 있게 되고 무의식적인 갈등이 해결되면 치료과정을 종료하게 된다. Freud의 방식을 고수하는 정통적인 정신분석에서는 환자를 장의자에 눕히고 치료자는 환자가 볼 수 없게 머리맡에 의자를 두고 앉는 형태로 치료가 진행된다.

◆ 현대 정신분석 치료의 다양한 형태

현대에 시행되고 있는 정신분석적 심리치료는 치료의 목표나 주안점, 면담의 빈도나 길이, 치료방식 등에 있어서 매우 다양한 형태로 구분되며, 지칭되는 명칭에도 다소의 차이가 있다. 가장 정통적인 형태인 정신분석(psychoanalysis)은 내담자가 장의자에 눕고 분석가는 뒤에 앉는 방식으로 진행된다. 회기는 1주일에 4회기 이상을 원칙으로 하지만 대개 2~5회기 정도로 이루어진다. 정신분석적 치료(psychoanalytic therapy)는 얼굴을 대면하는 방식으로 이루어지며 1주일에 보통 1~3회기가 진행된다. 정신분석적 상담(psychoanalytic counseling)에서는 1주일에 1회기가 일반적이다. 정신분석의 경우는 무의식과 초기 발달에 대한 전반적인 탐색이 이루어지며 분석가는 좀 더 중립적인 입장에서 덜 개입하는 방식으로 명료화와 해석을 유도한다. 반면, 정신분석적 치료와 상담에서는 정신분석에 비해서 자유연상 기법을 더 많이 사용한다. 정신분석적 치료는 정신분석적 상담에 비해서 더 자주 만나서 집중적인 치료가 이루어지지만 유사한 점이 많다. 그러나 정신분석적 상담에서는 내담자와 상담자 간의 작업동맹이 강조되며 제안, 지지, 공감, 질문, 직면, 해석과 같은 직접적인 개입방법이 활용된다(Paton & Meara, 1992). 정신분석이 가장 정통적인 치료방식이기는 하지만, 내담자의 문제와 여건 또는 치료자의 입장에 따라 다양한 방식으로 적용될 수 있으며 그 우열을 따지는 것은 무의미하다.

1) 치료의 초기

정신분석 치료를 시작할 때는 내담자가 정신분석적 치료에 적합한 사람인지를 평가하여 결정하는 것이 중요하다. 정신분석을 통해 치료효과를 얻기 위해서는 많은 시간, 진지한 노력, 치료비, 희생과 인내가 요구된다. 내담자의 성격적 구조와 현실적 여건 그리고 치료자의 여건 등을 고려하여 치료의 적합성이 평가되어야 한다.

치료과정은 치료자가 내담자의 건강한 자아와 치료적 동맹을 맺고 공동작업을 통해 내담자의 무의식 속에 숨어 있는 신경증적 갈등을 찾아 변형시켜 나가는 과정이다. 따라서 치료의 성패를 결정하는 중요한 요인은 내담자의 자아강도(ego strength)이다. 신경증적 장애에도 불구하고 다양한 사회활동에 잘 참여하며 주어진 책임을 잘 수행하고 있다면 자아기능이 비교적 잘 유지되고 있다고 볼 수 있다. 반면에, 생활이 반복적인 실패와 부적응으로 점철되거나 심각한 정신병적 장애를 지닌 내담자의 경우에는 정신분석 치료가 적절한지를 신중하게 판단해야 한다.

내담자가 정신분석 치료에 적절하다고 판단되면 치료에 필요한 계약을 한다. 먼저 치료자와 내담자는 치료목표에 대해서 합의를 해야 한다. 치료계약의 구체적인 내용으로는 치료시간, 치료비, 불참 시 지불 문제, 결석 처리, 환자의 개인적 비밀보장 등이 있다. 이 과정에서 치료자는 내담자에게 정신분석 치료와 내담자의 역할에 대해서 설명한다. 내담자의 문제와 과거사를 탐색하는 것과 더불어 치료동맹을 형성하는 것은 초기에 해야 하는 중요한 과제이다.

2) 치료의 중기

내담자의 저항과 전이가 나타나면서 치료는 중기에 접어들게 된다. 치료자는 내담자에게 자유연상을 시키거나 꿈을 기억해오도록 하는데, 치료에 협조적이던 내담자가 어느 시점부터 다양한 방식으로 저항하기 시작한다. 치료시간을 잊어버리거나 중요하지 않은 자질구레한 이야기를 늘어놓으며 치료시간을 허비하거나 아무런 생각도 떠오르지 않는다며 침묵하거나 이유를 알 수 없는 분노를 터뜨리는 행동을 통해서 치료자에게 저항할 수 있다.

치료자의 첫 과제는 내담자의 저항을 인식하는 것이다. 저항의 이면에는 억압된 무의식적 동기가 숨겨져 있다. 저항을 분석하는 것은 정신분석 치료의 필수적인 요소이다. 저항을 분석하는 첫 단계는 내담자로 하여금 자신이 저항하고 있다는 것을 이해시키는 것이다. 치료자는 내담자가 비난 받는다는 느낌을 갖지 않도록 하면서 저항의 의미를 함께 탐색해나간다.

치료 중기에는 내담자의 전이가 나타난다. 내담자는 치료자의 의도를 자주 오해하며 부적절한 감정을 표출하거나 또는 지나치게 접근적이거나 회피적인 태도를 취할 수 있다. 전이는 내담자의 어린 시절에 중요한 역할을 했던 사람, 특히 부모에게 느꼈던 감정과 갈등이 치료자에게 반복되어 나타나는 것이다. 내담자는 치료자를 마치 어린 시절의 중요한 사람을 대하듯이 행동하지만 내담자 자신은 이러한 현상을 자각하지 못한다. 치료자는 내담자의 전이를 인식하고 관찰하면서 그 무의식적 근원과 의미를 탐색한다. 이러한 전이분석을 통해서 내담자는 자신의 무의식적 갈등에 대한 통찰을 얻게 된다.

내담자는 저항과 전이를 경험하고 그 무의식적 의미를 이해하게 되면서 자신의 무의식적 갈등에 대한 통찰을 얻게 된다. 통찰은 자기문제에 대한 이해로서 두 가지 유형의 구분이 필요하다. 그 하나는 모호하게 알고 있던 자신의 문제를 이성적인 지식 수준에서 좀 더 분명하게 이해하게 되는 지적 통찰(intellectual insight)이다. 다른 하나는 과거에 경험한 심리적 상처와 감정을 재경험하면서 현재 문제와의 관련성을 가슴 깊이 인식하며 감동적인 깨달음을 얻게 되는 정서적 통찰(emotional insight)이다. 정서적 통찰은 흔히 쏟아지는 눈물이나 웃음과 같은 감정반응을 동반한다. 지적 통찰보다는 정서적 통찰이 더 치유적이며 더 많은 행동변화를 유발한다. 그러나 통찰만으로 내담자의 생활방식이 적응적으로 변화되지 않는 경우가 많다. 치료자는 내담자와 함께 무의식적 갈등이 현실생활에 미치는 영향을 검토하고 통찰에 근거하여 새로운 적응행동을 실천하도록 격려한다. 이러한 훈습과정을 통해서 내담자는 서서히 증상을 해소하고 건강한 생활방식을 습득하게 된다. 이처럼 정신분석 치료의 중기는 치료자와 내담자가 저항과 전이를 매개로 실랑이를 하면서 무의식적 갈등에 대한 통찰을 얻고 훈습을 해나가며 변화하는 기나긴 과정을 포함한다.

3) 치료의 종결기

통찰과 훈습을 통해서 저항이 극복되고 치료자에 대한 전이가 해소되면 치료자는 치료의 종결을 고려한다. 일반적으로 치료의 종결 여부는 다음과 같은 기준에 따라 결정하게 된다. (1) 심각한 갈등의 해결과 자아기능의 향상, (2) 병리적 방어기제의 사용 감소, (3) 성격구조의 중요한 긍정적 변화, (4) 증상의 상당한 호전 또는 증상을 스스로 극복할 수 있는 능력이 생겼다는 증거의 존재. 치료자는 내담자와 치료효과를 검토하면서 치료의 종결을 암시하며 자연스러운 종결을 준비한다. 여기서 유의해야 할 점은 내담자의 갈등이 완전히 사라졌을 때가 치료의 종결 시점이 아니라는 것이다. 정신분석 치료는 내담자가 자신의 무의식적 갈등을 이해하고 그것에 휘둘리지 않으면서 적응적인 생활을 해나갈 수 있는 방법과 능력을 길러주는 작업이다. 치료자는 내담자가 스스로 자신의 무의식을 탐색하고 분석하는 작업을 계속하도록 권장한다. 치료가 종결된 후에도 치료자는 간헐적인 면담을 통해서 내담자의 현실적응과 자기분석을 도울 수 있다.

7. 정신분석 치료의 평가

심리치료 분야에서 Freud의 공헌과 정신분석 치료의 중요성은 아무리 강조해도 지나치지 않다. 인류는 Freud라는 위대한 인물을 통해서 자신을 이해할 수 있는 새로운 깊은 안목을 갖게 되었다. Freud의 가장 큰 공헌은 인간의 본성에 대한 기존의 입장을 혁명적으로 뒤엎으며 인간의 심층적인 정신세계를 이해할 수 있는 이론체계를 제시했다는 점이다. Freud에 따르면, 인간은 자신이 행동하는 진정한 이유를 알지 못하는 무지한 존재이다. 인간은 욕망 덩어리로 태어나며 환경에의 적응을 위해서 자아를 발달시킨다. 하지만 성적인 욕망은 무의식 속에서 끊임없이 충족을 원하는 반면, 인간이 살아가는 사회는 성적인 욕망의 억제를 요구한다. 인간 삶의 본질은 내적 욕망과 외적 요구 사이의 갈등이다. 자아는 이러한 갈등을 조정하며 삶을 건강하게 이끌어나가는 성격의 중심이다. Freud는 이러한 인간에 대한 심층적 이해에 근거하여 정신분석이라는 체계적인 이론과 치료방법을 발전시켰다. Freud의 정신분석 이론은 심리학과 심리치료 분야는 물론 문학, 예술, 역사, 교육을 비롯한 다양한 분야에 심대한 영향을 미쳤다.

정신분석 치료는 체계적인 이론과 구체적인 치료방법을 겸비한 인류사 최초의 심리치료이다. 정신장애를 이해하고 치료할 수 있는 방법에 목말라 있던 많은 치료자들에게 Freud는 모세처럼 정신분석이라는 심리치료의 길을 열어보였다. 초기의 심리치료자들은 대부분 정신분석에 열광하며 심취했던 사람들이다. 이들 중 일부는 자신의 독자적인 치료이론을 제시하면서 심리치료 분야를 풍요롭게 만들었다. 오늘날 사용되고 있는 대부분의 심리치료는 정신분석 치료로부터 파생되었거나 그에 대한 도전으로 발전한 것이다. 이런 점에서 정신분석 치료는 모든 심리치료의 모태라고 할 수 있다.

정신분석 치료는 개인의 문제와 증상을 이해할 수 있는 포괄적인 설명체계를 제시한다는 점에서 커다란 강점을 지닌다. 정신분석 이론은 내담자의 성격과 증상을 그의 삶 전체와 심층적 심리에 근거하여 이해할 수 있는 크고 정교한 개념 틀을 제공하고 있다. 또한 내담자를 이해하기 위해서 어린 시절부터 현재에 이르기까지 모든 삶의 영역에 대한 의식과 무의식의 경험을 아우르는 포괄적인 이론체계를 제시하고 있다.

정신분석 치료만큼 열광적 지지와 강렬한 비판을 함께 받은 심리치료도 없다. 그 근거가 되는 정신분석 이론은 여러 가지 비판의 대상이 되고 있다. 첫째, 정신분석 이론은 실증적인 연구에 의하여 뒷받침되지 못하고 있다는 점에서 비과학적 이론이라는 비판을 받고 있다. 정신분석적 이론은 대부분 임상사례의 해석적 분석을 통해서 발전되었을 뿐 과학적인 연구에 의해 검증되지 못했다. 그 이유는 정신분석 이론에서 제시하는 개념들이 너무 추상적이고 모호해서 실증적으로 검증하기 어렵기 때문이다.

둘째, Freud의 정신분석 이론은 19세기 말 성의 억압이 심했던 유럽 사회의 일부 환자를 대상으로 발전한 것이기 때문에 인간에 대한 보편적 이론으로 일반화하기 어렵다. 그의 이론은 성적인 욕구를 과도하게 강조하고 있으며, 성에 대한 자유를 누리고 있는 다른 문화권이나 현대 사회에는 적용하기 어렵다. Freud가 주장한 유아기 성욕설, 오이디푸스 콤플렉스, 남근선망과 같은 주장은 다른 정신분석가들에 의해서도 거부되었다.

셋째, Freud는 개인 내부에 존재하는 성격구조 간의 역동적 갈등에 초점을 두었을 뿐 대인관계적 측면과 사회문화적 요인의 영향을 충분히 고려하지 못했다. 대부분의 심리적 갈등은 다른 사람과의 상호작용 속에서 발생하게 된다. 개인을 둘러싸고 있는 사회문화적 요인은 개인의 정신세계에 강력한 영향을 미친다. 대인관계 측면을 강조한 Sullivan의 이론이나 사회문화적 요인을 반영한 Erickson의 이론은 Freud 이론의 한계를 극복하기 위한 시도라고 할 수 있다.

넷째, 정신분석 치료는 장기간의 치료기간을 요할 뿐만 아니라 그 치료효과가 잘 검증되어 있지 않다는 비판이 제기되어 왔다. 대부분의 경우, 정신분석 치료는 주 2~3회 이상 수년간의 치료를 요하므로 많은 시간과 치료비를 요한다. 이와 같은 막대한 투자에 비해 치료효과가 불분명하다는 점에서 정신분석 치료의 효율성을 회의하는 사람들이 많다.

Freud는 정신분석 치료가 효과적이라는 것을 당연한 것으로 신뢰했기 때문에 치료효과를 검증하려는 노력을 기울이지 않았다. 또한 정신분석 치료는 증상의 감소보다 그 기저에 있는 성격구조의 변화를 목표로 하기 때문에, 치료효과를 객관적으로 검증하기가 어렵다. 그 결과, 정신분석의 치료효과는 정신분석 치료자에 의해 보고된 몇몇 사례 연구를 제외하면 통제된 객관적인 연구가 드물다.

Knight(1941)는 6개월 이상의 정신분석을 받은 환자들의 상태를 조사하였다. 조사결과, 정신분석을 마친 환자의 절반 정도가 완전히 치료되거나 상당히 호전된 것으로 나타났다. 이 밖에도 정신분석적 치료의 효과를 긍정적으로 평가한 연구들이 여러 차례 보고된 바 있다(예: Bachrach et al., 1991; Fonagy & Target, 1996; Freedman et al., 1999). 그러나 이러한 연구들은 대부분 타당성이 검증되지 않은 측정방식을 사용했을 뿐만 아니라 통제되지 않은 상태에서 치료효과를 평가하고 있다.

Sloane 등(Sloane, Staples, Cristol, Yorkston, & Whipple, 1975)은 신경증 또는 성격

장애 환자를 대상으로 단기 정신분석 치료와 단기 행동치료의 효과를 비교했다. 30명의 환자를 두 치료조건에 각각 무선적으로 할당하고, 그 치료효과를 34명의 통제집단과 비교했다. 치료는 약 4개월 동안 평균 14회기가 진행되었다. 연구결과, 두 치료집단 모두가 통제집단보다 유의미하게 호전을 나타냈으나 두 치료집단 간에는 효과의 차이가 없었다.

　　많은 정신분석 치료자들은 미래에 정신분석이 위축될 것을 우려해왔다. 정신분석이 '경제적인 시대에 연료만 소비하는 대형차'와 비슷하기 때문이다. 더구나 현대사회에서는 정신분석 치료자들을 당황스럽게 만드는 변화들이 일어나고 있다. 정신분석에 적합한 조건을 갖춘 환자들이 감소하는 대신, 다른 심리치료들이 급격히 증가했고 장기간의 정신분석 치료에 대한 보험 혜택이 제한되고 있으며 향정신병 약물의 사용이 증가하고 있기 때문이다. 이러한 이유로 인해서 정신분석 치료를 내담자와 치료상황의 여건에 따라 융통성 있게 또는 단기치료의 형태로 실시하려는 다양한 시도가 이루어지고 있다. 또한 Freud 사후부터 현재까지 정신분석 치료의 한계를 극복하기 위한 다양한 노력이 이루어지고 있다. 이런 점에서 정신분석 치료는 이론체계뿐만 아니라 치료방법에 있어서도 끊임없이 발전하고 있는 현재 진행형의 상태라고 할 수 있다.

8. Freud 사후의 정신분석

Freud에 의해 시작된 정신분석 이론은 여러 학자에 의해서 발전되었으며 새로운 이론으로 다양하게 변형되기도 했다. Freud 사후의 정신분석 이론은 크게 두 가지의 유형으로 발전되었다. 그 한 유형은 자아심리학, 대상관계 이론, 자기심리학과 같이 정신분석 이론의 기본적인 주장을 수용하면서 발전된 이론들이다. 다른 유형은 Freud의 이론을 비판하고 독자적인 이론적 체계로 발전된 정신역동 이론이 있는데, Carl Jung의 분석심리학, Alfred Adler의 개인심리학, 그리고 Sullivan, Horney, Fromm과 같은 신Freud 학파의 이론이 이에 해당한다. 여기에서는 Freud 사후에 발전한 현대 정신분석 이론의 세 가지 흐름, 즉 자아심리학, 대상관계 이론, 자기심리학을 간략히 살펴보기로 한다.

1) 자아심리학

Freud 사후에 이루어진 주요한 진전은 자아심리학의 발전이다. 자아심리학(ego

psychology)은 Freud가 말년에 중시했던 자아의 기능을 정교하게 설명하고 자아의 자율적 기능을 강조하고 있다. Freud가 주장한 고전적 정신분석은 무의식과 본능적 추동을 중심으로 전개되었기 때문에 추동심리학 또는 원초아 심리학이라고 불린다. 그러나 Freud는 말년에 성격의 삼원구조 이론을 제시하면서 불안과 갈등을 조절하는 성격의 중심구조로서 자아를 중시했다. Freud는 인간의 정신세계에 있어서 원초아와 성욕의 중요성을 강조했지만 자아의 기능에 큰 기대를 걸었던 인물이다.

자아심리학은 자아를 원초아의 파생물로 보기보다는 그와 무관하게 독립적으로 발달하는 것으로 보며 자아의 자율적 기능을 강조한다. 고전적 정신분석은 자아가 원초아로부터 파생되는 것으로 가정하는 반면, 자아심리학은 기억, 지각, 운동 협응과 같은 독립적인 자아 기능이 존재한다고 주장한다. 또한 고전적 정신분석에서는 자아의 주된 기능이 원초적 본능과 사회적 규범 간의 갈등을 중재하는 것이라고 여기는 반면, 자아심리학에서는 자아가 이러한 갈등과 무관한 다양한 기능을 한다고 주장한다. 요컨대, 원초아의 충동과 상관없이 독립적으로 기능하는 자율적인 자아(autonomous ego)가 존재한다는 것이다. 자아심리학은 자아의 병리적 발달과정뿐만 아니라 정상적인 발달과정에도 깊은 관심을 지니며 개인이 현실에 적응해가는 과정을 중시한다. 자아는 현실검증, 충동통제, 정서조절, 판단과 행동, 대인관계, 논리적 사고과정, 방어, 성격의 통합과 같은 다양한 기능을 하는 것으로 알려지고 있다.

자아심리학에 근거한 정신분석 치료에서는 자아 기능의 강화에 초점을 맞춘다. 심리적 갈등은 의식, 무의식, 현실과 가장 밀접한 관계를 맺고 있는 자아의 강화를 통해서 해결될 수 있다. 이를 위한 주된 방법은 자아분석(ego analysis)과 방어분석(defense analysis)이다(Prochaska, 2003). 자아분석의 중요한 목표는 바로 정체성, 친밀감 그리고 자아 통합성을 이루는 일이다. 자아분석은 고전적 정신분석과 크게 다르지 않아서 장기간의 집중적 치료와 더불어 자유연상, 전이, 해석을 사용하지만 좀 더 유연한 치료적 태도를 취한다. 또한 방어분석을 통해서 내담자가 자주 사용하는 방어기제를 명료화하고 직면시킬 뿐만 아니라 해석을 통해서 이러한 방어기제에 대한 통제력을 강화하도록 돕는다.

자아심리학의 대표적인 인물로는 Freud의 막내딸이자 방어기제를 상세히 밝힌 Anna Freud, 갈등과 무관한 자아의 기능을 연구한 Heinz Hartman과 Ernst Kris, 심리사회적 발달과정을 자세하게 제시한 Erik Erickson이 있다.

2) 대상관계 이론

현대 정신분석의 주요한 진전 중 하나는 대상관계 이론의 발전이다. 대상관계 이론(object relations theory)은 초기 아동기에 성격구조가 발달하는 과정을 중시하고 있으며, Melanie Klein을 위시하여 Ronald Fairbairn, Donald Winnicott, Otto Kernberg, Harry Guntrip과 같은 여러 인물에 의해서 발전되었다. 대상관계 이론은 오이디푸스 콤플렉스가 나타나는 남근기 이전의 어린 유아가 어머니와의 관계에서 겪게 되는 내면적 경험과 갈등에 초점을 맞추고 있다. 이러한 어린 시절의 갈등경험은 자기표상과 대상표상의 형성에 영향을 줄 뿐만 아니라 성인기의 대인관계에 강력한 영향을 미친다고 주장한다. 특히 대상관계 이론은 고전적 정신분석에 의해서 잘 치료되지 않았던 자기애성 성격장애와 경계선 성격장애를 이해하고 치료하는 데 크게 기여했다.

대상(object)은 어머니를 비롯하여 개인이 관계를 맺게 되는 타자를 총칭하는 것으로서, 개인과 중요한 타인 또는 중요한 애정 대상(love object)과의 관계를 대상관계(object relation)라고 한다. Melanie Klein은 어린 유아가 어머니에 대해서 지니는 무의식적 환상을 탐구하면서 대상관계의 중요성을 강조했다. 배고픈 유아는 어머니의 젖가슴을 통해서 그에 대한 충족과 좌절 경험을 하게 되며 어머니를 좋은 젖가슴과 나쁜 젖가슴으로 분리한다. 좌절을 경험하는 어린 유아는 구강기 공격성을 통해서 나쁜 젖가슴을 공격하는 공상을 하게 되고 그로 인해 자신이 박해를 받을지 모른다는 피해의식을 지니는 편집분열적 자리(paranoid-schizoid position)에 있게 된다. 그러나 좀 더 성장하면 좋은 젖가슴과 나쁜 젖가슴이 동일한 것이라는 것을 인식하면서 죄책감과 슬픔을 느끼는 우울 자리(depressive position)로 옮겨간다. Klein은 이러한 어린 시절의 대상관계 경험이 이후의 대인관계와 사회생활에 중대한 영향을 미친다고 주장했다.

대상관계 이론가들은 아동이 엄마와 분리되어 개별화를 이루는 과정에 깊은 관심을 보인다. Winnicott에 따르면, 자신과 타인을 구별하지 못하는 어린 유아는 자신이 세계의 중심이라는 느낌을 지니다가 서서히 엄마를 분리된 존재로 인식하게 된다. 그러한 과정에서 유아는 분리불안을 경험하며 곰인형과 같은 전이대상(transitional object)에 집착하며 불안을 달래게 된다. 이때 유아가 안정감을 느끼며 개별화를 이루기 위해서는 엄마의 안아주는 행동이 매우 중요하다. 심리치료에서도 마치 엄마가 아이를 안아주듯이 치료자가 내담자와 고통과 불안을 함께하며 심리적으로 보듬고 안아주는 환경(holding environment)을 제공하는 것이 중요하다. Winnicott은 자녀양육과 관련하여 '그만하면 좋은 엄마(good enough mother)'라는 용어를 사용하였다. 이는 초기 유아기에 유아의 욕구와 표현을 충분히 충족시키며 수용해주다가 점진적으로 유아에게 독립성을 부여하고 좌절에 대한 인내를 길러주는 엄마의 양육방식을 의미한다. 엄마의 양육태도에 따라 유아는 진정한 자기(true self)와 거짓 자기(false self)를 발달시킬 수 있다. 진정한 자기는 몸과 마음을 통해 강요되지 않은 자발적인 생생한 느낌을 경험하면서 발달하는데, 이를 위해서는 유아기의 아이가 나타내는 자발적인 감정과 표현을 엄마가 환영하고 인정해주는 반응을 보여주는 것이 중요하다. 그렇지 못할 경우, 엄마의 바람과 요구에 순응하는 거짓 자기를 발달시키게 된다.

　　Kernberg는 대상관계 이론과 추동 이론을 통합하여 자기애성 성격장애와 경계선 성격장애를 설명하고 치료하는 데 기여했다. 유아기에 아이는 엄마를 좋은 엄마와 나쁜 엄마로 분리하여 표상한다. 좋은 엄마의 표상은 좋은 자기상과 연결되며 긍정적인 감정을 유발하는 반면, 나쁜 엄마는 나쁜 자기상과 더불어 부정적인 공격적 감정을 촉발한다. 그러나 성장하면서 이러한 분리된 표상을 하나의 전체로 통합하는 것이 중요하다. 즉, 자신이나 엄마가 좋을 수도 있고 나쁠 수도 있다는 것을 받아들일 수 있어야 한다. 경계선 성격장애 환자는 초기의 발달과정에서 이러한 통합을 이루지 못함으로써 성인이 되어서도 자신과 타인에 대한 사랑과 분노의 감정을 통합하는 데 어려움을 겪으며 강렬한 애증의 감정을 표출하게 된다. 자기애성 성격장애 환자도 이와 비슷하게 좋은 자기와 나쁜 자기의 분리를 극복하지 못한 채 이상적 자기, 이상적 대상 그리고 현실적 자기의 병적인 융합인 웅대한 자기상에 대한 과도한 집착을 나타내는 것이다. Kernberg는 내담자의 전이에 초점을 맞추어 자기와 타인에 대한 왜곡 그리고 그와 관련된 감정을 집중적으로 다루어주는 전이-초점적 분석방법을 제시했다.

3) 자기심리학

　　자기심리학(self psychology)을 제시한 Heinz Kohut은 자기(self)를 가장 중요한 심리적 구조로 보았다. Kohut에 따르면, 자기애는 인간이 발달하는 과정에서 정상적으로 나타나는 것으로서 타인에 대한 애정에 우선한다. 유아는 부모와 상호작용하면서 자기감(sense of self)을 발달시키게 되는데, 유아의 욕구나 감정에 대한 부모의 공감반응은 통합된 자기를 발달시키는 데 매우 중요하다. 대부분의 심리적 장애는 자기구조의 결함에 기인하며 이러한 결함은 유아기에 엄마로부터 충분한 공감과 보살핌을 받지 못한 것과 관련된다.

　　유아는 부모의 애정과 보살핌을 받는 정상적인 발달과정에서 웅대한 자기상을

형성하게 된다. Kohut은 통합적이고 건강한 자기감의 발달을 위해서 자기대상이 필
요하다고 주장한다. 자기대상(selfobject)은 자기의 일부로 여기는 타인을 의미하는데,
아이에게는 부모가 중요한 자기대상이 된다. 부모는 아이의 욕구와 표현을 수용하고
공감해주는 거울의 역할을 통해서 아이가 건강한 자기감을 발달시키도록 돕는다.

　아이에 대한 부모의 공감 부족은 모든 정신병리의 뿌리를 이룬다. 적절한 자기대
상의 결여는 무감각하고 게으르며 활기가 없는 우울 상태를 유발하게 된다. 또한 웅
대한 자기상을 건강한 자기애로 발전시키기 위해서는 좌절경험을 통해서 전능감의
환상으로부터 점진적으로 벗어나야 한다. 이런 점에서 부모의 충분한 공감 속에서 적
절한 좌절경험을 하는 것은 건강한 자기애를 발달시키는 필수요소이다. 그런데 부모
의 공감이 부족한 상태에서 과도한 좌절경험을 하게 되면, 웅대한 자기상에 집착하게
되면서 병적인 자기애로 발전하게 된다.

　Kohut은 특히 자기애성 성격장애와 경계선 성격장애의 치료에 깊은 관심을 지
녔다. 그는 두 성격장애를 모두 부모의 공감 부족에서 기인하는 '자기장애'라고 보았
다. 따라서 치료에서 중요한 것은 내담자의 상처받은 자기를 이해하고 공감하는 것이
다. 내담자는 치료자와의 관계에서 자기애적 상처를 표현하게 되며, 치료자는 공감을
통해서 그러한 상처를 치유할 수 있다는 것이다.

1. Freud가 말하는 원초아, 자아, 초자아는 내 마음속의 어떤 현상과 기능을 의미하는 가? 과연 나의 원초아는 어떤 경우에 어떤 모습으로 나의 마음에 나타나서 어떤 영향을 미치는가? 나의 초자아는 어떤 형태로 나의 마음과 행동에 영향을 미치는가? 나의 자아는 어떤 역할과 기능을 하고 있는가? 나의 자아는 원초아, 초자아 그리고 환경적 요구를 조화롭게 잘 통제하고 있는가?

2. 내가 흔히 사용하는 주요한 방어기제들은 무엇인지 살펴본다. 불안하거나 불쾌한 느낌을 회피하고 편안한 마음을 갖기 위해서 내가 자주 사용하는 방어기제를 찾아본다. 이러한 방어기제로 인해 얻게 되는 유익한 점과 불리한 점은 각각 무엇인지 생각해본다.

3. 나의 꿈을 분석해본다. 이를 위해서 적어도 일주일 이상 꿈 일기를 써본다. 잠자리 옆에 필기도구를 준비해두고 잠에서 깨어나자마자 기억되는 꿈 내용을 가능한 한 자세히 적는다. 특히 강한 감정을 경험했던 꿈을 대상으로 등장인물, 상황, 줄거리 등이 어떤 의미를 지니는지 생각해본다. 꿈꾸기 전날의 경험, 최근의 관심사나 고민, 어린 시절의 경험들을 종합하여 나름대로 꿈의 무의식적 의미를 해석해본다.

4. 나는 중·고등학교 시절에 담임교사와 어떤 관계를 맺었었는가? 현재의 직장상사나 지도교수와 어떤 관계를 맺고 있는가? 그들이 나에게 어떤 존재로 느껴지며 나는 그들을 어떻게 대하고 있는가? 어린 시절에 경험한 부모와의 관계가 전이를 통해 현재의 인간관계에 어떻게 나타나고 있는지 생각해본다.

5. 나의 성격적 특성은 무엇인지 생각해본다. 필요한 경우에는, 심리검사를 통해서 나의 성격특성이나 인간관계 패턴을 알아본다. 그리고 이러한 성격특성이 어떻게 형성되었는지를 어린 시절의 첫 기억이나 충격적 경험, 부모와의 관계 경험, 성장과정에서의 주요한 사건들 등을 고려하여 재구성해본다. 특히 구강기, 항문기, 남근기의 발달과정을 살펴보고 남근기의 오이디푸스 또는 엘렉트라 콤플렉스를 어떻게 경험하며 지나갔는지 분석해본다.

더 읽을거리

♣ McWilliams, N. (2004). *Psychoanalytic psychotherapy: A practitioner's guide.* (권석만, 이한주, 이순희 역.《정신분석적 심리치료》. 서울: 학지사, 2007).

☞ 저명한 여류 정신분석 치료자인 저자가 정신분석 치료의 실제 경험을 다양한 측면에서 구체적으로 실감나게 소개하고 있는 이 책은 정신분석 치료의 실제를 이해할 수 있는 최고의 책이다.

♣ 이무석 (2003). 정신분석에로의 초대. 서울: 도서출판 이유.

☞ 정신분석의 역사와 이론 그리고 치료기법을 자세하고 풍부하게 소개하고 있다.

♣ Kahn M. (2002). *Basic Freud: Psychoanalytic Thoughts for the 21st Century.* (안창일 역.《21세기에 다시 읽는 프로이트 심리학》. 서울: 학지사, 2008).

☞ 정신분석의 핵심적 개념과 주요한 역사를 간결하고 명쾌하게 간추려 소개하고 있다.

♣ McWilliams, N. (1999). *Psychoanalytic case formulation.* (권석만, 김윤희, 한수정, 김향숙, 김지영 역.《정신분석적 사례이해》. 서울: 학지사, 2005).

☞ 저명한 정신분석 치료자인 저자는 내담자의 사례를 정신분석 치료의 관점에서 다각적으로 이해할 수 있는 개념적인 틀을 명쾌하게 제시하고 있다.

♣ Michael, J. (2003). *Sigmund Freud* (2nd ed.). (이용승 역.《지그문트 프로이트》. 서울: 학지사, 2007).

☞ 정신분석의 창시자 Freud의 생애와 정신분석의 발달과정을 자세하게 소개하고 있다.

제 3 장

분석적 심리치료

제3장
분석적 심리치료

1. 분석적 심리치료의 개요

분석적 심리치료(analytical psychotherapy)는 칼 구스타프 융(Carl Gustav Jung, 1875~1961)에 의해 창시된 정신역동적 심리치료로서 인간의 심층적인 무의식 세계를 설명하는 분석심리학(analytical psychology)에 근거하고 있다. Jung은 한때 Freud와 함께 정신분석 운동에 참여했으나 그와 결별하고 독자적인 이론체계와 치료방법을 발전시켰다.

Jung에 따르면, 인간의 무의식은 충동적인 성적 욕망으로 이루어진 것이 아니라 개인으로 하여금 진정한 자기를 실현하도록 이끄는 지혜의 보고이다. 인간은 성욕과 같은 본능적 욕구에 의해 끌려가는 존재가 아니라 인간 정신의 통합적 발현, 즉 개성화(individuation)를 향해 나아가는 존재이다. 인간은 과거의 원인, 즉 '~ 때문에 (because of)' 행동할 뿐만 아니라 미래의 목적, 즉 '~을 위해서(for the sake of)' 행동한다.

Jung의 분석심리학은 매우 심오하고 난해하다. 그는 인간의 마음을 의식, 개인 무의식 그리고 집단 무의식으로 구분하고 있다. 아울러 자아, 콤플렉스, 원형, 페르소나, 아니마, 아니무스, 그림자, 자기(Self)와 같은 독특한 개념을 통해서 인간의 정신세계를 정교하게 설명하고 있다. Jung에 따르면, 인간의 삶은 무의식의 발현과정이다. 의식은 무의식의 거대한 바다 위에 떠 있는 작은 조각배와 같다. 인간은 '나'라는 자아에 의해 지배되는 것이 아니라 자아를 통해 움직이는 어떤 거대한 힘에 의해 지배된다. 이런 점에서 자아는 영혼의 주인이 아니라 대변인일 뿐이다. 무의식은 다양한 상징적 표현을 통해 자아에게 메시지를 전달한다. 자아가 이러한 무의식의 내면적 소리를 인식하지 못하거나 외면할 때 정신적인 고통과 장애가 발생한다.

분석적 심리치료는 우리의 정신세계를 구성하는 두 영역, 즉 의식과 무의식이 서로 소통하도록 연결하는 과정으로 이루어진다. Jung에 따르면, 인간의 내면에는 위대한 존재가 살고 있다. 그 존재는 꿈을 통해서 우리가 어떤 방향으로 나아가야 하는지를 은밀하게 암시적으로 전달한다. 건강한 삶이란 이러한 내면적 동반자의 은밀한 목소리에 귀를 기울이며 진정한 자기를 실현해나가는 삶이다. 분석적 심리치료에서는 꿈 분석, 전이분석, 적극적 상상과 같은 다양한 기법을 통해서 내담자가 자신의 무의식을 이해하도록 돕는다. 내담자로 하여금 꿈과 환상을 통해 전달되는 무의식의 소리에 귀를 기울이며 진정한 자기를 실현하도록 돕는 것이 분석적 심리치료의 핵심이다.

분석심리학은 인간의 정신, 특히 무의식 세계의 심층적 구조를 이해하는 데 크게 기여했다. 분석적 심리치료는 내담자로 하여금 문제와 증상의 해결을 넘어서 자신의 정신세계를 통합하여 진정한 자기를 실현하도록 돕는 방법을 제시하고 있다. Jung의 분석심리학은 그 개념이 복잡하고 과학적인 검증이 어렵기는 하지만 인간의 심층심리에 대한 풍부한 개념과 이론적 체계를 통해서 심리학뿐만 아니라 종교, 예술, 문학 등의 여러 분야에 많은 영향을 미치고 있다.

2. Jung의 생애와 분석심리학의 발전과정

1) Jung의 성장과정과 교육배경

Jung은 1875년 7월 26일 스위스 동북부의 작은 마을 Kesswil에서 아버지 Paul Jung과 어머니 Emilie Preiswerk의 네 번째 아이로 태어났다. Jung의 할아버지는 유명한 의사였으며, 외할아버지는 개신교 교회의 요직을 담당했던 출중한 신학자였다. 그의 외숙부 중 여덟 명이 목사여서 Jung은 어린 시절부터 장례식이나 교회의식을 많이 접했다. 그의 가정이 부유한 편은 아니었지만 그 지역에서 유명한 집안이었다.

Jung의 아버지는 Basel 교외에 있는 작은 도시의 개신교 목사였으며 어린 Jung에게 라틴어를 가르친 고전학자이기도 했다. 자상하고 친절하여 신도들의 존경을 받았으나 가정에서는 쉽게 화를 내고 자신의 감정을 분출하는 등 표리부동한 모습을 보였다. Jung은 이러한 아버지에게 존경심과 더불어 실망감을 지니게 되었다. 아버지에 대한 Jung의 감정은 나중에 Freud에게 투사되어 두 사람의 관계에 영향을 미친 것으로 해석되고 있다(Bair, 2003).

Jung의 어머니는 정서적으로 불안정한 사람이었다. Jung은 그의 어머니가 기분 변화가 심한 예측할 수 없는 인물이었다고 회고하고 있다. 그의 어머니는 Jung이 어

Jung의 소년기, 청년기, 중년기, 노년기 모습

렸을 때 바젤에 있는 정신병원에서 수개월을 보냈는데, 이때 Jung은 어머니의 오랜 부재로 깊은 슬픔에 빠지기도 했다. Jung의 어머니는 따뜻한 모성적 측면과 더불어 직관적이고 날카로운 측면을 지닌 사람이었으며 이러한 어머니에게 Jung은 양가감정을 지니고 있었다고 한다.

Jung의 부모는 서로 정서적으로 소원한 관계였으며 Jung이 태어나기 전에 세 아이가 있었으나 사산하거나 유아기에 사망했기 때문에 Jung은 여동생이 태어난 9세까지 독자로 자랐다. Jung은 예민한 감수성을 지닌 내향적인 소년이었으며 유년기를 외롭게 보내며 혼자 보내는 시간이 많았다. 그는 스위스의 호수와 숲을 좋아했으며 혼자만의 공상에 빠져드는 때가 많았다.

Jung은 11세에 바젤의 김나지움에 입학했는데, 어느 날 운동장에서 한 아이가 세게 밀치는 바람에 넘어져서 기절한 이후부터 자주 기절하는 일이 생겼다. 특히 학교에 가야 하거나 숙제를 빨리 끝내야 할 때 기절하는 일이 반복되어 결국 한동안 학교를 쉬게 되었다. 그러던 중 Jung은 아버지가 염려하며 아들이 나중에 밥벌이조차 못하게 될 것을 걱정하는 말을 듣고 나서 공부를 해야겠다고 결심했다. Jung은 나중에 자신의 기절경험을 통해서 신경증이 어떤 것인지 이해하게 되었다고 회고했다.

Jung은 청소년기에 자신에 대한 회의와 불만을 느끼며 철학서적을 많이 읽었다. 쇼펜하우어와 칸트의 책을 좋아했는데, 쇼펜하우어의 염세적인 세계관보다 칸트의 순수이성비판에서 더 큰 감명을 받았다고 한다. Jung은 대학 진학을 앞두고 전공 선택의 고민에 빠졌다. 철학과 역사학을 비롯한 인문학과 더불어 자연과학에도 마음이 끌렸기 때문이다. 이 무렵 Jung은 자신의 마음속에서 두 개의 인격이 갈등하는 것을 느꼈다고 한다. 제1인격은 '수학도 제대로 이해하지 못하면서 자신감조차 부족한 학생'이었으며, 제2인격은 '위대한 권위자로서 영향력 있는 강한 남자'였다. Jung은 이후에도 내면에서 제1인격과 제2인격이 갈등하는 것을 지속적으로 느꼈으며 꿈에서도 이러한 두 개의 인격이 다양한 모습으로 나타나는 것을 느꼈다고 한다.

대학입학 자격시험이 다가오면서 Jung은 자연과학 분야에 응시하기로 결정했다. 그즈음에 꾸었던 두 개의 꿈을 근거로 Jung은 자연과학을 전공하기로 결정했으며, 그의 할아버지처럼 의학을 전공하려는 마음을 먹게 되었다. 1895년 바젤 대학교에 입학하여 1903년까지 자연과학과 의학을 공부했다. 의대를 다니면서도 Jung은 지속적으로 철학을 비롯한 다방면의 책을 읽었다. 그는 테이블이나 칼이 아무런 이유 없이 부서지는 것과 같은 초자연적 현상을 경험했는데, 이러한 경험은 그가 영적인 주제에 관심을 갖게 했다. Jung은 전 생애를 걸쳐서 철학, 신학, 인류학, 과학 그리고 연금술과 신화학 등 다양한 분야에 관심을 지녔다.

2) 분석심리학의 발전과정

Jung은 의과대학을 졸업하고 진로를 고민하던 중 Kraft-Ebing의 책 서문의 "정신병이란 인격의 병이다."라는 글을 보고 마치 하나의 계시를 받은 것처럼 자신이 택해야 할 전공이 정신의학 외에는 없다는 사실을 깨닫게 되었다고 한다. Jung에게 정신의학은 인간의 영적 체험과 생물학적 사실들을 설명해줄 수 있는 공통의 영역이었으며 그때까지 방황했지만 찾지 못했던 분야를 발견한 것 같았다. 그러나 Jung은 환자를 한 사람의 인간으로 보지 않고 그들의 증상에만 초점을 맞추는 기존의 정신의학에 불만을 느끼며 나름대로의 이론체계를 구축해갔다.

Jung은 1900년에 취리히의 Burkholz 병원에서 정신분열증 연구의 개척자인 Eugen Bleuler의 차석 조수로 일하게 되었다. 이 시기에 만난 한 젊은 여자 환자는 정신분열증으로 진단되었으나 Jung은 우울증이라는 인상을 받고 나름대로 개발한 연상검사를 해보았다. 아울러 그녀에게 꿈을 이야기하게 하면서 Jung은 그녀의 과거와 비밀을 밝혀낼 수 있었으며 그녀가 심인성 우울증을 앓고 있다고 확신하게 되었다. Jung은 그녀의 내면세계에 대해서 이해하게 된 모든 것을 말해주었으며 그것이 효과를 거두어 그녀는 2주일쯤 후에 퇴원하였다. 그 후 Jung은 여러 해 동안 단어연상검사에 관한 연구를 하면서 무의식적인 '콤플렉스' 의 존재를 발견하였으며 이것이 Freud와 접촉하게 되는 계기가 되었다.

(1) Freud와의 만남: 6년간의 공동작업과 결별

Jung은 30세가 되던 1905년에 취리히대학 의학부 전임교수가 되었다. 1906년에 Jung은 Freud의 『꿈의 해석』을 읽고 자신이 한 단어연상검사의 연구결과와 관련성이 있음을 깨닫고 자신의 논문을 Freud에게 보내면서 서신을 통해 서로의 의견을 교환했다. 1907년 2월 27일에 32세인 Jung은 비엔나에서 51세인 Freud와 감격적인 상봉을 하고 무려 13시간 동안 열띤 토론을 했다. 이후 Freud와 Jung은 서로의 견해에 관심을 가지게 되었고, Freud는 Jung을 '정신분석 운동의 후계자'로 생각하였다. Jung은 1910년에 새로 결성된 〈국제정신분석학회〉의 회장을 맡았으며 두 사람의 우정과 협력은 1913년까지 6년 동안 계속되었다.

그러나 두 사람은 인간관에 있어서 좁히기 어려운 간격이 있었다. Jung은 Freud가 주장하는 성욕설에 대해서 인정할 수 없었다. 그러나 Freud는 성욕설을 정신분석의 요체로 여겼으며 성욕설을 인정하지 않는 것은 정신분석을 버리는 것으로 간주했다. 1912년에 Jung은 『리비도의 변환과 여러 상징』이라는 책을 통해서 자신의 의견을 표면화했다. 무의식에는 억압된 성적인 욕구뿐만 아니라 종교적 심성과 같은 다양한 창조적 가능성이 내재해 있으며 이러한 것들은 모든 인류에게 내재하는 원형이라고 그는 주장하였다. 이러한 주장은 Freud에게 수용될 수 없는 것이었으며 결국 Jung은 Freud와 결별하고 1913년 〈국제정신분석학회〉의 회장직을 사임하였다. 또한 대학과 개업을 병행하던 생활을 청산하고 연구에만 집념하기 위해서 취리히대학의 강사직도 사임하였다.

(2) 무의식과의 대결

1913년에 38세였던 Jung은 Freud의 정신분석과 결별하고 자신의 심리학을 '분석심리학'이라 명명했으며 1919년까지 자신의 내면세계에 대한 분석작업에만 몰두하는 내향기로 접어들었다. Freud와의 결별은 Jung에게 큰 충격이었으며 이후 6년간 정신적인 위기의 기간을 겪게 된다. 이 기간 동안 그는 세상으로부터 철수하고 고독 속에서 자신의 무의식을 깊이 탐구하였다.

Jung은 의식으로 밀려드는 무의식적 환상과 충동을 그대로 따라가면서 그것이 이끄는 방향을 관찰하고 표현하는 작업을 시작했다. Jung은 아동기로 돌아가고 싶은 욕구를 느꼈고 돌로 집과 마을을 지으면서 어린애 같은 놀이를 시작했다. 그는 돌과 접촉하는 것이 그의 환상과 창조성을 표현하는 데 도움이 된다는 것을 발견했으며 밀러드는 환상을 그림으로 그리며 따라가거나 환상을 적극적으로 실체화해서 이야기를 나누고 그 대화의 내용을 글로 적어 나갔다.

(3) 분석심리학의 체계화

1920년의 영국 방문을 시작으로 Jung은 여행과 학술활동을 활발히 재개하는 한편, 분석심리학의 이론을 정교하게 발전시켜나갔다. Jung은 아프리카, 미국, 인도 등을 여행하며 집단 무의식을 지지하는 증거자료들을 수집했다. 다른 한편으로는 영적인 신비주의자들의 주장에 대해 진지한 연구를 했다. 그들도 무의식이라는 근원적 세계를 다루고 있었으며 그 내용이나 심상을 제시하고 있었기 때문이다. 1928년에는 『황금의 꽃』이라는 책을 읽고 연금술의 속성을 이해하게 되었으며 분석심리학이 원시적 심상과 심리적 원형을 다루는 연금술과 상통한다는 것을 발견했다. 1936년에는 미국을 방문하여 그의 추종자들을 위한 세미나를 개최했으며 예일 대학에서 '심리학과 종교'에 대한 강연을 하기도 했다.

분석심리학은 Jung 자신의 개인적 체험과 환자의 치료경험뿐만 아니라 서양철학, 동양종교, 신비주의, 영지주의, 심령술, 연금술, 신화학, 문학과 예술 등 다양하고 방대한 자료에 근거하고 있다. Freud와 결별한 이후 Jung은 원형, 집단적 무의식, 아니마와 아니무스, 그림자와 같은 독창적인 개념을 발달시키며 분석심리학을 체계화해나갔다. 그는 『심리학 유형』(1921), 『자아와 무의식의 관계』(1928), 『심리학과 연금술』(1944), 『아이온: 자기의 현상학에 대한 연구』(1951)를 비롯한 많은 저술을 남겼으며 심리학뿐만 아니라 종교, 예술, 문학과 같은 다양한 분야의 주제들에 대해서 자신의 견해를 제시했다.

Jung을 중심으로 한 〈취리히정신분석학회〉는 1914년부터 〈국제정신분석학회〉와 분리되어 독자적인 길을 걸으며 발전해왔다. 1916년에는 〈분석심리학 클럽〉이 창립되어 전문적인 활동뿐만 아니라 사교활동의 무대가 되었다. 1918년에 〈분석심리학회〉와 〈분석심리학 클럽〉이 합병되면서 정규강좌가 생겼으며 제1세대 Jung학파 분석가의 수련 토대가 되었다. 1930년에는 〈국제분석심리학회〉가 설립되었다. 〈국제분석심리학회〉는 Jung의 치료이론을 배우고자 하는 사람들의 수련과 자격심사를 담당하면서 분석심리학을 국제적으로 파급시키는 데 중요한 역할을 하였다.

Jung은 많은 저술과 논문을 남겼으며 사회적 인정과 명예를 얻었다. 그러나 1944년에는 심장마비와 임사체험을 하기도 했으며 나치정권을 옹호한 반유대주의자라는 비난과 더불어 여러 여성들과의 복잡한 관계에 대한 의혹을 받기도 했다. 그러한 와중에서도 활발한 저술활동과 더불어 심리치료와 강연활동을 열정적으로 계속해 나갔다. 이러한 그의 삶은 창조성과 인격적 통합이 최고조에 이르는 시기는 바로 중년기 이후라는 자신의 믿음을 잘 보여주고 있다. Jung은 말년에 색전증을 앓았으며 그로 인한 뇌졸중으로 언어기능이 떨어지기도 했다. 1961년 6월 6일 길고 느린 석양빛이 희미해질 무렵에 Jung은 86세의 나이로 영면에 들었다. Jung이 82세부터 Aniela Jaffé에게 자전적 체험을 구술한 내용은 그가 서거한 후 1962년에 『C. G. 융의 회상, 꿈, 그리고 사상』으로 출간되었다.

3. 주요개념과 성격이론

1) 분석심리학의 기본가정

Jung의 분석심리학은 체험에 근거한 심리학 이론이다. 정상인과 정신장애 환자를 비롯한 많은 사람들의 마음을 관찰하고 Jung 자신의 마음을 깊이 살펴본 경험을 토대로 엮은 이론이다. 분석심리학은 개인적인 경험에 기반을 둔 이론으로서 객관적인 사실이나 절대적인 진리에 관해서 말하고 있지는 않다. 분석심리학에서는 개인의 마음에서 일어나고 있는 사실과 경험에 초점을 맞출 뿐 그것의 옳고 그름이나 좋고 나쁨을 판단하지 않는다. Jung에게 있어서 "관념은 그것이 존재하는 한 심리학적으로 진실이다." 분석심리학은 개인의 주관적 경험에 근거하여 그들의 마음을 이해하기 위해 적용할 수 있는 개념과 가설을 제시하고 있다.

Jung은 다음과 같은 언급을 통해서 자신의 학문적 입장과 삶에 대한 태도를 표현한 바 있다. "나의 생애는 무의식이 그 자신을 실현한 역사다. 무의식에 있는 모든 것은 사건이 되고 밖의 현상으로 나타나며, 인격 역시 그 무의식적인 조건에 따라 발전하며 스스로를 전체로서 체험하게 된다. 이러한 과정을 묘사함에 있어 나는 과학적인 언어를 사용할 수가 없다. 왜냐하면 나는 나 자신을 과학의 문제로 경험할 수 없기 때문이다. 내면적인 관점에서 본 우리의 존재, 즉 인간이 우리에게 보여주는 영원한 본질적인 속성은 오직 신화로서만 묘사될 수 있다. 신화는 보다 개성적이며, 과학보다 더욱 정확하게 삶을 묘사한다. 과학은 평균개념을 가지고 작업을 하는데, 이것은 너무 일반적이어서 개인의 특유한 인생이 지니고 있는 주관적인 다양성을 올바르게 파악하기 어렵다."(Jung & Jaffé, 1965, p. 17)

분석심리학은 무의식의 존재와 영향력을 중시한다는 점에서 정신분석 이론과 공통점을 지닌다. 무의식을 의식화하는 과정이 인간의 성숙에 중요하다는 것을 강조하는 점도 같다. 그러나 분석심리학은 무의식의 기능과 내용에 대해서 정신분석 이론과 다른 견해를 제시한다. Freud는 무의식의 실체를 성욕과 같은 미숙하고 비합리적인 것으로 본 반면, Jung은 무의식을 개인의 삶에 방향을 제시하는 지혜로운 것으로 여긴다. 환자가 나타내는 증상의 의미에 대해서 Freud는 과거에 경험한 상처의 결과라고 보는 반면, Jung은 미래에 나아갈 방향을 보여주는 신호라고 보았다.

Jung의 분석심리학은 인과론적인 관점보다는 목적론적인 관점에 근거하고 있다. 인간의 마음은 무의식을 좀 더 충만하게 발현하도록 기능하는 자기조절적인 체계이다. 인간은 기본적으로 과거경험에 의해 밀려가기보다 미래를 향해 나아가는 존재이다. Freud는 인간을 성욕과 같은 본능적 욕구에 의해 전전긍긍하며 떠밀려가는 존재라고 본 반면, Jung은 무의식의 발현을 향해 나아가는 존재라고 보았다. 즉, 인간은 과거의 원인, 즉 '~ 때문에(because of)' 행동하는 것이 아니라 미래의 목적, 즉 '~을 위해서(for the sake of)' 행동하는 존재라는 것이다. Jung은 무의식이 전체성과 통일성을 이루며 진정한 자기를 발현하는 개성화 과정을 중시했다.

Jung은 인간의 마음을 환원론적으로 설명하는 것에 반대했다. 즉, 심리적인 것을 그 자체로 인정하고 이해하고자 했으며 뇌기능이나 다른 신체적 기능으로 설명하려는 어떠한 접근도 배격했다. Jung은 인간의 삶과 마음을 이해하기 위해서 객관적으로 설명하기는 어렵지만 인간을 이끌어나가는 어떤 정신적 존재, 즉 영혼을 가정한다. 그에 따르면, 우리의 마음은 우리가 움직이는 것이 아니라 우리의 마음속에 존재하는 영혼에 의해서 움직인다. 인간의 마음은 그러한 영혼을 받아들이는 그릇일 뿐이다. 그러나 자아의 기능을 무시하는 것은 아니다. 자아의 결단 없이는 어떠한 무의식도 의식으로 동화될 수 없다. 자아는 우리 마음의 주인이라고 할 수는 없지만 마음을 관리하는 문지기라고 할 수 있다. Jung은 자아의식을 넘어선 광대한 정신세계를 지적함으로써 인간 정신의 전체성을 강조하고 있는 것이다.

2) 분석심리학의 주요개념

Jung이 제시하는 성격이론의 핵심은 전체성이다. 인간의 성격 전체를 Jung은 '영혼(psyche)'이라고 불렀으며 이는 모든 사고, 감정, 행동, 의식과 무의식을 포함한다(이부영, 2011). Jung에 따르면, 인간은 여러 부분의 집합이 아니라 하나의 통합적 전체다. 인간은 전체성을 지니고 태어나며 분화와 통합을 반복하며 전체성을 발현해나간다. 인간이 일생을 통해서 추구해야 할 것은 타고난 전체성을 되도록 최대한으로,

분화된 것을 일관성 있고 조화롭게 발전시키는 것이다. 뿔뿔이 흩어져 제멋대로 움직이며 갈등을 일으키는, 즉 여러 체계로 분화되어 분열된 성격은 건강하지 못한 성격이다. Jung은 자기(Self)를 성격의 중심이자 전체로 보았다.

(1) 의식, 개인 무의식 그리고 집단 무의식

Jung은 인간의 마음을 설명하면서 세 가지 수준의 마음, 즉 의식, 개인 무의식, 집단 무의식으로 구분했다. 의식(Conscious)은 개인이 유일하게 직접적으로 알 수 있는 부분이며 태어날 때부터 죽을 때까지 지속적으로 성장해간다. 개인은 타인과 구별되는 자신만의 고유한 존재로 성장하는데, Jung은 이러한 과정을 개성화(individuation)라고 지칭했다. 개성화의 목표는 개인이 가능한 한 완전하게 자신의 전체성을 인식하는 것, 즉 '자기의식의 확대'에 있다. 개성화는 무의식적인 내용을 의식으로 가져옴으로써 이룰 수 있다. 의식이 증가하면 개성화도 증대된다. 이러한 의식의 중심에는 자아(ego)가 존재한다. 자아는 개인의 정체성과 자기가치감을 추구하며 자신과 타인과의 경계를 수립하여 구분하는 기능을 한다. 뿐만 아니라 자아는 의식에 대한 문지기 역할을 하며 지각, 사고, 기억 그리고 감정이 의식될지 여부를 판단한다. 인간은 의식의 중심에 있는 자아가 다양한 경험의 의식화를 허용하는 한계 내에서 개성화를 이룰 수 있다.

개인 무의식(Personal Unconscious)은 자아에 의해서 인정받지 못한 경험, 사고, 감정, 지각, 기억을 의미한다. 개인 무의식에 저장된 내용들은 중요하지 않거나 현재의 삶과 무관하다고 여겨지는 것일 수 있다. 또는 개인적인 심리적 갈등, 미해결된 도덕적 문제, 정서적 불쾌감을 주는 생각들과 같이 여러 가지 이유로 억압된 것일 수 있다. 이러한 개인 무의식은 꿈을 만들어내는 데 중요한 역할을 한다. 이러한 개인 무의식의 고통스러운 사고, 기억, 감정들이 어떤 주제를 중심으로 뭉치고 연합되어 심리적인 복합체를 이룰 수 있는데, 이를 **콤플렉스**(complex)라고 한다.

콤플렉스라는 용어는 다른 학자들도 사용하고 있는데, Jung이 단어연상검사를 통해 발견한 심리적 구조를 지칭하기 위해 처음 사용한 것이다. Jung의 콤플렉스가 다른 이론가의 콤플렉스와 구분되는 점은 원형적 핵(archetypal core)을 강조한다는 점이다. Jung의 콤플렉스는 개인 무의식뿐만 아니라 집단 무의식의 요소를 지니고 있으며 아버지 콤플렉스, 어머니 콤플렉스, 구세주 콤플렉스, 순교자 콤플렉스와 같이 원형과 관련된 핵심적 주제를 중심으로 구성되어 있다. 이러한 콤플렉스는 개인에게 의식되지 않은 채로 부정적인 영향을 미치기 때문에, 콤플렉스를 의식화하는 것이 심리치료의 목표가 된다.

집단 무의식(Collective Unconscious)은 Jung의 이론이 다른 이론들과 가장 차별화 되는 개념이다. 집단 무의식은 개인 무의식과 달리 특정한 개인의 경험과 인식 내용을 담고 있지 않다. '집단'이라 함은 그 내용들이 모든 인간에게 공통된 것이라는 점을 의미한다. 집단 무의식은 인간에게 전해 내려온 보편적인 경향성으로서 신화적 모티브의 표상을 형성하는 것을 말한다. 모든 인간은 유사한 생리구조를 지니고 있으며 비슷한 환경적 요소를 공유하기 때문에, 개인은 세상에 대해서 보편적인 방식으로 생각하고 느끼고 반응할 수 있는 소질들을 가지게 된다. 이처럼 개인의 마음속에 존재하는 인류 보편적인 심리적 성향과 구조가 집단 무의식이다. 집단 무의식을 구성하는 주된 내용은 본능과 원형이다. 본능은 행동을 일으키는 충동을 의미하며, 원형은 경험을 지각하고 구성하는 방식을 뜻한다.

(2) 원형의 5가지 유형

원형(archetypes)은 내용을 가지고 있지 않으며 형태만 가지고 있다. 원형은 어떤 유형의 지각과 행동의 가능성을 나타내고 있을 뿐이다. 원형들은 집단 무의식 내에서 서로 별개의 구조를 이루고 있지만 결합을 하기도 한다. 모든 원형들이 여러 가지로 결합되어 작용하기 때문에 개인의 성격이 각기 판이하게 다른 것이다. 원형은 콤플렉스의 핵심을 이루며 원형이 중심이 되어 관련 있는 경험들을 끌어당겨 콤플렉스를 형성한다. 원형은 무수하게 다양한 형태를 취할 수 있는 반면, 그 내용을 이루는 주요한 원형적 심상(예: 영웅, 순교자, 어머니, 악마)은 많지 않다. 이러한 심상을 중심으로 경험이 계속 추가되어 충분한 힘을 얻게 되면 콤플렉스는 의식에 침입할 수 있게 된다. 원형이 의식에 떠올라 행동으로 표현되는 경우는 그 원형이 잘 발달한 콤플렉스의 중심이 되었을 때뿐이다.

Jung은 다양한 원형 중에서 우리의 성격과 행동에 중요한 영향을 미치는 5개의 원형을 중요하게 여겼다. 그것은 페르소나, 아니마, 아니무스, 그림자 그리고 자기이다.

페르소나(persona)는 라틴어로 '가면'이라는 뜻이며 개인이 다른 사람들에게 자신을 드러내는 방식을 뜻한다. 개인은 부모로서, 친구로서, 직장인으로서 다양한 역할을 하게 된다. 개인이 이러한 역할들을 수행하는 방식은 타인에게 어떻게 보이고 싶은지 그리고 다른 사람들이 자신에게 어떻게 행동하는 것을 원하는지에 따라서 달라진다. 페르소나는 사람이 특정한 상황에서 자신의 감정, 사고, 행동을 조절해야 하는 것을 배우는 데 유용하다. 그러나 페르소나를 너무 중요하게 여기면, 개인은 진정한 자신으로부터 유리되어 형식적이고 피상적인 삶을 살게 될 뿐만 아니라 순수한 감정을 경험하기가 어려워진다.

아니마(anima)와 아니무스(animus)는 자신과 반대되는 성(性)의 특성을 의미한다. 페르소나가 외부로 드러난 모습이라면, 아니마와 아니무스는 무의식 속에 지니고 있는 이성의 속성을 뜻한다. 아니마는 남성에게 있어서 다정함이나 감성적 정서와 같은 여성적인 부분을 나타낸다. 아니무스는 여성에게 있어서 논리나 합리성과 같은 특징을 지니는 남성적인 부분을 말한다. 남성과 여성이 모두 반대 성에 해당하는 특성을 가지고 있다는 점은 남성과 여성이 남성호르몬과 여성호르몬 모두를 분비한다는 생물학적인 사실로도 지지된다. Jung은 조화로운 성격을 지닐 수 있도록 남성은 아니마를, 여성은 아니무스를 무의식 속에서 이끌어내어 표현해야 한다고 믿었다. 만약 그렇게 하지 않으면 미성숙하고 틀에 박힌 남성상이나 여성상에 갇힐 위험이 있다고 했다.

그림자(shadow)는 개인이 자신의 성격이라고 의식적으로 인식하는 것과 반대되는 특성을 뜻한다. '등잔불 밑이 어둡다'는 말이 있듯이, 그림자는 자아의 어두운 부분, 즉 의식되지 않는 자아의 분신을 의미한다. 그림자는 개인이 의식적으로 받아들이기 힘든 성적이고 동물적이며 공격적인 충동을 포함하고 있다. 그림자는 어떤 면에서 Freud가 말하는 원초아와 유사하다. 그림자는 잠재적으로 가장 위험하고 강력한 콤플렉스로서 자아가 이를 받아들여 화목하게 영혼 속에 편입시킬 수 있느냐의 여부가 심리적 건강에 매우 중요하다. 그림자를 적절히 표현하는 것은 창조력, 활력, 영감의 원천이 될 수 있다. 그러나 그림자를 과도하게 억압하면, 개인은 자유로운 표현이 억제되어 진정한 자신으로부터 괴리될 뿐만 아니라 불안과 긴장 상태에 빠져들 수 있다. 그러한 개인들에게 있어서 치료의 목표는 그들의 그림자를 의식으로 가져와 인식하고 표현하도록 돕는 것이다.

자기(Self)는 의식과 무의식을 포함한 성격 전체의 중심이다. 자기는 성격을 구성하고 통합하는 에너지를 제공하는 일을 한다. 자아가 의식의 중심이라면, 자기는 성격 전체의 중심이면서 동시에 역설적으로 성격 전체를 포함하고 있다. 개성화가 일어나지 않은 미숙한 사람들의 경우에는 자기가 무의식의 중심에 묻혀 있어서 다른 원형과 콤플렉스를 잘 인식하지 못한다. 그러나 개인이 성숙해지고 개성화됨에 따라 자아와 자기의 관계가 밀착되어 모든 성격 구조에 대한 의식이 확대된다. Jung은 자기의 실현이 인간 삶에 있어서의 궁극적 목표라고 보았다. 개인이 자신의 성격 기능을 완전히 발현할 때, 자기 원형에 접촉하여 무의식의 내용들을 의식으로 더 많이 가져올 수 있다. 이를 위해서는 무의식적 과정을 이해할 수 있는 꿈의 의미를 잘 파악하는 것이 중요하다.

자기를 상징하는 만다라의 모습

　　원형은 내용을 지니지 않고 단지 형태만을 지닌 심리적 반응양식이다. 그러한 원형의 내용을 구성하는 것이 바로 상징(symbols)이다. 원형은 꿈, 환상, 환영, 신화, 동화, 예술 등에서 나타나는 상징들을 통해서 표현될 수 있다. Jung은 신화, 연금술, 인류학 등 다양한 분야에 대한 연구를 통해서 중요한 원형들을 나타내는 상징들을 발견하였다. 상징은 정신의 표현이며, 인간성의 모든 면이 투영되어 있다. 이러한 상징의 구체적인 심상으로는 영웅, 순교자, 전사, 위대한 어머니, 현명한 노인, 악마, 사기꾼, 고통 받는 소녀 등이 있다. Jung이 발견한 상징들 중에서 특히 중요한 것은 자기를 상징하는 만다라이다.

　　Jung이 제시한 개념들은 전체성을 지닌 인간의 마음을 이해하기 위한 수단적인 개념이다. 이러한 개념들은 공간적으로 실체화하기 어려운 것이다. 그러나 이해를 돕기 위해서 이들의 관계를 도식적으로 제시하면 [그림 3-1]과 같다. 인간의 마음은 의식, 개인 무의식, 집단 무의식의 세 가지 층으로 구분될 수 있다. 자아는 의식의 중심을 이루며, 자아에 의해 억압된 개인의 경험들이 바로 그 아래 개인 무의식에 그림자로 존재한다. 페르소나는 자아가 사회적 장면에서 겉으로 드러난 모습이다. 아니마와 아니무스는 좀 더 깊은 집단 무의식에 존재하며, 자기는 마음의 중심이자 마음 전체를 포함한다.

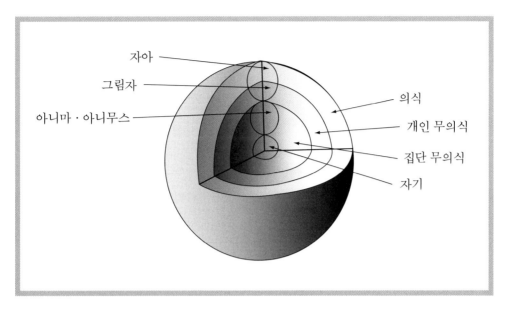

[그림 3-1] 분석심리학의 주요개념과 정신의 구조

3) 성격의 유형과 발달

(1) 성격 유형

Jung은 개인의 다양한 성격적 특성을 태도와 기능의 차이로 설명하고 있다. 그는 개인이 내면적 세계 또는 외부적 세계에 대해서 관심과 에너지를 투여하는 방향성에 따라 **외향성**(extraversion)과 **내향성**(introversion)의 두 가지 태도로 구분했다. 외향성은 외부세계에 관심을 지니는 객관적 태도이며, 내향성은 내면세계에 관심을 두는 주관적 태도이다.

두 가지 태도는 서로 배타적으로 번갈아 나타날 수 있지만 의식에 공존할 수는 없다. 개인은 상황에 따라 외향적일수도 내향적일수도 있다. 그러나 대부분의 경우 어느 한쪽의 태도가 우세하다. 그러나 그것도 정도의 문제인데, 개인은 전적으로 내향적이거나 외향적인 경우는 없으며 두 태도를 모두 가지고 있다. 또 의식에서는 외향적이라 할지라도 무의식에서는 내향적이어서 구분이 더 모호해지기도 한다. 꿈이 보상적 기능을 한다는 Jung의 이론에 따르면, 외향적인 사람은 꿈에서 내향적인 모습을 나타낼 수 있으며 내향적인 사람은 그 반대로 나타날 수 있다.

성격을 구성하는 기능에는 사고, 감정, 감각, 직관의 네 가지가 있다. 사고

(thinking)는 사물을 이해하고자 하는 지적 기능으로서 여러 관념을 연결시켜 문제를 해결하는 역할을 한다. 감정(feeling)은 평가의 기능을 말하며 어떤 관념이 긍정적 감정 또는 부정적 감정을 일으키는지에 따라 그 관념을 받아들일 것인지 물리칠 것인지를 결정한다. 사고와 감정은 모두 이성에 의한 판단행위가 개입되기 때문에 '합리적' 기능이라고 지칭된다.

감각(sensing)은 감각기관의 자극에 의해 생기는 모든 의식적 경험을 포함하고 있다. 직관(intuition)은 직접적으로 주어지는 경험이라는 점에서 감각과 비슷하다. 그러나 감각은 자극의 근원이 분명하지만 직관은 갑자기 나타나며 그 근원과 과정을 설명할 수 없다는 점에서 차이를 지닌다. 감각과 직관은 이성과 판단을 필요로 하지 않기 때문에 '비합리적' 기능이라고 지칭된다. 비합리적이라 함은 이성에 반한다는 뜻이 아니라 그것과 관계가 없음을 뜻하며 무이성적 또는 무비판적이라는 의미이다. 감각과 직관은 방향이나 지향성이 없으며 합리적 기능과 달리 목표가 없다. 감각은 무엇이 존재하는지를 알려주고, 직관은 그것이 어디에서 와서 어디로 가는지를 알려준다.

두 가지의 태도와 네 가지의 기능을 조합하면 다음과 같은 여덟 가지의 성격유형이 도출될 수 있다. ① 외향적 사고형은 외부세계를 지적으로 파악하고 이해하는 활동에 강한 흥미를 느끼며 자연세계를 탐구하는 과학자의 특성을 지닌다. ② 내향적 사고형은 자신의 존재와 내면세계에 대한 사색 및 분석에 깊은 관심을 지니며 철학자나 심리학자의 성향을 지닌다. ③ 외향적 감정형은 사회적 관습과 타인의 평가를 중시하고 사회적 활동과 정서적 표현에 적극적이어서 파티의 여주인공으로 적격이다. ④ 내향적 감정형은 자신의 감정을 드러내지 않으며 조용하고 냉담한 듯한 모습을 나타내지만 내면적으로 깊은 공감 능력을 지니고 있다. ⑤ 외향적 감각형은 외부세계에 관한 사실들을 재빨리 파악하는 능력을 지니며 현실주의적이고 실제적이어서 실무에 밝은 행정가나 사업가의 특성을 나타낸다. ⑥ 내향적 감각형은 세상과 접촉하면서 체험하는 내면적 감각을 섬세하게 지각하고 기술하는 능력이 탁월하며 심미적 감각이 뛰어난 문인이나 예술가의 성향을 지닌다. ⑦ 외향적 직관형은 외부세계에서 새로운 가능성을 발견하고 그것을 실현하기 위해 적극적으로 활동하며 기업인, 정치인, 신문기자의 속성을 지닌다. ⑧ 내향적 직관형은 구체적인 현실보다 정신세계에서의 새로운 가능성을 탐지하는 능력이 탁월하며 종교적 예언가, 선지자, 시인의 속성을 지닌다. 이러한 Jung의 성격 유형론은 MBTI의 이론적 기반이 되었다.

(2) 성격 발달

Jung은 인간의 발달과정을 네 가지 단계, 즉 아동기, 청년기, 중년기, 노년기로 구분했다. 그는 성격 발달 자체보다 무의식의 변화과정에 관심이 많았기 때문에 정교한 설명을 제시하지는 않았다.

아동기(childhood)는 출생에서 시작하여 사춘기 또는 성적 성숙기까지 계속된다. 이 시기의 아동은 근본적으로 본능적 에너지에 의해 움직인다. 부모의 역할은 아동의 에너지의 방향을 잡아주어 아동이 혼란스럽거나 무질서하게 되지 않도록 하는 것이다. 이 단계의 초기에 자아가 형성되기 시작하고, 이때부터 아동은 자신을 1인칭으로 말하기 시작하며, 학교에 들어가면서 부모의 세계, 즉 심리적 자궁에서 빠져나오기 시작한다.

청년기(adolescence)는 사춘기에 일어나는 생리적 변화로부터 시작한다. 생리적 변화는 정신적 측면에서도 혁명적 변화를 유발하게 되는데, Jung은 이 시기를 '정신적 탄생기'라고 불렀다. 청년기에는 사회생활에 적응해나가는 다양한 방법을 배우게 된다. 이러한 적응방식을 잘 습득하게 되면 큰 어려움을 겪지 않지만, 아동기의 환상에 집착하여 현실을 인식하지 못하면 많은 어려움에 부딪히게 된다. 이 단계에서 생기는 정신적 문제는 성적 욕구에 의한 심리적 혼란과 밀접하게 관련되어 있으며 과민성과 불안정에서 생기는 열등감이 문제가 될 수 있다. 청년기 문제의 공통적 특징은 아이 원형, 즉 어른이 되기보다 아이로 머물러 있기를 원하는 경향에 의해서 영향을 받는다는 점이다.

중년기(middle age)는 약 35세부터 40대 후반에 해당하는 시기로서 Jung은 이 시기의 변화에 깊은 관심을 보였다. Jung이 중년기에 각별한 관심을 갖게 된 것은 그 자신이 이 시기에 정신적 위기를 겪었으며, 자신의 내면을 재검토하고 꿈과 창조적 작업을 통해 무의식을 탐색하였던 경험과 관련되어 있다. 또한 Jung의 환자 중 대다수는 사회적으로 성공한 중년기의 사람들로서 삶의 의미와 관련된 물음들을 지니고 있었다. 이전에는 매우 중요하다고 생각되었던 것들이 더 이상 중요하지 않게 느껴지고 인생이 공허하며 무의미한 것처럼 생각되어 우울상태에 빠지기도 했다. 중년기에는 특유의 적응문제가 발생하는데, 지금까지 외부세계에 대한 적응에 사용되었던 에너지가 새로운 정신적 가치로 방향을 돌리게 된다. 즉, 젊은 시절의 외향적이고 물질주의적 관심에서 내향적이고 정신적인 관심으로 변화되거나 확대된다. 개인이 자신의 직업과 가정에서 안정된 자리를 잡아갈수록, 인생의 무의미함과 상실감을 경험할 수 있다. 이 시기는 행동을 통한 외부적 활동보다 내면적 사색과 명상을 통해서 자기를 실현하는 일에 관심을 가져야 할 시기인 것이다.

노년기(old age)에 접어들면서 사람들은 자신의 무의식 세계에 더 깊은 관심을 갖게 된다. Jung에게 있어서 노년기는 삶을 반성하고 지혜를 키우는 시기이다. 나이가 많아질수록 자신의 삶의 경험을 이해하고 그러한 이해를 통해 삶의 의미를 이끌어내는 데 많은 시간을 들여야 한다. 노년기에는 내세에 대한 관심이 높아지는데, Jung은 내세를 여러 종교와 신화의 주된 주제로서 무의식적 기반을 지닌 것으로 여겼다. 인간의 심리적 발달은 노년기에도 결코 끝나지 않으며 나이에 상관없이 계속된다는 것이 Jung의 믿음이었다.

4. 정신병리 이론

Jung은 정신병리 현상을 건강한 사람이 지니는 심리적 속성의 연장선상에서 이해하고자 했다. 분석심리학에서는 정상과 이상 그리고 건강과 장애에 대한 절대적인 구분은 없으며 증상을 확인하여 기술하고 이름을 붙이는 일을 중요하게 여기지 않는다. 사실상 분석심리학에는 정신병리 이론이 존재하지 않는다. 그보다는 고통을 겪고 있는 환자 개개인에 대한 이해를 중요시하며 '병적이라고 부르는 현상' 에 대한 심리학적 설명이 있을 뿐이다.

분석심리학에 따르면, 개인이 병적인 현상을 나타내는 이유는 자신의 무의식에 대해 무지하기 때문이다. 자신에게 표출되어 올라오는 무의식의 의미를 깨닫지 못하거나 받아들이지 못하는 사람은 마음의 병을 얻게 된다.

1) 신경증

신경증은 그 증상의 의미를 아직 발견하지 못한 마음의 고통이다. Jung은 자신의 경험을 통해서 신경증의 증상 뒤에는 그럴 만한 뜻, 즉 증상의 의미가 존재한다는 것을 깨달았다고 말한다. 신경증 증상은 미래 지향적인 의미를 지니며, 신경증 치료의 핵심은 바로 이러한 증상의 의미를 발견하여 깨닫는 것이다. 신경증은 일종의 자기소외로서 자기(Self)로부터 멀어질수록 증상은 심해진다. 의식의 중심에 있는 자아(ego)가 자기에서 멀어질수록 신경증이 발생할 가능성이 높아진다.

우울증은 개인의 자아의식이 지나치게 외적 인격, 즉 페르소나와 동일시하여 내적 인격을 도외시하거나 외면할 때 생겨난다. Jung은 우울증상이 의식에서 사용할 수 있는 정신적 에너지의 고갈을 의미한다고 보았다. 즉, 외부에 과도한 관심을 기울이고 에너지를 쏟은 탓에 의식의 에너지가 고갈되어 무의식의 정체된 에너지가 작용하기 시작한다는 것이다. 우울해진 사람은 어쩔 수 없이 자신의 시선을 내면으로 돌리게 되어 무의식에 관심을 기울이게 된다. 그러나 우울증을 겪는 대부분의 환자들은 이러한 증상의 의미를 인식하지 못한 채 그저 불쾌한 감정에 괴로워하게 된다. 특히 중년기 우울증의 경우, 오랜 세월 동안 자신의 페르소나에만 충실했던 사람들일수록 중년기에 이르러 정신적인 균형이 깨지면서 우울증상을 나타내게 된다.

히스테리, 즉 전환장애는 과도한 외향적 태도를 내향적으로 전환시키기 위해서 나타나는 신체증상을 의미한다. 자아의식의 일방성은 Jung의 심리적 유형론과도 관련된다. 자아가 자신에게 우월한 기능을 발전시키고 열등한 기능은 돌보지 않으려는 경향을 지니고 있기 때문이다. 만약 자아가 외향적 태도에 지나치게 집착하여 내향적 태도를 돌보지 않고 억누르면, 이러한 일방성이 무의식의 보상기능을 작동시킨다. 이때 나타나는 히스테리성 신경증의 신체증상은 외부에 쏠려 있던 자신의 관심을 내부로 돌리도록 요구하는 것이다. 무의식에서는 억압되어 있던 내향성이 드러나게 되는데, 이 때문에 히스테리 환자들은 다른 사람의 입장을 고려하지 않는 심한 자기중심성과 비현실적인 내용의 환상을 나타낸다.

신경쇠약증은 내향적 태도에 지나치게 집착하는 경우에 생겨난다. 내향적 태도에 지나치게 집착하면, 자신의 의식에만 사로잡혀서 객체 지향적 태도를 억압하게 된다. 그 결과, 겉으로 드러나는 의식의 태도는 내면을 향하고 있지만 무의식의 관심은 객체 지향적으로 점차 바뀌어 가며 객체에 대한 강력한 환상이 생겨난다. 신경쇠약증은 이러한 환상과 의식적 태도의 모순과 갈등으로 인해서 점차 지쳐가게 되는 과정에서 생겨나는 것이다.

2) 정신병

Jung은 정신분열증을 콤플렉스의 개념으로 설명하고 있다. Jung에 따르면, 강력한 복합감정을 지니고 있는 콤플렉스의 활동이 정신분열증의 여러 가지 증상들을 일으킨다. 이러한 콤플렉스는 정상인에게도 존재하기 때문에 정신분열증의 다양한 증상들은 심각도의 연속선상에서 이해될 수 있다. 특히 정신분열증 환자들이 흔히 나타내는 알아듣지 못할 말들이나 기괴한 사고내용은 정상인의 꿈에서 나타나는 것들과 매우 유사하다.

정신분열증의 특징적인 증상인 환각은 꿈에 나타나는 것과 같은 무의식적인 정신적 요소들이 외부세계로 투사된 것이다. 망상의 내용은 거의 예외 없이 꿈에서 발견될 수 있으며 환자에게는 꿈과 현실의 구분이 사라진다. Jung은 환자들의 환청이 때로는 환자의 기괴한 사고와 행동을 수정하도록 하는 정상적인 내용을 담고 있다고 말한다. 물론, 꿈과 같은 무의식적 내용이 목소리로 들려오는 경우가 더 흔하지만, 가끔 환청은 환자의 과대망상을 비난하고 그 생각을 수정하도록 촉구하기도 한다는 것이다. 이러한 현상에 대해서 Jung은 비교적 '정상적인' 이러한 목소리는 현재 병적으로 발현되고 있는 콤플렉스에 억눌려 있는 건강한 콤플렉스의 잔재일 것이라고 설명했다.

그러나 Jung은 정신분열증의 원인으로 어느 정도 생물학적인 요인도 존재할 것이라고 생각했다. 그는 정신분열증이 심리적 원인에 의해서만 발생한다고 고집하지는 않았다. 정신분열증이 뇌의 기능장애나 여러 신체적 요인에 의해 발생할 수 있음을 지적하면서, 그는 자신이 설명하는 것은 장애의 원인이 아니라 증상의 의미라는 점을 밝혔다. Jung에게 중요한 것은 장애의 발생 원인이나 기제가 아니라 그러한 증상이 환자에게 무엇을 말해주고 요구하고 있는지를 인식하는 것이었다.

5. 치료 이론

1) 치료의 목표와 원리

분석적 심리치료의 궁극적 목표는 개성화와 성격의 통합이다. 그러나 구체적인 치료목표는 개인의 발달단계와 특수한 상황에 따라 달라질 수 있다. 어느 내담자라 하더라도 치료의 목표가 미리 이론적으로 정해지는 것은 아니며, 내담자의 경험 그리고 그의 성격과 삶의 의지에 따라 달라진다. 일반적으로 인생의 전반기를 살아가는 내담자의 치료는 현실 적응을 위한 구체적 목표를 성취하는 데 초점이 모아지는 반면, 인생의 후반기를 살아가는 내담자의 치료목표는 자기의 실현에 초점이 모아진다. 인생의 오전을 살아가는 젊은 내담자의 경우에는 직업에 적응하고 가정을 돌보는 정상적인 적응적 삶을 위해서 자아를 강화하는 일에 주력하는 반면, 인생의 오후를 살아가는 중년기 이후의 내담자에게는 개인적인 삶의 의미를 발견할 수 있도록 자신의 내면적인 존재를 경험하도록 하는 데 주력한다.

Jung에 따르면, 삶의 궁극적 목표는 개성화이다. 개성화는 무의식과 의식의 통합을 통해서 자기를 충분히 실현시키는 것이다. 또한 삶의 과정에서 분화되고 분열된 마음을 일관성 있고 조화롭게 발전시키는 일이다. 심리치료의 목적은 분화과정에서 상실한 전체성을 회복하는 것이다. Jung에 의하면 심리치료의 목표는 정신종합이다.

분석적 심리치료에서 치료자와 내담자의 관계는 인간적인 대화로 이루어지며 각 내담자는 개별적으로 이해된다. 치료자와 내담자는 의식적 또는 무의식적 수준에서 서로 연결된다. 치료자는 꿈 분석, 전이분석, 적극적 상상 등과 같은 다양한 방법을 통해서 내담자의 무의식을 탐색한다. 치료자는 꿈을 통해 표현하는 내담자의 언어를 이해하는 것이 중요하다. 꿈 분석에서는 꿈의 맥락을 파악하여 꿈을 해석하고 내담자가 그러한 해석을 삶에 적용하도록 한다. 장기치료의 경우에 내담자는 치료에서 해석된 꿈의 의미를 이해함으로써 인생의 크고 작은 선택에 반영하면서 개인화 과정으로 나아가게 된다. 전이도 내담자의 무의식이 드러나는 중요한 현상이다. 전이분석의 경우, 처음에는 개인 무의식으로부터의 투사를 다루고 그 후에 집단 무의식의 투사를 다룬다. 아울러 치료자는 내담자가 적극적 상상을 통해 심상활동을 활성화시킴으로써 무의식을 탐색하고 이해할 수 있도록 돕는다.

2) 치료기법

분석적 심리치료는 내담자로 하여금 무의식을 의식화함으로써 분열된 마음을 통합하고 전체성을 회복하여 자기를 실현하도록 돕는다. 내담자의 무의식을 탐색하고 이해하기 위해서 치료자는 꿈 분석, 전이 및 역전이 분석, 적극적 상상을 비롯한 다양한 기법을 사용할 수 있다.

(1) 꿈 분석

분석적 심리치료에서 내담자의 무의식을 탐색하는 대표적인 기법은 꿈을 분석하여 해석하는 것이다. 우리 자신의 마음임에도 불구하고 우리에게 의식되지 않는 무의식을 이해하기 위해서는 무의식이 스스로 자신을 드러내는 심리적 자료가 필요하다. 이러한 자료 중 가장 중요한 것이 바로 내담자의 꿈이다.

Jung과 Freud는 무의식의 이해를 위해서 꿈을 중요시한다는 점에서는 동일하지만, 이들이 꿈 분석을 통해서 해석하는 꿈의 의미는 매우 다르다. Freud는 꿈 분석을 통해서 억압된 성욕과 무의식적 갈등을 발견하고자 한 반면, Jung은 꿈을 통해서 마음 깊은 곳으로부터 들려오는 지혜로운 영혼의 음성이자 메시지를 발견하고자 했다. Jung에게 있어서 꿈은 개인의 지극히 내면적인 정신세계를 보여주는 것으로서 상징과 심상을 통해서 무의식의 상태와 변화를 보여준다. 꿈은 기본적으로 의식의 일방적 태도를 보상하는 기능을 가지고 있으며 양극적 태도의 균형과 조화를 촉구한다. 아울러 꿈은 개인이 지닌 내적 또는 외적 문제에 대한 해결책을 암시하는 예시적인 기능을 지닌다.

꿈은 하나의 연극과 같은 구조를 지닌다. 서막이 있고 문제 상황이 기술되며 절정을 이른 후에 결말을 맺는 것으로 구성된다. 꿈에 등장하는 인물들은 한쪽으로 치우쳐 있는 성격요소의 특성을 반영하는 것일 수 있다. 객관적 수준에서 보면 꿈속의 형상들은 부모, 배우자, 자녀와 같은 실제 인물이나 가까운 사람을 나타내지만, 주관적 수준에서 보면 그러한 형상들은 꿈꾸는 사람의 성격적 요소를 상징적으로 표상하고 있는 것이다. 꿈속에 등장하는 인물이나 형상의 위치, 행동, 감정은 물론 줄거리를 이루는 사건의 순서와 결말에도 중요한 의미가 있다.

꿈의 의미를 발견하는 것은 매우 어려운 일이기 때문에 일련의 꿈들을 묶어 해석하는 것도 좋은 방법이다. 내용이나 주제가 반복되는 꿈들은 개인에게 중요한 의미를 지니는 원형의 발현으로 해석될 수 있다. 연상을 통해서 마음의 깊은 곳으로 들어가게 되면 종교, 전설, 신화 등에서 반복된 것과 유사한 원형적 주제를 발견할 수 있다. 어린 시절의 꿈이나 악몽과 같이 격렬한 감정이 개입된 꿈은 개인의 삶에 있어서 중요한 요인과 관련된 무의식이 표현된 것일 수 있다. 꿈은 내담자의 콤플렉스를 이해하고 해소하는 데 필요한 지식을 얻는 통로가 될 수 있을 뿐만 아니라 내담자의 진정한 본성에 접촉하는 방법이 될 수 있다.

(2) 전이와 역전이 분석

전이와 역전이 분석은 Jung의 분석적 심리치료에서 무의식을 이해하는 중요한 기법이다. Jung에 따르면, 타인과 연결되어 있지 않은 사람은 온전하기 어려우며 영혼은 언제나 '너'라는 존재 안에서 발견된다. 전이와 역전이는 자신의 무의식을 상대방에게 투사하여 내보이는 것이다. 전이와 역전이 속에는 내담자와 치료자의 개인 무의식뿐만 아니라 집단 무의식으로부터 온 원형적 주제가 포함되어 있을 수 있다. 치료자와 내담자 두 사람의 대화는 사실상 네 사람 간의 대화라고 할 수 있다. 즉, 치료자와 그의 아니마(또는 아니무스) 그리고 내담자와 그의 아니마(또는 아니무스)의 대화인 셈이다. 치료자와 내담자의 상호작용 속에서 이러한 원형적 요소들이 어떻게 나타나서 어떤 메시지를 전달하는지를 탐색하는 것이 중요하다.

전이는 내담자의 내면적 상황, 기대, 콤플렉스, 공상과 감정을 보여주며 과거와 현재를 이어주는 다리 역할을 한다. 일반적으로 내담자의 통합되지 못한 부분이나 역압된 부분이 치료자에게 투사된다. 전이는 내담자가 경험한 무의식적인 주요사건을 재현하는 것으로서 과거나 현재의 문제들을 탐색하는 단서가 될 수 있다. 전이를 분석하는 과정에서 어떤 원형이 내담자에게 영향을 미쳤는지를 이해하게 되는 동시에 그와 관련된 꿈이나 환상으로부터 해결책의 암시를 얻을 수 있다. 투사는 내담자가 그 의미를 이해하고 해결할 때까지 계속되는 경향이 있다.

치료자 역시 내담자에게 역전이를 나타낼 수 있다. 치료자는 치료적 상호작용에서 나타나는 자신의 투사와 내담자의 투사를 분별할 수 있어야 한다. 이를 위해서 치료자는 강도 높은 분석을 통해서 자신의 콤플렉스와 심리적 요소를 깊이 있게 자각하고 있어야 한다. 역전이는 내담자에 대한 치료자의 반응을 반영하며 매우 유용한 정보를 담고 있다. 역전이 속에는 치료자의 무의식을 자극하는 내담자의 심리적 속성과 무의식적 내용이 반영되어 있기 때문이다.

(3) 적극적 상상

적극적 상상(active imagination)은 새로운 무의식적 주제들이 의식으로 떠오르도록 자극하는 다양한 방법을 의미한다. 이 방법은 Jung의 자기분석에 근거하여 개발된 기법이다. 적극적 상상을 위해서는 내면적인 심상이 활성화될 수 있도록 마음에 강하게 집중하는 것이 필요하다. 내담자는 이러한 집중과정을 통해서 자신의 내면적인 심상을 지켜보고 어떠한 변화가 관찰될 때까지 지속적으로 마음의 초점을 그 심상으로 되돌린다. 마침내 어떤 움직임이 일어나면 그러한 마음속의 장면으로 들어가 자연스럽게 그 일부가 되도록 한다.

그러한 심상의 움직임이 멈추면, 내담자는 그러한 이야기를 글로 쓰거나 그림으로 그리거나 춤으로 나타내기도 한다. 그러나 이러한 방법을 사용하는 것은 결코 쉽지 않다. 무의식의 비합리적이고 비논리적인 활동에 자아의 의식이 휩쓸리지 않고 그 움직임을 관조하며 반응하기가 어렵기 때문이다. 따라서 이러한 기법은 무의식에 휩쓸리지 않을 만큼 자아기능이 강하거나 성숙되어 있는 내담자에게만 적용할 수 있다.

분석적 심리치료에서는 무의식적 과정을 의식화하기 위해 다양한 창조적 기법들을 사용한다. Jung은 자기분석을 하는 동안 꿈과 환상 속의 이미지를 그림으로 표현했으며 그림 그리기를 비롯하여 조각이나 놀이와 같은 활동이 치료적임을 인식했다. 분석적 심리치료에서는 미술치료의 기법들을 활용하는데, 내담자는 그림 그리기를 통해서 억압되어 있던 감정과 심상을 의식으로 표출하게 된다. 이러한 과정을 통해서 내담자는 자신의 무의식을 의식화할 뿐만 아니라 무의식과 능동적인 대화를 나눌 수 있게 된다. 이 밖에도 분석적 심리치료에서는 모래상자 놀이, 만다라 그리기, 춤추기, 운동하기, 시 쓰기, 빈의자 기법 등과 같은 다양한 기법을 사용한다.

6. 분석적 심리치료의 실제

분석적 심리치료는 매주 여러 번의 면담을 통해 장기간 실시하는 것이 일반적이다. 분석적 심리치료는 정신분석과 마찬가지로 자신을 분석하고 특별한 훈련을 통하여 무의식적 내용들을 다루는 데 익숙해진 치료자에 의해서 시행된다. 치료자들은 치료의 진행과정에 있어서 정해진 틀의 체계적인 방법을 따르기보다는 내담자 개개인의 사정에 맞추어 융통성 있게 진행한다.

보통 내담자의 치료과정은 치료자들이 받는 교육분석의 과정과 유사하게 구성된다. 우선, 예비 면접을 통해서 치료회기, 치료시간, 치료비에 대한 합의를 한다. 치료에 대한 합의가 이루어지면, 치료자는 대부분의 경우 첫 회기까지 내담자에게 꿈을 기억해둘 것을 권하고 가능하면 이를 적어오도록 요청한다. 내담자는 꿈의 내용을 있는 그대로 적어야 하며 어떠한 수정이나 변형을 하지 않도록 권장된다. 이렇게 적어온 꿈의 내용에 대해 치료자와 내담자가 함께 만나 이야기를 나누면서 본격적인 치료가 시작된다.

치료가 시작되면 무의식의 내용들이 다루어지기 때문에 치료과정에서 전이와 역전이 그리고 저항이 빈번하게 일어나게 된다. 치료자는 내담자와의 협조적 상호관계를 유지하면서 이러한 저항, 전이, 역전이의 의미를 밝혀내어 내담자가 이를 의식화하도록 도와야 한다. 지속적으로 꿈의 상징들과 전이과정을 해석하면서 점진적으로 내담자는 자신의 무의식 세계를 자각하며 의식의 중심에 있는 자아와 연결되게 된다. 치료자는 내담자가 이렇게 인식되는 무의식의 내용들을 잘 이해하고 통합하면서 자기실현의 길로 나아가도록 돕는다.

분석적 심리치료자는 내담자를 전체성을 지닌 존재로 보아야 한다. 즉, 내담자의 병든 부분뿐만 아니라 건강한 부분, 그리고 그의 의식뿐만 아니라 무의식까지도 고려할 수 있어야 한다. 치료를 받기 위해 찾아오는 내담자는 자신의 특수한 부분만을 가져오는 것이 아니라 영혼 전체와 자신의 세계 전체를 가져오기 때문이다. Jung은 내담자를 이해하기 위해서 무의식을 분석하는 것뿐만 아니라 개인력 조사, 증상분석, 단어연상검사를 비롯한 심리검사 등과 같은 다양한 방법을 사용했다. 개인력 조사를 통해서 내담자의 성장과정과 심리적 장애의 시간적 발달을 추적한다. 내담자가 지니고 있는 증상을 자세하게 분석함으로써 내담자의 성격특성과 무의식을 이해하는 단서를 얻게 된다. 단어연상검사는 무의식, 특히 콤플렉스를 탐지하는 데 유용하다. 이밖에도 성격 유형을 이해할 수 있는 심리검사(예: MBTI)를 비롯하여 로르샤흐검사나 주제통각검사와 같은 투사적 검사를 사용할 수 있다.

Jung(1954)은 치료과정을 인위적이긴 하지만 네 단계로 구분하여 설명한 바 있다. 그 첫째는 고백(confession)의 단계로서 내담자가 자신의 억제된 감정이나 숨겨왔던 비밀 등을 치료자에게 털어놓고 토로하며 공유하는 과정을 의미한다. 이러한 정화(catharsis) 과정을 통해서 내담자는 억압되었던 개인적 그림자를 인식하게 되고 비밀스러운 감정을 치료자와 공유함으로써 치유적인 효과를 얻는다. 그러나 의식에 지나치게 집착하여 자신의 어려움에 대해 합리적 설명만을 하거나 무의식에 고착되어 동일한 주제가 반복되는 내담자의 경우에는 치료적 진전이 이루어지기 어렵다.

두 번째는 해석(interpretation)의 단계로서 꿈, 환상, 전이, 억압된 소망 등의 무의식적 의미를 해석함으로써 내담자로 하여금 자신의 무의식 세계에 대한 이해를 확장하고 심화시키는 과정을 뜻한다. 무의식에 대한 이해가 증진되는 명료화(elucidation) 과정을 통해서 내담자의 현실적인 삶이 긍정적으로 변화할 수 있다. 그러나 대부분의 경우 무의식에 대한 이해가 구체적인 행동변화로 이어지기 위해서는 추가적인 개입이 필요하다.

세 번째 단계는 교육(education)이다. 신경증과 성격장애와 같이 오랜 기간에 걸쳐서 만들어진 완고한 습관은 무의식의 통찰만으로 변화되지 않으며 지속적인 연습을 통해서 변화될 수 있다. 이러한 변화를 위해서는 적절한 교육이 필요하다. 이러한 교육과정은 정신분석의 훈습과 유사한 것으로서 무의식의 통찰을 구체적인 현실 속에 적용하여 행동의 변화를 촉진하는 과정이다. 그러나 사회적인 적응과제를 정상적으로 잘 영위하고 있는 중년기 이후의 내담자들에게는 인생의 의미를 발견하고 개성화를 촉진하기 위한 좀 더 심화된 과정이 필요하다. 그러한 마지막 단계가 변환(transformation)의 과정이다. 변환의 단계는 마치 두 종류의 화학물질이 섞여 새로운 속성을 만들어내듯이 치료자와 내담자의 깊은 인격적 교류를 통해서 내담자의 심오한 변화가 생성되는 과정을 의미한다. 치료자와 내담자는 서로의 깊은 무의식 세계에 접촉하며 영향을 미침으로써 내담자뿐만 아니라 치료자에게도 심리적 변환이 나타날 수 있다.

7. 분석적 심리치료의 평가

Jung의 분석심리학은 인간의 정신, 특히 무의식 세계에 대한 보다 심층적인 접근과 이해를 가능하게 했다는 점에서 커다란 의의를 갖는다. Jung은 자신만의 독특한 경험과 통찰력을 통해 발견한 사실들에 근거하여 무의식의 구조와 내용을 더욱 풍부하게 제시했다. 이로 인해서 인간의 무의식에 대해서 보다 폭넓게 생각할 수 있는 새로운 관점과 이론체계를 갖게 되었다. 특히 모든 인류에게 보편적으로 존재하는 집단 무의식과 원형이라는 개념을 통해서 사회문화적인 특수성을 넘어서 정신장애 환자를 비롯한 모든 인간이 공통적 심성구조를 지닌 한 집단의 일원임을 인식하게 해주었다. 그러한 집단 무의식과 원형이 드러나는 방식은 철저하게 개인의 입장에서만 이해가 가능하다는 점을 제시함으로써 환자 개개인의 특수성도 함께 중시하도록 강조했다.

Jung은 개인화 또는 자기실현이라는 개념을 통해서 치료의 목표뿐만 아니라 인생의 의미와 목적을 새로운 관점에서 바라볼 수 있는 기틀을 제시했다. 치료의 목표를 단순히 증상의 약화나 불쾌감의 해소에 두기보다 정신 전체를 통합하면서 진정한 자기를 실현하는 개성화로 확대한 것은 Jung의 공헌 중 하나라고 할 수 있다. Jung은 치료자에게 환자를 병적인 문제를 지닌 존재가 아니라 스스로 전체성을 실현하고자 하는 하나의 온전한 존재로 보도록 촉구하였다. Jung의 분석심리학은 그 개념이 복잡하고 과학적인 검증이 어렵기는 하지만 인간의 심층심리에 대한 풍부한 개념과 이론적 체계를 통해서 심리학뿐만 아니라 종교, 예술, 문학 등의 여러 분야에 많은 영향을 미치고 있다.

그러나 Jung의 분석심리학은 이론적인 주장일 뿐 객관적이고 과학적인 검증이 어렵다는 점에서 많은 비판이 제기되었다. 분석심리학의 이론과 관련된 대부분의 연구는 성격 유형론에 관한 것이며 다른 개념에 관한 연구는 산발적으로 존재할 뿐이다. 분석적 심리치료의 치료효과에 대한 실증적인 연구는 거의 이루어지지 않았다. 분석적 심리치료는 치료과정이 장기적일 뿐만 아니라 개인 무의식이나 집단 무의식과 같은 개념들을 통해 치료과정과 치료결과가 평가되어야 하기 때문에 실증적인 검증이 이루어지기 어려운 특성을 지니고 있다.

분석적 심리치료는 정신분석과 마찬가지로 수년에 걸친 장기간의 치료기간과 많은 치료비를 요할 뿐만 아니라 그 치료효과도 실증적으로 검증되어 있지 않다는 한계를 지니고 있다. 또한 분석적 심리치료는 치료 대상이 제한적이라는 점에서 한계가 지적되고 있다. 분석적 심리치료를 받으려는 대부분의 내담자들은 지적인 경향이 있고 어느 정도의 성취를 이루었으며 문제해결보다 자신의 삶에 대한 이해를 심화시키려는 동기를 지니는 경향이 있다. 이런 점에서 Jung의 분석적 심리치료는 엘리트를 위한 치료라는 비판이 제기되었다. 그러나 이러한 내담자 역시 자신의 삶에 대한 불만과 문제를 지니고 있으며 더 나은 삶을 위한 성장의 동기를 지니고 있는 사람이다. 분석적 심리치료의 원리와 기법은 내담자의 특성과 상황에 따라 치료자에 의해 융통성 있게 적용될 수 있다. 분석적 심리치료는 현실적인 문제와 증상의 해결을 넘어서 자신의 정신세계와 인생에 대한 깊은 성찰을 원하는 사람들에게 적합한 접근법이라고 할 수 있다.

자기분석을 위한 생각거리

1. Jung이 말하는 집단 무의식은 내 마음의 어떤 영역과 기능을 의미하는가? 나의 삶에서 집단 무의식의 작용이라고 할 수 있는 현상에는 어떤 것들이 있는가? 사회적 현상 중에서 집단 무의식에 의한 것이라고 여길 수 있는 것에는 어떤 것들이 있는가?

2. 나의 꿈을 분석해본다. 이를 위해서 적어도 10일 이상 꿈 일기를 써본다. 나의 꿈에 반복적으로 나타나는 인물이나 장면은 어떤 것인지 생각해본다. 특히 매우 선명하게 기억되거나 강렬한 감정을 느낀 꿈에 초점을 맞추어 나름대로 그 무의식적 의미를 분석해본다. 동일한 꿈에 대해서 분석심리학과 정신분석은 어떻게 다른 해석을 할 수 있는지 그 차이점을 생각해본다.

3. Jung이 말하는 나의 페르소나는 무엇인지 생각해본다. 아울러 나의 그림자는 무엇인지 생각해보고 그림자가 나의 삶이나 꿈에 어떻게 영향을 미치고 있는지 살펴본다. 또한 나의 남성성 또는 여성성과 관련하여 아니마 또는 아니무스가 무엇을 의미하는지 생각해본다.

4. Jung의 성격유형론에 근거하여 나의 성격적 특성이 내향성-외향성, 사고형-감정형, 감각형-직관형의 차원에서 어느 쪽에 속하는지를 생각해본다. MBTI 등의 심리검사를 통해서 나의 성격유형을 알아보고 자신의 생각과 비교해본다. 이러한 결과를 종합하여 자신의 열등한 태도나 기능이 무엇이며 이를 어떻게 보완할 수 있는지 생각해본다.

5. 혼자만의 조용한 공간에서 '어머니'라는 단어와 관련된 생각, 심상, 기억, 감정을 떠올리며 1분 정도 집중해본다. 이때 마음에 어떤 것들이 떠오르는지를 유심히 바라보고 그 모든 것들을 가능한 한 자세하게 기록한다. 다음에는 '아버지'라는 단어와 관련된 생각, 심상, 기억, 감정을 떠올리며 동일한 과정을 밟고 그 내용을 기록한다. 이러한 자료를 참고하여 어머니 또는 아버지와 관련된 콤플렉스가 있는지, 있다면 어떤 것인지를 생각해본다.

더 읽을거리

♣ 이부영 (2011). 분석심리학: C. G. 융의 인간심성론(3판). 서울: 일조각.

　☞ 분석심리학의 국내 최고 권위자인 저자가 분석심리학의 이론과 치료적 접근을 상세하게 소개하고 있다.

♣ Casement, A. (2001). *Carl Gustav Jung.* (박현순, 이창인 역. 《분석심리학의 창시자 칼 융》. 서울: 학지사, 2007).

　☞ 분석심리학의 창시자 Jung의 생애와 분석심리학의 발달과정을 자세하게 소개하고 있다.

♣ Jung, C. G., & Jaffé, A. (1965). *Memories, Dreams, Reflections.* (이부영 역. 《C. G. 융의 회상, 꿈, 그리고 사상》. 서울: 집문당, 2012).

　☞ Jung이 자신의 삶과 사상에 대해서 직접 구술한 것을 Jaffé가 기록하여 편집한 책으로서 Jung의 육성을 통해서 분석심리학의 진면목을 살펴볼 수 있다.

♣ 이부영 (2002). 자기와 자기실현. 서울: 한길사.

　☞ 분석심리학에서 제시하는 자기와 자기실현 또는 개성화가 의미하는 바를 치료경험과 한국전통문화의 상징을 통해서 설명하고 있다.

제 **4** 장

아들러 심리치료

제4장
아들러 심리치료

1. 아들러 심리치료의 개요

아들러 심리치료(Adlerian psychotherapy)는 알프레트 아들러(Alfred Adler, 1870~1937)가 제창한 개인심리학에 근거한 심리치료를 의미한다. Adler는, Jung과 마찬가지로, 한때 Freud와 함께 정신분석 운동에 참여했으나 견해 차이로 그와 결별하고 자신만의 독자적인 이론체계인 개인심리학(individual psychology)을 제창하였다. 그는, Freud나 Jung과 달리, 개인의 삶에 있어서 열등감의 보상과 공동체 의식의 중요성을 강조했다.

Freud가 인간을 생물학적이고 결정론적인 관점에서 설명하고자 했다면, Adler는 사회심리학적이고 목적론적인 관점에서 인간을 이해하고자 했다. Adler에 따르면, 인간은 생물학적 성적 본능에 의해 움직이는 존재가 아니라 사회적인 관계 속에서 자신이 선택한 목표와 가치를 추구하는 존재이다. 인간은 과거에 의해 끌려가기보다 미래의 목표를 향해 나아가는 존재인 것이다. 인간은 원초아, 자아, 초자아라는 내적 요인들의 갈등에 의해서 움직이기보다 하나의 통합된 존재로서 자신의 목표를 향해 통일성 있게 살아간다. Adler는 개인의 분리불가능성(indivisibility)을 강조하여 자신의 이론을 '개인(individual)' 심리학이라고 명명하였다.

인간의 모든 행동에는 목적이 있다. Adler는 인간 행동의 가장 기본적인 목적을 열등감의 극복이라고 보았다. 그에 따르면, 열등감을 극복하고 우월성을 추구하려는 동기는 선천적인 것이다. 특히 어린 시절에 경험한 자신만의 열등감을 보상하기 위해서 미래의 가상적 목표, 즉 가상적인 자기상을 만들게 되는데, 이러한 목표는 인생을 이끄는 마음의 중심목표로 자리 잡게 된다. 개인은 자신의 목표를 추구하는 나름대로의 방식을 지니는데, Adler는 이를 생활양식(life style)이라고 불렀다. 생활양식은 자신과 타인 그리고 세상에 대한 나름대로의 신념체계를 비롯하여 일상적인 생활을 이끌어나가는 감정과 행동방식을 의미한다. 이러한 행동양식은 가족 경험 특히 형제 관계에 의해서 영향을 받게 된다. Adler는 타인 또는 사회와의 연결감 속에서 타인의 행복을 위해 헌신하고 기여하려는 공동체 의식, 즉 사회적 관심(social interest)을 정신건강의 핵심적 요인으로 여겼다.

Adler는 인간의 부적응 상태를 병적인 장애라기보다 삶의 목표 추구에 대한 낙심상태로 보았다. 개인 심리치료에서 치료자는 내담자가 추구하는 목표와 생활양식을 탐색하며 자기인식을 증가시킨다. 아울러 열등감과 실망감을 극복하도록 도우면서 내담자의 목표나 생활방식을 건강한 것으로 변화시킨다. 내담자는 자신이 추구하는 무의식적인 목적을 의식할 수 있을 때 비로소 자기이해가 깊어지고 건설적인 행동으로 전환할 수 있는 통찰을 얻게 된다. 또한 치료자는 내담자의 사회적 관심을 증가시키고 사회에 기여하는 구성원이 되도록 돕는다. 개인 심리치료는 단기간에 시행되며 정보제공, 교육, 지도, 격려와 같은 교육적인 요소가 많은 치료법이다.

Adler는 학술적인 연구보다 일반인을 위한 저술과 강연을 통해서 이해하기 쉬운 평범한 언어로 자신의 생각을 제시했다. 이런 점에서 개인심리학은 학문적인 체계성이나 정교함이 상대적으로 부족하다. 그러나 Adler의 개인심리학은 아동지도, 청소년교육, 자녀양육, 부모교육, 부부치료, 가족치료, 교정재활, 지역사회 정신건강과 같은 다양한 영역에 널리 적용되고 있으며 인지치료, 현실치료, 가족치료와 같은 여러 심리치료의 발달에 깊은 영향을 미쳤다.

2. Adler의 생애와 개인심리학의 발전과정

1) Adler의 성장과정과 교육배경

Adler는 1870년 2월 7일 비엔나의 유복한 유태인 가정에서 4남 2녀 중 둘째로 태어났다. Adler는 생의 초기부터 심각한 건강상의 문제를 겪은 병약한 아이였다. 골연화증으로 네 살까지 걷지 못했으며 다섯 살 때에는 폐렴에 걸려 죽을지 모른다는 진단을 받기도 했다. 그는 이러한 질병 경험으로부터 커다란 충격을 받았으며 이는 나중에 그가 의사가 되기로 결심하는 계기가 되었다. 그의 질병과 더불어 동생 Rudolf의 죽음은 의사가 되고자 하는 그의 목표를 강화시켰다.

Adler는 어린 시절에 병치레를 많이 했기 때문에 어머니로부터 많은 관심을 받았다. 그러나 동생이 태어나면서 어머니의 관심을 빼앗기게 되어 어머니에 대한 실망감으로 친밀한 관계를 지속하지 못한 듯하다. 아버지와는 좋은 관계를 맺었으나 'Siegmund'라는 형을 질투했기 때문에 청소년기까지 형제간 갈등을 경험했다. 이러한 초기의 가족경험이 훗날 Freud와의 갈등적 관계를 유발하는 바탕이 된 것으로 여겨지고 있다.

Adler의 유년기 특징은 여러 형제자매 속에서 병약함과 열등감을 극복하려는 투쟁과정이라고 볼 수 있다. Adler는 형제나 또래에게 열등감을 느꼈지만 신체적 한계를 보상하기 위해서 투쟁했으며 점차적으로 많은 한계를 이겨냈다. Adler는 초등학교 시절에 공부를 잘 하지 못해서 담임교사가 아버지에게 학교를 그만두고 구두수선공 수련을 받게 하라고 조언하기도 했다. 그러나 그의 아버지는 교사의 조언을 일축하고 Adler를 격려했다. 그때부터 Adler는 공부를 열심히 하기로 결심했고 급기야 반에서 1등을 하였으며 교사의 생각이 잘못되었음을 입증했다.

이러한 Adler 자신의 아동기 경험은 개인심리학의 이론을 형성하는 데 많은 영향을 미쳤다. 그의 경험에 따르면, 인간의 가장 기본적인 동기는 어린 시절에 최초로 경험한 부적절감, 즉 열등감을 극복하고 우월성 또는 완전성을 추구하는 것이다. 아울러 인간은 생물학적 조건과 환경적 제약을 극복하고 자신의 삶을 선택하고 창조할 수 있다. Adler는 신체적 질병에 시달리면서 의사가 되기로 결심했으며 나중에 의사로 활동하면서 신체 결함(organ deficiency)이 개인의 성격과 자기상에 미치는 영향을 연구하기도 했다. Adler 자신은 타고난 신체적 한계와 운명을 거부하고 자신만의 창조적인 삶을 실현한 인간의 본보기라고 할 수 있다.

Adler는 비엔나 대학에서 의학을 전공했으며 1895년에 의사 자격증을 획득하여 처음에는 안과의사로 개업했으나 나중에 일반의로 바꾸었다. 결국에는 신경학과 정신의학을 전공하였으며 아동의 불치병에도 깊은 관심을 가졌다. Adler는 개인의 치료뿐만 아니라 사회적 문제에도 관심이 많아서 아동 양육, 학교 개혁, 갈등을 야기하는 편견 등과 관련된 문제를 자주 거론했다. 그는 고난과 역경에 처한 일반 사람들을 돕기 위해서 이해하기 쉬운 평범한 언어로 많은 강연을 하고 글을 썼다. 그의 저서인 『인간 이해』는 미국에서 수십만 권이 팔리기도 했다. Adler는 제1차 세계대전에 군의관으로 참전하고 돌아온 후 비엔나의 32개 공립학교에 아동 클리닉을 개설하여 교사, 사회복지사, 의사를 교육시켰다. 또한 많은 대중 앞에서 아동을 지도하는 생생한 시범을 통해서 부모를 교육시키는 방법을 개척했다.

Adler는 1897년에 사회주의자 모임에서 만난 러시아 유학생 Raissa Epstein과 결혼하여 네 자녀를 두었다. Raissa는 결혼 후에도 사회주의 정당에서 계속 활동하였으며 Adler 부부는 당시 비엔나에 거주하던 러시아 혁명의 지도자인 Trotsky 부부와도 자주 만남을 가졌다. 사회주의자인 아내의 영향으로 그는 남성과 동등한 여성의 권리를 옹호했을 뿐만 아니라 평등하고 민주적인 인간관계를 강조했다.

1902년부터 1911년까지 Adler는 Freud와 교류하면서 정신분석 운동의 중추적 역할을 맡았다. 그러나 견해 차이로 Freud와 결별하고 난 후 독자적인 이론체계인 개인심리학을 발전시켰다. Adler는 많은 일을 하면서도 음악을 즐기고 친구와 함께하는 시간들을 소중하게 여겼다. 1920년대 중반부터 미국에서 강연을 하기 시작했으며 그 이후로 여러 나라를 여행하면서 활발한 강연활동을 펼쳤다.

1930년대에 독일의 나치세력이 오스트리아에서도 점차 강해지자 Adler는 고국을 떠나 미국으로 건너가 정착하였다. 1937년 5월 28일 Adler는 스코틀랜드 애버딘의 한 대학에서 강연을 앞두고 산책을 하던 중에 갑작스럽게 심장마비로 사망하였다. 그는 저서로 『신경증적 성격(*The Neurotic Character*)』(1912), 『개인심리학의 실제와 이론(*The Practice and Theory of Individual Psychology*)』(1927), 『인간 이해(*Understanding Human Nature*)』(1927)를 남겼다.

2) 개인심리학의 발전과정

1895년에 대학을 졸업한 Adler는 안과의사로 개업했으나 나중에 일반의로 활동하면서 다양한 환자들을 치료하게 되었다. 그의 최대 관심사는 마음에 관한 것이었으며 서커스 단원인 환자들을 만나면서 그들의 특별한 기량이 신체적 열등감을 보상하려는 처절한 노력과 관련되어 있다는 것을 깨닫게 되었다. 1898년에는 『재단사의 건강』이라는 저서를 출간했는데, 이 책에서 Adler의 사회지향적 관점이 나타나고 있다. 이 책은 재봉사들의 건강문제를 그들이 일하는 비위생적인 환경 조건과 연결시켜 설명하고 있으며 행동적 실천의 중요성을 강조하고 있다. 이러한 초기의 관심사는 개인심리학의 사상적 뿌리를 형성했으며 사회적 변화를 위한 활동가로 살아가고자 한 Adler의 의지를 보여주고 있다.

(1) Freud와의 만남

1902년에 Adler는 Freud로부터 〈비엔나 정신분석학회〉의 모태가 된 수요일 저녁

모임에 초대를 받았다. 서로 알게 된 경위는 분명치 않으나 Adler는 Freud의 초대를 받은 초창기 네 명의 의사 중 한 명이었다. 1907년에 Adler는 그의 유명한 논문인 「기관열등에 관한 연구」를 발표하여 Freud의 절대적인 지지를 받았다. 그는 〈비엔나 정신분석학회〉에서 중추적 역할을 수행했으며 1910년에는 이 학회의 회장을 맡기도 했다.

그러나 Adler는 인간의 근본적 동기에 대해서 Freud와 견해가 달랐다. Freud는 인간의 발달과정에서 성적 욕구를 중시한 반면, Adler는 사회적 요인들을 강조했다. 급기야 Freud는 Adler의 주장을 공허한 것이라고 비난했으며 과학적인 근거가 부족하다고 주장했다. 이러한 견해 차이를 경험하게 되면서 Adler는 마침내 Freud와 결별하고 독자적인 이론체계를 모색하게 되었다.

(2) 독자적인 이론체계의 모색

Adler는 1911년에 Freud와 결별하고 〈비엔나 정신분석학회〉를 떠나 자신의 추종자들과 함께 〈자유정신분석학회(Society for Free Psychoanalysis)〉를 설립하며 독자적인 행보를 시작했다. 이 학회는 나중에 창설된 〈개인심리학회〉의 근간이 되었다. 그는 이 시기에 Hans Vaihinger의 저서 『 '마치 ~처럼' 의 철학(*The Philosophy of the 'As If'*)』을 접하고 많은 영향을 받았다.

1912년 Adler는 그의 두 번째 저서인 『신경증적 성격』을 발간하면서 자신의 독자적인 이론을 발전시켰다. 이 책에서 그는 개인의 행동을 생물학적·외적·객관적 원인으로 설명하기보다 심리적·내적·주관적 원인으로 설명하려고 시도했다. 또한 인간의 근본적인 동기를 성적 추동이나 리비도가 아닌 권력 추구 또는 완전성의 추구로 대체하였다. Adler는 개인심리학의 목표를 자신의 개념으로 인간 전체를 설명하고자 했던 Freud와 달리 고유한 개인을 이해하는 것으로 삼았다.

(3) 사회적 참여의 강조

Adler는 제1차 세계대전 동안 오스트리아-헝가리 군대의 군의관으로 참전하였으며 이러한 전쟁경험은 인간 본성에 관한 그의 생각을 형성하는 데 중대한 영향을 끼쳤다. Adler는 병사들 사이의 연대감을 관찰하며 '공동체 의식' 이 인간의 기본적 동기라는 것을 확신하게 되었으며 인간은 사회적 참여를 통해 인생의 의미와 자기가치감을 추구한다는 생각을 갖게 되었다. 이러한 생각은 열등감을 보상하기 위해 자신의 능력을 개발하고 사회적 참여를 통해서 인생의 의미를 추구한다는 개인심리학의 기반을 형성하게 되었다.

전쟁이 끝난 후 비엔나는 고아들로 가득 찬 혼란의 도가니였다. 이때부터 Adler의 사회적 활동이 본격적으로 시작되었다. 그는 비엔나의 여러 학교에 상담소를 개설하여 운영하면서 교사와 부모가 함께 참여하는 공개적인 토론모임을 가졌다. 이 모임에서 Adler는 교사나 부모와 함께 문제아동에 대해서 자유롭게 토론하며 의견을 교환했다. 그런 다음 Adler는 아동과 직접 면담을 하고 나서 최종적으로 교사, 부모 또는 아동에게 문제해결을 위한 조언을 제시했다. 이것은 심리치료의 공개토론 모델(open forum model)로 알려져 있으며 공동체 정신건강 프로그램을 발달시키는 초석이 되었다. Adler는 심리치료 활동에 소수의 전문가뿐만 아니라 다수의 사람들이 참여할 수 있어야 한다고 믿었으며 공개토론 모델은 이러한 그의 믿음을 반영하고 있다.

(4) 개인심리학의 보급과 사회적 활동

1920년대부터 Adler는 강연활동을 통해서 유럽과 미국에 개인심리학을 보급하며 심리치료와 예방적 활동을 강조했다. 또한 여러 곳에 아동지도 클리닉(child guidance clinic)을 개설했으며 아동교육에 깊은 관심을 보이며 활발한 사회적 활동을 펼쳤다. 성인 환자의 경우, 그의 치료는 환자가 나타내는 증상에 숨겨져 있는 목적을 발견하고 실천하도록 돕는 데 초점을 맞추고 있었다. 이 시기에 그는 저명한 심리치료자로서 명성을 얻게 되었으며 1927년에 발간한 『개인심리학의 실제와 이론』과 『인간 이해』는 많은 사람들로부터 주목을 받았다. 이러한 저술과 강연을 통해서 열등감 콤플렉스, 출생 순서, 공동체 의식과 같은 개인심리학의 주요한 개념들이 세상에 널리 알려지게 되었다.

Adler가 사망한 후에 개인심리학을 발전시킨 주요한 인물은 Rudolf Dreikurs(1897~1972)이다. Dreikurs는 비엔나에서 Adler의 가르침을 받고 함께 활동했던 정신의학자이자 교육자로서 개인심리학이 미국에서 아동교육에 활용되도록 하는 데 커다란 공헌을 했다. 그에 따르면, 아동의 문제행동은 사회적 집단에 대한 소속감의 결여에서 비롯된 것으로서 네 가지의 잘못된 목표, 즉 부적절한 관심, 권력, 복수, 회피에 의한 것이다. 최선의 치료방법은 처벌이나 보상에 의하기보다 아동에게 협력적인 행동을 가르쳐서 가정이나 학교에서 자신이 중요한 역할을 하고 있다는 것을 느낄 수 있도록 하는 것이다. 그는 시카고에 아동보호센터를 설립하고 공개토론 모델에 따른 가족치료를 실시하였으며 민주적인 가족관계를 강조하였다.

3. 주요개념과 성격이론

1) 개인심리학의 기본가정

Adler에 따르면, 인간은 사회적 맥락 속에서 나름대로의 인생목표를 추구하는 창조적인 존재이다. Freud는 인간을 결정론적이고 생물학적인 관점에서 바라보는 반면, Adler는 목적론적이고 사회심리학적인 관점에서 인간을 이해하고자 했다. 그에게 있어서 인간은 생물학적 성적 본능에 의해 움직이는 존재가 아니라 사회적인 관계 속에서 자신이 선택한 목표와 가치를 추구하는 존재였다. 인간은 유전과 환경에 의해 영향을 받지만 자신의 모든 경험을 개인적이고 주관적인 방식으로 해석하는 창조적인 힘을 지니고 있다.

개인심리학은 다음과 같은 다섯 가지의 중요한 가정에 근거하고 있다. 그 첫째는 인간이 목표지향적인 존재라는 점이다. 인간의 모든 행동은 목적성(purposiveness)을 지니고 있다. 인간은 과거에 의해 끌려가는 존재가 아니라 미래의 목표를 향해 나아가는 창조적인 존재이다. 인간은 미래의 가상적인 목표를 향해 자신의 삶을 창조적으로 개척해나가는 존재이다. Vaihinger의『'마치 ~처럼'의 철학』으로부터 많은 영향을 받은 Adler는 허구가 현실에서 파생된 상상이지만 사람들은 이러한 허구를 사용하여 자신의 삶을 이끌어나간다는 점에서 유용성을 지닌다고 보았다.

둘째, 인간 행동의 가장 기본적인 목적은 열등감을 극복하는 것이다. Adler는 열등감을 극복하고 완전성을 추구하는 동기는 선천적인 것이라고 보았다. 그에 따르면, 열등감은 인간의 삶에 매우 중요한 영향을 미친다. 열등감은 모든 사람들이 경험하는 보편적인 것으로서 창조적인 삶을 이끌어나가는 원동력으로 작용한다. 인간은 열등감을 보상하기 위해서 우월성, 완전성 그리고 숙련을 통한 유능감을 추구하며 더욱 발전된 자기모습을 지향한다. 특히 어린 시절에 경험한 자신만의 열등감을 보상하기 위해서 미래의 가상적 목표, 즉 가상적인 자기상을 만들게 되는데, 이러한 목표는 개인의 인생을 이끄는 마음속의 중심목표로 자리 잡게 된다. Adler에 따르면, 인간은 6세 무렵에 완전한 존재로 여겨지는 가상적인 자기상을 만들어 삶의 목표로 추구하게 된다. 이러한 삶의 목표는 열등감을 극복하고 자신을 성장시키는 동기의 원천이 된다.

셋째, 개인심리학은 현실에 대한 주관적 인식을 강조하며 무의식보다 의식을 중시한다. 인간은 유전과 환경에 의해 영향을 받는 모든 경험들을 개인적이고 주관적인 방식으로 해석하는 창조적인 힘을 지니고 있다. 그러한 해석을 통해서 개인은 자기,

타인, 세상에 대한 신념을 구성하고 삶에 대한 태도와 생활양식을 발달시킨다. 개인을 이해하기 위해서는 그가 지닌 주관적인 인식의 틀과 세상을 지각하는 개별적인 방식을 이해하는 것이 중요하다.

넷째, 개인심리학은 인간이 사회적인 존재라는 점을 강조한다. 개인은 사회와 동떨어진 존재로 살아갈 수 없다. 인간은 다른 사람들과 유대감을 맺으려는 소속의 욕구를 지닐 뿐만 아니라 자신이 중요하게 여기는 가치를 사회 속에서 실현하려는 욕구를 지닌다. 이처럼 인간은 기본적으로 공동체 의식, 즉 사회적 관심을 지닌 존재이다. Adler는 인간의 모든 문제가 근본적으로 사회적인 문제라고 믿었다. 사회는 개인의 노력에 의해서 진보하며, 사회적 관계에 무관심한 개인은 심리적인 소외와 쇠약을 나타내게 된다. 다른 사람들과 협동하며 사회적 기여를 하려는 노력은 건강한 삶의 본질적 요소이다. Adler는 타인 또는 사회와의 연결감 속에서 타인의 행복을 위해 기여하려는 사회적 관심을 정신건강의 핵심적 요인으로 여겼다.

마지막으로, Adler는 인간을 통합적으로 움직이는 존재라고 여겼다. 그는 인간을 분석적으로 이해하기보다 전일적인 존재로 이해하고자 했다. Freud처럼 원초아, 자아, 초자아라는 내적 요인의 갈등으로 이해하기보다 자신의 목표를 향해 통일성 있게 나아가는 통합적인 존재로 이해하고자 했다. 개인의 삶은 목표를 추구하기 위해서 신체, 정서, 지각, 사고를 포함하는 성격 전체의 움직임이다. 개인은 이러한 목표를 향해 일관성 있게 나아가는 통합적인 전체로 이해되어야 한다. Adler는 개인의 분리불가능성(indivisibility)을 중시한다는 점에서 자신의 이론을 '개인(individual)' 심리학이라고 명명하였다. 영어단어인 'individual'은 더 이상 분리할 수 없다는 의미의 'indivisible'에서 기원한다.

2) 개인심리학의 주요개념과 성격이론

Adler에 따르면, 인간은 통합적 존재로서 자신이 소중하게 여기는 목표를 향해서 미래지향적으로 나아가는 존재이다. 이러한 인간의 삶을 좀 더 구체적으로 설명하기 위해서 Adler는 가상적인 최종목표라는 개념을 제시했으며, 이러한 목표의 이면에 열등감 보상과 완전성 추구의 동기가 존재함을 주장한다. 개인을 이해하기 위해서는 그가 추구하는 목표와 더불어 그것을 추구하는 독특한 생활양식과 공동체 의식을 이해하는 것이 중요하다. Adler는 이러한 성격 특성을 형성하는 데 개인의 출생서열과 가족구조가 중요함을 강조하고 있다.

(1) 가상적인 최종목표

Adler는 인간의 삶을 목적론적인 관점에서 이해하고자 했다. 그는 결정론을 전적으로 부인하거나 무시하지는 않았지만 목적론을 더욱 중요하게 생각했다. 그에 따르면, 인간의 모든 행동은 구체적이든 포괄적이든 어떤 목표를 지향하고 있으며, 이러한 목표는 유전이나 환경의 산물이 아니라 자유롭고 창의적인 선택의 산물이다. 인간은 누구나 자신의 인생에서 실현하고자 하는 궁극적인 목표를 지니는데, Adler는 이를 가상적인 최종목표(fictional finalism)라고 지칭했다.

가상적인 최종목표라는 개념은 Adler가 독일 철학자 Vaihinger의 저서 『'마치 ~처럼'의 철학』으로부터 받은 영감에 근거한다. Vaihinger에 따르면, 인간은 누구나 허구적인 이상을 추구하며 살아가는데 이러한 허구적 이상은 실제적인 대응물을 갖지 못하는 관념에 불과하지만 개인의 삶에 강력한 영향을 미칠 뿐만 아니라 중요한 실제적인 유용성을 지닌다. 허구적인 이상은 인생에 의욕과 생동감을 불어넣을 뿐만 아니라 행동을 유발하는 기반으로 작용한다. Adler는 개인의 성격을 이해하는 데 있어서 그가 지닌 허구적 이상, 즉 가상적 최종목표를 인식하는 것이 중요하다고 생각했다.

Adler에 따르면, 가상적인 최종목표는 아동기에 형성된다. 비록 이 시기에 그러한 목표가 구체적으로 인식되는 것은 아니지만 아동의 행동 방향성을 결정한다. 이러한 목표는 개인 자신이 자각하지 못하는 무의식 수준에서 작용할 수 있다. 이러한 최종목표는 허구적인 이상으로서 개인의 인생에 있어서 최상의 지침으로 작용한다.

인간은 누구나 나름대로의 최종목표를 지니고 있지만, 대부분의 경우 그것을 명료하게 자각하지 못한다. 그러나 이러한 최종목표는 성격통합의 기본원리로 작동하며 개인의 삶을 인도하는 초점이 된다. 최종목표는 개인의 열등감을 보상하는 기능을 지닌다. Adler의 경우, 아동기에 설정한 목표는 훌륭한 의사가 되는 것이었다. 이러한 가상적 목표는 자신의 병약함과 무기력함을 보상하는 긍정적인 기능을 했다. 그러나 의사가 되는 것은 어린 Adler에게 다분히 의식적인 수준의 목표였으며 그의 깊은 마음속에서의 최종목표는 자신이 어린 시절에 겪었던 심리적 고통을 이해하고 치유하는 훌륭한 심리치료자가 되는 것이었다.

(2) 열등감 극복과 우월감 추구

Adler는 열등감이 성격형성에 중요하다고 믿었다. 그는 일반의로 활동하면서 신체기관의 결함을 지닌 사람들이 이를 보상하기 위해 부단히 노력하는 것을 관찰했다.

자신도 선천적인 신체장애로 열등감을 경험한 바 있는 Adler는 개인이 지니는 신체적 결함을 '신체 열등(organ inferiority)'이라고 불렀다. 어린 아동에게 있어서 신체 열등은 적응을 위한 도전일 뿐만 아니라 무능함의 고통이기 때문에 아동은 그러한 열등을 극복하고 보상하기 위한 노력을 기울이게 된다.

Adler는 열등감을 모든 정신병리의 일차적 원인으로 여겼다. 그러나 열등감을 부정적인 것으로만 여기지 않았으며 그 긍정적인 측면을 강조했다. 열등감은 매우 보편적이고 정상적인 현상으로서 그것을 극복하고 보상하려는 노력을 통해서 자기 성장과 발전의 원동력이 될 수 있다. 그러나 개인이 스스로를 지나치게 열등하다고 평가할 뿐만 아니라 그러한 열등함을 다른 사람이 인식하지 못하도록 숨기며 삶의 도전을 회피한다면, 열등 콤플렉스(inferiority complex)가 되어 자신이 적응하고 성장할 수 있는 능력을 손상시키게 된다.

열등감은 우월감과 밀접하게 관련되어 있다. 우월함을 추구하는 것은 인간의 보편적인 욕구이지만 열등 콤플렉스의 과잉보상으로 나타날 수도 있다. 예컨대, 공부나 운동에서 실제로 탁월한 재능을 나타내는 학생이 느끼는 우월감은 적절한 것이다. 그러나 자신의 능력을 실제 이상으로 과대평가하고 자신이 항상 우월해야 한다고 생각한다면, 그것은 이상적 자기와 현실적 자기를 혼동하는 것으로서 열등 콤플렉스를 보상하려는 과장된 노력이라고 할 수 있다. Adler는 이러한 현상을 우월 콤플렉스(superiority complex)라고 불렀다. 우월 콤플렉스는 마치 자신이 열등감을 느끼지 않는 것처럼 행동하려는 과장된 시도로서 현실적인 적응을 악화시킬 뿐만 아니라 필요한 능력의 습득을 방해함으로써 부정적인 영향을 미치게 된다.

Adler는 열등감을 인간의 보편적인 경험으로 여겼다. 또한 열등함을 극복하고 우월함을 추구하고자 하는 노력은 긍정적인 자기성장의 원동력이 될 수 있다고 보았다. 그러나 자신의 열등함을 인정하지 않고 성장의 기회를 회피하는 열등감 콤플렉스나 그 보상적 형태로 나타나는 우월감 콤플렉스는 부적응을 초래하는 병적인 것으로 보았다. 심리치료 과정에서는 열등감을 극복하려는 건강한 노력과 그것을 회피하려는 병적인 콤플렉스를 구별하는 것이 중요하다.

(3) 생활양식

인간은 누구나 나름대로의 독특한 신념과 행동방식을 지닌다. Adler는 개인이 지니는 독특한 삶의 방식을 생활양식(life style)이라고 지칭했다. 생활양식은 개인이 자신과 타인 그리고 세상에 대해서 지니는 나름대로의 신념체계뿐만 아니라 일상적인 생활을 이끌어나가는 감정과 행동 방식을 의미한다. 이는 개인의 모든 태도와 소망을 반영하는 것으로서 열등감을 극복하고 최종목표를 성취하기 위해 추구하는 고유한 방식이다. 생활양식은 개인의 모든 행동이 일관성 있게 조화를 이루도록 만든다.

생활양식은 어린 시절의 가족경험에 의해서 발달한다. 부모를 비롯한 가족 구성원과의 상호작용을 비롯하여 형제자매관계가 생활양식의 발달에 중요한 영향을 미친다. 생활양식은 성격과 유사한 개념이지만 최종목표를 추구하기 위한 개인의 독특한 신념, 사고, 감정, 행동을 의미한다는 점에서 성격과는 다르다. 생활양식은 개인의 일상적인 삶을 인도하는 목표와 더불어 자신, 타인 그리고 세상에 대한 신념과 태도를 포함하는 인지적인 청사진이다. 아울러 생활양식은 일상적 사건에 대해서 느끼는 감정패턴과 그에 반응하는 행동방식을 포함한다. 심리치료에서 생활양식의 분석은 내담자의 장기목표와 동기를 이해하는 데 필수적인 과정이다. 이를 통해서 내담자가 삶에서 겪은 도전과 역경을 극복하기 위해서 창조적으로 발달시켜온 신념체계와 행동패턴을 이해할 수 있다. 이러한 생활양식의 연속성을 이해할 수 있을 때, 내담자의 부적응적인 신념과 행동을 수정하고 변화를 이끌어낼 수 있게 된다.

(4) 사회적 관심

Adler가 정신건강의 주요한 지표로 제시한 독특한 개념 중 하나가 사회적 관심 (social interest)이다. 그에 따르면, 성공적인 삶과 건강한 성격의 기준은 개인이 자신의 삶과 생활과제에 접근하는 방식 속에 얼마나 사회적 관심을 포함하고 있는지의 여부이다. Adler가 이러한 개념을 기술하기 위해 사용한 독일어는 'Gemeinschaftsgefühl'로서 직역하면 공동체감 또는 공동체 의식이라고 할 수 있으며 영어로는 social interest라고 번역되고 있다. 이러한 개념은 개인의 내면적 인식체계를 사회적인 환경적 요구에 맞추어 조화를 이루도록 조절하는 심리적 태도를 의미한다.

Adler는 사회적 관심을 세 가지의 발달적 측면에서 기술하고 있다(Ansbacher, 1968). 그 첫 번째 발달단계는 타고난 기질로서의 사회적 관심이다. 이는 다른 사람과의 관계를 추구하고 협동하는 기질적 측면을 의미하며 선천적인 개인차를 나타낼 수 있다. 두 번째 단계는 개인적 능력으로서 타인을 이해하고 공감하며 협동과 기여를 할 수 있는 사회적 능력을 의미한다. 이러한 능력은 교육과 훈련을 통해서 함양할 수 있는 협동의 기술을 뜻한다. 세 번째 단계는 일반적인 태도로서 다른 사람과의 협동을 소중하게 여기고 사회적 이익을 위해 헌신하려는 의지를 의미한다.

사회적 관심은 두 가지 차원으로 나누어 이해할 수 있다. 한 차원은 타인이나 사회적 환경과 조화를 이루기 위해 타협하고 협동하려는 노력을 의미하며, 다른 차원은 사회적 이익과 발전을 위해서 자신을 희생하고 기여하려는 노력을 뜻한다. 이러한 사회적 관심은 특히 다른 사람을 배려하기 어려운 상황에서 협동하고 헌신하려는 의지와 행동을 통해 평가될 수 있다. 이러한 사회적 관심은 개인이 타인이나 사회적 집단을 넘어서 자연세계나 우주 전체와의 연결성 속에서 자신의 삶을 영위하려는 이상적인 태도로 확장될 수 있다.

(5) 출생순서와 가족구조

Adler는 어린 시절의 가족경험과 출생순서가 개인의 성격형성에 미치는 중대한 영향에 주목하고 있다. 가족은 개인이 태어나서 처음 속하게 되는 사회집단으로서 그의 생활양식과 성격형성에 중요한 영향을 미친다. 아이들은 가족 속에서 자신이 누구인지, 다른 사람들은 어떤 존재인지, 세상은 어떤 곳인지에 관한 다양한 신념을 형성한다. 가족 내에서 아이의 서열적 위치는 자신과 세상에 대한 관점과 생활양식을 발달시키는 데 중요한 역할을 하게 된다. 가족환경에 대한 지각은 아이마다 다르며 시기에 따라 변화한다. 한 아이가 출생함에 따라 가족구조는 변화하며 나이 차이나 아이들의 성도 가족 내 아이들의 위치에 영향을 미친다. 가족환경에 영향을 미치는 요소로는 재정상태, 이사, 가족 구성원의 변동, 죽음이나 부모의 이혼 등이 있다.

Adler는 출생순서가 개인의 행동양식에 미치는 영향력을 강조했으나 그것이 결정적인 것이 아니다. 다만 가족 내의 형제서열에 따라 아이가 겪을 수 있는 특별한 경험의 가능성을 제시하고 있는 것이다. Adler는 개인의 발달에 중요한 영향을 미치는 사회적 맥락으로서 부모, 형제자매, 중요한 타인들을 포함하고 있다. 출생서열에 따라 나타나는 전형적인 특징들이 존재하지만, 이러한 특성들은 고정된 불변적인 것이 아니라는 점을 유의해야 한다.

첫째 아이는 부모로부터 많은 관심을 받으며 응석받이로 자랄 수 있다. 그러나 동생이 태어나면 자신이 왕좌에서 물러나는 듯한 박탈감을 느낀다. 이러한 박탈감은 자신이 사랑받지 못하고 무시당하는 것으로 여겨질 수 있는데, 첫째 아이는 착한 행동을 함으로써 우월한 지위를 되찾으려고 노력한다. 첫째 아이는 책임감이 강하며 성장하여 가정을 돌보는 일에 몰두하여 친구관계나 사회생활을 경시할 수 있다.

둘째 아이는 태어날 때부터 이미 첫째 아이가 존재하기 때문에 부모의 사랑을 나누어 가져야 한다. 더구나 항상 자신보다 앞서가는 첫째 아이가 있기 때문에 압박감을 느끼는 동시에 경쟁적인 성향을 보일 수 있다. 둘째 아이는 첫째 아이와 다른 영역의 능력을 개발시켜 인정받으려 하는 경향이 있으며 특히 첫째 아이가 실패한 것을 성취함으로써 부모의 애정을 받기 위해 노력한다. 이러한 과정 속에서 둘째 아이는 첫째 아이와 반대되는 성격을 발달시키게 된다.

중간 아이는 위와 아래로 형제나 자매를 두고 있기 때문에 압박감을 느낀다. 이들은 따라 잡히지 않도록 애쓰는 한편, 앞서가기 위해 노력해야 한다. 중간 아이는 자신의 능력에 대한 확신을 갖지 못한 채 무력감을 느끼며 다른 형제와 자매들에게 의존적인 태도를 나타낼 수 있다. 그 대신, 친구를 사귀거나 사회적 관계를 맺는 일에서 강점을 보일 수 있으며 갈등이 많은 가족에서는 갈등조정자나 평화유지군의 역할을 할 수 있다.

막내 아이는 가장 어린 아이로서 가족의 관심을 듬뿍 받을 수 있는 위치에서 성장한다. 부모와 형제자매로부터 과잉보호를 받을 수 있으며, 의존적이고 자기중심적이며 무책임한 아이로 성장할 수 있다. 때로는 가장 낮은 위치에 있기 때문에 가족 구성원들로부터 제대로 대우를 받지 못하여 열등감과 무력감을 느낄 수 있다. 그러나 막내 아이는 자유로움 속에서 자신의 길을 추구하며 매우 독특한 영역에서 탁월한 성취를 나타낼 수 있다.

외동 아이는 어른들로만 둘러싸인 환경에서 성장한다. 경쟁할 다른 아이들이 존재하지 않기 때문에 그들은 어른 수준의 성취를 이루기 위해 노력하며 높은 성취동기를 지닐 수 있다. 부모가 너무 유능할 경우, 아이는 부모와 경쟁하는 것이 불가능하다고 여겨서 낙담하거나 그들이 유능함을 발휘할 수 있는 다른 영역을 찾을 수 있다. 외동아이는 다른 형제자매들과 협동하거나 분배하는 것을 배우지 못해 자기중심적인 행동을 나타낼 수 있다. 또한 이들은 무대의 중심에서 다른 사람들의 관심을 독차지하는 것을 즐기며 이러한 욕구가 좌절될 경우에는 과민반응을 나타낼 수 있다.

(6) 성격 유형론

Adler는 개인이 자신만의 고유한 패턴에 따라 기술되어야 한다고 믿었기 때문에 인간에 대한 어떤 유형론도 제시하지 않았다. 그가 인간의 본성에 대한 몇 가지 설명을 제시했으나 그의 주된 관심사는 개인의 고유성을 기술하고 이해하고 변화시키는 것이었다. 그러나 교육적인 목적을 위해서 타인과 관계를 맺는 개인의 태도를 네 가지 유형으로 나누어 제시한 바 있다.

첫 번째 유형은 **지배형**(ruling type)으로서 타인을 대할 때 지배적인 태도를 보이는 사람들이며 대부분의 관계에서 이러한 태도를 나타낸다. 두 번째 유형은 의존형

(getting type)으로서 가장 흔하다. 이들은 타인으로부터 많은 것을 기대하며 의존하는 사람들이다. 세 번째 유형은 회피형(avoiding type)으로서 타인과의 갈등이나 거부를 경험하지 않기 위해서 적극적인 대인관계를 회피하는 사람들이다. 네 번째 유형은 사회적 공헌형(socially useful type)으로서 타인에게 도움이 되는 방식으로 문제를 해결하기 위해 노력하는 사람들이다.

앞의 세 가지 유형(지배형, 의존형, 회피형)은 삶의 문제들을 해결할 준비가 되지 않은 사람들이다. 이러한 유형의 사람들은 협동과 기여를 위한 사회적 능력과 의지가 결핍되어 있다. 이러한 사람들은 타인과의 갈등이나 문제를 겪게 되면 부적절감이나 충격에 빠진 채 부적응 상태를 나타낼 수 있다. 네 번째 유형은 협동과 기여를 위한 사회적 관심을 잘 갖춘 사람으로서 타인에게 유익한 행동을 하고 사회적 발전에 긍정적인 기여를 한다. Adler에 따르면, 개인은 사회적 맥락 속에서 이해될 수 있으며 사회적 관심에 근거한 대인관계의 양과 질은 정신건강의 주요한 지표이다. 그는 타인과 협동할 수 있고 사회적 안녕에 기여할 수 있는 사람만이 삶의 의미와 자기실현을 성취할 수 있다고 여겼다.

4. 정신병리 이론

Adler는 개인의 적응수준을 정상과 비정상의 이분법으로 분류하지 않고 연속선상에 있는 것으로 간주했다. 또한 개인을 정신병리적 관점에서 보려 하지 않았을 뿐만 아니라 부적응 문제를 정신장애 범주로 분류하지도 않는다. 따라서 그는 정신병리에 대한 어떠한 체계적인 설명이나 이론도 제시하지 않았다. 다만 개인이 나타내는 부적응 문제와 증상이 그의 개인적인 삶에 있어서 어떤 의미를 지니는지 이해하고자 했다.

Adler에 따르면, 인간의 모든 행동은 목적성을 지닌다. 인간은 누구나 자신이 나름대로 추구하는 목표와 일치하는 방향으로 행동한다. 모든 행동에는 그로 인한 보상과 대가가 있기 마련이다. 내담자를 이해하기 위해서는 그가 나타내는 증상이 어떤 목표를 위해 어떤 기능을 하고 있으며, 어떤 유용성을 지니는지 살펴보아야 한다. 만약 어떤 증상이 주는 이득이나 기능이 없다면, 그러한 증상은 신체적인 원인에 의한 것일 수 있다. 따라서 심리치료자들은 내담자가 나타내는 행동과 증상의 유용성이 무엇인지를 끊임없이 물어야 한다. 그러한 물음에 대한 해답을 통해서 내담자가 나타내는 증상의 심리적 원인을 이해할 수 있다.

　　Adler에 따르면, 대부분의 부적응적인 증상은 자기이해의 부족에 기인한다. 내담자가 나타내는 부적응 문제는 내담자 자신이 어떤 인생목표를 지니고 있으며 어떤 생활양식을 통해 살아가고 있는지에 대한 인식 부족에서 기인한다. Adler는 초기에 모든 부적응적 행동을 열등감에 기인한 것으로 보았다. 인간은 누구나 자신의 열등감을 보상하고 우월성을 추구하기 위해서 나름대로의 가상적인 최종목표를 추구한다. 그런데 이러한 내면적인 목표를 부인하고 삶의 도전적 과제를 회피하는 열등 콤플렉스를 지니거나 비현실적인 주관적 우월감에 빠져 있는 우월 콤플렉스를 지닐 경우 개인의 삶은 부적응적인 방향으로 흐르게 된다.

　　Adler는 나중에 공동체 의식과 사회적 관심의 결여가 정신병리를 유발할 수 있다는 견해를 제시했다. 공동체 의식의 결핍으로 인한 부적절감과 긍정적인 인간관계를 형성하지 못하는 무능력으로 인해 정신병리가 유발된다는 것이다. 자신이 다른 사람들과 평등하다고 느끼는 동시에 자신의 사회적 역할을 감당할 수 있는 것으로 느끼는 개인은 건강하고 건설적인 방식으로 사회적 활동에 참여하게 된다. 그러나 다른 사람이 자신보다 열등하거나 우월하다고 느끼면, 공동체 의식이 저하될 뿐만 아니라 공동체보다 자기이익을 위해서 행동하게 된다. 이처럼 다른 사람들이나 공동체와 괴리되는 경향이 심화되면 부적응적인 삶의 상태로 전락하게 된다.

　　Adler는 정신장애가 어린 시절의 경험, 특히 가족환경과 출생서열에 대한 아동기 경험과 관련되어 있다고 보았다. 다양한 정신장애는 각기 다른 생활양식과 아동기 경험을 반영하고 있으며 나름대로의 심리적 기능을 지니고 있다.

　　불안은 자존감을 보호하기 위해서 개인이 인생과제와 거리를 두려는 일종의 보호기제이다. 불안장애 환자는 용기를 잃은 상태에서 자신의 약점이 드러나는 것을 두려워하며 삶의 선택과 결정을 주저하거나 미루는 경향이 있고 다른 사람이나 어려운 과제로부터 안전한 거리를 유지하고자 한다. 이와 같은 신경증적 문제는 초기 아동기 경험에 기인하는 경향이 있다. 응석받이로 자란 아동은 인생과제를 감당할 준비가 되어 있지 않기 때문에 동생이 태어나거나 학교생활을 시작하는 경우처럼 환경의 변화가 일어나면 용기를 잃고 현실적 상황을 무거운 부담으로 여기게 된다. 최초의 신경증적 증상은 흔히 복통, 호흡기 증상, 야뇨증과 같이 신체기관의 역기능적 형태로 나타나기도 한다. 이런 증상의 목적은 부모로 하여금 아동에게 굴복하게 하는 동시에 현실적인 책임으로부터 면제받기 위한 것이다.

　　강박증 환자는 의사결정을 하지 못하고 미루면서 자신의 에너지를 삶의 기본과제 해결에 사용하는 대신 강박행동을 하는 데에 소진시켜 버린다. 이들에게 시시각각 다가오는 시간은 자신들이 대처할 수 없는 삶의 문제에 직면하도록 강요하는 위험한 적

으로 여겨진다. 강박행동이 적개심의 표현인 경우도 있다. 이러한 경우, 당면한 과제
의 해결을 미루면서 강박행동에 매달림으로써 주변사람들에게 피해나 부담을 주게
된다. 아울러 복잡한 진짜 문제를 단순하게 되풀이하는 과제와 혼동함으로써 강박행
동을 통해 진짜 문제를 회피할 수 있다.

　　우울증은 개인의 자존심을 보호하기 위한 것이다. 우울증 환자는 일상생활의 부
담을 과장하고, 도달할 수 없는 인생목표를 추구하며, 그 목표를 성취하지 못한 것에
대하여 타인이나 생활환경을 탓한다. 우울증 환자는 자신이 원하는 대로 하지 못한
것에 대한 분노를 지니며, 타인을 자신이 원하는 대로 조종하고 생활의 책임을 회피
하기 위해서 자신의 약점이나 불평을 이용한다. Adler는 우울증의 한 양상으로 나타
나는 자살의 사회적 의도를 지적하면서 청소년의 자살은 보복 행동이라고 여겼다. 우
울증에는 보복의 요소가 있어서 누군가를 걱정하게 만들고 죄의식을 느끼게 한다는
것이다. 또한 자살 위협은 낮은 공동체감과 더불어 응석받이로 자란 생활양식을 반영
하며 타인을 통제하는 수단으로 이용된다. 우울증은 자신의 내면을 향한 분노이며,
자신에게 상처를 입힘으로써 타인에게도 상처를 주어 자신의 자아를 달래는 피학적
시도라고도 할 수 있다.

　　중독은 불안, 우울, 성적 불만족과 같은 신경증적 문제뿐 아니라 소심함, 고립에
대한 욕망, 과민함, 초조함 등으로 나타나는 열등감에 근거한다. 약물사용을 통한 기
분전환의 갈망은 오만함이나 권력 추구와 같은 형태의 우월감 콤플렉스에서 비롯되
기도 한다. 마약 중독자의 생활양식에 대해 연구한 Lombardi(1969)에 따르면, 중독자
들이 회상하는 초기 기억의 주제는 자신들을 매우 나약하고 의존적인 존재로 인식할
뿐만 아니라 공동체감을 발달시키지 못하고 세계를 적대적이고 위험한 곳으로 인식
하는 경향이 있었다. 중독자들은 경쟁보다는 고립, 과민함, 초조, 조바심 등의 신경증
적 증상을 지니는데 마약이 전능감을 느끼게 해주기 때문에 이에 중독될 수 있다.

　　Adler는 **범죄**의 근본 원인으로 공동체감의 결여를 지적하였다. 범죄자는 도움을
받거나 다른 사람에게 부담이 되는 것에서 만족하지 않고 마치 전 세계가 자신을 대
적하는 것처럼 행동하는 경향이 있다. 아동기에 응석받이로 자라서 받는 것에만 익숙
해져 있는 생활양식을 성인기까지 유지하거나 아동기에 보살핌을 받지 못해서 적대
적인 세계를 직접 경험했거나 또는 학업 적응의 실패 때문에 불이익을 당했던 반항적
인 친구집단에 속했던 사람들에게서 범죄 행동이 나타날 수 있다. 이들은 우월을 추
구하는 강력한 동기를 지니며 매우 무책임한 행동패턴을 나타낸다.

　　경계선 성격장애는 어린 시절에 아동이 삶의 과제를 해결하기에 불리하고 무력하
다고 느꼈던 가족 상황에서 비롯된다. 경계선 성격장애를 지닌 사람들은 융통성 없는

인지방식을 지니고 경직된 일반화를 통해서 사람들을 실제 모습으로 인식하지 못하며 전적으로 좋거나 나쁜 사람으로 구분한다. 이들은 또한 어떤 일이 잘못된 것에 대해서 다른 사람을 비난하며, 통제할 수 없는 외부 환경에 대해서 희망과 절망의 양극단을 치닫는 감정의 변화를 보인다. 이들은 감정에 따라 자존감이 급변하고 어떤 소속감이나 헌신감이 결여되어 있으며 공동체에 대한 의무감도 거의 느끼지 않는다.

정신분열증 환자는 낮은 자존감을 갖고 있으며, 지나치게 이상화되고 팽창된 우월감을 통해서 낮은 자존감을 보상하려 한다. 이들은 아동기에 극도의 박탈, 어머니의 이중적인 양육태도, 기질적 요인, 만성적 질병, 부모로부터의 분리 등으로 인해서 깊은 열등감을 갖게 된다. 이러한 열등감을 보상하기 위해서 아동은 자신이 매우 특별하고 위대하다고 생각하는 동시에 다른 사람은 자신의 욕망을 좌절시키는 적이라는 견해를 발달시키게 된다. 이러한 아동은 비협동적인 태도를 지니게 되어 다른 사람을 착취하거나 주변사람을 비난하기도 한다. 정신분열증의 주된 증상인 환각, 편집증적 투사와 망상은 환자의 자존감을 보호하는 한편, 인생과제에 대한 책임으로부터 자유롭게 해주는 수단이 된다.

5. 치료 이론

Adler는 인간의 부적응 문제를 병리적인 것으로 여기지 않았다. 따라서 부적응 문제를 치료되어야 하는 대상으로 여기기보다 교육을 통해 바로잡아야 할 과제로 여겼다. 그는 개인심리학에 근거하여 인간의 다양한 문제를 해결하기 위한 실천적 노력에 깊은 관심을 보였다. 이러한 이유로 Adler는 자신의 개입방법에 대해서 특별한 치료명칭을 부여하지 않은 듯하다. Adler학파의 심리치료(Adlerian psychotherapy)는 Adler와 그의 동료들이 개인의 부적응적 문제를 해결하기 위해서 적용했던 개입방법에 대해 후대의 사람들이 부여한 명칭이다.

1) 치료목표

Adler학파에 있어서, 심리치료의 목표는 내담자의 생활양식을 이해하고 부적응적인 목표와 신념을 파악하여 사회적 관심을 증가시키고 좀 더 적응적인 목표와 생활양식으로 변화시키는 것이다. 우선 치료자는 평등하고 존중적인 태도로 내담자와 협력적인 관계를 형성하는 것이 중요하다. 이러한 관계 속에서 내담자로 하여금 자신의 독특한 생활양식을 이해하도록 돕는다. 내담자가 생활 속에서 추구하는 목표를 탐색하고 그러한 목표를 추구하기 위해서 어떻게 행동하는지를 구체적으로 살펴본다. 아울러 내담자가 자신과 타인 그리고 세상에 대해서 지니고 있는 생각과 신념을 탐색한다. 또한 내담자가 자신의 삶에 대해서 불만족스럽게 여기고 생활 속에서 경험하는 좌절감과 열등감을 탐색한다. 이러한 과정을 통해서 내담자로 하여금 자기자신과 자신의 삶에 대한 자기인식을 증가시킨다.

내담자는 잘못된 목표와 생활방식을 통해서 좌절감과 열등감을 경험하며 삶에 대한 용기를 잃고 낙담한 상태에 있는 경우가 대부분이다. 치료자는 내담자를 이러한 좌절상태로 유인하는 잘못된 목표와 신념 그리고 행동방식에 대해서 도전하고 반박하며 수정하도록 돕는다. 아울러 타인과의 관계와 공동체 생활에 대한 사회적 관심을 증가시킨다. 치료자는 내담자를 격려함으로써 용기를 회복하고 공동체 생활에 참여하며 삶의 과제를 효과적으로 수행하도록 돕는다. 이를 위해서 치료자는 유용한 정보를 제공하고 건강한 삶에 대한 교육과 지도를 함으로써 새로운 삶을 용기 있게 펼쳐 나가도록 격려한다.

Mosak과 Maniacci(2008)는 Adler학파의 심리치료가 지향하는 목표를 6가지로 요약하여 제시하고 있다. (1) 내담자의 사회적 관심을 증가시킨다. (2) 내담자가 좌절감과 열등감을 극복하도록 돕는다. (3) 내담자의 인생목표와 생활방식을 변화시킨다. (4) 내담자의 잘못된 동기를 변화시킨다. (5) 내담자가 타인과 평등한 존재라는 인식을 갖도록 돕는다. (6) 내담자가 사회에 기여하는 구성원이 되도록 돕는다. Adler학파의 심리치료는 개인이 지닌 잘못된 사회적 태도와 가치를 교정하고 다른 사람들과 함께 살아가는 협동적인 삶의 방식을 가르치는 재교육의 과정이라고 할 수 있다.

2) 치료원리

Adler학파에서는 내담자의 치료적 변화를 위해서 통찰, 즉 깨달음이 중요함을 강조한다. 내담자로 하여금 자신의 목표와 생활양식에 대해 깨닫게 하는 것이 변화의 핵심이다. 치료적 변화는 내담자가 자신의 목표와 내면적 동기를 인식하기 시작할 때 일어날 수 있다. Adler는 내담자가 자신의 부적응적인 동기를 자각하고 그것에 집착하지 않게 돕는 방법으로 '수프에 침 뱉기(spitting in the soup)'라는 기법을 제시하였다. 내담자는 자신이 행동하는 동기가 자기파멸적이라는 것을 깨닫게 되면 그러한 행동에 대한 매력이 떨어져서 더 이상 집착하지 않게 될 수 있다.

내담자가 자신의 행동을 변화시키기 위해서는 자신의 삶을 스스로 결정할 수 있는 힘과 능력을 자각하는 것이 필수적이다. 이러한 변화를 위해서 치료자는 내담자를 격려하는 것이 중요하다. 좌절과 낙담에 빠져 있는 내담자로 하여금 용기를 내어 자신의 삶을 돌아보고 새로운 변화를 시도해보도록 격려하는 것은 치료과정의 필수요소라고 할 수 있다.

Shulman(1973)은 Adler학파의 심리치료가 성공하기 위한 필수적인 요소로 직면을 제시하고 있다. Adler학파의 치료에서는 내담자가 자신의 잘못된 목표와 신념 그리고 그것들과 연합된 감정과 행동을 인식하는 것이 중요하다. 직면은 내담자로 하여금 자신의 잘못된 목표와 신념을 회피하지 않고 정면으로 자각하도록 하는 것이다. 직면은 내담자가 자신의 신념과 감정 그리고 행동을 변화시킬 수 있는 직접적인 계기를 제공한다. 그러나 직면은 내담자가 위협적으로 느낄 수 있는 매우 직접적인 방식이므로 신중하게 적용되어야 한다. 치료자는 격려와 직면을 적절하게 구사하며 내담자가 자신의 목표와 생활양식을 자각하고 그것들을 변화시킬 수 있는 능력을 지니고 있음을 깨닫도록 도와야 한다.

Adler는 개인의 내면적인 심리적 과정을 분석하는 것보다 내담자가 나타내는 대인관계 행동의 본질을 이해하고 긍정적인 변화과정을 촉진하는 것에 초점을 맞추었다. 이러한 점은 Freud의 정신분석과 구별되는 점이라고 할 수 있다. 즉, Adler학파의 치료는 좌절하여 낙담해 있는 내담자로 하여금 자신의 문제점과 약점을 자각하게 하기보다 자신의 강점을 깨닫도록 함으로써 삶의 문제를 해결하도록 돕는 것에 초점을 맞추고 있다. 정신분열증이나 양극성 장애와 같은 정신장애는 병리적 진단을 통해 사회적인 낙인을 찍어 환자들을 소외시키기보다 교육, 사회화, 격려, 때로는 약물을 통해서 다루어져야 할 삶의 문제라고 보았다. Adler학파에서 운영하고 있는 공동체 지지 프로그램들은 개인이 사회적으로 유리된 개체가 아니라 서로 돕고 사는 사회의 중요한 구성원이라는 Adler의 철학에 근거하고 있다. 공동체 안에서 소속감을 느끼고 협동하는 방법을 배우며 서로를 지지하고 나름대로 공동체를 위해 기여하는 것이 건강한 삶의 본질이자 심리치료에서 지향하는 목표라고 할 수 있다.

3) 치료기법

Adler의 주요한 공헌 중 하나는 내담자의 변화를 이끌어낼 수 있는 구체적인 개입방법을 다양하게 제시하고 있다는 점이다. 이러한 개입방법들은 심리치료뿐만 아니라 다양한 교육활동과 집단프로그램에서도 활용되고 있다.

(1) 생활양식 분석

Adler학파의 심리치료에서는 내담자의 생활양식을 이해하는 것이 매우 중요하다. 생활양식을 분석하는 방법은 매우 구조화된 것부터 덜 구조화된 것까지 다양하다.

Walton(1998)은 내담자의 생활양식을 파악하기 위해 사용할 수 있는 다섯 가지의 물음을 다음과 같이 제시하고 있다. ① 다음 문장을 완성하시오. "나는 항상 _____한 아이였다." ② 형제와 자매 중에서 당신과 가장 다른 사람은 누구이며 어떻게 다른가? ③ 어린 시절에 당신은 부모님의 어떤 면이 가장 긍정적이라고 생각했는가? 부모님에 대해서 거부감을 느꼈던 것은 무엇이었는가? ④ 잊을 수 없는 성장과정의 중요한 결심: "당신이 성장하면서, 인생에 관해 내린 중요한 결론 중에서 가장 기억나는 것은 무엇인가? 예를 들어, 어른이 된다면 나는 반드시 무엇을 할 것이다 또는 나는 결코 이런 일은 일어나지 않도록 할 것이다." ⑤ 두 가지의 초기기억 알아내기: "당신이 기억할 수 있는 가장 어린 시절의 사건은 무엇인가?" "어떤 순간이 가장 생생하게 기억되는가? 그 사건과 관련해서 어떤 느낌을 지니는가?"

좀 더 상세한 생활양식의 분석을 위해서는 가족 구도, 가족 분위기, 가족 가치, 성 역할 지침, 가족 역할, 초기 발달적 경험들과 관련한 정보를 수집한다. Adler학파의 여러 치료자들(Powers & Griffith, 1987; Shulman & Mosak, 1988)은 다양한 생활유형 정보를 수집하고 이를 해석하는 체계화된 방법을 제시하고 있다.

가족 구도(family constellation)는 가족 구성원이 가족 내에서 지니는 서열적 · 심리적 위치를 의미한다. 가족 구도는 내담자가 가족 구성원과의 관계를 어떻게 인식하고 있는지를 보여준다. 가족 구도에 대한 내담자의 평가는 자기, 타인 그리고 인생에 대한 신념을 형성하는 데 중요한 역할을 할 수 있다.

가족 분위기(family atmosphere)는 부모의 부부관계를 비롯한 가족 구성원의 정서적 관계를 반영한다. 가족 분위기에 대한 내담자의 평가는 인간관계가 어떠해야 하는지를 결정하는 데 중요한 역할을 한다. 이러한 신념은 계속 유지되어 훗날 내담자의 인간관계에 반영될 수 있다. 가족의 분위기를 탐색할 때는 날씨와 관련된 용어들(예: 화창한, 구름 낀, 쌀쌀한, 폭풍우 치는)을 사용하기도 한다.

가족 가치(family values)는 부모가 자녀들에게 기대하는 것을 나타낸다. 이런 가치는 보통 부모에 의해 공유되고 모든 자녀들에게 전달된다. 자녀들은 이러한 가치들을 중요한 것으로 여기며 이에 따라 행동하게 된다. 대부분의 아이가 가족의 가치를 준수하지만 때로는 이러한 가치를 무시하거나 반항하는 경우도 있다. 가족 가치에 대해 탐색하기 위해서 "부모님이 가장 중요하게 여긴 것은 무엇이었나?" "부모님이 어떤 좌우명을 지니고 있었다면, 그것은 무엇이었나?"와 같은 질문을 사용할 수 있다.

성 역할 지침(gender guiding lines)은 부모에 의해 공유된 것일 수도 있고 부모 중 한 사람에 의해서 강조된 것일 수도 있다. 이러한 지침들을 통해서 아이들은 진짜 남자 또는 진짜 여자가 어떤 것인지를 습득하게 된다. 이러한 지침들은 성 역할과 관련된 다양한 기대들의 패턴과 원칙을 형성하여 인간관계나 사회적 활동에 중요한 영향을 미치게 된다.

아이의 역할(family role played by each child)은 어린 시절에 가족 내에서 자녀 각자가 어떤 역할을 맡았었는지를 의미한다. Typpo와 Hastings(1984)는 아이의 역할을 책임자, 보호자, 조정자, 실행자, 애완동물, 문제아, 버려진 아이 등으로 제시하였다. Reed(1995)는 알코올 중독자의 자녀들에게 맡겨진 역할을 설명하면서 영웅, 마스코트, 희생양, 망각된 아이라는 네 가지 역할을 제시하였다. 독특한 가족 구도 내에서 아이들이 각자 담당하게 되는 역할이 있는데, 이러한 역할은 마음 깊이 각인되어 성장 후에도 지속되는 경향이 있다.

초기의 발달경험(early developmental experiences)은 어린 시절에 가족, 친인척, 교사, 친구, 학교생활, 성생활 등과 관련한 발달적 경험을 의미한다. 초기의 발달경험을 이해하는 것은 내담자가 세상을 바라보는 기본적인 방식을 이해하는 데 매우 중요하다. 이러한 경험들을 통해서 내담자가 자신과 삶에 대해서 지니고 있는 결론이나 신념을 이해할 수 있다. 내담자에게 중요한 영향을 미친 발달경험들은 초기 기억의 탐색을 통해서 포착될 수 있다.

이러한 정보들을 수집하여 통합된 형태로 내담자의 생활양식에 관한 보고서를 작성할 수 있다. 치료자와 내담자는 이러한 보고서를 함께 읽으며 논의하고 수정해 나간다. 내담자가 자신과 삶에 대해서 어떤 신념을 지니고 있으며 어떠한 목표와 동기를 가지고 행동하는지를 점검한다. 생활양식 분석의 주된 목적은 내담자로 하여금 자신을 어떤 존재로 인식하고 있으며 어떻게 지금의 자신이 되었는지를 이해함으로써 자신의 무의식적인 목표를 의식의 수준으로 끌어올리는 것이다. 생활양식은 개인이 지니고 있는 신념과 행동규칙의 집합체로서 이러한 것들이 좀 더 분명하게 의식되면, 내담자는 부적응적이고 비생산적인 요소들을 변화시키기 위한 노력을 기울이게 된다.

(2) 격려

격려(encouragement)는 Adler학파의 치료자들이 가장 보편적으로 사용하는 치료적 개입이다. 단순하게 정의하면, 격려는 다른 사람에게 용기를 북돋워주는 과정이다. 그러나 격려는 하나의 기술이라기보다 치료자의 기본적인 태도이자 마음자세라고 할 수 있다. 격려는 용기를 내게 하고 지지하는 구체적인 언어적 행위를 넘어선 인간 본성에 대한 기본적 태도이다. 인간은 존재 자체만으로 충분한 가치를 지니고 있다. 즉, 격려는 "네가 잘할 때나 올바르게 할 때 나는 널 좋아한다."는 것이 아니라 "나는 있는 그대로의 너를 좋아한다."는 태도를 반영한다. 가장 근본적인 격려는 단지 당신의 존재 자체에 만족한다는 것이다. 이러한 정신의 격려는 개인이 고난과 역경에 처했을 때 그것을 견뎌낼 능력과 의지를 발달시킨다. 격려는 내담자로 하여금 자신이 존중받는 존재라는 인식을 통해 공동체감을 증가시킬 뿐만 아니라 자신감과 심리적 강인성을 촉진시키는 핵심적인 치료적 요인이다.

격려를 통해서 내담자는 용기를 얻게 된다. 용기는 앞으로 나아가는 의지이다. 용기는 실패에 초점을 두었을 때가 아니라 수용과 안전함에 대한 지각에서 비롯된다. 용기를 심어주는 것은 내담자로 하여금 자신의 능력과 장점을 지각하고 스스로 목표를 설정할 뿐만 아니라 그러한 목표를 성취할 수 있는 방법과 과정을 알아낼 수 있도록 돕는 것이다.

격려는 타인과 긍정적인 관계를 유지하기 위한 핵심적 요소이기도 하다. 격려는 전문적인 관계든 사적인 관계든 인간관계를 촉진하는 중요한 역할을 한다. 권위, 공포, 처벌과 같은 위협적인 행동은 개인을 책임감 있고 유능한 사람으로 발달시키기 위한 효과적인 방법이 아니다. 이러한 부정적인 형태의 행동들은 사람을 불안하고 좌절하게 만들 뿐 아니라 문제를 해결하는 데에도 도움이 되지 않는다. Dreikurs(1953)가 말한 바와 같이, 식물이 물을 필요로 하듯이 인간은 격려를 필요로 한다.

격려하는 일의 절반은 낙담하게 만드는 일을 피하는 것이다. 비판, 처벌이나 보상과 같은 외적인 통제는 자발적인 행위를 할 수 있는 용기를 훼손하고 좌절을 초래하게 된다. Evans(1996)는 사람을 낙담시키는 다섯 가지 행위를 다음과 같이 제시하고 있다. ① 높은 기대나 비현실적인 기준 설정하기, ② 실수에 초점 맞추기, ③ 다른 사람과 비교하기, ④ 비관적인 해석 내리기, ⑤ 과도한 책임감을 지니고 통제적인 행동하기.

격려 없이는 내담자로 하여금 부적응적인 행동을 스스로 수정하려는 노력을 유발할 수 없다. 부적응적인 행동을 할수록 더 많은 격려가 필요하지만, 일상생활에서는 그러한 행동을 하는 사람들이 격려를 받기는 어렵다. 대부분의 경우, 노력과 향상에 초점을 맞추는 대신에 사람들은 실수를 지적하며 그가 지닌 힘을 꺾어 놓는다. 격려를 하기 위해서는 외적 통제를 자제하고 실수에 초점을 맞추는 것을 중지해야 한다. 격려는 곧 칭찬이라고 오해할 수 있는데, 칭찬도 외적인 통제이다. 칭찬은 잘한 일이나 우수한 결과에 초점을 맞춘 조건적인 행위이다. 반면, 격려는 결과보다 노력과 향상에 초점을 맞추고 약점과 실수를 지적하는 대신에 강점과 잠재능력에 초점을 맞춘다. 격려를 할 때는 행동과 행위자를 구분하는 것이 중요하다. 부적응적인 행동은 근심스러운 것으로 여겨질 수 있으나, 그러한 행동을 한 사람에게 부적응자라는 꼬리표를 붙이거나 낙인찍어서는 안 된다. 격려는 내담자가 자신의 강점을 발휘하거나 향상시킬 수 있는 행동에 초점이 맞춰져야 한다. 격려는 내적인 동기에 초점을 맞추어 내담자가 자기통제력을 발달시키도록 돕는 방법이다.

부적응적인 행동은 대부분 낙담의 결과이며 이질감과 소외감을 느끼게 만들어 공동체감을 저하시킨다. Adler에 따르면, 모든 정신장애의 증상은 낙담의 표현이다. 고통 받는 사람을 격려하는 것만이 그가 자신의 증상을 스스로 개선하도록 노력하게 만드는 바탕이 된다.

(3) 마치 ~인 것처럼 행동하기

마치 ~인 것처럼 행동하기(acting as if)는 내담자가 스스로 할 수 없다고 생각하는 것을 실제로 성취할 수 있는 것처럼 행동해보도록 권장하는 개입방법이다. 기분이 좋은 것처럼 행동하면 실제로 기분이 좋아질 수 있으며, 자신감 있게 행동함으로써 자신감이 증가할 수 있다. 이처럼 불가능하다고 생각하는 것을 가능한 것처럼 행동함으로써 새로운 인식과 결과를 유발할 수 있다. 예컨대, 언어적으로 학대하는 남편에게 위축되어 저항하지 못하는 여성은 마치 남편에게 대항할 수 있는 용기를 지니거나 남편이 계속 모욕할 경우 관계를 청산할 용기를 가진 것처럼 행동해보도록 할 수 있다. 이러한 행동을 통해서 자신을 방어할 수 있는 능력을 키우고 남편의 언어적 학대 행위를 감소시킬 수 있다. 이러한 기법은 내담자의 신념과 문제의식을 변화시키고 통찰을 얻게 할 수 있을 뿐만 아니라 새로운 신념으로 새로운 행동을 시도하는 데 도움이 될 수 있다. 또한 자존심과 자신감을 향상시키고 새로운 변화를 위한 용기를 북돋우며 행동의 목표를 재정립하는 데 도움을 줄 수 있다.

(4) 수렁 피하기

수렁 피하기(avoiding the tar baby)는 사람들이 흔히 빠지는 함정과 난처한 상황을 피하도록 돕는 기법이다. 치료자는 내담자의 지속적인 자기파괴적인 행동을 변화시키기 위해서 예측하지 못했던 새로운 방식을 제안할 수 있다. 예컨대, 스트레스를 느끼면 혼자 백화점에 가서 돈을 낭비하며 무의미하게 시간을 보내는 내담자의 경우, 이러한 행동을 하지 않도록 권하는 대신 내담자로 하여금 어떻게 하면 스트레스를 받았을 때 친구들을 불러내어 돈을 많이 쓰지 않고 스트레스를 풀 수 있을지를 계획하도록 제안할 수 있다.

(5) 자신을 포착하기

자신을 포착하기(catching oneself)는 내담자가 반복적으로 범하는 부적응적인 행동을 자각하게 함으로써 그러한 행동을 방지하도록 돕는 방법이다. 치료자는 내담자의 문제행동이 나타나는 것을 예고하는 표시나 징후를 밝혀내고 내담자로 하여금 이러한 징후가 나타나면 습관적 행동을 자제하라는 정지신호로 여기고 새로운 적응적 행동을 하도록 격려한다. 이 기법은 내담자들로 하여금 자신의 행동에 대한 자각능력을 발달시킴으로써 스스로 자신의 행동을 점검할 수 있도록 돕는다. 예컨대, 자주 냉정을 잃고 부적절하게 화를 내는 사람은 그가 분노를 폭발시키기 전에 몸 전체가 긴장한다는 것을 자각한다. 이러한 신체적 긴장의 징후를 느끼면, 이를 정지신호로 여기며 심호흡을 통해 분노를 효과적으로 조절하는 방법을 배우게 된다.

(6) 단추 누르기

단추 누르기(pushing the button)는 내담자에게 자신이 감정을 통제할 수 있음을 인식하도록 하는 기법이다. 내담자로 하여금 유쾌하거나 불쾌했던 상황의 이미지를 떠올리도록 하고 그 이미지에 동반되는 감정들을 살펴보게 한 후, 어떤 감정을 선택할 것인지(어떤 단추를 누를 것인지)를 자신이 결정할 수 있음을 깨닫도록 한다. 예컨대, 과음을 자주 하는 내담자의 경우, 술을 마시면서 느끼는 유쾌한 감정과 더불어 과음으로 인한 신체적 고통과 절제 실패로 인한 자괴감을 생생하게 상상하도록 권한다. 앞으로 유쾌한 감정을 선택하는 단추를 누르면 또 과음을 하게 될 것이며, 신체적 고통과 자괴감의 회피를 선택하는 단추를 누르면 술을 절제하게 될 것이다. 이러한 대조적인 두 가지 경험의 생생한 이미지를 통해서 부적응적 행동을 절제하도록 도울 수 있다.

(7) 스프에 침 뱉기

스프에 침 뱉기(spitting in the client' s soup)는 내담자가 반복적으로 나타내는 자기파멸적인 행동의 동기를 확인하고 그것을 매력적이지 못한 것으로 만듦으로써 내담자가 상상한 이익을 제거하는 것이다. 부적응적인 행동을 유발하는 내면적 동기에 침을 뱉어 혐오스러운 것으로 변화시킴으로써 그러한 행동의 반복을 억제하는 것이다. 특히 치료자가 내담자의 숨겨진 부적절한 의도나 동기를 제시해주게 되면, 내담자는 더 이상 감춰진 동기를 외면하지 못하고 자각하게 됨으로써 부적응적인 행동으로부터 자신을 분리시킬 수 있게 된다.

(8) 즉시성

즉시성(immediacy)은 내담자로 하여금 현재 이 순간에 무엇이 일어나고 있는지를 자각하도록 하는 기법이다. 이를 통해서 내담자가 치료자와의 상호작용에 관심을 집중하게 되고, 치료시간에 치료자와의 상호작용에서 일어나는 일들이 내담자의 일상생활에서 일어나는 일들의 표본이라는 것을 깨닫도록 도울 수 있다. 예컨대, 치료자가 내담자의 자녀양육 방식과 다른 방식을 제시한다면, 내담자는 치료자가 자신을 좋아하지 않는다고 불평할 수 있다. 이 경우에 치료자는 내담자로 하여금 다른 사람들이 자신에게 동의하지 않을 때마다 그것이 자신을 싫어하는 증거라고 여겨왔음을 깨닫게 할 수 있다.

(9) 직면

직면(confrontation)은 내담자로 하여금 자신의 잘못된 목표와 신념을 회피하지 않고 정면으로 자각하도록 하는 것이다. 흔히 직면은 내담자가 제시하는 정보들 간의 불일치를 지적하는 것을 포함한다. 이러한 직면에는 구체적으로 네 가지 유형이 있다.

그 첫째는 주관적 견해에 대한 직면이다. 이는 내담자 자신만이 받아들일 수 있는 자기중심적인 부적응적 행동을 만들어내는 자기합리화나 사적인 논리에 직면시키는 것을 의미한다. 이 경우에는 그러한 행동을 한 당시 상황에 내담자의 주의를 집중시켜 내면적인 논리나 합리화를 탐색하여 지적한다. 둘째는 잘못된 신념과 태도에 대한 직면이다. 이것은 내담자의 사회적 적응을 방해하고 자기파멸적인 행동으로 인도하는 잘못된 신념과 태도를 자각시키고 그것의 부적절성을 직면시키는 것이다. 셋째는 사적 목표에 대한 직면이다. 이것은 내담자가 추구하는 목표가 부적절한 무의식적 동기에 의한 것이거나 자기파멸적인 결과를 초래할 위험이 있을 경우에 그러한 점을 직면시키는 것이다. 마지막 넷째는 파괴적인 행동에 대한 직면이다. 치료자는 내담자가 치료과정에서 수동 공격적인 방식으로 문제를 회피하거나 치료자에게 공격적인 행동을 나타낼 경우 이러한 행동이 자기파멸적인 결과를 초래하게 된다는 점을 직면시킬 수 있다.

직면은 내담자가 자신의 신념과 감정 그리고 행동을 변화시킬 수 있는 직접적인 계기를 제공할 수 있지만 내담자가 위협적으로 느낄 수 있으므로 신중하게 적용되어야 한다. 치료자는 치료단계에 따라 격려와 직면을 적절하게 구사하며 내담자가 자신의 부적절한 목표와 생활양식을 자각하고 그것을 변화시키도록 돕는 것이 중요하다.

(10) 과제 부여

과제 부여(task assignment)는 치료자가 내담자의 동의하에 문제해결을 위한 구체적인 행동과제를 정하고 내담자로 하여금 그러한 과제를 수행하게 하는 것이다. 구체적인 과제수행은 문제해결을 도울 뿐만 아니라 과제수행에 합의하고 과제를 계획하여 실행하는 과정을 통해서 내담자의 책임감과 과제수행 역량을 증진시킨다. 만약 내담자가 과제를 성공적으로 수행하지 못한 경우에는 치료시간에 함께 논의하며 과제를 수정한다. 과제가 성공적으로 수행된 경우에는 내담자가 원하는 방향으로 변화할 수 있는 장기적인 목표를 설정한다. 과제 부여는 오늘날 다양한 치료에서 일반적으로 사용하고 있지만, Adler에 의해서 처음 치료기법으로 적용되었다.

6. 아들러 심리치료의 실제

아들러 심리치료는 일반적으로 단기치료의 형태로 실시된다. 그러나 내담자가 제시하는 문제의 유형과 심각도에 따라 치료기간이 달라질 수 있다. 정신분석과 달리, Adler학파의 심리치료에서는 치료자와 내담자가 서로 얼굴을 바라보며 상호작용한다. 정신분석이 유행하던 당시에, Adler는 대면상태에서 심리치료를 시작한 최초의 인물로 알려져 있다.

Adler는 심리치료의 과정을 세 단계로 제시하였다. 그 첫째는 내담자를 이해하는 단계이고, 둘째는 내담자가 행동하는 방식을 설명하는 단계이며, 세 번째 단계는 내담자의 공동체 의식을 강화하는 단계로서 훈습에 해당하는 과정이라고 할 수 있다. Dreikurs(1967, 1997)는 여기에 관계형성이라는 단계를 추가하여 모두 네 단계로 치료과정을 제시하고 있다. 그의 설명에 따라 Adler학파의 치료과정을 소개하면 다음과 같다.

심리치료의 첫 단계는 관계형성(building a relationship)의 단계로서 치료자는 내담자와 친밀하면서도 동등한 관계를 형성하기 위해 노력한다. Adler학파의 심리치료에서 치료자는 내담자와 평등하고 협력적인 관계의 바탕 위에서 치료를 시행하게 된다. 첫 단계에서 형성된 견고한 치료적 관계는 치료효과를 결정하는 주요한 바탕이 된다. 이러한 관계형성을 위해서 치료 초기에 치료자는 내담자의 이야기를 공감적으로 경청하고 그의 주관적 경험을 따라가며 내담자가 추구하는 목표를 명료화시킨다.

두 번째는 탐색(investigation)의 단계로서 내담자의 목표와 생활양식을 이해하기 위해서 다양한 삶의 영역에 관한 정보를 수집한다. 내담자에 관한 객관적 정보뿐만 아니라 그에 대한 주관적인 인식을 탐색한다. 내담자의 성격형성에 주된 영향을 미친 가족 경험을 탐색하기 위해서 가족구성, 가족 분위기, 형제서열, 부모자녀관계, 가족의 가치 등에 관한 정보를 수집한다. 아울러 내담자의 초기 기억을 탐색한다. 초기 기억은 내담자의 주된 목표와 신념을 이해하는 중요한 단서가 될 수 있다. 치료자는 이러한 정보를 통합하여 내담자의 생활양식에 대한 전반적인 이해를 갖게 된다.

다음은 해석(interpretation)의 단계로서 내담자의 자기이해와 통찰을 촉진하는 과정으로 구성된다. 치료자는 앞 단계에서 수집된 자료에 근거하여 내담자의 무의식적인 동기와 목표 그리고 생활양식을 해석하며 내담자와 논의한다. 이러한 과정을 통해서 내담자는 자신에 대한 이해를 증진시켜 통찰을 얻을 수 있다. 통찰은 자기이해를 통해서 건설적인 행동의 변화를 유발하는 깨달음이다. 이러한 자기이해와 통찰은 자신이 알지 못했던 무의식적인 행동 동기와 목표를 자각하게 될 때만 가능하다.

마지막은 재교육 또는 방향 재설정(re-education or re-orientation)의 단계로서 앞 단계에서 얻은 통찰과 변화를 구체적인 행동으로 실행하도록 격려하는 과정을 뜻한다. Adler학파의 심리치료에서는 동기 변화와 함께 행동 변화를 가장 중요하게 여긴다. 치료자는 내담자로 하여금 인생의 목표를 수정하거나 재설정하도록 돕고 그러한 목표를 실현하기 위한 효과적인 행동계획을 수립하여 행동에 옮기도록 격려한다. 이 단계에서 내담자가 새로운 행동을 할 수 있도록 격려하는 것이 매우 중요하다. 마치 ~인 것처럼 행동하기 기법은 내담자가 스스로 설정한 한계를 넘어 새로운 도전에 임하도록 하는 데 도움이 된다. 긍정적인 행동의 변화를 이끌어내기 위해서 치료자는 스프에 침 뱉기, 단추 누르기, 과제 부여와 같은 다양한 치료기법을 적용하게 된다. 치료는 치료자와 내담자의 협동적 노력으로 이루어지며, 치료효과는 내담자의 참여와 협력을 이끌어내는 치료자의 능력에 의해서 결정된다.

7. 아들러 심리치료의 평가

Adler의 사상은 시대를 앞선 선구자적인 것이었다. 그의 이론과 개입방법은 현대의 여러 심리치료가 발전하는 데 커다란 영향을 미쳤다. 인지치료, 실존치료, 가족치료, 현실치료를 비롯한 후대의 여러 심리치료는 Adler의 사상으로부터 영향을 받았다. 그의 영향은 개인치료를 넘어서 지역사회 정신건강 운동으로까지 확장되었을 뿐만 아니라 교육, 자녀양육, 아동지도, 공동체 활동과 같은 다양한 분야로 확대되었다.

Adler가 사회적 관심 또는 공동체 의식을 정신건강의 중요한 요소로 강조한 점은 개인주의가 팽배한 현대사회에서 주목할 만하다. Adler는 심리치료 분야에서 다문화적 관점이 제시되기 훨씬 이전에 사회적 평등을 주장하고 사회적 참여를 강조하였다. 또한 일상생활 속에서 일어나는 문제들에 대한 일상적인 해결책을 제시하면서 일반인들을 위한 이론을 발전시켰다. Adler가 제시한 치료방법은 비교적 간단하여 단기간에 시행될 수 있으며 교육과 예방을 중시한다. 이러한 점은 Adler의 심리치료가 높은 수준의 통찰력과 많은 시간적·경제적 투자를 요구하는 Freud의 정신분석이나 Jung의 분석적 치료와 구별되는 강점이다.

한편, Adler의 개인심리학은 다른 정신역동이론과 마찬가지로, 실증적 근거가 부족하다는 점에서 비판받고 있다. Adler의 이론에 대한 경험적 연구는 대부분 실험 연구보다 사례 연구를 통해 시행되었다(Ferguson, 2001). Adler학파 심리치료의 효과를 검증하기 위해서 1970년대 이후에 실시된 일부 연구들도 극히 제한된 임상집단을 대상으로 시행되었거나 실험적 통제가 잘 이루어지지 않았다.

또한 Adler의 이론은 정신분석이론가들로부터 너무 피상적이라는 비판을 받고 있다. 반면에 인지행동치료자들로부터는 너무 역동적이며 내적인 동기를 지나치게 중시한다는 비판을 받았다(Ferguson, 2001). 그리고 그의 이론은 공동체 활동에 대한 참여와 책임감을 과도하게 강조하고 있다는 점에서도 비판의 대상이 되었다.

이러한 여러 가지 한계와 비판에도 불구하고 Adler의 영향은 현대사회의 다방면에서 이어지고 있다. 현대의 여러 심리치료뿐만 아니라 교육, 자녀양육, 결혼과 부부관계, 지역사회 심리학 등에서 그의 선구자적인 사상이 스며들어 있다. 특히 개인주의가 확산되고 외로움이 보편화되고 있는 현대인들에게 Adler는 다음과 같이 공동체

의식의 중요성을 강조하는 선견지명을 남겼다.

"대인관계나 공동체 생활에 부적응하는 것은 대부분 인간 이해의 부족에서 비롯된 심각한 결과이다. 늘 강조하는 중요한 문제점이지만, 사람들은 서로에게 무관심하고 건성으로 대화하며 함께 화합하지 못한다. 사회라는 커다란 체계 안에서뿐만 아니라 아주 작은 가정에서조차 서로 낯선 존재가 되었기 때문이다. 우리는 자식을 이해하지 못하겠다고 한탄하는 부모와 자신을 이해해주지 않는다고 불평하는 자녀들을 자주 본다. 인간 상호간의 이해는 공동체 생활의 기본 조건이다. 주변 사람들에 대한 우리의 태도는 서로를 얼마나 이해하느냐에 따라 달라질 수 있다. 서로에 대한 이해가 깊어질수록 공동체 생활을 저해하는 요소들은 사라지고 좀 더 나은 삶을 함께 영위할 수 있다. 그러나 오늘날 우리는 서로에 대해서 잘 모르기 때문에 겉모습에 현혹되고 쉽게 오해를 하게 된다. 이것이 우리의 공동체 생활을 저해하고 있다."

-『인간 이해』(Adler, 1927)의 서문 중에서-

1. Adler에 따르면, 열등감은 누구나 지니고 있는 보편적인 것이다. 과연 나는 어떤 열등감을 지니고 있을까? 이러한 열등감의 기원은 무엇일까? 이러한 열등감이 나의 삶에 어떤 영향을 미치고 있는가? 나는 열등감을 극복하기 위해서 어떤 노력을 기울이고 있는가?

2. 나의 형제서열은 현재의 내 성격특성에 어떤 영향을 미쳤을까? 어린 시절에 나는 가족 속에서 어떤 존재였는가? 부모와 형제자매를 포함한 가족 속에서 나의 역할은 무엇이었는가? 이러한 경험이 현재 나의 성격특성과 대인관계에 어떤 영향을 미치고 있는가?

3. Adler는 공동체 의식 또는 사회적 관심이 정신건강의 핵심적 요인이라고 주장한다. 이러한 주장에 동의하는가? 사회적 관심은 적지만 자신의 개인적 삶을 충실하게 영위하는 사람은 정신적으로 건강하지 못한 사람일까? 나의 사회적 관심은 어떤 수준인가? 지난 1주일의 삶을 돌아볼 때, 나는 다른 사람이나 내가 속한 공동체를 위해서 얼마나 깊은 관심을 지니고 기여하고 있는가?

4. 나의 가상적인 최종목표는 무엇인지 깊이 생각해본다. 나의 마음 깊은 곳에서 추구하는 소망과 목표는 무엇인가? 어린 시절에서 마음속으로 그려보던 나의 이상적인 모습은 무엇인가? 나의 현재 삶은 그러한 최종목표와 일치된 방향으로 가고 있는 것일까?

5. Adler가 말하는 생활양식(life style)은 나의 경우 어떤 측면을 말하는가? 나의 생활양식은 어떤 특성을 지니고 있으며 현재의 삶에 어떻게 나타나고 있는가? 과연 나의 생활양식은 내가 원하는 삶을 사는 데 효과적인 것인가?

더 읽을거리

♣ Adler, A. (1927). *Menschenkenntnis*. (라영균 역. 《인간 이해》. 서울: 일빛, 2009).

　☞ 이 책은 Adler의 가장 유명한 대표작으로서 개인심리학의 핵심적 내용을 접할 수
　　있다.

♣ Sweeney, T. J. (1998). *Adlerian counseling: A practitioner's approach*. (노안영
　외 역. 《아들러 상담이론과 실제》. 서울: 학지사, 2005).

　☞ Adler학파의 상담방식을 실제사례에 적용하는 구체적인 방법을 상세하게 서술하고
　　있다.

♣ 김필진 (2007). 아들러의 사회적 관심과 상담. 서울: 학지사.

　☞ 개인심리학의 주요한 이론적 내용과 더불어 Adler 학파의 상담과 심리치료를 다양
　　한 상담장면에 적용하는 방법을 소개하고 있다.

제 5 장

행동치료

제5장
행동치료

1. 행동치료의 개요

행동치료(behavior therapy)는 엄격한 과학정신에 근거한 행동주의 심리학의 이론 체계에 바탕을 두고 있는 심리치료이다. 행동치료는 인간의 부적응 문제를 추상적인 모호한 개념으로 설명하기보다 관찰과 측정이 가능한 외현적 행동에 초점을 맞춘 실증적인 연구결과에 근거한 과학적인 설명체계와 구체적인 치료기법을 제시하고 있다. 행동치료는 정신분석 치료를 비판하며 그 대안으로서 20세기 중반부터 급속히 발전하기 시작하여 정신분석 치료와 함께 심리치료의 양대 산맥을 이루었으며 인지행동 치료로 진화하여 현대 심리치료의 가장 주된 흐름을 형성하고 있다.

인간의 내면적인 심리적 과정은 매우 복잡하고 미묘하다. 행동주의 심리학자의 주장에 따르면, 심리학이 경험과학의 한 분야로 정립되기 위해서는 객관적인 관찰이 불가능한 내면적 현상보다 측정 가능한 외현적 행동에 초점을 맞추어야 한다. 인간의 심리적 장애 역시 다양한 부적응행동으로 표출될 뿐만 아니라 이러한 부적응행동의 집합체로 분석될 수 있다. 행동치료자들은 부적응행동이 어떤 환경적 요인에 의해서 학습되고 지속되며 강화되는지에 초점을 맞춘다. 이러한 이해의 바탕 위에서 부적응 행동을 제거하고 치료적 학습을 통해 새로운 적응적 행동으로 대체하는 것이 행동치료의 주된 목표이다.

행동치료에서는 부적응행동이 습득되고 유지되는 과정을 고전적 조건형성, 조작적 조건형성, 사회적 학습과 같은 학습이론에 근거하여 설명한다. 또한 부적응행동을 제거하고 적응행동을 습득시키기 위해서 행동조성, 역조건형성, 체계적 둔감법, 노출 및 홍수법, 사회적 기술훈련과 같은 다양한 구체적인 치료기법을 사용한다. 근래에는 사고나 심상과 같은 내현적 행동에 대한 개입방법을 통해서 치료범위를 확대하고 있다. 현재 행동치료는 독자적인 치료방법으로 활용되고 있을 뿐만 아니라 인지적 심리치료와 접목되어 인지행동치료로 진화되고 있다.

　　행동치료는 정신역동적 치료와 달리 내면적 경험보다 외현적 행동의 변화를 중시할 뿐만 아니라 과거 경험보다는 현재의 문제행동에 초점을 맞춘다. 또한 단기간의 치료를 선호하며, 문제행동에 초점을 맞춘 명확한 목표를 설정하고 체계적인 계획 속에 치료가 진행된다. 아울러 문제행동의 개선 정도를 지속적으로 측정하여 치료효과에 대한 확인과 검증 노력을 기울인다. 행동치료는 불안장애를 비롯한 여러 장애에 대한 탁월한 치료효과가 있는 것으로 검증되고 있다. 이에 반해 우울증을 위시한 일부 장애의 경우에는 뚜렷한 치료효과를 거두지 못했으나 최근에는 인지적 기법을 통합한 인지행동치료로 발전하여 치료대상과 범위가 확대되고 있다. 행동치료는 심리치료 분야에서 최초의 엄밀한 과학적인 접근으로서 효과적인 다양한 치료기법을 제시했다는 점에서 커다란 역사적 의미를 지니고 있다.

2. 행동치료의 발전과정과 주요인물

　　현대 심리학은 19세기 후반에 철학으로부터 독립하여 경험과학의 한 분야로 태동되었다. 이 시기에 심리학자들의 과제는 과거의 사변적 심리학을 지양하고 인간의 심리적 현상을 실증적 과학주의에 근거하여 엄밀한 과학으로 발전시키는 것이었다. 행동치료는 현대 심리학의 과학적 전통과 연구성과를 가장 잘 반영하고 있는 심리치료이다.

1) 행동치료의 발전과정

　　행동치료는 창시자 한 사람의 탁월한 역량에 의해 제창된 여러 정신역동적 치료와 달리 많은 사람들의 공동 노력에 의해 발전하였다. 1900년대 초기에 미국의 심리학자 John B. Watson은 인간의 내면적 과정에 대한 개념들을 거부하고 외현적 행동에 초점을 맞추어 개인의 행동이 어떤 환경적 조건에 의해 학습되는지를 연구하는 것이 심리학의 주된 과제가 되어야 한다고 주장했다. 이러한 주장은 행동주의(behaviorism)라는 심리학의 커다란 흐름을 낳게 되었다. E. L. Thorndike와 B. F. Skinner를 비롯한 많은 행동주의 심리학자들은 동물 대상의 연구를 통해 환경적 조건에 의해 새로운 행동이 형성되는 학습의 원리를 정교하게 발전시켰다. 그리고 노벨 생리학 수상자인 러시아의 Ivan Pavlov는 고전적 조건형성의 원리를 제시하였다. 이러한 학습심리학의 연구성과들은 심리적 문제의 치료에 응용되기 시작했다. 대표적인 예로, 1938년에 O. H. Mowrer와 W. M. Mowrer는 조건형성의 원리를 활용한 야뇨증 치료방법을 개발하여 성공적인 치료효과를 거두었다.

그러나 학습의 원리를 임상적 문제에 적용하려는 시도들은 많은 저항을 받았다. 동물연구에서 밝혀진 조건형성의 원리는 인간의 복잡한 문제를 치료하기에는 너무 단순하고 기계적이라는 비판 속에서 임상가들에 의해 잘 받아들여지지 않았다. 통제된 실험실 상황에서 동물을 대상으로 연구하는 실험심리학자들과 인간의 다양하고 복잡한 문제를 치료하는 임상심리학자들 간에는 커다란 입장 차이가 존재했다.

이후 1950년대에 접어들어서 행동치료는 비로소 본격적인 심리치료의 한 형태로 발전하게 되었다. 1953년에 Skinner는 『과학과 인간행동(*Science and Human Behavior*)』이라는 저서를 통해서 정신분석적 개념을 비판하고 행동주의 심리학의 관점에서 심리치료를 공식화하였다. 그는 동료들과 함께 조건형성의 원리를 임상적 문제에 적용한 결과를 발표하였으며 1968년에는 『응용 행동분석 학술지(*Journal of Applied Behavior Analysis*)』가 창간되었다.

행동치료 발전의 중요한 계기 중 하나는 1958년에 남아프리카 공화국의 Joseph Wolpe가 『상호억제에 의한 심리치료(*Psychotherapy by Reciprocal Inhibition*)』라는 저술을 통해 학습의 원리를 적용하여 성인의 신경증을 성공적으로 치료한 체계적 둔감법(systematic desensitization)을 제시한 것이다. 그는 조건형성의 원리를 이용하여 공포증을 치료하는 체계적인 치료기법을 소개했을 뿐만 아니라 단기간의 치료를 통해 거둔 성공적인 성과와 사례를 제시하였다.

1959년에 영국 런던대학의 임상심리학자였던 Hans J. Eysenck는 현대의 학습이론을 적용하여 인간의 행동과 정서 장애를 치료하려는 시도들을 행동치료라고 정의하였다. 그는 동료들과 함께 임상현장에서 행동치료를 시도하였으며 1963년에는 행동치료에 관한 연구를 발표하는 전문학술지인 『행동 연구와 치료(*Behavior Research and Therapy*)』를 창간하였다.

1960년대에는 행동치료의 이론적 기반과 치료기법이 확장되기 시작했다. 행동치료자들은 사회심리학, 발달심리학, 성격심리학과 같은 다양한 심리학 분야의 이론과 연구를 받아들여 치료방법을 다양화시켜 나갔다. 이러한 과정에서 대리적 학습과 자기조절 과정을 중시한 Albert Bandura의 사회학습 이론은 행동치료의 지평을 넓히는 데 기여하였다. 행동치료는 공포증, 강박장애, 아동·청소년장애, 중독문제와 같은 다양한 심리적 장애를 치료할 수 있는 치료방법을 개발하여 커다란 성과를 거두었다. 그 결과, 1900년대 중·후반기에 행동치료는 이론체계와 치료기법이 정교화되어 치료의 영역이 확장되면서 정신분석 치료와 더불어 심리치료의 양대 조류로 자리 잡게 되었다. 1970년대 이후에는 행동치료가 인지적 과정과 기법을 통합하여 인지행동치료로 진화하게 된다. 2000년대에 들어서 행동치료의 전통은 마음챙김이나 수용과 같은 새로운 관점을 받아들여 다양한 치료의 형태로 확장되고 있다.

Hayes(2004)는 행동치료의 발전과정을 크게 세 세대 또는 흐름(wave)으로 구분하고 있다. 그 첫 번째 세대는 1900년대 중반에 Skinner, Wolpe, Bandura 등에 의해서 개발된 전통적인 행동치료이다. 이 단계의 행동치료는 행동의 변화를 목표로 한다. 즉, 문제행동을 직접적으로 변화시키는 것이 목표였다. 예컨대, 여러 사람 앞에서 발표하기를 두려워하는 내담자의 경우, 치료의 일차적 목표는 학습의 원리를 적용하여 여러 사람 앞에서 발표를 할 수 있도록 변화시키는 것이다.

1970년대 이후에 나타난 두 번째 흐름의 행동치료는 문제행동을 유발하는 인지적 요인의 변화에 초점을 맞추는 치료로서 인지행동치료라고 불린다. 2세대의 행동치료는 문제행동을 유발하는 매개요인인 인지의 중요성을 인정하고 부적응적인 인지를 직접적으로 변화시키는 데 주력한다. 예컨대, 발표불안을 지닌 내담자의 경우, 발표와 관련된 비합리적 신념이나 부적응적 사고를 변화시킴으로써 발표불안을 완화시키는 것이다. Ellis의 합리적 정서행동치료나 Beck의 인지치료가 2세대 행동치료의 대표적인 예라고 할 수 있다.

행동치료의 세 번째 흐름은 2000년 이후에 마음챙김, 수용, 치료적 관계, 정서적 표현 등을 행동치료 방략에 유연하게 통합한 다양한 치료법들을 뜻한다. 이러한 3세대 행동치료로는 변증법적 행동치료(Dialectic Behavior Therapy), 수용전념치료(Acceptance Commitment Therapy), 마음챙김에 근거한 인지치료(Mindfulness-Based Cognitive Therapy) 등이 있다. 3세대 치료법들은 행동이나 인지의 내용보다 그 기능에 초점을 맞춘다. 즉, 특정한 행동이나 인지 내용의 변화에 초점을 맞추기보다 문제행동을 유발하는 심리적 맥락을 중시하고 상위인지적(meta-cognitive) 태도의 변화에 초점을 맞춘다. 예컨대, 발표불안을 지닌 내담자의 경우, 발표불안을 제거하려고 애쓰기보다 발표불안을 자연스러운 것으로 수용하고 비평가적으로 관찰하게 한다. 불안을 부적절한 것으로 생각하여 제거하려는 노력이 오히려 불안을 지속시키거나 증폭시키기 때문이다. 중요한 것은 불안해하지 않는 것이 아니라 자신이 가치 있게 여기는 활동을 효과적으로 행하는 것이다. 마음챙김과 수용은 특정한 경험에만 초점을 맞추는 것이 아니라 다양한 심리적 체험의 전반에 대한 상위인지적 태도를 갖추는 것이라고 할 수 있다.

이 장에서는 1세대의 전통적인 행동치료를 중심으로 소개할 것이다. 전통적인 행동치료는 다양한 형태로 진화하고 있지만 여전히 독자적인 치료법으로서 중요한 위치를 차지하고 있다. 행동치료의 원리와 기법을 이해하는 것은 인간의 문제행동을 정교하게 이해하고 효과적으로 치료하는 데 매우 중요하다.

2) 행동치료의 주요인물

(1) B. F. Skinner

버허스 스키너(Burrhus F. Skinner: 1904~1990)는 가장 저명한 행동주의 심리학자이며 사회의 의미 있는 변화를 위해서 심리학의 원리를 응용하려고 노력했던 대표적인 인물이다. 그는 1904년 펜실베이니아 주의 한 작은 도시에서 법률가인 아버지의 장남으로 태어났다. 비교적 안정된 가정환경에서 성장한 Skinner는 뉴욕의 해밀턴 칼리지에 진학하여 우수한 성적으로 졸업했으며 작가가 되기를 희망했다. 이를 위해 하버드 대학교에 진학하여 영문학을 전공했으며 졸업 후 1년 동안 소설을 쓰며 보냈으나 자신의 문학적 재능에 한계를 느끼고는 소설가의 꿈을 접었다. 그 후 Skinner는 심리학자인 John B. Watson이 쓴 『행동주의(Behaviorism)』라는 책을 읽고 감명을 받아 대학원에 진학하여 심리학을 전공하기로 결심하였다. 그는 1931년 하버드 대학교 심리학과에서 박사학위를 받고 다른 대학에 재직하다가 1958년부터 1974년에 퇴직할 때까지 하버드 대학교 심리학과 교수로 활약하였다. Skinner는 21권의 저서와 180여 편의 논문을 남긴 열정적인 사람으로서 많은 상을 수상하였으며 1990년에 폐렴으로 사망하였다.

Skinner는 어려서 물건을 만들고 기계를 조작하는 것을 좋아했는데 이러한 재능이 동물행동의 연구에서 발휘되었다. 그는 스키너 박스(Skinner's box)로 알려진 실험장치를 만들어 쥐나 비둘기의 행동을 체계적으로 관찰하며 연구하였다. 그의 연구결과는 '조작적 강화이론(operant reinforcement theory)'으로 알려져 있는데, 특정한 행동이 강화물을 제시하는 시간간격과 방법에 따라 어떻게 학습되고 소거되는지를 정교하게 밝히고 있다. 그는 이러한 조작적 조건형성의 원리를 이용하여 인간의 행동을 긍정적으로 변화시킬 뿐만 아니라 효과적인 교육과 사회적 변화에 활용하고자 노력하였다.

Skinner가 고안한 실험장치들

Skinner는 엄격한 행동주의 심리학자인 동시에 발명가, 저술가, 사회철학자의 면모를 나타냈다. 그는 스키너 박스를 비롯하여 유아에게 좋은 환경을 제공하는 양육장치, 학습내용을 제시하고 적절하게 강화하는 학습기계, 비둘기를 이용한 목표추적 미사일 등과 같은 창의적인 발명품과 아이디어를 제시하기도 했다.

그는 학술적인 논문과 저술뿐만 아니라 대중적인 저서를 발표하기도 했다. 특히 1948년에 발표한 『월든 투(*Walden Two*)』는 실험실에서 연구된 심리학의 이론과 원리를 활용하여 더 나은 사회를 건설하려는 Skinner의 꿈을 작품화한 소설이다. 이 책은 헨리 소로우(Henry Thoreau)가 월든 호숫가에서 체험한 초월적인 행복한 삶을 서술한 『월든』이라는 작품의 제목을 빌려 Skinner가 꿈꾸는 이상사회를 소설형식으로 그리고 있는 책이다. 이 책에는 조건형성의 원리를 활용함으로써 효율적인 자녀양육과 사회운영을 통해 구성원의 생산성과 행복을 높이고자 했던 Skinner의 꿈이 담겨져 있다. 이 책은 그가 젊은 시절에 지녔던 소설가로서의 꿈과 심리학자로서의 연구성과를 결합하여 궁극적으로 더 나은 세상을 건설하려는 사회철학자로서의 Skinner의 면모를 느낄 수 있는 작품이다. 1971년에 발표한 『자유와 존엄을 넘어서(*Beyond Freedom and Dignity*)』는 행동 공학을 통해서 더 나은 사회를 건설할 수 있다는 Skinner의 사회철학과 실현방법이 제시되고 있다.

(2) Joseph Wolpe

조셉 월피(Joseph Wolpe: 1915~1997)는 상호억제기법과 체계적 둔감법으로 알려진 치료법을 개발함으로써 행동치료의 획기적 발전에 기여한 인물이다. 그는 1915년 남아프리카 요하네스버그에서 경리사원이었던 아버지의 장남으로 출생하였다. 유태인인 Wolpe의 조부는 박해를 피해 리투아니아에서 남아프리카로 이주하였다. Wolpe는 어려서 내성적이고 수줍음이 많은 학생이었으나 책 읽기를 좋아했으며 부모와 교사로부터 지적 능력을 인정받으면서 자신감을 얻게 되었다. 학교성적이 우수했던 Wolpe는 영국식 6년제 의학교육을 시행하는 위트워터스랜드 대학에 진학했다. 대학에서 Wolpe는 정신의학보다 내과학이나 마취학에 관심을 지녔으나 프로이트의 정신분석학에도 깊은 관심을 지녔다.

　　제2차 세계대전 직전에 의학공부를 마친 Wolpe는 남아프리카 육군의 군의관으로 자원했다. Wolpe의 삶에서 가장 중요한 사건은 남아프리카 육군의 군의관으로 일하면서 전쟁 신경증(combat neurosis; 지금은 외상후 스트레스 장애에 해당함)에 시달리는 병사들을 치료해야 했던 일이다. 그 당시 전쟁 신경증을 치료하는 유일한 방법은 정신분석 치료에 따라 최면약물을 투여하고 충격적인 경험을 말하게 하는 것이었다. 그러나 이러한 방법은 효과가 없었다. 한때 프로이트의 열렬한 신봉자였던 Wolpe는 이 경험으로 인해 정신분석 치료에 회의를 느끼게 되었으며 더 효과적인 치료방법을 모색하게 되었다.

　　Wolpe는 군의관들의 토론모임에서 행동주의 심리학을 접하면서 엄격하고 체계적인 이론에 매력을 느꼈다. 특히 Clark Hull의 학습이론에 흥미를 느꼈다. 그는 1946년 군복무를 마치고 위트워터스랜드 대학의 정신과에서 의학박사과정을 밟으면서 조건형성을 통한 신경증 치료에 대한 논문을 썼다. 이후 그는 Edmund Jacobson의 점진적 이완법을 접하면서 긴장이완을 통해 불안이 극복될 수 있음을 알게 되었다. 불안장애 환자를 깊이 이완시켜 평온한 상태를 유지하게 하면서 조금씩 불안한 장면을 상상하게 하고 점진적으로 더 불안한 장면에 접하게 했다. 그는 이러한 방법을 통해서 다양한 신경증 장애의 90%를 성공적으로 치료할 수 있었으며 이 방법을 '체계적 둔감법'이라고 명명하게 되었다.

　　Wolpe가 40세가 된 1955년에는 개인진료소를 운영하며 모교에서 시간제 강사로 활동하였다. 이때 Wolpe는 심리학과에 재학하고 있던 Stanley Rachman과 Arnold Lazarus에게 영향을 미치게 되는데, 훗날 Rachman은 강박장애와 불안장애에 대한 저명한 연구자가 되었으며 Lazarus는 다중양식 심리치료를 제창하게 된다. Wolpe는 그의 명성이 널리 알려지면서 Eysenck의 초청으로 영국을 방문하였으며 스탠포드 대학의 초청으로 미국에 체류하면서 1958년에 그의 연구와 치료경험을 정리한 『상호억제에 의한 심리치료(*Psychotherapy by Reciprocal Inhibition*)』를 출간했다. Wolpe는 1960년에는 버지니아 대학의 교수직을 제안 받으면서 미국으로 이주하였으며 1965년에는 템플 대학교의 정신의학 연구소로 이직하여 활동하였다. 그는 정신분석을 신봉하는 동료들로부터 많은 견제를 받았으나 20년 동안 수백 명의 전문가들에게 그의 행동치료적 기법을 교육하였으며 연구에 기여하였다. 또한 그는 동료들과 함께 〈행동치료의 발전을 위한 학회(Association for the Advancement of the Behavior Therapy: AABT)〉를 창설하였으며 『행동치료와 실험정신의학 학술지(*Journal of Behavior Therapy and Experimental Psychiatry*)』를 발간하였다. 이러한 공로로 Wolpe는 1980년에 미국심리학회로부터 '심리학 응용에 공헌한 우수과학자상' 을 수상하였다.

　　Wolpe는 인간 본성에 대한 유물론적이고 결정론적인 철학에 충실했으며 행동치료를 정신역동적 치료나 인지적 치료와 통합하려는 노력에 대해서 비판적인 입장을 견지한 엄격한 행동치료자였다. Wolpe는 말년에도 행동치료에 대한 저술과 강연으로 왕성한 활동을 하였으며 1997년에 폐암으로 사망하였다.

(3) Albert Bandura

　　앨버트 밴듀라(Albert Bandura: 1925~2021)는 행동주의와 인지심리학의 접목을 위한 가교역할을 함으로써 행동치료가 이론적 기반을 확대하여 인지행동치료로 발전하는 데 기여한 인물이다. Bandura는 1925년에 캐나다 앨버타의 작은 마을에서 우크라이나와 폴란드 이민자의 막내이자 유일한 아들로 태어났다. 브리티시 컬럼비아 대학에 진학한 Bandura는 특별한 목표 없이 빈둥거리는 학생이었으나 무료한 시간을 보내기 위해 수강한 심리학 과목에 매료되어 심리학자의 길을 걷게 되었다. 이후 아이오와 대학교의 심리학과 대학원에 진학하여 1952년에 임상심리학 전공

으로 박사학위를 받았다. William James의 영향을 받은 Bandura는 박사과정에서 심상이나 정신표상과 같은 심리적 과정에 깊은 관심을 가졌으며 행위자와 환경이 서로 영향을 주고받는다는 상호적 결정론(reciprocal determinism)에 심취하였다. 이러한 관

심사를 통해서 그는 그 당시 지배적이었던 행동주의와 상당한 거리를 두고 독자적인 연구를 진행하였다. 박사학위를 받은 후, 그는 임상현장에서 인턴십을 이수하고 난 다음 해인 1953년에 스탠퍼드 대학교의 심리학과 교수로 임용된 이후로 많은 연구를 수행했다. Bandura는 논문발표에 연연하기보다 인간 행동에 대한 강한 호기심과 의문점을 지니고 자유롭게 연구하며 동료들과 협동하는 학문적 활동을 좋아했다.

Bandura의 연구업적은 매우 다양하지만 크게 세 가지로 요약할 수 있다. 그 첫째는 다른 사람의 행동을 관찰하고 모방함으로써 학습이 이루어질 수 있음을 실험적으로 입증함으로써 고전적 조건형성과 조작적 조건형성뿐만 아니라 모방을 통한 사회적 학습이 중요함을 보여주었다. 그는 유명한 보보인형 실험(Bobo doll experiment)을 통해서 공격적인 행동을 나타내는 성인의 모습을 관찰한 3~6세 아동들이 자신의 인형에게 공격적인 행동을 나타냄을 보여주었다. 이러한 학습과정을 모델링(modeling)이라고 명명하였으며 긍정적 행동과 부정적 행동이 모두 모델링에 의해 학습될 수 있다고 주장했다. 1973년에는 이러한 연구결과를 담은 『공격성: 사회학습분석(Aggression: A Social Learning Analysis)』을 발표하였으며 1977년에는 『사회학습이론(Social Learning Theory)』을 발표하였다. 이처럼 Bandura는 모델링에 의한 사회적 학습이 문제행동을 이해하고 치료하는 데 도움이 될 수 있다는 새로운 이론적 기반을 제공함으로써 행동치료가 발전하는 데 기여하였다.

둘째, Bandura는 1980년대에 들어서 연구관심을 좀 더 거시적인 영역으로 확대하면서 사회학습이론을 사회인지이론(social cognitive theory)으로 발전시켰다. 그는 환경요인이 인간 행동에 일방향적인 영향을 미친다는 행동주의에 반대하며 환경과 행동의 상호성을 강조하였다. 그는 인간 행동, 환경요인 그리고 개인요인(인지적·정서적·생물학적 요인)이 서로 영향을 주고받는다는 삼요인 상호성(triadic reciprocality)을 주장하였다. 또한 1986년에 발표한 『사고와 행동의 사회적 기반: 사회인지이론(Social Foundations of Thought and Action: A Social Cognitive Theory)』을 통해서 인간은 환경에 반응하기만 하는 존재도 아니고 내면적인 충동에 휘둘리기만 하는 존재도 아니며 자신의 경험을 구조화하고 스스로 조절하며 반성할 뿐만 아니라 미래를 예상하며 대응하는 전향적 존재임을 주장했다. 이러한 주장은 행동주의와 정신분석의 인간관을 모두 비판하면서 인간 행동을 이해함에 있어서 자기와 관련된 인지적 요인(예: 자기효능감)이 중요함을 강조한 것이라고 할 수 있다.

Bandura의 세 번째 공헌은 자기효능감(self-efficacy)에 대한 것이다. 그는 모델링을 통해서 뱀 공포증이 치료될 수 있음을 실험적으로 입증하였다. 그는 이러한 모델링의 치료효과는 자기효능성에 대한 믿음(뱀 공포를 이겨낼 수 있다는 자기 능력에 대한 믿음)에 의해 매개된 것이라고 주장했다. 즉, 자기와 관련된 사고가 인간의 다양한 심리적 기능에 중요함을 강조한 것이다. 실험적 연구결과에 근거한 Bandura의 주장은 행동치료자들이 인지적 요인의 중요성을 인식하고 치료이론과 치료기법을 확장하는 데 기여하였다. Bandura는 1997년에 발표한 『자기효능감(*Self-efficacy: The Excercise of Self-control*)』에서 자기효능감 이론이 인간발달, 심리치료, 교육 및 건강증진, 사회정치적 변화, 국제적 활동과 같은 다양한 분야에 활용될 수 있음을 제시하였다.

2002년에 이루어진 조사에 따르면, Bandura는 B. F. Skinner, Sigmund Freud, Jean Piaget에 이어 네 번째로 가장 자주 인용되는 심리학자로 나타났다. Bandura는 미국심리학회로부터 받은 '심리학의 평생 우수공헌상(Award of Outstanding Lifetime Contribution to Psychology)'을 비롯하여 여러 대학교와 학술단체로부터 많은 상을 받았으며 2021년에 95세로 사망했다.

3. 주요개념과 성격이론

심리치료는 예술인가 과학인가? 심리치료는 삶에 대한 인문학적인 이해 위에서 펼쳐지는 오묘하고 깊이 있는 예술적 작업이어야 하는가 아니면 인간에 대한 자연과학적 이해 위해서 진행되는 체계적이고 정밀한 과학적 작업이어야 하는가? 이러한 물음에 대한 견해에 따라 심리치료자의 이론적 입장이 달라질 수 있다.

인간의 정신세계는 매우 복잡하고 미묘하며 다층적이어서 명료하게 설명하기가 어렵다. 심리치료자는 부적응 문제의 치료를 위해서 찾아온 내담자를 도와야 한다. 이때 치료자가 당면하는 기본적 과제는 내담자의 부적응 문제를 이해하는 것이다. 부적응 문제를 생성하고 지속시키는 심리적 요인과 과정을 이해할 수 있어야 치료의 실마리를 찾을 수 있기 때문이다. 그렇다면 내담자의 문제를 어떤 관점에서 이해할 것인가?

정신장애를 이해하고 치료하는 입장들은 크게 두 가지 유형으로 구분될 수 있다. 그 하나는 다소 주관적이고 추상적이더라도 내담자의 부적응 문제를 그의 인생과 정신세계 전체의 맥락 속에서 폭넓게 이해하고 개입하려는 입장이다. 다른 하나는 다소 설명범위가 좁더라도 내담자의 부적응 문제에 초점을 맞추어 객관적이고 정밀하게 이해하고 치료하려는 입장이다.

일반적으로 정신역동 치료자들이 전자의 입장을 취하는 반면, 행동치료자들은 후자의 입장을 취하고 있다. 정신역동 치료자들은 내담자의 과거 경험을 포함한 인생 전체뿐만 아니라 무의식의 정신세계를 고려하여 내담자 문제를 이해하고 치료하고자 한다. 따라서 이들의 설명개념은 추상적이고 모호할 뿐만 아니라 치료과정도 비체계적이고 장기적이며 치료자의 주관성과 개성이 개입되는 예술적 요소를 지니게 된다.

반면에 행동치료자들은 심리치료가 실증적인 연구결과에 근거한 과학적 토대 위에서 시행되어야 한다는 신념을 지니고 있다. 이들은 비록 설명범위가 좁더라도 내담자의 부적응 문제를 객관적이고 명료한 개념으로 이해할 뿐만 아니라 치료과정도 치료효과가 입증된 구체적인 기법을 통해 체계적이고 치밀하게 진행되는 과학적 작업이 되어야 한다고 믿는다. 비유하자면, 행동치료자들은 엉성한 골조물로 구성된 커다란 집을 짓기보다는 견고한 벽돌을 하나씩 차근차근 쌓아가는 집짓기를 선호하는 사람들이라고 할 수 있다. 이런 점에서 행동치료는 탁월한 창시자 한 사람의 경험과 사유에 근거하기보다 많은 연구자와 치료자의 노력에 의한 집단지성의 산물이라고 할 수 있다.

1) 행동치료의 기본가정

행동치료는 행동주의 심리학의 학문적 성과에 근거하고 있는 심리치료이다. 행동주의는 심리학을 자연과학과 같이 엄밀한 과학으로 발전시켜야 한다는 신념에 근거하고 있다. 따라서 심리학은 정신분석 이론과 같이 개인 내부에서 일어나는 모호한 현상에 대한 연구를 지양하고 객관적으로 관찰되고 측정할 수 있는 행동만을 연구해야 한다고 주장한다. 행동주의에 따르면, 인간의 모든 행동은 환경과의 상호작용 속에서 학습된 것이다. 이러한 행동주의 심리학에 바탕을 두고 있는 행동치료는 인간행동과 심리치료에 대한 몇 가지 가정에 근거하고 있다.

첫째, 개인의 특성은 관찰될 수 있는 구체적인 행동으로 분석되어 이해될 수 있다. 얼핏 보면 복잡해 보이는 인간의 삶도 상황마다 다양하게 나타나는 행동으로 구성된다. 개인의 성격은 내면적 특성에 의해 규정되기보다 개인이 다양한 상황에서 반복적으로 나타내는 독특한 행동패턴으로 이해될 수 있다. 내담자의 부적응 문제도 관찰 가능한 문제행동의 집합체로 분석되어 이해될 수 있다.

둘째, 인간이 나타내는 대부분의 행동은 후천적으로 학습된 것이다. 인간은 '빈 서판'과 같은 존재로서 잠재적인 가능성을 지니고 태어날 뿐 선천적으로 결정된 행동패턴은 거의 없다. 대부분의 행동패턴은 환경과의 상호작용 속에서 후천적 경험을 통해 학습된 것이다. 부적응적인 문제행동 역시 잘못된 후천적 학습에 의해 습득된 것이다.

셋째, 행동치료의 주된 목표는 부적응적인 문제행동을 제거하거나 긍정적인 행동을 학습함으로써 내담자의 적응을 돕는 것이다. 행동치료는 내담자의 과거경험이나 무의식과 같은 내면적 요소의 변화보다 현재의 행동을 변화시키는 데 초점을 맞춘다. 행동치료자에 따르면, 내담자를 고통스럽게 하고 부적응으로 몰아가는 문제행동을 제거하여 재발하지 않게 할 뿐만 아니라 현실적인 문제상황에 효과적으로 대처할 수 있는 긍정적인 행동을 습득시켜 내담자의 적응을 개선할 수 있다면, 충분히 성공적인 치료라고 할 수 있다. 즉, 무의식적인 역동의 분석과 통찰 없이도 내담자의 문제행동이 효과적으로 개선될 수 있다.

마지막으로, 심리치료는 과학적 원리와 방법에 의해서 시행되어야 한다. 심리치료는 치료자의 개인적인 견해와 경험에 근거하기보다 과학적으로 밝혀진 원리에 의해서 내담자 문제를 이해하고 실증적으로 효과가 입증된 치료기법에 의해 시행되어야 한다. 심리치료가 미신적이거나 신비주의적인 다양한 시술행위와 구별되는 점은 과학적 원리와 방법에 근거한다는 점이다.

2) 기본개념과 학습원리

행동주의적 심리학자들은 유기체가 새로운 행동을 학습하게 되는 원리와 과정에 깊은 관심을 가졌으며 수많은 실험적 연구를 통해서 다양한 학습원리를 제시했다. 여기에서는 새로운 행동이 학습되는 주요한 원리인 고전적 조건형성, 조작적 조건형성, 모방학습 과정을 살펴보기로 한다.

(1) 고전적 조건형성

러시아의 유명한 생리학자였던 Ivan Pavlov는 개의 타액분비에 관한 실험을 하는 과정에서 특이한 현상을 발견했다. 개는 먹이를 보고 침을 흘리는 것이 보통인데, 먹이가 보이지 않는 상황에서도 개가 침을 흘리는 일이 종종 발견되었던 것이다. 이를 신기하게 여긴 Pavlov가 그 이유를 조사해본 결과, 정오를 알리는 성당의 종소리가 울린 후에 개에게 정기적으로 먹이를 주곤 했는데 개는 종소리만 듣고도 침을 흘리는 것이었다.

Pavlov는 [그림 5-1]과 같은 실험장치를 통해 개가 종소리에 침을 흘리게 된 과정을 확인하였다. 이러한 개에게 고기를 주면서 종소리를 함께 들려주는 일을 여러번 반복한 결과, 개는 종소리를 듣고 침을 흘리는 반응을 습득하였다. 개가 종소리에

[그림 5-1] Pavlov가 고전적 조건형성을 연구하면서 사용한 실험장치

침을 흘리는 행동을 학습하게 된 과정은 다음과 같이 설명될 수 있다. 개는 고기를 주면 무조건 침을 흘린다. 이 경우에 고기처럼 무조건 침을 흘리게 하는 자극을 무조건 자극(unconditioned stimulus)이라고 하고, 이러한 자극에 대해서 자동적으로 유발되는 반응을 무조건 반응(unconditioned response)이라고 한다. 처음에는 침을 흘리게 하지 못했지만 고기와 함께 짝지어 제시됨으로써 개로 하여금 침 흘리는 반응이 나타나게 한 자극(종소리)을 조건 자극(conditioned stimulus)이라고 하며, 이러한 조건 자극에 의해 유발된 반응을 조건 반응(conditioned response)이라고 한다. [그림 5-2]에서

조건형성 전　: 고기(무조건 자극) ────▶ 침흘림(무조건 반응)
　　　　　　　　종소리 ────▶ 침을 흘리지 않음

조건형성 시행 : 고기(무조건 자극) ┐
　　　　　　　　종소리(조건 자극) ┘────▶ 침을 흘림

조건형성 후　: 종소리(조건 자극) ────▶ 침을 흘림(조건 반응)

[그림 5-2] 고전적 조건형성이 일어나는 과정

볼 수 있듯이, 고전적 조건형성은 무조건 자극과 조건 자극을 짝지어 반복적으로 제시하면 조건 자극만으로도 조건 반응이 유발될 수 있음을 뜻한다. 이러한 학습과정을 고전적 조건형성(classical conditioning)이라고 한다.

그런데 종소리에 침을 흘리도록 학습된 개에게 종소리와 유사한 벨소리를 들려주어도 침을 흘린다. 이처럼 조건자극과 유사한 여러 가지 자극에 대해서도 침을 흘리는 조건반응이 나타나는 현상을 자극 일반화(stimulus generalization)라고 한다. 반면에 손뼉 치는 소리를 들려주는 경우에는 개가 침을 흘리지 않는다. 이처럼 조건자극과 현저하게 다른 자극에는 조건반응을 나타내지 않는 현상을 자극 변별(stimulus discrimination)이라고 한다. 그런데 종소리와 손뼉 치는 소리를 짝지어 반복적으로 제시하면 개는 손뼉 치는 소리에도 침을 흘리게 된다. 이러한 경우를 2차적 조건형성(secondary conditioning)이라고 하는데, 이처럼 새로운 자극들에 대하여 침을 흘리는 반응이 학습되는 과정을 고차적 조건형성(higher order conditioning)이라고 한다. 행동주의 심리학자들은 여러 실험을 통해 고전적 조건형성의 원리에 의해서 다양한 행동과 정서반응이 학습될 수 있음을 보여주었다.

Pavlov는 자극변별에 관한 실험을 하는 과정에서 개가 이상행동을 나타내는 것을 발견하게 되었다. 개에게 원과 타원을 구분하게 하는 조건형성 실험에서 타원의 모양을 점점 원에 가깝도록 변화시키면서 이 둘을 변별하도록 하였다. 타원이 거의 원과 비슷해져서 이 둘을 구분하기 어렵게 되었을 때, 개는 이상행동을 보이기 시작했다. 순종적이던 개가 안절부절못하고 공격적이며 똥오줌을 가리지 못하는 행동을 보였다. 이런 개를 장시간 휴식하게 하여 안정시킨 후에 다시 실험실로 데리고 오면 실험을 하지 않는데도 다시 이상행동을 나타냈다. Pavlov는 이런 개의 이상행동을 '동물 신경증(animal neurosis)'이라고 명명하였다.

Watson은 사고나 심상과 같은 내면적 과정에 의지하지 않고 직접 관찰 가능한 자극과 반응의 관계로 행동을 객관적으로 설명하는 Pavlov의 접근법을 높이 평가했다. 그는 고전적 조건형성을 이용하여 인간의 정서반응도 조건화될 수 있다는 사실을 입증하고자 했다. Watson과 Raynor는 1920년에 유명한 Little Albert의 실험을 통해서 공포반응이 고전적 조건형성으로 학습될 수 있다는 사실을 보여주었다. 그들은 생후 11개월 된 앨버트('little Albert'로 불림)라는 어린 아이에게 하얀 쥐인형에 대한 공포반응을 학습시켰다. Albert는 원래 하얀 쥐인형에 대한 두려움을 지니고 있지 않았다. 그러한 Albert가 하얀 쥐인형에게 다가갈 때마다 커다란 쇳소리를 내어 그를 깜짝 놀라게 했다. 이렇게 5번의 시행을 한 결과, Albert는 하얀 쥐인형을 보기만 해도 놀라는 공포반응을 나타냈으며 쇳소리가 들리지 않아도 마찬가지였다. 즉, 공포반응

(무조건 반응)을 유발하는 쇳소리(무조건 자극)를 하얀 쥐인형(조건 자극)과 짝지어 제시함으로써 Albert는 쥐에 대한 공포반응(조건반응)을 학습하게 된 것이다. 이러한 결과는 공포증을 비롯한 여러 정서장애가 고전적 조건형성에 의해서 형성될 수 있음을 보여준다.

고전적 조건형성의 원리는 공포반응을 제거하는 데에도 적용되었다. 1924년에 Jones는 토끼를 두려워하는 Peter라는 소년의 공포반응을 제거하는 과정을 발표하였다. Peter가 초콜릿을 먹으며 즐거운 활동을 하고 있을 때 점진적으로 토끼를 Peter 가까이에 접근시키게 함으로써 Peter가 토끼와 함께 놀 수 있는 상태로까지 변화시켰다. 즉, 편안하고 즐거운 기분(무조건 반응)을 유발하는 초콜릿(무조건 자극)을 토끼(조건 자극)와 짝지어 제시함으로써 토끼에 대해 두려움을 느끼지 않는 편안한 기분(조건반응)이 학습된 것이다.

Mowrer와 Mowrer(1938)는 고전적 조건형성을 아동의 야뇨증 치료에 적용하였다. 정상적인 아동들은 방광에 소변이 차면 방광이 팽창하는 불쾌한 자극 때문에 깨어나서 소변을 보게 된다. 그러나 야뇨증을 지닌 아동은 방광 팽창의 자극에도 깨어나지 못하기 때문에 잠자리에서 소변을 흘리게 되는 것이라고 가정하고 이를 치료하는 방법을 고안했다. 그들은 방광이 팽창되어 소변이 조금이라도 흐르면 큰 소리를 울려 알려주는 소변경보기(urine alarm system)를 개발했다. 그리고 야뇨증을 지닌 아동에게 소변경보기를 팬티에 착용하고 잠을 자게 하여 만약 오줌을 지리게 되면 소변경보를 통해서 아동이 잠에서 깨어나게 했다. 이러한 과정을 2~5주 실시한 결과, 아동은 방광이 팽창되어 긴장감을 느끼면 소변이 나오기 전에 잠에서 깨어나 소변을 볼 수 있었다. 이 방법은 현재에도 야뇨증의 치료에 사용되고 있다. 이러한 선구적 연구들은 나중에 Wolpe의 체계적 둔감법과 Bandura의 참여적 모방학습에 도입되어 다양한 행동치료기법으로 발전되었다.

(2) 조작적 조건형성

새로운 행동이 학습되는 또 다른 중요한 원리는 조작적 조건형성이다. 조작적 조건형성의 효시는 1911년에 Thorndike가 발표한 고양이 실험이다. 그는 누름판을 누르면 문이 열리는 장치가 되어 있는 실험상자 안에 배고픈 고양이를 집어넣고 실험상자 밖에 음식을 놓아두었다. 고양이는 이러한 문제상황에서 음식을 먹기 위해 상자 밖으로 나가려고 여러 가지 행동을 하다가 우연히 누름판을 누르자 문이 열리고 음식을 먹을 수 있었다. 이 고양이를 다시 실험상자 안에 집어넣자 곧 누름판을 눌러 상자 밖으로 나와 음식을 먹었다. 고양이는 누름판을 누르면 상자의 문이 열린다는 사실을 학습한 것이다. 이러한 관찰에 근거하여, Thorndike는 보상이 주어지는 행동은 학습되고 처벌이 주어지는 행동은 회피된다는 효과의 법칙(law of effect)을 주장하였다. 그러나 그는 보상획득을 위해 문제해결을 하는 동물의 지적 능력이라는 관점에서 이러한 결과를 해석하였다.

　　Thorndike의 발견을 더욱 발전시켜 조작적 조건형성의 원리를 체계화한 사람이 Skinner이다. Skinner는 [그림 5-3]과 같이 지렛대를 누르면 고체 먹이가 한 조각씩 나오도록 만들어진 실험상자 안에 배고픈 쥐를 집어넣고 쥐의 행동을 관찰하였다. 쥐는 상자 안을 배회하다가 우연히 지렛대를 누르자 먹이 한 조각이 나왔고 이를 먹었다. 그러나 여전히 배고픈 쥐는 또다시 한동안 배회하다가 지렛대를 누르게 되었고 먹이를 먹을 수 있었다. 이런 일이 반복되면서 쥐는 지렛대를 누르면 먹이가 나온다는 것을 학습하게 되었고, 배가 고프면 지렛대를 누르는 행동을 나타냈다.

　　이처럼 행동은 그 결과에 따라 증가 또는 감소되는데, 보상이 뒤따르는 행동은 증가하고 처벌이 주어지는 행동은 감소된다는 것이 조작적 조건형성(operant conditioning)의 원리이다. 어떤 행동을 습득하게 하고 그 빈도를 증가시키는 과정을 강화(reinforcement)라고 하는데, 강화에는 정적 강화와 부적 강화가 있다. 정적 강화(positive reinforcement)는 학습자가 좋아하는 보상을 제공하는 방법으로서 지렛대 누

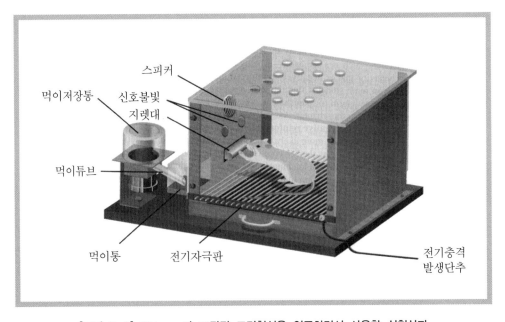

[그림 5-3] Skinner가 조작적 조건형성을 연구하면서 사용한 실험상자

르는 행동의 결과로 쥐가 좋아하는 먹이를 주는 것이 이에 해당된다. 이와 달리 부적
강화(negative reinforcement)는 어떤 행동을 하면 고통을 회피할 수 있도록 강화해주
는 방식이다. 예컨대, 시끄러운 소음이 들리는 상자 안의 쥐가 고통스러워하다가 우
연히 지렛대를 누르자 소음이 멈추었다. 이런 장치가 되어 있는 상자에서 쥐는 소음
이 들리면 지렛대를 누르는 행동을 학습하게 된다. 이 경우에 소음을 부적 강화물이
라고 하는데, 이는 소음이 없어지는 것이 강화의 역할을 하기 때문이다. 강화와는 반
대로, 어떤 행동을 제거하거나 빈도를 감소시킬 경우에는 처벌(punishment)이 사용된
다. 특히 바람직하지 않은 행동을 하지 못하게 할 때는 벌이나 고통을 줌으로써 그러
한 행동을 억제시킬 수 있다.

　　이 밖에도 Skinner는 다양한 동물실험을 통해서 학습과정에 관여되는 여러 가지
원리를 제시하였다. 예컨대, 지렛대를 눌러도 먹이가 나오지 않게 하면, 쥐가 처음에
는 지렛대 누르는 행동을 반복하지만 곧 그러한 행동이 사라지게 되는데 이를 소거
(extinction)라고 한다. 또 실험상자 안의 전구에 빨간 불이 들어올 때만 먹이가 나오
게 하면, 쥐는 불이 들어온 상태에서 지렛대 누르는 행동을 하고 불이 꺼지면 지렛대
를 누르지 않았다. 즉, 쥐는 전구의 불빛이라는 변별자극(discriminative stimulus)을 학
습하여 지렛대 누르는 행동을 해야 할 때와 그렇지 않을 때를 구분하게 된다. 일련의
복잡한 행동을 학습시키기 위해, 목표행동에 근접하는 행동을 보일 때마다 강화를 하
여 점진적으로 목표행동을 학습시키는 방법을 행동조성법(behavior shaping)이라고 한
다. 동물조련사들이 동물에게 복잡한 묘기 행동을 학습시킬 때 이러한 행동조성법이
사용된다. 인간이 나타내는 행동 중에는 이러한 조작적 조건형성을 통해서 학습된 것
이 많다. 아동이 나타내는 많은 행동은 부모, 교사, 친구의 관심, 애정, 칭찬, 성적,
음식, 용돈 등이 강화물로 작용하여 학습된 것이다. 또한 부모나 교사의 처벌을 통해
문제행동이 제거되기도 하고 이러한 처벌을 피하기 위해 새로운 행동을 나타내기도
한다. 이처럼 이상행동도 조작적 조건형성에 의해서 생겨난 경우가 많다. 예컨대, 아
동이 우연히 나타낸 공격적 행동에 대해서 친구들이 관심을 나타내고 더 이상 귀찮게
굴지 않으며 오히려 친구들로부터 인기를 얻게 되는 보상이 주어지면, 이러한 공격적
행동은 더욱 강화되어 폭력적인 문제행동으로 발전될 수 있다.

　　조작적 조건형성은 고전적 조건형성과 결합되어 특정한 행동의 유지과정에 영향
을 미치는 경우도 있다. Mowrer(1939, 1950)는 회피학습의 2요인 이론(two-factor
theory)을 제안하면서, 공포반응의 형성은 고전적 조건형성에 의해서 일어나는 반면,
공포반응의 유지는 조작적 조건형성에 의한 것이라고 주장했다. 이러한 2요인 이론을
앞에서 소개한 Albert 사례에 적용하여 설명하면, Albert는 고전적 조건형성에 의해

공포반응이 형성된 후에는 계속 하얀 쥐인형을 무서워하며 피하게 된다. 이렇게 하얀 쥐인형에 대한 공포반응이 지속되는 이유는 Albert가 계속 쥐를 피함으로써 공포를 느끼지 않게 되는 것이 공포반응에 대한 부적 강화로 작용하기 때문이다. 즉, 하얀 쥐인형을 계속 회피함으로써 쥐가 더 이상 두려운 대상이 아니라는 사실을 학습할 기회를 갖지 못하기 때문이다. [그림 5-4]에 제시되어 있듯이, 공포반응이 형성되는 과정은 고전적 조건형성에 의해 설명될 수 있는 반면, 공포반응이 소거되지 않고 지속되는 과정은 조작적 조건형성에 의해서 설명될 수 있다.

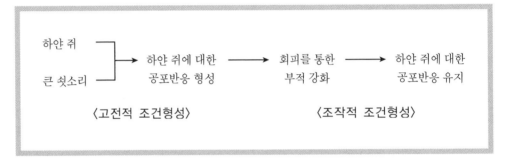

[그림 5-4] 공포반응이 형성되고 유지되는 학습과정

(3) 사회적 학습이론

인간이 새로운 행동을 습득하게 되는 세 번째 방법은 모방 및 관찰 학습이다. 주로 동물실험을 통해 밝혀지게 된 고전적 조건형성과 조작적 조건형성은 인간의 행동을 설명하는 데에 많은 기여를 하였지만, 사회적 상황에서 나타나는 다양하고 복잡한 행동의 습득과정을 설명하는 데에는 한계가 있다. 인간은 고전적 조건형성과 조작적 조건형성의 방법 외에도 다른 사람의 행동을 관찰하고 모방함으로써 새로운 행동을 학습하는 경우가 흔하다. 다른 사람이 행동하는 것을 관찰하는 것이 이타행동, 공격행동, 공포반응과 같은 다양한 행동을 학습하게 할 수 있다는 것은 실험적으로 입증되었다. 이렇게 사회적 상황에서 다른 사람의 행동에 대한 관찰과 모방을 통해 새로운 행동을 학습하는 것을 사회적 학습(social learning)이라고 한다.

사회적 학습과정을 이론적으로 체계화한 대표적인 학자는 Bandura이다. 그에 따르면, 사회적 학습은 크게 세 가지 유형으로 나누어질 수 있다. 그 첫째는 다른 사람의 행동을 그대로 따라하는 모방학습(modeling)이다. 흔히 아이들은 어른이 하는 행동을 흉내 내어 따라함으로써 어른의 행동을 배우게 된다. 이러한 모방학습은 가장 단순한 형태의 사회적 학습으로서 인지적 요인의 개입 없이 자동적으로 이루어지는 경향이 있다. 난폭한 말과 폭력적 행동을 하는 또래친구를 모방하여 같은 행동을 하는 아동이나 수술을 앞두고 불안해하던 환자가 똑같은 수술을 태연하게 받는 다른 환자의 비디오 장면을 본 후 편안하게 수술을 받는 경우가 이에 해당된다.

두 번째 유형은 대리학습(vicarious learning)으로서 다른 사람들이 새로운 행동을 시도할 때 어떤 결과가 나타나는지를 관찰함으로써 자신이 그러한 행동을 했을 경우에 초래될 결과를 예상하는 학습방법이다. 어떤 행동이 보상적 결과를 초래하는 것을 보게 되면 그 행동의 빈도가 증가하는 반면, 처벌되는 것을 관찰하게 되면 행동의 빈도가 감소한다. 이타적 행동을 한 또래친구가 교사에게 칭찬받는 것을 보고 나서, 자신도 그와 같은 이타적 행동을 하는 아동의 경우가 이에 해당된다.

마지막 유형은 관찰학습(observational learning)으로서 사회적 상황에서 다른 사람의 행동을 관찰해두었다가 유사한 행동을 나타내는 학습과정을 의미한다. Bandura (1977)는 이러한 관찰학습에는 네 가지 인지적 과정이 개입된다고 주장하고 있다. 즉, 관찰대상인 모델의 행동에 관심을 갖고 주의를 기울이는 주의과정, 모델이 하는 행동을 유심히 관찰하여 그 관찰내용을 기억하는 저장과정, 관찰한 행동을 동작으로 재생하는 운동재생과정, 그리고 특정한 상황에서 행동하기로 결정하는 동기화과정이 그것이다. 범죄영화에서 주인공이 나타내는 행동을 유심히 관찰해두었다가 증오하는 사람에게 유사한 방법으로 범죄행동을 저지르는 경우가 이에 해당될 수 있다.

이러한 세 가지 유형의 사회적 학습은 서로 밀접하게 관련되어 있다. Bandura는 이러한 사회적 학습이 인간의 복잡한 행동을 설명하는 데에 더 적절한 방식이라고 주장한다.

4. 정신병리 이론

학습이론은 불안장애를 비롯한 다양한 정신장애를 매우 구체적인 개념으로 설명할 수 있다. 모든 심리적 장애들을 잘 설명하는 것은 아니지만, 학습이론은 특히 행동의 문제를 주된 증상으로 나타내는 장애를 설명하는 데 강점을 지니고 있다.

1) 불안장애

행동치료는 공포증을 이해하고 치료하는 데 커다란 기여를 했다. 앞에서 설명했듯이, Watson과 Raynor(1920)는 Little Albert의 사례를 통해 공포반응이 고전적 조건형성에 의해서 습득될 수 있음을 보여주었다. 다양한 중성적 조건자극이 공포를 유발하는 무조건 자극과 반복적으로 짝지어 제시되면 공포반응을 유발할 수 있다. 그러나 모든 조건자극에 공포반응이 조건형성되는 것은 아니며, 어떤 자극은 다른 자극에 비해 더 쉽게 공포반응이 조건형성된다.

특정공포증은 조건형성뿐만 아니라 대리학습과 정보전이에 의해서 형성될 수 있다(Rachman, 1977). 공포증은 다른 사람이 특정한 대상을 두려워하며 회피하는 것을 관찰함으로써 그에 대한 두려움을 학습하는 관찰학습에 의해서도 습득될 수 있다. 예를 들어, 개를 무서워하는 어머니의 경우 그 자녀는 어머니의 공포반응을 관찰하면서 개에 대한 두려움을 학습하게 된다. 또한 이러한 어머니는 자녀에게 "개는 위험하다, 가까이 가면 물린다, 피해라."는 정보를 언어적 또는 비언어적 소통수단을 통해 전달하게 되고, 그 결과 자녀는 개에 대한 공포를 지니게 된다.

이처럼 다양한 경로를 통해 형성된 공포증은 회피반응에 의해서 유지되고 강화된다. 공포증이 형성되면 공포자극을 회피하게 되는데, 회피행동은 두려움을 피하게 하는 부적 강화 효과를 지니기 때문에 지속된다. 또한 이러한 회피행동으로 인하여 공포자극이 유해하지 않다는 것을 학습할 기회를 얻지 못하므로 공포반응은 소거되지 않은 채 지속된다. 이러한 과정은 Mowrer(1939, 1950)의 2요인 이론(two-factor theory)에 의해서 잘 설명되고 있다. 즉, 공포증이 형성되는 과정에는 고전적 조건형성 등의 학습원리가 관여하는 반면, 일단 형성된 공포증은 조작적 조건형성에 의해서 유지되고 강화된다.

행동치료는 특정공포증을 치료하는 가장 효과적인 방법으로 알려져 있다. 특히 체계적 둔감법과 노출치료가 효과적이며 참여적 모방학습법과 이완훈련도 환자에게 도움을 주는 것으로 알려져 있다. 체계적 둔감법(systematic desensitization)은 긴장을 이완시킨 상태에서 약한 공포자극부터 시작하여 점차적으로 강한 공포자극을 노출시키는 방법이다.

이처럼 행동치료에서는 불안장애를 환경자극에 대한 조건형성의 결과로 설명한다. 불안장애가 다양한 형태로 나타나는 이유는 불안반응을 유발하는 조건자극의 종류나 범위가 다르고 불안반응의 양상이 다르기 때문이다.

다양한 상황에서 만연된 걱정과 불안을 나타내는 범불안장애 역시 학습이론에 의해 설명될 수 있다. 공포증은 특수한 대상이나 상황에만 강한 공포반응이 조건형성된 경우인 반면, 범불안장애는 일상생활의 여러 가지 사소한 자극에 대해서 경미한 불안반응이 조건형성되었거나 다양한 자극으로 일반화됨으로써 여러 상황에서 만연된 불안증상을 나타내는 것이다. 이러한 입장에 따르면, 범불안장애는 다양한 자극상황에서 공포반응이 경미한 형태로 나타나는 일종의 다중 공포증(multiple phobia)인 것이다. 범불안장애 환자들이 불안의 이유를 자각하지 못하는 것은 불안반응을 유발하는 조건자극이 매우 사소하고 다양하여 불안반응의 촉발요인으로 잘 자각되지 않기 때문이다.

반복적인 사고와 행동을 나타내는 강박장애는 특정한 자극상황과 연합된 강박행동을 통해서 불안을 덜 느끼게 하는 부적 강화를 얻기 때문에 지속된다. 강박장애는 행동치료 기법의 하나인 **노출 및 반응방지법**(exposure and response prevention: ERP)이 가장 효과적이라고 알려져 있다. 이는 학습이론에 근거한 행동치료적 기법으로서 강박장애 환자를 그들이 두려워하는 자극(더러운 물질)이나 사고(손에 병균이 묻었다는 생각)에 노출시키되 강박행동(손 씻는 행동)을 하지 못하게 하는 방법이다. 이러한 방법을 통해서 환자는 두려워하는 자극과 사고를 강박행동 없이 견뎌낼 수 있을 뿐만 아니라 강박행동을 하지 않아도 그들이 두려워하는 결과(병에 전염됨)가 일어나지 않는다는 것을 학습하게 된다.

2) 우울증

행동치료적 관점에서는 우울증을 사회환경으로부터 긍정적 강화가 약화되어 나타난 현상이라고 본다. 우리가 즐겁게 살아가는 것은 일상생활 속에서 칭찬, 보상, 도움, 지지, 유쾌함 등의 다양한 긍정적 강화를 받기 때문이다. 또한 우리는 그러한 강화를 얻어낼 수 있는 다양한 행동을 하며 그 결과로서 긍정적 강화가 주어지는 것이다. 일반적으로 행동주의 이론에서는 우울증이 이러한 긍정적 강화의 상실, 강화유발 행동의 감소, 우울행동의 강화에 의해서 발생하고 유지된다고 본다. 우울증을 유발하는 사건들(예: 사랑하는 사람의 사망, 실직, 낙제 등)은 긍정적 강화의 원천을 상실하는 것이기 때문에 즐거운 경험이 감소하고 불쾌한 경험이 증가한다. 이러한 경우, 개인이 다른 사람으로부터 강화를 얻을 수 있는 사회적 기술이 부족하거나 불쾌한 상황에 대처하는 기술이 부족하면, 긍정적 강화의 결핍상태가 지속되고 그 결과 우울증상이 나타난다.

우울증을 행동치료적 관점에서 설명하고 있는 가장 대표적인 인물은 Lewinsohn이다. 그와 동료들(Lewinsohn, Antonuccio, Steinmetz, & Terry, 1984)은 경험적 연구를 통해서 우울한 사람들의 몇 가지 특징을 발견하였다. 즉, 우울한 사람들은 그렇지 않은 사람들에 비해 생활 속에서 더 많은 부정적 사건을 경험하고, 부정적 사건을 더 부정적인 것으로 평가하며, 혐오자극에 대해서 더 민감한 반응을 보이고, 긍정적 강화를 덜 받았다. 이러한 결과에 기초하여, Lewinsohn은 우울증이 긍정적 강화의 결핍과 혐오적 불쾌경험의 증가에 기인한 것이라고 주장한다. 나아가서 그는 긍정적 강화가 감소되고 혐오적 불쾌경험이 증가하는 3가지 원인적 유형을 제시하고 있다.

첫째는 환경자체에 문제가 있는 경우이다. 실직, 이혼, 사별 등과 같은 부정적 사건들이 지속적으로 발생하면, 과거에 주어지던 긍정적 강화가 현격하게 감소된다. 또는 환경으로부터 주어지는 긍정적 강화가 거의 없거나 처벌적인 요인이 많은 경우에도 우울증이 발생할 수 있다. 예를 들어, 칭찬은 별로 하지 않고 잘못에 대해서 엄하게 벌을 주는 부모의 양육방식은 우울증상을 일으킬 가능성이 높다.

둘째 유형은 적절한 사회적 기술과 대처능력이 부족한 경우이다. 즉, 다른 사람으로부터 긍정적 강화를 유도하는 사회적 기술이 미숙하거나 불쾌한 혐오적 자극상황에 대처하는 기술이 부족한 경우이다. 사회적 기술(social skill)은 대인관계에서 긍정적으로 강화될 행동은 행하고, 처벌되거나 비판될 행동은 하지 않는 복합적인 능력을 말한다. 이러한 사회적 기술이 부족한 사람은 타인으로부터 칭찬과 인정을 받을 행동을 하지 못하거나 타인에게 불쾌한 기분을 유발하여 거부당하게 된다. 따라서 사회적 기술이 부족한 사람에게는 긍정적 강화가 감소하고 불쾌한 경험이 증가하게 된다. 또한 혐오적 자극상황(예: 친구들의 놀림이나 공격행동)에 대처하는 기술(예: 자기표현적 대처행동)이 부족한 경우에는 무기력해지고 그 결과 우울증으로 발전할 수 있다.

마지막으로, 긍정적 경험을 즐기는 능력은 부족한 반면, 부정적 경험에 대한 민감성이 높은 경우이다. 우울증에 취약한 사람들은 긍정적 강화는 덜 긍정적인 것으로 받아들이며 부정적 처벌은 더 부정적으로 받아들이는 경향이 있다. 이러한 경향으로 인해, 이들은 어떤 행동을 하고 나서 작은 즐거움과 커다란 불쾌감을 경험하게 된다. 따라서 이들은 활동을 축소하게 되고 그 결과 긍정적 강화 역시 감소하게 되며 결국에는 활동의 결여상태인 우울상태에 이르게 된다.

우울증을 설명하는 주요한 이론 중의 하나는 Seligman(1975)에 의해 제시된 '학습된 무기력 이론'이다. **학습된 무기력 이론**(learned helplessness theory)은 개를 대상으로 조건형성 실험을 하는 과정에서 우연히 발견된 사실로부터 발전되었다. 피할 수 없는 상황에서 하루 종일 전기충격을 받은 개는 다음 날 옆방으로 도망갈 수 있는 상태에서도 마치 포기한 듯 움직이지 않은 채 전기충격을 그대로 받았다. 즉, 새로운 상황에서도 무기력하게 행동하며 전기충격을 받는다는 것이 학습된 무기력 이론의 골자이다. 인간의 경우에도 좌절경험을 많이 한 사람은 자신이 어떻게 행동해도 좌절스러운 결과가 돌아올 것이라는 무력감이 학습되어 상황을 변화시키기 위한 아무런 노력을 하지 않게 된다. 이러한 점들은 사람을 대상으로 한 실험실 연구에서도 확인되었다. 즉, 피험자에게 통제할 수 없는 혐오적 소음을 계속 들려주거나 풀 수 없는 문제를 주어 반복적으로 실패경험을 하게 했을 경우, 피험자들은 소음을 줄일 수 있거나 문제를 성공적으로 풀 수 있는 새로운 상황에도 노력을 포기해버리는 무기력한 반응을 보였다.

3) 섭식장애

섭식장애는 현저한 체중미달 상태에 이르도록 섭식을 회피하는 신경성 식욕부진증과 반복적인 폭식과 토하기를 반복하는 신경성 폭식증으로 구분된다. 행동주의적 입장에서 신경성 식욕부진증을 일종의 체중공포증(weight phobia)이라고 본다. 현대사회는 매스컴을 통해서 여성의 날씬한 몸매가 매력적이라는 메시지를 반복적으로 전달한다. 이러한 사회에서는 날씬함에 대해서는 강화가 주어지는 반면, 뚱뚱함에 대해서는 처벌이 주어지게 된다. 따라서 여성들은 뚱뚱함에 대한 공포와 과도한 음식섭취에 대한 공포를 지니게 된다. 이러한 두 가지 공포를 확실하게 감소시키는 방법은 음식을 먹지 않는 것이다. 음식을 먹지 않으면 이러한 공포가 감소되므로 부적 강화가 되어 음식거부행동이 점점 더 극단적인 형태로 나타날 수 있다.

Holmgren 등(1983)은 체중증가에 대한 두려움이 음식에 대한 접근-회피 갈등을 유발한다고 주장한다. 그에 따르면, 체중증가 공포는 음식섭취 욕구와 갈등하게 된다. 체중증가에 대한 두려움이 우세할 때는 음식에 대한 회피행동, 즉 절식행동이 나타난다. 그러나 이러한 절식행동은 음식에 대한 강박관념을 촉발시켜 음식섭취 욕구를 자극하게 되는데, 이러한 욕구가 체중증가 공포보다 우세할 때는 음식에 대한 접근행동, 즉 폭식행동이 유발된다. 섭식장애 환자들은 이러한 양극 사이를 오가게 되는데, 신경성 식욕부진증은 음식 회피행동이 압도적으로 우세하게 나타나는 상태인 반면, 폭식증은 음식에 대한 접근행동과 회피행동이 반복되는 상태라고 할 수 있다.

4) 알코올 중독

알코올 중독은 불안을 줄여주는 알코올의 강화효과 때문에 초래될 수 있다 (Conger, 1951, 1956; Kushner, Abrams, & Borchardt, 2000). 인지적 사회학습이론에서는 알코올 의존이 고전적 조건형성과 조작적 조건형성은 물론 모방학습과 인지적 요인이 개입된다고 주장한다. 즉, 술과 즐거운 체험이 반복적으로 짝지어지는 고전적 조건형성을 통해 술에 대한 긍정성이 습득되고, 술을 마시면 일시적으로나마 긴장과 불안이 완화되므로 조작적 조건형성을 통해 음주행위가 강화된다. 또한 부모나 친구들이 즐겁고 멋있게 술 마시는 모습을 보면서 모방학습을 통해 음주행위를 학습하는 동시에 술에 대한 긍정적인 기대라는 인지적 요인이 개입됨으로써 상습적인 음주행위로 발전되어 알코올 관련 장애가 나타나게 된다.

5) 병적 도박증

학습이론에서는 모방학습과 조작적 조건형성으로 병적 도박증의 발생과정을 설명한다. 병적 도박자들은 대부분 어렸을 때 부모, 형제, 또는 친구와 놀이로 도박을 하다가 심각한 도박행동이 시작되었다고 보고한다. 즉, 도박행동은 모방학습을 통해 습득되며, 도박에서 따는 돈이나 돈을 따는 과정에서 느끼는 강한 흥분이 도박행동을 계속하게 만드는 강한 정적 강화물로 작용한다. 돈을 잃으면서도 도박을 지속하는 이유는 간헐적으로 돈을 따는 강화경험을 하기 때문이다. 실제로 어떤 행동이 가장 집요하게 계속되는 경우는 일정한 방식으로 보상이 주어지기보다는 도박의 경우처럼 간헐적으로 예측할 수 없게 보상이 주어지는 경우이다. 특히 즉시적인 강화물이 주어지는 카지노나 슬롯머신이 병적인 도박을 유발할 가능성이 높다.

5. 치료 이론

1) 치료목표

행동치료의 목표는 내담자의 문제행동을 제거하거나 긍정적 행동 또는 기술을 습득시킴으로써 내담자의 적응을 돕는 것이다. 행동치료자들은 내담자의 성격변화나 인격적 성장과 같은 거창한 목표를 추구하기보다 내담자의 적응을 도울 수 있는 구체적인 행동변화를 추구한다.

실제의 치료장면에서는 치료목표를 분명하게 구체화하는 것이 매우 중요하다. 치료 초기에 행동치료자는 명백하고 정확하게 정의될 수 있는 표적행동(target behavior)을 정하고 그러한 행동의 변화에 집중한다. 많은 경우, 내담자는 여러 가지 부적응 문제를 지니고 치료자를 찾는다. 치료자와 내담자의 협의하에 가장 우선적으로 다룰 필요가 있는 문제를 결정하고 그 문제에 대한 행동분석(behavior analysis)을 수행한다. 즉, 내담자의 구체적인 문제행동을 분석하고 그와 관련된 선행사건과 결과를 평가할 뿐만 아니라 그러한 행동을 하게 되는 원인과 이유 그리고 그러한 행동을 유지시키는 특수한 환경적 요인을 탐색한다. 치료자는 문제행동을 유발하는 요인들에 관한 가설을 세우고 구체적인 치료계획과 치료기법을 정한다.

　　행동치료에서 치료자는 내담자와의 합의하에 구체적인 치료목표를 정하고 때로는 계약을 통해 이를 명시하기도 한다. 치료자는 행동치료의 전체과정을 통해서 치료목표의 달성 정도를 수시로 평가한다. 또한 치료를 통해 문제행동이 감소하고 적응행동이 증가하는 정도를 측정함으로써 치료의 진전과 효과를 지속적으로 평가한다.

2) 치료원리와 치료기법

　　행동치료의 치료원리는 매우 명쾌하고 간결하다. 잘못된 학습에 의해 형성된 문제행동을 제거하고 적응적 행동을 학습시켜 대체함으로써 내담자의 적응을 개선하는 것이다. 문제행동의 제거와 적응행동의 습득은 고전적 조건형성, 조작적 조건형성, 모델링을 비롯한 다양한 학습의 원리와 기법을 통해서 이루어진다.

　　행동치료의 최대 강점은 매우 구체적인 치료기법을 다양하게 제시하고 있다는 점이다. 이러한 행동치료 기법들은 문제행동의 특성과 치료목표에 따라 선택되어 체계적인 계획하에 사용된다. 행동치료의 다양한 기법들은 크게 부적응행동을 감소시키는 것과 적응행동을 증진하는 것으로 나누어 살펴볼 수 있다.

(1) 부적응행동을 감소시키는 기법

　　바람직하지 않은 부적응적 행동을 약화시키는 행동치료적 기법으로는 소거, 혐오적 조건형성, 노출 및 반응방지법, 상호억제, 체계적 둔감법 등이 있다.

　　소거　　　소거는 부적응적 행동이 반복되어 나타나도록 강화하는 요인을 제거하는 것이다. 부적응적 행동은 여러 가지 보상에 의해서 강화될 수 있다. 따라서 이러한 강화요인을 찾아 제거함으로써 부적응적 행동의 강화를 차단하게 되면 그 행동이 감소하게 된다. 예컨대, 어린 아동의 부적절한 행동은 부모나 교사가 계속 주의와 관심을 기울여줌으로써 강화를 받을 수 있다. 따라서 아동이 이러한 행동을 했을 때 부모나 교사가 관심을 기울여 주지 않으면 서서히 그러한 행동이 감소하게 된다.

　　혐오적 조건형성　　　행동치료에서는 처벌보다 보상의 사용을 선호한다. 그 이유는 보상으로 인해 내담자의 자존감이 향상되고 치료자와의 관계에 긍정적인 영향을 미치기 때문이다. 그러나 때로는 제거하려는 문제행동과 불쾌경험을 짝짓는 혐오적 조건형성도 매우 효과적인 행동변화 기법이다. 예를 들어, 알코올 중독행동을 제거하기 위해서 구역질을 유발하는 약을 사용하여 술을 마실 때마다 불쾌경험을 느끼게 함으로써 알코올에 대한 매력을 감소시킬 수 있다. 또는 아동이 문제행동을 할 때마다 가만히 서 있게 하거나 좋아하는 행동을 못하게 하는 '타임아웃(time out)' 방법을 사용할 수 있다.

혐오치료에서는 시각적인 심상을 이용할 수도 있다. 예를 들어, 금연을 하려는 내담자에게 담배와 관련된 질병에 걸려 고통스러워하는 장면을 상상하게 할 수 있다. 또는 부정적인 자극이나 행동에 과도하게 노출시키는 홍수기법을 통해서 담배에 대한 싫증을 느끼게 할 수도 있다. 예를 들어, 금연하려는 내담자에게는 많은 양의 담배를 연속적으로 피게 하여 담배에 대한 싫증과 혐오감을 갖도록 할 수 있다. 혐오치료를 설계하고 적용할 때는 신체적 또는 정서적으로 부정적인 영향을 미치지 않도록 주의해야 하며, 내담자의 권리와 선택을 존중해야 한다. 혐오치료는 다양한 중독행동의 치료에 효과적인 것으로 보고되고 있다.

노출법 행동치료에 있어서 노출법은 매우 중요한 치료기법 중 하나다. 노출법(exposure)은 내담자가 두려워하는 자극이나 상황에 반복적으로 노출시켜 직면하게 함으로써 그러한 자극상황에 대한 불안을 감소시키는 방법이다. 반복적인 노출은 자극에 대한 불안을 감소시키는 둔감화 현상을 유발한다. 이러한 노출은 행동치료뿐만 아니라 다른 치료법에서도 치료효과를 가져오는 중요한 치료적 요인으로 여겨지고 있다.

노출 및 반응방지법(exposure and response prevention)은 문제행동을 하게 되는 자극상황에 노출시키되 문제행동을 하지 못하게 함으로써 자극상황과 문제행동의 연합을 차단하는 방법으로서 특히 강박장애 치료에 효과적인 것으로 밝혀졌다. 예컨대, 오염과 관련된 자극을 만지면 반복적인 손 씻기 행동을 나타내는 강박장애 환자의 경우, 화장실 손잡이를 만지게 하거나 더러운 자극에 노출시키되 손 씻는 행동을 하지 못하게 한다. 손을 씻지 못하는 환자는 처음엔 불안 수준이 높아지지만 시간이 흐름에 따라 점차적으로 불안이 완화되어 결국에는 오염물질을 만지거나 손을 씻지 않아도 불안을 느끼지 않는 상태에 이르게 된다.

노출법은 다양한 방식으로 활용될 수 있다. 실제적인 불안자극에 직접 노출시키는 실제상황 노출법(in vivo exposure)과 상상을 통해 불안자극에 노출시키는 상상적 노출법(imaginal exposure)이 있다. 또한 낮은 불안을 유발하는 자극부터 서서히 강도를 높여가는 점진적 노출법(graduated exposure)과 처음부터 강한 불안을 유발하는 자극에 노출시키는 급진적 노출법(intense exposure)이 있다. 급진적 노출법의 대표적인 예가 홍수법이다. 홍수법(flooding)은 내담자에게 강한 불안을 유발하는 자극이나 심상을 노출시키고 불안이 감소될 때까지 노출을 계속하는 방법이다. 이와 유사한 방법으로 Thomas Stampfl이 개발한 내파법(implosive therapy)이 있다. 내파법은 현실보다 과장된 형태로 불안을 유발하는 심상을 계속적으로 제시함으로써 불안반응을 감소시키는 방법이다. 이 방법은 내담자의 불안을 정신분석적으로 해석하여 그와 관련된 과장된 형태의 심상 내용을 구성하여 제시하는 경우가 흔하다. 이러한 급진적 노출법은 내담자의 불안을 높여 심한 불쾌감을 줄 수 있으므로 신중하게 사용되어야 한다. 일반적으로 상상적 노출보다는 실제상황에의 노출이 더 효과적인 것으로 알려지고 있다.

체계적 둔감법　　Wolpe에 의해 개발된 체계적 둔감법(systematic desensitization)은 부적응적 증상을 제거하는 대표적인 기법으로서 특히 공포증과 같은 불안장애의 치료에 효과적인 것으로 알려져 있다. 불안은 교감신경계의 흥분을 동반하기 때문에 교감신경계가 이완되면 불안도 감소한다. 즉, 심리적 불안과 신체적 이완은 병존할 수 없다. 체계적 둔감법은 병존할 수 없는 새로운 반응(신체적 이완)을 통해 부적응적 반응(공포반응)을 억제하는 상호억제(reciprocal inhibition)의 원리를 이용하는 기법으로서 이미 조건형성된 부적응적 반응을 해체시키는 새로운 조건형성이 이루어진다는 점에서 탈조건형성(deconditioning)이라고 부르기도 한다.

체계적 둔감법의 첫 번째 단계는 내담자에게 불안을 대치할 이완반응(relaxation)을 가르치는 것이다. 이는 근육을 강하게 긴장시켰다가 이완하는 방법을 통해서 팔, 얼굴, 목, 어깨, 가슴, 다리의 이완상태를 경험하게 한다. 내담자가 불안상황을 상상하더라도 이완상태로 유지할 수 있도록 충분한 이완훈련을 시키는 것이 중요하다.

두 번째 단계에서는 불안위계(anxiety hierarchy)를 구성하는 것으로서 불안을 일으키는 사건들을 평가하고 불안의 정도에 따라서 위계를 정한다. 불안위계를 작성하기 위해서는 내담자에게 불안을 야기하는 사건들의 세세하고도 정확한 정보를 얻는 것이 필수적이다. 정교한 불안위계를 만들기 위해서는 다양한 불안유발 상황에 대해서 주관적 불편척도(subjective units of discomfort scale: SUDs)를 사용하여 완전한 이완상태인 0점에서 가장 불안한 상태인 100점까지 점수를 할당하게 한다. 예컨대, 뱀 공포증을 지닌 내담자의 경우, 뱀과 비슷한 밧줄을 보는 상황(10), 뱀의 그림을 보는 상황(30), 유리상자 안에 들어있는 뱀을 바라보는 상황(50), 뱀을 살짝 손으로 만지는

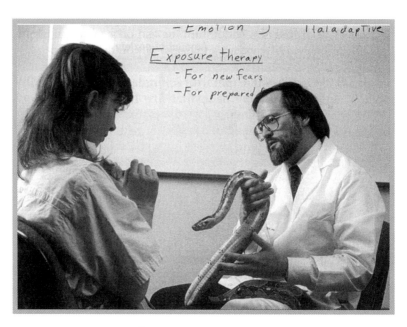

뱀에 대한 공포증을 치료하고 있는 모습

상황(70), 뱀을 목에 두르는 상황(90)의 순서로 불안위계를 작성할 수 있다.

세 번째는 둔감화(desensitization) 단계로서 이완상태에서 낮은 수준의 불안유발 자극에 노출시키는 것이다. 이완반응을 불안유발 자극과 짝지음으로써 이러한 자극에 대한 둔감화가 점진적으로 일어난다. 뱀 공포증 내담자의 경우, 충분한 이완상태에서 가장 약한 불안을 느끼는 자극 상황, 즉 뱀과 비슷한 밧줄을 보여준다. 이완상태에 있는 환자가 별로 불안을 느끼지 않는다고 보고하면, 좀 더 강한 공포상황인 뱀의 그림을 보여준다. 이렇게 이완된 상태에서 조금씩 강한 공포상황에 노출시킨다. 만약 환자가 공포를 느낀다고 보고하면 공포자극의 노출을 멈추고 긴장을 이완시킨다. 충분히 이완되면 다시 약한 공포상황부터 제시한다. 공포자극 상황은 실제로 제시할 수도 있고 상상을 통해 제시할 수도 있는데, 뱀에 대한 공포를 지녔던 사람이 이러한 체계적 둔감법을 통해서 뱀을 만지고 목에도 두를 수 있는 상태로까지 변화시킬 수 있다.

체계적 둔감법은 실제적인 불안자극을 직접 노출시키는 방법과 불안자극의 상상을 통해 노출시키는 방법이 있다. 체계적 둔감법은 불안장애뿐만 아니라 분노, 천식 발작, 불면증, 악몽과 같은 다양한 문제의 치료에도 활용되고 있다.

이 밖에도 부적응행동과 반대되는 바람직한 행동을 했을 때 강화를 줌으로써 부적응행동을 약화시키는 상반행동 강화방법, 유사한 자극상황에서도 부적응행동을 하지 않는 모방대상을 관찰함으로써 행동변화를 유도하는 모방학습이나 역할극 등 다양한 방법이 있다.

(2) 적응행동을 증진하는 기법

행동치료에서는 부적절한 행동의 제거뿐만 아니라 바람직한 적응행동을 학습시키거나 증가시키는 여러 가지 기법이 사용된다. 새로운 적응적 행동과 기술을 학습시키는 행동치료 기법은 매우 다양하다.

행동조성법   행동조성법(behavior shaping)은 조작적 조건형성의 원리를 이용해서 부적절한 행동을 없애고 바람직한 행동을 형성하게 하는 기법이다. 부적응적인 행동에 대해서는 강화물을 제거하고 새로운 적응적 행동에 대해서 긍정적 강화(positive reinforcement)를 해주는 방법이다. 예컨대, 초등학교에서 부산하고 산만한 수업태도를 지닌 학생을 수업에 집중하는 바람직한 학생으로 변화시키기 위해서 행동조성법이 적용될 수 있다. 학생이 부산하거나 산만한 행동을 나타낼 때는 교사가 관심을 주지 않고 무시하다가, 그 학생이 교사의 설명에 주의를 기울일 때는 반드시 관심을 기울여준다. 이처럼 수업에 집중하는 행동이 다시 반복되어 나타나면 칭찬을 해주고 상을 주는 등의 방법으로 강화해준다. 이런 과정을 통해서 분주하고 산만한 행동은 서서히 사라지고 수업시간에 주의를 기울여 공부하는 행동이 서서히 증가하게 된다. 이처럼 행동조성법은 나쁜 습관이나 문제행동을 교정하고 바람직한 행동을 습득시키는 데에 매우 효과적이다.

모델링   모델링(modeling)을 통한 사회적 학습방법도 긍정적인 적응적 행동을 학습시키는 데에 매우 효과적이다. 모델의 적응적 행동을 관찰하고 모방하게 함으로써 적응행동이 학습될 수 있다. 이때 개인은 모델의 관찰을 통해서 적응적인 행동을 어떻게 수행하는지를 배울 뿐만 아니라 그러한 행동으로 인해 어떤 긍정적 결과가 나타나는지를 학습할 수 있다.

모델링은 다섯 가지의 치료적 기능을 할 수 있다. 모델의 시범을 통해서 ① 적응적 행동이 어떤 것인지를 가르칠 수 있고, ② 적응적 행동을 실제로 행하도록 촉진할 수 있으며, ③ 적응적 행동을 하려는 동기를 강화할 수도 있고, ④ 내담자가 두려워하는 행동을 하는 모델을 관찰함으로써 불안이 감소될 수도 있으며, ⑤ 문제행동을 하지 않도록 단념하게 할 수도 있다.

특히 적응적 행동을 어떻게 해야 하는지 잘 모르는 사람에게 적응행동을 학습시키는 데에 모방학습이 효과적이다. 예를 들어, 대인관계 기술이 매우 미숙한 청소년에게 다른 학생이 사람에게 인사를 하고 웃는 모습으로 말을 건네는 모습을 관찰하게 하여, 그와 비슷한 행동을 하도록 유도할 수 있다. 이때 본보기가 되는 사람은 호감을 줄 수 있어야 되고 강화를 받는 모습이 함께 제시되면 효과적이다. 아울러 이렇게 모방된 행동이 학습되어 실제 장면에서 나타날 때 적절하게 강화를 해주게 되면 더욱 효과적이다. 행동치료에서 치료자는 내담자의 적응행동을 습득시키는 모델의 역할을 직접 수행할 수도 있다.

모델링은 내담자의 행동변화를 효과적으로 유인하기 위해서 다른 행동치료법과 함께 사용될 수 있다. 특히 모델링은 내담자의 대인관계를 개선하기 위해서 사회기술훈련과 함께 활용될 수 있다. 예컨대, 지나치게 수줍거나 부정 감정을 잘 표현하지 못하는 내담자에게 적절한 자기주장행동의 시범을 보여줄 수 있다. 이 밖에도 모델링은 데이트 행동, 협상 기술, 갈등해결 기술과 같은 사회적 기술을 학습시키는 데 효과적으로 활용될 수 있다.

활동계획 세우기　　무기력하고 무계획적인 생활을 하는 내담자에게는 활동계획 세우기(activity scheduling)를 통해서 도움을 줄 수 있다. 이 기법은 1주일 동안 또는 주말에 어떤 활동을 할 것인지 구체적인 계획을 세우고 실천하도록 돕는 방법이다. 목표와 계획이 있다는 것은 내담자에게 생활의 방향성과 기대감을 제공할 수 있으며 무기력하거나 혼란스러운 생활을 개선할 수 있다. 또한 계획대로 행동함에 따라 성취감을 느끼고 보상을 얻게 되면, 긍정적인 정서를 느끼고 자존감이 향상되며 활기를 찾을 수 있다. 특히 치료적 목표에 다가설 수 있는 활동들은 더욱 효과적이다. 예컨대, 실직을 하고 무기력감에 젖어 끝없이 TV를 보고 늦잠을 자며 고립된 생활을 하는 우울한 내담자에게 체계적인 구직활동을 하고 친구를 만나고 운동을 하는 구체적인 활동계획을 세워 실행하게 함으로써 우울증에서 벗어나도록 도울 수 있다.

생활기술 훈련　　생활기술 훈련(life skill training)은 적응적인 생활을 위해서 필요한 다양한 기술을 가르치는 것이다. 치료 장면에서 사용할 수 있는 기술훈련은 매우 다양하다. 발표나 의사소통, 자기주장, 감정표현, 의사결정, 문제해결, 긴장이완, 분노통제, 자녀양육과 같은 다양한 생활기술을 훈련함으로써 일상생활에서의 적응수준을 향상시킬 수 있다.

자기지시훈련   자기지시훈련(self-instructional training)은 Meichenbaum에 의해 개발된 인지행동적 기법으로서 내담자가 새로운 행동을 배우고 자기지시를 통해서 스스로 적응적 행동을 연습하고 실천하도록 돕는 방법이다. 치료자는 적절한 행동의 시범을 보이고 내담자로 하여금 자기지시를 통해서 그러한 행동을 연습하고 실제 상황에서 실천하게 한다. 이 방법은 자기조절능력이 부족하여 적응행동을 지속적으로 실천하지 못하거나 어려움에 처하면 쉽게 포기하는 내담자에게 도움이 될 수 있다. 내담자는 속말(self-talk) 형태의 자기지시를 통해서 긍정적인 행동을 실천에 옮기려는 동기를 강화하고 난관을 이겨내며 적응행동을 지속할 뿐만 아니라 행동의 결과에 대한 긍정적인 평가를 통해 자기보상을 함으로써 자기통제능력을 효과적으로 증진할 수 있다.

환표이용법   환표이용법(token economy)은 학교, 정신병원, 교도소와 같은 다양한 기관에서 환표(일정한 개수가 모이면 실제적인 강화물로 교환할 수 있는 토큰, 스티커, 모조동전 등)를 강화물로 사용하여 바람직한 행동을 유도하는 방법이다. 이 방법은 조작적 조건형성을 이용한 것으로서 먼저 강화하고자 하는 표적행동을 구체적으로 정의한 후 보상이 주어지는 분명한 행동규칙을 정해서 모든 구성원들이 이해하고 실행하도록 해야 한다. 보상은 공정하고 일관성 있는 방식으로 주어져야 하며, 강화물은 분명하고 실질적이며 구성원에게 의미 있는 것이어야 한다. 예를 들어, 정신병원에서 세수를 하지 않고 이부자리를 개지 않는 등 자기돌봄 행위를 하지 않는 만성 정신분열증 환자에게 이러한 행동을 할 때마다 토큰을 하나씩 지급하여 토큰이 10개 모이면 강화물(예: 담배, 영화보기, 외출 등)을 준다. 이 방법은 환자를 새롭게 변화시킬 행동목록과 그 난이도 등을 치료자가 세밀하고 체계적으로 계획해야 할 뿐만 아니라 환자에게 강력한 유인가가 있는 강화물을 선택하여 토큰과 교환할 수 있도록 하는 것이 중요하다. 대부분의 초등학교에서는 학생들이 바람직한 행동을 보일 때마다 교사가 스티커를 하나씩 상으로 주고 스티커가 일정 수만큼 모이면 학생들이 좋아하는 문방구나 상품을 주는 환표이용법이 적용되고 있다.

이 밖에도 새로운 적응적 행동을 배우고 연습하며 행동에 대한 피드백을 제공함으로써 능숙하게 실행하도록 돕는 행동 연습법(behavioral rehearsal), 신체생리적 변화를 관찰할 수 있는 기구를 통해서 긴장과 불안을 감소하고 신체조절능력을 키우게 하는 바이오피드백(biofeedback) 등과 같은 다양한 방법들이 있다.

◆ 행동치료의 위력을 보여주는 사례

K군은 6개월째 왼쪽 다리를 구부리지 못해 다리를 질질 끌고 다니는 신체적 장애를 나타내고 있는 초등학교 5학년 남학생이다. K군은 6개월 전에 친구들과 축구를 하다가 다리를 다쳐 왼쪽 다리를 조금 절게 되었다. 심한 부상이 아니었기 때문에 한두 번의 병원치료를 받은 후 부모는 시간이 지나면 회복될 것으로 생각했다. 그러나 K군은 점점 더 다리를 심하게 절기 시작했고 급기야 왼쪽 다리를 구부리지 못하게 되었다. 정형외과와 신경과를 방문하여 여러 검사를 했으나 아무런 신체적 이상은 발견되지 않았으며, 의사는 K군이 다리를 구부리지 못하는 이유를 알 수 없다고 말했다.

부모의 말에 따르면, K군은 자신의 신체적 장애를 걱정해주는 여러 사람 앞에서는 증상이 더욱 심해진다고 했다. K군은 이란성 쌍둥이의 동생이었는데, 형은 K군보다 공부도 잘하고 운동도 잘해서 학급 반장을 하고 있었으며 부모의 관심을 더 많이 받고 있었다. 요즘은 K군이 다리를 펴고 걷지 못하기 때문에 아빠가 업어서 등교를 시키고 있으며 하교할 때는 엄마나 형이 도와주고 있다.

K군은 전환장애로 진단되었으며 부모의 관심을 비롯한 여러 요인들이 그의 증상을 강화하고 있는 것으로 평가되었다. 이러한 강화요인으로부터 차단되어 집중적인 행동치료를 받기 위해서 K군은 정신과 병동에 입원하였다. 병동에 입원한 K군은 그의 증상을 강화하는 부모의 걱정, 관심, 보살핌, 도움 등과의 차단을 위해서 일시적으로 부모와의 면회가 금지되었다. 아울러 병동의 모든 치료진들은 다리를 질질 끌며 관심을 받으려 하는 K군의 행동을 못 본 척하며 무시했다.

대신에, 치료진은 K군이 자신의 다리를 조금씩 움직이려는 노력을 보일 때마다 강화를 해주었다. 입원 당시에 K군은 왼쪽 다리를 전혀 움직이지 못했으나 병동생활을 관찰한 결과 간혹 다리를 조금씩 구부리는 모습을 보였다. K군이 다리를 움직이며 다른 환자들과 놀이를 하거나 다리를 조금씩 구부리려는 노력을 보일 때마다 치료진들은 대단하다는 듯 관심을 보여주었을 뿐만 아니라 맛난 과자나 음식, 인터넷 게임, 외출하기 등과 같은 강화물을 체계적으로 제시했다.

이러한 치료적 환경 속에서 병동생활을 한 K군은 2개월 후에 두 다리로 걸어서 퇴원할 수 있었다. 한때 신체불구자로 평생을 살아가지 않을까 우려되었던 K군의 증상이 말끔히 사라진 것이다. 이러한 치료사례는 부적응적 행동에 대한 강화를 차단하는 대신 적응적 행동에 대해선 체계적인 강화를 하는 행동치료의 강력한 효과를 보여주고 있다.

6. 행동치료의 실제

대부분의 행동치료는 단기간에 걸쳐 집중적으로 시행된다. 문제의 특성에 따라서 20회 이상 계속되는 경우도 있지만, 장기간 시행되는 경우는 드물다. 일반적으로 치료기간은 내담자의 문제를 평가하고 표적행동을 정한 후 그 특성에 따라 정해진다. 다양한 문제를 지니고 있어 표적행동을 정하기 어려운 경우나 증상이 심한 경우에는 치료기간이 길어진다. 치료 초기에는 한 주에 몇 차례의 회기를 집중적으로 실시하고 이후에는 1주일 또는 2주일에 한 번씩 진행되는 것이 일반적이다.

행동치료는 치료편람(treatment manual)에 따라 진행되는 경우가 흔하다. 치료편람은 부적응 문제나 표적 행동을 효과적으로 치료하는 방법을 제시하는 지침서이다. 치료편람은 과학적인 연구와 성공적인 치료경험에 근거하여 표적 행동을 객관적으로 이해하고 평가하며 효과적으로 치료하는 구체적인 방법과 절차를 제시하고 있다. 예컨대, 사회공포, 강박행동, 야뇨증, 만성통증, 불면증, 폭식행동을 치료하는 지침서들이 개발되어 있다. 치료자는 주관적인 판단과 경험에 따라 임의적으로 치료를 시행하는 것이 아니라 치료효과가 입증된 치료방법을 제시하는 치료편람에 근거하여 치료한다. 치료편람에 근거한 치료적 접근은 행동치료의 주요한 특성이라고 할 수 있다.

그러나 내담자가 나타내는 모든 문제행동에 대한 치료편람이 개발되어 있는 것은 아니다. 이러한 경우에 치료자는 내담자의 문제를 탐색하여 체계적인 계획 속에서 치료를 진행한다. 행동치료자가 문제행동의 치료계획을 수립하고 진행하는 일반적인 과정은 다음과 같다.

1) 내담자 문제의 탐색

치료자는 내담자가 호소하는 부적응 문제나 문제 행동을 탐색한다. 내담자가 여러 가지 문제를 호소할 경우에 어떤 문제가 내담자의 부적응에 중심적인 역할을 하고 있는지를 파악한다. 즉, 치료자는 어떤 문제가 내담자의 삶에 가장 심각한 영향을 미치고 있을 뿐만 아니라 다른 문제행동들을 파생시키고 있는지를 탐색한다. 이러한 탐색이 이루어지면 치료자는 가장 먼저 치료할 필요가 있는 문제를 내담자와 함께 상의하여 결정하게 된다. 문제를 탐색하는 과정에서는 호의적이고 공감적인 태도로 내담자와 신뢰로운 관계를 맺는 것이 중요하다.

2) 문제행동의 평가와 분석

가장 먼저 치료해야 할 표적행동이 정해지면, 이러한 행동의 빈도와 지속기간에 초점을 맞추어 문제행동을 평가한다. 내담자의 자기보고에 근거한 면접, 행동관찰, 설문지 등을 통해 표적행동의 특성을 정밀하게 평가한다. 아울러 표적행동의 발달과 정과 이러한 행동을 유지하고 강화하는 환경적 요인들을 파악한다. 즉, 문제행동을 촉발하는 선행사건이나 상황적 요인, 문제행동을 하는 이유, 문제행동을 유지시키는 환경적 요인과 인적 요인 그리고 문제행동으로 인한 결과 등을 분석한다. 치료자는 이러한 정보에 근거하여 내담자의 문제행동을 유발하는 요인들에 대한 가설을 세운다. 이처럼 내담자의 문제행동을 구체화하는 과정을 기능분석(functional analysis) 또는 행동분석(behavior analysis)이라고 한다.

3) 목표 설정

문제행동에 대한 분석이 이루어지면, 치료자는 내담자와 함께 구체적인 치료목표를 설정한다. 치료목표는 명확하고 구체적이며 측정 가능한 형태로 하는 것이 바람직하다. 예컨대, 폭식행동을 월 1회 이내로 줄이거나 인터넷게임을 매일 30분 이내로 줄이는 것과 같이 문제행동의 빈도나 지속기간을 일정한 수준까지 감소시키는 것으로 치료목표를 구체화한다. 또는 매일 제시간에 출근하기, 게임하기 전에 숙제 먼저 하기, 계획표에 따라 일주일 동안 생활하기 등과 같이 바람직한 적응행동을 실천하는 방식으로 목표를 세울 수 있다.

4) 치료계획 수립 및 실행

치료목표가 정해지면, 치료자는 내담자의 행동변화를 위한 치료계획을 수립한다. 문제행동의 특성에 따라 가장 적절한 치료기법을 선택하고 이를 실행할 구체적인 절차를 정한다. 예컨대, 손 씻기와 같은 강박행동을 치료하기 위해서 노출 및 반응방지법을 사용하거나 발표공포를 치료하기 위해서 체계적 둔감법을 적용할 수 있다. 특정한 사회적 기술을 습득시키기 위해서 모델링과 리허설을 통한 행동강화법을 사용하거나 규칙적인 생활을 위해서 생활계획 세우기를 활용할 수 있다.

치료계획이 세워지면, 내담자와의 협의하에 치료계획을 실행에 옮긴다. 행동치료의 경우, 내담자의 적극적인 참여와 협조가 필수적이다. 따라서 필요한 경우에는 치료계획과 원리를 설명하여 이해시키는 것이 중요하다.

5) 치료효과의 평가

행동치료에서는 치료가 진행되는 동안 표적행동의 개선 정도를 지속적으로 평가한다. 긍정적인 평가결과가 나오면 치료계획에 따라 치료를 지속하면서 성공적인 측면을 강화한다. 부정적인 결과가 나올 경우에는 치료계획을 점검하고 수정한다. 행동치료의 장점 중 하나는 행동평가를 통해서 치료의 진전 정도나 효과를 구체적으로 확인할 수 있다는 점이다. 구체적으로 설정된 치료목표가 행동평가를 통해서 달성되었을 때 치료가 성공적으로 이루어졌다고 할 수 있다.

6) 재발방지 계획수립

치료목표가 달성되면, 재발방지 계획을 수립하며 치료의 종결을 준비한다. 문제행동이 일정 수준까지 감소되었다 하더라도 치료종결 이후에 재발할 수 있다. 따라서 재발방지를 위한 방법과 지침을 마련하여 내담자가 스스로 치료효과를 잘 유지하도록 교육한다. 치료의 종결 이후에는 일정한 시간간격으로 추수회기(follow-up session)를 갖는 것이 일반적이다. 추수회기를 통해 치료효과의 지속여부를 확인하거나 필요한 경우에는 추가적인 치료적 개입을 할 수 있다.

7. 행동치료의 평가

행동치료의 가장 커다란 공헌은 심리치료에 대한 과학적인 접근을 시도했다는 점이다. 행동치료는 심리학의 과학적인 연구결과를 임상적 문제에 적용한 최초의 치료적 적용이라는 점에서 중요한 역사적 의미를 지닌다. 심리치료를 모호하고 추상적인 개념과 방법으로 접근하는 것이 아니라 과학적인 행동원리에 근거하여 문제행동을 이해하고 치료하는 구체적인 방법을 제시했을 뿐만 아니라 문제행동의 평가를 통해서 치료효과를 객관적으로 입증하고자 한 것은 행동치료의 커다란 강점이자 공헌이라고 할 수 있다.

심리치료 분야의 윤리적 문제 중 하나는 치료자가 과학적인 근거 없이 내담자의 문제를 주관적으로 설명하고 허황한 치료목표를 제시할 뿐만 아니라 효과가 입증되지 않은 개입방법을 무책임하게 남용하는 것이다. 심리치료가 과거의 미신적인 개입과 구별되는 점은 과학적인 실증적 연구결과에 근거하고 있다는 점이다. 최근에 심리치료 분야에서 증거 기반적 치료(evidence-based treatment: EBT) 또는 경험적으로 입증된 치료(empirically-supported treatment: EST)를 중시하는 이유가 여기에 있다. 이런 점에서 행동치료는 치료목표를 구체화함으로써 과학적인 치료적 접근을 시도하는 가장 대표적인 심리치료라고 할 수 있다.

일부 심리치료자들은 자신의 치료방법에 대한 효과만을 강조할 뿐 구체적인 치료방법이나 절차를 공개하지 않음으로써 심리치료를 은밀스럽고 신비로운 것으로 인식시키는 경향이 있다. 아울러 심리치료 수련생에게 개인적인 분석이나 폐쇄적인 교육을 통해서만 심리치료 방법을 비밀스럽게 전수할 뿐만 아니라 오랜 교육기간과 많은 교육비용을 요구하는 경향이 있다. 이러한 수련방식은 때로 심리치료자를 중심으로 폐쇄적인 집단을 구성하거나 피라미드식의 다단계 수련구조를 형성함으로써 수련생의 개방적 태도를 억제할 뿐만 아니라 수련생에게 과도한 수련비용을 부과하는 부작용을 낳을 수 있다. 행동치료 또는 인지행동치료는 치료기법과 절차를 구체적이고 명료하게 공개함으로써 심리치료의 신비화 경향을 불식하고 수련과정을 효율적으로 단기화하는 데 기여했다.

행동치료의 또 다른 공헌 중 하나는 치료효과에 대한 평가와 연구를 강조한다는 점이다. 현재 정신건강 분야에는 매우 다양한 심리치료적 접근방법이 존재하며 심리치료자들은 자신이 선호하는 치료방법이 효과적이라고 믿고 있다. 일부 심리치료자들은 자신이 시행하는 심리치료의 효과를 과신한 나머지 치료효과를 객관적으로 확인하려는 노력조차 기울이지 않았다. 그러나 치료효과에 대한 치료자나 내담자의 주관적 평가는 다양한 심리적 요인에 의해서 왜곡될 수 있다. 하지만 행동치료자들은 자신이 시행하는 치료방법의 효과를 객관적으로 검증함으로써 치료방법을 수정하거나 개선하기 위해 끊임없는 노력을 기울이고 있다. 이런 점에서 행동치료는 심리치료를 과학으로 발전시키는 데 커다란 공헌을 하였다.

그러나 행동치료는 여러 가지 강점에도 불구하고 다양한 비판을 받아왔다. 행동치료에 대한 가장 실질적인 비판은 치료의 영역과 범위가 제한적이라는 점이다. 즉, 행동치료는 주로 동물실험을 통해 발전된 학습이론에 근거하고 있기 때문에 인간의 다양하고 복잡한 문제를 설명하고 치료하는 데 한계가 있다는 것이다. 사실 행동치료는 외현적 행동보다 내면적인 정서, 동기, 사고와 같은 내면적 요인들이 주된 증상을 구성하는 다양한 심리적 장애를 설명하고 치료하는 데 한계를 나타내고 있다.

또 다른 가장 대표적인 비판 중 하나는 행동치료가 심리적 장애의 원인보다 증상에 초점을 맞춘 피상적인 치료라는 것이다. 특히 정신역동적 치료자들은 행동치료가 내담자의 과거경험과 심층적인 심리적 원인을 다루지 않기 때문에 치료된 증상이 새로운 다른 증상으로 재발되는 '증상 대치(symptom substitution)'가 나타날 것이라고 주장한다. 즉, 행동치료는 정신장애의 원인을 변화시키는 근본적인 치료가 아니라 증상만을 변화시키는 임시방편적인 치료이기 때문에 다른 형태로 장애가 재발될 것이라는 비판이다. 이러한 비판에 대해서 행동치료자들은 내담자가 호소하는 부적응 문제를 제거하고 이러한 문제가 더 이상 재발되지 않는다면 충분히 효과적인 치료라고 주장한다. 또한 문제행동이 치료된 후에 다른 증상으로 대치되어 나타난다는 실증적인 증거는 없다(Spiegler & Guevrement, 2003).

또 다른 비판은 행동치료가 내담자와의 치료적 관계를 경시한다는 것이다. 내담자와 치료자의 인격적인 관계의 중요성을 무시하고 증상치료에만 초점을 맞추어 기계적으로 기법을 적용하는 비인간적인 치료방법이라는 것이다. 행동치료가 다른 치료법에 비해서 치료적 관계형성을 덜 강조하는 것은 사실이지만, 행동치료자들이 치료적 관계를 무시하는 것은 아니다. 행동치료의 기법이 효과적으로 적용되기 위해서는 내담자와의 신뢰롭고 협동적인 관계가 바탕이 되어야 하기 때문이다.

아울러 행동치료는 자신의 삶에 대한 전반적 이해와 통찰을 얻고자 하는 내담자에게 도움을 주는 데는 현저한 한계를 지니고 있다. 부적응적인 문제행동의 치료보다는 심층적인 자기이해나 인격적 성장을 원하는 내담자의 경우에는 행동치료가 적절치 않다. 또한 행동치료는 과거의 고통스럽고 충격적 경험(예: 어린 시절의 성적 학대, 역기능적인 부모양육)에 뿌리를 두고 있거나 내면적인 고통과 불행감이 주된 문제가 되는 심리적 장애를 치료하는 데에도 한계가 있다.

이러한 비판과 한계에도 불구하고 행동치료는 공포증, 강박장애, 중독문제, 여러 아동 및 청소년 장애 등과 같은 다양한 행동장애에 대한 효과적인 치료방법으로 인정받고 있다. 행동치료의 원리와 기법은 다양한 교육장면이나 교정기관에서 활용되고 있을 뿐만 아니라 신체적 질병의 치료와 예방, 재활 프로그램, 스트레스 대처에도 활용되고 있다. 특히 20세기 후반부터 행동치료는 인지적 치료기법을 받아들이면서 치료의 영역을 확대하여 현대 심리치료의 주된 흐름으로 발전하고 있다.

자기분석을 위한 생각거리

1. 내가 직면하기를 두려워하여 회피하는 대상이나 상황에는 어떠한 것들이 있는지 생각해본다. 이러한 대상이나 상황을 두려워하게 된 과정을 생각해본다. 언제부터 어떤 이유로 그 대상과 상황을 두려워하게 되었는지 생각해본다. 아울러 이러한 두려움과 회피행동을 극복할 수 있는 구체적인 방법을 행동치료의 관점에서 계획하고 실천해본다.

2. 인간은 다른 사람의 행동을 모방하면서 새로운 행동을 학습한다. 현재 나의 행동패턴(예: 표정, 말투, 행동방식, 습관 등)은 어떤 사람을 모방하면서 습득된 것일까? 나의 행동패턴은 아버지와 어머니 중 누구의 행동패턴과 유사한가? 그 이유는 무엇인가? 만약 아버지와 어머니 누구와도 유사하지 않다면, 나의 행동패턴은 어떻게 형성된 것일까?

3. 나의 삶을 즐겁고 행복하게 해주는 사람들은 누구인가? 그들의 어떤 행동이 나를 행복하게 하는가? 그러한 행동의 빈도를 증가시킬 수 있는 구체적인 방법을 학습원리에 근거하여 생각하고 실행해본다. 나의 삶을 불편하게 또는 불행하게 만드는 사람들은 누구인가? 그러한 사람들의 어떤 행동이 나를 불쾌하게 만드는가? 그러한 행동의 빈도를 줄이거나 변화시킬 수 있는 구체적인 방법을 생각하고 실행해본다.

4. 행동치료자들은 생활기술의 부족이 부적응을 초래할 수 있으며 이러한 기술의 습득을 통해서 적응수준이 향상될 수 있다고 주장한다. 과연 나는 생활기술을 잘 갖추고 있는가? 대인관계를 원활하게 할 수 있는 나의 사회적 기술(social skills)은 어떤 수준인가? 나는 일상생활에서 직면하는 크고 작은 문제를 효과적으로 해결하는 문제해결기술을 잘 갖추고 있는가? 나의 생각과 감정을 적절하게 표현할 수 있는 의사소통기술은 어떤 수준인가? 이러한 생활기술들을 향상시킬 수 있는 구체적인 방법은 무엇인가?

5. 우리 사회에는 다양한 영역에서 학습원리가 적용되고 있다. 우리는 보상과 처벌에 의해서 우리의 행동을 통제하는 사회체계 속에서 살고 있다. 인간세계는 어쩌면 커다란 스키너 박스와 같은 곳이라고 할 수 있다. 보상과 처벌의 원리를 통해서 나의 삶과 행동에 중요한 영향을 미치고 있는 사회적 시스템에는 어떤 것들이 있는지 생각해본다.

더 읽을거리

♣ 김영환 (1997). 행동치료의 원리. 서울: 하나의학사.

☞ 행동치료의 핵심을 이루는 주요한 이론적 원리와 구체적인 기법들을 소상하게 소개하고 있다.

♣ Last, C. G., & Hersen, M. (1993). *Adult Behavior Therapy Casebook*. (김영환, 백용매, 홍상황 역.《성인행동치료 사례집》. 서울: 학지사, 2000).

☞ 행동치료를 다양한 성인기 정신장애, 즉 정신분열증, 우울증, 알코올 중독, 불안장애, 신체화장애, 섭식장애 등에 적용하는 구체적인 방법을 사례와 함께 소개하고 있다.

♣ Poppen, R. (1995). *Joseph Wolpe*. (신민섭, 이현우 역.《행동치료의 거장 조셉 월피》. 서울: 학지사, 2008).

☞ 이 책은 행동치료의 발전에 커다란 공헌을 한 Joseph Wolpe의 생애와 더불어 행동치료가 발전해온 치열한 과정을 실감나게 소개하고 있다.

제 **6** 장

합리적 정서행동치료

제6장
합리적 정서행동치료

1. 합리적 정서행동치료의 개요

앨버트 엘리스(Albert Ellis: 1913~2007)에 의해 제창된 합리적 정서행동치료 (Rational Emotive Behavior Therapy, 이하에서 REBT로 칭함)는 인지적 요인의 중요성을 강조한 최초의 치료이론이라고 할 수 있다. 인간을 단순히 외부자극에 반응하는 기계 적인 존재로 파악하는 극단적인 행동치료자들의 견해와 달리, Ellis는 외부자극에 대 한 개인의 반응을 매개하는 신념체계, 즉 해석방식의 중요성을 강조한다. 이러한 관 점에 따라 Ellis는 치료장면에서 내담자의 신념체계를 합리적인 것으로 바꿈으로써 내 담자의 정서와 행동을 적응적으로 변화시킬 뿐만 아니라 삶의 전반을 변화시키고자 하였다.

합리적 정서행동치료(REBT)는, 그 명칭이 시사하듯이, 인간의 세 가지 심리영역 인 인지, 정서, 행동이 상호작용하는 과정에서 인지가 핵심이 되어 정서와 행동에 영 향을 미친다는 점을 강조하고 있다. 또한 합리적인 이성에 근거하여 부적응적인 정서 와 행동이 개선될 수 있음을 주장하고 있을 뿐만 아니라 비합리적 신념을 변화시킬 수 있는 다양한 치료기법을 제시하고 있다.

Ellis는 인간의 고통은 외부사건 자체가 아니라 그에 대한 생각으로 인해 발생한 다는 기본가정에 근거하여 부적응 행동을 이해하는 간결하고 명료한 개념체계인 ABC 이론을 제시하였다. 즉, 선행사건(A)에 대한 신념(B)이 결과적 감정과 행동(C)을 유발한다는 설명체계를 통해서 자극과 반응을 매개하는 인지적 요인의 중요성을 강 조한 것이다. 아울러 부적응적인 삶을 초래하는 비합리적 신념의 구체적인 기준과 내 용을 명쾌하게 제시했을 뿐만 아니라 이러한 신념을 합리적인 것으로 변화시키는 다 양한 치료기법을 제시하고 있다.

REBT의 핵심은 내담자의 비합리적 신념을 합리적으로 변화시키는 것이다. 이를 위한 대표적인 방법이 논박이다. 치료자는 내담자가 이성적 판단에 근거하여 자신의 신념이 부적응을 초래하는 비합리적인 것이라는 점을 인식하도록 다양한 방식으로 돕는다. 이러한 치료과정은 ABCDEF 모델을 통해서 설명될 수 있다. ABC가 부적응 행동을 설명하는 모델이라면 DEF는 치료적 과정을 보여주는 모델이다. ABC 분석을 통해 파악된 비합리적 신념(B)은 논박(D)을 통해서 효율적인 것(E)으로 변화되고 그 결과 새로운 감정과 행동(F)이 나타나게 된다. REBT는 내담자의 삶을 부적응적인 것으로 몰아가는 신념체계에 대한 도전과 철학적 논의를 통해서 좀 더 유연하고 합리적인 신념체계로의 변화를 촉진한다. 이러한 과정에서 내담자는 인생관의 심오한 철학적 변화를 통해 삶 전반의 긍정적 변화를 경험하기도 한다.

REBT는 현재 가장 널리 적용되고 있는 대표적인 인지행동치료 중 하나이다. REBT의 가장 커다란 공헌은 엄격한 행동치료가 주류를 이루던 1950년대에 인지적 요인의 중요성을 강조하고 구체적인 개입방법을 제시함으로써 행동치료가 지평을 넓혀 인지행동치료로 발전하는 데 중요한 기여를 했다는 점이다. Albert Ellis 자신은 불우한 성장과정 속에서 많은 역경을 겪었음에도 불구하고, REBT에서 제안하고 있듯이, 이성의 합리성에 근거한 적극적인 문제해결자의 삶을 보여주었다.

2. Ellis의 생애와 REBT의 발전과정

1) Ellis의 성장과정과 교육배경

Albert Ellis의 인생은 어린 시절의 불행한 경험을 불굴의 의지로 극복하고 위대한 심리치료자로 성장하는 과정을 잘 보여주고 있다. 그는 1913년 펜실베이니아 주 피츠버그에서 3남매 중 장남으로 태어났으며 어릴 때 뉴욕으로 이주해서 일생의 대부분을 이곳에서 살았다. Ellis는 출장이 잦았던 아버지와 집안일을 등한시하던 어머니 밑에서 모든 일을 스스로 처리하는 방법을 터득해야 했다.

어린 시절에 Ellis는 건강상태가 좋지 않았다. Ellis는 5세 때 편도선염이 악화되어 응급

수술을 하게 되었는데 이 수술 후에는 급성신장염이 발병하였다. 이 신장염 때문에 Ellis는 5~7세 사이에 8번 정도 병원에 입원해야 했으며, 10개월 동안 입원했던 적도 있었다. 이 기간 동안에도 어머니의 따뜻한 돌봄이나 아버지의 병문안은 거의 없었으며 찾아오는 사람 한 명 없이 몇 주를 홀로 보낸 적도 많았다고 한다. 병이 회복되는 동안에는 건강상의 이유로 스포츠 활동이나 외부 활동이 많이 금지되었기 때문에 자연스레 집안에서 지내면서 지적인 활동에 많은 시간을 보내게 되었다.

Ellis가 12세가 되었을 때 부모는 이혼을 했다. 그 후 아버지는 재정적 지원은커녕 자녀들에게 나타나지도 않았으며, 어머니는 자신의 관심사와 쾌락 추구에 몰두한 나머지 집안일과 자녀양육에 소홀했다.

Ellis는 어린 시절의 자신을 극도로 부끄러움을 타는 내성적인 아이로 묘사하고 있다. 학교에서는 가능하면 남 앞에 나서는 것을 회피했으며, 좋아하는 소녀에게 데이트를 신청해본 적이 한 번도 없었고, 반에서 시를 발표하거나 상을 받기 위해 연단에 나가야 할 때는 불안으로 가슴이 두근거리고 땀을 흘리며 빠져나갈 구멍을 찾곤 하였다고 한다.

이러한 아동기의 시련에 대해서 Ellis는 자신의 강한 독립성과 자율성으로 이겨냈다고 말하고 있다. 그는 아침에 자명종이 울리면 스스로 일어나 아침을 먹고 학교에 갔으며, 자신은 물론 어린 두 동생까지 돌보았고, 사회 공포증 증상을 제외하고는 성적도 우수하고 학교를 좋아하는 학생이었다. 또한 신체적인 문제를 겪으면서 건강에 관심을 가지기 시작했고, 거친 운동은 못했지만 지적인 흥미나 관심은 증가하기 시작했다.

Ellis는 아동기의 어려웠던 환경에 의해 도전 받았기 때문에 자신의 선천적인 능력들이 발휘되었으며 문제해결자로서의 역량을 갖게 되었다는 견해를 피력하였다. 그는 자신이 정서적 비참함에 압도당하기보다는 역경을 이겨내기 위한 방법을 찾는 과정에서 타고난 지적 능력이 더욱 잘 발휘될 수 있었다고 주장한다. Ellis는 아동기의 사건들이 인격체로 형성해가는 데 지대한 영향을 미친다는 사실에는 동의하지 않는다. Ellis는 자신이 창안한 REBT의 인간관과 마찬가지로, 자신의 삶은 아동기 경험에 의해 짓눌리기보다 역경을 극복하고 문제를 해결하려는 적극적인 의지의 결과라고 말하고 있다. 즉, 아동기의 시련 자체로 인해 자신이 더욱 합리적인 인간이 된 것은 아니며, 다만 자신의 지적이고 합리적인 기질이 더욱 잘 발현되도록 도왔을 뿐이라는 설명이다. 선천적 기질에 대한 이러한 강조는 Ellis의 이론에 중요한 의미를 시사하는데, Ellis는 REBT에서 각 개인은 합리적 사고를 위한 역량을 다양하게 가지고 태어나는 존재라고 보고 있다.

Ellis는 12세 때 유명한 작가나 소설가가 되기로 결심하면서 방대한 양의 독서를 하였으며 16세에 이미 Epictetus, Spinoza, Kant, Russell의 저서를 읽었다. 그러나 가난했던 Ellis는 생계유지 수단을 찾기 위해 뉴욕시립대의 경영 및 도시행정학과에 진학하게 된다. 일단 회계사가 되어서 충분한 생활자금을 마련한 후에 소설가가 되고자 했던 그의 계획은 경제공황으로 인해 무산되었다.

20세 초반에 Ellis는 자신의 가장 큰 심리적 어려움이었던 '대중 앞에서 연설할 때의 공포'와 '여성에게 다가가는 공포'를 극복하기 위해 다양한 시도를 하였다. 이때의 시도경험이 나중에 REBT의 치료기법을 발전시키는 데 영향을 주게 되는데, 그중 하나가 브롱크스 식물원에서의 '위험 무릅쓰기 연습(risk-taking exercise)'이다. Ellis는 브롱크스 식물원에서 한 달 동안 100명의 여성에게 다가가서 데이트 신청을 했다. 그중 1명의 여성만이 데이트에 동의하였으나 결국 그녀도 약속시간에 나타나지 않았다고 한다. 데이트에 성공하지는 못했지만, 이러한 경험을 통해서 Ellis는 사회공포로부터 벗어날 수 있었을 뿐만 아니라 행동변화의 중요한 특징, 즉 초기에는 두려운 상황에 도전하기가 매우 힘들지만 반복적으로 자신을 던지고 노출시킴으로써 오랜 기간 지속된 자기파괴적 정서와 행동을 변화시킬 수 있다는 것을 직접체험을 통해 깨닫게 되었다.

성인기 초기에 Ellis는 성공적인 소설가가 되지는 못했지만 자신의 부끄러움과 어려움을 극복하는 일에서는 성공을 거두었고, 자신의 관심을 당시 사람들이 소홀히 생각하던 성(性)과 사랑, 가정의 문제로 돌리기 시작하였다. Ellis는 자신이 다른 사람들보다 성적인 경험이 부족했음에도 불구하고 자신의 조언을 통해서 사람들을 도울 수 있다는 것을 경험하면서 이러한 일을 전문적 직업으로 선택하기로 결심하고 임상심리학 대학원에 진학하게 된다.

컬럼비아 대학교에서 공부를 시작한 후 Ellis는 자신의 박사학위 논문의 주제를 「여대생의 사랑에 관한 정서」로 정하고 모든 연구자료를 수집하여 논문발표까지 하였으나 몇 명의 교수들이 성에 관한 연구가 대학의 이미지에 미칠 영향을 우려해서 논문통과에 반대하였다. 결국 Ellis는 논문주제를 인성검사에 관한 것으로 바꾸어 박사학위를 받았다.

2) REBT의 발전과정

임상심리학 박사학위를 받은 Ellis는 뉴저지의 클리닉에서 원래의 관심사인 성, 사랑, 결혼, 심리치료에 관한 활동을 하였으며 상당한 인정을 받으면서 전문가로 성장하기 시작했다. 1947~1953년에는 〈Karen Horney 정신분석 연구소〉에서 정신분석 훈련을 받으면서 자신의 심리치료에서도 정신분석적 기법을 적용했다. Ellis는 경제적·시간적 여유의 부족으로 정신분석 치료를 감당하지 못하는 내담자들에게 좀더 단기적으로 변형된 형태의 심리치료를 시도하면서 내담자들이 눈에 띄게 향상되는 것을 발견하게 되었다. 또한 수동적인 분석적 절차만을 사용할 때보다 좀 더 적극적이고 직접적인 방법을 혼합하여 사용하는 것이 더 빠르고 더 나은 치료효과를 가져온다는 것을 경험하게 되면서, 정신분석 치료에 대한 회의를 품게 되었다.

Ellis는 자신이 받은 정신분석 경험을 통해 정신분석의 문제점을 비판하면서 자신만의 이론을 구축하기 시작하였다. 그는 정신분석 치료 과정에서 내담자가 아무리 많은 통찰을 얻고 초기 아동기의 사건을 아무리 잘 이해해도 증상이 사라지기는 매우 어려울 뿐만 아니라 새로운 증상이 다시 나타나는 경향성이 지속된다는 것을 발견했다. 그러한 경향성을 지니는 이유에 대해서 Ellis는 내담자가 단순히 어린 시절에 자신의 무가치성에 대한 잘못된 생각을 주입받았기 때문이 아니라 자신과 다른 사람에 대한 역기능적인 요구를 스스로 구축하고 이러한 당위적 명령을 스스로에게 적극적으로 재주입하기 때문이라는 것을 깨닫게 되었다.

내담자들은 그들이 지녀온 비합리적인 신념을 포기하도록 압력을 받으면 저항하는 경향이 있는데, Ellis는 그 이유가 정신분석치료자들이 주장하듯이 내담자가 치료자를 미워하거나 부모 심상에 저항하여 스스로를 파괴하기 위한 것이 아니라 그러한 경향성을 본성적으로 지니기 때문이라고 생각했다. Ellis는 이러한 비합리적인 사고경향이 인간의 선천적 성향과 사회환경적 조건으로 인해서 뿌리 깊게 박혀 있기 때문에 정신분석의 수동적인 비지시적 방법으로는 이러한 사고경향을 변화시키는 데 한계가 있다는 것을 깨닫게 되었다. 따라서 자기파괴적인 비합리적 신념을 변화시키기 위해서는 적극적인 지시적인 개입이 필요하며 이러한 개입을 통해서 단기간에 더 나은 치료효과를 가져올 수 있다고 확신하게 되었다. 실제로 이러한 개입방법에 따라 치료를 실시했을 때 몇 달 또는 몇 년이 걸렸던 정신분석적 치료보다 더 많은 진전을 몇 주만에 거둘 수 있었다(Ellis, 1985, 1996; Lyons & Woods, 1991; Walen, DiGiuseppe, & Dryden, 1992). Ellis는 자기 자신과 내담자의 치료경험에 근거하여 새로운 심리치료의 이론적 체계와 기법을 구축하기 시작했다.

1955년에 Ellis는 자신의 치료적 접근을 '합리적 치료(Rational Therapy)'라고 명명하고 1956년에 미국심리학회 연차대회에서 '합리적 심리치료(Rational Psychotherapy)'라는 제목으로 발표하였다. 1961년에는 정서적 측면의 중요성을 강조하기 위해서 '합리적 정서치료(Rational Emotive Therapy: RET)'라고 이름을 바꾸었으며, 1993년에는 자신의 치료기법에 행동적 측면이 상당부분 포함되어 있다는 점을 받아들여 공식적 명칭을 '합리적 정서행동치료(Rational Emotive Behavior Therapy: REBT)'로 바꾸게 되었다. '행동'이라는 용어가 추가된 이유는 REBT가 치료목표의 달성을 위해서 행동의 변화에도 초점을 맞출 뿐만 아니라 성공적인 치료의 증거로서 행동의 변화를 중시하기 때문이다(Corsini, 1995).

Ellis(1995)는 자신이 개발한 치료법의 명칭에 '인지적' 대신 '합리적'이라는 용어를 쓴 것에 대해 후회를 하면서 다음과 같은 고백을 하기도 했다. "합리적이라는 용어를 쓴 것은 실수였던 것 같다. … (중략) … 그 이유는 포스트모더니스트들이 지적한 대로 합리성에 관한 절대적인 기준이 없기 때문이다. RET에서 합리적이라는 말은 항상 경험적이고 논리적으로 타당한 인지뿐만 아니라 효율적이며 자기개선적인(self-helping) 인지를 의미했다. 만약 RET의 이름을 다시 붙인다면 나는 '인지적 정서치료'라고 명명할 것이다. 그러나 Beck의 인지치료나 Meichenbaum의 인지행동치료가 이미 잘 알려져 있기 때문에 이름을 바꾸기에는 늦은 감이 있다. 그리고 REBT는 이러한 치료들과는 다소의 차이가 있기도 하다."

Ellis는 1959년에 비영리 교육기관인 〈합리적 삶을 위한 연구소(The Institute for Rational Living)〉를 창립하였다. 이 연구소는 이후에 〈합리적 정서치료 연구소(Institute for Rational Emotive Therapy)〉로 개칭되었다가 현재는 〈앨버트 엘리스 연구소(The Albert Ellis Institute)〉로 불리고 있다. 뉴욕에 본부가 있는 이 연구소는 현재 세계 여러 도시에도 지부를 두고 있으며 REBT의 보급을 위한 다양한 활동을 하고 있다. 이 연구소에서는 내담자를 위한 상담과 심리치료와 같은 개인적 서비스뿐만 아니라 치료자를 위한 체계적 훈련 프로그램들을 제공하고 있다. 1967년에 이 연구소는 『합리적 삶(*Rational Living*)』이라는 학술지를 출간하기 시작했는데 현재는 『합리적 정서 및 인지행동치료 학술지(*Journal of Rational-Emotive and Cognitive Behavior Therapy*)』로 이름을 바꾸어 출간하고 있다.

Ellis는 심리치료 활동뿐만 아니라 저술과 강연을 하며 열정적인 삶을 살았다. 노년기에도 Ellis는 1주일에 50명의 내담자를 만났고, 오전 9시부터 오후 9시까지 심리치료를 했으며, 주말에는 워크숍을 주최하고 강연, 집단치료, 슈퍼비전 외에도 REBT를 정교화하고 보급하는 일에 모든 힘을 쏟았다. 평생에 걸친 Ellis의 활발한 활동은 700여 편의 논문과 60권이 넘는 저서로도 입증되고 있다. 그는 자신의 삶 전체를 치료 이론과 기법의 개발, 수정, 보완, 보급에 헌신했기 때문에 개인적인 사교활동에는 많은 시간을 보내지 않았다. 그래서 그를 가까이에서 접하지 못한 사람들은 심리치료 워크숍에서 문제의 핵심으로 바로 넘어가는 그의 직선적인 태도를 통해서 그를 냉정하고 공격적인 사람으로 기억하기도 한다. 그러나 그를 잘 아는 사람들은 그가 인정 많고 겸손하며 유머가 풍부하고 용기를 북돋아주는 인간미를 지닌 사람으로 평가하고 있다.

　　그는 미국심리학회로부터 1974년에 '탁월한 전문심리학자상(Distinguished Professional Psychologist Award)'을 수상했고 1985년에는 '탁월한 전문적 공헌상 (Distinguished Professional Contributions Award)'을 받았으며 1982년에는 미국의 임상 및 상담 심리학자들에 의해서 Carl Rogers에 이어 두 번째로 가장 영향력 있는 심리치료자로 뽑히기도 했다(Smith, 1982). 90대의 고령으로 인한 건강 문제로 몸져누울 때까지 Ellis는 하루 16시간씩 일했으며 저작활동과 치료활동을 멈추지 않았다. 평생 동안 자신의 치료이론을 몸소 실천한 Ellis는 2007년 7월 24일 93세의 나이로 사망하였다.

3. 주요개념과 성격이론

1) REBT의 철학적 배경

　　REBT의 많은 부분은 심리학뿐만 아니라 철학에 근거하고 있다. Ellis는 자신의 치료이론이 폭넓은 독서를 통해 접한 철학적 사상에 뿌리를 두고 있다고 말한다. 고대 그리스의 스토아학파 철학자들의 생각에 많은 영향을 받았으며, 특히 노예출신의 절름발이 철학자인 Epictetus가 말한 "사람들은 사건 자체가 아니라 사건에 대한 생각에 의해서 고통을 받는다."는 문구를 자주 언급하고 있다. 이러한 사상은 사고와 신념이라는 인지적 요인이 인간의 불행과 부적응을 초래하는 주된 원인이라는 REBT 이론의 기초가 되었다. 또한 Socrates의 문답법은 내담자의 비합리적 신념을 변화시키는 주요한 치료기법이 되었다. REBT 치료자들은 내담자에게 질문을 던짐으로써 비합리적 신념의 지지증거가 없음을 스스로 깨닫도록 유도한다.

　　패러다임(paradigm)에 대한 Thomas Kuhn의 철학적 사상도 REBT에 영향을 미쳤다. 그의 패러다임 이론은 과학적 이론뿐만 아니라 개인이 세상에 대해 지니는 신념을 어떻게 조직화하는지에 대해서 설명하고 있다. 또한 과학자들이 기존의 패러다임을 쉽게 바꾸지 못하는 이유와 더불어 그들이 기존의 패러다임을 포기하고 새로운 패러다임을 받아들이게 되는 조건(패러다임을 구성하는 명제 간에 상당한 논리적 불일치성이 존재하는 경우, 패러다임으로부터 추론된 가정들이 잘못되었음을 보여주는 충분한 경험적 자료가 있는 경우, 패러다임을 통해 새로운 사실과 지식을 발견하는 기능이 부족한 경우,

기존의 패러다임보다 새로운 사실의 발견과 문제해결에 더 효과적인 패러다임이 부상하는 경우)을 설명하고 있다. Kuhn의 과학철학 이론은 개인의 사고에도 적용될 수 있으며, 인지적 논박의 모델로서 REBT의 치료과정에 적용되고 있다. Ellis(1962)는 Kuhn이 제시한 패러다임의 포기기준을 적용하여 내담자가 비합리적 신념을 포기하도록 돕는 데 활용하였다.

Ellis에 따르면, REBT는 논리적 실증주의에 바탕을 두고 있다. 논리적 실증주의자들은 진리를 절대적이거나 완벽한 것으로 여기지 않는다. 다만 인간은 과학자처럼 어떤 상황의 사실을 발견하고 그 사실로부터 최선의 결론을 도출함으로써 진리에 접근할 뿐이다. 사실적인 근거에 바탕을 둔 신념은 진리에 가까울 뿐만 아니라 적응적인 기능을 지닌다. 그러나 '사실'이나 '진리'는 인간에 의해 인식된 것이기 때문에 완전히 객관적이거나 절대적인 것은 아니다. Ellis는 인간에게 절대적인 당위성을 부과하는 신념을 거부함으로써 포스트모더니즘의 철학과도 맥을 같이 하고 있다. REBT는 사람들이 유연하고 적응적인 방식으로 생각하고 행동할 것을 강조한다.

이 밖에도 REBT의 치료이론은 내담자의 주관적 인식을 중시하는 현상학과 자신의 삶에 대한 자유와 선택을 중시하는 실존주의 철학의 영향을 받았다. 또한 자기파괴적인 신경증 성향을 제시한 Karen Horney의 주장은 Ellis가 비합리적 신념을 중시하는 바탕이 되었다. 아울러 삶의 목표와 의미를 강조하고 적극적이고 지시적인 치료기법을 사용한 Adler 역시 Ellis의 치료이론에 커다란 영향을 미쳤다.

2) REBT의 기본가정

Ellis에 따르면, 인간은 합리성과 비합리성의 양면적 본성을 지닌 존재이다. 인간은 합리적이고 순기능적으로 생각할 뿐만 아니라 비합리적이고 역기능적으로 생각하는 선천적인 경향성을 지니고 있다. 인간은 자신의 성장과 자기실현을 추구하는 경향성을 지니는 동시에 자신의 삶을 부적응적인 것으로 몰아가는 자기파괴적 경향성도 지니고 있다. 심리적 장애는 인간의 비합리성에 의해서 파생되는 비현실적이고 비논리적인 사고방식의 결과이다.

Ellis는 인간의 비합리적 사고성향은 사회적 환경의 영향에 의한 것이기도 하지만 더 근본적으로는 강력한 생물학적 근원에 의한 것임을 강조한다. Ellis와 Dryden(1997)에 의하면, 인간은 아무리 합리적으로 양육되더라도 결국에는 다양한 정도의 비합리적이고 역기능적인 사고를 하게 된다. 또한 대부분의 자기파괴적인 행동들은 부모나 교육자 또는 미디어를 통해 습득된 것이 아니라 생물학적 근원을 지니고 있다. 예컨대, 부모가 자녀에게 게으름을 피우고 즉각적인 만족을 취하도록 가르치지 않음에도 불구하고, 아동의 그러한 행동을 막을 수 없다. 또한 사람들은 비합리적 사고방식을 버리고 새로운 합리적 사고를 하려고 노력하더라도 쉽게 다시 비합리적 사고방식으로 되돌아간다. 불행하게도, 인간에게는 자기개선적인 행동을 배우고 실행하는 것보다 자기패배적인 행동을 배우고 실행하는 것이 훨씬 더 쉽다.

REBT는 적응적인 삶을 위해서 합리적 사고가 중요함을 강조한다. '합리적'이라는 말이 감정을 배제하거나 무시한다는 뜻은 아니다. 합리적인 사람은 오히려 감정이 풍부하며 역경에 처해서 실망하기도 하고 괴로워하기도 한다. Dryden(1984)에 따르면, 합리적인 것은 자신의 목표와 의도한 것을 달성하는 데 도움이 되는 반면, 비합리적인 것은 목표와 의도한 바를 달성하는 데 방해가 된다. 즉, 합리적인 것은 자신의 삶을 이롭게 하는 것이며 비합리적인 것은 삶을 해롭게 하는 것이다. 때로는 개인적 이익과 사회적 이익이 갈등적인 경우가 있다. 어떤 하나를 희생하는 것은 바람직하지 않을 뿐만 아니라 두 유형의 이익은 상호보완적이기도 하다. 아무리 개인주의적인 사람이라 하더라도 다른 사람으로부터 인정받기를 원하며 타인과 공동체를 위한 기여는 자신의 이익과 행복으로 돌아올 수 있는 것이기 때문이다. 개인의 이익과 사회의 이익 간에 적절한 균형을 취하는 것이 합리적인 삶의 모습이다. 그러나 Ellis는 합리성에 대한 절대적인 입장이나 기준을 제시하고 있지는 않다. 그는 REBT 치료방법을 절대적이거나 보편적인 것으로 여기지 말고 항상 의문을 지니기를 권한다. 그는 REBT의 치료방법이 흔히 좋은 결과를 가져오기 때문에 사용하고 있지만, REBT에 대해서 비판적 태도를 지니고 항상 열린 마음으로 임하기를 권하고 있다.

REBT에서는 건강한 감정과 건강하지 못한 감정을 구분하고 있다. 인간이 경험하는 대부분의 감정은 긍정적인 것이든 부정적인 것이든 자연스러운 일이다. 가령, 불쾌하게 여기는 자극을 실제로 경험했을 때 느끼는 부정적 감정은 건강한 것이다. 이러한 감정을 느끼지 않는다면, 부정적인 자극을 피하거나 줄이려고 노력하지 않을 것이기 때문이다. 긍정적 감정 역시 인간이 생존하고 생산적인 활동을 하도록 동기를 부여한다. 그러나 이처럼 적응에 도움이 되는 건강한 감정이 있는 반면, 오히려 적응을 방해하는 건강하지 못한 감정도 있다. 건강한 감정은 자신과 공동체에 이로운 행동을 하게 하는 반면, 건강하지 못한 감정은 개인의 행동을 마비시키거나 파괴적인 행동을 촉발함으로써 문제상황을 더욱 악화시킨다. 예컨대, 시험을 앞두고 경험하는 적절한 긴장과 불안은 더 열심히 공부하게 만드는 건강한 감정이다. 그러나 공황수준에 이르는 시험불안은 시험을 효과적으로 준비하는 데 방해가 될 뿐만 아니라 시험성적을 저하시키는 역할을 하는 건강하지 못한 감정이라고 할 수 있다. REBT에서 치료의 대상으로 삼는 것은 건강하지 못한 부정적 감정이며 이러한 감정은 대부분 비합리적인 신념에 의해서 유발된다.

REBT에서는 바람과 당위적 요구를 구분한다. 바람(wants)은 중요한 일이나 인간관계에서 이루어지기를 원하는 소망으로서 열의를 지니고 노력하게 만드는 삶의 건강한 원동력이다. 반면에 당위적 요구(demands, musts, shoulds)는 자신이나 타인에게 반드시 따라야 할 절대적 명령으로 강제성을 부여하고 그에 부응하지 못하면 강렬한 부정적 감정을 유발함으로써 자기파괴적인 결과를 초래한다. Ellis는 인간의 비합리성에 근거한 당위적 요구가 불행과 부적응의 주된 원인이라고 보았다. 이러한 당위적 요구는 비현실적이고 절대주의적인 비합리적 신념의 형태로 내담자의 삶에 영향을 미치며 부적응적인 감정과 행동을 초래하게 된다. 이것이 바로 '당위적 요구의 폭정(tyranny of the shoulds)'이다.

REBT에 따르면, 인간은 누구나 선천적이든 사회적인 이유로든 어느 정도의 역기능을 지니고 있다. 이러한 역기능은 인간의 세 가지 심리적 기능인 인지, 정서, 행동의 상호작용에 의해 유발된다. REBT가 세 심리적 기능 중에서 특히 인지의 중요성을 강조하는 이유는 다음과 같다(Ellis & MacLaren, 1995).

(1) 문제를 유발하는 인지(비합리적 신념)는 대부분 쉽게 의식적인 접근이 가능하다.
(2) 비합리적 신념은 주요한 정서적, 행동적 문제에 영향을 미치는 핵심적인 역할을 한다.
(3) 비합리적 신념을 변화시킴으로써 역기능적 감정과 행동을 효과적으로 변화시킬 수 있다. 이러한 인지적 변화는 다른 영역으로 확산될 수 있는 반면, 정서나 행동만의 변화는 제한적인 영향을 지닌다.
(4) 신념체계의 변화는 특정한 심리적 문제를 완화시킬 뿐만 아니라 미래에 겪을 수 있는 고난과 역경에 건강하게 대처할 수 있게 해준다.
(5) 인지적 변화는 비교적 단기간에 빨리 일어날 수 있다. 반면에 정서나 행동의 변화는 인지의 경우보다 더 많은 시간과 노력을 필요로 한다.

3) ABC 모델

인간은 합리성과 비합리성의 양면성을 지닌 존재이다. 인간은 합리적인 사고를 할 수도 있고 비합리적인 왜곡된 사고를 할 수도 있는 가능성을 모두 지니고 태어난다. 인간은 행복을 추구하며 자신을 성장시키고 다른 사람들과 긍정적인 관계를 맺으려는 경향성을 지니는 반면, 참을성 없이 충동적인 행동을 통해 자신을 파괴하고 실수를 반복하며 다른 사람과 갈등적인 관계를 맺는 경향성도 지니고 있다. 이러한 경향성은 생득적인 생물학적 요인과 후천적인 사회환경적 요인에 의해서 영향을 받으며 개인에 따라 차이가 있다. 비합리적인 사고의 경향성이 높은 사람일수록 건강하지 못한 부정적 정서와 부적응을 겪게 될 가능성이 커진다. 즉, 인간의 비합리성은 개인을 정서적 고통과 혼란에 빠지게 하는 취약성의 바탕이 되며, 비합리적 사고와 신념은 고통과 혼란을 유발하는 직접적인 원인이 된다. 이러한 인간의 감정과 행동을 설명하는 REBT 성격이론의 핵심이 바로 ABC 모델이다.

인간의 삶은 기본적으로 환경적 조건에 대한 적응과정으로서 다양한 외부자극에 대한 정서적 또는 행동적 반응으로 구성된다. 인간은 지적인 존재로서 외부자극을 해석하고 평가하여 그에 대한 반응을 결정한다. REBT는 인간의 주요한 세 심리적 기능인 인지, 정서, 행동이 서로 밀접하게 상호작용함을 강조하지만 특히 인지의 역할에 초점을 맞추고 있다.

ABC 모델은 인간의 인지, 정서, 행동의 관계에 대해서 단순하면서도 명쾌한 설명을 제공하고 있다. A는 생활환경에서 일어나는 촉발사건(Activating events)을 의미하며 선행사건(Antecedent events) 또는 역경(Adversity)을 뜻하기도 한다. 이는 어떤 정서나 행동을 촉발하는 외부적 자극으로서 시험에 떨어지거나 타인에게 비판을 당하거나 실직하는 것과 같은 사건을 의미한다. B(Beliefs)는 이러한 사건의 의미를 해석하고 평가하는 데 사용하는 신념을 뜻한다. 이러한 신념은 합리적인 것일 수도 있고 비합리적인 것일 수도 있다. C(Consequences)는 촉발사건에 대한 반응으로 개인이 나타내는 정서적 또는 행동적 결과를 의미한다. [그림 6-1]에서 볼 수 있듯이, ABC 모델의 핵심은 신념이라는 인지적 요인이 촉발사건과 결과적 반응을 매개한다는 것이다. "사람들은 사건 자체가 아니라 사건에 대한 생각에 의해서 고통을 받는다."는 Epictetus의 주장을 구체화한 모델이라고 할 수 있다.

[그림 6-1] ABC 모델

ABC 모델이 의미하는 바를 좀 더 정교하게 이해할 필요가 있다. ABC 모델은 [그림 6-1]과 같이 A→B→C의 인과적 관계를 나타내는 것으로 이해할 수도 있지만, Ellis와 MacLaren(1995)이 제시하고 있듯이 A×B=C로 이해될 수도 있다. A×B=C의 설명방식은 신념이 매개적 역할을 하기보다 촉발사건의 영향을 중재하는 역할을 하는 것으로 본다. B가 A와 C의 관계에서 매개역할(mediating role)을 하는지 아니면 중재역할(moderating role)을 하는지에 대한 논란은 신념(Belief)이라는 모호한 개념에서 비롯된 것이다. 즉, B는 선행사건 A에 대한 해석을 반영하는 사고로서 A에 의해 촉발된 것인가 아니면 개인이 선행사건이 이전부터 지니고 있는 신념으로서 A의 해석에 영향을 미치는 것인가? Ellis는 이러한 물음에 대해서 명확한 견해를 피력하지 않은 채 신념의 의미를 넓게 해석하여 두 가지의 인지를 모두 포함하는 것으로 간주하고 있다.

다음 장에서 소개하게 될 Beck의 인지치료는 인지를 자동적 사고와 역기능적 신념으로 구분하고 있다. 자동적 사고는 사건에 의해 촉발된 인지적 산물로서 매개역할을 하는 반면, 역기능적 신념은 개인이 평소에 지니고 있는 인지적 구조로서 중재역할을 한다. Ellis와 Beck은 모두 인지의 중요성을 강조했지만, Beck은 인지적 요인을 세분하여 각각의 기능을 구체적으로 설명하고 있다. 반면에 Ellis는 개인의 삶에 영향을 미치는 비합리적 신념의 내용을 구체적으로 밝히고 이를 철학적 관점에서 좀 더 합리적인 것으로 변화시키도록 하는 데에 깊은 관심을 지녔다. 요컨대, Ellis 스스로 명백히 밝히지는 않았지만 ABC 모델에서 B가 의미하는 바는 사건의 해석내용을 반영하는 사고(thoughts)와 사건의 해석에 영향을 미치는 신념(beliefs)으로 구분해서 이해할 필요가 있다. 예컨대, 시험에서 낙방한 사건에 대해서 "나는 무능하고 무가치한 존재이다."라는 부정적 생각을 하게 되어 심한 우울감을 느끼게 되었다면, 그러한 생각은 사건의 의미를 과장하여 해석한 것으로서 매개역할을 하는 것으로 이해될 수 있다. 그러나 평소에 "나는 내가 추구하는 일에서 항상 성공을 거두어야 한다."는 당위적 신념을 지닌 사람은 동일한 낙방 사건으로 인해서 더 강한 충격과 우울감을 느낄 것이며, 이러한 당위적 신념은 낙방의 심리적 충격을 강화하는 중재역할을 하는 것으로 이해될 수 있다.

4. 정신병리 이론

Ellis는 심리적 부적응과 정신장애의 근본적 원인은 비합리적 신념에 있다고 보았다. 그는 부적응 문제를 지닌 내담자들이 지니고 있는 비합리적 신념의 내용을 밝히고 그것을 합리적으로 변화시키는 데에 초점을 맞추었다. Ellis는 정신장애나 문제 유형에 따라 비합리적 신념의 내용이나 특성이 다르다고 생각하지 않았다.

1) 비합리적 신념

Ellis(1996)의 공헌은 인간을 부적응으로 몰아가는 비합리적 신념의 구체적인 내용을 제시하고 있다는 점이다. REBT에 따르면, 인간이 심리적 부적응과 장애를 나타내는 주요한 원인은 비합리적 신념이다. 비합리적 신념은 자신, 타인 그리고 세상에 대한 비현실적인 기대와 요구를 의미한다. 이러한 비합리적 신념은 '반드시 ～해야 한다(musts, shoulds).'라는 절대적이고 완벽주의적인 당위적 요구의 형태를 띠고 있다. 그에 따르면, 비합리적 신념은 자신, 타인, 세상에 대한 당위적 사고의 세 가지 범주로 구분될 수 있다.

첫째는 자신에 대한 당위적 요구(self-demandingness)로서 스스로 자기 자신에게 현실적으로 충족되기 어려운 과도한 기대와 요구를 부과하는 것이다. 그 대표적인 예는 "나는 반드시 탁월하게 일을 수행해내야 한다." "다른 사람들로부터 인정과 칭찬을 받아야 한다." "그렇지 않으면, 나는 무능하고 무가치하며 고통을 받는 것이 마땅하다."와 같은 신념이다. 이러한 비합리적 신념으로 인해서 사람들은 해야 할 일을 자꾸 미루거나 불만족스러워하고 불안과 우울을 경험하게 되며 자기비난과 자기혐오에 빠지게 된다. 인간은 누구나 실수하거나 실패할 수 있기 때문에 이러한 신념은 현실에서 실현되기 어려운 비합리적 신념이다. 또한 자신에게 부과한 당위적 요구에 의해서 부적응적인 결과를 초래하기 때문에 이러한 신념은 비합리적일 뿐만 아니라 자기패배적인 것이라고 할 수 있다. 이러한 신념은 대부분 흑백논리와 과잉일반화의 오류를 내포하고 있다.

둘째는 타인에 대한 당위적 요구(other-demandingness)이다. 이것은 개인이 타인에게 지니는 과도한 기대와 요구로서 타인이 그러한 기대에 따르도록 일방적으로 요구하는 신념을 의미한다. 그 대표적인 예는 "사람들은 항상 나에게 친절하고 공평하게 대해야 한다." "진정한 친구라면 항상 내편을 들어줘야 한다." "그렇지 않으면, 그들은 존중할 가치가 없는 나쁜 사람들이며 징벌을 받아 마땅하다."와 같은 신념이다. 이런 과도한 기대와 신념은 필연적으로 실망, 좌절, 배신과 같은 마음의 상처를 가져올 뿐만 아니라 타인에 대해서 분노, 적개심, 질투, 폭력을 초래하게 된다. 이러한 신념은 개인의 특정한 행동보다 개인의 인격 전체를 싸잡아 부정적으로 매도하게 만든다. 인간은 누구나 실수로 타인에게 부당한 행동을 할 수 있기 때문에 이러한 신념은 비현실적인 것이라고 할 수 있다. 이러한 비합리적 신념은 분노, 증오, 불화를 유발할 뿐만 아니라 극단적인 경우에는 전쟁이나 민족말살과 같은 인류의 비극을 초래하기도 한다.

마지막 세 번째는 세상에 대한 당위적 요구(world-demandingness)로서 우리가 살아가는 사회정치적 체제뿐만 아니라 자연세계에 대한 비현실적인 과도한 기대를 의미한다. 예컨대, "우리 사회는 항상 공정하고 정의로워야 한다." "우리가 사는 세상은 안전하고 편안하며 즐거운 곳이어야 한다." "세상은 항상 반드시 내가 원하는 대로 돌아가야 하며 나의 노력에 즉각적인 보상을 주어야 한다." "자연세계는 결코 우리에게 부당한 피해를 주어서는 안 된다." "그렇지 않으면, 세상은 혐오스럽고 공포스러운 참을 수 없는 곳이다."와 같은 신념을 뜻한다. 이러한 신념은 세상에 대한 막연한 분노와 공포, 비관적이고 소극적인 행동, 우울과 자기연민을 초래하게 된다. 그러나 세상은 항상 우리가 원하는 대로 움직이지 않기 때문에 이러한 신념은 비현실적이다. 이러한 신념은 좌절에 대한 인내력을 고갈시키고 우울과 무기력감을 느끼게 하며 일에 대한 의욕을 저하시켜 지연행동을 유발한다. 이러한 신념을 지닌 사람들은 자신의 당위적 요구대로 돌아가지 않는 세상에 대해 분노를 느끼거나 원망과 저주를 할 수도 있다.

당위적 요구는 실현되기 어려운 비현실적인 것일 뿐만 아니라 필연적으로 좌절을 초래하여 건강하지 못한 부정적 감정과 행동을 유발함으로써 우리의 삶을 부적응적인 것으로 몰아가기 때문에 비합리적인 것이라고 할 수 있다. 이러한 비합리적 신념은 우리 자신과 타인 그리고 세상에게 비현실적인 것을 과도하게 요구함으로써 우리의 삶을 고통스럽고 불행한 것으로 몰아가게 된다. Ellis에 따르면, 이러한 절대적이고 당위적인 신념이야말로 인간이 겪는 정서적 문제의 근원이라고 보았다. Karen Horney 역시 '당위적 요구의 폭정(tyranny of the shoulds)'을 신경증의 핵심이라고 보았다. 이러한 당위적 요구는 인간의 선천적 비합리성에 기인할 뿐만 아니라 사회적 환경으로부터 주입된 것이다. 인간은 누구나 어느 정도의 비합리적 신념을 지니고 있다. 다만 이러한 신념의 현실성과 합리성을 재평가하지 않은 채 행동하거나 스스로에게 계속 주입함으로써 비합리적인 신념이 지속되거나 강화될 수 있다. 비합리적 신념의 변화는 가능하지만 쉽지 않기 때문에 꾸준한 노력과 연습을 통해서만 변화될 수 있다. Ellis(2000)는 "인간은 누구나 어느 정도의 당위적 요구(demandingness)를 지니고 태어나며 길러진다. 따라서 오직 고된 노력을 통해서만 이러한 당위적 요구를 건강한 소망으로 바꿀 수 있다."고 언급한 바 있다.

2) 비합리적 사고

심리적 장애의 ABC 모델에 따르면, 역기능적인 부정적 감정이 일어날 때 다양한 비합리적 신념과 사고가 영향을 미친다. 그중에서 가장 중요한 영향을 미치는 것이 핵심 비합리적 신념(core irrational belief)이다. 이러한 핵심 비합리적 신념은 다음과 같은 네 유형의 사고를 통해서 단계적으로 부정적 감정을 유발하게 된다.

그 첫째는 절대적인 강요와 당위(absolutistic musts and shoulds)로서 앞에서 설명한 당위적 요구를 의미한다. Ellis는 이러한 당위적 요구를 모든 정서적 문제의 근원이라고 보았다. 인간은 스스로 자기 자신과 타인 그리고 세상에 대해서 비현실적인 과도한 기대를 만들어서 그것을 일방적으로 부과할 뿐만 아니라 반드시 지키도록 요구하고 강요한다. 이것은 마치 스스로 다양한 계율을 만들어 자신뿐 아니라 타인에게 일방적으로 강요하는 폭군의 행위와 같은 것이라고 할 수 있다. 이러한 당위적 요구는 다양한 비합리적 사고과정을 통해서 건강하지 못한 부정적 감정을 유발하게 된다.

두 번째의 비합리적 사고는 파국화(awfulizing)이다. 이것은 당위적 요구가 충족되지 않았을 때 그러한 현실의 결과를 과장되게 해석하는 것이다. 예컨대, "진정한 친구라면 항상 내편을 들어주어야 한다."라는 당위적 요구를 부과했지만 친구가 자신의 편을 들지 않거나 상대방을 지지하는 경우에 "이것은 친구에 대한 배신행위이다." "이것은 있을 수 없는 심각한 일이다." "매우 중요한 끔찍한 일이다."라고 과장되게 해석하여 생각하는 것이다.

셋째는 좌절에 대한 낮은 인내력(low frustration tolerance)으로서 당위적 요구가 좌절된 상황을 참을 수 없다고 생각하는 비합리적 사고를 의미한다. 흔히 "이것은 도저히 참을 수 없다(I-can't-stand-it)."는 형태의 사고로 나타난다. 예컨대, 내편을 들어주지 않은 친구의 배신행위는 "도저히 참을 수 없다." "이런 일을 그냥 참고는 살 수 없다."고 생각하는 것이다. 즉, 자신의 기대가 좌절된 상황은 너무 불쾌해서 도저히 참으며 살 수 없다는 비합리적인 사고를 뜻한다. 특히 이러한 비합리적 사고에 의한 다양한 심리적 문제는 '좌절 또는 불편감에 대한 인내력 장애'라고 일컬어지기도 한다.

마지막 넷째는 자신과 타인에 대한 질책(damming oneself and others)이다. 당위적 요구를 충족시키지 못한 자신과 타인은 무가치할 뿐만 아니라 비난받거나 질책당해야 한다는 비합리적인 사고를 뜻한다. 예컨대, 내편을 들어주지 않은 친구의 있을 수 없는 배신행위는 도저히 참을 수 없는 일일 뿐만 아니라 "그런 배신행위를 한 인간은 몹쓸 인간이다." "친구도 아니며 비난받아 마땅하다." "그런 사람을 친구라고 생각하다니 내가 참 한심하다."라고 생각하는 경우이다. 이러한 사고는 타인에 대한 분노,

비판, 경멸, 공격행위와 더불어 자기비하와 자기질책으로 이어지게 된다.

이러한 네 가지의 핵심 비합리적 사고는 비현실적인 당위적 요구가 과도한 부정적 감정과 행동으로 이어지는 인지적 과정을 보여주고 있다. 달리 말하면, ABC 모델에서 촉발사건 A(자신의 편을 들지 않은 친구의 행동)가 결과적 감정 C(분노, 경멸, 자기비하)를 유발하는 인지적 과정 B에 개입되는 비합리적 사고를 구체적으로 잘 보여주고 있다. 이러한 비합리적 사고를 포착하여 변화시키는 것이 REBT 치료자의 주요한 과제다.

이 밖에도 내담자가 나타내는 정서적 문제에는 다양한 유형의 비합리적 사고가 개입한다. REBT 치료자들은 다음과 같은 일반적인 비합리적 사고의 유형을 제시하고 있다(Walen, DiGiuseppe, & Wessler, 1980). (1) 흑백논리로 사고하기(all-or-none thinking), (2) 잘못된 결론으로 비약하기(jumping to conclusion and non sequiturs), (3) 미래를 함부로 예언하기(fortune telling), (4) 부정적인 것에 초점 맞추기(focusing on the negative), (5) 긍정적인 것을 무시하기(disqualifying the positive), (6) 전체로 싸잡아 평가하기(allness and neverness), (7) 의미 축소하기(minimization), (8) 기분에 따라 함부로 추론하기(emotional reasoning), (9) 이름 붙이기와 과잉일반화(labeling and overgeneralization), (10) 개인화(personalization), (11) 잘못된 근거로 주장하기(phonyism), (12) 완벽주의(perfectionism).

3) 정신장애의 ABC 모델

인간은 합리적인 사고를 하는 성향을 지니고 있지만 또한 비합리적인 사고를 하는 강력한 경향성도 지니고 있다. 개인의 비합리적 성향은 생물학적 또는 사회환경적 요인에 따라 각기 다르기 때문에 생활 속에서 고통과 불행을 느끼게 되는 정도도 사람마다 다르다. 정신적으로 건강한 사람과 병리적 사람들의 유일한 차이점은 비합리적 신념을 신뢰함으로써 스스로를 정서적으로 고통스럽게 만드는 빈도와 강도의 차이이다.

심리적 장애가 유발되는 과정은 [그림 6-2]와 같이 ABC 모델을 통해 설명될 수 있다. 인간은 누구나 일상생활 속에서 다양한 사건들(A)을 경험한다. 이러한 크고 작은 생활사건에는 긍정적인 것뿐만 아니라 부정적인 것들이 존재한다. 합리적인 사고(rB)를 하는 사람은 설혹 부정적인 생활사건을 겪더라도 그에 적합한 부정적 정서를 경험하게 되며 적응적인 행동을 나타내게 된다. 반면에 비합리적 신념(iB)을 지닌 사람들은 생활사건의 의미를 부정적으로 과장하거나 왜곡함으로써 건강하지 못한 부정

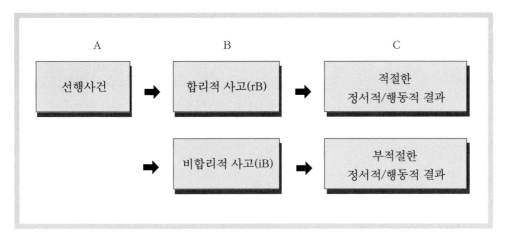

[그림 6-2] ABC의 확장된 모형

적 정서와 자기파괴적인 행동(C)을 나타내게 된다. 특히 당위적인 요구를 지닌 사람들은 일상생활 속에서 많은 실망과 좌절을 경험하게 될 것이다. 또한 다양한 생활사건의 의미를 비합리적 사고로 해석하게 되면 강렬한 부정적 정서를 경험하게 될 것이다. 이처럼 심리적 장애가 부정적인 환경과 사건에 의해서 유발되는 것이 아니라 생각하는 방식의 비합리성에 의해서 생겨난다는 것이 REBT의 기본적인 입장이다.

실제의 현실 속에서는 ABC 과정이 연쇄적으로 복잡하게 나타나게 된다. Ellis는 개인이 처음에 경험하는 정서적 문제로 인해서 이차적인 정서적 문제가 유발되거나 파생될 수 있다고 강조하고 있다. 이러한 과정을 〈표 6-1〉에 제시된 ABC 모델에 따라 설명하면, 내담자가 최초로 경험한 결과적 정서와 행동(C_1)이 새로운 선행사건(A_2)이 되어 또 다른 ABC 과정을 일으킨다는 것이다(Ellis, 1984; Ellis & Bernard, 1985). 즉, 이차적 문제는 '문제로 인한 문제' 혹은 '장애로 인한 장애'를 의미한다. 예를 들면, 내담자들은 자신의 불안증상으로 인해 더욱 우울하게 느끼며 이러한 우울감은 그들을 더욱 불안하게 만드는 악순환을 초래할 수 있다. 실제로 내담자들이 이러한 연쇄적인 또는 악순환적인 과정에 의해서 심리적 문제를 악화시키는 경우가 흔하다.

REBT에서는 심리적 장애가 유발되는 일반적인 과정을 제시하고 있을 뿐 특정한 장애(예: 강박장애, 공포증, 섭식장애 등)의 원인을 구체적으로 제시하고 있지 않다. 그보다는 특정한 장애에 대한 치료사례와 각각에 적용되는 기법들에 대해 많은 자료를 제공하고 있다. Beck의 인지치료 이론이 특정한 장애의 기저에 있는 역기능적 신념과 자동적 사고를 구체적으로 설명하고 있는 것과는 달리, REBT는 심리적 장애 별로

표 6-1 2차적 문제의 발생과정

사건(A_1)	내담자의 어머니가 계속 내담자의 행동에 대해서 불평을 한다.
합리적 사고(rB_1)	"나의 어머니가 이런 식으로 행동하지 않았으면 좋겠다."
비합리적 사고(iB_1)	"나는 어머니의 그런 행동을 좋아하지 않기 때문에 어머니는 그런 식으로 행동을 하면 절대 안 된다."
정서적/행동적 결과(C_1)	어머니에게 화를 내고 소리를 지른다.

2차적 사건(A_2)	내담자가 화를 내고 소리를 지른다.
2차적 합리적 사고(rB_2)	"나는 나의 화를 좀 가라 앉혔으면 좋겠다."
2차적 비합리적 사고(iB_2)	"나는 반드시 화를 참아야만 한다. 만약 그렇게 하지 못하면 나는 정말로 어머니와 똑같이 한심한 인간이다."
2차적 결과(C_2)	자기 자신에 대해서 분노와 수치심을 느낀다.

특정한 내용의 비합리적 신념이 존재한다고 가정하지는 않는다. 다만 핵심적인 비합리적 신념들이 다양한 장애를 일으키는 것으로 설명하고 있다.

5. 치료 이론

1) 치료의 목표와 원리

REBT의 전반적인 목표는 내담자가 정서적 고통과 자기패배적인 행동을 줄여서 자신의 잠재능력을 효율적으로 발휘하고 나아가 더 행복한 존재가 되도록 돕는 것이다. 이를 위해서 치료자는 내담자가 합리적으로 사고함으로써 적절한 감정을 느끼고 행복한 삶의 목표를 달성하는 데 효과적으로 행동하도록 돕는다. 즉, 내담자가 합리적인 인지, 정서, 행동을 나타내는 사람이 되도록 돕는 것이다. REBT는 궁극적으로 내담자가 자신의 삶을 고통스럽게 만드는 비합리적 사고를 극복하고 인생에 대한 철학적 변화를 통해서 자신이 원하는 삶을 효율적으로 영위하는 것을 목표로 하고 있다.

REBT의 치료원리는 간단하고 명료하다. 내담자가 지닌 비합리적 신념을 찾아내어 논박함으로써 좀 더 합리적인 신념을 지니도록 변화시키는 것이다. 이러한 치료과정을 ABCDEF 모델로 제시하고 있다. [그림 6-3]에 제시되어 있듯이, 치료자는 내담자로 하여금 부정적 감정과 행동(C)을 경험하게 만드는 비합리적 신념(B)을 찾아내어 논박(D: Disputing)함으로써 합리적인 신념에 근거한 효과적인 철학(E: Effective philosophy)을 갖게 하여 좀 더 적응적인 새로운 감정과 행동(F: new Feelings and behaviors)을 경험하도록 변화시킨다.

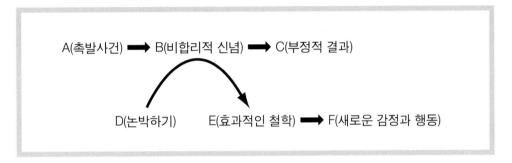

[그림 6-3] REBT의 ABCDEF 모델

ABCDEF 모델에 따른 치료과정을 좀 더 자세하게 설명하면 다음과 같다. 먼저, 치료자는 내담자가 부적응 문제를 나타내는 심리적 과정을 ABC 모델에 따라 명료하게 이해한다.

(A) 촉발사건(activating events): 첫 단계는 내담자에게 부정적 감정을 유발한 촉발사건(A)을 포착하여 구체적으로 확인하는 것이다.

(B) 신념(beliefs): 다음 단계는 촉발사건에 대한 내담자의 신념(B)을 탐색하여 찾아내는 것이다. 이러한 신념은 합리적인 것일 수도 있고 비합리적인 것일 수도 있다. 개인은 자신의 의지와 상관없이 일어나는 외부사건에 대해서는 선택권이 제한되어 있지만, 그러한 사건에 대한 신념에 대해서는 많은 선택권을 지니고 있다. 내담자의 비합리적 신념을 변화시키려고 노력하기 전에 치료자는 그러한 신념을 명료하게 확인하고 평가하는 것이 중요하다.

(C) 결과(consequences): C는 비합리적 신념의 결과로 나타난 부정적 감정과 행동을 뜻한다. 촉발 사건은 그 자체로 부정적인 결과를 만들어낼 수도 있고 사건에 대한 비합리적 신념이 결과적 감정을 유발할 수도 있다. 신념이 비합리적인 경우 그 결과들은 건강하지 않은 감정과 자기파괴적인 행동으로 나타나기

쉽다. 실제의 치료과정은 내담자가 호소하는 부정적 감정(C)에서 출발하여 그러한 감정을 촉발한 사건(A)을 확인하고 그 사건과 부정적 감정을 중간에서 매개한 신념(B)을 찾아내는 순서로 진행되는 것이 일반적이다. 어떤 방식이든, 치료자는 내담자의 부적응 문제를 A-B-C 모델로 명료하게 이해하는 것이 중요하다. 특히 부적응 문제를 야기하는 비합리적 신념을 구체적으로 파악하여 그것에 치료적 초점을 맞추는 것이 중요하다.

(D) 논박하기(disputing): REBT의 핵심은 논박을 통해서 내담자가 지니고 있는 신념의 합리성을 평가하고 비합리적인 신념을 합리적인 것으로 변화시키는 것이다. 논박은 마치 철학자들이 토론을 하듯이 어떤 신념의 타당성을 다양한 관점에서 평가하는 대화과정을 의미한다.

(E) 효과적인 철학(effective philosophy): 치료자는 논박을 통해서 내담자가 비합리적인 신념을 포기하고 좀 더 합리적인 신념을 발견하도록 돕는다. 이러한 과정을 통해서 치료자는 내담자가 자신의 삶을 적응적인 것으로 변화시킬 수 있는 새로운 신념체계, 즉 효과적인 철학을 형성하도록 돕는다.

(F) 새로운 감정과 행동(new feelings and behaviors): 내담자가 합리적인 신념을 발견하고 삶에 대한 효과적인 철학을 갖게 되면 새로운 감정과 행동을 나타내게 된다. 즉, 과거에는 부정적인 감정을 느꼈던 사건에 대해서 좀 더 적절하고 긍정적인 감정을 경험할 뿐만 아니라 효과적인 행동을 나타내게 됨으로써 내담자의 삶이 점차 적응적인 것으로 변화하게 된다.

ABCDEF 모델은 단순하고 직선적인 듯이 보이지만, 비합리적인 신념을 합리적인 것으로 변화시키는 과정은 상당히 도전적이며 복합적인 과정이다. 이러한 변화를 위해서 치료자는 신중하게 선택된 치료기법을 노련하게 적용해야 할 뿐만 아니라 내담자의 적극적인 노력이 필요하다. 하지만 내담자가 자신의 비합리적 신념에 집착하며 변화에 저항하는 경우도 많다. 사람들은 변화라는 새로움의 낯선 불편감을 감수하기보다 익숙한 불쾌감의 편안함에 머무르려는 경향이 있기 때문이다(Ellis & Dryden, 1997).

2) 치료기법

REBT의 강점은 치료원리가 명료할 뿐만 아니라 치료기법이 구체적이고 다양하다는 점이다. REBT는 비합리적 신념의 변화에 초점을 맞추고 있지만 인지, 정서, 행동이 상호작용한다는 점을 인정하고 인지의 변화뿐만 아니라 정서와 행동의 변화를 유도하는 다양한 기법을 제시하고 있다(Ellis & MacLaren, 1995).

(1) ABC 기법: 비합리적 신념 포착하기

ABC 기법은 내담자가 고통을 느끼는 문제 상황을 정밀하게 분석하여 비합리적인 신념을 포착하는 방법이다. 내담자는 자신의 주된 문제로 고통스러운 감정(예: 우울, 불안, 분노)이나 자기패배적 행동(예: 과제 회피, 미루기, 과도한 분노표현이나 공격행동)을 호소한다. 이러한 부적응적인 감정과 행동은 비합리적인 신념에 의해서 유발되는 경우가 대부분이다.

우선, 내담자가 가장 고통스러워하는 부적응적인 감정과 행동(C)을 선택하여 구체화한다. 어떤 감정과 행동이 내담자의 부적응에 가장 중요한지를 명료화한다. 다음에는 그러한 부정적 감정을 느끼거나 부적응 행동을 나타낸 상황이나 사건(A)을 가능한 한 객관적으로 기술하게 한다. 내담자는 사건에 대한 평가가 이미 개입된 형태로 사건을 기술하는 경우가 많다. 따라서 그 사건을 목격한 제3자의 입장에서 동의할 수 있을 정도로 사실적이고 객관적인 형태로 사건을 탐색하는 것이 중요하다. 예컨대, 내담자는 분노를 경험한 사건을 "친구가 저를 무시하는 말을 했어요."라고 기술할 수 있다. 그러나 '무시'라는 단어에는 이미 해석과 평가가 포함되어 있다. 이 경우에 친구가 "너와 나는 성격이 다르잖아. 이런 일은 너보다 내가 더 잘할 수 있을 것 같아." 라고 말한 것이 A에 해당한다.

다음에는 A-B-C에서 B에 해당하는 신념과 사고를 탐색한다. 즉, 이미 확인된 A와 C를 연결하는 B를 찾아내는 것이다. 사건(A)을 어떤 의미로 생각했는지, 그 당시에 어떤 생각을 했는지, 그 상황에서 C를 유발한 생각은 무엇이었는지 등과 같은 다양한 질문을 통해서 B를 탐색한다. B를 파악하게 되면, 내담자가 A라는 상황에서 C라는 부정적 감정을 느끼게 된 이유가 분명하게 이해될 수 있다.

일반적으로, 비합리적인 신념은 다음과 같은 네 가지의 특성을 지닌다. ① 비합리적인 신념은 사실과 다르다. 즉, 현실을 과장하거나 왜곡한 것이다. ② 비합리적인 신념은 강요나 명령의 형태를 지닌다. 특히 현실에서 충족되기 어려운 과도한 요구를 포함하고 있다. ③ 비합리적인 신념은 과도한 감정을 유발한다. 상황에 부적절하게 강렬한 부정적 감정을 유발하는 신념은 비합리적인 것이다. ④ 비합리적인 신념은 개인의 목표를 달성하는 데 도움을 주지 못한다. 이러한 신념은 자기패배적 행동을 유발하여 목표 달성을 방해하는 결과를 초래한다. 이에 반해서, 합리적인 신념은 사실에 근거하고, 절대주의적이거나 당위적이지 않으며, 적당한 정도의 온건한 감정을 유발하고, 개인의 목표를 달성하는 데 도움을 준다.

(2) 비합리적 신념 논박하기

REBT의 가장 핵심적인 치료기법은 내담자의 비합리적 신념을 포착하여 논박하는 것이다. 논박하기(disputing)는 내담자로 하여금 자신이 지닌 신념의 타당성과 유용성을 평가하도록 돕는 적극적인 개입방법이다. 논박하기는 다음과 같이 다양한 방식으로 이루어질 수 있다.

그 첫째는 소크라테스식 문답법(Socratic questioning)으로서 치료자가 다양한 질문을 던짐으로써 내담자가 스스로 자기신념의 비합리성을 깨닫도록 유도하는 방법이다. REBT 치료자들은 다음과 같은 다섯 가지 유형의 질문을 통해서 내담자의 변화를 유도한다(Gandy, 1995).

① 논리적 논박: 그러한 신념이 타당하다는 논리적 근거는 무엇인가? 그렇게 생각하는 것은 논리적인 비약이 아닌가?

② 경험적 논박: 그러한 신념이 타당하다는 사실적 또는 경험적 근거는 무엇인가? 그렇게 생각할 만한 현실적인 근거가 있는가?

③ 실용적/기능적 논박: 그러한 신념은 당신이 추구하는 목적을 달성하는 데 도움이 되는가? 당신의 기분을 좋게 만드는 데 도움이 되는가? 당신의 인간관계를 긍정적으로 만드는 데 어떤 도움이 되는가?

④ 철학적 논박: 그러한 신념이 과연 당신을 행복하게 하는가? 당신의 인생에 있어서 어떤 의미를 지니고 있는가?

⑤ 대안적 논박: 이 상황에서 좀 더 타당한 대안적인 신념은 없는가? 당신의 삶을 효과적으로 만드는 합리적인 신념은 무엇인가?

둘째는 설명식의 논박법(didactic disputing)이다. 이것은 '강의식' 설명을 통해서 내담자의 비합리적 신념을 논박하여 변화시키는 적극적인 방법이라고 할 수 있다. 치료자는 REBT의 다양한 개념을 소개하고 합리적 신념과 비합리적 신념의 차이점을 설득력 있게 설명함으로써 내담자가 비합리적 신념을 인식하고 합리적 신념으로 대체하도록 돕는다. 때로는 비유나 우화와 같은 은유적 방식을 통해서 신념의 비합리성을 설명할 수도 있다.

셋째는 풍자적 방법(humorous style)으로서 내담자의 신념을 과장하거나 우스꽝스러운 것으로 희화화함으로써 그러한 신념의 비합리성을 깨닫게 하는 방법이다. 역설적 의도기법과 마찬가지로, 내담자의 비합리적 신념을 직접적으로 논박하기보다 그 신념을 더욱 강한 형태로 우스꽝스럽게 과장함으로써 그 신념의 비합리성을 깨닫게 하는 방법이다. Ellis는 "시험에 낙방한 것은 참을 수 없는 끔찍한 일"이라고 우기는 내담자에게 풍자적 방법으로 다음과 같이 응수했다. "맞아요! 그건 끔찍한 일일뿐만 아니라 당신이 앞으로 어떻게 살아갈 수 있을지 걱정되네요. 그건 내가 들은 최악의 뉴스네요! 너무 끔찍해서 차마 입에 담기가 힘드네요. 다른 이야기로 넘어갑시다! 어서 빨리요!" 이러한 방법을 사용할 때는 반드시 내담자 자체가 아니라 그의 생각을 웃음거리로 만들어야 한다.

마지막으로 대리적 모델링(vicarious modeling)을 통해 논박하는 방법도 있다. 치료자는 내담자와 유사한 사건을 경험했지만 심각한 정서적 문제없이 살아가거나 오히려 성장의 기회로 승화시킨 사람들을 모델로 예시할 수 있다. 그들이 심각한 부적응을 경험하지 않는 이유는 내담자와 같이 비합리적 신념을 지니고 있지 않기 때문이라는 점을 강조한다. 이러한 대리적 모델링을 통해서 내담자에게 많은 통찰을 전달할 수 있다. 즉, 내담자는 자신과 마찬가지로 불운한 사건을 겪었음에도 불구하고 합리적 신념을 통해서 꿋꿋하게 잘 살아가는 사람들이 많음을 깨달을 수 있다.

논박하기는 비합리적 신념을 변화시키는 매우 중요한 기법이다. 대부분의 사람들은 자신의 삶에 강력한 영향을 미치는 특별한 신념들을 지니고 살아가지만 이러한 신념을 자각하지 못할 뿐만 아니라 그러한 신념의 논리성, 현실성, 실용성에 대해서 거의 의문을 제기하지 않는다. 또한 이러한 신념들은 일상생활에서 너무 자주 개입되기 때문에 그 영향력을 인식하지 못하는 동시에 그 비합리성을 깨닫지 못하는 경우가 많다. 논박하기는 내담자의 삶을 부적응적인 것으로 몰아가는 비합리적 신념을 포착하여 변화시키는 REBT의 핵심적 기법이다.

REBT의 대표적인 인지적 기법은 이상에서 살펴본 것처럼 비합리적 신념을 찾아 논박하는 것이다. 이 밖에도 내담자가 치료시간 외에 개인적으로 자신의 비합리적 신념을 찾아 논박하고 합리적 신념을 찾아보는 인지적 과제(예: [그림 6-4]에 제시된 REBT의 자가치료 양식)를 주는 방법, 내담자가 치료시간의 녹음을 들으며 자신의 사고에 대해서 객관적으로 바라보게 하는 방법, 독서나 심리교육적 활동(예: 시청각 자료 보기, 강연이나 워크숍 참가하기)을 통해 내담자가 자기문제에 대한 이해를 높이도록 하는 방법 등 다양한 인지적 기법이 사용되고 있다.

A(촉발사건 또는 역경)	C(정서적/행동적 결과)
	건강하지 못한 부정적 정서: 자기파괴적인 행동:

* 당신이 고통을 느끼는 상황을 간략히 요약한다.
* A는 현실적 사건이거나 내면적 상상일 수도 있다.
* A는 과거, 현재 또는 미래의 사건일 수 있다.

* 건강하지 못한 부정적 정서의 예:
  - 불안, 우울, 분노, 좌절감, 수치심,
    당혹감, 질투심, 죄책감 등

iBs(비합리적 신념)	D(비합리적 신념에 대한 논박)	E(효율적인 새로운 철학)	F(새로운 감정과 행동)
			새로운 건강한 부정적 정서 새로운 건설적인 행동

* 비합리적 신념의 특징
- 독단적 요구(해야 한다)
- 파국화(끔찍하다)
- 좌절에 대한 낮은 인내
- 자기/타인 질책

* 논박을 위한 유익한 물음
- 이 신념이 유익한 것인가?
- 이 신념의 지지근거는 무엇인가?
- 이 신념은 논리적인 것인가?
- 나는 정말 그것을 견딜 수 없는가?

* 합리적인 생각의 특징
- 비독단적인 바람이나 소망
- 끔찍하기보다 나쁜 것으로 평가
- 좌절감에 대한 높은 인내
- 자기/타인 질책 수용

* 건강한 부정적 정서
- 실망, 염려, 초조함,
  슬픔, 유감 등

[그림 6-4] REBT의 자가치료 양식(Ellis, 1996)

(3) 정서적/체험적 기법

REBT 치료자들은 인지적 개입을 보완하고 강화하기 위해서 다양한 정서적/체험적 기법을 사용한다. 이러한 기법들은 비합리적 신념을 다루기보다 인지적 기법을 통해 얻은 긍정적 변화를 더욱 강화하고 확대하기 위한 것이다.

합리적 정서 심상법(rational emotive imagery: REI)은 REBT 치료자들이 심상을 활용하여 개입하는 가장 대표적인 정서적·체험적 기법이다. REI의 주된 목적은 내담자가 문제 상황에서 느낄 수 있는 적절하고 건강한 정서를 찾을 수 있도록 돕는 것이다. 아울러 그러한 정서를 느끼기 위한 자기 속말과 대처방법을 연습하여 숙달하게 하는 것이다. 치료자는 내담자에게 눈을 감게 한 후 그들에게 강력한 부정적 감정을 불러일으킨 문제 상황을 생생하게 떠올리도록 한다. 내담자가 문제 상황을 충분히 떠올리면 그때 느끼는 고통스러운 감정을 구체적으로 명명하게 한다. 이어서 치료자는 내담자에게 그 고통스러운 감정을 합리적인 수준의 건강한 부정적 정서로 바꾸도록 요청한다. 내담자가 이러한 상태에 도달하면 서서히 현실로 돌아와 눈을 뜨게 한다. 치료자는 내담자의 고통스러운 감정이 어떻게 건강한 감정으로 바뀌게 되었는지, 이러한 정서적 변화를 위해서 어떻게 했는지, 그 상황에서 어떤 생각을 변화시켰는지 또는 어떤 속말과 대처방법을 사용했는지 등을 탐색한다. 이러한 기법을 통해서 내담자는 건강한 감정과 그렇지 못한 감정을 구별하게 될 뿐만 아니라 실제의 스트레스 상황에서도 적응적인 생각을 통해서 건강한 감정을 느낄 수 있게 된다.

합리적 역할극(rational role playing)은 내담자가 심리적 고통을 겪었거나 그러할 것으로 예상되는 상황을 치료자와 함께 역할연기를 통해 체험해보는 방법이다. 치료자는 내담자와 함께 구체적인 상황을 설정하고 기본적인 시나리오를 만든 후에 서로 역할을 맡아 상황을 재연한다. 역할극이 끝나면, 치료자는 내담자에게 역할극을 하면서 어떤 생각과 감정이 들었는지, 역할극 중에 달리 하고 싶었던 것이 있었는지 등을 질문한다. 역할극은 내담자의 비합리적 신념을 확인하는 기회가 될 수 있을 뿐만 아니라 내담자에게 다양한 피드백을 해주는 기회가 되기도 한다. 동일한 상황에 대해서 다양한 시나리오로 각색하여 여러 번 역할극을 할 수도 있다. 때로는 내담자와 치료자가 서로의 역할을 바꾸어 역할극을 할 수 있다. 이 경우에 치료자가 내담자의 비합리적 신념을 주장하면 내담자는 바뀐 입장에서 그러한 신념의 비합리성을 인식하는 계기가 될 수 있다. 이 방법은 궁극적으로 내담자가 유사한 상황에 직면하더라도 더 적응적으로 대처하도록 돕기 위한 것이다. Ellis는 역할극을 통해서 부정적 감정을 표출하는 것도 좋지만 내담자가 그러한 감정을 유발한 신념에 대해 탐색하지 않는 한 그들의 기분변화는 일시적일 수 있음을 경고한다.

대처진술 숙달시키기(forceful coping statements)는 내담자로 하여금 합리적으로 대처하는 진술문을 작성하게 한 후 치료회기 내에 또는 회기 간에 스스로 연습하게 하는 방법이다. 이러한 대처 진술문은 비합리적 신념에 반대되는 내용으로 구성하며 큰 소리로 강력하게 외치고 그 결과로 느껴지는 정서를 체험하게 한다. 예컨대, 실패할 때마다 자신을 실패자라고 생각해온 내담자에게 "내가 실패하더라도, 내 자신이 실패자가 되는 것은 절대로 절대로 아니야!"와 같은 진술문을 강력하게 반복함으로써 비

◈ 나를 망하게 하는 10가지 좋은 생각

① 불쾌하고 두려운 상황은 계속 피하면 언젠가는 사라진다. 그렇게 믿고 행동하라.

② 내가 변화시킬 수 있는 것은 없다. 내 삶은 타인과 외부상황에 의해서 통제되고 있다.

③ 모든 사람은 나를 인정해주어야 한다. 그렇게 되도록 반드시 만들어야 한다.

④ 실패나 거절은 최악의 사건이다. 나는 이런 끔찍한 일을 도저히 견뎌낼 수 없다.

⑤ 나는 모든 일을 100% 완벽하게 해야 한다. 완벽하지 못하면 죽어야 한다.

⑥ 나는 과거에 꾸물거리며 일을 망쳐왔기 때문에 앞으로도 달라질 것은 없다.

⑦ 모험하지 마라. 인생에 행운이란 없다.

⑧ 세상은 항상 공정해야 한다. 그렇지 않으면 이 세상은 멸망해야 한다.

⑨ 문제에 대해서 생각만 하다 보면 영감이 떠오를 것이다. 그때를 기다리며 어떤 행동도 하지 마라.

⑩ 항상 다음과 같이 믿어라: 나는 너무 늙었다. 매사가 너무 어렵다. 나는 너무 나약해서 아무것도 할 수 없다.

합리적 신념에 저항하며 적절한 감정을 체험하게 할 수 있다.

유머(humor)는 내담자의 비합리적 신념을 극단적으로 과장하여 우스꽝스러운 결론에 도달하게 함으로써 그 어리석음을 익살스럽게 깨닫도록 하는 방법이다. 내담자 중에는 자신의 잘못을 지나치게 심각하고 진지하게 고민하는 사람들이 있다. 치료는 유머를 통해서 내담자가 자신의 잘못을 가벼운 마음으로 바라볼 수 있도록 도울 수 있다. 예컨대, REBT 치료자들은 비합리적 신념을 노래 가락에 맞추어 내담자가 부르도록 권하기도 한다.

이 밖에도 REBT 치료자는 내담자에 대한 격려, 치료자의 무조건적 수용, 다른 사람과의 참만남 집단활동 등과 같은 다양한 정서적 · 체험적 기법을 활용하고 있다.

(4) 행동적 기법

행동적 기법은 직접 행동을 통해서 실천해보고 현실을 검증해보는 작업이다. 이러한 기법은, 정서적 기법과 마찬가지로, 비합리적 신념의 변화를 통해 얻어진 성과를 더욱 강화하기 위해서 흔히 사용된다.

강화와 벌칙 기법은 내담자가 특정한 과제를 성공적으로 수행했을 때 보상하고 실패했을 때는 벌칙을 주는 방법이다. REBT 치료자는 내담자의 행동변화를 위해서 다양한 과제를 준다. 예컨대, 비합리적 신념을 찾아 스스로 논박하고 합리적 신념을 찾아보는 일, 미루는 일을 해보기, 두려워하는 행동을 실천해보기 등이 있다. 이러한 과제의 수행여부에 대해서 강화와 처벌을 통해 체계적으로 행동 변화를 유도한다. 강화물은 내담자가 좋아하는 것으로 정하는 반면, 벌칙으로는 내담자가 싫어하는 일이나 돈을 기부하는 것을 적용하기도 한다.

수치심 깨뜨리기 연습(shame attacking exercises)은 REBT만의 독특한 행동적 기법이다. Ellis(1996)는 수치심이 정서장애의 핵심적 요인이라고 생각했다. 사람들은 수치스럽게 여기는 행동을 스스로 비난하며 다시는 시도하지 않으려 한다. 물론 부적절하거나 반사회적인 행동에 대해서는 그러해야 한다. 그러나 부적절한 생각이나 미숙한 행동으로 인해 수치감을 느꼈던 행동을 영원히 시도하지 않으면 개선될 여지가 없다. 또한 수치스러운 행동으로 인해서 자기 전체를 수치스럽게 여기는 과잉일반화는 비합리적인 것이다. Ellis 자신은 청년기에 브롱크스 식물원에서 100명의 여자에게 데이트 신청을 함으로써 수치심에서 벗어날 수 있었다. REBT 치료자들은 내담자들에게 수치심을 극복하기 위한 다양한 행동(예: 모르는 사람에게 돈 빌리기, 거리에서 노래 부르기, 승강기에 탑승해 멈출 때마다 소리 지르기)을 많은 사람 앞에서 해보도록 권유한다. 수치심 깨뜨리기 연습은 비도덕적이고 불법적이거나 다른 사람에게 피해를 주어서는 안 되지만 '우스꽝스럽고 어리석으며 바보 같은' 행동을 통해 이루어져야 한다. 이러한 연습을 통해서 내담자들은 자신의 행동에 대한 불안과 부적절감을 덜 느끼게 될 뿐만 아니라 타인의 인정을 받지 못하더라도 충분히 견딜 수 있다는 것을 깨닫게 된다.

기술 훈련(skills training)은 내담자에게 부족한 행동기술을 향상시킬 수 있도록 교육하고 훈련하는 것이다. 이러한 기술은 내담자의 사회적 적응과 관련된 직업적 기술과 더불어 대인관계 기술을 포함한다. 구체적인 기술 훈련을 통해서 내담자는 직업활동이나 대인관계에서 자신감을 증가시킬 수 있다.

역설적 과제(paradoxial homework)는 겉으로 보기에 내담자가 치료를 통해 변화하고자 하는 모습과 반대로 행동해보도록 하는 것이다. 예컨대, 불면증에 시달리는 내담자에게는 자지 말라는 과제를 주고, 불안한 생각으로 고통 받는 사람에게는 하루에도 몇 번씩 의도적으로 그 생각을 해보라고 하는 것이다. 이러한 과제의 목적은 내담자가 자신의 문제를 새로운 관점에서 바라봄으로써 좀 더 객관적인 현실 인식을 할 수 있도록 돕는 것이다. 역설적 과제는 내담자로 하여금 자신의 문제에 대한 극적인 인식의 변화를 유발하여 증상이 완화되는 경우도 있으나, 부작용이 있을 수도 있으므로 신중하게 선택하여 적용되어야 한다.

이 밖에도 REBT에서는 합리적인 생각만을 지닌 것처럼 행동하거나 되고 싶은 모습이 된 것처럼 행동하기, 힘들어하는 상황에 머물러 버텨봄으로써 정서적 고통에 대한 둔감화 이루기, 재발방지를 위해서 예상되는 문제 상황에 대처하는 행동을 연습하기 등과 같은 다양한 행동적 기법이 활용되고 있다.

6. REBT의 실제

일반적으로 REBT는 20~30회 이내의 단기간에 시행된다. 그러나 내담자의 문제에 따라서 치료회기는 유연하게 결정될 수 있다. 치료 초기에 치료자는 내담자가 호소하는 정서적 · 행동적 문제들을 충분히 탐색하여 구체적으로 열거한다. 아울러 ABC 모델에 근거하여 그러한 문제를 유발하는 사건과 신념을 탐색하고 문제별로 잠정적인 가설을 세운다. 내담자와 함께 전반적인 치료목표와 치료해야 할 문제들의 우선순위를 정해서 구체적인 치료계획을 수립한다. 이와 더불어 치료자는 REBT 이론에 대한 설명을 통해서 내담자의 역할과 그가 앞으로 따르게 될 절차를 설명한다. REBT 치료자들은 구조화된 평가를 매번 시행하지는 않지만 치료 초기에 내담자의 주요 문제뿐만 아니라 과거력과 성장배경을 탐색한다. 치료초기에 해야 할 치료자의 중요한 과제 중 하나는 내담자와 편안하고 신뢰로운 관계를 맺음으로써 치료적 동맹을 형성하는 것이다.

치료 중반에는 치료계획에 따라 본격적으로 개별적인 문제의 해결을 시도한다. 일반적으로 중반부의 치료회기는 다음과 같은 활동으로 이루어진다. 먼저, 지난주의 과제를 확인한다. 과제의 성공적 수행여부에 따라 보상을 주거나 벌칙을 부여한다. 다음으로, 현재 초점이 되는 문제와 관련된 비합리적 신념을 찾아내고 논박한다. 이러한 치료활동은 매 회기의 주요한 부분을 차지하게 된다. 인지적 기법뿐만 아니라 정서적 · 체험적 기법과 행동적 기법을 적절히 배합하여 비합리적 신념의 변화를 위해 노력한다. 회기의 후반부에는 적절한 과제를 부여한다. 시간적 여유가 있는 경우에는 다른 문제에 대한 탐색을 시도한다.

내담자의 문제가 상당부분 개선되어 치료목표에 가까워지면, 치료자는 종결을 준비한다. 일반적으로 치료 초기에는 치료자가 내담자의 비합리적 신념을 찾아내고 그 신념이 비합리적인 이유를 논의하는 데 많은 시간을 할애한다. 그러나 종결기가 다가오면, 치료자는 내담자가 자신의 비합리적 신념을 얼마나 잘 논박하는지에 대해서 초점을 맞추고 격려해야 한다. 그래서 종결기에는 내담자로 하여금 심리적 문제에 대한 기본적인 치료원리를 이해하고 비합리적 신념을 스스로 논박할 수 있는 기술을 습득할 수 있도록 도와야 한다. 즉, 내담자가 ABCDEF 과정을 내면화하고 다양한 기법을 사용하여 자신의 신념을 평가하고 논박하는 기술을 익힘으로써 일생 동안 그러한 치료기술을 자신의 삶에 적용할 준비가 되어 있어야만 한다(Ellis, 1995). 이를 통해 내담자가 미래의 다른 문제에도 이러한 기술을 적용할 수 있게 하는 것이 바람직하다. 치료자는 종결 후에도 추수회기를 통해서 내담자의 적응상태를 점검하고 치료기술을 자신의 삶에 적용하려는 노력을 지속적으로 격려한다.

REBT에서 치료자는 적극적이고 지시적인 역할을 하도록 기대된다. 기본적인 치료자의 역할 외에, REBT의 치료자는 교사, 철학자, 유능한 토론가 같은 역할도 요구받는다. 치료의 과정은 치료자와 내담자가 치료적인 협력 체제를 구축하여 공통의 목표를 향해 나아가는 가운데 이루어지는 것이며, 이 과정에서 치료자는 내담자가 지닌 정서적 문제의 철학적 근원, 비합리적 신념의 근원을 규명하고 이러한 비합리적, 당위적인 가정들을 내담자에게 일깨우고 이에 도전하도록 하고 변화시키는 역할을 한다. 특히 REBT처럼 교육적인 형태를 취하는 치료에서 치료자는 내담자에게 다양한 과제를 내주고, 다양한 기법을 사용하는 데 있어서 개방적이어야 한다. 하지만 이러한 교사와 훈련자의 역할 이전에, 치료자는 내담자를 인간 존재 그 자체로서 무조건적으로 수용하는 자세를 통해 내담자의 변화 가능성을 높여야 한다.

REBT에서 내담자는 주로 학생의 역할을 하게 된다. 치료자의 가르침에 따라 자신의 사고를 탐색하고, 치료자가 제시하는 기법들을 훈련하며, 상황에 따라서는 주어지는 과제를 열심히 해야 한다. 각각의 내담자와 치료자 상황에 따라 다르긴 하지만, REBT는 다른 치료적 접근에 비해서 내담자를 위한 자기개선(self-help) 기법들이 많이 개발되어 있는 편이다. 따라서 내담자는 치료자의 지시에 따라서 또는 스스로를 개선시키는 방법으로 이러한 기법들을 풍부하게 이용할 수 있고 그래야만 한다.

7. REBT의 평가

REBT는 인지적 요인의 중요성을 강조한 최초의 치료이론이라고 할 수 있다. 또한 REBT는 고전적인 정신분석 치료와 엄격한 행동치료가 주도하던 1950년대에 인간의 인지에 초점을 맞추는 단기적인 치료방법을 최초로 제시했다는 점에서 커다란 의의가 있다. REBT는 추상적인 개념으로 구성되고 장기치료를 요하는 정신분석 치료의 한계를 명쾌한 이론과 단기적 치료로 극복했다. 또한 인간의 인지와 신념에 초점을 맞춤으로써 동물연구에 근거하여 외현적 행동에 초점을 맞추는 다분히 기계적인 행동치료의 한계를 극복했다. REBT는 행동치료가 인지적 요인으로 지평을 넓혀 현재의 인지행동치료로 발전하는 데 핵심적인 역할을 하였다.

Ellis는 ABC 모델을 통해서 인지적 요인이 심리적 장애에 미치는 영향을 구체적으로 제시하였다. 특히 심리적 부적응에 기여하는 비합리적 신념과 사고의 특성을 구체적으로 밝히고 이를 교정할 수 있는 다양한 치료기법을 제시한 것은 Ellis의 커다란 공헌이라고 할 수 있다. REBT의 최대 강점은 인간의 신념에 초점을 맞춘 명쾌한 이론과 구체적 치료기법을 통해서 내담자의 심리적 문제를 단기적으로 치료하는 접근법이라는 점이다.

REBT는 단기적으로 시행되지만 결코 피상적이거나 기계적이지 않다. 비합리적 신념을 평가하고 논박하는 과정에서 인생의 철학적 측면에 대한 깊은 이해와 통찰을 유도한다. 따라서 내담자가 지닌 증상의 치료뿐만 아니라 인생관을 합리적인 것으로 변화시킴으로써 치료 후에도 효율적인 삶을 살아갈 수 있도록 돕는다. 이처럼 REBT의 치료이론은 명료하고 구체적인 동시에 철학적 깊이를 갖추었을 뿐만 아니라 신속한 치료효과를 가져온다는 점에서 치료와 더불어 예방과 심리교육에도 활용되고 있다.

REBT는 여러 연구에서 치료효과가 입증되었다. 2만 5,000명의 환자들을 대상으로 실시한 475편의 연구들에 대한 고전적인 메타분석에서 REBT의 치료효과가 입증되었다(Smith, Glass, & Miller, 1980). Lyons와 Woods(1991)는 다양한 장애를 지닌 다양한 집단에게 실시된 REBT의 치료효과를 기저선과 비교하거나 다른 치료집단과 비교한 236편의 연구를 수집하여 메타분석을 실시하였다. 그 결과, REBT의 전반적인 치료효과의 크기는 .95였는데, 이러한 수치는 REBT를 받은 사람들이 매우 일관성 있게 기저선 집단이나 치료를 받지 않은 집단에 비해서 개선되었다는 것을 의미한다. 아울러 REBT는 치료효과에 있어서 행동치료나 인지적 행동수정과 차이가 없는 것으로 나타났다.

그러나 REBT는 다양한 비판도 받았다. 정신역동적 치료자들로부터는 정서를 무시하고 내담자를 몰아붙이는 피상적인 치료라는 비판을 받은 반면, 행동치료자들로부터는 과학적인 근거가 부족하다는 비판을 받았다. 이러한 비판을 극복하려는 노력을 기울이고 있지만, REBT는 여전히 몇 가지의 한계점을 지니고 있다.

첫째, REBT의 치료이론은 다양하고 복잡한 심리적 장애를 설명하기에는 너무 단순하다. 또한 ABC 모델에서 핵심적인 B(신념)의 정의와 역할이 모호하다. 인간의 인지는 다양한 구조와 과정으로 이루어지는 복잡한 심리적 기능이다. 그러나 REBT는 비합리적 신념에만 초점을 맞추고 있어 설명범위에 현저한 한계를 지니고 있다.

둘째, REBT는 이론적 주장에 대한 과학적이고 실증적 지지 근거가 부족하다. 가장 기본적인 ABC 모델 역시 명료하게 과학적으로 입증된 바 없다. Ellis를 비롯한 대부분의 REBT 치료자들은 임상현장에서 일하는 실무자로서 치료이론의 과학적 입증을 위한 노력에 소홀했던 것 같다. Ellis는 과학자적인 삶의 태도를 중시했지만 주로 철학자이자 합리주의자로서 활동했다. REBT에 대한 Ellis 자신의 많은 논문과 책들 중에서 치료이론을 과학적으로 검증하거나 치료효과를 제대로 통제된 상황에서 연구한 결과를 보고한 것은 극히 소수이다. REBT가 내담자의 증상을 측정하는 도구의 개발과 사용을 중요시하지 않는 점 역시 이러한 한계의 한 요인이 되었다.

셋째, REBT의 적용범위에는 제한이 있다. REBT가 교육수준이 높은 지적인 내담자에게 잘 받아들여지고 효과적이지만, 언어적 표현과 사고 능력이 낮은 사람들에게는 효과적으로 적용되기 어렵다. 정신증을 비롯한 심각한 정신장애를 지닌 사람이나 자살과 같이 위기상황에 있는 사람들에게도 REBT는 적합하지 않다. 또한 REBT를 성격장애 내담자에게 적용하여 성공적인 치료효과를 거두었다는 보고도 거의 없다.

마지막으로, REBT는 내담자의 정서적 또는 관계적 측면을 소홀히 여기는 경향이 있다. 내담자의 부적응을 초래하는 비합리적 신념에 대한 지적인 논박에 초점을 맞추기 때문에 그러한 신념에 집착하게 되는 과거의 정서적 경험이나 내면적인 갈등에 깊은 관심을 보이지 않는다. 내담자가 자신의 부적응적 생각을 냉정하게 바라보고 그에 대한 집착을 내려놓기 위해서 지적인 논박 이외에 치료적 관계를 비롯한 다양한 측면에 대한 고려가 필요하다. 이러한 고려가 부족한 경우에 REBT는 자칫 피상적인 치료로 전락하기 쉽다.

이러한 한계점에도 불구하고 REBT는 비합리적 신념이라는 인지적 요인이 심리적 부적응을 초래하는 주요한 원인이라는 점을 설득력 있게 제시하였다. REBT는 인지의 중요성을 강조함으로써 현재 가장 주된 심리치료의 흐름을 이루고 있는 인지행동치료의 초석을 마련했다. 또한 간단하면서도 명쾌한 치료이론을 통해서 많은 사람들이 자신의 문제를 이해하고 개선하는 자가치료(self-help)의 길을 제시했다. 이처럼 Ellis는 현대인에게 비합리적 신념의 횡포를 밝히고 그에 대항하여 합리적 삶으로 나아가는 길을 제시한 위대한 인물이라고 할 수 있다.

자기이해를 위한 생각거리

1. "생각을 바꾸면 세상이 달라진다."라는 말이 있듯이, 인생은 마음먹기에 달려 있다. 동일한 상황에서도 어떻게 생각하느냐에 따라 기분이 달라지고 행동이 달라지며 세상도 다르게 보인다. 이러한 사실을 절실하게 느꼈던 나의 경험들을 떠올려본다.

2. 최근에 가장 불쾌하거나 고통스럽게 느꼈던 한 가지 경험에 초점을 맞추어 ABC 모델에 따라 분석해본다. 그때 경험했던 불쾌한 감정(C)은 어떤 것이었는가? 그 감정을 불안, 우울, 분노, 질투, 자괴감, 혐오감 등과 같은 구체적인 용어로 명명해보고 그때 느낀 감정의 강도를 1~100점으로 평가해본다. 그러한 감정을 느낀 상황이나 사건(A)을 객관적으로 떠올려본다. 그러한 상황 또는 사건에 대해서 어떤 생각(B)을 하여 그토록 불쾌한 감정을 느끼게 되었는지 곰곰이 그 당시의 마음을 살펴본다. 이렇게 확인된 사건(A)−생각(B)−감정(C)을 종이 위에 기록하며 분석해본다.

3. 앞에서 포착한 생각(B)이 합리적인 것인지 아니면 비합리적인 것인지 다각적으로 살펴본다. 그 생각이 그 상황의 현실을 과장하거나 왜곡하지 않은 사실적인 생각이었나? 그렇게 생각할 만한 사실적인 근거는 무엇인가? 그렇게 생각해서 나에게 어떤 도움이 되었나? 그러한 생각이 내가 원하는 인간관계를 유지하는 데 도움이 되었나? 그러한 생각이 내가 원하는 목표를 성취하는 데 도움이 되었나? 만약 도움이 되지 않았다면, 어떻게 생각하는 것이 나의 기분을 좋게 만들고 내가 원하는 인간관계와 목표성취에 도움이 될 것인가?

4. 인간은 누구나 비합리적 신념을 어느 정도 지니고 있다. 과연 나는 어떤 비합리적 신념을 지니고 있는가? 나는 나 자신에게 어떤 당위적인 기대와 요구를 하고 있는가? 나는 다른 사람들(또는 특정한 사람)에 대해서 어떤 당위적인 기대를 지니고 있는가? 나는 세상에 대해서 어떤 당위적인 요구를 하고 있는가? 나 자신, 다른 사람 또는 세상에 대해서 실망하거나 분노를 느꼈던 경험을 잘 분석해보면, 내가 지닌 비합리적 신념의 정체가 드러나게 된다.

5. 앞에서 발견한 비합리적 신념에 대한 대안적 신념을 찾아본다. 과연 나 자신, 다른 사람 그리고 세상에 대해서 어떤 기대를 지니고 살아가는 것이 지혜로운지 생각해본다. 비합리적 신념은 오랜 세월 마음속에 뿌리를 내리고 있던 것이어서 쉽게 변하지 않는다. 과연 비합리적 신념을 약화시키고 새로운 지혜로운 신념으로 대체하기 위해서 어떤 노력이 필요한지 생각해본다.

더 읽을거리

♣ Ellis, A., & MacLaren, C. (1995). *Rational emotive behavior therapy: A therapist's guide* (2nd ed.). (서수균, 김윤희 역.《합리적 정서행동치료》. 서울: 학지사, 2007).

   ☞ Ellis가 합리적 정서행동치료의 철학, 원리, 기법을 간결하면서도 명쾌하게 소개하고 있다.

♣ Ellis, A., & Harper, R. A. (1997). *A guide to rational living.* (이은희 역.《마음을 변화시키는 긍정의 심리학》. 서울: 황금비늘, 2007).

   ☞ Ellis가 일반인을 위하여 비합리적 신념의 횡포를 밝히고 그에 대항하여 합리적 삶으로 나아가는 길을 제시한 책이다.

♣ Yankura, J., & Dryden, W. (1994). *Albert Ellis.* (이동귀 역.《합리적 정서행동치료의 창시자 앨버트 엘리스》. 서울: 학지사, 2011).

   ☞ 이 책은 Ellis의 생애와 합리적 정서행동치료의 발전과정을 상세하게 소개하고 있다.

제 **7** 장

인지치료

제7장
인지치료

1. 인지치료의 개요

인지치료(Cognitive Therapy)는 아론 벡(Aaron Beck, 1921~2021)에 의해 개발된 치료법으로서 정신장애를 유발하는 인지적 요인을 정교하게 설명하고 효과적인 개입 방법을 제시하고 있다. 인지치료는 REBT와 더불어 심리치료 분야에 인지의 중요성을 일깨워주었을 뿐만 아니라 행동치료가 지평을 넓혀 인지행동치료로 확장되는 데 핵심적인 역할을 하였다.

Beck은 1960년대에 정신분석과 행동치료로 잘 치료되지 않던 우울증에 대한 새로운 치료법으로 인지치료를 개발했다. 그는 우울증 환자의 사고내용을 연구하면서 실패, 상실, 좌절과 같은 부정적인 내용이 많음을 발견하고 이러한 인지적 특성에 초점을 맞춘 치료이론과 개입방법을 개발하게 되었다. 우울증 환자들은 자기, 타인, 세상에 대해서 부정적인 생각을 지니는데, 이러한 생각은 잘 자각되지 않을 뿐만 아니라 생활사건을 접하면 자동적으로 유발되기 때문에 자동적 사고(automatic thoughts)라고 명명되었다. Beck에 따르면, 이러한 자동적 사고의 내용은 현실을 과장하거나 왜곡한 것으로서 흑백논리, 과잉일반화, 개인화 등과 같은 다양한 인지적 오류(cognitive errors)가 개입한다. 우울증을 유발하는 근원적인 인지적 요인은 부적응적 인지도식(maladaptive schema)으로 이러한 도식은 완벽주의적이고 당위적이며 비현실적인 역기능적 신념으로 구성된다.

우울증을 설명하기 위해 제시된 Beck의 인지이론은 다양한 정신장애를 이해할 수 있는 이론체계를 제시함으로써 수많은 실증적 연구를 촉발하였다. 정신장애마다 각기 독특한 내용의 사고를 지닌다는 인지내용-특수성 가설(cognitive content-specificity hypothesis)을 제시함으로써 다양한 정신장애를 설명할 수 있는 이론적인 정교성과 범위가 확장되었다. Beck의 인지이론은 그 설명개념의 구체성과 정교함으로 인해서 정신병리를 과학적으로 연구하는 이론적 기틀을 제공하였으며 실증적 연구를 통해서 지속적으로 발전하고 있다.

인지치료는 이러한 인지이론에 근거하여 내담자를 이해하고 치료하는 단기적인 치료방법이다. 인지치료는 인지의 변화에 초점을 맞추어 증상을 치료하는 적극적이고 구조화된 단기치료이다. 치료자는 내담자와 협동적인 관계 속에서 그의 부정적 사고와 역기능적 신념을 찾아내어 그 타당성을 검토하고 보다 더 현실적이고 적응적인 인지로 변화시킨다. 우울증의 경우, 인지치료는 약물치료와 비슷하거나 더 우수한 치료효과를 나타내는 것으로 보고되고 있다. 현재 인지치료는 불안장애, 성격장애, 섭식장애, 알코올 중독, 부부문제를 위시한 거의 모든 정신장애의 주요한 치료방법으로 확장되고 있다.

인지치료는 정신병리에 대한 과학적 연구의 이론적 토대를 제공했을 뿐만 아니라 다양한 정신장애를 효과적으로 치료할 수 있는 구체적인 방법을 제시함으로써 심리치료 분야에 커다란 공헌을 하였다. 또한 인지치료는 세계적으로 400여 개에 달하는 다양한 심리치료 중에서도 가장 빠른 발전을 거듭하고 있는 대표적인 치료법 중하나이다. 인지치료는 현대 심리치료의 주된 흐름을 이루고 있는 인지행동치료의 중추적 치료법으로서 마음챙김을 비롯한 다양한 기법을 통합하며 발전하고 있다.

2. Beck의 생애와 인지치료의 발전과정

1) Beck의 성장과정과 교육배경

Aaron Beck은 1921년 아버지 Harry Beck과 어머니 Elizabeth Temkin 사이에서 5남매 중 막내아들로 태어났으며 미국의 뉴잉글랜드에서 성장했다. 그의 부모는 모두 러시아계 유태인 이민자로서 문학과 교육을 중시하였으며 주관이 뚜렷하고 정치적 관심이 많은 사람들이었다. 5남매 중 두 명은 유아기에 사망했으며 이러한 사건들이 Beck의 어머니의 정서적 문제를 야기한 것으로 알려져 있다. Beck은 어린 시절에 그의 어머니를 우울하고 예측하기 어려우며 과잉보호적인 사람으로 여긴 반면, 그의 아버지는 조용한 사람으로 지각하였다.

Beck은 아동기에 여러 가지 어려움을 겪었다. 3세 때에는 백일해와 천식을 앓았으며, 그의 형이 베개로 숨 막히게 하는 장난을 하여 질식에 대한 공포를 지니게 되었다. 이러한 질식공포는 이후 터널공포증으로 나타나기도 하였다. 나중에 Beck은 이러한 공포가 터널을 지나갈 때 가슴이 조여들고 숨이 가빠지는 것을 질식의 징조로 잘못 해석하기 때문이라는 것을 깨달았으며, 이러한 인지적 깨달음으로 두려움을 극복한 후에는 다시 그러한 경험을 하지 않았다고 기술하고 있다.

7세 때 Beck은 사고로 팔이 부러졌으며, 부러진 뼈가 감염되어 패혈증이라는 심각한 질병으로 발전하게 되었다. 이때 어머니와 떨어져 수술실로 옮겨져 수술을 받았던 경험은 아주 공포스러운 것이었으며 버림받는 것과 수술 받는 것에 대해 지속적인 공포, 특히 혈액/상처 공포증을 지니게 되었다.

이러한 질병과 불안증세로 자주 학교에 결석하였으며 성적도 부진하여 1학년에서 유급을 하게 되었다. 또한 엄격했던 1학년 담임교사는 하늘을 잘못된 색으로 칠했다고 어린 Beck에게 큰 소리로 야단을 친 적이 있었다. Beck은 어린 시절을 회상하면서 이러한 경험들이 그에게 큰 상처가 되었으며 자신이 무능하고 어리석은 사람이라는 신념을 갖게 했다고 말한 바 있다.

뒤처지는 것을 싫어한 Beck은 스스로의 노력을 통해서 초등학교를 또래보다 1년 빨리 졸업하게 되었다. 이때의 경험은 그에게 지대한 영향을 미쳤으며, 노력하면 무엇이든 해낼 수 있다는 확신을 갖게 되었다고 한다. 그는 계속해서 우수한 학업성적을 거두었는데, 이를 통해 자신이 어리석고 무능하다는 신념을 극복할 수 있었다.

Beck은 브라운 대학에 진학하여 영어와 정치학을 전공했으나 다양한 분야의 강의를 들었다. 그는 우수한 성적으로 대학을 졸업하고 예일 의과대학에 진학하였다. Beck은 정신과에 흥미를 느끼며 의학 공부를 시작했지만 곧 흥미를 잃게 되었다. 전통적인 진단위주의 접근은 재미가 없었으며 정신분석적 접근은 지지근거가 부족한 느슨한 학문으로 느껴졌기 때문이다. 육군에서 제대한 후 Beck은 쿠싱 보훈병원에서 신경과 전공의 과정을 시작했으나 정신과 전공의가 부족한 병원 상황으로 인해 정신과에서 순환근무를 하게 되었다. 그 당시 쿠싱 병원의 정신과는 정신분석적 입장이 강한 곳이었다. 처음에는 정신분석에 대한 저항감이 많았으나 점차 호의적인 태도를 갖게 되었으며 정신과에 남기로 결정했다.

Beck은 1953년에 정신과 의사가 되어 펜실베이니아 의과대학 정신과의 전임강사가 되었다. 그는 〈필라델피아 정신분석연구소〉에서 2년 반 동안의 분석수련을 마치고 1958년에 수료하였다. 과학적이고 실용주의적인 태도를 지닌 Beck은 정신분석 수련을 받았지만 큰 변화를 느낄 수 없었으며 정신분석의 과학적 근거에 대해서 회의를 지니고 있었다. 1959년에 부교수가 된 Beck은 처음으로 연구비를 받아 정신분석적 가설을 검증하는 연구를 시작하였다. 그는 우울증이 자기에게로 내향화된 분노라는 정신분석적 가설을 입증하기 위해서 우울증 환자의 꿈 내용을 조사했을 뿐만 아니라 카드분류과제를 사용하여 성공 또는 실패 경험에 대한 반응을 조사하였다. 만약 우울한 사람들이 분노를 내향화하여 고통 받고자 하는 욕구를 지닌다면, 성공경험에 대해서도 부정적으로 반응할 것으로 예상했다. 그러나 가설과 달리, 우울한 사람들은 우울하지 않은 사람들보다 성공과제에서 자존감이 더 많이 향상되는 등 더 현저한 긍정적 변화를 나타냈다. 이러한 연구결과에 대해서 Beck은 우울한 사람들이 실패하기를 원하지 않지만 자신의 능력에 대해서 부정적 관점을 취함으로써 현실을 부정적으로 왜곡하게 된다고 해석하였다. 이러한 연구결과는 정신분석에 대한 Beck의 회의를 증폭시켰으며 인지치료를 발전시키는 계기가 되었다.

2) 인지치료의 발전과정

Beck은 환자를 개인적으로 치료하면서 얻게 된 경험을 통해 정신병리에 대한 새로운 이론을 발전시켜나갔다. 그는 우울한 환자들이 생활사건을 부정적인 의미로 과장하거나 왜곡하는 부정적인 사고경향이 있다는 것을 발견하였다. 이들은 그가 구체적인 질문을 하기까지 자신들의 부정적인 생각을 잘 자각하지 못했다. 쉽게 자각되지는 않지만 환자의 우울감에 강력한 영향을 미치는 이러한 생각을 Beck은 '자동적 사고'라고 불렀다. 이와 같은 치료적 경험과 실험적 연구를 통해 그는 정신분석적 입장을 포기하고 새로운 치료적 접근을 모색하게 되었다.

이러한 과정에서 Beck은 1955년에 개인적 구성개념 심리학(personal constructs psychology)에 관해 발표한 George Kelly의 논문에서 커다란 영향을 받았다. Kelly는 개인이 지닌 구성개념은 현실에서 접하는 다양한 경험을 그에 맞도록 재구성할 뿐만 아니라 감정과 행동에 강력한 영향을 미친다고 주장했다. Beck은 그를 따라서 초기에 '구성개념(construct)'이라는 용어를 사용하다가 나중에 '인지도식(schema)'이라는 용어를 사용하였다. 이 외에도 Karen Horney를 비롯하여 Alfred Adler와 Leon Saul의 영향을 받았다. 1960년부터 1963년까지의 기간은 정신분석을 재검토하고 연구를 거듭하는 가운데 인지치료가 태동하는 중요한 시기였다. Beck은 스스로를 나무숲을 헤치며 새로운 길을 개척하는 모험가라고 여겼으며 다른 사람의 평가에 연연하지 않는 독립적인 성격을 지니고 있어서 정신분석적 입장을 지닌 사람들의 반대와 조롱을 이겨낼 수 있었다. 그가 인지치료를 개발하게 된 또 다른 바탕은 내담자뿐만 아니라 자기 자신을 잘 관찰하는 것이었다. Beck은 자신이 경험했던 혈액/상처 공포증, 발표 불안, 버림받음에 대한 불안을 매우 객관적으로 재조명하면서 불안에 수반되는 인지 적 과정을 이해하는 기회로 삼았다.

　　Beck은 펜실베이니아 대학 종합병원에 우울증 클리닉을 개설하였으며 1961년에 는 Beck 우울척도(BDI)를 개발하였다. 1963년에 Albert Ellis는 우울증에 관한 Beck 의 논문을 읽고 공감하여 합리적 정서치료(RET)에 관한 자료를 보냈으며 그 이후로도 서면으로 의견을 교환하며 진실한 관계를 유지하였다. 그들은 서로의 학문적 입장 차 이를 존중하였고 독창적인 개인적 자질을 높이 평가하였다. Beck은 사람들이 지닌 신념을 찾아낼 수 있다는 생각을 갖게 된 것이 Ellis 덕분임을 인정했으며, Ellis는 Beck이 매우 끈기 있고 명쾌한 사유를 하는 사람으로서 강압적이지 않으면서도 탁월 한 설득력을 지니고 있다고 높이 평가했다.

　　Beck은 우울증 클리닉에서 수련생들에게 슈퍼비전과 강의를 하고 심리치료를 계속하면서 새로운 치료방법을 시도하였다. 당시 약물치료에 전기충격치료까지 받았 지만 호전되지 않는 심각한 우울증 환자를 치료하는 데 실패를 거듭하던 중, Beck은

2002년 미국심리학회에서 자리를 함께한 Aaron Beck과 Albert Ellis

활동계획 세우기와 인지적 재구성과 같은 기법을 개발하여 적용하였다. 그 결과 놀랍게도 그 환자를 비롯하여 다른 여러 환자들도 증상이 극적으로 호전되었다. 약물치료와 정신분석 치료가 고작이었던 당시에는 이처럼 단기적인 인지치료를 통해 거둔 성과가 매우 충격적인 것이라고 할 수 있다.

Beck은 1960년 초반부터 우울증에 관한 연구결과를 발표하기 시작했으며 1976년에 『인지치료와 정서장애(*Cognitive Therapy and the Emotional Disorders*)』를 출간하고 1979년에는 『우울증의 인지치료(*Cognitive Therapy of Depression*)』를 발간함으로써 인지치료가 널리 알려지는 계기가 되었다. 이어서 1985년에는 『불안장애와 공포증: 인지적 관점(*Anxiety Disorders and Phobias: A Cognitive Perspective*)』, 1990년에는 『성격장애의 인지치료(*Cognitive Therapy of Personality Disorders*)』 그리고 1993년에는 『물질남용의 인지치료(*Cognitive Therapy of Substance Abuse*)』를 출간하면서 인지치료의 영역을 확대해나갔다. Beck의 인지치료는 처음에 정신분석치료자와 행동치료자 모두로부터 강력한 저항을 받았지만, 심리학계에 인지혁명이 확산되고 인지적 요인의 중요성이 부각되면서 서서히 입지를 확대해나가기 시작했다.

1982년에 Beck은 미국의 임상 및 상담심리학자를 대상으로 한 조사에서 '가장 영향력 있는 10명의 심리치료자' 중 한 명으로 선정되었다. 또한 그는 1989년에 미국심리학회로부터 '심리학 응용을 위한 우수과학자상'을 수상하였는데, 수상내용의 일부를 소개하면 다음과 같다.

> "우울증에 대한 그의 선구자적 연구는 우울증을 이해하고, 평가하고, 진단하고, 치료하는 방식을 현저하게 바꿀 만큼 커다란 영향을 미쳤다. 그의 영향력 있는 책인 『우울증의 인지치료』는 널리 인용되고 있으며 이 분야의 확고한 기본서가 되었다. 불안장애와 공포증, 성격장애 그리고 부부불화와 같은 다양한 문제에 그의 치료법을 체계적으로 확장함으로써, 그의 모델이 엄격한 실증적 근거 위에 있을 뿐만 아니라 광범위하게 적용될 수 있음을 보여주었다. 그는 주로 약물에 의해 치료되었던 다양한 장애에 대해서 대안적인 심리학적 치료방법을 제시하였다."(*American Psychologist*, 1990, p. 458)

Beck은 이 상을 영예롭게 생각하며 그의 업적이 심리학회로부터 인정을 받은 점에 매우 감격했다고 한다. 그는 미국정신의학회와 미국심리학회 모두로부터 최고의 연구공로상을 받은 유일한 정신과의사이기도 하다.

인지치료는 미국과 유럽의 많은 연구자와 치료자에게 영향을 미쳤으며 *Cognitive*

Therapy and Research, Cognitive and Behavioral Practice, Journal of Cognitive Psychotherapy 등의 학술지를 통해서 연구성과가 발표되고 있다. 현재 인지치료는 다양한 영역으로 응용범위가 확대되고 있을 뿐만 아니라 다른 치료적 기법을 흡수하여 통합적인 심리치료로 확장되어가고 있다.

Beck은 현직에서 은퇴 후 펜실베이니아 의과대학의 명예교수이자 〈Beck Institute for Cognitive Therapy and Research〉의 명예소장으로 활동하다가 2021년 11월 1일 101세의 나이로 사망하였다. 슬하에 4명의 자녀를 두었으며 장녀인 Judith Beck은 아버지의 뒤를 이어 대표적인 인지치료자로 활약하고 있다.

3. 주요개념과 성격이론

1) 인지치료의 철학적 배경

인지치료는 개인의 주관적 경험과 이성적 판단을 중시하는 치료이다. 이러한 인지치료의 견해는 여러 철학적 사상과 심리학적 입장에 뿌리를 두고 있다. Beck은 인지치료의 철학적 뿌리를 고대 그리스시대의 스토아 철학에서 찾고 있다. 스토아 철학자들은 이성을 중시했을 뿐만 아니라 개인의 주관적 경험을 강조했다. 스토아 철학자 Seneca는 "인간의 비극은 이성(reason)에 대한 열정(passion)의 승리에 기인한다."고 주장하며 이성에 근거한 삶을 중시했다. 또한 노예출신이자 신체적 불구자였던 스토아 철학자 Epictetus는 "인간은 객관적 현실에 의해서 고통 받는 것이 아니라 그것에 대한 견해에 의해 고통 받는다."는 유명한 말을 통해서 인간의 삶에 있어서 주관적 인식의 중요성을 강조했다.

개인의 주관적 경험을 중시하는 현상학적인 견해는 Kant, Heidegger, Husserl 등의 철학자에 의해서 현대까지 이어지고 있으며 Adler, Horney, Sullivan 등의 정신분석적 심리치료자에 의해서도 강조되어 왔다. 인지치료의 핵심은 내담자의 주관적 경험, 즉 '내담자의 눈'을 통해서 비쳐진 세상을 이해하는 것이다. 인지치료자의 주요한 임무는 (1) 내담자가 어떻게 세상을 주관적으로 인식하고 있는지를 파악하여 (2) 이러한 인식의 내용이 그의 정서와 행동에 어떤 영향을 미치고 있는지를 밝힘으로써 (3) 이러한 부적응적인 인지를 변화시키도록 자극하는 것이다.

인지치료는 비이성적이고 비논리적인 생각을 정신병리의 근원으로 여기고 있다. 이것은 인지치료가 서양의 헬레니즘적인 합리주의와 이성주의에 근거하고 있음을 반영한다. Beck에 따르면, 인간의 삶은 이성과 합리적 사고에 근거할 때 심리적 고통과 부적응으로부터 자유로워질 수 있다. 정신분석의 치료목표인 '원초아가 있는 곳에 자아가 있게 하는 것'은 충동적이고 비합리적인 원초아의 일차과정을 합리적이고 이성적인 자아의 이차과정으로 대체하는 것이다. Freud에 따르면, 일차과정은 원시적이고 융통성이 없는 비현실적인 심리적 과정으로서 미성숙과 혼란을 야기하는 반면, 이차과정은 현실에 대한 정밀한 변별력과 융통성을 지닌 합리적이고 성숙한 심리적 과정이다. Piaget 역시 인지발달의 과정을 설명하면서 원시적 사고와 성숙한 사고를 구분하고 있다. 그에 따르면, 발달의 후기단계에서 나타나는 성숙한 사고는 초기의 원시적 사고에 비해서 더 현실적이고 합리적이며 융통성이 많고 상대주의적인 속성을 지닌다. 이러한 관점들은 모두 합리적이고 이성적인 인지양식이 인간의 적응과 성숙에 중요함을 강조하고 있다.

인지치료는, 정신역동적 치료와 달리, 개인의 의식적 경험을 중시한다. Beck에 따르면, 인간은 무의식에 의해 휘둘리는 존재이기보다 자신의 의식적 경험에 근거하여 주체적으로 판단하고 행동하는 존재이다. 인간은 자유의지로 자신의 삶을 선택할 수 있을 뿐만 아니라 자신의 선택에 책임을 지며 항상 더 나은 삶을 위해 변화하려는 의지를 지닌다. 이러한 주장은 인간을 환경에 의해 통제되는 존재로 여기는 급진적 행동주의와도 구별되는 점이다.

인지치료에서는 내담자의 자기보고를 중시할 뿐만 아니라 치료자와 내담자의 협동적 관계를 강조한다. 그 이유는 내담자의 적극적인 개입과 참여 없이는 그의 주관적인 경험의 실체를 파악할 수 없기 때문이다. 인지치료는 치료자와 내담자가 마치 공동연구자처럼 같은 목표를 위해서 협동적으로 작업하는 과정이다. 이러한 인지치료의 관점을 **협동적 경험주의**(collaborative empiricism)라고 한다. 이러한 협력적인 관계 속에서 인지치료자는 내담자로 하여금 자신의 생각과 신념을 탐색하고 그 타당성을 검토하여 더 나은 적응적 사고로 변화시키도록 돕는다.

마지막으로, 인지치료는 자가치료(self-treatment)의 철학을 강조한다. 배고픈 자에게 고기를 주기보다는 고기 잡는 법을 습득시킴으로써 스스로 고기를 잡아 배고픔을 해결하도록 돕는 것이 배고픈 자를 효과적으로 돕는 방법이라고 본다. 인지치료는 내담자의 증상을 완화시켜줄 뿐만 아니라 더 나아가서 자신이 겪고 있는 문제를 이해하고 해결할 수 있는 방법을 가르친다. 이렇게 내담자의 자가치료 능력을 키움으로써 치료효과가 지속될 수 있다. 이런 의미에서 인지치료는 **심리교육적 모델**(psycho-educational model)에 근거하고 있다.

2) 인지치료의 주요개념

Beck은 우울증 환자의 사고과정을 연구하면서 인지적 요인이 그들의 증상에 중대한 영향을 미치고 있음을 깨달았다. 그는 우울증상의 발달과 유지에 영향을 미치는 여러 유형의 인지적 요인들을 자동적 사고, 인지적 오류, 부적응적 인지도식, 역기능적 신념과 같은 다양한 개념으로 설명하고 있다. Beck과 Ellis는 모두 인지적 요인에 주목하여 치료이론을 제시했으나 Beck은 정신병리에 영향을 미치는 인지적 요인을 Ellis보다 좀 더 정교하게 세분하여 설명하고 있다.

(1) 자동적 사고

Beck은 우울증 환자의 사고내용을 조사하면서 실패, 상실, 좌절과 같은 주제와 관련된 부정적인 사고가 많음을 발견했다. 또한 우울증 환자들을 치료하면서 그들의 우울한 감정과 부적응적 행동이 이러한 부정적인 생각과 심상에 의해서 촉발된다는 것을 깨달았다. 그런데 우울증 환자들은 자신이 지니고 있는 부정적인 생각과 심상을 잘 자각하지 못하고 있었다. 아울러 이러한 부정적인 생각과 심상은 다양한 생활사건에 의해서 거의 자동적으로 촉발되는 경향이 있었다. Beck은 이러한 생각과 심상이 우울증을 유발하는 중요한 요인이라고 보았으며, 이를 자동적 사고(automatic thoughts)라고 명명하였다.

자동적 사고는 심사숙고하거나 합리적으로 판단한 결과가 아니며 아주 빠르게 떠오르기 때문에 자동적인 것처럼 느껴진다. 이러한 자동적 사고는 매우 빠르게 의식 속을 지나가기 때문에 개인에게 명료하게 인식되지 않으며 단지 그 결과로 뒤따르는 우울감정만이 인식된다. 따라서 사람들은 자동적 사고의 존재를 인식하기 힘들 뿐만 아니라 그 타당성을 검토하지 못한 채 사실인 것처럼 무비판적으로 받아들이게 된다.

그러나 자동적 사고는 주의를 기울이거나 약간의 훈련을 받게 되면 인식될 수 있다. 자동적 사고는 언어적 형태나 시각적 형태(심상) 또는 두 가지가 혼합된 형태로 나타날 수 있다. 자동적 사고는 특정한 사건과 관련되어 나타나는 표층적 수준의 인지이다. 따라서 자동적 사고는 주의를 기울이면 쉽게 자각될 수 있을 뿐만 아니라 변화시키기도 수월하여 인지치료의 초기에는 자동적 사고를 포착하여 수정하는 데 초점을 맞춘다.

자동적 사고는 외부자극에 대한 정보처리의 결과로 생성된 인지적 산물(cognitive products)이라고 할 수 있다. 즉, 생활사건을 접하면서 그것이 내포하는 의미를 나름대로 해석하여 도출된 결과물이다. 이러한 자동적 사고는 개인의 감정과 행동에 강력한 영향을 미친다. Ellis의 ABC 모델에 따르면, 자동적 사고는 B에 해당하는 인지를 뜻한다. 정신장애를 지닌 사람들은 생활사건의 의미를 특정한 방향으로 왜곡하여 부정적인 내용의 자동적 사고를 지니게 된다.

(2) 인지적 오류

Beck에 따르면, 우울증 환자들이 지니는 자동적 사고는 현실을 부정적인 방향으로 과장하거나 왜곡한 것이다. 이들은 생활사건의 의미를 부정적인 것으로 받아들이면서 다양한 유형의 논리적 오류를 범한다. 이처럼 생활사건의 의미를 해석하는 정보처리과정에서 범하는 체계적인 잘못을 Beck은 인지적 오류(cognitive error) 또는 인지적 왜곡(cognitive distortion)이라고 불렀다.

인지적 오류는 생활사건을 나름대로 해석하여 자동적 사고를 만들어내는 인지적 과정(cognitive processes)의 잘못을 의미한다. 우울증을 비롯한 정신장애를 지닌 사람들은 생활사건을 해석하는 인지적 과정에서 다음과 같은 다양한 오류를 범한다.

흑백논리적 사고(all or nothing thinking)는 생활사건의 의미를 이분법적인 범주 중의 하나로 해석하는 오류를 말하며 이분법적 사고(dichotomous thinking)라고 불리기도 한다. 예를 들어, 자신의 성취를 '성공' 아니면 '실패'로 평가하거나 다른 사람의 반응을 '칭찬' 아니면 '비난'으로 해석하며 그 중간의 회색지대를 생각하지 못하는 경우이다.

과잉일반화(overgeneralization)는 특수한 상황의 경험으로부터 일반적인 결론을 내리고 무관한 상황에도 그 결론을 적용시키는 오류이다. 예를 들어, 시험이나 사업에 몇 번 실패한 사람이 자신은 '어떤 일에서든' '노력에 상관없이' '항상' 실패하게 될 것이라고 믿거나 한두 번의 실연 경험을 지닌 남자가 자신은 '항상' '어떤 여자에게나' '어떻게 행동하든지' 실연하게 될 것이라고 생각하는 것은 과잉일반화에 속한다.

정신적 여과(mental filtering)는 특정한 사건과 관련된 일부의 정보만 선택적으로 받아들여 그것이 마치 전체를 의미하는 것으로 잘못 해석하는 오류를 의미하며 선택적 추상화(selective abstraction)라고 부르기도 한다. 예를 들면, 발표를 한 상황에서 대다수의 청중들이 긍정적인 반응을 보였음에도 불구하고 부정적 반응을 보인 소수의 청중에만 선택적으로 주의를 기울여 자신의 발표를 실패한 것으로 평가하고 낙담하는 경우이다.

의미확대와 의미축소(minimization and maximization)는 어떤 사건의 의미나 중요성을 실제보다 지나치게 확대하거나 또는 축소하는 오류를 말한다. 우울한 사람들은 부정적인 일의 의미는 크게 확대하고 긍정적인 일의 의미는 축소하는 잘못을 범하는 경향이 있다. 예를 들어, 친구가 자신에게 한 칭찬은 별 뜻 없이 듣기 좋으라고 한 말로 의미를 축소하는 반면, 친구가 자신에게 한 비판은 평소 친구의 속마음을 드러낸 중요한 일이라고 그 의미를 확대하여 받아들이는 경우이다.

개인화(personalization)는 자신과 무관한 사건을 자신과 관련된 것으로 잘못 해석하는 오류를 말한다. 예를 들어, 길거리를 걸어가는 사람이 벤치에 앉아 있는 사람들의 웃는 소리를 듣고 자신의 외모나 행동거지를 비웃는 것이라고 받아들이는 경우가 이에 해당한다.

잘못된 명명(mislabelling)은 사람의 특성이나 행위를 기술할 때 과장되거나 부적절한 명칭을 사용하여 기술하는 오류를 뜻한다. 예를 들어, 자신의 잘못을 과장하여 '나는 실패자다.' '나는 인간쓰레기다.' 라고 부정적인 명칭을 자신에게 부과하는 것이다.

이 밖에도 충분한 근거 없이 다른 사람의 마음을 제멋대로 추측하고 단정하는 독심술(mind-reading)의 오류, 마치 미래에 일어날 일을 예언하듯이 단정하고 확신하는 예언자(fortune telling)의 오류, 현실적인 근거가 없이 막연히 느껴지는 자신의 감정에 근거하여 결론을 내리는 감정적 추리(emotional reasoning)와 같은 인지적 오류가 있다. 이러한 인지적 오류들은 현실을 실제보다 부정적인 방향으로 왜곡하거나 과장함으로써 부정적인 감정과 행동을 유발하게 된다.

(3) 역기능적 인지도식과 신념

사람마다 동일한 사건을 해석하는 방식이 다르다. 우울한 사람들이 생활사건을 부정적인 방향으로 해석하며 인지적 오류를 범하는 이유는 무엇일까? Beck에 의하면, 우울한 사람들은 편향된 인식의 틀, 즉 독특한 인지도식을 지니고 있기 때문이다.

인지도식(schema)은 과거경험을 추상화한 기억체계로서 생활 속에서 경험하는 사건들의 다양한 정보를 선택하고 사건의 의미를 해석하며 미래의 결과를 예상하는 인지적 구조(cognitive structure)를 의미한다. 동일한 생활사건의 의미를 사람마다 다르게 해석하는 이유는 인지도식이 각기 다르기 때문이다. Beck에 따르면, 우울한 사람들은 생활사건의 의미를 부정적으로 해석하게 하는 역기능적 인지도식(dysfunctional schema)을 지니고 있다. 이러한 인지도식은 어린 시절의 경험에 의해서 형성되며 성장하여 부정적인 생활사건에 직면하게 되면 활성화되어 그 사건의 의미를 부정적으로 왜곡함으로써 우울증상을 유발하게 된다.

인지도식은 과거경험을 일반화한 인지적 구조로서 자신과 세상에 대한 신념으로 구성되어 있다. Beck에 따르면, 우울한 사람들이 부정적인 사고를 하게 되는 이유는 당위적이고 완벽주의적인 완고한 신념을 지니고 있기 때문이다. 이러한 신념은 비현실적인 것이기 때문에 필연적으로 좌절과 실패를 초래하게 되는데, Beck은 이러한 신념을 맥락에 따라서 역기능적 신념(dysfunctional beliefs) 또는 기저가정(underlying assumptions)이라고 지칭하고 있다.

역기능적 신념은, 특정한 생활사건에 대한 해석내용인 자동적 사고와 달리, 삶에 대한 일반적인 믿음이나 원칙으로서 절대주의적이고 완벽주의적이며 융통성이 없이 경직된 내용으로 구성되어 있다. 이러한 신념들의 예로는 '사람은 멋지게 생기고 똑똑하고 돈이 많지 않으면 행복해질 수 없다.' '다른 사람의 사랑 없이 나는 행복해질 수 없다.' '다른 사람에게 도움을 요청하는 것은 나약함의 표시이다.' '절반의 실패는 전부 실패한 거나 다름없다.' '사람들의 인정을 받으려면 항상 일을 잘 해야만 한다.' '한 인간으로서 나의 가치는 나에 대한 다른 사람의 평가에 달려 있다.' '사람들은 언제 나에게 등을 돌릴지 모르기 때문에 믿을 수 없다.' 등이 있다.

Judith Beck(1995)은 정신병리에 개입하는 역기능적 신념을 핵심신념과 중간신념으로 구분하고 있다. 핵심신념(core beliefs)은 어린 시절에 중요한 인물과 상호작용하면서 형성되는 것으로서 가장 근원적이며 깊은 수준의 믿음이다. 이것은 자신과 세상 전반에 대해서 과잉일반화한 경직된 내용의 신념으로서 개인에게 잘 의식되지 않으며 당연한 진리처럼 암묵적으로 받아들여진다. 핵심신념이 활성화되면 그와 일치하는 정보만을 선택적으로 받아들이고 불일치하는 정보는 무시하게 된다. 그 결과, 핵심신념은 비현실적이고 역기능적인 것임에도 불구하고 지속되거나 강화된다.

핵심신념이 가장 깊은 수준의 인지라면, 자동적 사고는 가장 표층적인 수준의 인지라고 할 수 있다. 중간신념(intermediate beliefs)은 핵심신념과 자동적 사고를 매개하는 것으로서 핵심신념에 의해서 영향을 받는다. 중간신념은 삶에 대한 태도, 규범, 가정으로 구성되어 있으며 잘 인식되지 못하는 경우가 흔하다. 그 예로는 "무능력하다는 것은 끔찍한 일이다."라는 태도, "나는 항상 열심히 일을 해야 한다."라는 규범, "열심히 일하지 않으면, 나는 다른 사람들이 쉽게 할 수 있는 일들도 제대로 해내지 못할 것이다."라는 가정 등이 중간신념에 속한다.

핵심신념으로부터 중간신념을 거쳐 자동적 사고가 생성되고 그 결과로서 다양한 심리적 반응이 나타나는 과정을 도식적으로 제시하면 [그림 7-1]과 같다.

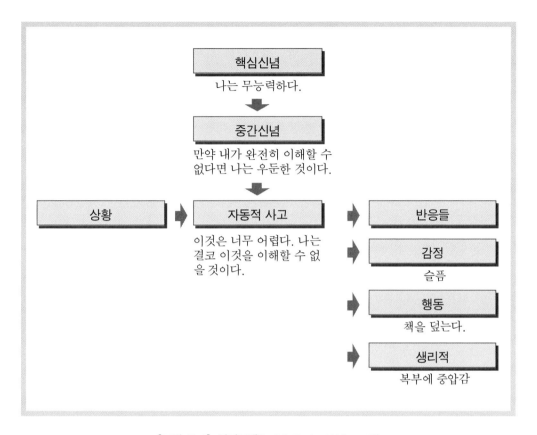

[그림 7-1] 인지모델(Judith Beck, 1995, p. 18)

3) 성격의 인지모델

Beck은 성격장애를 설명하면서 진화론과 정보처리모델을 적용한 성격이론을 제시하였다. 그에 따르면, 인간의 전형적인 성격 패턴은 인류의 진화과정에서 생존과 번식을 성공적으로 이끌기 위한 적응방략에서 기원한다. 현대사회에 나타나는 성격장애는 원시시대의 적응방략이 과장되어 표현된 것으로서 정상적인 성격과는 정도의 차이가 있을 뿐이다.

성격은 환경에 대한 적응방략으로서 정보처리방식과 밀접하게 연결되어 있다. Beck은 개인의 인지도식과 신념체계가 성격의 핵심을 이룬다고 보았다. 그에 따르면, 정보처리는 인지도식에 자리 잡고 있는 신념체계의 영향을 받게 되며 개인이 상황을 어떻게 평가할 것인지를 결정한다. 이처럼 개인의 인지, 정서 그리고 동기에 강력한 영향을 미치는 핵심적 구조가 바로 인지도식이며 성격의 기본단위라고 할 수 있다.

인지도식은 대부분의 경우 생의 초기에 구축되기 시작한다. 초기 아동기에 부모

를 비롯한 중요한 인물과의 상호작용 경험은 자신과 세상에 대한 핵심신념을 형성하
는 데 중추적인 역할을 한다. 특히 발달과정에서 겪게 되는 충격적인 사건이나 외상
경험은 개인의 인지도식과 신념체계의 형성에 커다란 영향을 미치게 된다. 성격장애
를 고착시키는 역기능적 신념은 개인의 유전적 소인과 더불어 타인이나 특수한 외상
사건으로 인한 부정적인 경험과의 상호작용에 의해서 생겨난다. 인지도식이 형성되
면 그와 일치하는 정보에 선택적으로 주의를 기울이고 해석하여 반응함으로써 인지
도식이 더욱 강화될 수 있다.

　　이처럼 인지도식은 자기영속화 과정을 통해서 지속되고 강화되어 개인의 독특한
성격으로 발전하게 된다. 개인이 나타내는 독특하고 일관된 반응패턴은 인지도식으
로 설명될 수 있다. 왜냐하면 인지도식은 다양한 자극상황에서 개인으로 하여금 독특
한 자동적 사고를 유발하게 하고 그 결과로 독특한 정서적·행동적 반응을 하도록 만
들기 때문이다. 인지이론의 관점에서 성격발달을 설명하면 [그림 7-2]와 같다.

　　개인이 지닌 매우 특수한 역기능적 인지도식이 활성화되면, 정신병리 상태가 유
발된다. 역기능적 인지도식이 생활사건에 의해서 활성화되는 빈도나 범위에 따라서

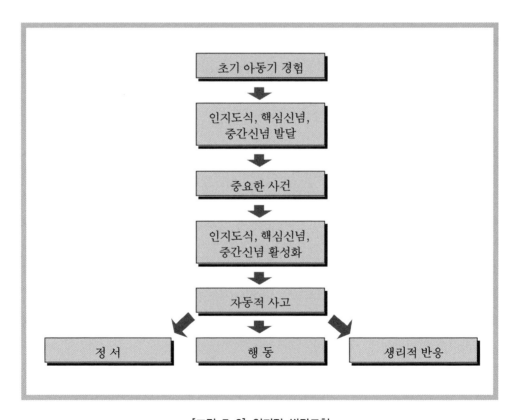

[그림 7-2] 인지적 발달모형

일시적 증후군과 성격장애로 구분될 수 있다. 우울증이나 불안장애와 같이 일시적으로 증상이 나타나는 정신장애는 평소에 잠복하고 있던 역기능적 인지도식이 특수한 상황에서 활성화된 결과라고 할 수 있다. 반면에 성격장애는 역기능적 인지도식이 다양한 생활사건에 의해 지속적으로 활성화되어 일상생활 전반에 영향을 미치는 경우라고 할 수 있다.

4. 정신병리 이론

Beck(1976)에 따르면, 대부분의 정신장애는 정상적인 심리적 반응이 과장된 것이다. 심리적 증상뿐만 아니라 그와 관련된 인지적 요인에 있어서도 정상적인 것과 병리적인 것은 연속선상의 차이에 의해서 구별될 수 있을 뿐이다. 이를 정신병리의 연속성 가설(continuity hypothesis)이라고 한다. 이러한 가설은 진화론적 관점에 근거한 것으로서 다양한 정신장애의 기능적 의미를 이해할 수 있게 해준다. 즉, 정신장애는 적응적 행동이 부적절하게 과장되어 나타난 것이지만 특수한 상황에서는 더 적응적인 기능을 할 수도 있다.

1) 정신병리의 일반적 원인

인간은 외부세계와 상호작용하며 적응해나간다. 적응을 위해서는 외부세계를 정확하게 인식하고 그에 효과적으로 대응하는 것이 중요하다. 정신병리는 개인이 현실을 정확하게 인식하지 못하고 과장하거나 왜곡할 때 생겨난다. 즉, 현실을 정확하게 반영하지 못하는 왜곡된 인지를 지닐 때, 부적응적인 정신병리가 발생하게 된다.

Beck에 따르면, 정신장애를 지닌 사람들은 생활사건의 의미를 부정적인 방향으로 왜곡하는 경향이 있다. 따라서 그들은 부정적일 뿐만 아니라 비현실적인 사고와 심상을 지니게 된다. 이러한 비현실적인 부정적 인지가 부적응적 증상과 정신장애를 유발하게 된다. 예컨대, 우울한 사람들은 자신의 경험을 부정적인 방향으로 과장함으로써 자신은 열등하고 무가치한 존재라는 생각을 하게 된다. 정신병을 지닌 사람들은 다른 사람의 행동을 극단적으로 왜곡하여 자신을 미행하거나 살해하려 한다는 생각에 집착하는 피해망상을 나타내기도 한다. Beck은 개인이 지니는 자동적 사고의 내용에 따라 유발되는 부적응적 증상이 다르다고 주장한다. 즉, 정신장애의 유형은 자동적 사고의 주제와 밀접하게 관련되어 있다는 것이다. 이를 인지적 내용-특수성 가설

(cognitive content-specificity hypothesis)이라고 한다. Beck은 다양한 정신장애를 나타내는 사람들이 지니는 자동적 사고의 주제를 〈표 7-1〉과 같이 제시하고 있다.

표 7-1 다양한 정신장애와 관련된 자동적 사고의 주제

정신장애	자동적 사고의 주제
우울증	자기자신, 미래, 환경에 대한 부정적 견해
경조증	자기자신, 미래, 환경에 대한 긍정적 견해
불안증	신체적 또는 심리적 위협과 위험
공황장애	신체나 정신적 경험에 대한 파국적 해석
공포증	구체적이고 회피 가능한 상황에서의 위협
전환장애	운동기관 또는 감각적 이상에 대한 믿음
강박증	안전에 대한 반복적 경고 및 회의
자살	희망상실, 절망
섭식장애	살찌는 것에 대한 공포
건강염려증	심각한 의학적 질병에 걸려 있다는 믿음

근본적으로 정신장애의 원인은 편향된 인지도식에 근거한다. 정신장애를 지닌 사람들은 생활사건을 특정한 방향으로 해석하게 하는 인지도식을 지니고 있다. 예컨대, 불안장애를 지닌 사람들은 '위험'에 예민한 인지도식을 지니고 있어서 주변환경 속에 내재하는 위험 가능성을 과도하게 평가하는 반면, 우울한 사람들의 인지도식은 '상실'이나 '실패'라는 주제에 편향되어 자신의 경험을 비관적으로 평가하는 경향이 있다. 이러한 인지도식은 역기능적인 신념의 형태로 나타나기도 한다(Beck et al., 1979). 예컨대, 불안장애를 지닌 사람들은 "세상은 위험으로 가득 차 있다. 항상 조심하고 경계해야 한다. 그렇지 않으면, 치명적인 결과를 맞게 될 것이다."와 같은 신념을 지니는 경향이 있으며, 이러한 신념으로 인해 매사에 과민반응을 하게 되므로 항상 높은 수준의 불안을 경험하게 되는 것이다.

2) 특정한 정신장애의 원인

(1) 우울증

우울증을 설명하는 가장 대표적인 이론은 Beck의 인지이론이다. Beck에 따르면, 우울증 환자들은 자기, 미래, 주변 환경에 대해서 부정적인 사고와 심상을 지닌다. 즉, 우울한 사람들은 자기(self)에 대해서는 결점이 많고 부적절하며 무가치하고 사랑받지 못할 존재라고 생각한다. 또한 자신의 미래(future)에 대해서는 비관적이고 현재의 어려움이 계속될 것으로 여기며, 세상(world)에 대해서는 세상과 타인이 자신에게 적대적이라고 생각한다. 이처럼 우울한 사람들이 부정적인 생각을 지니는 세 가지 주제(자기, 미래, 세상)를 인지삼제(cognitive triad)라고 한다. 우울한 사람들은 이러한 부정적인 사고에 따라 모든 것이 패배와 상실로 귀결될 것이라 생각하기 때문에 상황을 개선하려는 적극적인 노력을 하지 않으며 사회적으로 위축되게 된다.

우울한 사람들이 부정적인 사고를 하는 바탕에는 역기능적 신념과 인지도식이 존재한다. 우울한 사람들은 자신과 세상에 대해 완벽주의적이고 당위적이며 융통성이 없는 역기능적 신념을 지니고 있다. Beck(1983)에 따르면, 역기능적 신념은 '~해야 한다.' 또는 '~해서는 안 된다.'라는 당위적 명제의 형태를 지니며, 현실적인 삶속에서 실현되기 어려운 것으로 흔히 좌절과 실패를 초래하게 된다. 역기능적 신념은 우울증을 유발하는 인지적 취약성으로 작용하게 된다. 즉, 부정적 생활사건에 부딪히면 잠재되어 있는 역기능적 인지도식이 활성화되어 사건의 의미를 특정한 부정적 방향으로 왜곡하여 해석하게 되고, 결과적으로 우울증상을 일으키게 된다.

역기능적 신념은 크게 사회적 의존성(sociotropy)과 자율성(autonomy)으로 나뉜다. 사회적 의존성은 타인의 인정과 애정에 과도하게 집착하는 경향성으로 "나는 주변의 모든 중요한 사람들로부터 사랑과 인정을 받아야 한다." "다른 사람의 사랑과 인정 없이 나는 행복해질 수 없다." "다른 사람으로부터 결코 미움을 받아서는 안 된다." 등이 포함된다. 자율성은 개인의 독립성과 성취에 과도하게 집착하는 경향성으로 "다른 사람에게 종속되거나 지배당해서는 안 된다." "모든 일을 완벽하게 해야 한다. 절대로 실수해서는 안 된다." "다른 사람보다 우월해야 한다." "인간의 가치는 그 사람의 성취에 의해 결정된다." 등이 있다. Beck은 특수 상호작용 모델(specific interaction model)을 통해, 한 개인이 지닌 역기능적 신념에 따라 우울증을 유발하는 부정적인 생활사건에 차이가 있을 수 있다고 제시하였다. 즉, 사회적 의존성이 높은 사람은 대인관계와 관련된 부정적 사건(이별, 이혼, 별거 등)이 우울증을 유발할 수 있으며, 자율성이 높은 사람은 독립성과 성취지향적 행동이 위협받는 생활사건(학업적 실패, 실직)이 우울증을 유발할 수 있다.

(2) 불안장애

우울증이 과거의 사건을 실패와 상실로 과장되게 해석한 결과라면, 불안장애는 미래의 사건을 위험과 위협으로 과장되게 예상한 결과라고 할 수 있다(Beck, Emery, & Greenberg, 1985). 불안한 사람들은 세상을 재난이 일어나거나 다른 사람들이 자신을 해칠지 모르는 위험한 곳으로 인식한다. 불안장애의 공통적인 주제는 위험과 위협이며 불안증상은 위험과 위협에 대한 과장된 반응이다. 진화론적 관점을 취하고 있는 Beck은 불안장애가 동물 행동에서 나타나는 투쟁, 도피, 동결 반응에 기인하는 것으로서 오랜 세월이 흐르면서 주된 위험의 속성이 신체적인 것에서 심리사회적인 것으로 변화됨에 따라 나타난 부적응적 현상이라고 주장했다. 그에 따르면, 불안장애는 위협에 대한 극단적인 반응이다. 이러한 불안장애의 중심적 인지는 위험에 대한 비현실적 지각, 통제 상실에 대한 파국적 해석, 그리고 인간관계가 부정적으로 변화될 것이라는 지각으로 구성된다(Clark & Beck, 1989).

불안장애의 여러 하위유형은 위험에 대한 사고 내용에 있어서 각기 다른 특성을 나타낸다(권석만, 2003). 즉, 범불안장애는 다양한 상황의 위험 가능성을 과민하게 포착하기 때문에 만연된 과도한 걱정으로 나타나는 장애이며, 공포증은 특정한 상황에서 받을 수 있는 신체적·심리적 상해를 과장하여 예상한 결과로 나타난다. 공황장애는 자신의 신체적 반응을 심장마비와 같은 임박한 위험의 징후라고 파국적인 오해석을 하기 때문에 발생하며, 강박장애는 내면적인 사고나 심상을 위험한 것으로 해석하여 의도적으로 억제하지만 역설적 반동효과에 의해서 그러한 사고와 심상이 더욱더 의식에 떠오르게 되는 현상이다.

(3) 성격장애

성격장애는 정보처리과정에 강력한 영향을 미치는 인지도식과 신념체계의 특성에 기인한다(Beck, Freeman, & Davis, 2004). 각 성격장애는 독특한 신념, 태도, 감정 및 반응방략들로 구성된다. 예컨대, 회피성 성격장애는 거절과 상처에 민감한 인지도식을 지니며 "사람들에게 무시당하는 것은 끔찍한 일이다." "나의 참모습을 알게 되면 사람들은 날 거부할 것이다."와 같은 신념을 지닌다. 따라서 다양한 사회적 상황에서 부적절감을 느끼며 불쾌감을 감소시키기 위해서 이러한 상황을 회피하는 방략을 사용한다. 자기애성 성격장애는 자신의 우월성과 특별대우에 민감한 인지도식을 지니며 "나는 특별한 존재이므로 당연히 특별한 대우를 받아야 한다." "나는 일반인에게 적용되는 규칙을 지키지 않아도 된다."와 같은 신념을 지닌다. 따라서 평소에 우월감을 느끼며 자신이 인정받지 못하면 심한 분노를 느낀다. 이들은 타인을 이용하거나 헌신하도록 조종하는 방략과 더불어 일상적 규칙을 넘어 자신의 이익을 추구하는 방략을 사용한다. 이처럼 각 성격장애는 나름대로의 독특한 내용의 인지도식과 기저신념에 근거하고 있다.

성격장애를 유발하는 인지도식과 역기능적 신념은 개인의 유전적 소인과 더불어 타인이나 특수한 외상사건으로 인한 부정적인 경험의 상호작용에 의해서 생겨난다. 인지도식이 일단 형성되면, 그와 일치하는 정보에 선택적으로 주의를 기울이고 해석하여 반응함으로써 인지도식이 더욱 강화된다. 이러한 인지도식의 자기영속화 과정을 통해서 성격장애는 지속되고 강화될 수 있다. Jeffrey Young과 동료들(Young, Klosko, & Weishaar, 2003)은 성격장애를 효과적으로 치료하기 위한 심리도식치료(Schema Therapy)를 제시하면서 성격장애의 인지적 특성을 상세하게 설명하고 있다.

(4) 섭식장애

섭식장애는 자신의 신체상에 대한 왜곡된 사고에 의해서 발생한다. 신경성 식욕부진증을 지닌 사람들은 매우 마른 몸매를 이상적이라고 여길 뿐만 아니라 자신의 몸매를 실제 이상으로 뚱뚱하다고 왜곡하여 인식한다. 아울러 "내 몸매와 체중은 내가 사회적으로 인정받고 존중 받는 데 결정적으로 중요하다." "만약 몸무게가 늘어난다면, 나는 매우 흉하게 보일 것이다." "내 인생에서 내가 통제할 수 있는 것은 내 몸무게뿐이다." "만일 굶지 않는다면, 나는 완전히 뚱보가 될 것이다."와 같은 역기능적 신념들을 지니고 있다. 이들은 식사 후에 느끼는 포만감을 뚱뚱해진다는 신호로 잘못 해석하며 사진이나 거울에 비친 자신의 모습을 실제보다 더 뚱뚱한 것으로 과장하여 해석하는 인지적 왜곡을 나타낸다.

이 밖에도 인지치료에서는 물질남용과 중독현상을 유발하는 부적응적 인지를 제시하고 있다. 중독증 환자들은 알코올이나 마약과 같은 중독물질의 긍정적 효과에 대해서 잘못된 신념을 지닌다. 예컨대, 알코올 중독 환자들은 술을 마시면 고통스러운 감정이 감소될 뿐만 아니라 기분이 좋아지며 인간관계가 긍정적으로 변화하고 성적 능력도 향상될 것이라고 믿는다. 이러한 긍정적 신념이 중독물질을 남용하게 만드는 심리적 원인으로 작용한다.

Beck(1988)은 부부를 위한 자기치료서인 『사랑만으로 충분치 않다(*Love Is Never Enough*)』에서 어려움을 겪는 관계에도 인지가 중요한 역할을 한다고 설명한다. 인간관계의 문제를 지닌 사람들은 인간관계에 대해서 비현실적이고 비합리적인 기대와 기준을 지닐 뿐만 아니라 문제의 원인을 상대방에게 일방적으로 기인하여 비판하는 인지적 특성을 지닌다. 이처럼 인지치료는 다양한 문제와 장애에 관여하는 인지적 요인을 명확히 밝혀내어 그것을 변화시키는 데 초점을 맞추고 있다.

5. 치료 이론

1) 치료목표

인지치료의 목표는 내담자가 효과적으로 기능하고 적응하도록 돕기 위해서 잘못된 정보처리를 수정하는 것이다. 인지치료자는 내담자가 심리적 장애를 극복하고 적응수준을 향상시킬 수 있도록 자기 자신과 세상에 대한 왜곡된 인지를 인식하고 수정하도록 돕는다. 또한 역기능적인 신념을 좀 더 현실적이고 유연한 신념으로 변화시키고 적응적인 행동을 증진하기 위해 다양한 인지적 기법과 행동적 기법을 사용한다. 왜곡된 인지를 수정함으로써 내담자의 심리적 고통과 증상을 완화시킬 뿐만 아니라 내담자가 현실적인 문제에 대해서 효과적인 문제해결자가 되도록 돕는다.

인지치료는 일차적으로 증상완화에 초점을 맞추지만 궁극적으로는 사고의 편향성과 경직성을 제거하는 것을 목표로 한다. 인지치료는 내담자로 하여금 자신의 사고와 신념을 자각하고 그것을 타당성과 효용성의 관점에서 따져본 뒤에 스스로 선택하여 자신의 생각을 변화시키는 기술을 가르친다. 이러한 인지치료의 기술을 내담자가 다양한 상황에서 활용하도록 촉진함으로써 증상완화와 문제해결은 물론 치료의 종결 이후에도 재발방지를 도모한다. 내담자로 하여금 자신의 내면적 사고와 신념을 자각하고 성찰하는 능력을 함양함으로써 유연하고 지혜로운 삶을 영위하도록 돕는 것이 인지치료의 궁극적인 목표라고 할 수 있다.

2) 치료원리

인지치료의 기본적인 원리는 정신병리를 유발하는 왜곡된 인지를 수정하여 재구성하는 것이다. 이러한 인지의 수정은 각 수준의 인지(자동적 사고, 중간신념, 핵심신념, 인지도식)에 따라 순차적으로 이루어지는데, 비교적 자각하기 쉽고 수정하기도 쉬운 자동적 사고에서 시작하여 점차적으로 깊은 수준의 인지를 수정해나간다. 깊은 수준의 신념을 수정할수록 미래의 재발을 막을 수 있기 때문에, 치료가 어느 정도 진행되면 자동적 사고의 기저를 이루고 있는 역기능적 신념의 변화에 초점을 맞추게 된다.

심리교육적 모델에 근거하고 있는 인지치료는 내담자 스스로 자신의 부정적 사고를 인식하여 변화시키는 역량을 키우는 데 주력한다. 인지치료는 특수한 학습과정으로서 내담자가 다음과 같은 심리적 기술을 배우게 한다(Beck et al., 1979).

(1) 자신의 부정적이고 자동적인 사고를 관찰하여 파악하기
(2) 인지 · 정서 · 행동 간의 관련성을 인식하기
(3) 자동적 사고의 지지 증거와 반대 증거를 검토하기
(4) 편향적인 인지를 좀 더 현실적인 대안적 사고로 대체하기
(5) 경험을 왜곡하게 만드는 역기능적 신념을 파악하고 수정하기

3) 치료기법

Beck은 인지치료에서 핵심적인 역할을 하는 네 가지의 치료지침, 즉 (1) 인지적 모델에 근거한 사례개념화, (2) 협동적 경험주의, (3) 소크라테스식 대화, (4) 인도된 발견을 제시하고 있다. 이러한 기본적 지침의 바탕 위에서 역기능적 인지를 찾아내고, 그 타당성을 검토하며, 대안적인 사고로 대체하는 다양한 기법들이 사용될 수 있다.

(1) 인지모델에 근거한 사례개념화

인지치료의 가장 큰 특징은 내담자의 문제를 인지적 모델에 근거하여 파악한 후에 인지의 변화를 시도한다는 점이다. 이를 위해서 중요한 것이 인지모델에 근거한 사례개념화이다. 사례개념화는 내담자와의 면담내용을 종합하여 내담자의 증상이나 문제들을 유발하는 자동적 사고, 중간신념, 핵심신념을 파악하여 그들 간의 관계를 가설적으로 설정하는 작업을 뜻한다. 나아가서 이러한 신념들이 형성된 성장배경을 탐색하여 파악하는 것도 중요하다.

일반적으로 인지치료에서는 내담자의 자동적 사고를 먼저 다루게 된다. 그러나 치료자는 처음부터 자동적 사고를 보다 깊은 수준의 신념과 연결시켜 이해하는 개념

화 작업을 하는 것이 바람직하다. 만약 치료자가 이처럼 넓은 관점으로 내담자의 문
제를 이해하고 있지 못한다면 치료를 효과적으로 이끌 수 없게 될 것이다. 따라서 치

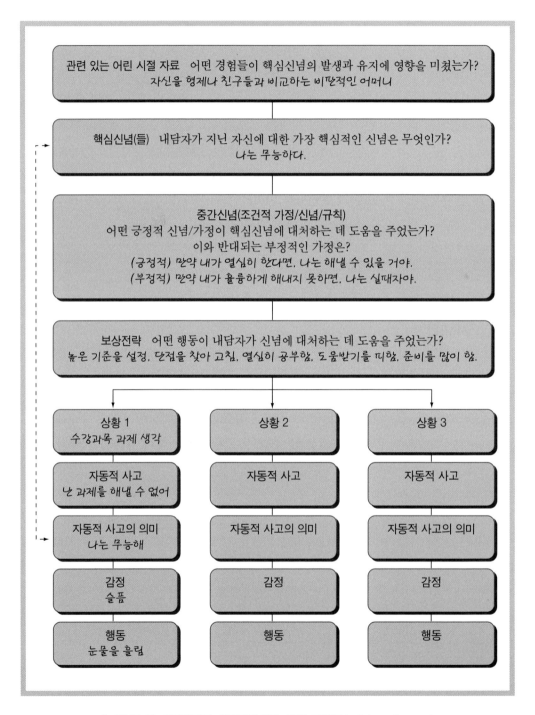

[그림 7-3] 인지치료의 사례개념화를 위한 기본틀(Judith Beck, 1997)

료자는 환자의 전형적인 자동적 사고, 감정, 행동, 신념에 대한 정보를 수집하게 되면, 인지적 사례개념화 작업을 시작해야 한다. [그림 7-3]은 인지적 사례개념화의 기본구조를 제시한 것이다.

(2) 협동적 경험주의

인지치료가 성공적으로 진행되기 위해서는 치료자와 내담자의 적극적인 협동이 필요하다. Beck에 따르면, 인지치료는 협동적 경험주의(collaborative empiricism)에 근거하고 있다. 즉, 인지치료에서 치료자와 내담자는 마치 공동연구를 하듯이 협동적인 동등한 관계 속에서 내담자의 경험에 근거하여 역기능적 인지를 찾아내고 그 타당성을 검토하여 대안적인 인지를 발견해나가는 모든 작업을 함께 해나간다. 이러한 협동적 경험주의는 인지치료의 현상학적 접근을 반영하는 것이다. 인지치료에서는 내담자가 인식하는 것을 숨겨진 추동이나 방어기제에 의해서 위장된 연막이 아니라 진정한 것으로 여긴다. 따라서 문제를 이해하고 검토하는 일은 치료자의 이론이나 판단보다 내담자의 경험에 근거하여 이루어진다. 인지치료의 원리는 명쾌하고 이해하기 쉽기 때문에 이를 내담자에게 설명해주고 내담자를 능동적인 주체로 참여시킨다. 내담자는 치료원리와 기술을 배우기 때문에 자기 자신을 스스로 치료할 수 있다는 자신감을 발달시키게 된다. 인지치료의 이러한 협동적 속성은 치료과정을 탈신비화하는 것으로서 모든 활동을 내담자와 투명하게 공유한다.

(3) 소크라테스식 대화

소크라테스식 대화(Socratic dialogue)는 인지치료자가 내담자의 인지적 변화를 촉진하기 위해서 주로 질문을 통해 대화하는 방식을 의미한다. Beck에 따르면, 치료자는 내담자에게 해결책을 제시하거나 그들의 사고를 논박하기보다 일련의·신중한 질문을 통해서 내담자가 스스로 자신의 해결책을 찾도록 도와야 한다. 이러한 질문을 하는 목적은 내담자로 하여금 자신의 생각을 자각하고 평가할 뿐만 아니라 스스로 대안적 사고를 발견하도록 돕는 것이다. 치료자가 내담자에게 질문을 하는 목적은 다양하다. 치료자는 질문을 통해서 ① 내담자가 자신의 문제를 구체적이고 명확하게 이해하고, ② 내담자의 생각, 심상, 신념을 포착하도록 도우며, ③ 내담자로 하여금 어떤 사건에 부여한 의미를 재검토하게 하고, ④ 부적응적 사고와 행동의 결과를 평가하도록 돕는다.

소크라테스식 대화는 내담자의 생각이 잘못되었다는 것을 직설적으로 보여주거나 내담자가 자기모순에 빠지도록 함정을 파는 것이 아니다. 치료자가 자신의 의견을 제시하기보다 질문을 사용하게 되면, 내담자는 덜 위협적인 느낌을 갖게 되며 치료자가 제시한 해석내용에 동의해야 한다는 부담감을 덜게 된다. 따라서 내담자는 더 능동적인 자세로 자신의 경험과 내면적 사고를 자세하게 탐색하게 된다. 소크라테스식 대화는 충고나 지시를 하는 대신 적절한 질문을 통해서 내담자가 스스로 유익한 결론에 도달하도록 돕는 상호작용 방식이다.

(4) 인도된 발견

인도된 발견(guided discovery)은 치료자가 내담자로 하여금 자신의 부정적 사고, 그 속에 포함된 논리적 오류, 그리고 대안적인 사고를 발견하도록 안내하고 인도하는 치료적 과정을 의미한다. 인지치료에서 치료자의 핵심적 역할은 내담자가 스스로 치료적 깨달음에 이르도록 세심하게 인도하는 안내자가 되는 것이다. 치료자는 내담자가 자신의 생각과 신념에서 공통적으로 나타나는 주제를 찾아내고 이러한 주제가 과거 경험과 어떤 관련성을 지니고 있는지 인식하도록 인도한다. 또한 치료자는 내담자로 하여금 생각을 바꾸도록 논박하거나 설득하기보다 내담자가 스스로 자신의 논리적 오류와 왜곡을 발견하도록 인도한다.

(5) 역기능적 사고 기록지

인지치료에서는 자동적 사고의 탐색을 위해서 〈표 7-2〉와 같은 역기능적 사고의 일일기록지(daily record of dysfunctional thoughts)를 사용한다. 이 기록지는 Ellis가 제시한 A-B-C 기법을 사용하여 종이 위에 사건 및 상황과 그때의 감정 및 행동반응을 적어놓고 그 사이에 어떤 생각이 개입되어 있었는지를 인식하도록 돕는다. 나아가서 내담자가 자동적 사고의 타당성을 검토하여 좀 더 현실적인 사고를 함으로써 어떤 감정 변화가 나타나는지를 체험하도록 돕는다.

치료자는 내담자에게 이 기록지를 사용하여 불쾌한 감정을 느끼게 되는 사건과 사고를 기록하게 하는 숙제를 내주고 다음 치료시간에 그 기록지의 내용을 바탕으로 구체적인 대화를 나눌 수 있다. 이러한 방법을 통해서 내담자는 자신의 불쾌 감정과 관련된 사고내용을 인식하는 자기관찰(self-monitoring) 능력과 합리적인 사고 능력을 향상시킬 수 있다.

| 표 7-2 | 역기능적 사고의 일일기록지 |

일시	상 황 불쾌한 감정을 유발한 실제사건, 상상, 기억 내용을 기록	감 정 불쾌감정을 구체적으로 기록. 감정의 강도를 1~100 숫자로 평가	자동적 사고 감정에 선행한 자동적 사고를 기록. 사고의 확신정도를 0~100 숫자로 평가	합리적 반응 자동적 사고에 대한 합리적 반응과 그 확신 정도를 0~100 숫자로 평가	결 과 자동적 사고의 확신 정도와 결과적 감정 강도를 0~100 숫자로 재평가

작성방법: 당신이 불쾌한 감정을 경험했을 때, 그 감정을 유발한 상황을 기록하십시오. (만약 당신이 어떤 생각이나 상상을 하고 있을 때, 그러한 불쾌감정이 경험되었다면 그 내용을 적으십시오.) 그리고 나서 그 감정과 연관된 자동적 사고를 기록하십시오. 그 사고내용을 확신하는 정도에 따라 0~100의 숫자(0 = '전혀 확신없다' ; 100 = '절대 확신한다')로 평정하십시오. 감정의 강도 역시 1~100의 숫자(1 = '매우 미미함' ; 100 = '매우 강함')로 평정하십시오.

(6) 하향 화살표 기법

하향 화살표 기법(down-arrow technique)은 자동적 사고의 기저에 존재하는 역기능적 신념을 탐색하는 기법이다(Burns, 1990; DeRubeis & Beck, 1988). 이 방법은 특정한 사건의 자동적 사고로부터 그 사고의 기저에 있는 신념내용을 계속 추적해 들어가는 방법이다. 하향 화살표 기법은 내담자의 사고내용에 대해서 "과연 이러한 생각이 당신에게 무엇을 의미하는가?" "당신의 생각이 사실이라면, 그 사실이 (당신 자신과 당신의 미래에 있어서) 어떤 의미를 지니는가?" "당신은 왜 이러한 생각 때문에 괴로워하는가?"와 같은 물음을 계속 던짐으로써 좀 더 심층적인 부적응적 신념을 탐색해나가는 기법이다.

(7) 행동실험

행동실험(behavioral experiment)은 내담자가 지니는 사고의 타당성을 직접적으로 검증하는 기법이다. 내담자는 자신의 행동에 대한 다른 사람의 생각이나 반응을 왜곡할 수 있다. 이 경우에 내담자로 하여금 실제로 그러한 행동을 해보고 어떤 결과가 나타나는지를 확인하는 일종의 실험을 해보는 것이다. 예컨대, 대인불안이 심하고 자기주장을 잘 하지 못하는 한 여자 내담자는 옷가게에서 옷을 입어본 후 사지 않고 나오면 판매원이 자신에게 심하게 욕할 것을 두려워하여 마음에 들지도 않는 옷을 사는 행동을 하곤 한다. 이 내담자로 하여금 과연 판매원이 심한 욕설을 퍼붓는지를 확인하기 위해서 옷가게에서 옷을 입어본 후에 사지 않고 그냥 나오는 행동실험을 해보게 하는 것이다. 특정한 행동이 부정적인 결과를 초래할 것이라는 내담자의 과도한 걱정과 예상들이 행동실험을 통해서 잘못된 것임을 밝힐 수 있다.

(8) 이성적-감정적 역할연기

내담자가 자신의 신념이 역기능적임을 지적으로는 알고 있지만 감정적으로는 여전히 "옳은 것으로 느껴진다."고 말하는 경우에 이성적-감정적 역할연기(rational-emotional role play)가 유용하다. 이 기법을 사용할 경우에, 먼저 내담자는 신념의 '감정적' 부분의 역할을 맡고 치료자는 '이성적' 부분의 역할을 맡아 서로의 입장을 주장한다. 두 입장을 충분히 논의한 후에는 서로의 역할을 바꾼다. 이때 내담자와 치료자는 모두 자신이 내담자인 것처럼 '나는' 이라는 주어를 사용하며 이야기한다. 이러한 역할연기를 통해서 내담자는 이성적 판단과 감정적 수용의 괴리를 해소할 수 있다.

(9) 대처 카드

대부분의 경우, 내담자들은 부정적 사고의 문제점을 잘 이해하지만 오랜 기간 습관화된 이러한 사고를 적응적 사고로 쉽게 변화시키지 못한다. 이러한 경우, 적응적인 사고를 기술한 문장을 큰 소리로 반복하여 읽거나 말함으로써 그러한 사고가 내면화될 수 있다. 대처 카드(coping card)는 부적응적인 자동적 사고에 대항하는 적응적 사고의 내용을 기록한 카드로서 내담자가 늘 지니고 다니거나 쉽게 볼 수 있는 곳에 붙여두고 수시로 읽거나 되뇌도록 한다. 이러한 대처 카드는 여러 가지 형태가 있다. 한쪽 면에 중요한 자동적 사고를 적고 뒷면에는 적응적 사고를 적어놓은 것, 특정한 문제상황에서 효과적으로 대응할 수 있는 행동전략을 적어놓은 것, 특정한 행동을 꾸준히 실천하도록 돕는 자기지시의 내용을 기록한 것 등이 있다.

(10) 활동계획표 사용

활동계획표(activity schedule)는 매일 시간대 별로 구체적인 활동 계획을 기록하고 그 실행결과를 기록하는 간단한 표를 의미하며 일정관리표나 플래너와 유사한 것이다. 인지치료에서는 활동계획표를 사용하여 내담자가 매일 구체적인 활동계획을 세워 생활하도록 돕는다. 활동계획표를 사용하는 것은 내담자의 의욕 저하를 막고, 부정적인 생각에 몰두하며, 소극적이고 은둔적인 삶에 매몰되는 것을 막아준다.

활동계획표를 작성하는 일은 내담자가 자신의 일상생활을 구체적으로 관찰하여 이해하는 계기가 된다. 생활의 목표와 활동계획을 세우는 것은 삶의 의욕과 활기를 증진시켜줄 뿐만 아니라 하루의 일과를 구조화해준다. 내담자의 생활이 활동적으로 변하면 기분이 현저하게 향상될 뿐만 아니라 삶도 효율적으로 변하게 된다. 내담자는 치료자와 협동하여 활동계획을 세우면서 자신의 시간을 통제할 수 있다는 자신감을 얻게 된다.

(11) 과제부여 방법

인지치료에서는 내담자의 적응을 돕기 위해 다양한 과제를 부여하는 방법을 사용한다. 내담자는 치료시간뿐만 아니라 치료회기 사이에 이러한 과제를 수행함으로써 적응기술을 습득하여 치료효과를 증진하고 치료기간을 단축할 수 있다. 예컨대, 역기능적 사고 기록지의 작성, 활동계획표 작성하기, 행동실험 계획하고 실행하기, 내담자의 문제와 관련된 책 읽기 등과 같은 다양한 과제를 내담자에게 부여할 수 있다. 과제는 내담자와 상의하여 합의하에 부과하게 되며 치료자는 반드시 다음 회기에 과제 수행여부를 확인해야 한다. 가능하면 내담자가 성공적인 결과를 거둘 수 있는 적절한 과제를 부여하는 것이 바람직하다. 쉬운 과제부터 시작하여 조금씩 어려운 과제를 부과하는 점진적인 과제제시 방법이 흔히 사용되고 있다.

이 밖에도 인지치료에서는 다양한 치료기법을 사용하고 있다. 특정한 상황에 적절한 행동을 실천할 수 있도록 그 행동의 상세한 과정을 반복적으로 상상하는 인지적 시연법(cognitive rehearsal), 인지의 타당성을 평가하기 위해 사고와 신념의 장단점 목록 만들기, 새로운 적응적 행동을 연습하는 역할연기와 주장훈련과 같은 다양한 인지적 · 행동적 기법들이 사용되고 있다(Beck & Emery, 1985; McMullin, 1986).

6. 인지치료의 실제

인지치료는 일반적으로 20회 이내의 단기치료로 시행된다. 심각한 문제나 성격장애를 지닌 내담자의 경우에는 치료회기가 더 장기화될 수도 있다. 면담은 1주일에 한 번 또는 두 번씩 갖는 것이 보통이다. 인지치료는 어느 정도 구조화된 치료법이지만 내담자의 특성, 치료자의 계획, 치료의 진전상황 등에 따라 융통성 있게 실시될 수 있다. 여기에서는 인지치료의 전형적인 치료과정을 크게 4단계, 즉 초기, 중기-전반, 중기-후반, 종결기로 나누어 살펴보기로 한다.

1) 인지치료의 초기

인지치료의 초기 과정은 처음 3~4회 이내의 면접회기를 포함한다. 치료자가 초기단계에서 하게 되는 주요한 활동은 다음과 같다(DeRubeis & Beck, 1988).

첫째, 내담자가 호소하는 문제와 고통을 이해하고 공감해주며, 신뢰롭고 상호존중적인 관계형성에 노력한다. 인지치료는, 다른 치료법과 마찬가지로, 내담자와의 관계형성을 매우 중요하게 여긴다. 치료자는 따뜻하고 공감적이며 솔직하게 행동하고 내담자와 협력적이며 동반자적인 관계를 형성하도록 노력한다.

둘째, 내담자가 호소하는 문제를 구체적으로 탐색하여 명료화한다. 내담자의 문제를 다각적인 측면에서 구체화하며 그 심한 정도, 시급히 해결해야 하는 정도, 변화가능성 등을 판단한다. 인지치료에서는 내담자의 사고와 증상에 대한 객관적 평가를 중시하며 다양한 심리검사를 활용한다. 인지치료에서 흔히 사용되는 검사로는 벡우울척도(Beck Depression Inventory), 벡불안척도(Beck Anxiety Inventory), 자동적 사고척도(Automatic Thought Questionnaire), 역기능적 태도척도(Dysfunctional Attitude Scale), 자기개념검사(Self Concept Test) 등이 있다. 인지치료자들은 치료의 진전을 객관적으로 평가하기 위해 필요한 심리검사를 회기마다 또는 단계마다 사용한다.

셋째, 내담자가 인지치료의 기본개념과 원리에 대해서 익숙해지도록 노력한다. 따라서 치료자는 초기에 내담자에게 인지치료의 기본원리를 설득력 있고 명쾌하게 설명해준다. 이를 위해 상담자는 인지치료의 원리를 설명하기 위한 좋은 예나 그림,

책자를 준비하여 활용할 수 있다.

　마지막으로, 치료에 대한 내담자의 기대를 탐색하고 구조화를 통해 구체적인 치료목표를 내담자와의 합의하에 설정한다. 특히 인지치료에서는 내담자가 자신의 문제나 치료에 대해서 지니고 있는 부정적인 사고내용을 탐색하여 다루어주는 것을 강조한다. 〈표 7-3〉은 내담자가 흔히 지니고 있는 반(反)치료적인 사고내용의 예를 제시하고 있다. 이러한 사고내용을 탐색하여 부정적이고 비관적인 생각들을 현실적이고 희망적인 생각으로 바로 잡아주는 것이 중요하다.

표 7-3	인지치료에 대한 반치료적 믿음들

(1) 인지치료는 '무조건 긍정적으로 생각하기' 식의 치료법과 다를 바 없다.
(2) 내가 현재 고통스러운 이유는 내가 현실을 왜곡하기 때문이 아니라 현실이 정말 비참하기 때문이다.
(3) 나는 내가 사건들을 부정적으로 보는 경향이 있다는 것을 안다. 하지만 그것은 내 성격이므로 바꿀 수 없다.
(4) 치료자가 이야기하는 내용이 머리로는 받아들여지지만 가슴으로는 받아들여지지 않는다.
(5) 내가 감정적으로 흥분/혼란되어 있을 때 나의 자동적 사고에 대한 합리적 대안을 생각할 여유가 없다.
(6) 나는 부정적인 생각을 하고 싶지 않은데, 자꾸 그러한 생각이 떠오르는 것을 보면 나는 내면적으로 우울해지려는 욕구가 있는가 보다.
(7) 이 치료가 나의 심리적 문제를 치료해줄 것이라는 보증을 받고 싶다.
(8) 인지치료는 나를 정말 고통스럽게 하는 삶의 심각한 문제는 다루지 않고 삶의 세속적인 면들만을 다루고 있다.
(9) 부정적인 인지왜곡이 나를 불행하게 한다면, 이는 긍정적인 인지왜곡에 의해 내가 행복해질 수 있다는 뜻도 되는가?
(10) 나는 여러 주나 계속 치료에 참여했지만 전혀 좋아진 게 없다.
(11) 치료자가 나의 주변사람(배우자, 부모, 상사)을 함께 치료하지 않는 한, 나의 심리적 문제는 치료될 수 없다. 왜냐하면 그 사람이 내 심리적 문제의 원인이기 때문이다.
(12) 나는 치료자보다 나은 사람이다. 어떻게 나보다 못한 사람이 나를 치료한단 말인가?
(13) 치료자는 나를 치료하기보다는 나의 심리적 문제를 연구하는 데 더 관심이 있다.
(14) 나의 심리적 문제는 신체적인 원인에 의한 것이므로 이러한 심리치료는 효과가 없을 것이다.

2) 인지치료의 중기-전반부

　치료 초기의 작업이 이루어지면, 치료자는 내담자의 주요한 문제나 증상을 선택하여 그와 관련된 자동적 사고에 초점을 맞추며 집중적으로 다루어간다. 일반적으로 내담자가 가장 시급히 해결하기를 원하거나 변화 가능성이 높은 문제나 증상을 먼저 다룬다. 내담자가 최근에 겪은 불쾌한 경험들에 초점을 맞추며 그의 자동적 사고를 탐색한다. Beck은 내담자에게 역기능적 사고의 일일기록표를 제시하면서 자신의 부정적 사고를 탐색하는 숙제를 주기도 했다.

내담자의 자동적 사고가 포착되면 그러한 사고의 타당성을 내담자와 함께 검토한다. 치료자는 내담자의 자동적 사고를 직접적으로 논박하기보다는 소크라테스의 대화법적 질문을 통해 내담자가 스스로 자동적 사고의 타당성을 평가하도록 돕는다. 치료자는 "그렇게 생각한 근거가 무엇인가?" "그러한 생각이 자신에게 어떤 도움이 되는가?" "달리 해석하는 방법은 없는가?"와 같은 다양한 질문을 통해서 내담자 스스로 자신의 생각이 과장되고 왜곡된 것이었음을 깨닫도록 하는 것이 바람직하다. 내담자의 자동적 사고를 찾아내어 그 타당성을 검토하고 대안적인 사고를 탐색하여 대체하는 일은 인지치료의 중기에 이루어지는 핵심적인 작업이다.

3) 인지치료의 중기-후반부

인지치료 중기의 전반부가 내담자의 자동적 사고에 초점을 맞추고 있다면, 후반부는 내담자의 역기능적 신념에 초점을 맞추고 있다. 자동적 사고에 대한 치료적 작업을 통해서 내담자의 증상이 어느 정도 완화되면, 치료자는 역기능적 신념에 초점을 맞춘다. 심리적 문제에 대한 취약성 역할을 하는 역기능적 신념을 변화시키는 것은 내담자의 문제를 유발하는 근본적인 인지적 요인을 제거하는 일일 뿐만 아니라 문제의 재발을 방지하는 일이기도 하다.

Beck 등(1979)은 역기능적 신념을 찾기 위한 3단계 과정을 제시하고 있다. 이는 마치 귀납법적 추론과 같이 구체적이고 분명한 사고내용에서부터 일반적이고 추론적인 신념을 추적해 들어가는 것이다. 첫 단계에서는 내담자로 하여금 자신의 자동적 사고를 인식하고 보고하게 한다. 두 번째 단계에서는 자동적 사고로부터 공통되는 일반적 주제를 찾아낸다. 세 번째 단계에서는 이를 바탕으로 내담자가 지니고 있는 자신의 삶에 대한 원칙 혹은 기본가정을 찾아내게 한다.

이 밖에도 하향 화살표 기법이나 역기능적 태도척도를 사용하여 내담자의 역기능적 신념을 탐색한다. 역기능적 신념은 자기, 타인 그리고 세상에 대한 일반적인 신념으로서 흔히 당위적이고 완벽주의적이며 이상주의적이고 융통성이 없는 완고한 신념이다. 치료자는 내담자와 함께 다양한 관점에서 역기능적 신념의 타당성과 유용성을 검토한다. 아울러 내담자로 하여금 좀 더 현실적이고 유연한 대안적 신념을 발견하여 대체하게 한다.

　인지치료는 내담자로 하여금 자신의 문제를 이해하고 극복하도록 돕기 위해서 서적을 이용하는 독서요법을 적극적으로 활용한다. 역기능적 사고가 감정과 행동에 미치는 영향을 읽기 쉽게 소개한 다양한 서적을 읽도록 내담자에게 권한다. 내담자는 독서를 통해서 자신의 역기능적 사고를 자각하고 보다 더 적응적인 사고와 신념을 발견하는 데 도움을 받을 수 있다.

4) 인지치료의 종결기

　내담자의 문제가 해결되거나 증상이 호전되어 안정된 상태가 되면, 치료자는 치료의 종결을 준비한다. 치료자는 내담자와 함께 전체의 치료과정을 되돌아보며 도움이 되었던 점들을 검토한다. 종결기에 주력해야 할 중요한 과제는 내담자의 문제가 재발하지 않도록 예방하는 일이다(DeRubeis & Beck, 1988). 이를 위해서 치료의 종결 후에 일어날지도 모르는 어려운 상황이나 문제를 예견하게 하고 그러한 일이 일어날 경우의 대처방법에 대해서 논의한다. 특히 그러한 상황에서 어떻게 인지치료적 기법을 적용할 것인지에 대해서 구체적으로 논의한다. 마지막으로 인지치료는 일종의 학습과정으로서 평생을 통해 지속되는 과정임을 내담자에게 설명하고 인지치료적인 기법을 계속 생활에 적용하는 것이 중요함을 강조한다.

7. 인지치료의 평가

　Beck의 가장 큰 이론적 공헌은 개인의 내면적 경험을 과학적 연구의 영역으로 다시 가져온 것이다. 생물학적 추동에 근거한 정신분석의 무의식적 동기이론뿐만 아니라 내면적 경험을 배제한 행동주의의 학습이론 모두를 극복할 수 있는 새로운 이론 체계를 제시한 것이다. 달리 말하면, 정신분석의 무의식적 결정론과 행동주의의 환경적 결정론을 넘어서 현상학적 결정론의 관점을 제시한 것이다. 인간의 행동은 무의식이나 환경적 강화에 의해서 결정되기보다 자신과 세상을 어떻게 구성하여 인식하느냐에 의해서 결정된다는 관점이다.

　Beck은 지난 30년간 정신병리를 과학적으로 연구하여 이해하는 데 커다란 기여를 했다. 그는 실증적으로 검증할 수 있는 다양한 개념과 체계적인 이론을 제시함으로써 수많은 연구를 촉발하였다. Beck의 인지이론은 현재 심리학의 영역에서 정신병리를 연구하는 주요한 패러다임으로 자리 잡고 있다. 우울증 환자의 인지적 특성에 대한 연구에서 비롯된 Beck의 인지이론은 불안장애, 성격장애, 섭식장애, 신체형장애, 알코올 중독과 같은 다양한 장애를 설명하는 이론체계로 확장되고 있다.

인지치료는 우울증과 불안장애를 비롯한 다양한 정신장애에 대한 효과적인 치료방법으로 입증되었다. 28개의 치료효과 연구에 대한 메타분석(Dobson, 1989)과 58개의 연구를 검토한 메타분석(Robinson, Berman, & Neimeyer, 1990)에서는 인지치료의 효과가 항우울제 약물치료와 동등하거나 우월한 것으로 밝혀졌다. 인지치료는 우울증 외에도 공포증, 공황장애, 강박장애를 비롯한 여러 불안장애, 섭식장애, 자살행동, 약물중독, 만성통증, 부부 및 가족 문제, 성격장애, 스트레스 관리 등의 다양한 영역에서 성공적인 효과를 거두고 있다.

Beck은 심리치료를 탈신비화하는 데 기여했다. 그가 1979년에 동료들과 함께 발표한 『우울증의 인지치료』는 심리치료의 구체적인 과정을 최초로 공개한 책이라고 할 수 있다. 이처럼 Beck은 치료과정을 구조화하여 공개함으로써 많은 치료자들이 인지치료를 습득하고 실시하는 데 크게 기여하였다.

인지치료는 여러 가지 공헌에도 불구하고 이론과 실제의 측면에서 다양한 비판을 받았다. 이론적인 관점에서는 인지치료가 너무 유심론적이고 합리주의적이며 현대의 인지심리학에서 이루어진 연구결과와 괴리되어 있다고 비판되었다. 실제적인 측면에서는 인지치료가 너무 피상적이고 단순하며 감정을 다루지 않고 치료적 관계를 경시한다고 비판되었다.

인지치료가 당면하고 있는 중요한 문제점 중 하나는 인지치료의 효과를 유발하는 심리적 메커니즘이 명확하게 입증되지 않았다는 점이다. 인지치료의 효과는 많은 연구에서 이미 잘 입증되었지만, 자동적 사고와 역기능적 신념의 변화가 부적응적 감정과 행동의 변화를 유발하는지에 대한 실증적 증거는 아직 부족한 상태이다.

정신분석치료자들은 인지치료가 내담자에게 지성화 또는 합리화라는 방어기제를 제공해주는 것일 뿐 내담자 문제의 근본적인 원인을 치료하지 못한다고 비판한다. 인지치료는 내담자에게 자신의 경험을 미화하고 정당화하는 합리적인 철학적 체계를 제공해주는 것에 불과하다는 것이다.

또한 인지치료는 적용대상에 한계를 지니고 있다. 일반적으로 지능이나 학력이 낮고 심리적인 내성능력이 현저하게 부족한 내담자는 인지치료에 적절치 않은 것으로 알려져 있다. 또한 급격한 위기상태에 있는 내담자나 정신병적 증상이나 심한 성격장애의 문제를 지닌 내담자에게는 인지치료의 적용에 신중을 기해야 한다.

여러 가지 비판과 한계에도 불구하고, 인지치료는 현대의 치료자들에게 가장 많은 인기를 얻고 있는 치료방법이다. 그 주된 이유는 다양한 심리치료 중에서 가장 체계적인 이론과 실증적인 지지근거를 지니고 있을 뿐만 아니라 그 치료효과가 가장 잘 입증되어 있으며 비용과 시간의 측면에서 경제적이라는 점이다. 인지치료가 매력 있는 또 다른 이유는 명쾌한 이론과 구체적인 치료방법을 갖추고 있기 때문에 치료자를 훈련하고 양성하기가 상대적으로 수월하다는 점이다. 인지치료는 현대 심리치료의 주된 흐름을 이루고 있는 인지행동치료의 중추적 치료법으로서 마음챙김을 비롯한 다양한 기법을 통합하며 확장되고 있다.

자기이해를 위한 생각거리

1. 나의 일상적 경험을 통해서 자동적 사고를 찾아본다. 최근에 가장 불안했던 경험, 우울했던 경험, 그리고 화가 났던 경험을 하나씩 선택하여 그러한 감정경험을 유발한 자동적 사고를 찾아본다. 또는 〈역기능적 사고의 일일기록지〉를 사용하여 적어도 1주일 동안 매일 자신의 경험을 분석하며 자동적 사고를 찾아본다.

2. 많은 경우, 자동적 사고는 그 내용이 자신에게 당연한 것으로 여겨지기 때문에 특별히 문제로 여겨지지 않는다. 그러나 우울, 불안, 분노의 강한 감정을 유발하는 경험 속에는 현실을 과장하거나 왜곡한 자동적 사고가 개입되어 있기 마련이다. 과연 자신의 자동적 사고가 타당한 것인지 다각적으로 검토해본다. 그 사건을 이렇게 해석하여 생각하는 사실적 근거는 무엇인가? 이렇게 생각하는 것이 나의 삶에 도움이 되나? 이런 생각으로 인해서 공연히 내 기분이 나빠지고 다른 사람과의 관계도 나빠지고 내가 원하는 것을 이루는 데에도 방해가 되고 있지는 않은가? 달리 생각하는 방법은 없나?

3. 인간은 누구나 생활사건을 해석하는 과정에서 인지적 오류를 범한다. 인지적 오류는 흔히 다른 사람의 의도를 오해하게 만들어 대인관계를 악화시키는 경향이 있다. 과연 나는 생활사건을 해석하면서 어떤 인지적 오류를 범하고 있는가? 인지적 오류를 통해서 다른 사람의 말과 행동을 오해하지는 않았는가? 만약 인지적 오류가 있었다면, 나는 어떤 인지적 오류를 자주 범하는가?

4. 인간은 누구나 나름대로의 독특한 인지도식과 신념체계를 지니고 있다. 우울, 불안, 분노와 같은 불쾌감정을 느끼게 만드는 나의 역기능적 신념은 무엇일까? 그러한 불쾌감정을 강렬하게 느꼈던 최근의 경험에 초점을 맞추어 자동적 사고의 기저에 있는 역기능적 신념을 찾아본다. Beck이 제시한 3단계 과정이나 '하향 화살표 기법'을 통해 역기능적 신념을 찾아본다. 특히 자신이 절대로 양보할 수 없는 신념, 즉 자신이나 다른 사람에게 "~해야 한다." 또는 "절대로 ~해서는 안 된다."고 요구하는 신념에는 어떤 것이 있는지 생각해본다.

5. 역기능적 신념 역시 자신에게는 당연한 진리나 도리로 여겨진다. 그러나 자신이나 다른 사람에게 절대주의적이고 완벽주의적인 기대와 요구를 하는 것은 대부분의 경우에 서로에게 도움이 되지 않는다. 자신이나 다른 사람에게 "~해야 한다." 또는 "절대로 ~해서는 안 된다."라는 형태로 기대하거나 요구하는 나의 신념에는 어떤 문제점이 있는지 생각해본다. 이러한 신념은 어떤 과거경험, 특히 어린 시절의 경험에 의해서 형성된 것인가? 이러한 신념이 나의 삶에 도움이 되는가? 이러한 신념이 다른 사람과의 관계에 어떤 도움을 주는가? 만약 이러한 신념을 수정한다면, 어떻게 생각하는 것이 과연 바람직하고 지혜로운 것인가?

더 읽을거리

♣ Beck, A. T., Rush, J., Shaw, B., & Emery, G. (1979). *Cognitive therapy of depression.* (원호택 외 공역.《우울증의 인지치료》. 서울: 학지사, 1996).

  ☞ 인지치료의 정수를 접할 수 있는 최선의 책으로서 인지치료의 이론적 원리뿐만 아니라 우울증을 치료하는 구체적인 방법을 자세하게 소개하고 있다.

♣ Beck, A. T., Freeman, A., & Davis, D. D. (2004). *Cognitive therapy of personality disorders* (2nd eds.). (민병배, 유성진 역.《성격장애의 인지치료》. 서울: 학지사, 2008).

  ☞ 다양한 성격장애의 인지적 특성과 치료기법을 체계적으로 소개하고 있다.

♣ Weishaar, M. E. (1993). *Aaron T. Beck.* (권석만 역.《인지치료의 창시자 아론 벡》. 서울: 학지사, 2007).

  ☞ Beck의 가족관계, 성장과정, 성격적 특성을 소상하게 소개하고 있어 그의 인간적 면모를 접할 수 있을 뿐만 아니라 인지치료의 발전과정과 핵심적 내용을 제시하고 있다.

♣ Beck, J. B. (1997). *Cognitive therapy.* (최영희, 이정흠 역.《인지치료》. 서울: 하나의학사, 1999).

  ☞ 아버지의 대를 이어 인지치료를 발전시키고 있는 Beck의 장녀 Judith Beck이 인지치료의 구체적인 과정과 절차를 상세하게 소개하고 있다.

제 **8** 장

인간중심치료

제8장
인간중심치료

1. 인간중심치료의 개요

　인간중심치료(person-centered therapy)는 칼 로저스(Carl Rogers, 1902~1987)에 의해서 발전된 인본주의적 심리치료로서 긍정적인 인간관에 기초하고 있다. Rogers(1942, 1951, 1961)에 따르면, 인간은 긍정적인 변화를 위한 내면적 동기와 잠재능력을 지니고 있는 존재이다. 따라서 치료자가 내담자를 조정하여 변화시키려 하기보다 충분히 수용적이고 공감적인 진솔한 분위기를 제공하면 내담자는 스스로 긍정적인 변화를 모색하며 문제를 해결하게 된다. 이러한 Rogers의 주장은 정신분석과 행동치료가 지배하던 1960년대의 심리치료 분야에 커다란 영향을 미쳤다.

　Rogers에 따르면, 인간은 자신의 모든 잠재력을 발현하여 좀 더 가치 있는 존재로 성장하려는 선천적인 성향, 즉 실현 경향성(actualization tendency)을 지닌다. 그러나 이러한 실현 경향성이 차단되거나 봉쇄되었을 때 인간은 부적응적 문제를 나타내게 된다. 어린 아이는 나름대로의 욕구, 재능, 행동양식을 선천적으로 가지고 태어나는데, 부모나 어른들은 아이의 선천적 성향을 충분히 수용하지 못하고 자신의 가치기준에 맞추어 조건부로 수용하게 된다. 이러한 과정에서 아이들은 부모가 요구하는 가치의 조건을 내면화한 자기개념을 갖게 된다. 그 결과, 개인은 자신의 진정한 유기체적 경험을 수용하지 못하고 자기개념에 따라 왜곡하게 된다. 이처럼 자기개념과 유기체적 경험의 괴리가 증가되면, 개인은 점점 더 심한 불안을 경험하게 되며 부적응 상태를 나타내게 된다.

　인간중심치료는 인간에 대한 신뢰에 근거한다. 무의식보다는 의식적인 자기인식을 중시하는 현상학적 입장에 근거하고 있다. 심리치료에서 치료자의 역할은 내담자의 삶에 대해서 구체적인 방향을 지시하기보다 내담자의 실현 경향성이 촉진될 수 있는 조건을 제공하는 것이다. 내담자가 유기체적 경험을 왜곡 없이 지각하여 이를 자기개념에 통합할 수 있는 조건을 제공하는 것이 중요하다. 이러한 조건만 주어지면 내담자는 직면한 문제를 스스로 해결하고 자신의 삶을 긍정적으로 변화시켜 성장해 나갈 수 있는 내면적 힘을 지니고 있기 때문이다.

치료자는 내담자에게 이전에 부모가 제공했던 조건적이고 가치평가적인 관계와는 다른 새로운 관계를 제공해야 한다. 이러한 성장 촉진적 관계를 위해서 치료자가 지녀야 할 필수적인 세 가지의 태도는 무조건적인 긍정적 존중(unconditional positive regard), 공감적 이해(empathetic understanding), 진솔함(genuineness)이다. 즉, 내담자는 자신의 모든 것을 수용하며 존중해줄 뿐만 아니라 자신의 경험을 공감적으로 잘 이해해주는 치료자와 진솔한 대화를 나눌 수 있을 때, 그동안 왜곡하고 부인해왔던 자신의 진정한 모습을 자각하고 수용함으로써 자기개념과의 통합을 이루게 된다. 달리 말하면, 유기체적 경험과 자기개념이 통합됨으로써 자신의 잠재능력을 온전하게 발현하는 자기실현적 인간으로 성장하게 되는 것이다.

Rogers는 치료 이론과 기법에 대한 치료자의 지식보다 치료자의 태도와 인간적 특성이 중요함을 강조했다. 특히 치료자가 내담자와 맺는 관계의 질이 치료결과를 결정하는 중요한 요인이라는 점을 역설했다. 이러한 주장은 치료자의 전문적 역량이 성공적인 치료의 핵심적 요소라고 믿는 기존의 견해와 상반되는 것이었다. Rogers는 성공적인 심리치료를 위해서 치료자보다 내담자의 역할이 더 중요하다는 점을 강조했을 뿐만 아니라 내담자의 변화를 촉진하기 위한 치료자의 자세를 구체적으로 제시함으로써 심리치료 분야에 커다란 반향을 불러일으켰다.

2. Rogers의 생애와 인간중심치료의 발전과정

1) Rogers의 성장과정과 교육배경

Carl Rogers는 1902년 미국 시카고 근교의 오크 파크에서 기독교 가정의 5남 1녀 중 넷째로 태어났다. 그의 부모는 모두 미국의 중서부 출신이었으며 근본주의적 기독교를 신봉했다. 자녀들에 대하여 많은 애정을 기울였으나 기독교 신앙과 근면성을 강조하며 철저한 통제를 가했다. Rogers의 부모는 가족 모두가 하나님으로부터 선택받은 자로서 그에 걸맞은 행동을 해야 하며 술 마시고 춤추고 카드놀이 하는 것과 같은 어떠한 사교적 생활도 허용하지 않았다. 세속적인 이웃을 멀리하는 대신 빈틈없이 짜인 가정생활과 생산적인 일을 하도록 독려했다. 이러한 가정 분위기 속에서 성장한

Rogers는 어린 시절에 건강이 좋지 않았으며 이로 인해서 가족들은 그를 지나치게 예민한 아이라고 놀리곤 했다. 가족을 벗어나 친구를 사귈 기회가 거의 없었으며 자기만의 공상세계로 빠져들거나 끊임없이 책을 읽으며 위안을 찾는 매우 외로운 아이였다고 Rogers는 자신의 어린 시절을 회상했다(Thorne, 2003).

Rogers는 12세가 되던 해에 가족과 함께 시카고 서부지역에 있는 농장으로 이주하여 청소년기를 그곳에서 보냈다. 그의 부모가 농장으로 이주한 주된 이유는 자녀들에게 정직한 노동의 가치와 기독교적 신앙을 심어주기 위해서는 도시생활의 유혹으로부터 벗어난 농촌생활이 더 나을 것이라고 믿었기 때문이다. Rogers는 청소년기를 고독하게 보냈으며 고등학교를 세 번이나 전학했다. 또한 학교가 멀었기 때문에 과외활동에 참여할 기회가 없어 대부분의 시간을 농업에 관한 책을 읽으며 보냈다. 이때부터 농업에 흥미를 느껴 위스콘신 대학교에 입학하여 농학을 전공했다. 2학년 때에는 기독교 청년협의회에 참석한 후 목사가 되기로 목표를 정하고 전공분야를 역사학으로 바꾸었다.

그다음 해인 1922년은 Rogers에게 있어서 인생의 전환점이 된 해라고 할 수 있다. 그 해에 Rogers는 북경에서 개최된 국제기독학생연합회에 12명의 미국 대표 중 한 사람으로 참석하게 되었다. 그곳에 머무는 6개월 동안 그는 자신과 완전히 다른 종교와 문화적 배경을 지닌 젊은이들과 교류하면서 다양한 체험과 자유로운 사색을 하게 되었다. 이러한 경험들은 그로 하여금 부모의 종교적 통제에서 벗어나 자신의 인생관을 보다 자유롭게 다시 정립할 수 있는 심리적인 독립을 이루게 하였다. 북경에 체류하면서 Rogers는 어려서부터 알고 지냈던 대학동창이자 연인인 Hellen Elliot에게 자신이 느낀 경험들을 장문의 편지로 전했으며 두 사람의 사랑을 키워갔다.

1924년 위스콘신 대학교에서 역사학으로 학사학위를 받고 졸업한 Rogers는 Hellen과 결혼하려 했으나 부모의 강력한 반대에 부딪혔다. 부모는 두 사람이 모두 전문직을 가질 때까지 결혼을 해서는 안 된다며 반대했다. 이러한 반대를 무릅쓰고 Hellen과 결혼한 Rogers는 목사가 되기 위해서 미국에서 가장 진보적이라고 알려진 유니온 신학교에 진학했다. 이 당시 작은 교회에서 설교할 기회를 갖게 된 Rogers는 자신의 의견을 다른 사람에게 강요하는 것을 싫어하는 자신의 특성이 목사라는 직업에 잘 어울리지 않는다는 것을 알게 되었다. 또한 강요적인 신앙에 회의를 느끼며 혼란스러워하던 Rogers는 신학교 근처에 위치하고 있던 컬럼비아 사범대학에서 임상심리학 과목을 수강하게 되면서 커다란 감명을 받고 전공을 신학에서 심리학으로 바꾸게 되었다. Rogers는 아동과 청소년의 성격적응을 측정하는 검사를 개발하는 연구로 1931년 컬럼비아 사범대학에서 임상심리학으로 박사학위를 받았다.

　　Rogers는 박사학위를 받은 후 로체스터의 아동보호상담소에서 12년 동안 임상심리학자로 근무했다. 그는 자신의 일에 몰두하며 진단과 치료의 목적으로 의뢰된 부적응 아동들을 위해서 헌신했다. 대다수의 아동들은 심하게 상처받은 경험을 지니고 있었으며 열악한 환경적 여건으로 인해서 정교한 치료법을 적용하기가 어려웠다. Rogers는 대학에서 배웠던 고급스러운 치료법들이 긴박한 현실에 적용되기 어렵다는 것을 깨달았으며 좀 더 실제적이고 실용적인 접근방법을 모색하게 되었다. 이 당시 Rogers는 한 비행청소년의 어머니와 면담하면서 그녀가 아들에게 하는 행동이 어떤 의미를 지니는지 친절하게 해석해주었지만 그녀는 이러한 해석을 받아들이지 않았으며 그 대신 자신이 얼마나 힘든지를 토로했다. 이러한 경험을 통해서 Rogers는 문제상황을 가장 잘 알고 있는 사람은 치료자가 아니라 내담자라는 사실과 더불어 치료의 진행방향을 내담자에게 맡기는 것이 중요하다는 것을 깨닫게 되었다. 이렇게 Rogers의 치료이론은 하위계층의 아동과 그들의 어머니에 대한 면담과정에서 싹트기 시작했다. Rogers는 인간의 고통을 치유하는 데 있어서 기법적인 기술보다 치료자의 인간적 면모가 중요함을 강조한 Otto Rank로부터 많은 영감을 받았다. 1940년에 오하이오 주립대학으로 이직한 Rogers는 자신만의 치료방법을 발전시키며 학생들을 교육하기 시작했다.

2) 인간중심치료의 발전과정

　　인간중심치료는 Rogers 자신의 성장경험을 반영한 것으로서 치료경험을 통해 내담자에 대한 연민과 이해가 깊어지면서 이론체계도 더욱 심화되었다. 인간중심치료의 발전과정은 크게 세 단계로 구분될 수 있다. 그 첫째는 비지시적 치료(nondirective therapy)의 단계로서 내담자에 대한 공감적 이해를 강조하는 Rogers의 독자적인 이론이 생성되기 시작한 시기이다. 둘째는 내담자중심치료(client-centered therapy)의 단계로서 기법보다 사람 자체를 중시하면서 성격과 심리치료에 대한 이론체계를 발달시킨 시기이다. 마지막은 인간중심치료(person-centered therapy)의 단계로서 개인 심리치료를 넘어서 부부상담, 집단상담, 정치적 변화에 이르기까지 치료적 적용범위를 확대시킨 시기이다.

(1) 비지시적 치료

Rogers는 로체스터의 아동보호상담소에서 일하면서 정신분석을 비롯한 기존의 치료법들이 임상현장에 적절치 않음을 인식하게 되었다. 특히 내담자가 무엇 때문에 상처를 입었으며 어떤 문제가 중요하고 어떤 방향으로 나아가야 하는지를 가장 잘 아는 사람은 내담자 자신이라는 것을 깨달으면서 나름대로의 치료방법을 모색하였다.

1940년에 오하이오 주립대학으로 옮겨온 Rogers는 비지시적 치료를 발전시키게 된다. 그는 치료과정에서 내담자가 스스로 책임지도록 하는 데 초점을 두었다. 이러한 심리치료에서 중요한 것은 치료자와 내담자의 관계로서 치료자는 내담자로 하여금 자신의 느낌과 내면세계를 자유롭게 탐색하도록 허용하면서 내담자가 자신의 삶에 대한 책임의식을 발달시키도록 돕는다. 내담자의 감정과 생각을 반영해주는 것이 이 시기에 적용했던 가장 핵심적인 치료기법이었다. 이러한 치료적 관계 속에서 내담자는 자신을 더 잘 이해할 수 있게 되고 새로운 긍정적인 방향으로 행동하게 된다. Rogers는 자신의 치료방법을 '비지시적(nondirective)'이라고 지칭함으로써 치료자가 주도적인 지시적 역할을 하는 기존의 전통적인 치료와 차별화하였다(Rogers, 1942).

Rogers는 비지시적 치료를 발달시키는 과정에서 여러 사람으로부터 영향을 받았다. 우선, Rogers는 로체스터에서 일할 때 Otto Rank의 세미나에서 많은 영향을 받았다. Rank는 Freud의 정신분석적 접근에서 이탈한 인물로서 내담자로 하여금 자신의 창조성과 고유성을 발현하게 하고 자신의 삶에 대한 책임을 수용하도록 돕는 것이 중요함을 강조했다. 이를 위해서 치료자는 권위적인 전문가가 아닌 비판단적 조력자의 역할을 해야 하며 내담자의 과거력 조사나 치료기법보다 개인의 고유성과 내면적 경험을 중시해야 한다고 강조했다. Kurt Goldstein(1959)이 제시한 자기실현 개념은 인간중심치료의 발달에 중요한 역할을 했다. 개인은 자신의 잠재력을 충분히 발현하려는 건강한 발달 동기를 지니며 그럴 수 있는 잠재능력을 지니고 있다는 의미의 자기실현 개념은 인간중심치료의 기본적 인간관을 형성하였다. Rogers는 자유와 선택, 개인적 가치, 책임을 중시하는 실존주의자들의 영향도 받았다. Rogers는 '나-너(I-Thou)' 대화와 진실한 인간관계를 강조한 Martin Buber의 견해를 높이 평가하였다. 현재의 경험과 내담자의 현상학적 세계를 중시하는 점에서 Rogers는 실존주의자들과 유사한 입장을 취하고 있다. 1942년에 출간한 저서 『상담과 심리치료(*Counseling and Psychotherapy*)』에서 Rogers는 상담과정에 대한 그의 입장과 비지시적 치료방식을 다양한 사례와 함께 제시하였다.

(2) 내담자중심치료

1945년에 Rogers는 시카고 대학교로부터 상담센터를 설립해달라는 요청을 받고 그곳으로 자리를 옮겼다. 심리학 교수이자 상담센터 소장으로 재직하던 시카고 대학교에서의 12년은 Rogers에게 가장 생산적인 시기였다. 상담센터는 곧 학생과 지역주민을 위한 중요한 기관으로 자리를 잡았다. Rogers는 새로운 치료법에 대한 관심과 혁신적인 자세를 지닌 동료들과 대학생들을 불러 모아 자신의 치료방법을 훈련시키는 한편, 자신의 이론을 발전시키며 치료효과에 대한 연구를 계속하였다.

이 시기에 Rogers는 한 내담자와 고통스러운 경험을 하게 된다. 그는 정서적으로 매우 불안정하고 요구가 많은 한 여성 내담자에게 2년여 동안 시달림을 받으면서 거의 정신적 파국상태에까지 이르렀다. Rogers는 이러한 암흑의 시기에 스스로 치유를 하면서 자신의 깊은 내면과 직면할 수 있었다. 어린 시절부터 내재되어 있던 자신에 대한 부정적 신념으로부터 해방되면서 Rogers는 자신을 수용하게 되었을 뿐만 아니라 친밀한 관계 속에서 깊은 사랑을 주고받을 수 있는 능력을 발달시키게 되었다. 그의 전기를 쓴 Thorne(2003)에 따르면, Rogers는 자신이 고통 받을 때 내담자 중심치료에서 제공하는 것과 같은 치료가 너무도 절실하게 필요했기 때문에 그러한 치료를 창시하게 되었을 것이라고 한다. 또한 Rogers는 이러한 자기치유 경험을 통해서 진정으로 내담자중심치료를 할 수 있는 상태에 이르게 되었다.

1951년에 『내담자중심치료(*Client-Centered Therapy*)』를 출간하면서 Rogers는 많은 열광적 독자들을 확보하였으며 미국 내외에서 명성을 얻게 되었다. 이 책은 내담자 중심치료를 개인치료뿐만 아니라 놀이치료, 집단활동, 리더십과 관리자 역할, 그리고 교육과 훈련에 어떻게 적용할 것인지를 제시하고 있다. 1956년에 Rogers는 치료과정에 관해 수많은 연구를 수행한 업적을 인정받아 미국심리학회로부터 '우수학술공로상(Distinguished Scientific Contribution Award)'을 받았다.

(3) 인간중심치료

Rogers는 1957년에 위스콘신 대학교로 자리를 옮겼다. 그가 위스콘신 대학교로 옮긴 주된 이유는 심리학과 정신의학 분야 모두에서 일할 기회를 갖게 될 것이라고 기대했기 때문이다. 그는 이러한 기회를 통해서 자신의 치료방법을 다양한 정신건강 분야에 전파할 수 있기를 원했다. 그러나 기대와 달리 심리학과 동료들과 대립하게 되면서 심리학과 교수직을 사임하고 정신의학 연구소에서 정신분열증 입원환자에 대한 심리치료 효과를 연구하는 프로젝트를 수행했으나 많은 어려움 속에서 특별한 연구성과를 거두지 못했다.

그러나 1961년에 출간한 저서 『진정한 사람 되기(*On Becoming a Person*)』는 Rogers의 삶에 새로운 전기를 만들었으며 인간중심치료의 단계로 나아가는 시발점이 되었다. 이 책에서 Rogers는 인간중심치료의 원리를 강력하고 감동적인 언어로 제시하였으며 심리학의 영역을 넘어서 다양한 사회적 영역에 적용될 수 있음을 보여주었다. 심리치료뿐만 아니라 교육, 철학, 예술, 과학 등의 다양한 분야로부터 놀라운 반향을 불러일으킨 이 책은 Rogers를 일거에 유명인사로 만들어 명성과 영향력을 얻게 해주었다.

1963년에 Rogers는 위스콘신 대학교를 떠나 캘리포니아에 있는 〈서부행동과학연구소(Western Behavioral Science Institute)〉로 옮겨 제도적인 속박에서 벗어나 많은 동료들과 자유롭게 활발한 활동을 펼쳤다. 이 시기에는 참만남 집단운동(the encounter group movement)에 깊이 관여하였으며 주요한 인물로 인정받게 되었다. 1969년에는 『학습의 자유: 교육이 어떻게 이루어져야 할지에 대한 한 가지 관점(*Freedom to Learn: A View of What Education Might Become*)』을 출간하고, 1970년에는 『참만남 집단에 관한 칼 로저스(*Carl Rogers on Encounter Group*)』를 출간하여 많은 호응을 받았으며 그의 영향력은 다양한 영역으로 확장되었다.

1968년에 Rogers는 동료들과 함께 〈인간연구센터(Center for Studies of the Person)〉를 설립하여 사망할 때까지 이 센터의 전임연구원(Resident Fellow: 본인이 스스로 선택한 직함)으로 지냈다. 그는 각 분야에서 모여든 40여 명의 구성원들과 지지적이고 자유로운 분위기 속에서 깊이 있는 교제를 나누며 생산적이고 열정적인 노년기를 보냈다.

Rogers는 1970년 후반에 집단 워크숍을 열어 자신의 치료방법을 대단위 집단에 적용하면서 처음으로 '인간 중심(person-centered)'이라는 용어를 사용했으며 이후로 자신의 치료방법을 '인간중심치료'라고 지칭하였다. Rogers는 말년에 세계공동체가 직면하고 있는 다양한 문제에 관심을 지녔다. 또한 인간중심적 접근이 결혼제도, 교육, 기업경영, 국가운영에 걸친 광범위한 영역에 적용될 수 있음을 제시하였다. 1980년에 출판된 그의 저서 『존재의 방식(*A Way of Being*)』에서는 미래의 세계에 대한 비전을 제시하였다. 1985년에는 오스트리아에서 17개 국의 영향력 있는 지도자들을 한자리에 모아 세계평화와 핵 갈등문제를 다루는 국제회의를 개최하기도 했다.

Rogers는 '카운슬링(counseling)'이라는 단어를 처음으로 사용했다. 이것은 심리학자들이 심리치료를 하는 것에 반대하는 정신과의사들의 입을 다물게 하기 위한 방법이었다(Thorne, 2003). 전문 활동의 명칭을 심리치료에서 카운슬링으로 바꿈으로써 그는 심리학자들이 내담자들에게 아무런 손해를 끼치지 않으면서 자신의 위치에서 치료를 계속할 수 있도록 해주었다. Rogers는 미국심리학회로부터 1973년에 전문가로서 탁월한 공헌을 한 사람에게 수여하는 '우수전문가 공로상(Distinguished Professional Contribution Award)'을 수상했다. 미국의 임상·상담심리학자를 대상으로 한 조사(Norcross & Prochaska, 1982)에서 Rogers는 현대의 심리치료자들에게 가장 강력한 영향을 미친 인물로 나타났으며 노벨평화상 후보로 지목되기도 했다.

Rogers는 말년까지 활발한 사회적 활동을 펼쳤으며 1987년에 85세의 나이로 사망하였다. 엄격한 기독교 집안에서 어린 시절 농부가 되고자 했던 Rogers는 나중에 목사가 되기로 마음을 바꾸었지만 강압적인 분위기에 실망하며 임상심리학자의 길로 접어들어 심리치료 분야에 커다란 업적을 남겼다. 그는 세계적인 심리학자이자 심리치료자로서 나아가 평화운동가로서 죽는 날까지 자신의 잠재력을 충만하게 실현하며 마지막 순간까지 열정적인 삶을 살았다. Rogers의 딸인 Natalie Rogers는 아버지의 뒤를 이어 예술을 활용해 창의성을 발휘하도록 돕는 인간중심적 표현예술치료를 발전시켰다.

3. 주요개념과 성격이론

1) 인간중심치료의 이론적 입장

Rogers의 인간중심치료는 긍정적인 인간관에 근거하고 있으며 인본주의 심리학의 중심축을 이루고 있다. 인본주의 심리학은 정신분석과 행동주의가 주도하고 있던 1960년대에 인간에 대한 긍정적인 관점을 제시하며 제3의 심리학으로 각광받았다. 정신분석은 인간의 본질적 속성을 성적 또는 공격적 추동에 휘둘리며 전전긍긍하는 존재로 간주하는 반면, 행동주의 심리학은 인간을 아무런 주체적 속성도 없이 환경에 의해 조작될 수 있는 로봇 같은 존재로 인식한다. 인본주의 심리학은 정신분석과 행동주의 심리학의 부정적인 인간관에 반대한다. 인간은 근본적으로 자신의 잠재력을 발현하며 성장하려는 건강한 동기를 지니고 있는 존중 받을 만한 존재라는 것이다.

Rogers의 치료이론은 인본주의 심리학의 관점을 심리치료에 구체화한 것이다. 그에 따르면, 인간은 기본적으로 유능하고 강인한 존재로서 자신의 잠재 가능성을 실현시킬 수 있는 능력을 지니고 있다. 인간은 누구나 자신의 어려움을 극복하고 성장할 수 있는 역량을 지니고 있다. 따라서 심리치료의 목표는 내담자에 대한 신뢰와 존중 속에서 그가 자신의 내적 자원을 발휘하여 스스로 어려움을 극복할 수 있도록 촉진하고 지원하는 것이다.

또한 인간중심치료는 개인의 주관적인 경험과 인식을 중시하는 현상학적인 입장에 근거하고 있다. Rogers는 내담자의 무의식 세계보다 의식적 경험을 중시할 뿐만 아니라 객관적 현실보다 내담자가 지각하는 주관적 현실을 중시하였다. 인간은 자신과 세계에 대한 주관적 인식에 따라 행동하며, 개인에게 문제가 되는 것은 객관적 현실보다 그것을 지각하는 방식이다. 즉, 개인의 행동을 이해하려면 그가 자기 자신과 자신이 존재하는 세계에 대하여 어떤 주관적 인식을 지니고 있는지를 알아야 한다. Rogers에 따르면, 개인의 주관적 경험은 존중되어야 한다. 개인의 주관적 경험은 다른 사람의 관점에서 보기에 부적절하고 이상한 것일지라도 그 자신에게 체험된 진실이기 때문에 충분히 존중 받을 가치가 있다. Rogers는 치료자로서 자신의 경험을 신뢰하듯이 내담자의 경험 역시 신뢰하는 것이 중요하다고 보았다. 치료자 자신이나 내담자를 신뢰하지 못하게 만드는 치료이론이나 기법은 오히려 치료과정에 걸림돌이 되어 건강한 치료관계를 훼손한다고 보았다.

Rogers는 모든 유기체가 자신을 성장시키려는 자연적인 경향성을 지니고 있다고 보았다. 모든 유기체 속에는 나름대로의 고유한 가능성을 건설적으로 발현하려는 끊임없는 움직임이 일어나고 있다. 인간을 포함한 모든 유기체는 보다 더 복잡하고도 완전한 발달을 향한 자연적 경향성, 즉 실현 경향성을 지닌다. Rogers는 이러한 자기실현 경향성이 인간의 가장 주된 동기이며 다른 모든 동기의 원천이 된다고 보았다 (Hjelle & Ziegler, 1981; Schultz, 1977). 자기실현이란 최종의 완전한 상태를 의미하는 것이 아니라 보다 더 유능한 인간으로 성장해가는 끊임없는 과정이다. Rogers에게 있어서, 인간은 자신의 가능성을 능동적으로 펼쳐가는 긍정적인 존재로서 성장지향적이며 신뢰할 만한 선한 존재이다.

Rogers에 따르면, 인간은 누구나 자기성장과 자기치유를 위한 충분한 자원을 지니고 있다. 자신의 내면세계를 이해하고 자신의 삶을 긍정적으로 변화시킬 수 있는 내면적 자원을 지니고 있다. 이러한 자원들은 적절한 심리적 환경만 제공되면 언제든지 발현될 수 있는 것이다. Rogers는 인간이 때때로 비정한 폭력과 살인을 저지르고 부적절한 충동과 반사회적 행동을 나타낸다는 사실을 부정하지 않는다. 그러나 이러한 부정적 감정과 행동은 인간의 본성에 기인한 것이 아니며 개인의 자기실현 성향이 억압되고 차단되었을 때 나타나는 것이다.

이러한 입장을 지니고 있는 Rogers에 따르면, 심리치료는 이미 개인에게 존재하는 능력을 해방시켜주는 것이다. 성장할 수 있는 조건들이 제공되면, 개인은 타고난 잠재능력을 스스로 건설적으로 발휘하게 된다. 이러한 이유에서 인간중심적 접근을 하는 치료자들은 최선의 해결책을 다 알고 있는 권위적인 존재로 임하지 않으며 치료의 주도권을 내담자에게 맡긴다.

2) 인간중심치료의 성격이론

인간중심치료는 인본주의 심리학의 긍정적인 인간관에 근거하고 있다. Rogers는 1951년에 출간한 『내담자중심치료(*Client-centered therapy*)』에서 인간의 성격과 행동에 대한 자신의 견해를 제시하였다. 인간중심치료의 근간을 이루고 있는 주요한 개념과 이론을 소개하면 다음과 같다.

(1) 통합된 유기체로서의 인간

인간은 하나의 통합된 유기체로 이해되어야 한다. 유기체(organism)는 육체와 정신을 모두 포함하는 전체로서의 개별적 생명체를 의미한다. 어린 유아는 유기체적 감각(organismic sensing)을 통해서 세상을 인식하며 통합된 전체로서 이에 반응한다. Rogers에 의하면, 인간 유기체는 신체적 기능과 감각, 감정, 동기, 사고 등의 심리적 기능이 통합적으로 조직된 체계로서 환경과 상호작용하며 매순간 유기체적 경험(organismic experience)을 하게 된다. 이러한 유기체적 경험은 개인이 경험하는 모든 것으로서 현상적 장, 즉 심리적 현실을 구성한다.

(2) 주관적 현실로서의 현상적 장

현상적 장(phenomenal field)은 매순간 개인의 의식에 지각되고 경험되는 모든 것을 의미한다. 유기체는 끊임없이 변화하는 세계 속에서 살아간다. 현상적 장은 개인이 변화하는 세계를 지각하고 경험하는 심리적 공간으로서 개인의 사적이고 주관적인 경험세계를 의미한다. 이러한 주관적인 경험세계의 중심은 개인이다. 이러한 현상적 장은 개인에게만 알려질 수 있는 사적인 세계이다. 개인은 주관적 경험세계인 현상적 장에서 인식되는 변화에 반응한다. Rogers에게 있어서, 현상적 장은 세상이 개인에게 경험된 것으로서 개인이 반응할 수 있는 유일한 현실이다. 현상적 장은 개인에게 실제적인 세계로 여겨지는 내적 참조체계(the internal frame of reference)로서 모든 판단과 행동의 근거가 된다. 따라서 개인의 행동은 어떤 것이든 그의 주관적 현실에서는 적합한 것이다. 인간중심치료에서는 내담자의 내적인 경험세계를 이해하는 것이 매우 중요하다. 이러한 내적 참조체계인 현상적 장, 즉 개인의 경험세계는 공감적 추론에 의하지 않고서는 다른 사람에게 알려질 수 없는 것이다. 따라서 개인의 행동을 이해하기 위해서는 그의 내적 참조체계를 이해하고 공감하는 것이 필수적이다.

(3) 실현 경향성

Rogers는 인간에게 단 하나의 기본적 동기가 있다고 믿었는데, 이를 실현 경향성(actualizing tendency)이라고 명명했다. 그에 따르면, 인간은 자신을 유지시키면서 잠재력을 건설적인 방향으로 성취하려는 선천적인 성향을 지니고 있다. 마치 장미가 스스로 아름답고 탐스러운 꽃을 피우는 방향으로 나아가듯이, 인간도 자신의 잠재력을 펼치며 성장과 성숙을 향하여 나아간다. 실현 경향성을 구속하는 유일한 요인은 바로 개인이 속해 있는 환경이다. 자양분과 수분 그리고 적절한 보살핌이 부족할 때 장미가 꽃을 피울 수 없듯이, 인간도 실현 경향성을 지원하는 호의적 여건이 주어지지 않으면 건강한 성장을 이루기 어렵다.

(4) 자기와 자기개념

자기는 Rogers의 성격이론에서 가장 중요한 구성개념이다. 그에 의하면, 어린 유아는 자신의 내부에서 지각되는 자기경험과 외부의 타인에 대한 경험을 구별하기 시작하면서 자기 존재에 대한 인식이 발달한다. 자기(self) 또는 자기개념(self-concept)은 개인이 자신에 대하여 지니고 있는 지속적인 체계적 인식을 의미한다. 자기는 개인의 경험세계로부터 분화된 것으로서 자신에 대해서 의식적으로 지각한 것과 자신이 소중히 여기는 가치를 포함한다. Rogers는 자기와 자기개념이라는 용어를 혼용하고 있는데, 자기개념은 현재 자신이 어떤 사람인지에 대한 개인의 인식, 즉 자아상을 의미한다.

자신에 대한 인식이 발달하면서, 아동은 타인으로부터 긍정적인 존중(positive regard)을 받고 싶은 욕구도 함께 발달하게 된다. 긍정적 존중의 욕구는 중요한 타인으로부터 사랑과 인정을 받을 뿐만 아니라 신체적·정서적 보살핌을 통해서 자신이 소중하게 여겨지고 있다는 것을 확인하려는 소망을 포함한다. 자기개념은 현재의 자기 모습을 반영하는 현실적 자기(real self)뿐만 아니라 긍정적 존중을 받기 위해 추구해야 할 이상적 자기(ideal self)도 포함하고 있다. 이상적 자기는 다른 사람으로부터 긍정적으로 평가 받기 위한 가치의 조건을 반영하고 있다.

(5) 가치의 조건

자기 또는 자기개념의 발달은 개인이 세상에서 경험하는 것에 근거하여 변화하는 역동적인 과정이다. 개인은 각각의 경험을 자신의 유기체적 경험에 따라 평가하는데, 이러한 평가과정을 Rogers는 유기체적 가치화 과정(organismic valuing process)이라고 지칭했다. 개인이 이러한 유기체적 가치화 과정을 따를 때, 자기는 경험과 일치하는 것으로 편안하게 여겨지기 때문에 방어의 필요성을 느끼지 못한다.

그러나 인간은 성장과정에서 부모를 비롯한 중요한 타인과 상호작용하면서 자신이 특정한 행동을 할 때에만 소중하게 인정받는다는 가치의 조건(conditions of worth)을 습득하게 된다. 이때 타인으로부터 받는 긍정적인 존중은 개인의 자기존중감과 자기가치감에 직접적인 영향을 미친다. 아동은 부모와 교사를 비롯한 중요한 타인으로부터 받는 긍정적인 존중을 통해서 자기존중감을 증진시키고자 노력한다. 그러나 이러한 노력이 항상 성공하는 것은 아니다. 부모나 교사는 조건부의 존중과 애정을 주기 때문이다. 따라서 아동은 긍정적 존중을 받기 위해서 그들이 원하는 가치와 기준을 받아들여 내면화한다. 즉, 자신의 유기체적 경험보다 긍정적 존중을 받기 위한 가치의 조건을 중요하게 여기며 추구하게 된다. 가치의 조건은 어떤 경험이 유기체로서의 자신을 고양시키는지와 무관하게 단지 타인에 의해서 부여된 가치 때문에 그 경험을 긍정적 또는 부정적으로 평가하는 것을 의미한다. 개인은 가치의 조건을 자기개념의 일부로 내면화하며 이와 일치하지 않는 자신의 특성이나 경험은 불편하거나 불쾌한 것으로 여기게 된다.

(6) 자기와 경험의 불일치

개인이 자신의 유기체적 경험을 자기개념과 일치하는 것으로 받아들여 통합할 때, 건강한 심리적 적응이 이루어진다. 그러나 개인은 실현 경향성에 따르는 유기체적 욕구와 가치의 조건을 획득하려는 자기존중 욕구 사이에서 갈등을 겪게 된다. 개인이 유기체로서 소망하며 경험하는 것들과 자기존중감을 느끼기 위해 추구하는 것들 간에 불일치가 생겨나게 된다. Rogers는 이를 자기와 경험의 불일치(incongruence between self and experience)라고 불렀다. 개인이 자신의 유기체적 경험을 무시하거나 왜곡하여 그러한 경험을 자기구조로 통합하지 못할 때, 심리적 부적응이 발생한다.

(7) 무조건적 긍정적 존중과 온전히 기능하는 사람

개인이 유기체적 경험을 자기개념으로 통합하지 못하는 이유는 그러한 경험에 대한 충분한 수용과 존중을 받지 못했기 때문이다. 그 결과로서 개인은 방어적인 태도로 자신의 경험을 통합하지 못한 채 갈등을 겪게 된다. Rogers는 개인이 경험하는 가치의 조건을 줄이기 위해서는 타인으로부터의 무조건적인 긍정적 존중(unconditional positive regard)이 필요하며 이를 통해서 자기존중감이 증진될 수 있다고 믿었다. 개인의 모든 경험이 무조건적으로 긍정적인 존중을 받게 되면, 자신의 경험을 충분히 수용하여 자기구조로 통합시킬 뿐만 아니라 내면적 자원을 발휘하는 온전히 기능하는 사람(the fully functioning person)으로 성장하게 된다. 인간중심치료의 궁극적인 목표는 내담자가 온전히 기능하도록 돕는 것이다. 온전히 기능하는 사람의 가장 중요한 특성은 경험에 대한 개방성이다. 이런 사람들은 어떤 일이 일어나고 있는지를 충분히 그리고 사실적으로 경험하기 위하여 두려움이나 방어적 태도 없이 자신의 경험을 있는 그대로 받아들인다. 온전히 기능하는 사람은 자기 신뢰를 지니며 외부의 가치나 권위적 타인의 영향을 덜 받는다. 개인적인 자유로움 속에서 자신의 삶을 생산적이고 보람 있는 방향으로 이끌며 자신의 행동과 결과에 대한 책임을 진다.

4. 정신병리 이론

인간중심치료에서는 개인의 부적응 상태를 정신병리적 진단범주로 분류하지 않는다. Rogers는 정신장애에 대한 정교한 설명체계를 제시하지는 않았지만 기본적으로 심리적 부적응은 개인의 실현 경향성이 차단되고 봉쇄된 결과라고 여겼다. 실현 경향성이 억제되는 주된 이유는 부모를 비롯한 사회적 환경에 의해서 개인의 특성과 경험이 조건적으로 수용되고 존중되기 때문이다.

Rogers에 따르면, 인간은 자신의 잠재능력을 건설적으로 펼치려는 실현 경향성을 지닌다. [그림 8-1]에 제시되어 있듯이, 이러한 경향성에 따른 행동과 경험은 유기체적 가치화 과정을 통해서 긍정적이고 소중한 것으로 존중되고 긍정적인 자기존중으로 이어져서 건강한 자기개념과 자기존중감의 바탕을 이룬다. 건강한 자기개념은 있는 그대로의 현재 자기모습에 근거한 현실적 자기가 주축을 이룬다. 따라서 일상생

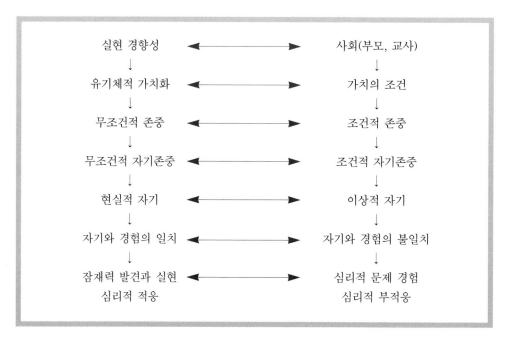

[그림 8-1] Rogers의 심리적 적응과 부적응 설명모델

활에서 만나는 다양한 경험들은 자기개념과 일치되는 것으로 있는 그대로 받아들여져 자기개념으로 통합된다. 그 결과, 개인은 현실에 대해서 정확하고 풍부한 이해를 지니게 되며 자신의 잠재능력을 발견하고 원활하게 발휘하면서 건강한 심리적 적응을 하게 된다.

그런데 성장과정에서 아동의 행동과 경험은 부모나 교사에 의해서 무조건적으로 수용되고 존중되지 않는다. 아동은 부모를 비롯한 타인의 보살핌을 통해 성장하게 되는데, 부모는 아이가 한 유기체로서 선천적으로 가지고 태어난 욕구, 재능, 행동양식을 무조건적으로 수용하지 못하고 자신들의 가치와 기대에 맞추어 조건적인 수용을 하게 된다. 이러한 과정에서 아동은 자신의 유기체적 욕구와 부모의 애정을 얻으려는 욕구 사이에서 갈등하게 된다. 대부분의 경우, 아동은 부모의 애정을 얻기 위하여 부모가 지닌 가치의 조건을 받아들이게 된다. 부모가 지닌 가치의 조건에 따라 행동할 경우, 부모로부터 조건인 긍정적 존중을 받게 되고 이는 긍정적 자기존중으로 이어지게 되기 때문이다. 이렇게 부모로부터 조건부 사랑을 받게 되면, 아동은 자신의 모든 특성과 경험을 있는 그대로 받아들이지 못하고 선택적으로 수용하게 된다.

아동은 부모가 부여하는 가치의 조건을 내면화하여 자기개념을 구성한다. 자기개념은 자신에 관한 경험을 조직하는 개념적 체계로서 현재의 자기모습을 반영하는 현실적 자기(real self)와 앞으로 추구해야 할 이상적 자기(ideal self)를 포함하고 있다. 부모의 기대수준이 높을 뿐만 아니라 부모로부터 긍정적 존중을 받고자 하는 아동은 높은 이상적 자기를 지니며 이를 충족시키기 위해 노력한다.

이처럼 부모가 제시하는 가치의 조건이 개인의 유기체적 욕구와 괴리되면, 개인은 유기체로서 경험하는 것들과 자기개념 간에 불일치를 경험하게 된다. 특히 자녀의 욕구를 잘 수용하지 못하는 부모에게서 양육된 아동은 자기개념과 자신의 유기체적 경험 간의 괴리를 경험하게 된다. 유기체적 경험은 개인이 몸과 마음을 통해 자각하게 되는 주관적 체험으로서 개인의 가치체계에 의해 평가되지 않은 순수한 형태의 경험을 말한다. 특히 이상적 자기의 수준이 높은 개인은 자신의 유기체적 경험을 있는 그대로 받아들이기 어렵다. 가치의 조건과 일치하는 경험은 수용되어 자기개념으로 통합되지만, 그렇지 못한 경험은 무시되거나 왜곡된다. 이러한 유기체적 경험과 자기개념의 괴리는 위협으로 느껴지며 불안을 일으키게 되고, 개인은 불안을 방어하기 위해 자신의 유기체적 경험을 왜곡하거나 부인하게 된다.

부모의 사랑이 더 조건적일수록, 달리 말하면 가치의 조건이 아동의 자연스러운 욕구와 괴리될수록, 개인은 더욱 병리적으로 발전하기 쉽다. 긍정적인 자기존중에 대한 욕구 때문에 개인은 자신의 경험을 부모의 가치 조건에 따라 선택적으로 지각하여 내면화한다. 아울러 가치의 조건에 부합하는 경험과 행동은 의식 속에 정확한 표상으로 남겨지게 된다. 예를 들어, 높은 성취를 강요하는 부모의 영향을 받고 자란 사람은 그들의 성취경험을 잘 지각하여 기억할 것이다. 그러나 가치의 조건에 위배되는 경험과 행동은 그에 맞게 왜곡되거나 의식에서 배제될 것이다. 성취욕구가 강한 사람은 여유로운 시간을 보내거나 즐기고 싶은 자신의 욕구를 부정하게 될 것이다.

Rogers에 따르면, 심리적 부적응의 핵심은 유기체의 전체 경험과 자기개념의 불일치이다. [그림 8-2]에 제시되어 있듯이, 자기와 경험의 일치 여부에 따라 건강한 삶과 부적응적인 삶으로 나누어진다. 자기와 경험의 불일치가 클수록 자기구조는 스스로를 유지하기 위해서 더욱 경직되게 구조화된다. 또한 가치의 조건에 근거한 긍정적인 자기존중감을 얻기 위해서 아동은 방어기제를 발달시키게 되며, 그 결과 자신의 진실된 경험세계와 접촉하지 못한 채 세상을 부정확하고 고정된 방식으로 지각하게 된다. 예컨대, 선한 사람으로 자신을 규정하는 개인은 분노나 질투와 같은 정서적 경험을 자각하지 못하도록 합리화, 투사, 부정과 같은 방어기제를 통해 자기경험을 왜곡할 수 있다. 이러한 과정을 통해서 자기개념과 유기체적 경험의 괴리가 점점 확대되면, 개인은 점점 더 심한 불안을 경험하게 되며 부적응 상태를 나타내게 된다. 이처럼 유기체적 경험이 자기개념으로 통합되지 못할 때, 심리적 부적응이 생겨난다.

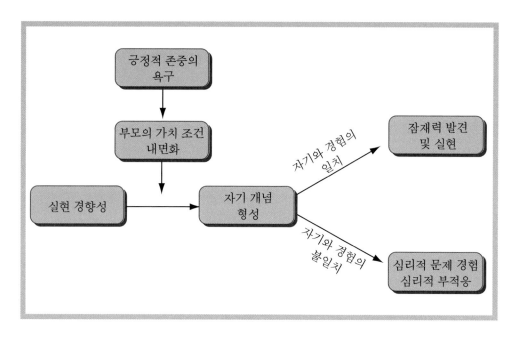

[그림 8-2] 심리적 부적응에 대한 Rogers의 설명모델

　　개인의 경험과 자기개념 간의 불일치가 클수록, 행동은 더 혼란스러워진다. 자기에 대한 관점과 경험 간의 괴리가 극단적으로 증폭되거나 그동안 왜곡하고 부인해온 유기체적 경험을 직면할 수밖에 없는 상황에 도달하게 될 경우, 개인은 정신병적 혼란과 와해를 나타낼 수 있다. Rogers는 왜곡의 정도가 부적응 증상의 심각성을 결정한다고 주장했으며 합리화, 환상, 투사, 편집적인 사고 등과 같은 방어기제를 제시하였다.

5. 치료 이론

1) 치료목표

　　인간중심치료는 내담자가 직면한 문제의 해결뿐만 아니라 내담자의 심리적 성장을 목표로 한다. Rogers에 따르면, 심리치료는 현재의 문제를 해결하기보다 내담자의 성장을 촉진함으로써 현재와 미래의 문제에 더 잘 대처할 수 있도록 돕는 것이다. 심리적 성장을 위해서는 내담자가 자신의 경험을 좀 더 잘 자각하고 인식하여 있는 그대로의 자기 모습을 잘 수용하는 것이 중요하다. 다른 사람을 즐겁게 하거나 그들의 기대를 충족시키기 위해서 타인지향적인 위선적 삶을 사는 것이 아니라 자신의 내면적 욕망과 경험에 귀를 기울이며 자기주도적인 진실된 삶을 사는 것이 중요하다. 이러한 삶의 태도를 지니게 되면, 내담자는 현실을 더 정확하게 인식하여 자신의 문제를 더 효과적으로 해결할 뿐만 아니라 다른 사람에 대해서도 덜 방어적인 태도를 나타내게 된다.

인간중심치료의 궁극적인 목표는 내담자가 '온전히 기능하는 사람'이 되도록 돕는 것이다. 이를 위해서는 타인의 인정과 존중을 얻기 위해서 사용해온 가면을 벗고 진정한 자기 자신과 접촉하는 것이 필요하다. 실현 경향성이 충분히 발현되기 위해서는 네 가지 조건, 즉 (1) 자신의 경험에 대한 개방적 태도, (2) 자기수용과 자기신뢰, (3) 자신의 경험과 기준에 의한 평가와 판단, (4) 자신을 지속적으로 성장시키고자 하는 의지가 중요하다. 인간중심치료에서 치료자의 핵심적 역할은 내담자가 자신의 특성과 경험을 열린 마음으로 탐색하여 자각하게 함으로써 있는 그대로의 자기모습을 더 잘 수용하고 존중할 수 있도록 성장 촉진적인 치료적 분위기를 제공하는 것이다.

2) 치료원리

Rogers에게 있어서 심리치료란 심리적 부적응 상태에 있는 내담자를 적응상태로 나아가도록 변화시키는 과정이었다. 과연 내담자의 어떤 심리적 변화가 그를 부적응 상태에서 적응 상태로 나아가게 만들 것인가? 이러한 변화를 촉진하기 위한 치료적 조건은 무엇인가? 이를 위해서 치료자는 어떤 역할을 해야 하는가? 이러한 물음들은 Rogers가 가장 깊은 관심을 지니며 탐구했던 주제이다.

심리적 부적응은 유기체가 중요한 경험의 자각을 부정하거나 왜곡할 때 일어난다. 결과적으로 경험이 자기구조의 전체 속에 정확히 표상되지 않거나 조직화되지 않아서 결국 자기와 경험 간의 부조화가 일어난다. 반면에 심리적 적응이란 모든 경험을 자기구조 속에 흡수하여 통합할 수 있는 자기개념을 지니고 있을 때 일어난다. 최적의 심리적 적응은 자기와 경험 간의 완전한 일치 또는 경험에 대한 완전한 개방을 의미한다. 부적응 상태에서 적응 상태로 나아가기 위한 가장 중요한 변화는 자신의 경험을 자각하고 자신의 일부로 수용하는 일이다. Rogers에 따르면, 심리치료의 핵심은 자기와 경험을 일치시키는 것이다. 내담자로 하여금 자신의 경험을 자각하고 수용하여 자기개념에 통합시키는 것이 그의 적응과 성장을 위한 필수적 조건이다.

내담자의 치료적 변화는 자신의 유기체적 경험을 개방적으로 탐색하고 자각하는 것에서 시작된다. 자신의 몸과 마음에 떠오르는 감각, 욕망, 감정, 사고, 행동을 있는 그대로 자각하고 이러한 경험을 자신의 일부로 수용하는 것이 중요하다. 자기수용과 자기신뢰가 증진되면, 자신이 방어할 필요성을 느끼지 못하기 때문에 자신의 내면적 욕구나 감정에 대한 솔직한 자기표현이 가능해진다. 또한 타인의 인정과 평가에 의존하기보다 자신의 욕구와 선호에 따른 선택과 결정이 가능해진다. 이러한 변화로 인해서 내담자는 현실을 왜곡 없이 좀 더 정확하게 인식하고 그에 효과적으로 대응함으로써 현실적인 문제해결 능력이 향상된다. 그 결과, 자기존중감이 증진되고 자신의 경험에 대한 개방성이 증가하면서 자기와 경험 간의 일치가 높아진다.

이러한 과정을 통해서 모든 경험을 수용하여 통합할 수 있는 자기개념으로의 변화가 일어난다. [그림 8-3]에서 볼 수 있듯이, 자기경험에 대한 자각 증가는 자기수용과 자기표현을 증가시키고 방어를 감소시키며 경험에 대한 개방성을 증가시키는 선순환을 촉발하게 된다. 이러한 선순환 속에서 내담자의 실현 경향성이 발현되고 온전히 기능하는 사람으로 성장하게 된다.

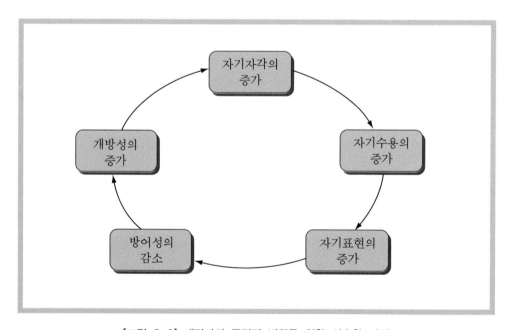

[그림 8-3] 내담자의 긍정적 변화를 위한 선순환 과정

3) 치료의 핵심조건

부적응 상태에 머물던 내담자가 서서히 적응과 성장을 향하여 움직이는 것은

Rogers에게 있어서 경이로운 것이었으며 그러한 변화과정을 밝히는 것은 흥분되는 일이었다. 과연 무엇이 내담자를 부적응 상태에서 적응과 성장으로 나아가게 만드는가? 어떤 치료적 요인이 내담자로 하여금 과거에 부정하고 왜곡했던 자신의 경험을 방어 없이 열린 마음으로 탐색하고 자신의 일부로 수용하게 만드는가? 이러한 변화를 촉진하기 위해서 치료자는 어떤 역할을 해야 하는가?

Rogers는 이러한 물음에 답하기 위해서 치료자로서 자신의 경험, 동료들과의 진지한 의견 교환, 그리고 치료과정에 대한 경험적 연구를 통해 자신의 치료이론을 발달시켰다. 그에 따르면, 심리적 부적응은 유기체가 중요한 경험의 자각을 부정하거나 왜곡할 때 일어난다. 이러한 방어적 태도는 타인으로부터 조건적 존중을 받으면서 인식한 가치의 조건을 내면화한 자기개념의 경직성에 근거하고 있다. 심리치료는 내담자가 자기개념에 대한 위협이 없는 상황에서 유기체적 경험을 왜곡 없이 지각하여 이를 자기개념에 통합하도록 하는 일이다. 이를 위해서는 치료자는 이전에 부모가 제공했던 조건적이고 가치평가적인 관계와는 다른 새로운 관계를 제공해야 한다. Rogers (1957)에 따르면, 내담자가 자신의 유기체적 경험을 자각하고 수용하기 위해서는 세 가지의 핵심조건(the core conditions)이 제공되어야 한다. 내담자의 성장을 촉진하기 위해서 치료자가 제공해야 할 세 가지 핵심조건은 일치성(congruence), 무조건적인 긍정적 존중(unconditional positive regard), 공감적 이해(empathetic understanding)이다.

(1) 진실성 또는 일치성

Rogers에 따르면, 내담자의 치료적 성장을 촉진하는 가장 중요한 조건은 치료자의 진실성이다. 진실성(genuineness)은 치료자가 전문가의 역할 뒤로 자신을 숨기려 하지 않고 꾸밈없이 자신의 모습을 있는 그대로 나타내는 것을 뜻한다. 이러한 진실성은 일치성(congruence)이라고 불리기도 하는데, 진실하기 위해서 치료자 자신이 자기와 경험을 일치시킬 수 있어야 하기 때문이다. 치료자는 내담자와의 치료관계에서 겪게 되는 다양한 내면적 경험을 알아차리고 적절하게 표현할 수 있어야 한다.

진실성과 일치성의 조건에 도달하는 것은 쉬운 일이 아니다. 진실성은 치료자가 치료과정에서 자기 자신으로 존재하는 것이다(Rogers, 1966). 이를 위해서 치료자의 자기이해와 자기수용이 선행되어야 한다. 치료자는 자신의 마음속에 흐르고 있는 내면적 경험을 개방적인 태도로 자각하여 자신의 일부로 수용하고 자유롭게 표현할 수 있어야 한다. 이를 통해서 치료자는 내면적으로 경험하는 것과 내담자에게 외현적으로 표현하는 것을 일치시킬 수 있어야 한다.

진실성은 치료자가 자신의 느낌과 생각을 내담자에게 모두 표현하거나 노출해야한다는 것을 의미하는 것은 아니다. 진실성은 자신의 내면에 흐르고 있는 경험과 항상 접촉하며 내담자와의 관계에서 진실하게 존재하려는 의지를 뜻한다. 진실성은 전문가라는 가면을 쓰고 자신의 능력을 과장하거나 치료과정을 대단히 전문적인 신비스러운 것으로 나타내려는 유혹에 대항하는 것이다. 설혹 내담자와의 관계에서 불편하고 혼란스러운 경험을 하더라도 그러한 경험의 자각을 부정하지 않으며 열린 자세로 수용하고 투명하게 표현하려는 태도를 의미한다.

진실성은 신뢰로운 치료관계의 형성에 매우 중요하다. 치료자가 진실한 모습을 보여줄 때, 내담자는 치료자와 치료과정을 더 신뢰할 수 있기 때문이다. 진실하기 위해서 치료자는 자신에게 체험되는 감정들을 매순간 잘 알아차릴 수 있어야 한다. 또한 자신의 내면에서 일어나는 경험의 변화하는 흐름을 자각하고 있어야 한다. 그래서 치료과정에서 경험하는 감정들(예: 두려움이나 지루함 등)을 솔직하게 표현할 수 있을 때, 치료적 관계가 더욱 진실하고 신뢰로운 것으로 발전하게 된다. 치료자가 자신의 약점까지도 숨김없이 드러낼 때 내담자 역시 자신의 약점을 공개하고 자신의 현재 상태를 수용하게 된다. 또한 내담자는 치료자의 진실한 반응을 보면서 자신도 더 진실한 사람이 되고자 노력하게 된다. 진실성은 자기노출과 비슷하지만 구별되어야 한다. 치료자의 자기노출은 자신에 관한 개인적 정보와 경험을 드러내는 것으로서 진실성과 유사하지만, 진실성은 내담자와의 관계에서 경험하는 것에 대한 반응이라는 점에서 자기노출과는 차이가 있다.

(2) 무조건적인 긍정적 존중

인간중심치료에서 제시하는 두 번째의 치료적 조건은 내담자에 대한 무조건적인 긍정적 존중이다. Rogers는 긍정적 존중에 대한 욕구가 인간에게 보편적이며 집요하다고 믿었다. 대부분의 내담자는 이러한 욕구가 충족되지 않은 상태에서 치료자를 찾는다. 내담자가 자신의 모습을 있는 그대로 받아들이기 위해서는 치료자로부터 긍정적 존중을 받는 것이 매우 중요하다.

무조건적인 긍정적 존중(unconditional positive regard)은 내담자의 생각, 감정, 행동에 대하여 어떤 판단이나 평가도 내리지 않는 치료자의 순수한 보살핌을 의미한다. 달리 말하면, 내담자의 모든 것을 있는 그대로 조건 없이 소중한 것으로 수용하고 존중하는 것이다. 이런 점에서 무조건적인 긍정적 존중은 수용(acceptance)과 밀접히 관련되어 있다.

무조건적인 긍정적 존중은 단지 내담자를 격려하기 위해서 무조건 칭찬해주거나 내담자의 편을 들어주거나 따뜻한 태도로 친밀감을 표현하는 것을 의미하지 않는다. Rogers에 따르면, 무조건적 존중은 개인의 모든 것에 대한 무조건적인 수용과 가치 있는 존재로서의 존중을 의미한다. 그래서 치료자는 내담자에게 무조건적인 긍정적 존중감을 느끼게 된다. 이것은 솔직한 긍정적 감정으로서 판단하지 않음을 의미한다. 내담자가 괴로움, 적개심, 부적절한 감정, 방어적 태도를 나타낼 때에도 긍정적이고 성숙한 감정을 표현할 때와 똑같이 수용하는 것을 포함한다(Rogers, 1966). 치료자는 내담자가 스스로 말하는 것을 그대로 받아들여야 한다. 내담자의 말이 사실이 아닐지도 모른다는 의구심에서 벗어나 순수하게 받아들이는 치료자의 태도는 내담자와의 신뢰를 구축할 뿐만 아니라 내담자가 자신의 내면을 더 깊이 탐색하고 잘못된 생각을 스스로 바로잡도록 도와준다.

이러한 무조건적 수용과 존중은 결코 쉬운 일이 아니다. 치료자에게는 내담자를 하나의 인간으로 있는 그대로 마음속 깊이 수용하는 능력이 필요하기 때문이다. 이를 위해서 치료자는 비평가적이고 비판단적이어야 한다. 상처를 입고 아픔과 갈등을 겪고 있으며 두려움에 방어적인 태도를 지닌 사람이 자신을 있는 그대로 받아들이고 성장의 잠재력을 발휘하기 위해서는 무조건적인 긍정적 존중이라는 치료적 에너지가 필수적이다.

(3) 공감적 이해

Rogers가 강조한 세 번째의 핵심적 치료조건은 공감적 이해이다. 공감적 이해(empathic understanding)는 치료자가 마치 내담자가 된 것처럼 그의 심정을 느끼는 것이다. 치료자가 내담자의 주관적인 경험세계를 정확하고 깊이 있게 이해하는 것이다. 달리 말하면, 내담자가 경험하고 있는 감정들과 개인적인 의미들을 치료자가 정확하게 감지하는 것을 의미한다. 이를 위해서 치료자는 자신의 관점이 아니라 내담자의 관점에서 그가 생각하고 느끼는 내면적 경험을 이해하려고 노력하는 것이 중요하다.

공감은 강력한 치료적 요인이다. 인간은 누구나 자신만의 세계에 갇힌 외로운 존재이다. 누군가가 자신의 마음을 깊이 이해해주는 것은 커다란 위안이자 감동이다. 더구나 고통스러운 경험 속에서 힘들고 외롭게 살아가는 내담자의 마음을 치료자가 정확하게 이해하고 깊이 공감해주는 것은 강력한 치료적 효과를 지닌다. 치료자의 공감은 내담자로 하여금 자신이 이해받고 수용된다는 느낌을 지니게 할 뿐만 아니라 치료자와 심리적으로 연결되어 있다는 유대감을 느끼게 해준다. 내담자의 내면세계 속에서 치료자는 믿을 만한 동반자가 되는 것이다. 이러한 공감은 내담자로 하여금 고통스러운 감정으로부터 해방되어 자신의 내면세계를 더 깊게 탐색하며 현실적인 문제해결을 위한 의욕과 활기를 북돋아주게 된다.

　　공감은 내담자의 생각과 감정에 동조하거나 내담자를 측은하게 여기며 동정하는 것이 아니다. 또한 단순히 내담자의 감정을 추측하여 고개를 끄덕이거나 위로하는 것이 아니다. 또한 공감은 치료자가 내담자와의 경계를 유지하지 못한 채 그와 동일한 감정을 느끼며 휩쓸려 드는 것도 아니며, 내담자와의 거리를 냉정하게 유지한 채 그의 내면세계에 대한 정보를 수집하기 위한 것도 아니다. 공감은 내담자의 감정에 빠져들지 않으면서 내담자의 감정을 자신의 감정인 것처럼 느끼는 것이다. 이를 위해서 치료자는 안정된 자기정체감을 지니고 있어야 하며 자신의 세계로 되돌아갈 능력을 잃지 않은 채 '마치 내담자인 것처럼' 그의 경험세계로 들어갈 수 있어야 한다. 치료자는 치료과정에서 내담자가 순간순간 느끼는 경험과 감정을 민감하게 감지하는 것이 중요하다.

　　Rogers(1966)는 공감적 이해에 대하여 다음과 같이 설명하고 있다. "정확한 공감적 이해는 치료자가 완전하게 내담자의 세계에 들어가는 것을 의미한다. 그것은 '지금-여기'에서 내담자가 경험하는 감정에 순간순간 민감함을 의미한다. 또한 그것은 치료자가 내담자의 개인적인 의미의 세계 속에서 느끼는 것을 말한다."

　　Rogers(1982)에 따르면, 공감적 이해는 진실성과 무조건적인 긍정적 존중이 먼저 이루어져야 가능하다. 공감적 이해를 위해서 치료자는 위선적 가면을 벗고 진실한 모습으로 내담자의 모든 것을 있는 그대로 긍정적으로 존중하면서 그의 내면세계로 들어가 교감하며 동행하는 동반자가 되려는 노력이 필요하다.

　　심리치료는 내담자가 자기개념에 대한 위협이 없는 상황에서 유기체적 경험을 왜곡 없이 지각하여 이를 자기개념에 통합하도록 하는 일이다. 이를 위해서는 치료자는 이전에 내담자의 부모가 제공했던 조건적이고 가치평가적인 관계와는 다른 새로운 관계를 제공해야 한다. Rogers는 한때 농학을 공부했던 경력 때문인지 심리치료를 식물재배에 비유하고 있다. 콩의 씨앗은 성장을 위한 모든 잠재력을 지니고 있지만, 이러한 잠재력을 충분하게 발현하기 위해서는 적절한 조건이 제공되어야 한다. 적절한 온도, 햇빛, 수분이 있는 기름진 땅에서 콩은 예정된 대로 싹을 피우고 줄기를 펼치며 열매를 맺을 것이다. 이러한 성장과정에서 인간은 특별히 손을 댈 필요가 없을 뿐만 아니라 직접적으로 조작을 가하려는 시도는 오히려 콩의 성장을 위협하게 된다. 유능한 농부는 콩이 잘 자랄 수 있는 적절한 조건을 인식하여 제공하려고 노력할 뿐 콩이 자신의 가능성을 실현하도록 가능한 한 내버려둔다.

이와 마찬가지로, 치료자는 내담자가 자신의 실현 경향성을 발현할 수 있는 조건을 제공하는 것이 중요하다. 내담자는 자기실현과 성장을 위한 모든 잠재력을 이미 지니고 있으나 척박한 환경으로 인해 자라지 못하고 있는 콩과 같다. 내담자의 성장을 촉진하는 조건은 바로 진실성, 무조건적인 긍정적 존중 그리고 공감적 이해이다. 내담자는 진실한 태도로 자신의 모든 것을 무조건적으로 수용하고 존중하는 치료자와의 관계 속에서 자신의 경험에 대한 공감적인 이해를 받을 때, 그동안 왜곡하고 부인해왔던 자신의 진정한 모습을 자각하고 수용함으로써 자기개념과의 통합을 이루게 된다. 달리 말하면, 유기체적 경험과 자기개념이 통합됨으로써 자신의 잠재능력을 원활하게 발현하는 자기실현적 인간, 즉 충분히 기능하는 사람으로 성장하게 된다.

4) 치료기법

인간중심치료는 특정한 문제해결보다 내담자 자체에 초점을 맞추며 구체적인 기법보다 치료자의 기본적 태도를 중시한다. 심리치료에 적용할 수 있는 특별한 기술이나 기법을 배우고자 하는 사람은 인간중심치료에서 그러한 것들을 찾을 수 없을 것이다. 인간중심치료는 치료자가 무엇을 할 것인가에 초점을 맞추기보다 치료자가 어떤 존재이어야 하는지에 초점을 맞추고 있다. 치료자의 기본적 태도는 진실성, 무조건적 존중, 공감을 제공하는 것이다. 이러한 태도는 치료자의 인격과 성품에서 자연스럽게 펼쳐져서 내담자에게 전달되는 것이며 특정한 언어와 행동의 기술로 전달되는 것은 아니다. 자신을 진솔하게 나타낼 수 있는 진실성을 지니지 못한 사람에게 어떻게 해야 진실하게 보이는지를 말해주는 것은 무의미하기 때문이다. 또한 치료자가 진실하게 무조건적 존중과 공감을 표현하는 방법은 치료자의 스타일에 따라 다를 수 있다. 여기에서는 인간중심치료를 효과적으로 수행하기 위한 일반적인 지침을 소개하기로 한다. 치료자가 진실한 태도를 함양하고 무조건적 존중과 공감을 내담자에게 진실하게 전달할 수 있는 방법들은 다음과 같다.

(1) 진실하려고 노력하기

내담자에게 진실해지기 위해서 치료자는 먼저 자기 자신을 잘 바라볼 필요가 있다. 자신의 내면세계를 깊이 자각하는 것이 중요하다. 자신의 속마음을 잘 알지 못하고 진실해지는 것은 어렵다. 진실성은 자신의 속마음과 일치하는 말과 행동을 나타내는 것이다. 치료자는 자신의 내면세계를 잘 포착해야 할 뿐만 아니라 그것을 수용할 수 있어야 한다. 자신의 내면세계를 편안하게 받아들일 수 있어야 내담자에게도 그것을 적절하게 드러낼 수 있기 때문이다. 인간중심치료자가 되기 위해서는 자신의 내면세계를 깊고 세심하게 바라보고 수용하는 끊임없는 노력이 필요하다.

진실하다는 것이 치료자의 모든 생각과 감정을 내담자에게 그대로 전달하라는 의미는 아니다. 치료자는 내담자를 돕고자 하는 진정한 관심을 지니고 있어야 하며 그러한 관심을 내담자에게 전달할 수 있어야 한다. 치료자가 자신의 유능함을 과시하거나 내담자에게 호감을 얻기 위해 자신의 실제와는 다른 모습을 보이는 것은 적절하지 않다. 예컨대, 치료자가 내담자의 속마음을 충분히 이해하지 못한 채 "당신이 어떤 마음인지 잘 알겠어요."라고 표현하는 것은 내담자에게 진실하게 느껴지지 않는다. 진실한 표현과 그렇지 못한 표현은 미묘한 차이를 지니고 있으며, 대부분의 내담자는 그러한 차이를 민감하게 포착하기 때문이다. 내담자는 진실하게 느껴지지 않는 치료자를 신뢰하기 어렵다. 치료자가 자신의 느낌 그대로 "내가 당신 마음을 충분히 이해하지는 못하지만, 그러한 일들이 당신에게 커다란 상처가 되었을 것 같아요."라고 말한다면, 내담자에게 더 진실하고 신뢰롭게 느껴질 것이다.

(2) 적극적인 경청하기

인간중심치료에서 강조하는 기법이 있다면, 그것은 적극적 경청(active listening)이다. 내담자에 대한 진정한 관심과 공감 노력은 적극적 경청으로 나타난다. 내담자의 내면세계를 이해하기 위해서는 그가 말하고 행동하는 것에 주의를 기울이며 경청하는 적극적인 태도가 중요하다. 내담자를 마주 보고 몸을 기울이고 자연스럽게 눈맞춤을 하는 것은 물론 내담자가 언급한 내용과 관련해서 적절한 표정이나 행동적 반응을 나타내는 경청 기술이 필요하다. 이러한 반응을 통해서 내담자는 치료자가 자신에게 진정한 관심을 지니고 주의를 기울이고 있음을 느끼게 된다.

적극적 경청은 내담자의 자기표현과 자기탐색을 촉진한다. 자신에게 관심을 기울이는 치료자에게 자신의 속마음을 적극적으로 내보이고 이를 위해서 자신의 내면세계를 탐색하게 된다. 치료자는 내담자의 내면세계를 탐색하여 자신이 공감적으로 이해한 바를 전달한다. 공감적 반응은 내담자로 하여금 자신이 깊이 이해받는다는 느낌을 통해 치료자에 대한 신뢰를 증가시켜 자기표현을 더욱 심화시킨다. 이런 점에서 적극적 경청은 치료자와 내담자가 서로 피드백을 주고받는 상호적 과정이라고 할 수 있다.

(3) 공감적으로 반영하기

치료자는 내담자의 내면세계를 가능한 한 정확하게 이해하려고 노력해야 한다. 반영하기(reflecting)는 치료자가 내담자의 내면세계에 대해서 이해한 바를 전달하는 것이다. 달리 말하면, 치료자의 마음에 비쳐진 내담자의 모습을 보여주는 것이다. 공감적 탐색의 초기 단계에서는 치료자가 내담자의 언어적 전달내용에 근거하여 가장 두드러진 생각과 감정들을 반영해준다. 그러나 치료자는 점차 내담자에 대한 이해가 깊어지면서 언어적 표현 이면에 깔려 있는 생각과 감정에 대한 공감적 추측이 가능해진다. 치료자는 이러한 공감적 이해를 내담자에게 전달할 필요가 있다. 치료자의 공감적 이해는 정확할 수도 있지만 그렇지 않을 수도 있다. 치료자는 "제가 이해하기로는 …" "당신은 …하게 느끼고 계시는 것 같군요."와 같은 표현을 통해서 자신의 공감적 이해가 얼마나 정확한지를 탐색해볼 수 있다.

치료자는 내담자를 더 잘 알게 될수록 내담자의 언어적 표현 이면을 이해할 수 있게 될 뿐만 아니라 심지어 내담자가 인식하지 못하고 있는 감정들을 인식하고 전달할 수 있다. 적극적 경청을 통해 내담자의 내적인 참조체계를 잘 이해하고 있는 치료자는 내담자가 치료과정에서 나타내는 정서적 변화를 공감적으로 잘 포착할 수 있게 된다. 치료자와 내담자가 신뢰 속에서 서로를 잘 이해하게 되면, 이심전심(以心傳心)의 상태에서 깊은 교감이 이루어질 수 있다.

(4) '지금-여기'의 즉시성

인간중심치료에서는 치료자와 내담자가 치료과정에서 느끼는 직접적인 경험을 중시한다. 물론 내담자의 과거경험을 이해하는 것은 중요하다. 그러나 내담자를 변화시키는 가장 강렬한 상호작용은 대부분 치료자와 내담자 사이에서 직접적으로 경험되는 감정과 생각을 다루면서 일어난다. 달리 말하면, 효과적인 치료가 되기 위해서는 즉시성(immediacy), 즉 '지금-여기(here and now)'에서 경험되는 생생한 체험을 다루는 것이 중요하다.

인간중심치료에서 즉시성을 강조하는 중요한 이유는 치료자와 내담자가 서로의 관계에서 갖게 되는 생각과 감정을 즉각적으로 탐색하고 확인하고 논의할 수 있기 때문이다. 또한 치료자와 내담자의 관계가 가장 중요한 치료적 요소로 간주되는 이유 중 하나는 서로의 생생한 경험을 즉각적으로 다룰 수 있기 때문이다. 내담자가 치료자와의 관계 속에서 경험하고 있는 '지금-여기'에서의 즉시적인 생각과 감정들은 심리치료에서 가장 중요한 재료이다. 치료자가 내담자의 과거경험에 초점을 맞추는 것은 내담자로 하여금 '지금-여기'에서의 경험과 접촉하며 그것을 다룰 수 있는 기회를 감소시키게 된다. 치료자는 "지금 어떤 느낌이 드세요?" "당신의 말을 들으니 … 한 감정이 느껴지네요."와 같이 내담자의 즉시적 경험을 탐색하고 자신의 즉시적 경험을 전달하는 것이 바람직하다.

(5) 자기 노출하기

인간중심치료에서 치료자는 필요한 경우에 자신의 내면세계를 노출할 수 있다. 자기 노출(self-disclosure)은 치료자가 의도적으로 자신의 생각과 경험을 내담자에게 내어 보이는 것을 말한다. 진실한 치료적 관계에서는 치료자가 내담자의 내면세계를 이해할 뿐만 아니라 내담자도 치료자의 내면세계를 이해하는 것이 필요하다. 치료자의 적절한 자기 노출을 통해서 내담자는 자신의 내면세계를 자신이 신뢰하며 소중하게 여기는 다른 사람의 내면세계와 비교하도록 해준다. 치료자의 자기 노출을 통해서 내담자는 그가 접할 수 없었던 새로운 정보에 근거하여 자신의 관점을 되돌아보고 수정할 수 있다. 또한 내담자는 과거에는 위협적인 것으로 느껴져서 시도하지 못했던 타인과의 비교를 치료자와 안전한 상황에서 진지하게 하게 됨으로써 자신의 생각을 변화시킬 수 있게 된다. 지지적이고 공감적인 관계는 내담자로 하여금 비교 정보에 근거하여 새로운 생각과 행동을 시도하려는 진취적인 변화를 가능하게 해준다.

(6) 치료자의 개성 살리기

인간중심치료에는 치료자가 해야 하는 고정된 공통적 행동방식이 없다. Rogers는 치료자의 성격과 스타일에 따라 다양한 창조적 방식으로 치료하기를 권했다. 사실 모든 치료자들은 어떤 치료적 입장을 선호하는지에 상관없이 자기만의 독특한 치료방식을 지니고 있다. 오늘날 대부분의 인간중심치료자들은 핵심조건을 치료적 관계 발달의 토대로 사용할 뿐 다양한 치료적 접근을 추가적으로 사용하고 있다. 치료자는 각기 다른 내담자의 바람과 성향에 맞추기 위해서 자신의 치료방식을 창조적으로 조정할 필요가 있다. 인간중심치료는 치료적 관계에 대한 일관된 기본적 토대를 지니지만 치료자와 내담자 그리고 치료적 상황의 특성에 따라 유연하게 진행되어야 한다. Rogers는 심리치료자가 권위주의적 위선과 경직된 도그마에 빠지는 것을 경계했다.

6. 인간중심치료의 실제

1) 치료의 진행과정

일반적으로 인간중심치료자들은 내담자를 일주일에 한 번씩 만나며 중·장기치료를 지향하는 경향이 있다. 그러나 치료자의 효과적인 노력을 통해서 신속하게 내담자의 치료적 변화가 일어나면, 6~15회 정도의 단기치료로 내담자의 문제가 해결될 수도 있다. 인간중심치료에서는 내담자가 치료의 기간과 종결을 결정하는 데 중요한 역할을 한다.

인간중심치료는 치료적 관계를 중시하기 때문에 치료자가 해야 할 과정을 세분화하는 것이 어렵다. 그러나 Rogers(1961)는 내담자가 자신의 경험에 개방적이지 못한 채 자신을 인식하지 못하는 상태에서 경험에 대한 개방성이 증가하여 자기인식과 긍정적인 자기존중감의 상태에 이르는 치료적 과정을 일곱 단계로 소개하고 있다. 이러한 단계의 일부는 서로 구분하기 어렵고 치료적 성장의 요소들이 뒤섞여 있기도 하다.

1단계: 심리치료를 받기 위해 찾아왔지만 내담자는 자신의 경험을 적극적으로 탐색할 의향을 지니고 있지 않을 뿐만 아니라 치료자에 대해서도 신뢰감이 부족한 상태이다. 이 단계에서는 의사소통이 피상적이다. 내담자는 치료자의 물음에 대해서 소극적으로 대답하며 자신에 대한 이야기를 자발적으로 하지 않는다. 친밀하게 터놓고 대화하는 것이 위험한 것으로 여겨지기 때문이다.

2단계: 내담자는 치료자가 자신을 존중하며 수용하고 있다는 것을 느끼면서 자신의 경험을 조금씩 드러내기 시작한다. 치료자가 위협적인 존재가 아니라는 것을 인식하면서 가끔씩 자신의 감정을 표현하기도 한다. 그러나 아직은 자신의 감정을 과거의 객관적인 경험으로 묘사할 뿐이다. 자신의 문제나 갈등을 좀 더 구체적으로 호소하지만 그 이유를 다른 사람의 탓으로 돌리려는 모습을 나타낸다.

3단계: 내담자가 점차 긴장감을 누그러뜨리고 계속 자신이 있는 그대로 수용되고 있다고 느끼게 되면, 좀 더 많은 감정들과 사적인 경험들을 표현하게 된다. 그러나 이러한 표현은 '지금-여기'에서 느끼는 즉시적 경험에 대한 것이 아니라 자기와 관련된 경험들을 객관적인 관점에서 기술하는 것이다. 자신의 생각과 감정에 대해서 경직된 태도를 나타내지만 때때로 그 타당성에 대해서 스스로 의문을 제기하기도 한다. 자신이 겪고 있는 문제가 외부적 요인보다 오히려 자신의 내부에 있음을 인정하기 시작한다.

4단계: 내담자는 3단계에서 자신의 여러 경험을 탐색하면서 여전히 자신이 있는 그대로 수용되며 존중되고 있다고 느낄 때, 자신의 경험에 대해서 좀 더 자유롭고 개방적인 태도를 나타내게 된다. 전에는 의식하기를 부인했던 감정들을 자각하면서 표현하기 시작한다. 그러나 아직은 이러한 표현에 두려움을 느낀다. 아울러 자신이 겪고 있는 문제가 결국 자신에 의한 것이라는 책임의식이 나타나기 시작한다. 그러나 이 단계에서는 자신의 강렬한 감정들을 정면으로 직면하지 못할 뿐만 아니라 솔직하게 표현하지 못한다.

5단계: 내담자가 여전히 치료자로부터 있는 그대로 공감적으로 수용되고 있다고 느끼면, 내담자의 유기체적 유동성이 증가하면서 자신의 내면적 감정들을 있는 그대로 느끼며 수용하게 된다. 전에는 부인했던 감정들이 이제는 약간의 두려움이 존재하지만 의식 속으로 흘러들어 자신의 경험으로 자각된다. 내담자는 자신의 경험과 일치하는 '진정한 나(the real me)'가 되고자 하는 바람을 지니게 된다. 아울러 내담자는 자신이 겪고 있는 문제들에 대하여 자신에게 책임이 있음을 인정한다.

6단계: 5단계를 거치면서 이제까지의 치료 단계와는 구별되는 극적인 단계로 발전한다. 내담자는 전에 부인했던 감정들을 '지금-여기'에서 느끼는 즉각적인 현재의 경험으로 수용하게 된다. 아울러 이러한 감정들을 '지금-여기'에서 느끼는 생생한 경험으로 솔직하게 표현할 수 있게 된다. 자신의 경험을 방어적 태도 없이 수용하게 되면서 내담자는 '진정한 나'가 되는 감동적인 느낌을 갖게 된다. 자기 자신을 객관적인 평가대상으로 생각했던 과거와 달리 자신의 경험을 있는 그대로 생생하게 느끼고 표현하는 주체적 자기감을 얻게 된다. 내담자는 자신의 문제에 대해서 주체적으로 대처하고 해결하려는 노력을 기울이게 된다.

7단계: 이 단계에서는 치료자의 도움 없이도 자신의 문제를 해결할 수 있는 자신감을 갖게 된다. 치료자와의 관계에서든 치료실 외부에서든 내담자는 자신의 감정을 즉시 그리고 충분히 느긋하게 경험할 수 있다. 내담자는 자신의 정서적 경험을 신뢰로운 것으로 받아들인다. 이러한 정서적 경험은 선택과 행동의 중요한 근거가 된다. 따라서 자기와 유기체적 경험 간의 불일치성이 최소화된다. 그 결과, 내담자는 자신의 내면적 경험세계를 자유롭게 인식하면서 충분히 기능하는 사람으로 성장하게 된다.

2) 치료자의 역할

인간중심치료에서 치료자의 역할은 내담자가 스스로 성장할 수 있는 치료적 분위기를 조성하는 것이다. 치료자는 내담자를 특정한 방향으로 변화시키기 위해서 내담자를 조정하거나 통제하지 않는다. 내담자를 진단하거나 치료계획과 전략을 짜지도 않는다. 내담자의 과거를 캐묻거나 내담자의 행동을 해석하지도 않는다. 또한 내담자의 생각을 평가하지 않으며 치료에 관한 어떤 것도 내담자 대신 결정하지 않는다.

인간중심치료에서 치료자의 역할은 치료자 자신의 존재방식과 태도에 뿌리를 두고 있다. Rogers(1961)에 따르면, 내담자의 치료적 변화를 촉진하는 데에는 치료자의 지식, 이론, 기법보다 치료자의 태도가 더 중요하다. 인간중심치료에서 치료자는 자기 자신을 치료 도구로 사용한다. 이때 치료자라는 전문가의 역할에 빠져서 자신의 진실한 모습을 잃어버리지 않는 것이 중요하다. 내담자의 성장과 내적 자원에 대한 치료자의 신뢰가 내담자의 치료적 변화를 만들어낸다. 내담자에 대한 신뢰를 지니고 진실한 모습으로 내담자를 인간 대 인간으로 만나는 치료자의 역할은 특별한 역할 없이 있는 그대로 존재하는 것이다.

인간중심치료에서 치료자의 역할은 내담자 곁에 존재하며 내담자의 현재 경험에 관심을 갖는 것이다. 무엇보다도 치료자는 내담자와의 관계에서 진실해야 한다. 치료자는 자신의 마음을 진솔하게 표현하면서 내담자의 존재 자체를 수용해줌으로써 변화를 위한 촉매제 역할을 한다. 선입견을 가지고 내담자를 판단하려 하기보다 순간순간의 경험에 근거하여 내담자의 주관적 세계 속으로 들어가야 한다. 치료자의 진실한 보살핌, 무조건적 수용과 존중, 공감적 이해를 경험하면서 내담자는 경직된 방어를 풀고 자신의 내면세계를 자유롭게 탐색하게 된다. 그 결과, 내담자는 자신과 세상에 대한 현실적인 이해 속에서 효과적으로 기능하게 된다.

내담자의 치료적 변화는 그가 치료자를 어떻게 지각하느냐에 의해 결정된다. 치료자가 진실한 태도로 자신을 존중하며 잘 이해해준다고 느낄 때, 내담자는 자신의 감정, 생각, 신념, 욕구, 행동을 비롯한 내면세계의 전 영역을 탐색할 수 있게 된다. 자신을 잘 수용해주는 안전한 치료자 앞에서 내담자는 방어를 풀고 자신의 경험을 있는 그대로 받아들이게 된다. 치료가 진행되어 내담자가 자신의 경험을 좀 더 폭넓게 탐색하게 되면, 지금까지 자기개념으로 수용하거나 통합할 수 없었던 공포, 불안, 죄책감, 수치심, 혐오감, 분노와 같은 부정적인 감정들을 자각하고 표현할 수 있게 된다. 부정적 감정과 혼란스러운 갈등을 덜 왜곡하고 더 잘 수용하면서 자신과 타인을 좀 더 정확하게 지각하고 이해하게 됨으로써 현실에 더 잘 대처할 수 있게 된다.

자기 자신을 있는 그대로 받아들이게 되면 다른 사람의 기대에 덜 매달리게 되므로 좀 더 진실한 방식으로 행동하기 시작한다. 이러한 변화를 경험한 내담자들은 다른 사람에게서 문제해결의 답을 구하지 않고 스스로의 힘으로 자신의 삶을 이끌어나갈 수 있게 된다. 이들은 과거의 구속을 덜 받으며 좀 더 자유롭게 의사결정을 하고 창조적인 삶을 살게 된다. 내담자들은 그야말로 창살 없는 감옥 속에서 자신을 묶어 놓았던 수갑을 벗어던지는 것과 같은 자유로움을 경험하게 된다. 이러한 자유로움 속에서 내담자는 더욱 심리적으로 성숙하게 되고 자기를 실현하게 된다.

7. 인간중심치료의 평가

　　Rogers의 가장 큰 공헌은 심리치료가 어떠해야 하는지에 대한 새로운 관점을 심어준 것이다. Rogers는 정신분석 치료와 행동치료가 성행하던 시기에 긍정적 인간관에 근거한 새로운 심리치료의 모델을 제시했다. 그는 심리치료가 문제해결을 위한 기법적인 전문활동이 아니라 인간 대 인간의 진정한 만남이 되어야 한다는 점을 일깨워 주었다. 또한 심리치료자는 자신의 관점에 따라 내담자를 조작하고 통제하는 전문가가 아니라 내담자의 잠재능력이 발현될 수 있는 치료적 분위기를 조성하는 촉매자여야 한다는 점을 설득력 있게 제시했다. 치료적 변화를 위한 필요충분조건으로 세 가지의 핵심조건, 즉 진실성, 무조건적 존중, 공감적 이해를 제시한 것은 Rogers의 가장 중요한 공헌이다.

　　아울러 Rogers는 인간이 실현 경향성이라는 성장 가능성을 지닌 긍정적 존재라는 인간관을 제시함으로써 치료자들로 하여금 내담자에 대한 관점을 긍정적으로 변화시켰다. Rogers에 따르면, 인간은 아무리 부적응인 삶의 모습을 나타내고 있더라도 그 존재만으로도 가장 깊은 존중을 받을 가치가 있는 존재이다. 인간은 누구나 소중한 가치가 있는 존재로서 심리치료에서 치료자와 내담자의 관계가 어떠해야 하는지를 Rogers는 웅변으로 제시하였다.

　　또한 Rogers는 심리치료의 신비성을 제거하려고 노력했다. 그는 심리치료가 비밀스러움과 신비스러움으로 악용되어서는 안 되며 가장 철저한 조사와 연구에 개방되어야 한다고 주장했다. 이러한 노력의 일환으로 Rogers는 치료회기와 전체 치료과정을 녹음하여 대화과정을 분석하는 방법을 제시하였다. 그는 자신이 시행한 100회 이상의 면담을 녹취하여 치료과정의 생생한 모습을 보여주었다. 치료회기의 녹음을 통해서 심리치료의 신비성을 제거할 뿐만 아니라 치료자를 훈련시키기 위한 슈퍼비전 과정을 향상시키는 데 크게 기여하였다.

　　Rogers가 제시한 치료자와 내담자 관계는 모든 심리치료 이론에 스며들어 영향을 미쳤다. 인본주의적이고 현상학적인 관점은 인간의 개성과 다양성에 대한 존중을 강조하며 다양한 치료적 접근에 반영되었다. 관계의 중요성을 강조한 인간중심치료는 심리치료뿐만 아니라 교육, 간호, 정치적 협상, 국제적 교류에도 커다란 영향을 미쳤다. Rogers의 저서는 12개 언어로 번역되어 세계에 널리 알려져 있으며 그는 심리치료 분야의 지도자일 뿐만 아니라 평화중재자(peacemaker)로도 여겨지고 있다.

그러나 인간중심치료는 심리치료 분야에 커다란 공헌을 했음에도 불구하고 여러 가지 한계점을 지니고 있다. 첫째, 인간중심치료는 전통적인 진단과 정신장애 분류체계의 유용성을 부정함으로써 진단과 평가가 필수적인 정신건강 분야에서 의사소통의 어려움을 겪고 있다. 전통적인 진단과 분류체계는 치료자가 내담자의 문제를 명료하게 인식하고 치료의 방향을 정하는 데 도움을 준다. 그러나 인간중심치료는 모든 내담자의 문제를 지나치게 단순화 또는 일반화하여 이해하고 있다. 진단과 평가가 필수적인 정신건강 분야에서 취업하기를 원하거나 건강보험 처리를 희망하는 인간중심치료자들은 현실적인 곤란을 겪을 수 있다.

또한 인간중심치료는 그 치료효과가 그다지 크지 않은 것으로 나타나고 있다. 인간중심치료는 정신역동치료나 다른 통찰 지향적 치료보다는 더 효과적이었으나 체계적 둔감화나 행동치료보다는 효과가 작은 것으로 나타났다(Shapiro & Shapiro, 1982). 보다 최근에 이루어진 여러 연구(Grawe, Donati, & Bernauer, 1998; Weisz et al., 1995)에서, 인간중심치료는 대기조건이나 위약조건보다 효과가 컸지만 인지행동치료보다는 효과가 작은 것으로 밝혀졌다. Weisz 등(1987, 1995)은 아동과 청소년에 대한 인간중심치료가 행동치료, 인지치료, 부모훈련, 사회기술개입보다 덜 효과적임을 보고하고 있다.

인간중심치료는 다른 치료이론에 비해 개념이 상대적으로 적고 단순할 뿐만 아니라 복잡한 치료전략을 사용하지 않는다는 점에서 초심자가 배우기 쉽다고 여겨질지 모른다. 그러나 인간중심치료는 초심자가 배우기 가장 어려운 접근일 수 있다. 우선, 인간중심치료에는 초심자들이 지침으로 삼을 만한 구체적이고 체계적인 지침이 거의 없다. 또한 인간중심치료는 초심자가 갖추기 어려운 인격적 조건을 요구하고 있다.

이러한 한계에도 불구하고, 인간중심치료는 현대의 심리치료자들에게 커다란 영향을 미쳤다. Norcross와 Prochaska(1982)의 조사에 따르면, 미국의 심리치료자들은 자신에게 가장 강력한 영향을 미친 인물로 Rogers를 꼽았다. 인간은 누구나 '지금-여기' 있는 이대로 충분한 가치를 지니는 소중한 존재라는 점을 심리치료와 상담 분야에 일깨워준 사람이 바로 Rogers이다. 인간중심치료는 치료자가 내담자를 어떠한 심리적 자세로 대해야 하는지를 잘 보여주고 있다.

자기이해를 위한 생각거리

1. Rogers가 말하는 '가치의 조건'이 나의 경우에 무엇을 뜻하는지 생각해본다. 어린 시절에 부모는 나에게 무엇이 소중하고 가치 있는 것이라고 가르쳤는가? 현재 내가 소중하게 여기는 가치는 나의 것인가 아니면 부모의 것인가? 아니면 어떤 사람이 나의 가치관 형성에 영향을 미쳤는가? 과연 내가 진정으로 좋아하고 끌리는 가치는 무엇인가?

2. 나의 자기개념에 대해서 생각해본다. 나는 나 자신에 대해서 어떻게 생각하고 있는가? 나는 현재 있는 그대로의 '나'를 어떻게 평가하고 있는가? 내가 원하는 '나'의 이상적인 모습은 무엇인가? 나는 어떤 특성과 능력을 지닌 사람이 되기를 원하고 있는가? 나의 현실적 자기와 이상적 자기는 얼마나 불일치하는가? 특히 어떤 측면에서 불일치하는가? 내가 가장 불만스러워하는 나의 측면은 무엇인가?

3. Rogers가 말하는 '유기체적 경험'이란 나의 경우 어떤 경험을 말하는가? 가능한 한 모든 가치관과 평가기준을 제쳐놓고, 나의 몸과 마음에 순수하게 다가오는 경험들(감각, 감정, 욕망, 생각 등)을 느껴본다. 나의 경우, 자기와 경험은 일치하고 있는가? 나의 몸과 마음을 통해 직접적으로 다가오는 경험들(감각, 감정, 욕망, 생각 등)은 모두 나에게 편안하게 느껴지는가? 이러한 경험들이 부적절하거나 부도덕하다고 느껴지지는 않는가? 그렇게 느껴져서 외면하거나 무시해버리는 나의 유기체적 경험들은 없는가?

4. 나는 누군가로부터 진솔함 속에서 무조건적인 긍정적 존중과 공감적 이해를 받아본 적이 있는가? 현재의 인간관계에서 나를 가장 수용적이고 공감적으로 대해주는 사람은 누구인가? 이렇게 누군가로부터 충분히 수용적인 태도로 존중과 공감을 받을 때, 나는 어떤 마음을 느끼게 되는가? 그와 반대로, 자신의 가치기준에 따라 나를 가장 평가적이고 판단적으로 대하는 사람은 누구인가? 이렇게 다른 두 유형의 사람들은 현재 나에게 어떤 영향을 주고 있는가?

5. 나는 Rogers가 말하는 '온전히 기능하는 사람'에 속하는가? 만약 그렇지 못하다면, 어떤 점에서 온전히 기능하고 있지 못한가? 온전히 기능하는 사람이 되기 위해서는 어떤 노력이 필요한가?

♣ 연문희, 이영희, 이장호. (2008). 인간중심상담-이론과 사례 실제. 서울: 학지사.

☞ 인간중심치료의 기본원리와 더불어 Rogers가 제시한 여러 상담사례들을 소개하고 있다.

♣ Thorne B. (2003). *Carl Rogers* (2nd ed.). (이영희, 박외숙, 고향자 역.《인간중심치료의 창시자 칼 로저스》. 서울: 학지사, 2007).

☞ Rogers의 가족관계, 성장과정, 성격적 특성을 소상하게 소개하고 있어 그의 인간적 면모를 접할 수 있을 뿐만 아니라 인간중심치료의 발전과정과 핵심적 내용을 제시하고 있다.

♣ Rogers, C. (1961). *On Becoming A Person*. (주은선 역.《진정한 사람되기: 칼 로저스 상담의 원리와 실제》. 서울: 학지사, 2009).

☞ 인간중심치료의 기반을 이루는 Rogers의 인간관과 인생관 그리고 철학적 입장을 소개하고 있다.

실존적 심리치료

제9장
실존적 심리치료

1. 실존적 심리치료의 개요

인간은 죽음이라는 실존적 조건 속에서 살아가는 존재이다. 죽음은 인간이 가장 두려워하는 불안의 원천이다. 현대인의 심리적 문제 중에는 죽음을 비롯하여 고독이나 무의미와 같이 인간의 실존적 조건과 관련된 것이 많다. 많은 현대인들이 인생의 의미를 발견하지 못한 채 허무감과 무의미감을 느끼는 '실존적 우울증'에 빠져 있다. 실존적 심리치료는 내담자의 심리적 문제를 인간의 실존적 조건에 초점을 맞추어 이해하고 치료하는 접근방법이다.

실존적 심리치료(existential psychotherapy)는 실존주의 철학에 뿌리를 둔 심리치료이다. 실존주의(existentialism)는 인간 존재에게 주어진 궁극적인 속성인 실존(existence)에 대한 탐구를 기본으로 하며 죽음, 자유, 고독, 무의미와 같은 존재의 궁극적인 문제를 다루는 동시에 이를 직면함으로써 삶을 적극적으로 선택하고 의미를 발견하는 진실한 삶을 살게 하는 실천의 철학이다. 이에 기반하고 있는 실존적 심리치료는 내담자로 하여금 자신의 실존상황을 직면하여 인식하고 자신의 삶에 대한 의미와 가치를 발견하여 실천하는 주체적인 삶을 살도록 돕는다. 실존적 심리치료는 명료한 이론체계나 구체적인 치료기법을 중시하지 않으며 단일한 이론으로 체계화되기보다는 일종의 치료적 철학으로서 다양한 입장이 존재한다.

실존적 심리치료는 정신분석과 행동주의에 대한 반발로 생겨났다. 무의식과 성적인 충동 그리고 과거에 사로잡힌 인간관과 더불어 사회문화적 조건에 의해 통제되고 조작되는 인간관에 반대하면서 실존적 심리치료는 인간의 주관성과 자유를 중시한다. 실존적 심리치료의 관점에서 보면, 내담자의 심리적 문제는 자신의 실존적 조건을 직면하지 못한 채 회피하거나 무력감을 느끼는 상태와 관련되어 있다. 인간은 죽음, 고독, 자유, 무의미라는 실존적 조건을 용기 있게 직면하고 수용함으로써 진실한 삶을 살 수 있다는 것이 실존치료자들의 기본적인 입장이다. 죽음은 실존적 불안의 원천이지만 죽음을 직면함으로써 삶을 소중한 것으로 수용할 수 있게 된다. 인간은 자신의 삶을 스스로 창조해가는 자유로운 존재이며 자신의 선택에 대한 책임을 받아들여야 한다. 실존적 고독 역시 불가피한 실존적 조건이지만 이를 수용함으로써 진정한 인간관계가 이루어질 수 있다. 우주에는 아무런 의미가 없지만 인간은 의미를 창조함으로써 자신의 삶을 가치 있는 것으로 만들 수 있다.

실존치료자는 내담자가 자신의 실존적 상황에 대한 자각을 증진하도록 촉진한다. 또한 실존적 조건을 용기 있게 직면하도록 격려하며 자유와 책임의 인식 속에서 자신의 삶을 주체적으로 영위하도록 돕는다. 실존치료자의 중요한 과제는 내담자가 의미 있는 삶을 영위할 수 있도록 자신의 선택을 탐색하려는 의지를 촉진하는 것이다. 이를 통해서 내담자로 하여금 주어진 환경의 수동적인 희생자로 남는 것이 아니라 자신의 의도대로 삶을 설계하고 영위하는 자유를 깨닫게 한다. 많은 현대인들이 실존적 조건에 대해서 고민하지 않은 채 타인과 사회에 의해서 부과된 피상적 가치를 추구하며 살아간다. 실존적 심리치료는 내담자로 하여금 인간 존재의 실존적 상황을 자각하고 자신의 현실적 문제를 자유와 책임의 관점에서 바라보며 소중한 가치와 의미를 창의적으로 추구하는 진실한 삶을 살도록 돕는 치료방법이다.

2. 실존적 심리치료의 주요인물과 철학적 배경

1) 실존적 심리치료의 선구자

실존적 심리치료는 그 핵심가정과 인간관이 실존주의 철학에 뿌리를 내리고 있으며 여러 실존철학자의 사상에 토대를 두고 있기 때문에 단일한 창시자를 논하기가 어렵다. 실존철학을 심리치료 분야에 처음으로 적용한 인물은 Ludwig Binswanger이며 두 번째의 선구적인 인물로는 Medard Boss를 들 수 있다. 대부분의 실존치료자들이 실존철학적 관점을 자신의 치료에 활용했지만 체계적인 이론이나 기법을 제시하지 않았다. 심지어 Boss는 심리치료의 이론화에 반대하는 입장을 보이기도 했다. 실존적 심리치료가 널리 알려지는 데는 Rollo May와 Victor Frankl의 공헌이 크며, Irvin Yalom은 1980년에 『실존적 심리치료(*Existential Psychotherapy*)』를 출간함으로써 최초로 실존치료에 대한 포괄적이고 체계적인 논의를 시도했다. 실존주의의 주요 인물들을 간략히 살펴보면 다음과 같다.

(1) Ludwig Binswanger

루트비히 빈스방거(Ludwig Binswanger, 1881~1966)는 스위스의 정신과의사로서 젊은 시절에 Freud, Jung과 함께 연구하기도 했다. 그러나 Martin Heidegger, Edmund Husserl, Martin Buber와 같은 실존철학자의 영향을 받으면서 정신분석적 접근에서 벗어나 실존적이고 현상학적인 입장에서 심리치료를 시도하였다. 그는 정신병리를 경험하는 환자들의 실존적 구조를 이해하는 일에 깊은 관심을 가졌다. 그에 따르면, 정신장애 환자의 증상은 그와 세계의 실존적 관계를 반영하는 특별한 의미를 나타내고 있다. 그러한 의미는 치료자의 생각이나 이론에 의해서 부여되는 것이 아니라 환자의 현상학적 세계 속에서 탐색되어야 한다. 그는 개인의 정신병리를 생물학적 또는 심리학적 원인으로 설명하려는 환원주의적 입장에 반대했으며 환자의 증상이 그의 실존적 구조 속에서 어떤 의미를 지니는지 이해하는 것이 중요하다고 보았다. 특히 그는 Buber의 영향을 받아 타자와의 상호적 관계를 뜻하는 사랑을 강조했으며, 사랑은 개체성과 관계성의 역동적 균형이라고 보았다. 그는 정신병 환자의 치료에 깊은 관심을 보였으며, 심리치료는 정신병 상태에서 괴리되어 있는 개체적 자아와 공생적 자아를 통합하도록 돕는 일이라고 보았다. Binswanger는 심리치료와 실존철학을 접목하는 최초의 시도를 한 인물로 여겨지고 있다.

(2) Medard Boss

메다드 보스(Medard Boss, 1903~1990) 역시 스위스의 정신과의사로서 Binswanger와 비슷한 경력을 가지고 있다. 그는 정신분석을 배웠으며 Freud로부터 직접 분석을 받기도 했다. 그러다가 Binswanger를 접하면서 소개받은 Heidegger의 실존철학에 심취하게 되었다. 그는 Heidegger와 25년 동안 개인적 친분을 맺고 교류하면서 실존철학을 심리치료에 적용하기 위해 심혈을 기울였다. 그의 주된 관심은 Heidegger의 실존철학을 Freud의 정신분석이론과 결합하는 것이었으며, 이러한 자신의 작업을 '실존분석(Daseinsanalysis)' 이라고 불렀다.

Boss는 현상(phenomenon)이라는 단어가 '빛을 발하다.' '어둠으로부터 벗어나다.' 라는 의미를 지닌다는 점을 강조하면서 실존은 모든 것에 빛을 부여하는 것이라고 여겼다. 방어성은 개인의 삶에서 빛을 차단하는 것이며, 정신병리는 어둠 속에서 살기를 선택하는 것과 같다. 심리치료는 인간이 기본적으로 지니고 있는 개방성을 제약하는 장막을 제거하여 빛을 부여하는 것이다. 그는 꿈 분석을 중시했으나, 꿈의 무의식적인 상징적 의미를 강조한 Freud나 Jung과 달리, 꿈은 개인의 실존적 상황을 반영하는 것이라고 보았다. 그의 주요 저서로는 『정신분석과 실존분석(*Psychoanalysis and Daseinsanalysis*)』(1963)과 『의학과 심리학의 실존적 기초(*Existential Foundations of Medicine and Psychology*)』(1979)가 있다. Binswanger가 실존철학을 심리치료에 도입한 최초의 인물이라면, Boss는 실존적 심리치료를 체계적으로 시도한 최초의 인물로 여겨지고 있다.

(3) Rollo May

롤로 메이(Rollo May, 1909~1994)는 미국에서 가장 영향력 있는 실존적 심리치료자로서 유럽의 실존주의를 미국에 전파하고 심리치료에 적용한 핵심적인 인물이다. Binswanger와 Boss가 의학을 공부한 것과 달리, May는 신학과 임상심리학을 전공했다. 미국의 오하이오에서 출생한 그는 행복하지 못한 가정에서 6남매의 장남으로 자라났다. 그의 부모는 늘 불화로 삐걱거리다가 결국 이혼했으며 여동생 한 명은 정신분열증을 앓았다. 어머니는 자녀를 돌보지 않고 자주 집을 비웠으며 장남인 May가 동생들을 돌봐야 하는 막중한 책임감을 느끼며 어린 시절을 보냈다.

그는 대학에서 영문학을 전공하고 그리스에서 교사생활을 하기도 했으며 비엔나를 방문하여 Alfred Adler와 함께 정신역동치료에 대한 공부를 하기도 했다. 미국으로 돌아온 그는 유니온 신학교에서 다시 신학을 공부했다. 이때 독일인 신학자인 Paul Tillich의 사상에 깊이 심취하였으며 그와 오랜 우정을 나누며 많은 영향을 받았다. 신학을 공부한 May는 고통 받는 사람들에게 도움을 줄 수 있는 최선의 방법은 신학이 아니라 심리학이라고 생각하고 컬럼비아 대학교에서 임상심리학을 공부하여 박사학위를 받았다. 그는 뉴욕에서 임상활동을 시작하였으며 저명한 대중적 저서들을 통해서 자신의 실존적인 심리학 사상을 많은 사람들에게 전달했다.

May는 박사학위 과정 중에 결핵에 걸려 요양소에서 2년간 머물면서 키에르케고르를 위시한 실존철학자의 책들에 심취하며 불안에 대한 실존적 측면을 인식하게 되었다. 이러한 경험은 박사학위 논문에 근간이 되었으며 1950년에 발간한 그의 첫 저서 『불안의 의미(*The Meaning of Anxiety*)』에서 소개되었다. 그는 이 책에서 '불안은 자유의 어지러움' 이라는 키에르케고르의 유명한 말을 인용하면서 불안을 개인이 자기 존재에 핵심적으로 중요하다고 여기는 가치들이 위협 받을 때 촉발되는 두려움이라고 규정하고 있다. 1969년에는 그의 저명한 저서 『사랑과 의지(*Love and Will*)』를 통해서 사랑과 친밀한 관계에 대한 개인적 경험을 소개하면서 성과 결혼의 가치에 대한 의문을 제시하였다.

May는 심리치료자들이 내담자로 하여금 삶의 의미를 발견하도록 돕는 데 목표를 두어야 하며 피상적인 문제의 해결보다는 죽음, 늙음, 고독과 같은 실존적 문제에 관심을 갖도록 해야 한다고 주장했다. 그들이 고독과 두려움 속에서 죽음을 기다리는 수동적인 삶을 살기보다 주체적으로 자신의 존재 의미를 발견하고 추구하는 삶으로 나아가도록 도와야 한다고 했다. May는 사람들이 과도한 개인주의를 극복하고, Adler가 주장하는 공동체 의식과 균형을 이루어야 하며, 심리치료자들은 내담자로 하여금 자신이 존재하는 사회를 개선시키는 방법을 발견하도록 도와야 한다고 주장했다. May는 실존철학과 인본주의 심리학을 접목하여 심리치료에 적용한 주요한 인물로 간주되고 있다.

(4) Viktor Frankl

빅터 프랭클(Viktor Frankl, 1905~1997)은 실존치료의 한 유형인 의미치료(logotherapy)를 창시한 오스트리아 정신과의사로서 나치에 의한 유대인 대학살의 생존자이기도 하다. 그는 비엔나 대학에서 의학을 공부하고 신경의학과 정신의학을 전공하였으며 우울증과 자살에 깊은 관심을 지녔다. 젊은 시절에는 Freud, Adler와 접촉하며 영향을 받았다.

Frankl은 비엔나의 한 병원에 의사로 재직하며 신혼생활을 하고 있던 1942년 9월에 가족과 함께 나치의 강제수용소에 수감되었다. 처음에는 수용소에서 일반의로 활동했으며 이후에는 수용자들이 충격과 슬픔을 이겨내도록 돕는 부서에서 일하기도 했다. 나중에는 아우슈비츠와 다카우의 수용소로 이송되어 노역자로 생활했다. 그 와중에 그의 아내, 부모 그리고 대부분의 형제자매가 수용소에서 사망하였다.

그는 강제수용소 생활을 경험하면서 "아무리 고통스럽고 비참한 비인간적인 상

황에서도 삶은 의미를 지닐 수 있으며 그렇기 때문에 고통조차도 의미 있는 것"이라
는 깨달음을 얻게 되었다. 수용소 재소자들은 고통 속에서도 사랑하는 사람을 생각하
면서 그들의 안위를 걱정하고 다시 만날 희망을 지니며 절망적인 상황을 견뎌낼 수
있었다. Frankl은 이러한 경험 속에서 "인간의 구원은 사랑을 통해서 그리고 사랑 속
에서 이루어지는 것이다."는 믿음을 지니게 되었다.

1945년에 강제수용소에서 풀려난 이후 Frankl은 그해에 『어떤 일에도 불구하고
인생에 '예스'라고 말하기: 한 심리학자의 강제수용소 경험』이라는 책을 저술하였다.
이 책은 『인간의 의미 추구(*Man's Search for Meaning*)』라는 영어 제목으로 알려졌
으며 세계적인 베스트셀러가 되었다. 그는 다음 해엔 비엔나 병원에 복귀하였으며
1947년에 재혼하였고 1955년에는 비엔나 대학의 신경정신과 교수가 되었다.

Frankl은 강제수용소에서 모진 세월을 보내기 이전부터 실존적인 치료적 접근을
해왔으나 수용소에서의 경험을 통해 인생에서 의미와 목적이 지니는 중요성을 확신하
게 되었다. 그는 인간의 본질이 의미와 목적을 추구하는 데 있다고 믿었다. 그는 "의
미 추구의 의지"를 인간의 가장 기본적인 욕구로 보았으며 이러한 가정에 근거하여 의
미치료(logotherapy)를 제창하였다. 그는 아무리 험난한 환경에서도 인간에게는 자신의
삶을 선택할 자유가 있으며, "왜 사는지를 아는 자는 어떤 비극도 견딜 수 있다." "비
극은 우리를 죽이지 못하며 오히려 강하게 만든다." "누구도 인간으로부터 빼앗아갈
수 없는 단 한 가지는 어떤 상황에서든 자신의 태도를 선택할 수 있는 마지막 자유이
다."라는 점을 강조하였다. Frankl에 따르면, 치료자의 가장 중요한 과제는 내담자로
하여금 자신의 삶을 선택할 수 있는 자유를 회복하여 삶의 의미를 발견하도록 돕는 것
이다. 그는 많은 저서와 강연을 통해서 의미치료와 실존적 삶에 대한 자신의 생각을
널리 전하였으며 1997년에 심장마비로 사망하였다.

(5) Irvin Yalom

어빈 얄롬(Irvin Yalom, 1931~현재)은 미국의
정신과 의사로서 1980년에 『실존적 심리치료
(*Existential Psychotherapy*)』를 출간함으로써 비논리
적이고 모호한 것으로 간주되었던 실존치료에 이론적
체계를 제공한 인물이다. 그는 1931년에 워싱턴에서
태어났으며 그의 부모는 미국으로 이주해온 러시아계
유대인이었다. 그의 부모는 가난하고 폭력이 난무하

는 지역에서 채소장사를 하며 살았기 때문에 Yalom은 어린 시절을 밖으로 나가지 못한 채 집안에서 책 읽는 일로 보내야 했다.

Yalom은 존스 홉킨스 의과대학에 진학하여 정신의학을 공부했다. 그는 전문의가 된 후 2년간 육군에 복무하고 그 이후부터 스탠퍼드 대학에서 정신과 교수로 재직해왔으며 실존적 심리치료의 모델을 개발하는 데 노력해왔다. Yalom은 네 편의 소설을 비롯하여 『실존적 심리치료』 『나는 사랑의 처형자가 되기 싫다(*Love's Executioner and Other Tales of Psychotherapy*)』 『집단치료의 이론과 실제(*The Theory and Practice of Group Psychotherapy*)』와 같이 실존치료와 집단정신치료에 관한 다수의 책을 저술했다. 그에 따르면, 인간에게는 고독, 무의미함, 유한성, 자유라는 네 가지의 실존적 조건이 주어져 있다. 인간은 이러한 조건에 대해 다양한 방법을 통해서 적응적 또는 부적응적으로 반응할 수 있다. Yalom은 다양한 정신병리가 네 가지의 실존적 주제와 밀접하게 관련되어 있으며 심리치료는 이러한 주제에 초점을 맞추어 진행되어야 한다고 주장하고 있다. 그는 현재 스탠퍼드 대학교 정신과의 명예교수로 활동하고 있다.

2) 실존치료의 철학적 배경

실존치료의 바탕이 되고 있는 실존주의 철학은 개인의 자유, 책임, 주관성을 중요하게 여기며 각자 고유성을 지니는 개인은 자신의 행동과 운명의 주인이라는 점을 강조한다. 실존주의 철학은 세계대전의 비극을 경험하면서 인간의 이성, 역사의 발전, 신의 권능에 대한 회의에서 출발하였다. 실존주의 철학은 유한보다 무한, 개별보다는 보편, 시간보다는 영원을 추구하는 전통적인 이론적 철학의 추상성을 배격하고 인간 삶의 맥락에 뿌리를 내리고 있는 실천 지향적인 철학이라고 할 수 있다.

실존철학자들의 주장은 매우 다양하지만 모두 인간의 '실존'을 가장 주된 관심사로 삼았다는 점에서 공통점을 지닌다. 실존(existence)의 어원은 'ex-sistere'로서 '도드라지다(stand-out)' '나타나다(emerge)'라는 의미를 지니며 생성(becoming)의 개념을 포함한다. 실존의 의미는 본질과의 비교를 통해 좀 더 명확하게 이해할 수 있다. 본질(essence)은 어떤 실체를 다른 것과 구별하게 만드는 보편적이고 불변적인 속성을 뜻한다. 이에 반해, 실존(existence)은 한 실체가 지니는 특별하고 구체적인 속성으로서 그 실체가 세상과 관계 맺는 독특한 방식을 의미한다.

전통적으로 철학은 보편타당한 법칙, 즉 진리를 추구해왔다. 그러나 Edmund Husserl은 우리가 아는 것은 우리가 경험하는 것밖에 없다고 주장하면서 인식 주체를 떠나 객관적인 법칙을 추구하는 것에 반대했다. 우리가 자신과 세계에 대해서 알기 위해서는 무엇보다 먼저 우리의 의식과 경험 자체에 주의를 기울여야 한다. Husserl 의 사상은 현상학을 통해서 실존철학이 태동하는 데 결정적인 영향을 미쳤다. Jean Paul Sartre가 실존주의를 인본주의(humanism)와 일맥상통한다고 주장한 것은 실존주의에 이르러서야 비로소 철학이 인간 개인의 삶과 주관적 경험에 관심을 기울이게 되었기 때문이다. 실존적 심리치료에 중요한 영향을 미친 주요 실존철학자로는 Kierkegaard, Nietzsche, Heidegger, Buber가 있다.

(1) Kierkegaard

쇠렌 키에르케고르(Søren Kierkegaard, 1813~1855)는 덴마크의 철학자로서 실존주의 철학의 창시자로 여겨지고 있다. 그는 인간의 합리성을 강조하는 추상적인 헤겔의 철학을 비판하면서 인간 삶의 구체적인 현실에 관심을 지녔다. Kierkegaard는 순수한 객관성은 달성 불가능할 뿐만 아니라 바람직하지도 않으며 비도덕적이라고 주장하면서 인간은 자신만의 주관적 진리(subjective truth)에 대한 관심이 필요하다고 강조하였다. 특히 그는 삶의 선택과 관련하여 개인이 느끼는 불안에 깊은 관심을 지니고 그 근원에 대하여 철학적으로 깊이 천착하였다. 그에 따르면, 우리의 삶은 본질적으로 불확실하며 매 순간의 선택과 관련하여 실존적인 불안이 존재한다. 이러한 불안은 인간 존재의 기본조건이자 진실한 삶을 살게 하는 바탕이다. 불안과 불확실성은 인간이 피할 수 없는 운명이며, 우리의 과제는 선택과 결단을 통해서 우리 자신의 삶을 창조하는 것이다.

(2) Nietzsche

프리드리히 니체(Friedrich Nietzsche, 1844~1900)는 독일의 철학자로서 종교나 도덕성과 같은 인습적 가치에 대해 강력한 비판과 의문을 제기하였다. 그는 진리의 객관성을 부정하였으며 삶의 확장적 에너지를 고갈시키는 모든 독단적 교리나 학설에 대한 의문을 제기하면서 "신은 죽었다."는 유명한 말을 남겼다. 그는 또한 인간의 주관성을 강조하였으며 비합리성 역시 중요함을 역설하였다. 그에 따르면, 인간은 합리적 지성에 따라 행동하는 존재가 아니라 권력에의 의지(will to power)에 휘둘리는 존재이며, 인간의 삶은 권력을 위한 투쟁이다. 도덕은 지배자가 민중을 통제하는 수단이며, 사회는 세속적 가치를 강요함으로써 우리가 가치로운 것에 대한 순수한 추구를 포기하도록 만든다. 이러한 '다수의 도덕'을 따르게 되면, 우리는 개체성을 발현하지 못하는 평범한 인간으로 전락하게 된다. 인간을 노예로 만드는 강요된 도덕에 허우적대지 않고 인간 본연의 모습을 되찾을 때 잠재된 창조성과 독창성이 발현될 수 있다. 이러한 이상적인 사람이 바로 초인이다. Nietzsche는 초인으로 나아가는 세 단계를 비유적으로 제시했다. 그 첫째는 순종하는 낙타의 모습으로서 짐을 잔뜩 싣고 뜨거운 사막을 건너면서도 불평 한마디 하지 않는 수동적인 삶이다. 둘째 단계에서 낙타는 사자로 변한다. 사자는 이빨을 드러내고 으르렁거릴 줄 하는 공격적이고 자유로운 존재이지만 고독하고 불안하다. 마지막 단계에서 사자는 어린아이로 변한다. 아이는 언제나 해맑게 순수하며 기발하고 창조적이다. 자유롭지만 고독하지 않으며 유연한 사고를 지닌 어린아이가 바로 초인이다.

(3) Heidegger

마르틴 하이데거(Martin Heidegger, 1889~1976)는 현상학적 실존주의 철학을 발전시킨 독일의 철학자이며 실존치료의 발달에 가장 중요한 영향을 끼친 인물이다. 그에 따르면, 인간은 육체를 가진 존재로서 그가 관여해본 적이 없는 세계로 선택의 여지없이 내던져져 그 세계에서 통용되는 삶의 논리와 문법을 배우며 그 세계의 일원으로 살 수밖에 없는 실존적 상황에 처해 있다. 이러한 상황에 처해 있는 인간 현존재(Dasein)는 세계-내-존재(being-in-the-world)로서 관계 속에서 존재하며 언어를 통해 서로의 존재를 이해한다. 또한 인간은 죽음을 향한 존재로서 자신의 죽음과 관계를 맺지 않고는 존재할 수 없다. 또는 유한한 존재인 인간은 시간이라는 지평에서 이해될 수 있으며 "죽음에로 미리 가봄"을 통해서 자신만의 존재 가능성을 인식할 수 있다. 인간 현존재는 과거를 떠맡고 미래를 지향하며 그 가능성 아래에서 현재에 존재해나가는 역사적 존재이다. 탄생과 죽음 사이에서 일어나고 있는 개인의 존재적 생기가 곧 개인의 역사인 것이다. 인간 현존재는 가능성의 존재일 뿐만 아니라 자신의 존재에 대한 책임을 지고 존재해야 한다. 인간의 위대함은 자신의 상황을 떠맡아 거기로부터 자신의 최대 존재 가능성을 창조해낼 수 있다는 점이다.

(4) Buber

마르틴 부버(Martin Buber, 1878~1965)는 오스트리아에서 태어난 유태인 철학자로서 '나-너 관계'와 '나-그것 관계'의 구분을 중심으로 '대화의 철학'이라는 종교적 실존주의 철학을 제시한 것으로 유명하다. 그는 독일의 대학교수로 활동하다가 이스라엘로 이주하여 히브리 대학의 교수로 재직하였다. 그에 따르면, 인간의 실존은 만남, 즉 관계에 의해 규정된다. '나-너(I-Thou)'와 '나-그것(I-It)'은 개인이 타인과 물체를 비롯한 모든 대상과 관계를 맺는 심리적 태도와 상호작용의 두 가지 양식, 즉 존재의 두 양식을 의미한다. '나-너'는 두 존재가 순수하고 진실되게 만나는 상호적인 대화적 만남이다. 이러한 만남은 관념에 의해서 조작되지 않으며 상대방이 객체화되지도 않는다. 반면에 '나-그것'의 관계에서는 상대방이 관념적 표상으로 대상화되어 존재하며 그 대상이 자신의 관심사에 어떻게 도움이 될 것인지의 측면에서 관계를 맺는다. 이러한 관계는 사실상 자기중심적인 만남이며 일방적인 독백의 만남이라고 할 수 있다. 인간은 이러한 두 가지 관계양식을 오가는데 현대사회에서는 존재에 대한 분석적이고 물질적 관점이 확산되어 인간관계가 '나-그것'의 관계로 변질되고 있다. 상대방을 어떤 목적을 위한 대상으로 여기지 않으며 관계가 충분히 상호적일 때, 우리는 대화 형식의 온전한 인간으로 존재할 수 있다.

3. 주요개념과 성격이론

1) 실존적 심리치료의 기본가정

실존적 심리치료는 명료한 이론체계를 갖춘 치료 학파가 아니라 인간 삶의 문제를 실존주의적 입장에서 접근하는 다양한 치료의 집합체라고 할 수 있다. 따라서 실존치료자들의 주장을 일관성 있게 이해하는 것은 어렵다. 또한 실존치료자들은 인간의 공통적 속성에 대해서 고정된 주장을 제시하는 것이 바람직하지 않다고 여기기도 한다. 인간 존재는 각기 다른 개체성을 지닐 뿐만 아니라 끊임없이 변화하는 유동성을 지니고 있기 때문이다.

그러나 실존치료자들이 인간에 대해서 지니고 있는 공통적인 입장을 요약하면 다음과 같다. 첫째, 인간은 자기인식 능력을 지닌 존재이다. 이러한 자기인식 능력으로 인해서 인간은 자기 존재와 자신의 삶에 대해서 성찰하고 선택할 수 있다. 인간은 자신이 죽을 수밖에 없는 존재라는 것을 인식할 뿐만 아니라 자신의 생각에 대해서 생각하는 존재이기도 하다. 또한 자신의 미래에 대한 다양한 가능성을 생각하고 그에 근거하여 자신의 행동을 선택하며 그러한 선택의 결과까지도 인식할 수 있는 존재이다. 자신의 실존적 상황에 대한 인식이 확장될수록 자유가 증대되며 더욱 충만한 삶으로 나아갈 수 있다.

둘째, 인간은 실존적 불안을 지니고 살아가는 존재이다. 인간은 자신의 의사와 상관없이 이 세상에 '우연히 던져진' 존재로서 주어진 상황 속에서 살아가야 한다. 인간이 처한 실존상황의 주된 네 가지 특성은 죽음(유한성), 고독(분리성), 무의미(무근거성), 자유(불확실성)이다. 자신의 실존적 상황에 대해서 느끼는 인간의 근본적인 불안이 실존적 불안이다. 실존적 불안은 모든 인간이 필연적으로 경험하는 필수조건이다. 이러한 실존적 불안에 어떻게 대처하느냐에 따라서 개인의 삶이 달라진다.

셋째, 인간은 선택의 자유와 책임을 지닌 존재이다. 인간은 자신의 삶을 스스로 선택하고 결정할 수 있는 주체적 능력을 지니고 있다. 인간은 선천적 요인과 환경적 요인에 의해 제약을 받기는 하지만 이러한 외부적 영향에 의해서 전적으로 결정되는 존재가 아니다. 인간은 주어진 환경의 희생자가 아니라 선택에 의해 자신의 삶과 운명을 결정하는 주인이다. 인간은 매 순간 무한한 선택의 자유와 권리를 지니고 있다. 또한 인간은 자신의 삶을 주체적으로 이끌어갈 책임을 받아들여야 할 뿐만 아니라 자신의 선택에 대해서 책임을 져야 한다. 자유와 책임은 동전의 양면과 같다. 인간은 자유로운 만큼 책임져야 하며, 책임질 수 있는 만큼 자유로운 존재이다. 인간은 과거-현재-미래의 연속선상에서 자신의 영향력을 인식함으로써 용기 있는 선택과 결단이 가능하다.

넷째, 개인은 그만의 주관적 세계 속에서 이해되어야 한다. 현상학적으로, 세계는 우리 자신의 구성물이기 때문에 개인을 이해하기 위해서는 그가 구성하는 주관적 세계를 이해해야 한다. 인간은 세계-내-존재(being-in-the-world)로서 여기에서의 세계는 자신이 그 안에 존재할 뿐만 아니라 그것의 구성에 참여하는 의미 있는 관계구조를 뜻한다. 개인의 주관적 세계는 물리적 환경, 동료 인간 그리고 자기 자신과의 관계를 반영하는 다양한 양식의 세계가 있다. 인간은 실존적으로 단독자이면서 타자와의 관계를 추구한다. 개인의 세계-내-존재 양식을 이해하는 것은 자기정체성과 더불어 타자와의 관계양식, 즉 사랑에 대한 경험을 이해하는 데 중요하다.

마지막으로, 인간은 삶의 의미와 목적을 추구하는 존재이다. 삶의 의미와 목적은 인생의 방향키와 같은 것이며 삶의 중요한 원동력이다. 자신의 삶에서 의미감을 느끼지 못하는 사람은 우울감과 무기력감을 느끼게 되는 실존적 공허를 경험하게 된다. 우리의 삶에는 정해진 계획이나 의미가 없기 때문에 개인은 자신의 의미를 스스로 창조해야 한다. 실존치료는 내담자가 삶의 의미를 발견하도록 돕는 일에 깊은 관심을 지닌다.

2) 실존적 심리치료의 성격이론

실존치료자들은 개인을 범주화하거나 진단하는 규정적 모델을 배격한다. 따라서 인간을 유형으로 구분하거나 구성요소로 분해하는 성격이론을 제시하지는 않는다. 실존치료에서 개인의 삶에 가장 중요한 영향을 미치는 것은 실존적 불안이다. 인간의 성격적 역동에 있어서 가장 중요한 갈등은 욕망의 억압이나 어린 시절의 갈등이 아니라 개인과 실존적 조건 간의 갈등, 즉 실존적 불안이다. 실존적 불안은 죽음, 자유, 고독, 무의미함이라는 실존적 조건의 불가피성에 뿌리를 두고 있다(Yalom, 1980). 실존적 불안은 불쾌한 것으로 여겨지기 때문에 억압되거나 회피될 수 있으며 정신병리를 초래하는 원인이 될 수 있다. 그러나 실존적 불안은 진실된 삶과 성장을 촉진하는 건설적인 것이 될 수도 있다. 다음과 같은 네 가지 실존적 조건, 즉 인간의 궁극적 관심사에 개인이 어떻게 대처하느냐에 따라 그의 성격과 삶이 달라진다.

(1) 네 가지의 실존적 조건

죽 음　　인간의 삶에서 유일하게 확실한 것은 자신이 죽는다는 사실이다. 죽음은 인간이 피할 수 없는 확실한 미래이다. 죽음은 개인의 존재를 무력화시킨다. 언젠가 죽을 수밖에 없다면 인생은 무슨 의미를 지니는가? 죽음은 인간에게 격렬한 실존적 불안을 야기한다. 죽음의 공포에 대처하기 위해서 개인은 죽음을 자각하지 않기 위한 방어적 노력을 기울인다. Krueger와 Hanna(1997)가 주장했듯이, "죽음에 대한 공포는 죽음을 회피하는 사람에게는 무력감을 초래하지만, 죽음의 불가피성을 수용하는 사람은 죽음의 회피로부터 유래하는 진부한 삶으로부터 해방될 수 있다는 점에서 죽음은 역설적 특성을 지니고 있다." 죽음을 초월하든, 죽음에 직면하며 고양된 자각을 발달시키든, 죽음에 대한 갈등으로 동요하든, 죽음을 회피하거나 부인하든 죽음은 인간의 실존에 깊은 영향을 미친다.

많은 현대인들은 죽음의 자각을 회피한 채로, Heidegger의 표현을 빌리면, '존재를 망각한 상태'로 살아간다. 과도하게 돈이나 일, 쾌락에 집착하는 것은 죽음에 대한 방어일 수 있다. 그러나 죽음의 불안은 의식의 표면 밑에서 끊임없이 인간의 삶에 막강한 영향을 미친다. 대부분의 정신병리는 죽음에 대해 적절하게 대처하지 못한 결과이다. 부적응적인 성격과 증상은 죽음에 대한 개인적 공포에 그 뿌리를 두고 있다.

그러나 실존철학자들은 죽음을 부정적인 것으로 보지 않으며 삶의 의미를 부여하는 인간의 기본조건으로 여긴다. 역설적이게도, 죽음은 삶에 긍정적인 기여를 한다. 영원히 살 수 있다면 우리의 삶이 어떠할 것인가? 유한한 삶이기 때문에 소중한 것이다. "기꺼이 생을 끝낼 준비가 되어 있는 자만이 생의 진정한 맛을 즐길 수 있다."는 Seneca의 말처럼, 죽음은 진정한 삶을 가능하게 해주는 조건이다. 죽음을 인식함으로써 우리는 삶에서 더 큰 기쁨과 의미를 발견할 수 있다. 죽음을 직면하는 것은 자질구레한 근심으로부터 보다 본질적인 삶의 유형으로 전환하도록 한다.

자유와 책임   우리는 자유(freedom)를 불안의 근원으로 생각하지 않는 경향이 있다. 인간에게는 죽음 이외에 정해진 것이 없다. 모든 것이 불확실하다. 한 치 앞을 알 수 없는 것이 인간의 삶이다. 매 순간 삶을 위한 선택을 해야 한다. 이러한 선택이 어떤 결과를 초래할지 알기도 어렵다. 인간 존재는 불확실성이라는 물결 위에 떠 있다. 이러한 불확실성은 실존적 불안의 근원이다. 자유의 불안을 직면하지 못하는 사람은 의존적인 인간관계나 독선적 이념이나 종교에 빠져들 수 있다.

자유는 책임과 밀접하게 관련되어 있다. 자유와 책임은 동전의 양면과 같다. 자신의 의지로 선택한 것에 대해서 책임을 져야 한다. 실존철학자들의 공통된 주장은 인간에게는 선택의 자유가 있어서 자신의 운명을 스스로 결정할 수 있다는 것이다. 비록 인간은 자신의 의지와 상관없이 이 세상에 던져졌지만, 인간이 살아가는 방식과 변화되는 모습은 스스로 선택할 수 있다. 인간 실존의 중요한 특징은 자유(freedom)이므로, 인간은 자신의 삶을 이끌어야 할 책임(responsibility)을 스스로 받아들여야 한다. 그러나 자신의 삶에 대한 책임을 인식하지 못하거나 부담스러워하는 사람들이 있다. 이들은 자신의 책임을 회피하거나 다른 사람에 전가하고 때로는 선택의 자유를 포기하기도 한다. 어떤 이들은 '나는 이런 기질을 지니고 태어났기 때문에 어쩔 수 없다.'거나 '나는 불우한 가정에서 자랐기 때문에 이럴 수밖에 없다.' 등의 합리화를 통해 자신의 삶에 대한 책임을 회피할 수도 있다.

Sartre는 자신의 삶에 대한 책임을 거부하는 사람을 언급하면서 '나쁜 신앙(bad faith)'이라는 표현을 사용했다. 그에 따르면, 인간은 끊임없이 자신의 미래를 선택해야 하며, 살아있는 한 이 선택은 결코 끝나지 않는다. Frankl은 자유와 책임의 연관성을 강조하면서 미국의 동부 해안에 있는 자유의 여신상이 의미를 지니기 위해서는 서부 해안에 책임의 여신상이 건설되어야 한다는 주장을 하기도 했다.

고 독   인간은 타자와 분리된 개체로서 근본적으로 고독한 존재이다. 또한 죽음 앞에서는 누구나 단독자이다. 인간이 얼마나 철저하게 고독한 존재인지 아는 것은 그리 어렵지 않다. 소외(isolation)란 인간의 근원적인 고독으로서 대인관계의 고립을 넘어서는 것이다. 인간이 타인과 아무리 친밀한 관계를 맺더라도 결국은 닿을 수 없는 궁극적인 간격이 있다.

Yalom(1980)은 세 가지 형태의 소외를 언급하면서 실존적 소외를 다른 것과 구분했다. 첫째는 대인관계적 소외(interpersonal isolation)로서 타인과의 소원한 관계를 의미하며 일반적으로 외로움이라 부른다. 둘째는 개인내적 소외(intrapersonal isolation)로서 개인의 내면적 요소가 자아와 통합되지 못한 채 유리된 상태를 말한다. 이는 위협적인 욕구나 불쾌한 감정이 억압되어 자신의 일부로 의식하지 못하는 상태를 뜻한다. 마지막 셋째가 실존적 소외(existential isolation)로서 개인이 아무리 노력해도 타인과 연결될 수 없는 간격이나 인간과 세계의 근본적 분리를 의미한다.

인간관계와 관련된 정신병리는 실존적 소외에 대한 두려움에 뿌리를 두고 있다. 부적응적인 대인관계는 고독과 소외에 대한 방어이거나 타인과 진정한 관계를 맺기보다 상대방을 이용하려는 관계를 반영한다. 실존적 소외에 직면하지 못하고 두려움에 압도되면, 타인을 고독에 대한 방패로 사용하여 지배적이거나 소유적인 관계에 집착할 수 있다.

어떤 관계도 소외를 제거할 수는 없다. 우리들 각자는 실존적으로 혼자다. 하지만 사랑을 통해 소외의 고통을 경감함으로써 다른 사람과 소외를 공유할 수는 있다. 진정 고독한 자만이 참된 관계 맺기가 가능하다. 인간 존재의 고립된 상황을 인식하고 그것에 단호하게 직면하는 사람은 비소유적 사랑으로 타인과 관계를 맺을 수 있다.

무의미   인간 실존의 중요한 특성 중 하나는 절대적인 근거가 없다는 것이다. 절대적이라고 할 수 있는 유일한 것은 바로 절대적인 것이 없다는 것이다. 인간이 자기 존재의 의미를 발견할 수 있는 절대적인 근거는 없다. 모든 것은 우연적이며 무의미하다. 이러한 무근거성(groundlessness)과 무의미성(meaninglessness)은 실존적 불안과 우울의 원천이다. Frankl 역시 의미의 부재는 실존적 스트레스의 최고점이라 결론지었다. 인간은 의미를 필요로 하지만, 절대적인 것은 없다. 그렇다면 의미를 지니지 않은 우주에서 의미를 필요로 하는 인간이 과연 의미를 발견할 수 있을까?

무의미한 세계에서 의미를 발견하는 것은 인간의 중요한 과제이다. Bugental (1987)은 우리가 삶의 경험에 개방적인 태도를 취하게 되면 의미에 도달할 수 있다고 믿는다. 의미는 세계에 존재하는 것이 아니라 인간이 부여하고 발견하며 창조하는 것이다. 행복하려고 노력하면 행복을 느끼기 어렵듯이, 의미를 찾고자 노력하면 의미를 발견하기 어렵다. 의미는 행복처럼 간접적으로 추구될 수밖에 없는 것이다(Frankl, 1946; Yalom, 1980). 의미는 최선을 다해 일하고 사랑하며 창조할 때 생겨나는 부산물이다. 의미는 추구하는 것이 아니라 발생하는 것이다. 실존치료, 특히 의미치료는 내담자가 삶의 의미를 발견하도록 돕는다.

(2) 실존적 세계의 네 차원

실존주의자들은 인간을 세계-내-존재(being-in-the-world)로 보고 있다. 인간은 세계 안에 존재하며 세계로부터 영향을 받는 동시에 세계에 참여하고 세계를 구성하는 존재이다. 인간이 삶 속에서 불가피하게 직면하며 관계를 맺게 되는 네 가지 차원의 세계가 존재한다. 달리 말하면, 인간의 실존은 네 가지 기본적 차원, 즉 물리적, 사회적, 심리적, 영적 차원에서 이해될 수 있다. 개인은 이러한 차원에서 나름대로의 세계를 구성하며 자신의 태도를 형성한다. 이렇게 구성된 세계가 바로 개인의 현실이다. 개인은 각 차원에서 긍정적인 접근적 열망과 부정적인 회피적 공포 사이의 어딘가에 존재한다.

물리적 차원의 자연세계　　인간은 육체를 지닌 존재로서 환경의 물리적인 세계와 관계를 맺으면서 그에 대한 인식과 태도를 형성하게 되는데 그것이 바로 자연세계(Umwelt)이다. 자연세계는 개인의 환경을 구성하는 토지, 동식물, 기후, 날씨를 비롯하여 소유물과 생활도구 그리고 자신과 중요한 타인의 육체와 관련된 현상(건강, 질병, 죽음)에 대한 태도를 포함한다. 개인의 자연세계는 두 가지의 양극적 태도로 구성될 수 있다. 물리적 세계에 대한 친근감과 두려움, 접근과 회피, 그리고 물리적 세계에 대한 통제적 지배와 순응적 수용이 그것이다. 자연세계에 대한 이러한 태도는 개인의 삶에 커다란 영향을 미치게 된다. 인간이 물리적 세계와의 관계에서 추구하는 것은 안전이다. 그러나 안전이 단지 일시적일 뿐이라는 것을 깨달음을 통해서 인간 실존의 한계를 인식하고 수용하는 것은 삶의 긴장을 완화시켜줄 수 있다.

사회적 차원의 인간세계　　인간은 다른 사람들과 상호작용하며 그들과 관계를 맺는다. 이러한 관계를 통해서 중요한 타인, 인간 집단 또는 인간 문화에 대한 태도를 형성하게 되며, 이것이 인간세계(Mitwelt)이다. 인간세계는 타인에 대한 사랑과 증오, 수용과 거부, 소속과 소외, 협동과 경쟁이라는 양극의 태도로 구성될 수 있다. 이러한 태도는 개인의 인간관계와 사회생활에 강력한 영향을 미치게 된다. 예컨대, 타인을 혐오하거나 두려워하며 사회적으로 고립되고 위축된 삶, 타인의 인정과 애정을 맹목적으로 추구하는 의존적인 삶, 권력을 추구하며 타인을 지배하려는 삶, 유행과 관습을 따르면서 인기와 명예를 추구하는 삶으로 나타날 수 있다. 그러나 이러한 노력은 일시적인 만족을 줄 뿐 결국 허망한 것이며 인간은 고독할 수밖에 없다는 사실을 깨닫게 된다. 실존적 고독에 대한 직면과 수용을 통해서 진정한 인간관계가 가능할 수 있다.

심리적 차원의 자기세계   인간은 외부의 대상뿐만 아니라 자기 자신과도 관계를 맺어 사적인 세계를 구성한다. 자신의 성격, 능력, 과거의 경험, 미래의 가능성 등에 대한 관점을 형성하는데, 이것이 자기세계(Eigenwelt)이다. 자기세계는 강함과 약함, 적극성과 소극성, 자기수용과 자기혐오와 같은 양극의 태도로 구성된다. 인간은 누구나 자기정체감, 유능감, 자기가치감을 추구한다. 그러나 이러한 추구들이 좌절되면 혼란과 무력감을 경험하게 된다. 자신이 특별한 존재라는 과도한 자기중심성을 극복하지 못한 사람들은 개인적 상실과 죽음에 직면하게 되었을 때 심한 불안과 혼란을 경험하게 된다.

영적 차원의 초월세계   인간은 궁극적이고 우주적인 타당성을 지닌 초월적 존재 또는 자신의 생명을 바칠 수 있는 이념과 의미를 추구하면서 나름대로의 가치를 창조한다. 인간은 이처럼 초월적인 존재 또는 이상적인 이념이나 세계를 창조하여 그 것과의 관계 속에서 살아가는데, 이를 초월세계(Uberwelt)라고 한다. 초월세계는 신이나 종교에 헌신하는 삶, 이상적 사회를 위한 이념이나 가치를 위해 헌신하는 삶, 개인적인 가치와 의미를 위해 몰두하는 삶과 같이 개인의 생활에 강력한 영향을 미칠 수 있다. 초월세계는 의미감 대 무의미감, 희망 대 절망, 지혜로움 대 어리석음의 양극적 태도로 구성된다. 인간은 모든 것이 무(無)로 돌아가는 공허감을 극복하고 유한성을 초월할 수 있는 어떤 것을 추구한다. 영원한 것을 추구하는 반대편에는 허무를 직면하고 수용하는 용기가 존재한다.

(3) 진실한 인간

실존치료자들은 개인의 성격을 유형화하고 분류하는 작업을 하지 않는다. 다만, 실존적 조건을 용기 있게 직면하며 실존적 삶을 사는 진실한 개인(authentic individual)과 그렇지 못한 개인으로 나누고 있다(Kobasa & Maddi, 1977). 진실한 개인은 인간의 실존적 조건들을 회피하지 않고 직면하며 수용하고 자신의 삶에 대한 선택의 자유를 충분히 누리는 동시에 그에 대한 책임을 진다. Heidegger(1962)에 따르면,

진실한 사람은 실존에 대한 심오한 자각을 지니고 있는 사람이다. 이러한 사람들은 용기 있게 자신이 선택한 삶을 지향하며 삶의 고난과 역경을 헤쳐 나간다. 즉, 존재의 용기(the courage to be)를 지닌 사람들이다. 이들은 무의미감에 휩싸이기보다 자신의 삶에서 의미를 발견하고 창조한다. 아울러 자신의 유한성을 받아들이며 죽음의 공포를 이겨낸다. 이들은 미래의 변화가능성에 대해서 유연한 태도를 지니며 자기 나름대로의 가치와 의미를 추구한다. 아울러 타인과의 친밀감을 추구하며 자신을 둘러싸고 있는 사회와 환경에 대해서 깊은 관심을 지닌다.

　　반면에 취약한 개인(vulnerable individual) 또는 진실하지 못한 개인(inauthentic individual)은 실존적 물음을 회피하며 실존적 불안을 직면하지 않으려고 노력한다. 이들은 자유로운 선택을 통해서 자신의 삶을 긍정적으로 변화시키기 위한 용기가 부족하며 그러한 기회를 상실한 것에 대한 실존적 죄책감을 지닌다. 이러한 사람들은 타인의 인정과 가치에 기반을 둔 삶을 살아가며 타인과도 피상적인 관계를 맺을 뿐만 아니라 자신이 살아가는 사회와 환경에 대한 관심이 적다. 이러한 사람들이 가족의 사망이나 실연과 같은 충격적인 사건을 접하면서 실존적 위기에 처하게 되면 많은 경우 부적응적인 방식으로 대처하여 정신병리를 나타내게 된다.

(4) 성격의 발달적 관점

　　실존치료자들은 성격의 발달에 대해서 체계적인 설명을 제시하지 않았다. 실존치료자들은 과거를 탐색하기보다 '미래가 되어가는 현재(future-becoming present)'에 관심을 지닌다. 그러나 발달과정에서 개인이 자신의 실존적 상황을 인식하고 그에 대처하는 방식이 변화할 수 있다. Yalom(1980)에 따르면, 실존적 불안은 보편적인 것이어서 성인뿐만 아니라 아동에게서도 드러난다. 어린 아동도 죽음에 대해 알고 있으며 죽음의 두려움이 아동 생활에 넓게 침투해 있다. 아동은 부인(denial)을 중심으로 다양한 방어기제를 사용하여 죽음에 대한 불안에 대처한다.

　　May(1992)는 인간이 자신의 실존적 조건을 인식하고 대처해나가는 실존적 발달모델을 제시한 바 있다. 이 발달모델은 자의식이 발생하기 이전인 유아기부터 진실한 성인으로 성장하는 발달과정을 5단계로 나누어 제시하고 있다.

　　그 첫 단계는 순수 단계(Innocence Stage)로서 자아와 자의식이 출현하기 이전인 유아기의 실존단계를 뜻한다. 자신의 실존적 상황에 대한 인식이 결여된 상태에서 기본적 욕구를 충족시키기 위해 살아가는 순진한 삶의 상태라고 할 수 있다.

　　둘째는 반항 단계(Rebellion Stage)로서 자유를 추구하기 위해 투쟁하며 자신의 자유를 억압하는 외부적 세력에 저항하는 단계이다. 반항 단계에 있는 사람들은 자유를 추구하지만 그에 상응하는 책임에 대한 의식이 부족하다.

셋째는 결정 단계(Decision Stage)로서 부모로부터 벗어나 독립적인 삶을 추구하며 자신의 인생에서 무엇을 할 것인지 결정하는 단계이다. 이 단계의 사람들은 반항 단계에서 추구했던 욕구들을 충족시키는 동시에 자신의 삶에 대한 책임을 자각하기 시작한다.

넷째는 관습 단계(Ordinary Stage)로서 독립적인 성인으로서 자신의 삶과 행동에 대한 책임을 자각하지만 이러한 책임을 부담스럽게 여기는 실존 단계이다. 이 단계의 사람들은 사회적 관습과 가치에 순응하며 편안함과 안정감을 추구하는 삶을 살아간다.

마지막 다섯 번째는 창조 단계(Creative Stage)로서 자신의 실존적 조건을 용기 있게 직면하며 실존적인 삶을 살아가는 진실한 사람의 단계이다. 이들은 편협한 자기중심성에서 벗어나 창조적인 삶을 통해 자기실현을 추구하며 자유를 누리는 동시에 책임을 다하는 건강한 삶을 영위한다.

이러한 발달단계는 연령에 근거한 것이 아니라 개인의 실존적 태도에 근거한 것이다. 예컨대, 아동도 관습 단계나 창조 단계로 나아갈 수 있으며 성인도 반항 단계나 관습 단계에 머물 수 있다.

4. 정신병리 이론

1) 정신병리의 일반적 원인

실존치료자들은 정신병리의 원인에 대한 체계적인 이론을 제시하고 있지 않다. 심지어 일부 실존주의자들은 타인의 삶을 심리적 역기능이나 정신병리라는 개념으로 판단하는 것 자체가 부적절하다고 주장한다. 실존의 모든 것은 개인이 자신의 삶에 대해 선택한 것의 표현일 뿐이다. 그러나 고독감, 무의미감, 죽음에 대한 공포로 인하여 고통을 느끼거나 중요한 선택의 갈림길에서 불안과 혼란을 경험하는 사람들이 있다.

실존치료자에 따르면, 대부분의 정신병리는 인간에게 주어진 실존적 조건을 직면하면서 느끼는 실존적 불안에 대한 방어에 기인한다. 궁극적 관심사에 대한 직면에서 발생하는 실존적 불안에 대한 방어는 다양한 방식으로 시도되는데, 정신병리는 억압, 회피, 부인과 같은 비효과적인 방어에 기인한다. 실존적 불안에 대한 방어가 지나치면 신경증적 적응상태로 빠져들어 자발적이고 창의적으로 사는 능력이 위축된다. 이들은 자신의 실존에 자각이 결여되어 있으며 그런 점에서 진실하지 못한 자기(inauthentic self)를 채택하여 살아가기 때문에 활기가 없으며 자주 무의미감을 느낀다. 네 가지 실존적 조건과 관련된 정신병리를 살펴보면 다음과 같다(Yalom, 1980).

　죽음은 실존적 불안의 핵심을 이룬다. 『죽음의 부정(*The Denial of Death*)』을 저술한 Ernest Becker(1973)에 따르면, 죽음의 공포는 너무 압도적인 것이기 때문에 모든 인간과 사회는 그것을 부정하여 무의식 속에 억압한다. 실존치료자들은 죽음 공포에 대한 대표적인 방어기제로 특수성과 궁극적 구조자를 제시하고 있다. 특수성(Specialness)은 죽음의 법칙이 다른 사람들에게는 적용되지만 자신에게는 적용되지 않는다고 믿는 것이다. 자신은 특별한 존재여서 죽지 않을 것이라는 무의식적 믿음은 개인에게 자신감과 용기를 불러일으켜서 강력한 권력의지나 통제노력을 불러일으킨다. 이러한 노력을 어느 정도 성취하면, 죽음의 두려움은 더욱 무의식으로 억압되며 자신의 특별함에 대한 믿음이 강화된다. 죽음에 대한 또 다른 방어기제인 궁극적 구조자(The Ultimate Rescuer)는 자신을 영원히 보살피고 사랑하며 보호하는 존재에 대한 믿음을 의미한다. 이러한 구조자에 의해서 자신이 죽음으로부터 구원받을 것이라고 믿는 것이다. 실존치료자에 따르면, 신과 같은 궁극적 구조자에 의존하는 것은 자신의 실존적 조건을 부정함으로써 진정한 자신을 상실하는 것이며 자신의 실존 가능성을 왜곡하는 것이다.

　자유는 불확실성 속에서 선택의 불안을 유발할 뿐만 아니라 자신의 선택에 대한 책임감을 초래한다. 자유와 책임에 대한 불안은 다양한 방어기제에 의해서 회피되거나 억압된다. 선택의 자유를 회피하기 위한 방어기제로는 소망 차단과 결심 회피가 있다. 소망 차단(wish-block)은 자신이 무엇을 원하는지 알지 못하는 것이다. 자신이 원하는 소망들을 분명하게 자각하지 못하거나 적절치 않은 것으로 불신하며 억누르는 것이다. 결심 회피(avoidance of renunciation)는 선택을 위한 결심을 망설이며 미루거나 다른 사람에게 결심을 전가하는 것이다. 책임감을 회피하기 위한 방어는 다양하다. 자신은 무고한 희생자라거나 일시적으로 제정신이 아니었기 때문이라는 이유로 책임감을 부인하는 것, 자신이 선택한 것이 아니라 저항할 수 없는 외부의 힘에 의해 자신이 움직이고 있다고 믿는 것, 자신의 책임을 다른 사람이나 상황에 전가하는 것 등이 있다. 자유와 책임에 대한 과도한 방어는 우유부단하고 무기력한 삶을 초래하거나 창조적 삶을 방해한다.

　고독과 실존적 소외의 경험은 매우 불쾌하기 때문에 무의식적 방어기제에 의해서 재빨리 회피된다. 실존적 고독에 대한 주된 방어는 관계 맺기를 통해서 고독을 부정하는 것이다. Yalom(1980)에 따르면, 실존적 고독에 단호하게 맞서지 못하고 고독의 공포에 압도당하면 타인과 불안정한 왜곡된 관계를 맺을 가능성이 높다. 다른 사람 역시 자신처럼 고독하며 친밀한 관계를 갈망하고 있다는 점을 쉽게 이해하지 못하거나 타인을 인격체가 아니라 고독을 회피하는 수단으로 이용함으로써 병리적인 인간관계를 맺을 수 있다. 그 하나는 융합(fusion)으로서 과도하게 의존적인 인간관계를 의미한다. 자신과 상대방의 분리성을 부정하고 하나가 되기를 원하며 자신을 다른 사람의 일부로 여긴다. 다른 하나는 타인의 관심 속에 존재하기(existing in the eyes of others)로서 "나는 누군가가 나에 대해서 생각하는 동안만 존재한다."고 믿으며 타인의 관심을 끌기 위해 기울이는 다양한 노력을 의미한다.

무의미는 허무감과 공허감을 유발하며 다양한 부적응 행동을 초래할 수 있다. Frankl(1946)은 실존적 무의미와 관련된 두 가지 증상 단계를 제시했다. 첫 단계는 실존적 공허(existential vacuum)로서 자신의 삶에 대한 의미와 가치를 발견하지 못하고 막연한 불만족감과 더불어 허무감과 권태감을 느끼는 상태를 뜻한다. 다음 단계는 실존적 신경증(existential neurosis)으로서 무의미함에 대한 정서적 반응과 더불어 명백한 부적응 증상(우울증, 알코올 중독, 강박증, 무분별한 성행동, 무모한 행동 등)을 나타내는 경우를 뜻한다. Yalom(1980)은 이와 관련된 가장 흔한 임상적 문제로 강박적 활동을 들고 있다. 강박적 활동(compulsive activity)은 무의미함과 허무함을 회피하거나 보상하기 위해서 다른 활동에 강박적으로 집착하는 것을 뜻한다. 재물, 권력, 명예, 사회적 지위에 광적으로 집착하는 것이 대표적인 예이며 자신이 지닌 에너지를 소진함으로써 실존적 무의미성을 망각하거나 회피하려는 시도라고 할 수 있다.

2) 특정한 장애의 원인

실존적 불안은 다양한 정신장애로 발전할 수 있다. 죽음, 고독, 무의미와 같은 인간의 실존적 상황에 직면하는 것은 불안감과 우울감을 야기하게 된다. 불안과 우울은 인간의 실존에 대한 가장 대표적인 두 가지의 정서 반응이다.

불안장애는 실존적 문제에 직면하며 해결책을 추구하는 실존적 투쟁과정의 산물이다. 막연한 불안상태에서 다양한 걱정에 빠져드는 범불안장애의 기저에는 실존적 불안이 자리 잡고 있다. 인간 실존의 불안정성이 일상생활 전반에 스며들게 될 때 다양한 걱정과 우려로 나타날 수 있다. 죽을 것 같은 급격한 공포에 빠져드는 공황장애 역시 죽음이라는 실존적 주제와 밀접히 관련되어 있다. 자신의 유한성을 수용하지 못한 채 죽음의 가능성에 민감한 사람들은 사소한 신체적 변화를 죽음의 징조로 여기며 공황상태에 빠져들 수 있다. 강박장애는 근본적인 실존적 불안을 회피하기 위해서 사소한 생각과 행위에 반복적으로 매달리는 방어의 결과라고 할 수 있다.

인간의 실존적 조건에 대한 직면은 좌절감과 절망감을 초래할 수 있다. 자기 존재의 무의미함과 무가치함에 대한 자각은 우울증상으로 나타날 수 있다. 특히 자신의 실존적 조건에 직면하면서 겪는 좌절감을 실존적 우울증(existential depression)이라고 한다. 허무감, 절망감, 자기무가치감, 의욕상실, 도덕적 방향감 상실은 실존적 우울증의 특징이다. 무의미감이 극단적인 경우에는 자살로 이어질 수 있다. 실존치료의 대표적 인물 중 한 명인 Bugental(1987)에 따르면, 우울증은 무언가를 소망하는 것이 차단된 상태로서 열심히 해볼 가치가 있는 것이 없다고 느끼는 낙담상태이다.

실존적 불안을 회피하려는 방어적 노력은 일중독(the workaholic)으로 나타날 수 있다. 대다수의 현대인들은 많은 시간 동안 과도하게 일하며 살아갈 뿐만 아니라 일을 하지 않으면 불안을 느낀다. 일에 몰두하는 이유는 자신이 진정 원해서가 아니라 해야 한다는 의무감과 압박감 때문이다. 그래서 인간의 한계를 고려하지 않고 무자비하게 자신과 타인을 몰아붙인다. 특히 현대사회는 물질주의적 가치와 성취를 통해서 실존적 불안의 부정과 회피를 조장하고 있다. 일중독자의 전형적 특징 중 하나는 자신이 앞으로 진보하며 상승하고 있다는 확고한 신념이다. 이러한 신념의 기저에는 자신은 죽지 않고 영원히 번성할 것이라는 특별함(specialness)의 방어기제가 관여한다.

자신의 특별함에 대한 신념을 통해 죽음 불안에 대처하는 사람은 대인관계 문제를 나타낼 수 있다. 이러한 사람이 자신은 어떤 것에 의해서도 손상되거나 폄하되어서는 안 된다는 신념과 더불어 타인의 중요성과 권리를 무시하는 경향성을 지니게 되면 자기애성 성격장애로 발달할 수 있다.

소망 차단(wish-block)은 행동적 마비뿐만 아니라 충동적 행동으로 나타날 수 있다. 한 가지를 특별히 소망하는 사람은 그것을 위해 다른 것을 억제할 수 있다. 그러나 아무것도 특별히 소망할 수 없는 사람은 무엇에나 충동적으로 행동할 수 있다. 삶의 의미나 가치를 느끼지 못하고 진정으로 소망하는 것이 결여된 사람들은 도박, 마약, 섹스 등과 같은 충동적인 행동에 탐닉하게 된다.

5. 치료 이론

1) 치료목표

실존치료의 핵심목표는 내담자로 하여금 자신의 실존적 조건에 대한 인식을 증가시킴으로써 삶을 주체적으로 선택하고 책임지는 진실한 인간이 되도록 돕는 것이다. 실존치료자는 내담자로 하여금 자신이 세상에 존재하는 방식을 스스로 발견하도록 촉진하고 이전에는 전혀 인식하지 못했던 관점에서 문제의 해결방법을 발견하도록 돕는다. 아울러 내담자를 자유롭지 못하게 만든 경직된 신념과 행동패턴을 깨닫도록 돕는다. 그래서 내담자가 자신의 삶을 변화시킬 수 있는 힘이 자신에게 있으며 스스로의 선택에 대한 책임을 자각하게 함으로서 주체적인 삶을 살도록 돕는다. 이 과정에서 내담자는 실존적 불안을 경험하게 되는데, 실존치료자들은 내담자가 이러한 불안을 피하지 않고 직면하도록 이끄는 동시에 자신의 실존상황에 직면하는 존재의 용기를 지니도록 격려한다.

실존치료자들은 내담자의 과거에는 관심을 갖지 않는다. 그보다는 내담자가 현재나 미래에 행해야 하는 선택에 초점을 맞춘다. 현재의 실존에 대한 자각능력을 증가시키고 선택의 자유와 책임 의식을 증가시키는 일에 관심을 지닌다. 인간은 특별한 운명이나 숙명에 의해 결정된 존재가 아니라 자신의 인생을 스스로 만들어가는 창조적 존재임을 강조한다. 아울러 내담자로 하여금 자신이 특별한 존재가 아니라는 것, 즉 실존적 조건을 지닌 유한하고 고독한 존재라는 것을 수용하도록 돕는다. 이러한 수용을 통해서 실존적 불안을 극복하고 인생을 자유로운 것으로 인식하게 된다. 치료자는 내담자가 자신의 삶에 대한 의미와 가치를 발견하도록 도움으로써 자신의 존재가치를 만들어내는 창조적인 삶을 향해 스스로 선택하고 실천하도록 지원한다. 이러한 작업을 통해서 내담자가 진실한 삶을 살도록 돕는다.

2) 치료원리

실존치료는 내담자로 하여금 자신의 실존상황에 대한 인식능력을 향상시킴으로써 자유와 책임 의식 속에서 자신이 진정으로 원하는 삶을 살도록 돕는다. 인간은 자기인식능력이 있기 때문에 자신의 삶에 대해서 반성하고 선택할 수 있다. 내담자의 자기인식능력을 향상시키는 것은 실존치료의 기본조건이다.

치료자는 내담자의 실존적 조건, 즉 궁극적 관심사를 다루어준다. 우선, 내담자가 죽음이라는 실존적 상황에 직면하도록 격려한다. 죽음의 자각은 사소한 것에 사로잡히지 않고 좀 더 핵심적인 것에 근거한 새로운 삶의 관점을 제공한다. 아울러 반복적으로 죽음의 주제를 다루는 것은 둔감화를 통해서 내담자가 죽음에 익숙해지고 죽음에 대한 불안을 감내할 수 있게 한다. 둘째, 내담자가 자신의 삶에 대한 자유와 책임을 자각하도록 촉진한다. 내담자가 지닌 문제를 구체적으로 다룸으로써 그의 책임회피 방식을 파악하며 이를 내담자가 깨닫도록 돕는다. 셋째, 치료자는 내담자로 하여금 실존적 고독을 직면하게 하면서 자신의 인간관계 양식을 점검하도록 돕는다. 내담자는 인간 대 인간의 진실한 만남이 실존적 고독을 완화시킬 수는 있어도 완전히 제거하지는 못한다는 한계를 인식하면서 고독 속에 머무르는 새로운 방법들을 탐색해야 한다. 마지막으로, 치료자는 내담자로 하여금 삶의 의미를 발견하고 창조하도록 돕는다. 내담자는 자신의 존재가 무의미한 것이지만 스스로 의미와 가치를 부여함으로써 삶을 진실하고 충만한 것으로 만들 수 있다는 점을 인식한다. 내담자는 자신의 실존에 대한 직면과 깨달음을 통해서 좀 더 진실한 삶으로 나아가게 된다.

실존치료 과정에서 내담자가 얻게 되는 주요한 깨달음은 다음과 같다. (1) 내담자는 과거의 선택과 결정에 의해서 스스로 자신을 여러 방식으로 얽매어 두고 있다는 사실을 깨닫는다. (2) 타인의 기준과 판단에 따라 자신의 정체감을 구성했다는 사실을 깨닫는다. 즉, 자기 존재에 대한 승인이나 인정을 스스로에게 구하지 않고 타인에게서 구하고 있다는 것을 자각한다. (3) 명백한 사건은 변화시킬 수 없더라도, 그 사건에 대한 관점과 반응 양식은 변화시킬 수 있음을 인식한다. (4) 과거로부터 배울 수 있으며, 이러한 배움을 통해서 미래를 재구성할 수 있음을 깨닫는다. 과거는 미래를 결정하지 않으며 자신의 선택에 의해서 자신의 삶이 변화될 수 있음을 깨닫는다. (5) 자신의 삶에 대한 선택을 할 때 생기는 불안을 회피하기 위해서 타인에게 의존해 왔음을 인식한다. (6) 죽음 혹은 죽어야 한다는 사실에 너무 집착한 나머지 그동안 인생을 충분히 즐기지 못했음을 깨닫는다. 과거에의 집착, 미래의 계획, 너무 많은 것들을 한꺼번에 이루려는 무리한 시도로 인해서 현재 순간을 충실하게 살지 못하고 있음을 깨닫는다. (7) 자신의 한계를 인정하며 자신이 불완전하지만 가치 있는 존재일 수 있다는 사실을 깨닫는다.

특히 책임을 인정하는 것은 치료적 변화에 가장 중요한 조건이다. 인간은 스스로의 운명을 창조하는 존재이다. 내담자가 고립되고 타인으로부터 상처를 입고 외롭고 직장생활에 부적응하고 자기혐오에 빠진 것은 우연한 불운이나 나쁜 유전자 때문이 아니라 자신이 한 선택의 결과이다. 자신의 삶에 대한 책임감, 즉 스스로 모든 문제를 만들었다는 것을 깨달을 때 변화를 위한 진정한 동기가 발생한다.

실존치료는 내담자와의 관계를 매우 중시하게 여긴다. Yalom(2000)은 "치유하는 것은 관계이다(It is the relationship that heals.)."라는 말로 치료적 관계의 중요성을 강조했다. 인간 대 인간의 진실한 만남이 궁극적인 변화를 위한 자극이 되기 때문이다. 따라서 치료자는 수용적이고 공감적인 태도를 통해서 내담자와 진솔한 관계를 맺는 것이 중요하다.

3) 치료기법

실존치료는 내담자의 실존에 대한 자각과 인식의 증대에 기반을 둔 철학적 치료라고 할 수 있다. 따라서 내담자의 현실적 문제를 해결하도록 돕는 구체적이고 체계적인 기법을 제시하지 않는다. 그러나 실존치료에서 내담자로 하여금 자기이해를 증진하고 궁극적 관심사에 직면하도록 돕는 몇 가지 지침을 소개하면 다음과 같다.

(1) 한계 상황으로서의 죽음을 직면시키기

실존치료에서는 내담자로 하여금 자신의 삶을 실존적 관점에서 바라볼 수 있도록 죽음을 직면하도록 권장한다. "어떻게 살아야 하는지를 배우고자 한다면 죽음을 묵상하라."는 스토아 철학자의 말처럼, 죽음을 직면하는 것은 인생을 커다란 시각에서 바라보며 자신의 삶을 충실하게 살도록 촉진할 수 있다. 이를 위해서 내담자로 하여금 자신의 묘비명이나 사망기사를 쓰게 하거나 자신의 죽음을 상상 속에서 시각화하게 한다. 마음속에 항상 죽음에 대한 자각이 있으면, 매 순간 접하는 모든 것이 감사한 축복으로 다가오게 된다. 또한 "실존은 미루어질 수 없다(Existence can not be postponed.)."라는 말처럼, 우리가 진정 살아가는 것은 현재라는 깨달음을 통해서 현재를 충실하게 살게 한다.

(2) 책임을 인식하고 수용하기

실존치료에서는 내담자로 하여금 자신의 문제가 스스로 초래한 것이며 자신의 삶은 자신의 선택에 달려 있다는 책임감을 느끼도록 돕는다. 이를 위해서 치료자는 내담자가 자신의 상황을 한탄할 때마다, 어떻게 이러한 상황이 초래되었는지를 내담자의 선택에 초점을 맞추어 구체적으로 논의한다. 내담자에게 다양한 선택이 존재했으며 특정한 선택을 통해서 현재 상황에 처하게 되었음을 인식하도록 돕는다. 또한 현재의 삶이 내담자의 선택과 결정에 의해서 매 순간 이루어지고 있음을 구체적인 예를 통해서 논의한다. 아울러 과거나 치료실 밖에서의 경험에 대한 내담자의 일방적 자기보고에 의존하기보다는 치료자와 내담자의 '지금-여기' 관계에 초점을 맞추어 책임의 문제를 살펴보는 것이 더 효과적일 수 있다.

(3) 자신의 소망을 자각하고 선택하기

내담자가 주체적인 삶을 살기 위해서는 자신의 진정한 소망을 자각하는 것이 중요하다. 이를 위해서 내담자는 자신의 감각, 감정, 욕구를 민감하게 자각하는 노력이 필요하다. '지금-여기'의 자기 상태에 주의를 기울이며 신체적 감각, 몸동작, 호흡, 감정을 자각하도록 노력한다. 감각으로부터 시작하여 점차 감정과 내면적 욕구에 초점을 맞추어 지각하려 노력하고 그 내용을 언어로 표현하게 한다.

어떤 결정을 행동으로 옮기지 못하는 무기력한 내담자의 경우에는 자신이 원하는 것을 자각하고 실행하기를 결심하는 것이 중요하다. 그의 결심과 그로 인한 결과가 줄 수 있는 이득을 구체적으로 살펴볼 뿐만 아니라 다음과 같은 진술을 통해 결심의 실행을 격려한다. ① 오직 나만이 내가 만들어낸 세계를 변화시킬 수 있다. ② 변화하는 것은 위험한 일이 아니다. ③ 내가 정말 원하는 것을 얻기 위해 나는 변화해야 한다. ④ 나는 변화할 수 있는 힘을 갖고 있다.

(4) 의미 발견하고 추구하기

실존치료에서는 내담자가 자신의 삶에 대한 의미를 발견하도록 돕는다. 무의미한 세계에서 의미를 찾는 것이 실존치료의 중요한 과제이다. Frankl(1963)에 따르면, 다음과 같은 세 가지 방식에 따라서 의미를 발견할 수 있다. 그 첫째는 창조와 행위를 통한 방법이다. 무언가를 창조하거나 어떤 행위를 함으로써 의미를 발견할 수 있다. 두 번째는 체험과 관계이다. 무언가를 경험하고 누군가와 관계 맺음을 통해서 의미발견이 가능하다. 셋째 방법은 피할 수 없는 고통에 대해서 어떤 태도를 취하느냐이다. 고통의 의미를 발견하는 것은 앞의 두 방법이 불가능한 특별한 상황에서만 사용할 수 있다. Frankl은 심한 우울증을 겪고 있는 노신사를 치료한 사례를 언급하고 있다. 사랑하는 아내의 죽음으로 고통스러워하는 노신사에게 그는 어떠한 말로도 위로할 수가 없었다. 다만, 그에게 "만약 당신이 먼저 저 세상으로 떠나 당신 아내가 혼자 남게 되었다면 그녀에게 어떤 일이 일어났을까요?"라고 물었다. 노신사는 "그녀에게 끔찍한 일이었겠지요. 아내는 나처럼 극심한 고통을 겪었을 겁니다."라고 대답했다. 그러자 Frankl은 "그녀를 그런 고통에서 벗어나게 해준 것은 당신이군요. 당신은 지금 그 대가를 치르고 있는 겁니다."라고 반응했다. 이러한 대화는 무의미하게 느껴지는 고통으로부터 의미를 발견하는 과정을 보여주고 있다.

(5) 자유 경험하기

실존치료에서는 정신분석의 자유연상과 비슷하게 내담자에게 자유 경험을 하도록 격려한다. 자유 경험하기(free experiencing)는 바로 '지금-여기'에서 내담자가 자유롭고 정직하게 현재의 순간에 경험하고 있는 것을 무엇이든지 표현하도록 격려하는 방법이다. 자유롭게 경험하려고 노력하면서 내담자는 점차 자신이 똑같은 양상의 존재 형태를 반복하고 있다는 것을 인식하게 된다. 이들은 또한 자신과 세상 안에 자신들이 열어두지 않았던 부분이 있다는 것을 깨닫는다. 자유 경험하기는 내담자가 실존 또는 현존에 대한 자기인식능력을 증가시키고 내면적 억압을 자각하며 행동의 자유로움을 얻도록 유도하기 위한 것이다.

(6) 꿈 작업(Dream Work) 하기

일부 실존치료자들은 꿈을 통해 개인의 실존적 세계가 반영된다고 믿는다. 꿈은 실존에 대한 무의식적인 태도를 보여준다. 꿈에서는 깨어 있을 때와는 달리 개인의 실존적 태도가 더 총체적인 형태로 나타날 수 있다. 따라서 꿈은 실존적 분석에 있어서 최고의 치료적 중요성을 지니고 있다. 꿈 작업을 함으로써 치료자는 내담자가 꿈을 통해 세계-내-존재의 양상을 자각하고 실존의 가능성을 인식하도록 더 잘 도울 수 있다. 꿈의 실존적 경험은 그 사람이 진실성에 더욱 가까워지게 한다. 실존적 꿈은 자기인식을 깊게 하는 통찰을 제공할 수 있다.

6. 실존적 심리치료의 실제

1) 치료의 진행과정

실존치료자들은 세속적인 문제에는 별 관심이 없는 듯하다. 실존치료 문헌에서는 치료 일정, 비용, 전반적 형식에 관한 언급이 거의 없다. 대체적으로 실존치료의 진행과정은 일반적인 치료과정과 유사한 것으로 보인다. 매주 한 번씩 치료회기를 잡으며 1회기는 50분으로 진행되는 것이 일반적이다. 내담자가 심각한 위기를 겪을 때에는 좀 더 자주 만나거나 면담시간을 연장하는 등 융통성을 지닌다. 대부분의 실존 치료자들은 다른 심리치료자들에 비해 정신과 약물의 사용에 대해서 더 엄격한 입장을 지니고 있다. 그들은 내담자가 일시적으로는 고통스럽더라도 약물을 복용하기보다는 그 순간을 진실하게 경험하기를 권장한다. 약물을 복용하는 것은 고통을 경감시킬지는 모르지만 자신을 실존적 불안으로부터 도피한 객체로 대함으로써 궁극적으로는 내담자 자신을 심리적으로 죽일 수 있다.

일반적으로 실존치료는 다음과 같은 세 단계로 진행된다. 초기 단계에서는 치료자가 내담자의 문제를 탐색하고 관계형성을 위해 노력한다. 이 단계에서 특히 치료자가 주력하는 것은 내담자의 실존적 태도를 탐색하며 명료화하는 것이다. 중기 단계에 접어들면 치료자는 내담자가 처한 상황에 따라 실존적 조건에 직면하도록 유도하고 격려한다. 자신의 실존에 대한 자기인식이 증가하면서 깨닫게 되는 새로운 관점에서 자신의 삶과 문제를 살펴보게 한다. 자신의 진정한 소망과 삶의 의미를 발견하도록 촉진하며 구체적인 행동을 통해서 실천하도록 격려한다. 내담자 스스로 자신의 삶을 헤쳐나갈 수 있는 자신감을 얻게 되면 종결 단계를 준비한다. 마지막 종결 단계에서는 치료자와 내담자가 치료과정에서 논의된 주요 내용들을 되돌아보며 정리한다. 치료자와의 이별에 대한 내담자의 태도를 실존적 관점에서 다루어주는 것도 종결 단계의 중요한 과제이다.

2) 치료자의 역할

실존치료자들은 내담자가 주관적 세계에 대한 새로운 이해를 통해 진실한 선택을 할 수 있도록 돕는 데 관심을 쏟는다. 내담자 개인의 과거를 캐내는 것이 아니라 내담자의 현재생활에 관심을 갖는다. 구체적인 방법은 치료의 단계와 내담자에 따라 다양하며 다른 치료접근에서 사용하는 기법들을 차용하기도 하지만 필수적인 기법이 있는 것은 아니다. 치료의 전체 과정에 있어서 '관계의 설정'이 일차적으로 중요하며 기법 적용은 부차적인 것이다. 실존치료자들은 내담자의 책임회피에 특히 주목하며 내담자가 개인적인 책임을 수용하도록 하는 것을 주요 목표로 삼는다.

실존치료자들은 내담자가 치료과정에서 직면하게 될 선택을 명료하게 제시하는데, 이를 통해 내담자는 자신이 주체가 되는 경험을 하게 된다. 또한 치료자는 내담자가 크고 작은 선택을 할 때마다 함께하며 그들의 불안과 혼란을 공감해주지만, 기본적으로 자신의 선택에 대해 혼자서 책임을 져야 하는 외로운 존재라는 점을 강조한다. 실존치료에서 강조하는 것은 내담자가 치료자와의 진정한 관계 속에서 자신을 점차 주체로 느끼면서 현실적인 문제를 책임있게 선택하고 치료의 종결시점까지 스스로 선택할 수 있도록 자유로워지는 것이다.

치료 초기에 내담자는 자신이 전형적으로 어떻게 세계와 관련을 맺고 있는지를 제시하게 된다. 실존치료의 암묵적 암시는 내담자가 자신이 원하는 무엇이라도 될 수 있다는 것이다. 내담자는 점진적으로 자유 경험하기를 통해서 '지금-여기'에서 자유롭고 정직하게 현재의 순간에 경험하고 표현하도록 격려된다. 이러한 경험을 통해서 내담자는 자신의 내면에 자각능력이 향상될 뿐만 아니라 자신과 진실한 관계를 맺게 된다.

내담자들은 치료의 처음부터 선택을 하고 결정을 해야 한다는 부담과 직면하게 된다. 치료자는 내담자에게 새로운 삶의 대안을 생각해보라고 격려하지만, 내담자는 삶의 새로운 방향을 결정할 수 있는 주체로서의 자신을 위한 새로운 대안을 창조해야 하는 부담을 갖게 된다. 내담자는 자신이 선택한 것에 대한 책임을 져야 한다는 불안을 직면하고 감당해야 한다. 이러한 심리적 부담은 내담자의 실존과 관련된 중요한 결정을 해야 하는 순간에 가장 심해진다. 그러나 내담자는 치료자의 격려 속에서 미지의 세계인 미래로 뛰어들 용기를 지니게 된다.

7. 실존적 심리치료의 평가

실존치료는 물질주의적 가치관이 팽배하고 인간을 이용수단으로 대상화하는 현대사회에서 인간의 실존을 자각하며 진정한 삶을 살도록 자극하는 새로운 치료적 관점을 제시하였다. 실존치료는 인간의 존재 상황에 대한 심오한 철학적 바탕 위에서 개인의 심리적 문제를 바라보고 치료적 해결을 시도한다는 점에서 특별한 위치를 지닌다.

실존치료는 인간과 인생을 바라보는 관점을 긍정적으로 변화시키는 데 공헌했다. 또한 인간의 실존적 조건을 긍정적으로 승화시킬 수 있는 철학적 관점을 제시하였다. 실존치료는 죽음과 고독의 자각을 통해서 삶과 사랑의 소중함을 인식하며 자유롭고 창의적인 삶을 살도록 촉구하고 있다. 자유와 책임의 자각 속에서 자기 존재의 의미와 가치를 발견하도록 도움으로써 인간 실존의 부정적 관점을 긍정적 관심으로 승화시킬 수 있는 계기를 제시하였다.

　이와 관련하여 실존치료는 인간의 궁극적 관심사와 관련된 심리적 문제에 대처할 수 있는 치료적 접근을 제시하였다. 사실 심리치료 분야에는 죽음을 위시한 실존적 문제를 체계적으로 이해하고 심도 있게 치료할 수 있는 접근방법이 부재했다. 실존치료는 인간이 고뇌할 수 있는 가장 심오한 주제를 직접적으로 다루고 있을 뿐만 아니라 긍정적으로 해결할 수 있는 이론적 체계를 제시하고 있다.

　실존치료는 여러 심리치료 접근법 중에서도 가장 인간의 개별성과 독자성에 초점을 맞추고 있다. 실존치료는 인간을 기계적이고 일반적인 존재로 보는 대신 고유성을 가진 개체로 인정하며 개인의 주체성을 강조하고 있다. 또한 실존치료는 인간의 실존에 대한 궁극적 관심사를 다룸으로써 개인의 한계와 가치를 철학적 관점에서 조명하는 보편적인 이해의 틀을 제공해주었다. 뿐만 아니라 인간이 규격화되고 대상화된 현대사회에서 인간의 개성과 가치를 존중한다는 점에서 인간성 회복의 기회를 제공하고 있다. 실제로 실존치료는 다문화사회에서 각기 다른 문화적 배경을 지닌 내담자를 대상으로 치료하는 데 상당히 유용하고 효과적이라고 보고되고 있다(Maples et al., 2001).

　실존치료의 가장 큰 한계는 치료이론이나 치료방법에 대한 체계적인 제시가 부족하다는 점이다. 모호한 개념과 포괄적인 용어로 치료 양식을 기술함으로써 개념적 혼란을 야기하고 실존치료의 과정과 결과에 대한 연구를 어렵게 했다. 실존치료는 체계적인 이론과 기법을 지니고 있지 않기 때문에 실존치료자를 양성하고 교육하는 데 한계가 있다. 또한 철학적 배경지식이 부족한 초심자들에게는 실존주의 철학의 개념들이 너무 고답적이고 이해하기 힘들 수 있다. 실존철학에 익숙한 치료자라 하더라도 이러한 개념을 구체적인 치료장면에 적용할 때는 많은 어려움을 겪게 된다.

　아마도 실존치료에 대한 가장 강력한 비판 중 하나는 실존치료에 대한 과학적 탐구가 부족하다는 점일 것이다. 인지행동치료자들은 자신의 이론을 타당화하기 위해 많은 실증적 연구를 실시하고 있는 반면, 실존치료자들은 이러한 노력을 기울이지 않고 있다. 물론 실존치료는 실증적 자료보다는 실존철학에 근거하고 있는 철학적 치료이기 때문에 경험적 연구를 중시하지 않는 경향이 있다. 그러나 실존치료 역시 내담자를 돕기 위한 치료법이기 때문에 실존치료자들은 자신의 치료효과를 검증하고 치료과정을 개선하는 노력을 기울일 필요가 있다.

　실존치료는 그 적용범위가 제한될 수 있다. 철학적 통찰력이 결여된 내담자나 심한 정신증적 증상을 보이는 환자에게는 적절하지 않을 수 있다. 그러나 Laing(1965, 1967)은 실존적 치료를 통해서 정신분열증 환자를 성공적으로 치료한 사례를 보고하였다. 이러한 긍정적인 결과는 실존치료가 내담자의 상태와 요구에 맞도록 유연하게 적용됨으로써 적용범위가 확대될 수 있음을 시사한다.

실존치료는 자유를 인간 실존의 핵심으로 강조하면서 인간의 무한한 가능성을 인정하고 있다. 아울러 인간이 자신의 삶의 의미를 스스로 찾아서 실현할 수 있음을 강조했다. 또한 내담자가 스스로의 자유의지에 의해 선택을 하고 그 선택에 대한 책임을 지게 한다는 점에서 내담자의 자율성을 촉진하는 데 좋은 접근방법이다.

오늘날의 실존치료는 유럽의 실존철학이 지니는 난해하고 고답적인 색채를 벗어나 좀 더 현실적이고 실제적인 치료적 접근으로 진화하고 있다. 실존치료는 다른 치료적 접근과의 접목 또는 통합을 통해서 영역을 확대하고 있다. 실존치료는 인간의 가장 궁극적이고 근원적인 갈등을 다루고 있다는 점에서 모든 심리치료의 철학적 바탕을 제공하고 있다. 또한 기계론적 세계관과 물질주의적 가치관으로 인해 내면적인 공허감과 무의미감을 느끼고 있는 현대인에게 가장 필요한 치료적 접근이 바로 실존적 심리치료라고 할 수 있다.

자기이해를 위한 생각거리

1. 나는 궁극적으로 어떤 가치를 추구하며 살고 있는가? 열심히 공부하는 것은 궁극적으로 무엇을 위해서인가? 과연 죽음 앞에서도 의미 있는 것으로 여길 수 있는 가치는 무엇인가? 과연 100년 후 또는 1,000년 후에, 즉 내가 이 지구상에서 사라진 후에 나의 존재는 어떤 의미를 지니는가?

2. 과연 나는 자유로운 존재인가? 지금 이 순간 계속 책을 볼 것인지 아니면 책을 덮을 것인지의 선택은 전적으로 나에게 달려 있는 것인가? 책을 덮은 후에 TV를 볼 것인가, 잠을 잘 것인가 아니면 산책을 나설 것인가는 나의 자유로운 선택에 달려 있는가? 아니면 나의 무의식에 의해서 결정되는 것인가 아니면 과거에 학습된 습관에 의해서 결정되는 것인가? 나의 삶은 매 순간 자유로운 선택에 의해서 주체적으로 이루어지고 있는가 아니면 다른 사람과 환경의 요구에 의해서 끌려가고 있는가?

3. 실존적 심리치료자들에 따르면, 자유와 책임은 동전의 양면과 같은 것이다. 자유로운 만큼 책임을 져야 하며, 책임질 수 있는 만큼 자유로울 수 있다. 과연 나는 책임을 회피하기 위해 나의 자유를 제한하는 편인가 아니면 자유를 얻기 위해 책임의 부담을 감수하는 편인가? 나는 자유와 책임 중 어떤 것을 더 우선시하며 살고 있는가?

4. 내가 소중하게 여기는 가치나 의미는 무엇에 근거하고 있는가? 우리가 의지할 수 있는 최종적인 가치의 근거는 무엇일까? 내 삶의 의미는 누가 또는 무엇에 근거하여 부여하는 것일까? 내 삶의 의미는 누구도 아닌 바로 나 자신에 의해서 부여되는 것일까? 그렇다면 과연 나는 내 삶에 어떤 의미를 부여하고 있는가?

5. 한 번뿐인 인생을 어떻게 사는 것이 최선일까? 소위 성공한 사람들처럼 안정된 출세의 길을 따라가는 것이 잘 사는 것일까 아니면 불안정하고 불확실한 길이더라도 나만의 새로운 길을 만들어가는 것이 잘 사는 것일까? 먼 훗날 노년기에 나는 어떤 삶을 더 가치 있는 것으로 여기게 될까?

더 읽을거리

♣ Yalom, I. D. (1980). *Existential Psychotherapy*. (임경수 역.《실존주의 심리치료》. 서울: 학지사, 2007).

☞ 죽음, 무의미, 자유, 고독이라는 네 가지 주제에 초점을 맞추어 실존적 심리치료를 체계적으로 소개한 최초의 저서이다.

♣ Frankl, V. (1946). *Man's Search for Meaning*. (이시형 역.《죽음의 수용소에서: 죽음조차 희망으로 승화시킨 인간 존엄성의 승리》. 서울: 청아출판사, 2012).

☞ 의미치료의 창시자인 Victor Frankl이 나치의 강제수용소에서 겪은 극심한 공포와 고통 속에서도 삶의 의미를 잃지 않고 인간 존엄성의 승리를 보여준 자전적 체험수기이다.

♣ Yalom, I. D. (1989). *Love Executioner and Other Tales of Psychotherapy*. (최윤미 역.《나는 사랑의 처형자가 되기 싫다》. 서울: 시그마프레스, 2005).

☞ 실존적 심리치료의 사례를 소개하고 있으며 고독, 자기비하, 편두통, 강박적 성행동 등으로 고통 받는 10명의 내담자에 대한 치료과정이 기술되고 있다.

제 10 장

게슈탈트 치료

제10장
게슈탈트 치료

1. 게슈탈트 치료의 개요

게슈탈트 심리치료(Gestalt Psychotherapy)는 프리츠 펄스(Fritz Perls, 1893~1970)가 게슈탈트 심리학, 실존철학, 현상학, 사이코드라마, 연극기법 등을 통합하여 창안한 심리치료법이다. 게슈탈트(Gestalt)는 여러 부분들이 하나의 전체로 지각된 형태나 구조를 의미한다. 게슈탈트 치료는 인간 유기체가 환경과의 접촉 속에서 통일된 전체로 기능하는 존재라는 점을 강조하며 개인의 의식에 떠오르는 게슈탈트를 중시한다. 환경과의 상호작용 과정에서 인간 유기체의 내부에는 균형과 불균형 상태가 번갈아 나타나는데, 불균형 상태에서는 균형의 복원을 위해 해결을 요구하는 과제가 의식에 게슈탈트를 형성하여 떠오르게 된다. 게슈탈트 치료는 개인의 의식에 떠오르는 체험의 자각을 강조한다는 점에서 현상학적이다. 또한 개인은 자유로운 실존으로서 자신의 삶을 창조하는 존재라고 보는 점에서 실존주의적이라고 할 수 있다.

개인은 자신과 다른 존재 사이의 적절한 경계를 갖는 것이 중요하다. 타인과 친밀한 관계를 맺기 위해서 유연한 경계를 갖는 동시에 자율적 존재로 행동하기 위해서는 확고한 경계를 갖는 것이 필요하다. 개인이 적절한 경계를 갖지 못할 때, 환경과의 접촉이 왜곡되고 자기 체험의 자각이 제한됨으로써 정신병리가 발생하게 된다. 건강한 삶을 위해서는 유연한 자기경계를 지니고 의식에 떠오르는 유기체적 욕구를 자각하며 그에 부응하는 것이 중요하다. 게슈탈트 치료자는 내담자로 하여금 '지금-여기'에서 경험하는 것에 대한 자각을 증진함으로써 진정한 자기와 접촉하며 생명력 있는 창조적인 삶을 영위하도록 돕는다.

게슈탈트 치료의 핵심은 내담자의 현존, 즉 '지금-여기'에서 경험되는 감각, 감정, 인식, 행동의 알아차림을 고양하는 것이다. 또한 치료자와 내담자의 대화적 관계를 중시한다. 치료자는 자신의 현존을 자각할 뿐만 아니라 내담자가 들어와 현존할 수 있는 심리적 공간을 만들고 대화적 과정에 집중해야 한다. 즉, 치료자는 전체적이고 진실한 사람으로서 내담자를 있는 그대로 수용하고 지지하는 것이 중요하다. 아울러 게슈탈트 치료자는 실험적 행동을 통해서 내담자가 새로운 경험을 하도록 격려한다.

게슈탈트 치료는 내담자로 하여금 자신의 내면적 경험과 접촉할 수 있는 다양한 기법들을 제시하고 있다. 게슈탈트 치료의 목표는 내담자로 하여금 자신이 무엇을 하는지, 그것을 어떻게 하고 있는지, 그리고 자신을 어떻게 변화시킬 수 있는지를 자각하도록 하는 것이다. 이러한 자각, 즉 알아차림을 통해서 치료적 변화는 저절로 일어나며 자신을 수용하고 소중히 여기는 것을 배우게 된다. Fritz Perls는 개인의 주관적 경험과 선택의 자유를 중시하고 자각을 통한 실존적 자기와의 접촉을 강조하고 있다는 점에서 게슈탈트 치료를 실존적 심리치료의 한 유형으로 간주하기도 했다.

2. Perls의 생애와 게슈탈트 치료의 발전과정

1) Fritz Perls의 생애

Fritz Perls는 1893년에 베를린의 중산층 유태인 가정에서 외동아들로 태어났으며, 누나와 여동생이 있었다. 그는 자신의 어린 시절을 대체로 행복했던 것으로 회상했는데, 누나보다는 여동생과 더 좋은 관계를 맺었으며 아버지와는 자주 충돌했다고 한다. 초등학교 시절에는 우등생이었으나 사춘기에 접어들면서 반항심이 심해졌고 7학년 때에는 두 번이나 낙제했으며 학교당국과 문제를 일으켜 퇴학을 당하기도 했다. 고등학교 시절에는 학교와 공부를 싫어하는 대신 시와 철학 그리고 연극을 좋아했으며 표현주의적이고 반문명적인 전위예술에 심취했다.

부모는 그가 대학에서 법학을 전공하기 원했으나 그는 의학을 선택했다. 제1차 세계 대전 중에는 군의관으로 군복무를 하면서 전쟁체험을 통해 군대식 권위주의와 인종적 편견의 잔인성을 알게 되었다. 1920년에는 정신과 전문의 자격과 의학 박사학위를 받았다. 그는 정신분석에 흥미를 느껴 Freud를 만났으나 호감을 느끼지 못했으며 Wilhelm Reich와 Karen Horney로부터 7년간 정신분석을 받았지만 커다란 도움을 받지 못했다. 그는 심리학에도 관심을 가졌으나 Wundt의 실험심리학에 만족할 수 없었다. 1926년에 신경정신의학자 Kurt Goldstein을 만나 조수로 일하면서 '전체로서의 유기체'와 관련된 그의 이론을 접하고 깊은 감명을 받았다.

1930년에 Laura Perls와 결혼했으며 히틀러가 집권한 직후에 네덜란드로 도피했다가 1934년에 남아프리카로 이주하였다. 그는 그곳에서 정신분석연구소를 개설하는 등 이때까지만 해도 정신분석에 깊이 관여하고 있었다. 1936년에 그는 체코에서 개최된 세계정신분석학회에 참석하여 '구강적 저항'이라는 이론을 발표했는데, 그의 이론은 Freud에게 받아들여지지 않았다. 그는 이러한 Freud의 권위주의적인 태도에 실망했으며 정신분석과 거리를 두기 시작했다. 그는 Goldstein의 유기체 이론과 Jan Smuts의 전체론(holism)을 토대로 개체와 환경을 하나의 전체적인 통합체로 보는 새로운 시각을 확립하기 시작했다. 1942년에는 Freud의 공격본능 이론을 비판하는 새로운 이론을 발전시켜 최초의 저서인 『자아, 배고픔 및 공격성(*Ego, Hunger and Aggression*)』을 출간했다. 이 책의 두 장은 아내인 Laura Perls가 집필한 것이다. 이 책의 저술과 더불어 그는 Freud의 정신분석과 완전히 결별하였다.

Perls는 1946년에 가족과 함께 미국으로 이주했으며 뉴욕에 정착하였다. 그는 아내인 Laura와 함께 뉴욕에 〈게슈탈트 치료연구소〉를 개설하였으며 미국 전역을 돌며 워크숍과 세미나를 개최했다. 1950년에는 처음으로 '게슈탈트 치료'라는 용어를 만들었으며 1951년에 『게슈탈트 치료: 인간 성격에서의 흥분과 성장(*Gestalt Therapy: Excitement and Growth in the Human Personality*)』을 출간했다. 이 책의 공저자인 Paul Goodman은 Perls의 저술을 도왔을 뿐만 아니라 게슈탈트 치료이론의 발전에 기여한 중요한 인물로 인정되고 있다.

1960년에 Perls는 아내인 Laura를 뉴욕에 남겨두고 캘리포니아로 이주하여 〈에살렌 연구소(Esalen Institute)〉에서 활동하였다. 그는 그곳에서 Jim Simkin과 함께 게슈탈트 치료에 관한 워크숍과 세미나를 개최하며 혁신적인 심리치료자로서의 명성을 얻으며 많은 사람들에게 영향을 미쳤다. 1960년대에 접어들면서 정신분석이 점차 퇴조하기 시작했으며 유럽으로부터 실존주의 사조가 심리치료 분야에 들어오기 시작했다. 이러한 분위기 속에서 게슈탈트 치료는 많은 관심을 끌면서 소위 제3세력 운동이라고 불리는 인본주의 심리학의 한 흐름으로 인정받게 되었다.

그는 자유로운 영혼을 지닌 활달한 성격의 소유자였다. 의외의 행동으로 사람들을 당황하게 만들었으며 매우 자극적인 쇼맨십으로 사람들을 압도하며 강렬한 영향을 미쳤다. 그의 성격에 대한 주변사람들의 평가는 극단적으로 다양하다. 매우 도전

적이고 통찰력이 있으며 영감이 탁월한 사람으로 평가되기도 하는 반면, 엉뚱하고 자
기도취적이며 충동적인 사람으로 평가되기도 했다. Perls는 77세가 되는 1970년에 심
장마비로 사망했다.

2) Laura Perls의 생애

게슈탈트 치료는 Fritz Perls뿐만 아니라 그 부인
인 로라 펄스(Laura Perls)와 철학자인 Paul Goodman
의 노력에 의해서 발전하고 전파되었다. Laura Perls
는 1905년 독일의 포르츠하임에서 태어났으며 어려서
피아노와 현대무용을 배웠다. 그녀는 피아니스트로
활동하는 동시에 게슈탈트 심리학 박사학위를 받았으
며 실존철학에도 깊은 관심을 지녔다. 1926년에 Fritz
Perls를 처음 만났을 때, 그녀는 이미 풍부한 지식과
경험을 지니고 있었으며 Fritz Perls의 공동연구자로
서 게슈탈트 치료의 이론적 토대를 마련하는 데 기여
했다.

1930년에 Laura는 Fritz Perls와 결혼하였으며 두 명의 자녀를 낳았다. 남아프리
카로 이주하여 10년간 머물며 그녀는 Fritz와 함께 『자아, 배고픔 및 공격성』을 저술
하기도 했다. 그녀는 1946년에 미국으로 이주하여 Fritz와 함께 뉴욕에 〈게슈탈트 치
료연구소〉를 개설하여 치료자로서 활동하였다. Fritz가 미국 전역을 돌며 순회강연으
로 자주 자리를 비우는 동안에도 그녀는 연구소에 머물며 실질적인 운영을 맡았다.
1960년에 Fritz가 캘리포니아로 이주하여 〈에살렌 연구소〉에서 활동하는 동안에도 그
녀는 뉴욕의 연구소를 지키며 운영하였다.

Laura는 게슈탈트 치료의 발달과 전파에 커다란 공헌을 했다. Fritz Perls는 탁월
한 능력의 소유자였지만 조직적이거나 끈기가 많은 사람은 아니었다. Laura가 그의
약점을 보완하며 지지자의 역할을 하지 않았다면 게슈탈트 치료는 오늘날처럼 발전
하지 못했을 것이다. 게슈탈트 치료의 심리학적, 현상학적 그리고 실존주의적 요소는
대부분 그녀의 영향을 받은 것이다. 치료적 입장에서도 Fritz는 심리내적 현상과 알아
차림을 중시한 반면, Laura는 대화적 관계와 치료자의 지지적 역할을 강조했다. 그녀
는 85세의 나이로 1990년에 사망했다. 게슈탈트 치료는 부부의 공동노력에 의해 발
전한 치료라는 점에서 특이할 만하다.

3) 게슈탈트 치료의 발전과정

게슈탈트 치료는 고전적 정신분석의 경직성에 대한 반작용으로 시작되었다. 정신분석은 치료자의 행동에 대한 경직된 지침을 강요했을 뿐만 아니라 내담자와의 실제적인 관계보다 전이를 중시했으며 내담자의 실제 경험보다는 해석을 강조했다. 게슈탈트 치료는 무의식을 강조하기보다 내담자가 이미 알고 있는 것 그리고 알아차림을 통해서 알 수 있는 것들을 강조했다. 자유연상이나 전이분석과 같은 경직된 방법 대신에 새로운 시도를 통한 알아차림과 행동적 실천을 선호했다. 또한 치료자의 중립성은 가능하지도 않고 바람직하지도 않다고 여기며 내담자와의 진솔한 대화적 관계를 강조한다.

1951년에 Perls는 Goodman과 Hefferline과 함께 저술한 『게슈탈트 치료: 인간 성격에서의 흥분과 성장(Gestalt Therapy: Excitement and Growth in the Human Personality)』의 출간을 통해서 게슈탈트 치료의 핵심을 제시하였다. 그는 1952년에는 Laura와 함께 뉴욕에 〈게슈탈트 치료연구소〉를 개설하여 치료활동과 더불어 치료자의 양성을 시도했다. 이 시기에 다양한 치료기법이 개발되고 많은 게슈탈트 치료자들이 양성되었다.

1960년대에 캘리포니아로 이주하여 〈에살렌 연구소〉에서 워크숍 활동에 전념하던 Perls는 게슈탈트 치료의 시연을 통해서 많은 사람들에 강렬한 인상을 주며 선풍적인 인기를 끌었다. Perls는 사람들을 자극하고 흥분시키는 쇼맨십과 카리스마가 강한 인물로서 게슈탈트 치료를 시연하는 워크숍에서 연극적이고 카타르시스 지향적인 치료방법을 선보였다. 이러한 시연에 대해서 강렬한 인상과 감동을 받는 사람들도 있었지만, 게슈탈트 치료를 과장된 불꽃놀이나 불쾌한 강압적 직면으로 여기는 사람들도 있었다. 특히 Perls가 사람들의 감정을 자극할 뿐 치료적 추수회기를 갖지 않는 점에 대해서 게슈탈트 치료를 '치고 빠지는 치료(Hit-and-Run Therapy)' 또는 '쾅쾅쾅 치료(Boom-Boom-Boom Therapy)'라고 비판하는 사람들도 있었다.

1970년대에 들어 '게슈탈트 치료는 무엇인가?'에 대한 자체적인 문제제기가 활발히 진행되었다. 게슈탈트 치료는 미국에서 대단한 인기를 얻고 있었지만 많은 오해를 양산해내고 있었기 때문이다. Laura Perls와 Isadore From을 비롯하여 미국의 동부해안 지역에서 활동하고 있던 게슈탈트 치료자들은 Perls의 연극적인 치료방식을 비판하기 시작했다. 이를 계기로 게슈탈트 치료는 동부해안 그룹과 서부해안 그룹으로 분열되었다. 동부해안 그룹은 Perls를 위시한 서부해안 그룹이 게슈탈트 치료의 전문성을 훼손하고 있다고 여기면서 원래의 치료이론을 고수하는 엄격성을 유지하고

자 했다. 1980년대에는 동부해안 그룹을 중심으로 게슈탈트 치료가 인간 대 인간의 접촉을 지향하며 대화, 알아차림 그리고 실험을 강조하는 방향으로 발전하였다. 내담자에게 자극적인 압력을 가하기보다 스스로 자신의 욕구나 감정을 알아차릴 수 있도록 대화와 실험을 활용하는 탐색적 방법들이 도입되었다. 현대의 게슈탈트 치료는 치료자와 내담자의 관계와 대화를 강조하는 방향으로 발전하여 '관계적 게슈탈트 치료'라고 불리기도 한다. 직면과 연극적 요소를 강조하는 Perls의 치료와 달리, 현대의 게슈탈트 치료자들은 지지적이고 수용적이며 대화적인 치료방식을 선호하고 있다. 치료자와 내담자의 접촉, 즉 치료적 관계의 중요성을 강조한 대표적인 게슈탈트 치료자는 Erving Polster와 Miriam Polster 부부이다.

3. 주요개념과 성격이론

1) 게슈탈트 치료의 이론적 배경

게슈탈트 치료는 많은 사상과 치료기법의 영향을 받으며 발전했다. 게슈탈트 치료는 현상학과 실존철학을 비롯하여 Wertheimer의 게슈탈트 심리학, Goldstein의 유기체 이론, Martin Buber의 대화적 만남의 철학, Wilhelm Reich의 신체 이론, 그리고 불교와 도가 사상 등 다양한 사상으로부터 광범위한 영향을 받으면서 발전하였다.

게슈탈트 치료는 개인의 객관적인 정보보다 주관적인 체험을 더 진실하고 중요한 자료로 간주한다. 주관적 체험이란 개인이 자기관찰을 통해서 자신에 관해 의식적으로 알아차리는 것을 의미한다. 내담자의 의식적 체험을 방어에 의해 위장된 것으로 여기며 그 저변의 무의식을 해석하는 정신분석과 달리, 게슈탈트 치료가 개인의 주관적 체험과 알아차림을 중요하게 여기게 된 것은 현상학의 영향이라고 할 수 있다.

또한 게슈탈트 치료는 실존철학으로부터 깊은 영향을 받았다. 실존철학은 직접 경험되는 것으로서의 인간 실존, 존재와 존재의 관계, 자유와 책임을 강조한다. 인간은 그 자신의 행동을 결정하는 데 있어서 일차적인 행위자이다. 인간은 자신이 하기로 선택한 것에 대한 책임이 있다. 게슈탈트 치료는 내담자가 자신의 실존을 진실하게 대면하여 알아차림으로써 진실한 자기가 되어 자신의 삶을 자유롭게 선택하고 책임지는 삶을 지향한다.

게슈탈트 심리학은 20세기 초에 독일에서 발전했던 심리학의 조류로서 인간의 지각과 인식 과정을 연구했다. 게슈탈트 심리학자들에 따르면, 전체는 부분의 합 그 이상이다. 즉, 인간의 지각은 어떤 대상의 형태를 부분으로 나누어 이해하기보다 한 번에 전체적으로 파악한다. 이러한 전체적 형태를 의미하기 위해서 '게슈탈트'라는 용어를 사용하게 되었다. 게슈탈트 심리학자들은 인간의 지각과 인식이 외부의 객관적 대상을 수동적으로 파악하는 방식으로 이루어지는 것이 아니라 주관적이고 능동적인 인식행위의 결과라고 주장했다. 게슈탈트 심리학은 현상학과 실존철학에도 영향을 미쳤다. Perls는 게슈탈트 심리학의 주요 개념을 도입하여 그 적용범위를 사고, 감정, 욕구, 신체감각, 행동과 같은 모든 유기체 영역으로 확장시켰다. 게슈탈트 치료는 신체와 감각, 감정, 욕구, 사고 그리고 행동 등을 서로 분리된 현상이 아닌 하나의 의미 있는 전체로 본다. 즉, 인간의 행동은 이러한 부분들의 기계적인 연합이 아니라 이들을 통합하는 의미 있는 전체라는 것이다. 따라서 게슈탈트 치료는 총체적 인간에 관심을 가진다.

Kurt Goldstein의 유기체 이론은 Perls에게 많은 영향을 미쳤다. 그에 따르면, 인간은 하나의 유기체로서 스스로 성장하고 자기를 실현시키려는 능력과 힘을 지닌 존재이다. 인간 유기체는 크게 두 가지의 방식으로 자신을 조절하면서 환경의 압력에 대처한다. 그 하나는 유기체적 방식으로서 이것은 인간이 자신의 상태를 정확하게 알아차리면 유기체의 자체적 기능이 활성화되어 자기조절이 이루어지는 것이다. 다른 하나는 당위적(should) 방식으로서 통제적인 타인의 요구와 그것을 내면화한 자신의 당위적 의무감에 의해서 자신을 조절하는 것이다. 게슈탈트 치료는 유기체적 조절방식을 강조한다. Perls는 '그렇게 되어야만 한다.'는 당위에 의해서가 아니라 자신의 욕구를 포함한 현재의 맥락에 대한 알아차림을 통해 조절하는 것을 중시했다. 인간은 자기 내부와 주변에서 일어나고 있는 것을 충분히 알아차린다면, 유기체적인 자기조절능력이 활성화되어 삶의 문제에 잘 대처할 수 있다.

게슈탈트 치료에서는 치료자와 내담자의 대화적 관계(dialogical relationship)를 매우 중요하게 여긴다. 내담자는 어떤 문제나 증상을 지닌 치료의 대상이 아니라 현재의 고통과 어려움에도 불구하고 인간으로서의 존엄성을 지닌 온전한 존재이며 대화를 통하여 치료자와 인격적 교류를 하는 존재로 여겨진다. 게슈탈트 심리치료에서 말하는 대화(dialogue)란 대화 쌍방이 서로의 존재에 의해 영향 받고 변화할 수 있는 수평적이고 열린 관계를 의미한다. 이러한 치료적 관계는 Martin Buber가 주장하는 '나와 너의 만남'이다.

Wilhelm Reich는 신경증 구조와 신체의 관계에 대한 독자적인 견해를 주장하여 정신분석학에서 새로운 돌파구를 마련한 인물이다. 그는 우리의 신체활동이 심리작용과 밀접하게 관련되어 있으므로 신체언어에 대해 주목할 것을 강조했다. 그는 모든 신경증이 신체적 고착으로 나타난다고 주장하며 종래의 추상적인 억압(repression) 개념 대신에 '신체적 방어'라는 개념을 제시했다. 그는 환자의 언어와 표정과 몸의 자세에 주목하면서 언어나 신체의 긴장을 주의 깊게 살핌으로써 개인이 덜 경직될 수 있도록 돕는 데 치료의 의의가 있다고 보았다.

2) 게슈탈트 치료의 성격이론

인간에 대한 Freud의 견해는 기본적으로 기계론적인 반면, Perls는 성격에 대한 총체적 접근을 강조하고 있다. 또한 Freud는 초기 아동기의 경험에서 시작되어 억압된 심리내적 갈등을 강조한 반면, Perls는 현재의 경험과 평가를 중시하고 있다.

Freud는 성격의 구조를 비유하여 마치 빙산과 같다고 하였다. 억압된 무의식적인 성충동과 공격충동이 수면 아래 빙산의 대부분을 차지하며 인간의 행동을 지배한다는 것이다. 그러나 Perls는 성격을 물 위에 떠 있는 고무공에 비유했다. 억압되어 무의식의 영역에 갇혀 있는 충동 같은 것이 따로 존재한다고 생각하지 않았으며, 개체에게 중요한 현상들은 모두 수면 위에 나와 있다고 보았다. 다만, 개체는 차단행동을 통해 자신의 유기체적 에너지와 제대로 접촉하지 못하고 있을 뿐이다. 따라서 내담자는 무의식의 세계를 파헤칠 필요 없이 현재에 나타나는 것들만 자각하면 된다.

(1) 게슈탈트

게슈탈트(Gestalt)라는 용어는 '형태' 또는 '전체적 모양'이라는 의미를 지닌 독일어로서 20세기 초 독일에서 발전했던 게슈탈트 심리학에 의해서 널리 유포되었다. 게슈탈트 심리학에 따르면, 인간의 외부세계 인식은 대상의 부분을 분석하여 조립하기보다 한 번에 전체적으로 파악한다. 인간은 [그림 10-1]의 경우처럼 여러 부분을 어떤 관계성을 지닌 통합된 전체로 인식한다. 이렇게 인간의 의식에 하나의 통합된 전체로서 전경으로 떠올라 인식된 것이 '게슈탈트'이다.

게슈탈트 치료에서는 게슈탈트라는 개념을 심리치료의 영역에 확장하여 사용한다. 심리치료에 있어서 게슈탈트란 '개체에 의해 지각된 자신의 행동 동기'를 뜻한다(김정규, 1996). 즉, 개체가 자신의 유기체적 욕구나 감정을 하나의 의미 있는 행동 동기로 조직화하여 지각한 것을 의미한다. 예컨대, 어머니가 아이를 안아보고 싶은 것, 공부를 하다가 커피를 한 잔 마시고 싶은 것, 또는 친구를 만나 대화를 나누고 싶은 것과 같이 우리의 크고 작은 행동들을 유발하는 동기들이 바로 게슈탈트다. 그

[그림 10-1] 부분들이 통합된 전체로 떠오르는 지각현상

러나 개체의 모든 욕구나 감정이 바로 게슈탈트는 아니다. 개체가 처한 상황에서 실현 가능한 행동 동기로 지각한 것이 게슈탈트다. 개체는 어떤 상황 속에서 자신의 욕구나 감정 그리고 환경조건을 고려하여 가장 매력 있는 절실한 행동을 게슈탈트로 형성한다.

개체가 게슈탈트를 형성하는 이유는 우리의 욕구나 감정을 하나의 유의미한 행동으로 만들어서 실행하고 완결하기 위함이다. 달리 말하면, 우리의 욕구나 감정을 환경과의 접촉을 통해 해소하기 위함이다. 게슈탈트는 Freud의 리비도 개념처럼 환경과 분리되어 그 자체로 존재하는 생물학적인 욕구가 아니라 환경과의 관계 속에서 형성되고 해소되는 개체의 행동 동기라고 할 수 있다. 만일 개체가 게슈탈트 형성에 실패하면 심리적 또는 신체적 장애를 나타내게 된다. 따라서 건강한 삶을 위해서는 분명하고 강한 게슈탈트를 형성하는 능력이 중요하다.

(2) 전경과 배경

인간의 모든 인식은 전경과 배경의 관계 속에서 이루어진다. 어느 한순간에 우리의식의 초점이 되는 것을 전경(前景, figure)이라고 하고, 초점 밖에 놓여 있는 인식 대상을 배경(背景, background)이라고 한다. [그림 10-2]의 경우처럼, 검정색에 초점을

[그림 10-2] 전경과 배경의 교차에 의해서 컵 또는 사람얼굴로 보이는 그림

맞추면 얼굴을 맞댄 두 사람의 옆모습이 전면으로 부각되어 보이고, 흰색에 초점을 맞추면 꽃병이 전면으로 떠오르고 검정색은 배경으로 물러나는 현상을 경험할 수 있다. 이처럼 우리의 마음은 끊임없이 새로운 감정과 욕구들이 전경으로 떠올랐다 배경으로 사라지는 과정의 연속이라고 할 수 있다.

　게슈탈트를 형성한다는 말은 개체가 어느 한순간에 가장 중요한 욕구나 감정을 전경으로 떠올린다는 말과 같은 뜻이다. 건강한 개체는 매 순간 자신에게 중요한 게슈탈트를 선명하고 강하게 형성하여 전경으로 떠올릴 수 있는 데 반해, 그렇지 못한 개체는 전경을 배경으로부터 명확히 구분하지 못한다. 이러한 사람들은 흔히 자신이 진정으로 하고 싶은 일이 무엇인지 잘 모르며 따라서 행동목표가 불분명하고 매사에 의사결정을 잘 하지 못하고 혼란스러워한다.

　건강한 개체에 있어서는 자연스러운 전경과 배경의 교체가 일어난다. 이를 '게슈탈트의 형성과 해소'라고도 부른다. 개체가 전경으로 떠오른 게슈탈트를 해소하고 나면 그것은 전경에서 사라져 다시 배경으로 물러난다. 그리고 다시 새로운 게슈탈트가 형성되어 전경으로 떠오른다. 예컨대, 공부를 하다가 갈증을 느낀 학생의 경우, 갈증이 전경으로 떠오르고 음료수를 찾아 마신다. 그러면 갈증이 해소되어 배경으로 사라지고 다시 공부를 전경으로 떠올려 거기에 열중하게 된다.

(3) 미해결 과제

개체가 분명한 게슈탈트를 형성하지 못했거나 게슈탈트를 형성했지만 해소를 잘하지 못한 경우, 게슈탈트는 배경으로 사라지지 못한다. 게슈탈트가 아직 완결이 되지 않았기 때문에 해결을 요구하고 계속 전경으로 떠오르려 하며 중간층에 남게 된다. 이러한 상태는 다른 게슈탈트가 선명하게 형성되는 것을 방해한다. 예컨대, 아침에 부모와 벌인 언쟁을 해결하지 못한 학생은 그것이 미해결 과제로 남아 학교에서도 공부에 집중하기가 어렵다. 공부를 선명하게 전경으로 떠올릴 수 없는 것이다.

개체가 자연스러운 유기체의 활동을 인위적으로 차단할 때 미해결 과제가 쌓이게 된다. 우리는 수많은 미해결 과제를 안고 살아가기 때문에 삶을 신선하고 생기 있게 살지 못한다. 미해결 과제가 많아질수록 개체는 자신의 유기체적 욕구를 효과적으로 해소하는 데 실패하게 되고 마침내 심리적, 신체적 장애를 일으킨다. 따라서 게슈탈트 심리치료는 미해결 과제를 완결 짓는 일을 매우 중요한 목표로 생각한다.

Perls에 따르면, 미해결 과제를 찾기 위해 Freud처럼 무의식의 창고 깊숙이 박혀 있는 과거사를 파헤칠 필요가 없다. 모든 것은 '지금-여기'에 명백히 드러나 있다. 즉, 미해결 과제는 끊임없이 전경으로 떠오르려 하기 때문에 항상 '지금-여기'에 그 모습을 드러내고 있으며, 개체는 단지 그것을 회피하지 않고 '지금-여기'를 알아차리기만 하면 되는 것이다.

(4) 알아차림과 접촉

전경과 배경이 교체되는 과정에 있어서 알아차림과 접촉이 매우 중요하다. 개체는 알아차림과 접촉을 통해서 전경과 배경을 교체하기 때문이다. 알아차림은 게슈탈트의 형성을 촉진하며, 접촉은 게슈탈트의 해소를 증진한다.

알아차림(awareness)은 개체가 자신의 유기체적 욕구나 감정을 지각한 다음 게슈탈트로 형성하여 명료한 전경으로 떠올리는 행위를 뜻한다. 달리 말하면, 개체가 자신의 삶에서 현재 일어나고 있는 중요한 현상들을 방어하거나 피하지 않고 있는 그대로 지각하고 체험하는 행위를 뜻한다. 알아차림은 개체의 활동수준에 따라 생리, 감각, 감정, 인지, 지각 그리고 행동 차원 등 개체 활동의 모든 영역에서 일어날 수 있다. 이때 알아차림은 어느 한두 영역에서만 일어날 수도 있고, 여러 영역에서 동시에 일어날 수도 있다. 만일 어느 한 차원에서라도 알아차림이 차단되면 전체적인 알아차림은 그만큼 불완전해지며 분명한 게슈탈트를 형성하지 못하게 된다. 알아차림은 누구에게나 갖추어져 있는 능력이다. 다만 개체가 자신의 알아차림을 인위적으로 '차단' 할 때 게슈탈트 형성에 실패하게 된다.

접촉(contact)은 전경으로 떠오른 게슈탈트를 해소하기 위해 환경과 상호작용하는 행위를 의미한다. 게슈탈트가 형성되어 전경으로 떠올라도 이를 환경과의 접촉을 통해 완결하지 못하면 배경으로 사라지지 않는다. 따라서 접촉은 알아차림과 함께 서로 보완적으로 작용하여 '게슈탈트 형성과 해소' 의 순환과정을 도와주어 유기체의 성장에 이바지한다. 접촉에는 알아차림이 포함된다. 즉, 접촉이란 개체가 알아차림을 통해 게슈탈트를 형성한 후 환경에서 이를 해소할 수 있는 매력적인 목표물을 찾아내어 이것을 향해 행동하는 것을 말한다. 이때 개체의 감각기관은 목표물을 포착하는 데 도움을 주는 반면, 운동기관은 그 목표물에 접근하는 데 도움을 준다. 접촉이란 체험하는 것이다. 즉, 그냥 순수하게 자신을 개방하고서 그 대상에 내맡김으로써 그것과 하나가 되는 것이다. 어떤 인위적인 사고나 이론적 태도를 버리고, 순수하게 유기체적 체험이 가능하도록 자연에 내맡기는 것이다. 모든 것을 유기체의 자기조절능력에 내맡기는 것이다.

Polster와 Polster(1973)에 따르면, 접촉은 성장의 활력원이며 자신을 변화시키는 수단이자 세상에 대한 진정한 경험이다. 접촉은 개인의 분리감이 유지되는 상태에서의 교류를 의미하며, 분리감을 상실한 채 일어나지 않는 혼입(fusion)과는 구별된다. 건강한 삶을 위해서 중요한 문제는 개인의 정체성을 잃지 않으면서 어떻게 사람이나 사물과 활발하고 생산적인 접촉을 하느냐는 것이다.

(5) 알아차림-접촉 주기

게슈탈트가 생성되고 해소되는 반복적인 과정을 '알아차림-접촉 주기' 라고 부른다. 이러한 과정을 좀 더 세분하면 [그림 10-3]과 같이 여섯 단계로 나누어 이해할 수 있다(김정규, 1996; Zinker, 1977).

[그림 10-3]에서 보듯이, 첫 단계는 이전의 게슈탈트가 해소되어 배경으로 물러난 상태이다. 모든 것이 잘 충족되고 해소된 균형 상태에서는 특정한 게슈탈트가 떠오르지 않는다. 마음이 평안하고 고요한 상태라고 할 수 있다. 그 상태에서 어떤 외부 자극이나 내면적 불균형 상태가 초래되면, 그와 관련된 유기체적 욕구나 감정이 신체 감각의 형태로 나타나게 된다. 이러한 두 번째 단계는 개인이 이러한 감각을 알아차림에 의해서 게슈탈트를 형성하여 전경으로 떠올리는 세 번째 단계로 이행된다. 네 번째 단계는 게슈탈트를 해소하기 위해서 에너지를 동원하는 과정이다. 다섯 번째 단계는 구

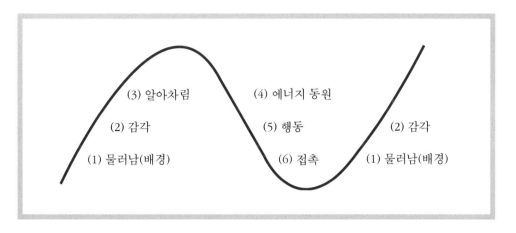

(3) 알아차림   (4) 에너지 동원

(2) 감각   (5) 행동   (2) 감각

(1) 물러남(배경)   (6) 접촉   (1) 물러남(배경)

[그림 10-3] 알아차림-접촉 주기(김정규, 1995)

체적인 행동을 실천하는 단계다. 이러한 행동이 환경과의 접촉을 통해서 게슈탈트를 잘 해소하게 되면 그 게슈탈트는 배경으로 물러나 사라지고 개인은 휴식을 취하는 마지막 단계로 이행된다. 이 상태에서 다시 새로운 욕구나 감정이 전경으로 떠오르고 이를 알아차려 게슈탈트를 형성하고 해소하는 새로운 알아차림-접촉 주기가 되풀이된다. 인간의 삶은 게슈탈트의 알아차림과 접촉이 반복되는 과정이라고 할 수 있다.

건강한 유기체는 이러한 알아차림-접촉 주기를 원활하게 반복하면서 성장해나간다. 게슈탈트 치료에 따르면, 좋은 게슈탈트가 건강한 삶의 핵심적 요소이다. 좋은 게슈탈트란 유기체의 필요를 나타내는 전경이 배경과 선명하게 대비되어 명료한 알아차림을 유발하는 게슈탈트를 뜻한다. 건강한 상태에서는 좋은 게슈탈트를 통한 알아차림이 유기체의 지배적 욕구를 정확하게 반영한다. 게슈탈트 치료에서 중시하는 정신건강의 또 다른 요소는 창조적 적응이다. 창조적 적응은 개인과 환경 간의 생태학적 균형을 의미한다. 게슈탈트 치료는 내담자가 환경에 잘 적응하도록 돕는 것을 넘어서서 개인의 잠재된 능력을 환경과의 접촉 속에서 창조적으로 발현하도록 돕는다.

4. 정신병리 이론

1) 정신병리의 일반적 원인

건강한 유기체는 환경과의 상호작용 과정에서 자연스럽게 알아차림-접촉 주기를 반복하면서 성장한다. 그러나 알아차림-접촉 주기가 항상 원활하게 이루어지는 것은 아니다. 앞에서 설명한 알아차림-접촉 주기의 여섯 단계 중 어느 단계에서나 단절될 수 있다. 어떤 단계에서든 차단이 되면, 유기체는 게슈탈트를 건강하게 완결할 수가 없고 그 결과 미해결 과제가 쌓이게 되어 현실적응에 어려움을 겪게 된다.

게슈탈트 치료에서는 정신병리를 게슈탈트의 자연스러운 형성과 해소가 이루어지지 못하는 '접촉경계 장애'의 개념으로 설명한다. 접촉경계(contact boundary)란 개체와 환경 간의 경계를 의미한다. 개체의 모든 활동은 항상 환경과의 관계 속에서 일어나며, 게슈탈트의 형성과 해소도 환경과의 교류를 통해서만 가능하다. 이러한 개체와 환경의 교류는 접촉경계에서 이루어진다. 이러한 접촉경계는 어떤 고정된 공간적 경계를 뜻하는 것이 아니라 개체와 환경이 한 덩어리가 아닌 상태에서 서로 교류함을 의미할 뿐이다.

접촉경계 혼란(contact boundary disturbance)은 개체와 환경 간의 경계에 문제가 생겨 개체와 환경의 유기적인 접촉을 방해하는 것으로, 개체는 이로 인해 미해결 과제를 쌓게 되고 마침내 환경에 창조적으로 적응하는 데 실패한다. 건강한 개체는 접촉경계에서 환경과 교류하면서 자신에게 필요한 것은 경계를 열어 받아들이고, 환경에서 들어오는 해로운 것에 대해서는 경계를 닫음으로써 이들의 해악으로부터 자신을 보호한다. 그러나 경계에 문제가 생기게 되면 이러한 환경과의 유기적인 교류접촉이 차단되고 심리적·신체적 혼란이 생긴다. 이런 맥락에서 게슈탈트 치료자들은 모든 정신병리 현상은 항상 '접촉경계 혼란'으로 인해 발생한다고 본다.

Perls(1969a, 1969b)는 접촉경계 혼란을 개체와 환경이 서로 직접 만나지 못하도록 둘 사이에 마치 중간층 같은 것이 끼어 있는 현상이라 말했다. 마치 우리의 의식에 안개가 낀 것과 같은 것이다. 이러한 중간층을 그는 '마야(maja)'라고 불렀는데, 이는 개인과 환경의 접촉을 방해하는 환상을 의미한다. 그에 따르면, 우리는 일상생활에서 수많은 마야에게 에너지를 빼앗기기 때문에 환경과 접촉할 에너지가 남지 않는다. 접촉경계 혼란으로 말미암아 개체는 자신의 유기체 에너지를 환경과 효과적으로 교류하고 접촉하는 데 쓰지 못하고 공상이나 환상 같은 무의미한 활동들에 분산시켜 버린다. 이러한 개체는 자신의 경계가 불명확하여 자신의 정체성을 확립하지 못한다. 이런 사람들은 자신이 과연 누구인지, 진정으로 무엇을 원하는지, 어디까지가 자기이고 어디서부터 타인인지 명료하게 구분하지 못한다. 접촉경계 장애가 심해지면, 접촉경계가 매우 불투명해지고 마침내 신체경계까지 모호해져서 심리적인 불안을 신체적 허기로 잘못 지각하여 음식을 먹는 행위로 대치하는 사람들도 있다.

Perls는 접촉경계 혼란을 극복하고 심리적 성숙에 이르기 위하여 5개 층의 신경중 상태를 통과해야 한다고 보았다. 한 층을 통과할 때마다 환경과의 접촉이 현저하게 증진된다. 그 첫째는 피상층(phony layer)으로서 개인이 사회적인 규범에 따라 위선적인 상투적 행동을 나타내며 다른 사람들을 피상적으로 대하는 상태를 의미한다. 둘째는 공포층(phobic layer) 또는 연기층(role playing layer)으로서 진정한 자기 모습을 내보이는 것에 공포를 느끼며 이를 회피하기 위해서 부모나 주변사람들의 기대에 따라 살아가는 상태이다. 이러한 사람들은 자신의 욕구와 감정을 억압하고 환경에서 기대하는 역할을 연기하며 살아가지만, 그것이 진정한 자신의 모습이라고 착각하며 살아간다. 셋째는 교착층(impasse layer)으로서 이제껏 해왔던 역할연기를 그만두려 하지만 변화에 대한 두려움 때문에 이러지도 저러지도 못하는 상태를 뜻한다. 넷째는 내파층(implosive layer)으로서 자신의 내면적 욕구와 감정을 알아차리고 진정한 자기를 인식하지만 외부적 표현을 억제하는 상태이다. 그동안 억압되었던 욕구와 감정은 그대로 발산되면 타인과의 관계를 악화시킬 수 있는 파괴력을 지니기 때문에 표현되지 못한 채 긴장상태를 초래하게 된다. 마지막은 폭발층(explosive layer)으로서 다른 사람과 거짓이 없는 진실한 접촉이 이루어지는 상태를 의미한다. Perls에 따르면, 진정으로 살아 있는 진실한 존재가 되기 위해서는 폭발을 경험하는 것이 필수적이다. 이 상태에서는 자신의 욕구와 감정을 분명하게 알아차리고 억압 없이 직접적으로 표현함으로써 환경과의 접촉이 활발해진다. 진정한 자신의 모습으로 타자와 접촉하며 실존적으로 진실한 삶을 살게 된다.

2) 다양한 접촉경계 장애

게슈탈트 치료자들은 전통적인 진단명을 사용하는 것에 대해서 찬성하지 않는다. 내담자들이 다양한 심리적 문제나 증상을 나타내는 것은 각기 다른 원인에 의한 접촉경계 장애 때문이다. Perls는 접촉경계 장애를 유발하는 주요한 심리적 원인으로 내사, 투사, 융합, 반전, 자의식을 제시했으며 Polster는 편향을 추가했다. 이러한 접촉경계의 장애들은 서로 관련되어 있으면서도 제각기 구분될 수 있는 것들이다(김정규, 1995).

(1) 내사

내사(introjection)는 개체가 환경의 요구를 무비판적으로 받아들이는 것을 의미한다. 개인은 환경과의 접촉을 통하여 자신에게 필요한 것을 외부로부터 받아들인다.

이때 자신에게 적절한 것을 선별하지 못하고 무비판적으로 받아들이면, 그러한 외부의 요구는 자신의 것으로 동화되지 못한 채 개인의 행동이나 사고방식에 악영향을 미치게 된다. 예를 들어, "거짓말을 해서는 안 된다." "윗사람에게 순종하라." "모든 사람에게 인정받아야 한다." 등과 같이 부모나 문화로부터 요구된 가치관과 사고방식을 무비판적으로 받아들여 따르고자 하는 것을 의미한다.

내사가 심한 사람들은 자신의 진정한 욕구가 무엇인지 잘 모른 채 타인의 기대에 따라 맞추어 사는 데 익숙하다. 이들은 윗사람의 요구를 잘 따르는 '모범생'으로 여겨질 수 있으나 스스로 자신의 삶의 목표를 정하여 창의적인 삶을 사는 것을 두려워한다. 또한 피상적이고 판에 박힌 행동을 하며 깊은 대인관계를 맺지 못하는 경향이 있다.

Perls에 따르면, 개인이 부모와의 과도한 동일시를 통해서 부정적 측면까지 내사하는 경우에 신경증이 발생한다. 부모의 긍정적 측면은 자신의 것으로 쉽게 동화될 수 있지만, 부정적 측면은 동화되지 못한 채로 내사되어 개인의 통합성을 방해하여 장애를 일으킨다는 것이다. 신경증은 개인이 자기 자신과 자신이 아닌 것 사이를 분명히 구분하지 못하는 것, 즉 '경계장애'라고 할 수 있으며, 내사는 대표적인 경계장애의 한 유형이라고 할 수 있다. 따라서 심리치료는 무엇이 자기이고 무엇이 자기가 아닌지를 명확히 구분하도록 도와주는 작업이라고 할 수 있다.

(2) 투사

투사(projection)는 자신의 생각이나 욕구, 감정을 타인의 것으로 지각하는 것을 말한다. 예컨대, 자신이 타인에 대해 애정이나 적대감을 갖고 있으면서 오히려 타인이 자신에게 그러한 감정을 갖고 있는 것으로 지각하는 것이다. 투사를 하는 이유는 다양하다. 개체는 투사를 함으로써 자신의 욕구가 좌절되는 것보다 고통을 덜 받게된다. 또한 투사를 함으로써 자신의 억압된 욕구를 동시에 충족시키는 효과도 갖는다. 예를 들어, 자신의 공격성을 억압하고 타인에게 투사하는 내담자의 경우 투사를 함으로써 자신의 공격성을 방어하는 동시에 타인을 매개로 하여 자신의 욕구를 충족시킬 수 있게 된다. 투사는 내사의 영향에 의해 생길 수도 있다. 즉, 개체에 내사된 가치관이나 도덕적 규범 때문에 자신의 특정한 욕구나 감정을 허용할 수 없는 경우에 이를 타인의 것으로 지각함으로써 해결하려 할 수 있다.

많은 대인관계 갈등은 자신의 내면에서 받아들일 수 없는 부분들을 타인에게 투사함으로써 나타난다. 우리 내면의 부정적 요소를 자신의 것으로 인정하기보다 자신밖에 있는 것으로 보는 것이 편하기 때문에 타인을 사악한 존재로 규정하며 갈등을 일으키는 것이다. 다른 사람의 특정한 행동에 지나치게 민감하게 반응하며 부정적인 반응을 보이는 사람의 경우에도 투사가 작용할 수 있다. 자신이 내사된 가치관 때문에 무척 하고 싶은 충동적 행동을 억압하고 있는데, 이러한 행동을 하는 타인을 보게 되면 마치 자신의 충동이 통제를 벗어나려 하는 것으로 느껴지기 때문에 지나치게 민감한 반응을 나타내게 된다.

투사 그 자체가 병적인 것은 아니다. 투사 능력이 없으면 타인을 이해할 수 없다. 인간은 자신의 심리를 근거로 해서 타인을 이해하기 때문이다. 문제는 자신의 투사행위를 모르고 있을 때 발생한다. 투사는 자신의 유기체적 욕구를 자각하고 접촉하며 해소하는 과정을 방해할 뿐 아니라 타인과의 접촉도 방해한다. 타인의 존재를 있는 그대로 바라보지 못하고 자신의 생각과 욕구를 타인의 것으로 지각함으로써 타인과의 진정한 만남이 이루어지지 못하게 하기 때문이다.

(3) 융합

융합(confluence)은 밀접한 관계에 있는 두 사람이 서로의 독자성을 무시하고 동일한 가치와 태도를 지닌 것처럼 여기는 것이다. 융합의 관계는 흔히 외로움이나 공허감을 피하기 위한 경우가 많다. 융합 관계에 있는 사람들은 자신감이 부족하며 다른 사람의 도움을 빌리지 않으면 혼자서 어떤 일도 할 수 없다고 생각한다. 이들에게 혼자 있는 것은 커다란 공포다. 따라서 이들은 자신의 개성과 주체성을 포기하고 타인과 합치는 것이 외로움과 공허감을 직면하는 것보다 낫다고 생각한다.

융합관계에 있는 사람들은 겉으로 보기에는 서로 지극히 위해주고 보살펴주는 사이인 것처럼 보이지만 내면적으로는 서로 독립적으로 행동하지 못하고 의존관계에 빠져있는 경우가 많다. 이러한 관계는 부부 사이나 부모-자녀 사이에서 많이 발견되지만 오랫동안 사귄 친구 사이나 개인과 소속단체 사이에도 존재할 수 있다. 이들은 서로 간에 어떤 갈등이나 불일치도 용납하지 못하며 서로의 관계를 깨뜨리는 행동은 암묵적인 계약을 위반하는 것이므로 상대편의 분노와 짜증을 사게 되고 그러한 행동을 한 사람은 죄책감을 느끼게 된다.

융합은 경계선 성격장애를 지닌 내담자에게서 많이 나타난다. 이런 내담자의 성장과정을 보면 부모-자녀 관계가 지나치게 밀착되어 있어 분명한 경계가 형성되어 있지 않다. 이러한 내담자에게는 부모, 특히 어머니와의 경계를 분명하게 그어주는 작업을 해야 한다. 자기 자신의 욕구를 자각하고 자신의 행동에 대해 책임을 지도록 가르치는 한편, 부족한 자신감을 극복할 수 있도록 도와주어야 한다.

(4) 반전

반전(retroflection)은 개인이 다른 사람이나 환경에게 하고 싶은 행동을 자기 자신에게 하는 것, 혹은 타인이 자신에게 해주기를 바라는 행동을 스스로 자기 자신에게 하는 것을 뜻한다. 즉, 반전은 타인이나 환경과 상호작용하는 대신에 자기 자신을 행동의 대상으로 삼는 것을 말한다. 타인에게 화를 내는 대신에 자기 자신에게 화를 내거나 타인으로부터 위로 받는 대신에 자위 하는 것이 그 예이다.

반전은 개인이 성장한 환경이 억압적이거나 비우호적이어서 자연스러운 접촉행동을 할 수 없는 경우에 부모와 환경의 태도를 자신의 것으로 내사하기 때문에 일어난다. 개인은 반복되는 내사로 인하여 내면세계가 두 부분으로 분열되어 한쪽은 행위자로 다른 쪽은 피행위자로 된다. 그래서 원래는 개체와 환경 간의 갈등이었던 것이 이제는 개체의 내부 갈등으로 바뀌게 된다.

대부분의 반전은 분노감정 때문에 일어난다. 분노는 개체의 가장 중요한 미해결 감정 가운데 하나로서 분노감정의 차단은 다른 정서의 인식과 표현을 방해한다. 분노 감정이 해결되지 않으면 시간이 흘러도 분노는 사라지지 않은 채 미해결 과제로 남아 다른 긍정적인 감정을 체험할 기회를 방해한다.

반전은 신체적 통증, 강박증상, 열등의식, 죄책감, 우울증 등을 유발할 수 있다. 개체의 내부에서는 에너지가 밖으로 나가려고 하지만 개체는 이를 통제하므로 팽팽한 긴장상태가 생겨 신체적인 긴장과 통증으로 나타날 수 있다. 겉으로는 자신이나 타인에게 무의미해 보이는 행동을 끊임없이 반복하는 강박증상은 해소되지 않은 유기체적 욕구와 이를 반전하는 자기 부분과의 싸움에서 비롯하는 것이다. 또한 자기 자신을 부정적으로 평가하고 비난하는 열등의식은 원래 타인에 대한 자신의 평가적인 행동을 자기 자신에게 되돌린 것이라고 볼 수 있다. 죄책감 역시 분노가 반전된 것이다. 개인이 자신을 행위자와 피행위자로 양분하고 자신에게 화를 내는 것이 죄책감이라고 할 수 있다. 흔히 우울증 환자들은 사랑하는 사람에 대해 분노나 불만감을 표현하지 못하고 그것을 자기 자신에게 반전시킴으로써 죄책감에 빠지고 우울하게 된다. 이러한 반전이 심해지면 자살을 시도하게 되는데, 자살은 개체가 타인에 대한 적개심을 송두리째 자신에게 향하게 함으로써 자신을 파괴하는 행동으로 볼 수 있다.

(5) 자의식

자의식(egotism)은 개체가 자신에 대해 지나치게 의식하고 관찰하는 현상을 말한다. 이것은 자신의 행동에 대한 타인의 반응을 지나치게 의식하기 때문에 생긴다. 자의식은 반전으로 인해 생기는 현상이다. 즉, 개체가 자신의 주의를 외부 대상으로 향하는 대신 자기 자신에게 향함으로 인해 발생하는 것이다. 자의식은 개체가 어떤 행동을 하고 싶은 욕구나 감정을 지니고 있지만, 그러한 행동을 했을 때의 결과를 확신하지 못하기 때문에 행동을 억제한 채 엉거주춤한 상태로 자신의 어색한 모습을 의식하게 될 때 생기는 심리상태이다. 이러한 경우에 행동으로 표현되지 못한 욕구나 감정은 배경으로 사라지지도 전경으로 나타나지도 못하고 중간층에 머물게 되면서 접촉경계의 혼란을 일으키게 된다.

자의식이 많은 사람들은 다른 사람들로부터 존경받고 싶고 관심을 끌고 싶지만 거부당할까봐 두려워 행동을 드러내놓고 하지 못한다. 이들은 여러 사람들 앞에서 연설을 해야 한다든가, 여러 사람이 앉아 있는 앞을 지나가야 하는 등 많은 사람들로부터 시선을 받는 순간 자의식이 심해진다. 대인공포증을 보이는 사람들이 대표적인 예이다.

(6) 편향

편향(deflection)은 개인이 환경과의 접촉으로 인해 감당하기 힘든 심리적 결과가 초래될 것이라고 예상할 때 이러한 경험에 압도당하지 않기 위해서 환경과의 접촉을 피해버리거나 자신의 감각을 둔화시킴으로써 환경과의 접촉을 약화시키는 것을 말한다. 예컨대, 말을 장황하게 하거나 초점을 흩트리는 것, 말하면서 상대편을 쳐다보지 않거나 웃어버리는 것, 구체적으로 말하지 않고 추상적인 차원에서 맴도는 것, 자신의 감각을 차단시키는 것이다.

편향은 개인이 불안, 죄책, 갈등, 긴장 등 여러 가지 부정적인 심리상태를 피하기 위해 사용하는 적응기제의 하나라고 할 수 있는데, 그중에서도 특히 불안의 방어가 중요한 목적이다. 불안은 개인이 체험하는 다양한 종류의 고통과 부정적 감정에 총체적으로 관여하기 때문이다. Perls에 따르면, 불안은 행동으로 옮겨질 수 없는 흥분 또는 억제된 흥분 에너지다. 즉, 개인이 어떤 행동을 하고 싶은 욕구나 감정을 느낄 때 흥분 에너지가 동원되지만, 흥분을 행동으로 옮겼을 때 초래되는 좌절상황을 예상해서 흥분을 억제하게 되는데, 그때 느끼는 감정이 불안이라는 것이다. 편향은 불안을 막는 방법으로서, 흥분 에너지 자체를 피해버리거나 둔화시키는 책략을 택한 것이다. Perls에 의하면, 개인이 미래를 생각하지 않고 '지금-여기'에 충실히 몰입하게 되면 흥분은 자연스럽게 행동으로 옮겨질 수 있게 되고 불안은 체험되지 않는다. 개인이 '지금-여기'를 떠나 미래의 부정적 결과를 예상하면, '지금-여기'의 흥분은 억제되고 행동으로 바뀌지 못한 흥분은 불안으로 더욱 커지게 된다.

5. 치료 이론

1) 치료목표

게슈탈트 치료에서 심리장애는 내사, 투사, 융합 등의 접촉경계 장애에 의해 개인과 환경의 연결성이 일시적으로 끊어진 상태를 말한다. 심리치료란 치료자가 내담자로 하여금 이러한 단절된 연결성을 회복하여 자기 자신의 내면과 타인, 환경, 문화, 자연, 우주, 신과 연결되도록 도와주는 작업이라고 할 수 있다(김정규, 1995; Perls, Hefferline, & Goodman, 1951; Yontef, 1993). Laura Perls(1976)에 따르면, "게슈탈트 치료의 목표는 알아차림이 계속 이어지도록 하는 것이다. 이것은 유기체, 관계, 집단, 사회 중 어떤 것에 관한 것이든 가장 큰 관심사와 흥밋거리가 게슈탈트를 형성하여 전경으로 부각되어 온전히 경험되고 처리됨으로써 배경으로 녹아들어갈 수 있게 하여 그다음에 떠오르는 적절한 게슈탈트에게 전경 자리를 내어주며 자유롭게 진행되는 게슈탈트 형성과정을 뜻한다."

게슈탈트 치료에서 추구하는 목표를 좀 더 상세하게 살펴보면 다음과 같다. 각각의 목표는 서로 연관되어 있고 보완적인 것이라고 할 수 있다. 게슈탈트 치료의 첫째 목표는 내담자의 체험을 확장하는 것이다. 내담자가 자신의 사고와 감정, 욕구, 상상, 신체감각 그리고 환경에 대한 지각을 확장함으로써 환경과 효과적으로 접촉하면서 자신의 바람을 자연스럽게 표현하며 충족하는 것을 배우도록 한다. 둘째는 내담자의 인격을 통합하는 것이다. 내담자로 하여금 그동안 억압되고 소외되어온 인격의 부분들을 다시 알아차리고 체험함으로써 자신의 인격으로 통합시키도록 돕는다. 셋째, 치료자는 내담자의 자립 능력을 증진한다. 게슈탈트 치료자들은 내담자가 스스로 자신을 보살필 수 있다고 믿는다. 따라서 내담자의 자립능력을 일깨워 회복되도록 돕는다. 넷째, 내담자로 하여금 자신의 삶에 대한 책임을 자각하게 한다. 게슈탈트 치료는 모든 것을 각자의 선택으로 본다. 따라서 내담자가 타인에게 의존하려는 자세를 버리고 자립함으로써 자신의 행동을 스스로 선택하고 책임질 수 있도록 돕는다. 다섯째, 치료자는 내담자의 성장을 돕는다. 게슈탈트 치료는 내담자의 증상 제거보다는 성장에 관심을 기울인다. 따라서 내담자의 병적인 부분을 교정하고 제거하는 것이 아니라 내담자의 자생력을 북돋아 스스로 혼란을 극복하고 새로운 변화와 성장을 향해 나아가도록 돕는다. 마지막으로, 내담자의 실존적 삶을 촉진한다. 게슈탈트 치료자는 내담자로 하여금 내적으로는 자신의 유기체적 욕구를 외면하지 않고 받아들여 모든 잠재적 가능성을 실현시켜 나가는 동시에 외적으로는 타인이나 자연세계를 그들 본연의 모습으로 인식하며 진실한 접촉을 하도록 돕는다.

2) 치료원리 및 치료기제

게슈탈트 치료자에 따르면, 모든 심리장애는 기본적으로 알아차림과 접촉이 결여된 상태이다. 따라서 내담자의 알아차림과 접촉을 증진시킴으로써 건강한 상태로 회복될 수 있다. 게슈탈트 치료는 다양한 기법을 통해서 내담자의 알아차림과 접촉을 증진시키는 데 초점을 맞추고 있다.

(1) 알아차림

알아차림은 유기체의 내면적 욕구를 전경으로 떠올려 강한 게슈탈트를 형성함으로써 이러한 욕구의 완결을 가능하게 해준다. Perls 등(1951)에 따르면, "알아차림 그 자체가 바로 치료적이다." 게슈탈트 치료의 유일한 목표는 알아차림이다(Yontef, 1993). 게슈탈트 치료에서 치료의 핵심은 강한 게슈탈트를 형성하는 것이며 알아차림은 바로 이러한 게슈탈트를 형성하는 행위이다.

알아차림은 치료장면에서 크게 두 가지 목적으로 중시된다. 그 첫째는 미해결 과제를 알아차림으로써 과제를 해소하는 것이다, 다른 하나는 현재 상황에서 새롭게 일어나는 욕구나 감정을 알아차려 게슈탈트를 형성하는 것이다. 게슈탈트 치료에서는 이러한 두 가지 알아차림 모두가 중요하며, 두 작업은 서로 보완적인 관계에 있다. 미해결 과제를 해결함으로써 '지금-여기'에 더 잘 집중할 수 있고, 또한 '지금-여기'에 더 잘 집중함으로써 미해결 과제가 쌓이지 않게 된다. 치료 장면에서는 대체적으로 미해결 과제를 우선적으로 해결하는 것이 통상적인 절차이다.

알아차림은 그 대상, 즉 무엇을 알아차리느냐는 점에서 '현상 알아차림'과 '행위 알아차림'으로 구분될 수 있다. '현상 알아차림'은 개체와 환경의 상호작용 과정에서 발생하는 다양한 현상을 알아차리는 것이다. 현상 알아차림은 ① 신체감각, ② 욕구, ③ 감정, ④ 환경, ⑤ 상황, ⑥ 내적인 힘의 6개 영역에 대한 알아차림으로 구분될 수 있다. 이들은 서로 밀접한 관계를 지니고 있으며, 어느 한 영역에 대한 알아차림은 다른 영역의 알아차림을 증진한다. 개체가 이러한 현상들을 잘 알아차리지 못하면 개체는 환경에 유기적으로 적응하는 데 실패하게 된다.

'행위 알아차림'은 개체가 하는 자신의 행위방식, 특히 부적응적인 행동방식을 알아차리는 것을 뜻한다. 따라서 현상 알아차림이 '어떤 것'에 대한 알아차림이라면, 행위 알아차림은 '어떻게'에 대한 알아차림이라고 할 수 있다. 행위 알아차림은 ① 접촉경계 장애 행동에 대한 알아차림, ② 사고패턴에 대한 알아차림, ③ 행동패턴에 대한 알아차림으로 나눌 수 있다. 치료자는 내담자의 과거 경험을 찾아내어 분석하지 않고 단지 내담자가 현재 자기 자신의 욕구와 감정을 '어떻게' 억압하고 차단하는지, '어떻게' 새로운 체험을 회피하고 방어하는지 알아차릴 수 있도록 도와주는 데 초점을 둔다. 내담자는 자기 행동의 '어떻게'에 집중함으로써 억압행위를 자각하고 억압을 해체할 수 있게 된다. 이와 같이 행위 알아차림은 무의식적 행동을 의식적인 행동으로 바꾸어 줌으로써 내담자로 하여금 자신의 행동에 대한 통제력을 갖게 해주고 결과적으로 적응적인 행동을 선택하도록 해준다.

(2) 접촉

접촉은 자기 자신과의 접촉, 대인관계 접촉 그리고 환경과의 접촉으로 구분될 수 있다. 첫째, 게슈탈트 치료자는 내담자로 하여금 자기 자신과의 접촉을 증진하도록 돕는다. 개인은 살아가면서 자기 자신이라고 동일시해온 부분 이외의 것들에 대해서는 회피한다. 만일 그러한 것들이 전경으로 떠오르려 하면 불안과 죄책감을 느끼게 되어 차단되고, 미해결 과제로 남게 된다. 이러한 미해결 과제의 예를 들면, 억압된 성 욕구, 해결되지 않은 분노감, 해소되지 않은 슬픔, 충족되지 않은 애정욕구 같은 것들이 있다.

둘째, 대인관계 접촉을 증진하는 것이 중요하다. 대인관계 접촉은 가장 보편적 형태로서 일반적으로 접촉이라 하면 이것을 의미한다. 대인관계 접촉의 가장 기본적인 단위는 두 사람 간의 접촉이다. 두 사람 사이의 원활한 접촉이 가능하기 위해서는 다음의 조건이 갖추어져 있어야 한다. ① 좋은 대인관계 접촉을 위해서는 나와 다른 사람의 경계가 명확해야 한다. ② 타인과의 접촉에서 서로 융합되거나 소외되지 않기 위해서는 긍정적 변화를 위한 에너지와 활력이 필요하다. ③ 만남의 순간에 의식되는 것들을 자유롭게 표현할 수 있는 능력이 필요하다. 접촉을 최대화시키기 위해서는 일차적 알아차림, 즉 현재 가장 중요한 감정이나 체험을 상대방에게 표현해야 한다. 대인관계 접촉에서 표현은 상대편에게 접촉의사를 전달하는 동시에 자신을 개방하는 행위이며 상대편을 초대하는 행위이다. 내담자들은 자신의 체험을 상대방에게 직접적으로 명료하게 표현하는 대신에 다양한 방어에 의한 왜곡된 표현을 통해서 의미 있는 진실한 만남을 갖지 못한다. 치료자는 내담자가 다른 사람과 어떻게 접촉하고 있는지 혹은 접촉을 회피하고 있는지 면밀히 살펴야 한다.

셋째, 치료자는 내담자가 자신의 환경과 접촉하도록 돕는다. 환경이란 인간 이외의 모든 생물이나 무생물을 뜻한다. 환경과 잘 접촉한다는 것은 어떤 개념이나 인위적인 분석 없이 그냥 환경을 있는 그대로 지각하고 만나는 것을 의미한다. 예컨대, 음악을 들으면서 그것을 이론적으로 분석하고 평가하는 것이 아니라 음악 자체에 빠져들어 음악을 체험하는 것이 음악과 접촉하는 것이다. 환경과의 접촉은 자기 자신과의 접촉 및 대인관계 접촉을 증진시킨다. 예컨대, 자연의 변화, 즉 봄이 오고 꽃이 피고 새가 우는 환경의 변화와 잘 접촉할 수 있는 사람은 자신이나 타인과도 잘 조화될 수 있다.

게슈탈트 치료란 개체가 자신의 접촉경계 혼란을 알아차려 제거하고, 불안으로 변형되어 표출되는 흥분 에너지를 다시 환경과의 접촉에 사용하게 함으로써 성장하도록 돕는 것이라고 할 수 있다. 즉, 알아차림-접촉 주기를 다시 복원시켜 원활하게 해주는 것이 치료이다. 흔히 내담자는 타인과 접촉하게 되면 자신의 정체성을 상실하게 될까봐 두려워 접촉을 회피한다. 이러한 두려움은 오직 현실과의 접촉을 통해서만 극복할 수 있다. 게슈탈트 치료에서는 치료자와 내담자 사이에 이루어지는 '지금-여기'에서의 접촉을 강조한다. 내담자는 치료자와의 접촉을 통해 이제까지 회피해왔던 현실을 다시 접촉하는 것을 배우게 된다.

3) 치료기법

게슈탈트 치료자는 내담자와의 진실한 대화적 관계 위에서 내담자의 알아차림과 접촉을 촉진하는 다양한 기법을 사용한다(김정규, 1995). 게슈탈트 치료는 치료자와 내담자가 수평적인 관계에서 '지금-여기'의 체험에 초점을 맞추어 진행되는 자연스러운 대화와 진실한 만남으로 이루어진다. 이러한 '나와 너의 관계' 위에서 치료가 진행된다. 서로를 인격체로 존중하는 동시에 치료자와 내담자 모두 자신의 행동에 대한 책임을 진다. 치료자와 내담자는 '지금-여기'에 초점을 맞춘 동일한 언어, 즉 현재 중심적인 언어를 사용하고 두 사람의 직접적인 경험에 초점을 맞춘 대화가 이루어진다. 게슈탈트 치료의 다양한 기법은 대부분 내담자의 알아차림과 접촉을 증진시키는 데 초점을 맞추고 있다.

(1) '지금-여기'의 체험에 초점 맞추기

게슈탈트 치료자들은 알아차림을 촉진하기 위해서 내담자로 하여금 과거나 미래가 아닌 현재, 즉 '지금-여기'에서 경험하는 것들에 초점을 맞추도록 격려한다. 이를 위해서 치료자는 내담자가 자신의 욕구와 감정, 신체감각, 언어와 행위, 환경을 알아차리도록 다양한 질문과 격려를 통해 안내한다.

욕구와 감정 알아차리기　　게슈탈트 치료에서 가장 중요하게 여기는 것 중 하나는 '지금-여기'에서 체험되는 욕구와 감정을 알아차리는 것이다. 내담자가 자신이 지금 무엇을 느끼고 무엇을 원하는지를 알아차리는 것은 매우 중요하다. 내담자는 자신의 욕구와 감정을 자각함으로써 자기 자신 또는 환경과 잘 접촉하고 교류할 수 있으며 변화와 성장을 이룰 수 있기 때문이다. 억압된 감정과 욕구를 자각하여 미해결 과제를 해결할 수 있을 뿐만 아니라 현재의 욕구와 감정을 알아차림으로써 유기체로서의 자기 자신을 실현할 수 있다. 욕구와 감정의 알아차림을 촉진하기 위해서 치료자는 "지금 어떤 느낌이 드시나요?" "지금 당신의 마음에 어떤 감정(또는 욕구)이 떠오르나요?" "생각을 멈추고 당신이 지금 느끼는 감정에 집중해보세요." "지금 당신이 가장 원하는 것은 무엇인가요?" "지금 그런 말씀을 왜 하시는지 자각해보세요." "'나는 …을 하고 싶다.'라는 문장을 세 개 정도 완성해보세요."와 같은 질문을 사용할 수 있다.

신체감각 알아차리기　　치료자는 내담자가 자신의 신체감각을 좀 더 민감하게 알아차리도록 촉진한다. 몸과 마음은 서로 불가분의 관계에 있기 때문에 내담자로 하여금 자신의 신체감각을 알아차리게 함으로써 자신의 감정, 욕구, 무의식적 생각을 알아차리도록 도울 수 있다. 특히 에너지가 많이 집중되어 있는 신체부분에 대한 알아차림을 중시하는데, 이는 해소되지 못한 감정들이 여러 신체부위에 집중되어 긴장을 유발하거나 충동적 행동을 촉발할 수 있기 때문이다. 신체감각의 알아차림을 촉진하기 위해서 치료자는 "주의를 안으로 기울여 당신의 신체감각을 느껴보세요" "어떤 신체부위에 어떤 느낌이 느껴지나요?" "당신의 호흡을 자각해보세요." "당신은 지금 어깨를 움츠리고 있네요?" "방금 당신의 목소리가 달라졌네요?" "당신의 신체가 무엇을 표현하려고 하는지 알아차려 보세요." "당신의 손이 무엇을 말하려고 하나요?" 와 같은 질문을 사용할 수 있다.

언어와 행위 알아차리기　　치료자는 내담자로 하여금 자신의 언어와 행동을 알아차리도록 돕는다. 언어와 행동은 내담자가 타인과 접촉하면서 자신의 감정을 표현하고 욕구를 해소하는 중요한 접촉수단이다. 내담자의 언어와 행동에는 그가 자신의 욕구와 감정을 표현하는 방식이 반영되어 있다. 따라서 치료자는 내담자로 하여금 자신의 언어와 행동을 알아차리고 부적응적인 것을 수정하도록 돕는 것이 중요하다. 치료자는 "지금 당신은 자신의 감정을 어떻게 표현하고 있나요?" "그런 말씀을 하시면 상대방이 어떻게 느낄까요?" "당신은 이야기하면서 '그러나' (또는 '~한 것 같습니다' '미치겠다' '~할 수밖에 없다.')라는 말을 자주 사용하시는군요." "'그러나'라는 말 대신 '그리고'라는 말을 사용해서 말씀해 보시지요."와 같이 말하며 권유할 수 있다.

언어와 행동의 알아차림은 내담자의 책임의식을 증진할 수 있다. 자신이 무심코 내뱉는 언어의 내용과 방식에 대해서 좀 더 면밀하게 자각하게 되면, 언어행위에 대한 책임의식이 고양된다. 때로는 책임을 회피하는 내담자에게는 자신의 욕구와 감정에 대해 책임을 지는 문장으로 바꾸어 말하게 함으로써 내담자의 책임의식을 높일 수 있다. 예컨대, 문장의 주어를 생략하거나 '우리'와 같은 대명사를 사용하며 '어쩔 수 없이 ~할 수밖에 없었다.'와 같은 문장을 자주 사용하는 경우, '나는'이라는 주어를 명시하고 '~하기로 선택했다.'라는 표현으로 바꾸어 말하게 한다.

환경 알아차리기　　내담자는 자신의 감정이나 생각에 집중하여 환경을 충분히 자각하지 못할 수 있다. 특히 미해결 과제에 몰두하는 경우에는 현실과 단절되어 환경을 잘 자각하지 못할 수 있다. 환경을 잘 알아차림으로써 현실과의 접촉을 증진하고 그로 인해서 미해결 과제를 더 잘 해결할 수 있게 된다. 환경과의 접촉을 통해서 내담자는 자신의 공상과 현실의 차이를 명료하게 알아차릴 수 있게 된다. 이를 위해서 치료자는 "방 안에 무엇이 보이나요?" "주변의 사물들을 한 번 둘러보세요." "눈을 감고 주변에서 들리는 소리에 귀를 기울여보세요." "눈을 감고 지금 말씀하신 그 사람의 얼굴 모습을 떠올려 보세요."와 같은 표현을 사용할 수 있다.

(2) 직면시키기

직면은 진실을 외면하거나 회피하지 않고 있는 그대로 직시하여 알아차린다는 의미이다. Perls가 가장 중시했던 주제 중 하나가 회피이다. 많은 내담자들이 자신의 진정한 욕구와 감정을 회피하면서 미해결 과제들을 쌓아두기 때문이다. 뿐만 아니라 자신의 부적응적인 언어와 행동방식을 알아차리지 못한 채 환경과 부적절한 방식으로 접촉하는 경우도 많다. 이러한 경우에, 치료자는 내담자의 부적절한 행동을 지적하는 동시에 진정한 동기를 직면시켜줌으로써 미해결 과제를 해소하도록 돕는다. 예컨대, 곤란한 상황을 회피하기 위한 수단으로 웃음을 이용하는 내담자에게 "지금 고통스러운 이야기를 하시면서 웃고 계시네요." "웃지 않으면서 말씀해보시겠어요?" 또는 "지금 감정이 어떠신가요?"라고 물음으로써 직면시킬 수 있다. 또는 "말끝마다 '~한 것 같습니다.'라고 확신 없이 표현하시는 것을 알고 계십니까?" "그런 말씀을 하시는 것은 누구를 즐겁게 해주려는 것인가요?" "그렇게 말하면(또는 행동하면) 상대방이 무척 화가 날 것 같은데요."와 같은 표현을 통해서 내담자가 자각하지 못하거나 회피하려는 행동을 직면시킬 수 있다.

(3) 역할 연기하기

역할 연기 또는 실연(實演: enactment)은 내담자로 하여금 어떤 상황을 가정하여 그 역할이나 행동을 실제로 해보도록 하는 기법을 말한다. 내담자가 자신에게 중요했던 과거의 장면이나 미래에 있을 장면을 실제 상황처럼 상상하면서 어떤 행동을 실제로 해보도록 하는 것이다. 내담자가 자신의 경험이나 행동계획을 추상적인 개념으로 설명하는 대신 직접 행동으로 연기해봄으로써 미처 인식하지 못했던 자신의 감정이나 행동패턴을 발견할 수 있을 뿐만 아니라 그동안 회피해왔던 행동들을 실험해볼 수 있다. 예컨대, 부모의 냉대로 분노를 미해결 감정으로 지니고 있는 내담자에게 부모로부터 냉대 받는 장면을 상상하면서 부모에게 느꼈던 감정을 충분히 표현하게 할 수 있다. 또는 부모나 윗사람에게 자기주장을 하지 못하는 내담자에게 직장상사에게 일찍 퇴근하게 해달라고 요구하는 상황을 가정하고 이러한 자기주장을 실제로 어떻게 할 것인지 해보도록 하는 것이다. 이러한 역할 연기를 통해서 자신의 감정에 대한 알아차림이 증가하고 미해결 감정을 해소할 수 있을 뿐만 아니라 새로운 행동방식을 실험해봄으로써 환경과 효과적으로 접촉할 수 있는 방식을 습득할 수 있다.

(4) 빈 의자 기법

빈 의자 기법(empty chair technique)은 내담자에게 중요한 사람이 빈 의자에 앉아있다고 상상하고서 그 사람에게 실제로 하고 싶은 말과 행동을 하게 하는 방법이다. 이 기법은 게슈탈트 치료에서 가장 흔히 쓰이는 기법 중 하나로서 직면과 역할 연기의 요소를 모두 지니고 있다. 빈 의자 기법은 내담자가 중요한 사람에 관해서 말로 묘사하는 것이 아니라 실제 상황과 가깝게 그 사람에게 직접 말하도록 할 수 있는 장점을 지닌다.

빈 의자에 중요한 상대방이 앉아있다고 상상하면서 실제로 역할 연기를 하도록 하는 것은 내담자로 하여금 그 사람에 대한 감정을 명료하게 느끼게 할 뿐만 아니라 새로운 행동을 시도하게 할 수 있다. 또한 내담자로 하여금 자신의 행동이 상대방에게 어떤 영향을 미치는지를 인식하게 할 수 있다. 예컨대, 부모의 냉대로 분노를 미해결 감정으로 지니고 있는 내담자의 경우, 빈 의자를 앞에 놓고 그 의자에 아버지가 앉아있다고 상상하고 아버지에게 하고 싶은 이야기를 해보도록 하는 것이다. 이 경우에, 내담자는 빈 의자와 자신의 의자 사이를 오가며 상대방의 입장을 경험해볼 수 있다. 예컨대, 아버지가 앉아있다고 상상했던 빈 의자에 가서 앉아 아버지의 역할을 연기해봄으로써 아버지의 심정을 느껴볼 수 있다.

때로는 내담자의 내면적 갈등을 두 개의 인격체로 나누어 각각을 두 개의 빈 의자에 앉게 하여 대화를 나누게 할 수 있다. 이러한 방법을 통해서 내면적 갈등을 좀 더 분명하게 자각하고 해결책을 모색할 수 있다. 흔히 내담자의 인격이 내사된 부분들로 인하여 서로 분열되어 갈등을 일으킬 때, 빈 의자 기법을 통해서 내담자의 내면적 부분들을 서로 대화하게 함으로써 내담자의 심리적 통합을 이루도록 도울 수 있다. 내담자의 내면적 분열을 보여주는 대표적인 예로는 주인과 하인의 싸움이 있다. 이 경우, 주인은 완벽주의적인 성향을 지니고 엄격한 판단을 내리며 초자아처럼 하인에게 실천하기 어려운 이상적인 행동을 요구한다. 하인은 순종적이며 죄책감을 느끼지만 변명을 하거나 상황을 회피하면서 주인의 요구를 따르지 않는다. 이러한 상태를 Perls는 신경증적인 '자기고문 게임'이라고 불렀다. 게슈탈트 치료에서는 빈 의자 기법을 통해 주인과 하인 간에 진정한 대화의 길을 열어줌으로써 내면적 갈등을 해결하고 통합을 이루도록 돕는다. 이 경우, 내담자는 두 개의 빈 의자를 오가며 주인과 하인 각자의 입장을 강력하게 표현하면서 서로의 입장을 이해하고 차이를 줄임으로써 통합에 이를 수 있다.

(5) 꿈 작업하기

　　게슈탈트 치료에서는 꿈을 개인이 자신의 일부를 외부로 투사한 것으로 간주한다. 꿈에 등장하는 인물들뿐 아니라 자연물, 가재도구, 모든 것이 투사된 것이라고 여긴다. 따라서 게슈탈트 치료에서는 꿈을 내담자의 투사 내용을 발견하여 알아차리는 좋은 소재로 취급한다. 꿈 작업을 할 경우에, 게슈탈트 치료자는 꿈을 해석하기보다 내담자로 하여금 꿈에서 본 것을 마치 '지금-여기'에서 일어나고 있는 것처럼 연기해보도록 권유한다. 내담자로 하여금 자신의 꿈에 등장하는 인물이나 주요한 사물을 차례로 동일시하여 그것이 되어보도록 한다. 이 경우에 치료자는 내담자가 꿈의 대상과 동일시하여 하는 말과 행동을 면밀히 관찰하여 내담자에게 알려준다. 특히 내담자가 반복적으로 특정한 패턴의 감정이나 행동을 나타낼 경우에는 치료자가 이러한 패턴을 포착하여 내담자에게 직면시킬 수 있다.

(6) 창조적으로 투사하기

　　인간은 누구나 투사를 하면서 살아간다. 투사는 창조적 투사와 병적인 투사로 구분될 수 있는데, 그 차이는 알아차림에 있다. 창조적 투사는 자신의 투사를 자각하여 투사물이 자기 자신이 만들어낸 것임을 알아차리는 경우인 반면, 병적인 투사는 자신의 투사물을 사실인 것처럼 확신하는 경우이다. 게슈탈트 치료에서는 병적인 투사를 일삼는 내담자로 하여금 자신의 욕구나 감정에 대해서 의도적으로 타인에게 투사하는 역할놀이를 하게 함으로써 투사물이 자신의 일부였음을 알아차리고 이를 자신의 일부로 받아들여 통합하도록 돕는다. 예컨대, 다른 사람이 너무 이기적이고 공격적이라고 불평하는 내담자의 경우, 치료자는 내담자로 하여금 이기적인 사람이 되어 연기해보도록 권유함으로써 그러한 이기적인 욕구나 감정이 자신의 것임을 알아차리도록 할 수 있다.

(7) 실험하기

　　게슈탈트 치료에서는 내담자의 자기인식과 문제해결을 돕기 위해서 다양한 실험을 사용한다. 게슈탈트 치료에서 실험(experiment)이란 내담자의 문제를 이해하고 해결하는 데 있어서 치료자가 창의적인 아이디어를 구상하여 내담자와 함께 하나의 상황을 연출해냄으로써 문제를 명확하게 드러내고 문제에 대한 새로운 해결책을 모색해보는 모든 창의적인 노력을 말한다. 넓은 의미에서 실험은 게슈탈트 치료에서 사용하는 모든 기법을 뜻하기도 한다. 치료자는 실험을 통해 내담자의 문제를 명료화해주고 내담자에게 새로운 경험을 할 수 있는 장을 마련해준다. 실험에서는 모든 상상이나 생각, 감정이 소재로 사용될 수 있으며 치료자는 내담자의 구체적인 행동을 그가 처한 상황과 맥락 속에서 이해할 수 있도록 돕는다.

이 밖에도 게슈탈트 치료는 다양한 기법들을 제시하고 있다. 과거나 미래의 사건을 마치 '지금-여기'에서 벌어지는 사건인 것처럼 체험하게 함으로써 그 사건과 관련된 내담자의 욕구나 감정 등을 알아차리게 하는 '현재화 기법', 내담자의 특정한 행동을 과장하여 표현하게 함으로써 무의식적 욕구와 감정을 명료하게 자각하도록 돕는 '과장하기', 내담자가 자신의 미해결 감정을 회피하지 않고 직면하여 견뎌냄으로써 이를 해소하도록 돕는 '머물러 있기', 내담자가 회피해온 행동을 하게 함으로써 새로운 행동 가능성을 발견하고 행동영역을 확장시켜주는 '반대로 하기', 치료 상황에서 새롭게 체험하고 발견한 사실들을 실제 생활에서 적용시켜 삶을 변화시키도록 하는 '과제 주기' 등과 같은 다양한 기법들이 사용되고 있다.

6. 게슈탈트 치료의 실제

1) 치료의 진행과정

게슈탈트 치료자는 치료 초기에 내담자와의 신뢰관계 형성에 노력해야 한다. 대부분의 내담자들은 타인에 대한 신뢰감이 부족하며 치료자에 대해서도 마찬가지다. 치료자에 대한 내담자의 신뢰감은 치료의 바탕이다. 치료자는 따뜻하고 수용적인 태도로 내담자가 치료자에 대한 신뢰감을 형성할 수 있도록 노력해야 한다.

아울러 게슈탈트 치료자들은 내담자가 나타내는 접촉의 질을 면밀히 평가한다. 접촉경계는 튼튼한지, 경계의 혼란이 있는지, 어떤 형태로 경계혼란이 나타나고 있는지, 접촉을 회피하고 있다면 어떤 방식으로 하고 있는지 등을 탐색한다. 내담자의 말과 행동을 면밀히 관찰함으로써 접촉경계 장애를 파악하는 동시에 그 원인을 내사, 투사, 융합, 반전 등의 측면에서 분석한다.

치료가 진행되어 전개단계에 접어들면, 내담자는 치료자와의 관계를 차츰 편안하게 느끼기 시작한다. 그리고 자신의 내면세계로 눈을 돌리면서 이제까지 억압하고 차단해왔던 감정과 욕구를 발견한다. 이때 자신이 억압했던 욕구나 감정과 접촉하게됨에 따라 갑자기 공포를 느끼기도 한다. 치료자는 내담자의 혼란스러운 마음을 이해해주는 동시에 안심시키면서 격려와 지지를 보내준다.

변화단계에 들어서면, 내담자의 삶에 생기가 살아나며 환경과의 접촉이 원활해진다. 이 단계에서 내담자는 그동안 억압해왔던 자신의 감정이나 욕구를 자연스럽게자신의 것으로 받아들이면서 삶에 생기와 활기가 살아난다. 또한 이전에는 피해왔던행동들을 새롭게 시도하면서 성취감과 즐거움을 느끼게 된다. 이 시기에 내담자는 흔히 새로운 행동을 시도함에 있어 필요한 내적 자원이 부족하여 어려움을 겪을 수 있다. 이때 치료자는 내담자에게 필요한 실제적인 대처기술을 가르쳐줌으로써 적응능력을 향상시켜주는 것도 필요하다.

내담자의 알아차림과 접촉이 증대하고 현실적인 문제 역시 상당부분 해결되면종결단계를 준비한다. 종결단계에서 치료자는 내담자가 치료에서 학습한 것들을 통합하여 실생활에 응용할 수 있도록 도와주어야 한다. 이때 치료자는 내담자로 하여금치료에서 지금까지 느끼고 깨달은 점들을 인지적으로 정리해보고, 행동으로 시연해보도록 하는 것이 좋다. 또한 치료자는 내담자가 아직 미해결 문제들을 갖고 있는지점검해보고 이를 효과적으로 마무리 짓도록 해주어야 한다.

2) 치료자의 역할

게슈탈트 치료자는 내담자의 존재와 그의 삶의 이야기에 대해 진지한 흥미와 관심을 보일 수 있어야 한다. 내담자의 이야기에 심취하여 공감하고 때로는 감동하며그들의 삶을 긍정하며 받아들여주는 일이 중요하다. 치료자는 자신의 가치관을 유보한 채 내담자가 스스로의 본성에 따라 자신의 존재를 실현해나가도록 허용해주어야한다. 아울러 치료자는 항상 내담자로 하여금 스스로 문제를 발견하게 하고 탐색과실험을 통하여 스스로 문제를 해결해나가도록 도와주어야 한다. 치료자는 이끄는 자가 되기보다는 따라가는 자가 되어야 한다. 문제를 해결해나가는 과정에 있어서도 치료자는 너무 성급하게 개입하거나 포기하지 말고, 인내심을 가지고 내담자에게서 나타나는 현상들을 지켜보면서 내담자 자신의 내적과정이 스스로 전개되도록 도와주어야 한다. 게슈탈트 치료자는 내담자의 관점을 존중하며 따라가되 항상 그대로 받아들이지는 않는다. 치료자는 내담자가 고정된 시각에서 벗어나 창조적인 대안을 발견하도록 자극할 수 있어야 한다. 창조적인 치료자는 내담자를 선입견과 고정관념으로부터 흔들어 깨워 자기 자신에 대해 다시 생각해보도록 자극할 수 있다.

　　게슈탈트 치료자의 주된 치료적 과제는 내담자로 하여금 자신의 욕구와 감정을 분명히 알아차리고 이를 환경과의 접촉을 통해 잘 해소할 수 있도록 도와주는 일이다. 게슈탈트 치료자는 내담자의 알아차림을 높여주기 위해 내담자를 분석하기보다는 내담자가 치료실에서 나타내는 신체적, 행동적 변화를 관찰하여 내담자에게 말해줌으로써 그가 자신의 내적 상태를 알아차리게 해줘야 한다. 특히 내담자가 사용한 언어의 내용과 표현방식에 주목하게 하여 내담자의 자기인식을 증진시킨다.

　　게슈탈트 치료자는 내담자와의 만남을 최대한 접촉적인 관계로 끌어올리기 위해 노력해야 한다. 치료자는 내담자의 '문제'에 대해 관심을 두는 것이 아니라 그와의 개인적 관계 교류에 더욱 관심이 있다는 사실을 알려줌으로써 두 사람 간의 진정한 접촉교류가 일어나도록 해야 한다.

　　때로는 내담자가 '저항'이라고 불리는 행동을 나타낼 수 있다. 이러한 저항은 치료자의 미숙한 또는 성급한 개입에 대해서 내담자가 자기를 보호하기 위해 나타내는 행동이다. 치료자가 내담자와 충분히 신뢰관계를 형성하고 조심스럽게 내담자의 세계에 접근한다면 내담자는 안정감 속에서 저항의 필요성을 느끼지 않을 것이다.

　　Perls는 치료자는 내담자의 자립적인 태도나 행동은 격려하고 지지해주되 의존적인 태도나 회피행동은 좌절시켜야 한다고 말했다. 좌절시킨다는 것은 치료자에 대한 내담자의 의존적이고 회피적인 태도를 강화시켜주지 않는 것을 뜻한다. Perls는 내담자의 진정한 성장은 좌절을 겪음으로써 가능하다고 하여 좌절에 특별한 의미를 부여했다. 좌절은 내담자의 발달 성숙 정도에 맞춰서 해야 하며, 충분한 라포 형성이 이루어진 상태에서 치료적 가치가 있다.

　　최근의 게슈탈트 치료자들은 지지를 점점 더 많이 강조하고 있다. Polster(1987)에 따르면, 치료자는 내담자가 이미 알고 있는 것 또는 이미 잘 하고 있는 것을 발견하여 칭찬해주고 그 행동을 더욱 강화해주는 것이 중요하다. 아무리 부적응적인 상태에 있는 내담자들이라 할지라도 반드시 건강하게 기능하는 측면을 갖고 있다. 치료자는 바로 내담자의 그런 건강한 부분을 찾아내어 지지해줌으로써 내담자로 하여금 자기 자신을 새로운 시각에서 바라보고 자신감을 회복하게 할 수 있다.

　　Polster(1987)는 치료과정에서 내담자가 성장하는 3단계를 기술했다. 첫 단계는 '발견'의 단계로서 '지금-여기'에서 일어나는 경험을 잘 알아차리는 것이 핵심이다. 내담자는 자신에 대해 새롭게 깨닫게 되고, 이전 상황을 새로운 관점에서 보게 되며, 삶에서의 중요한 타인을 새로운 눈으로 보게 된다. 둘째 단계는 '조절'의 단계이다. 이 단계에서 내담자는 선택권이 자신에게 있음을 인식하게 된다. 내담자는 치료실이라는 지지받는 환경에서 새로운 행동을 처음 연습하고, 세상에 관한 인식을 확장한다. 새로운 선택은 어색하게 이루어지는 경우가 많지만 내담자는 지지를 받으면서 어려운 상황에 대처하는 기술을 획득할 수 있게 된다. 셋째 단계는 '동화'의 단계로서 내담자는 일상생활에서 부딪치는 사건들을 효과적으로 다룰 수 있다. 내담자는 환경을 수동적으로 받아들이는 것 이상의 많은 것을 할 수 있게 된다. 내담자는 자신의 입장에서 중요한 문제를 다룰 수 있게 되고 마침내 향상되어 유연하게 대처할 수 있는 자신의 능력에 대해 자신감을 갖게 된다.

7. 게슈탈트 치료의 평가

게슈탈트 치료는 '지금-여기'에서의 알아차림을 강조하고 개인과 환경 간 접촉의 질을 증진하는 새로운 치료방법을 제시함으로써 심리치료 분야에 커다란 공헌을 하였다. Cain(2002)은 게슈탈트 치료의 공헌을 다음과 같이 열거하고 있다. 첫째, 게슈탈트 치료는 개인이 자기 자신, 타인 그리고 환경과 접촉하는 것이 중요함을 일깨워주었다. 둘째, 게슈탈트 치료는 심리치료에서 치료자와 내담자의 진정한 관계가 중심적인 역할을 해야 한다는 점을 강조했다. 셋째, 게슈탈트 치료는 현상학적 입장에서 개인의 자기인식능력과 알아차림을 강조했다. 넷째, 게슈탈트 치료는 '지금-여기'에서의 체험을 강조할 뿐만 아니라 과거를 현재 속으로 가져와 생동감 있게 다룰 수 있는 다양한 기법을 제시하고 있다. 마지막으로, 게슈탈트 치료는 내담자의 치료적 학습이 이루어지도록 다양한 실험적 방법을 창의적으로 사용하고 있다.

게슈탈트 치료는 다양한 심리장애의 치료에 있어서 다른 치료들과 동등하거나 보다 더 나은 효과를 나타내는 것으로 보고되고 있다. 특히 게슈탈트 치료는 감정을 억압하고 복잡한 생각이 많은 사람들, 의사결정을 미루고 우유부단한 사람들, 대인관계를 회피하고 소극적인 사람들, 막연한 불안증상을 보이는 사람들, 신체화 경향을 보이는 사람들, 다양한 공포증상을 나타내는 사람들에게 효과적으로 적용되어왔다. 또한 신경성 식욕부진증이나 신체적 통증, 류머티즘과 같은 정신신체 장애, 여러 성격장애에 적용되었으며 최근에는 우울증, 강박증, 약물중독, 경계선 성격장애를 비롯하여 정신분열증이나 에이즈 환자 집단을 대상으로 게슈탈트 치료가 행해지고 있다. 게슈탈트 치료의 효과는 치료의 종결 후 1년에서 3년까지의 추후 연구에서도 안정적인 경향이 있다고 한다.

게슈탈트 치료는 집단의 형태로 치료하기에 적절하다는 강점을 지니고 있다. Perls의 제자인 Polster가 1951년에 게슈탈트 치료를 집단치료의 형태로 시도한 이래,

게슈탈트 치료자들은 집단치료에 적용할 수 있는 다양한 기법을 개발해왔다. 집단 심리치료에서는 '지금-여기'의 정서체험과 '지금-여기'의 행동자각을 중시하는데, 집단 과정에서 일어나는 다양한 정서를 자각하고 체험함으로써 평소에 억압하고 외면해왔던 자신의 핵심정서를 이해하고 해결할 수 있다. 또한 집단에서 나타나는 자신의 행동을 자각함으로써 평소 자각하지 못했던 자신의 행동패턴을 알아차리고, 그러한 행동패턴을 변화시킬 수 있는 기회를 갖게 될 수 있다. 최근의 동향을 보면, 개인 중심적인 치료방식을 선호하는 게슈탈트 치료자들과 집단 중심의 게슈탈트 치료자들의 비율이 거의 비슷한 실정이다.

여러 가지 공헌과 강점에도 불구하고, 게슈탈트 치료는 이론적인 체계성과 정교함이 부족하다는 비판을 받고 있다. 게슈탈트 치료자들은 지난 몇십 년간 기발하고 창의적인 치료기법의 개발에 치중한 반면, 개인의 성격과 발달에 관한 세련되고 정교한 이론을 제시하지 못했다. 뿐만 아니라 게슈탈트 치료의 근거가 되고 있는 이론이나 개념들은 추상적이거나 철학적인 것으로서 실증적인 검증이 부족하다.

또한 게슈탈트 치료는 현상학적 입장을 고수함으로써 임상진단체계를 지나치게 무시하는 경향이 많았고, 따라서 체계적인 연구와 치료활동을 등한시했다는 지적을 받고 있다. 특히 치료현장에서 환자들의 문제를 진단하여 그에 따른 세분화된 치료계획을 세우고, 치료결과를 평가하는 등의 체계적인 연구 활동을 발전시키지 못했다. 앞으로의 게슈탈트 치료연구는 기존의 진단체계에 보조를 맞추며, 좀 더 세분화된 치료절차를 마련하고 그에 따른 체계적 치료연구를 해나가야 할 것이다.

게슈탈트 치료는 그동안 집단치료나 워크숍, 치료시범, 치료자 훈련 등의 활동에 치중하는 경향이 있었고, 개인치료에 있어서도 비교적 단기간의 치료에 역점을 두었으므로 장기치료 부분에서는 다소 소홀했던 측면이 있다. 여러 가지 치료효과 검증이나 새로운 이론의 개발 등을 위해서는 장기간에 걸친 치료연구가 필수적이다. 게슈탈트 치료는 긍정적 변화를 위해서 체험이 중요함을 강조함으로써 심리치료 분야에 새로운 흐름을 불어넣었다. 개인과 환경의 접촉을 증가시키는 게슈탈트 치료의 다양한 체험적 기법들은 다른 치료적 접근에서도 적극적으로 활용되고 있다. 게슈탈트 치료는 내담자로 하여금 진정한 자신의 모습을 바라보고 알아차림으로써 현실 속에서 자신을 실현하며 성장하도록 돕는 체험적인 실존적 치료법이라고 할 수 있다.

자기이해를 위한 생각거리

1. Perls가 말하는 '게슈탈트'는 나의 경험에 있어서 무엇을 의미하는가? 적어도 5분 동안 내 마음을 바라보며 마음에 떠올랐다 사라지는 게슈탈트들을 알아차린다. 좋은 게슈탈트란 유기체의 필요를 나타내는 전경이 배경과 선명하게 대비되어 명료한 알아차림을 유발하는 행동 동기를 뜻한다. 마음의 초점이 안팎으로 옮겨 다니며 마음속에 떠오르는 다양한 체험들을 가능한 한 자세하게 알아차리려고 노력해본다.

2. 게슈탈트 치료에 따르면, 건강한 유기체는 알아차림-접촉 주기를 원활하게 반복하면서 성장해나간다. 과연 나는 알아차림-접촉 주기를 원활하게 반복하고 있는가? 나는 게슈탈트를 잘 알아차리고 환경과의 접촉을 통해 그것을 말끔히 해소하는 과정을 원활하게 하고 있는가? 한 가지 일에 충분히 집중하며 그것을 잘 해결한 후에 다른 일로 넘어가고 있는가 아니면 동시에 여러 가지 일을 병행하며 마음의 혼란을 경험하고 있지는 않은가?

3. 게슈탈트 치료에서 말하는 미해결과제란 무엇인가? 지금 이 순간 나에게는 어떤 미해결과제가 있는가? 지속적으로 의식에 떠오르며 집중을 방해하거나 마음을 산란하게 만드는 미해결과제는 없는가? 수면을 취하기 위해 잠자리에 누웠을 때, 숙면을 방해하며 떠오르는 생각이나 감정은 어떤 것들이 있는가? 왜 이렇게 잠을 이루지 못하도록 의식에 떠오른 것일까? 어떻게 해야 이러한 생각과 감정들이 떠오르지 않고 편안하게 잠에 들 수 있을까?

4. 인간은 누구나 마음의 상처를 하나쯤은 지니고 있다. 생각만 해도 슬픔이 밀려오는 아픈 기억도 있고 떠올리기만 해도 분노가 치밀어 오르는 억울한 기억도 있다. 생각만 해도 고통스러운 과거의 기억을 한 가지 떠올려본다. 그 기억의 장면을 회피하지 않고 자세하게 바라본다. 그 당시의 상황과 내가 느꼈던 감정을 가능한 한 생생하게 떠올려본다. 그 상황에서 내가 하고 싶었지만 못했던 말과 행동을 마음속으로 떠올려본다. 그러한 말과 행동을 글로 써보거나 빈 의자 기법을 사용하여 직접 표현해본다.

5. 우리는 바쁜 일상 때문에 삶에서 만나는 모든 것들과 진정한 접촉을 하지 못한 채 피상적인 만남으로 스치며 지나간다. 우리는 과거를 후회하고 미래를 걱정하면서 가장 진실한 순간인 현재와 접촉하지 못하며 살아간다. 지금 이 순간 내 마음에 떠오르는 것들을 충분히 알아차리며 자각하도록 노력해본다. 지금 마음에 떠오르는 감각, 감정 또는 욕구가 무엇인지 알아차리도록 노력해본다. 우리의 소중한 삶을 진실하고 충만하게 살기 위해서는 지금 이 순간을 알아차리는 것이 중요하다.

더 읽을거리

♣ 김정규(1996). 게슈탈트 심리치료. 서울: 학지사.

  ☞ 게슈탈트 치료의 핵심적 이론과 실제적인 치료방법이 저자의 치료경험과 함께 상세하게 소개되고 있다.

♣ Yontef, M. G. (1993). *Awareness, Dialogue and Process: Essays on Gestalt Therapy.* (김정규, 김영주, 심정아 역.《알아차림, 대화 그리고 과정》. 서울: 학지사, 2008).

  ☞ 게슈탈트 치료의 이론을 심도 있게 소개하고 있을 뿐만 아니라 게슈탈트 치료가 발전하고 성숙하는 과정을 잘 보여주고 있다.

현실치료

제11장
현실치료

1. 현실치료의 개요

현실치료(Reality Therapy)는 윌리엄 글래서(William Glasser, 1925~2013)가 창시한 심리치료법으로서 행동의 선택이론에 바탕을 두고 있다. 그의 선택이론(choice theory)에 따르면, 개인의 모든 행동은 기본적 욕구를 충족시키기 위해서 그 자신이 선택하는 것이다. 인간은 다섯 가지의 기본적 욕구, 즉 생존, 사랑, 성취, 자유, 재미의 욕구를 지니며 이러한 욕구를 충족시킬 수 있는 내면적인 가상세계인 '좋은 세계(quality world)'를 발달시킨다. 인간은 좋은 세상을 추구하며 획득하기 위해서 행위, 사고, 감정, 생리적 반응으로 구성된 전체행동(total behavior)을 선택한다. 이처럼 인간은 기본적 욕구를 충족시킬 수 있는 좋은 세상을 획득하기 위해서 전체행동을 선택하는 하나의 통제시스템이라고 할 수 있다.

Glasser에 따르면, 아동은 기본적 욕구가 잘 충족된 경험을 통해서 나름대로의 좋은 세계를 발달시킨다. 또한 자신의 경험과 모방을 통해서 세상을 통제하는 다양한 방법을 배우고 전체행동을 선택한다. 적절한 전체행동을 통해서 기본적 욕구가 잘 충족되는 개인은 건강하고 행복한 삶을 누리게 된다. 그런데 개인이 불행감을 느끼고 부적응적 증상을 나타낸다면, 그것은 자신이 선택하고 있는 행동이 기본적 욕구를 충족시키지 못하고 있다는 경고라고 할 수 있다.

현실치료의 목표는 내담자들이 자신의 좋은 세상을 인식하고 기본적 욕구들을 잘 충족시킬 수 있는 행동을 선택하도록 돕는 것이다. 즉, 내담자가 더 현명한 선택을 하도록 도움으로써 자신의 삶을 효과적으로 통제하도록 하는 것이다. 이를 위해서 현실치료자는 내담자들이 자신의 욕구와 소망을 분명하게 인식하고 이를 충족시킬 수 있는 장·단기목표와 구체적인 계획을 세워서 실천하도록 돕는다.

현실치료자는 안전한 치료적 환경을 제공함으로써 내담자가 수용적이고 지지적인 분위기 속에서 자신의 삶을 변화시킬 수 있다는 희망과 용기를 갖도록 격려한다. 내담자의 구체적인 행동변화를 이끌어내기 위해서 현실치료자는 WDEP라는 치료모델을 사용한다. 치료자는 내담자가 원하는 소망(Wish)을 명료화하고 그러한 소망을 실현하기 위해 어떤 행동(Do)을 선택하고 있는지 자각하게 한다. 이어서 그러한 행동이 소망을 잘 충족시키고 있는지 평가(Evaluate)하고 그렇지 못하다면 좀 더 효과적인 행동을 선택하여 실천할 수 있는 계획(Plan)을 세우도록 돕는다. 현실치료는 과거가 아닌 현재에 초점을 맞추어 내담자의 생각과 행동을 변화시킴으로써 더 행복한 삶을 영위하도록 돕는 구체적인 절차와 기법을 갖추고 있는 매우 실제적인 치료법이다. 특히 현실치료는 다양한 청소년 문제, 알코올과 약물 남용을 치료하는 데 효과적이며 학교, 교정기관, 사회복귀시설, 종합병원뿐만 아니라 기관 경영과 공동체 운영에도 널리 활용되고 있다.

2. Glasser의 생애와 현실치료의 발전과정

1) Glasser의 성장과정과 교육배경

현실치료의 창시자인 William Glasser는 1925년에 미국 오하이오 주의 클리블랜드에서 태어나고 자랐다. Glasser의 어린 시절은 그다지 행복하지 못했다. 아버지는 자주 폭력을 휘둘렀으며, 어머니는 매우 지배적이고 통제적이었다. 어린 나이임에도 Glasser는 부모의 불화를 알아차렸으며 자신은 이러한 삶을 살지 않겠다고 결심했다. 이러한 경험은 나중에 Glasser가 개인의 책임을 강조하고 특히 타인에게 피해를 끼치지 않는 것과 부부관계를 원만하게 영위하는 것을 중요하게 여기는 데 커다란 영향을 미쳤다.

Glasser는 고등학교를 마치고 공업전문학교를 졸업하여 화공학 엔지니어가 되었다. 그러나 이에 만족하지 못하고 Case Western Reserve 대학교에서 심리학을 공부하여 임상심리학 석사학위를 받았다. 이어 UCLA에서 의학을 전공하여 1961년에 정신과의사가 되었다. Glasser는 정신분석 훈련을 받았으나 청소년 교정기관과 정신병원에서 근무하면서 정신분석 치료가 비효과적이라는 점을 깨닫고 현실치료를 발전시켜나갔다.

1956년부터 1967년까지 Glasser는 400여 명의 비행 청소년들을 수용하고 있는 교정기관인 Ventura School for Girls에서 정신과의사로 근무하였다. 이곳에서의 경험은 정신건강과 심리치료에 대한 Glasser의 관점에 깊은 영향을 주었으며 현실치료를 발전시켜나가는 원동력이 되었다. 그는 전통적인 정신분석이 Ventura School의 소녀들과 젊은 여성들을 돕는 데 효과적이지 않다는 것을 발견하였다. Glasser는 비행 청소년들이 나타내는 대부분의 문제들이 자신의 행동에 대한 책임의식이 부족할 뿐만 아니라 자신의 욕구를 잘 충족시키는 방식으로 행동하지 못했기 때문이라고 생각했다.

Glasser는 청소년들로 하여금 자신의 진정한 욕구가 무엇인지를 분명하게 인식하도록 돕는 동시에 자신의 행동에 대한 책임의식 속에서 그러한 욕구를 잘 충족시키는 행동을 현명하게 선택하도록 도왔다. 이러한 방법을 통해서 청소년 문제를 치료했을 때 전통적인 정신분석보다 훨씬 더 효과적이었으며 약 80%의 치료 성공률을 거둘 수 있었다.

Glasser는 1961년에 출간된 첫 저서 『정신건강 또는 정신질환?(Mental Health or Mental Illness?)』에서 현실치료의 토대를 제시했으며 1965년에 『현실치료(Reality Therapy)』를 발간함으로써 현실치료의 기본적 원리를 분명하게 제시하였다. 현실치료의 기본원리는 자신의 행동에 대해 책임을 지면서 자신의 기본적 욕구를 인식하고 다른 사람에게 해를 가하지 않는 방식으로 그러한 욕구를 충족시킬 수 있는 사람이 행복하고 자기실현적인 삶을 영위할 수 있다는 것이다. Glasser는 책임과 더불어 관계의 중요성을 강조하였다. 정신건강에는 친밀하고 긍정적인 관계가 필수적이며, 성공적인 치료를 위해서는 치료자의 따뜻하고 수용적인 태도가 필수적이라고 믿었다. Glasser는 자신의 삶에서도 관계를 매우 중요하게 여겼던 것으로 보인다. 그는 첫 번째 아내와 사별하고 지금의 두 번째 아내를 만났을 때 서로의 욕구를 세심하게 확인하고 그들이 조화롭게 잘 지낼 수 있을 것이라는 결론을 내린 후에야 결혼했다고 한다.

1960년대 이후 Glasser는 개업 정신과의사로 활동하면서 현실치료를 확장하고 발전시키기 위해 부단한 노력을 기울였다. 그는 1998년에 발간한 『선택이론: 개인적 자유의 새로운 심리학(Choice Theory: A New Psychology of Personal Freedom)』을 비롯하여 저서와 강연을 통해서 정신건강과 심리치료에 대한 입장을 제시하고 있다. 특히 Glasser는 자신이 정신과의사임에도 불구하고 심리적 문제를 뇌의 문제로 여기며 정신장애로 진단하고 약물을 처방하는 전통적인 정신의학의 해악에 대해서 경고하였다. 대부분의 심리적 문제는 뇌의 문제가 아니라 잘못된 선택에 의한 것이며 환자에게 약물을 처방하여 치료하기보다 올바른 선택을 통해 건강하고 행복한 삶으로 이끄는 것이 중요하다는 점을 강조하고 있다. 그는 자신의 이론과 치료방법을 교육, 경영, 결혼과 같은 다양하고 광범위한 사회적 이슈에 적용하고자 했다. 그는 현재 캘리포니아의 Chatsworth에 있는 〈William Glasser 연구소〉에 근거지를 두고 현실치료의 발전을 위해 노력하고 있다.

2) 현실치료의 발전과정

Glasser(1992)는 자신이 현실치료와 선택이론을 발전시키는 데 커다란 영향을 미친 세 명의 인물, 즉 George Harrington, William Powers, Edwards Deming을 중심으로 현실치료의 발전과정을 세 단계로 나누고 있다.

첫 단계는 Glasser가 Los Angeles 재향군인병원에서 정신과 수련의로 일할 때의 지도교수였던 George Harrington의 지도와 격려를 받으며 현실치료를 개발한 시기이다. 재향군인병원에 근무하고 있던 Harrington과 Glasser 두 사람은 모두 정신병 환자의 치료를 위해서 전통적인 정신분석과 약물치료를 병행하는 것에 회의를 느꼈다. Harrington의 지도와 격려 속에서 Glasser는 새로운 치료방법을 적용하기 시작했으며 이러한 방법을 통해서 입원환자의 치료기간을 단축시키는 주목할 만한 효과를 거두었다. 당시에는 이러한 치료방법을 특별한 용어로 지칭하지 않았는데, Glasser는 한 동료에게 자신의 치료법을 설명했더니 그 동료가 치료법이 너무 현실적이어서 환자를 보내는 것이 망설여진다고 말한 것에 착안하여 '현실치료'라는 용어를 생각해 내게 되었다고 한다. Glasser는 비행 소녀들을 위한 Ventura School에서 현실치료를 본격적으로 적용했으며, 1962년에는 미국 청소년훈련기관 협의회(The National Association of Youth Training School)의 연차대회에서 처음으로 '현실 정신의학(Reality Psychiatry)'이라는 이름으로 현실치료를 소개하였다. 공식적으로 처음 '현실치료'라는 용어를 사용한 것은 1964년 4월에 성공적인 치료경험을 토대로 「Reality Therapy: A realistic approach to the young offender」라는 논문을 발표하였을 때였다.

두 번째 단계는 Glasser가 William Powers의 통제이론(Control Theory)을 접하면서 현실치료의 이론적 기반을 발전시킨 시기이다. Glasser는 현실치료를 통해 많은 환자들을 치료하면서 그 효과를 설명할 수 있는 이론을 찾고 있었다. 한 동료의 추천으로 Glasser는 Powers의 저서 『행동: 지각의 통제(*Behavior: The Control of Perception*)』를 접하게 되었으며 이를 계기로 Powers를 직접 만나 뇌의 기능에 대한 자세한 설명을 들었다. Powers가 제시한 '지각적 통제이론'의 골자는 유기체의 행동이 그들 자신에 의해 통제되는 것이 아니라 그들이 지각한 것을 통제하기 위한 수단이라는 것이다. 이로부터 Glasser는 인간행동에 대한 통제이론(control theory)을 발전시켰다. 통제이론에 따르면, 사람들은 뇌 안에 있는 내적인 통제체계에 의해 행동한다. 이 통제체계는 욕구를 충족시키는 방향으로 사람들을 움직이면서 유익한 방향으로 행동과 정서를 이끈다. 즉, 통제체계는 자신이 원하는 목표의 그림을 얻기 위해서 작동한다(Glasser, 1984). 그러나 이러한 통제체계는 목표달성을 향한 사람들의 노력을 잘못된 방향으로 이끌거나 타인을 통제하도록 함으로써 때때로 어려움과 갈등을 야기할 수 있다. Glasser는 이렇게 잘못 작동하는 통제체계를 수정하기 위해서는 자각과 창의성이 그 열쇠라고 보았다. 개인이 자신의 욕구와 필요를 반영하는 마음속의 그림을 인식하는 것이 첫 단계이며, 그러한 목표에 도달하기 위해 자신이 현재 하고 있는 행동을 인식하는 것이 다음 단계이다. 이러한 행동이 목표달성에 효과적인지를 평가하고 만약 그렇지 못하다면 창의적인 방법을 통해서 자신의 행동과 정서를 변화시킬 수 있다. 이러한 통제이론은 수년 동안 현실치료의 이론적 기반이 되었다.

세 번째 단계는 Edwards Deming의 영향으로 치료이론을 더욱 정교하게 발전시킨 시기이다. Deming은 통계적 품질관리(Statistical Quality Control)를 연구하여 일본을 부강하게 하는 데 크게 기여한 미국의 통계학자이자 경영학 교수이다. 그는 1950년대에 일본 과학기술연맹의 초청으로 일본에 건너가 혁신적인 품질관리체계(Total Quality Management)를 경영자들에게 제시함으로써 일본의 경제발전에 기여하였다. Deming은 품질개선을 위해서 기업의 혁신이 필요함을 주장하면서 효과적인 기업운영을 위한 원칙으로서 4단계의 순환과정(Plan-Do-Check-Act Cycle), 14개의 요점, 7개의 치명적 장애 등을 구체적으로 제시하였다. Glasser는 Deming의 경영방식이 종업원들로 하여금 좋은 품질이라는 이상(Quality World)을 추구하며 끊임없이 자기평가를 하고 창의적인 노력을 기울이게 함으로써 품질관리가 향상되고 결과적으로 일본의 경제부흥에 이바지하게 되었다는 것을 알게 되었다. Glasser는 Deming의 경영방식을 현실치료에 접목하여 내담자의 혁신적인 자기변화를 위한 구체적인 기법들을 개발함으로써 현실치료를 한 단계 더 발전시켰다.

Glasser는 이처럼 Harrington, Powers, Deming의 연구성과와 성공경험을 바탕으로 현실치료를 꾸준히 발전시켰다. 1980년대에 접어들면서 Glasser는 현실치료의 이론적 기반을 통제이론에서 선택이론으로 발전시켰다. 선택이론(choice theory)은 사고와 정서 그리고 행동에 대한 개인의 선택이 삶의 질을 결정한다는 것으로서 그 구체적인 내용을 1998년에 출간한 저서 『선택이론: 개인적 자유의 새로운 심리학』에서 소개하였다.

현실치료를 발전시키고 세상에 널리 알리는 데 기여한 인물로는 Robert Wubbolding이 있다. 현실치료의 대변인으로 알려진 Wubbolding은 오하이오의 신시내티에 있는 〈현실치료 센터〉의 소장이자 〈William Glasser 연구소〉의 수련감독자이며 신시내티의 Xavier 대학의 교수로 재직하고 있다. 그는 활발한 저술활동을 통해서 현실치료의 이론뿐만 아니라 치료절차와 사례연구를 소개함으로써 현실치료가 사회적으로 널리 수용되는 데 기여했다. 그는 1988년에 저서인 『현실치료의 활용(*Using Reality Therapy*)』을 발표하고 1991년에는 『현실치료의 이해(*Understanding Reality Therapy*)』 그리고 2000년에는 『21세기의 현실치료(*Reality Therapy for the 21st Century*)』를 발간했으며, 이 밖에도 현실치료에 관한 많은 논문을 발표하였다.

3. 주요개념과 성격이론

1) 현실치료의 기본철학

현실치료는 내담자의 자발적인 변화를 중시한다. 현실치료에서는 치료자가 자신이 원하는 방향으로 내담자를 변화시키려 하기보다 내담자 스스로 자신의 행복을 위해서 원하는 방향으로 변화하도록 돕는 데 초점을 맞추고 있다. 이러한 현실치료의 입장은 Glasser의 독특한 철학적 관점에 근거하고 있다.

Glasser(1998)는 외부통제 심리학을 대체할 수 있는 새로운 심리학, 즉 내부통제 심리학을 제안하고 있다. 외부통제 심리학은 학문적인 것이든 상식적인 것이든 기본적으로 처벌과 보상을 통해서 자신이 원하는 대로 타인의 행동을 변화시키려는 태도를 뜻한다. 즉, 잘못한 사람은 처벌하여 우리가 옳다고 생각하는 방식으로 따르게 하고, 잘하는 사람에게는 상을 주어 우리가 바라는 일을 계속하게 만들려는 태도를 의미한다. 외부통제 심리학은 "나는 당신에게 무엇이 올바르고 행복한 것인지를 알고 있다."는 사고방식에 근거하고 있다. 이러한 외부통제 심리학이 우리 사회의 곳곳에 만연해 있으며 인간의 불행과 갈등을 만들어내는 원천이 되고 있다. 부모, 교사, 사업가, 행정가, 종교지도자와 같이 권력을 지닌 사람들은 그들의 자녀, 학생, 직원, 국민, 신도들을 자신이 옳다고 생각하는 대로 행동하도록 유도하기 위해서 다양한 방식으로 권력을 행사하며 통제해왔다.

통제는 어떤 것이든 개인이 원하지 않는 것을 행하도록 유도하고 강요하는 시도

를 의미한다. 이러한 통제는 어떤 방식으로 이루어지든 모든 사람들이 원하는 자유를
빼앗아 간다. 외부통제 심리학은 오랜 인류의 역사를 통해서 다양한 사회적 활동에
활용되어 왔지만 불행을 감소시키기는커녕 서로를 통제하려는 과정에서 오히려 불행
과 갈등을 확산시키고 있다. 외부통제를 받는 힘 없는 사람들은 자신도 언젠가 힘을
얻어 다른 사람들을 통제할 수 있으리라는 기대를 갖고 살아가며 외부통제 심리학을
암묵적으로 받아들이고 있다.

　　Glasser(1998)에 따르면, 심리치료도 자칫 외부통제 심리학에 근거하고 있는 개
입행위가 될 수 있다. 치료자는 자신의 가치관에 따라서 내담자를 통제하려는 노력을
기울일 수 있다. Glasser는 비행 청소년을 비롯한 많은 내담자를 치료하면서 이러한
태도가 바람직하지 않을 뿐만 아니라 효과적이지도 않다는 것을 발견했다. 치료자는
어떤 삶의 방식이 내담자에게 바람직하고 행복한 것인지 알고 있다는 일방적인 태도
를 지양해야 한다. 그 대신 치료자는 내담자에게 "어떻게 하면 당신이 원하는 대로
인생을 자유롭게 살면서 다른 중요한 사람들과도 잘 지낼 수 있는가?"라는 물음을 제
시하며 그가 원하는 삶을 살도록 도와야 한다.

　　현실치료는 Glasser(1998)의 선택이론에 근거하고 있다. 선택이론(choice theory)
은 새로운 내부통제 심리학이다. 선택이론에 따르면, 우리가 통제할 수 있는 유일한
인간은 나 자신뿐이다. 우리는 거의 모든 행동을 선택하고 있으며 불행과 갈등도 우
리가 선택한 것이다. 성공적인 삶을 살기 위해서 우리는 다른 사람들과 서로 잘 지낼
수 있는 방법을 배워야만 한다. 정신질환이라고 부르는 자기파괴적 행동을 하게 되는
가장 큰 이유는 불만족스러운 인간관계 때문이다. 그런데 외부통제 심리학에 근거하
는 한 불만족스러운 관계를 해결하는 것은 불가능하다. 약물중독, 폭력, 범죄, 학교자
퇴, 배우자나 아동 학대와 같은 대부분의 부적응적 행동들은 외부통제에 대한 저항인
동시에 외부통제의 노력이기도 하다. 우리 인간은 서로를 필요로 하고 있다는 사실을
받아들여야 한다. 다른 사람들과 잘 지내기 위해서는 그들을 통제하려는 노력을 포기
해야 한다. 그 대신 우리는 다른 사람들과 잘 지낼 뿐만 아니라 더 가까워지는 방법
을 추구하며 배워야 한다.

　　선택이론은 불행과 갈등을 비롯하여 우리의 모든 것이 우리 자신에 의해서 선택
된 것이라는 점을 설명하고 있다. 다른 사람은 우리를 불행하거나 비참하게 만들 수
없을 뿐만 아니라 우리를 행복하게 할 수도 없다. 엄밀히 말하면, 우리가 다른 사람
들과 주고받는 것은 정보뿐이다. 정보 자체는 우리를 특정한 방향으로 느끼거나 행동
하게 만들 수 없다. 정보는 두뇌로 입력되어 심리적 과정을 거치게 되며, 무엇을 느
끼고 행동할 것인지를 선택하여 결정하는 것은 우리 자신이다. 우리는 모든 생각과

활동을 선택하고 있다. 우리는 자신이 인식하고 있는 것보다 자신의 삶에 대해서 훨씬 더 많은 것을 통제할 수 있다. 우리가 불행한 것은 우리의 생각과 행동을 효율적으로 통제하고 있지 못하기 때문이다. 현실치료는 내담자로 하여금 자신이 원하는 행복한 삶의 모습을 명료화시키고 그러한 삶을 위해서 자신의 생각과 행동을 효율적으로 선택하도록 돕는 데 초점을 맞추고 있다.

2) 선택이론의 주요내용

인간의 모든 행동은 기본적 욕구들, 즉 생존, 사랑, 권력, 자유, 재미의 욕구를 충족시키기 위해서 선택한 것이다. 아울러 인간은 이러한 자신의 욕구들을 잘 충족시킬 수 있는 가상적인 세계를 마음속에 그리며 발달시킨다. 개인은 현실적 경험을 가상적인 세계와 비교하며 그러한 세계를 획득하기 위해서 다양한 노력을 기울이는데, 이러한 노력은 다양한 행동, 즉 전체행동으로 나타난다. **전체행동**(total behavior)은 행위, 사고, 감정, 생리적 반응이라는 네 가지 요소로 이루어진다. 이처럼 인간은 기본적 욕구를 충족시킬 수 있는 좋은 세계를 획득하기 위해서 전체행동을 선택하는 통제 시스템이라는 것이 선택이론의 골자이다.

(1) 기본 욕구

Glasser(1998)에 따르면, 인간은 선천적인 기본적 욕구들을 충족시키기 위해서 적절한 행동을 선택하는 통제체계이다. 인간은 선천적으로 다섯 가지의 기본 욕구(basic needs), 즉 생존, 애정, 권력, 자유, 재미의 욕구를 갖고 태어난다. 첫째는 **생존**(survival)의 욕구로서 의식주를 비롯하여 개인의 생존과 안전을 위한 신체적 욕구를 의미한다. 먹고 마시고 휴식하고 병을 이겨내는 등 자신을 돌보는 것과 관련된 욕구이다. 둘째는 **사랑**(love)의 욕구로서 다른 사람과 연결감을 느끼며 애정을 주고받고 집단에 소속되고자 하는 욕구를 뜻한다. 이러한 욕구는 가족, 연인, 친구, 동료, 애완동물, 수집한 물건 등을 통해서 충족될 수 있다. 셋째는 **권력**(power)의 욕구로서 성취를 통해서 자신에 대한 유능감과 가치감을 느끼며 힘과 권력을 추구하려는 욕구를 의미한다. 이러한 권력의 욕구가 타인에게 영향력을 행사하려는 행동으로 나타나면 사랑의 욕구와 충돌을 일으키게 된다. Glasser에 따르면, 인간관계의 많은 갈등은 불충분한 사랑 때문이 아니라 권력투쟁 때문이다. 넷째는 **자유**(freedom)의 욕구로서 자율적인 존재로 자유롭게 행동하고자 하는 욕구를 뜻한다. 전체주의 사회에서는 독재자의 권력 욕구와 개인의 자유 욕구가 충돌을 빚게 된다. 마지막 다섯째는 재미(fun)의 욕구로서 즐겁고 재미있는 것을 추구하며 새로운 것을 배우려는 욕구를 의미한다. 이러한 욕구는 웃음, 농담, 운동, 독서, 수집행동 등을 통해서 충족될 수 있으며 다른 네 가지 욕구만큼 강하지는 않지만 역시 중요하다.

인간은 누구나 이러한 욕구들을 지니고 있지만 욕구의 강도는 다를 수 있다. 우리의 뇌는 통제시스템으로 기능하며 끊임없이 이러한 욕구들을 충족시킬 수 있는 방법을 선택하기 위해서 외부세계를 지각한다. Glasser(2000)는 다른 네 가지 욕구를 충족시키기 위해서는 타인이 존재해야 하기 때문에 애정 욕구가 가장 기본적인 것이라고 여기고 있다. 선택이론에 따르면, 인간의 모든 행동은 기본적 욕구를 충족시키기 위한 것이다. 인간은 태어나서 죽을 때까지 끊임없이 행동하는 존재이며, 매 순간의 모든 행동은 욕구 충족을 위한 선택의 결과이다. 이러한 모든 욕구는 인간이 지각한 세계, 즉 마음속의 그림을 통해서 충족된다.

(2) 좋은 세계

Glasser(1981)에 따르면, 인간은 객관적인 현실세계에 살지 않는다. 인간은 현실을 지각할 수 있지만, 현실 그 자체를 알 수는 없다. 인간의 세계는 다만 현실에 대한 지각일 뿐이다. 동일한 현실에 대해서 사람마다 그 인식이 각기 다를 수 있다. Glasser는 현실 그 자체보다 현실에 대한 인식이 인간의 행동을 결정하는 데 더 중요하다고 보았다.

인간은 내적인 욕구를 만족시키기 위하여 머릿속에 그림(picture)을 만들어낸다. 특히 욕구가 잘 충족되었을 때 경험했던 사람, 물체, 사건에 대한 그림을 보관한다. 또한 자신이 원하는 삶, 함께 있고 싶은 사람들, 갖고 싶은 물건이나 경험들, 가치 있게 여기는 생각과 신념들에 대한 심상을 지니고 있다. 이러한 기억과 이미지들은 Glasser가 '좋은 세계(Quality World)'라고 지칭한 내면세계에 보관된다.

좋은 세계는 개인의 욕구와 소망이 충족되는 세계이며 Glasser(1998)는 이를 '우리가 원하는 모든 것으로 이루어진 세계(all-we-want-world)'라고 부르기도 했다. 인간은 태어나면서부터 전 생애를 통해서 자신에게 중요한 사람들, 자신이 획득한 소유물, 가치 있는 신념체계 등을 좋은 세계 내에 저장한다. [그림 11-1]에서 볼 수 있듯이, 좋은 세계는 기본 욕구를 반영하여 구성되며 인식된 현실세계와 비교되어 어떻게 행동할 것인지를 선택하는 바탕이 된다. Glasser는 이런 점에서 좋은 세계를 '비교장소(comparing place)'라고 부르기도 했다. 인간은 좋은 세계와 일치하는 현실세계 경

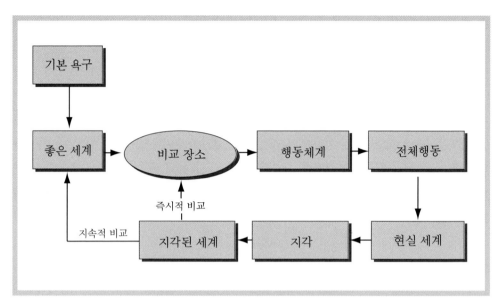

[그림 11-1] 선택이론-인간이 행동하는 이유와 방법에 대한 설명

험을 하기 위해서 행동한다.

인간은 자신만의 좋은 세계에 포함시킬 심상들을 선택할 수 있다. 성취할 수 없는 심상들을 선택하거나 욕구를 잘 충족시켜주지 않을 심상을 선택한다면 좌절과 실망을 겪게 될 것이다. 인간은 자신의 좋은 세계에 존재하는 심상과 욕구를 잘 인식할수록 더 지혜롭고 현실적인 선택을 해서 욕구를 더 성공적으로 충족시킬 수 있을 뿐만 아니라 자신의 삶에 대한 통제감을 더 많이 갖게 될 것이다.

(3) 전체행동

Glasser에 따르면, 행동을 통제하는 행동체계(behavioral system)는 두 개의 하위체계로 이루어져 있다. 한 하위체계는 우리에게 만족스러운 결과를 유발하는 익숙한 행동을 반복하는 것을 담당하는 반면, 다른 하위체계는 좋은 세계와의 괴리를 해소하기 위해서 새로운 행동을 창조적으로 구성하는 역할을 담당한다. 인간은 현실세계를 좋은 세계와 비교하며 끊임없이 행동을 선택하는 존재다.

Glasser(1985)는 인간이 생각하고 느끼고 행위하고 생리적으로 반응하는 모든 것을 행동(behavior)이라고 넓게 정의하면서 이를 총칭하기 위해서 '전체행동(total behavior)'이라는 용어를 사용하고 있다. 전체행동은 행동하기, 생각하기, 느끼기, 생리작용의 네 가지 요소로 구성된다. 행동하기(acting)는 걷기, 말하기, 움직이기와 같은 모든 활동적인 행동을 뜻하며 자발적인 것일 수도 있고 비자발적인 것일 수도 있다. 생각하기(thinking)는 의식적인 사고를 비롯하여 공상이나 꿈과 같은 모든 인지적 활동을 포함한다. 느끼기(feeling)는 행복감, 만족감, 즐거움, 실망감, 불안감과 같은 유쾌하거나 불쾌한 모든 감정을 포함한다. 생리과정(physiology)은 의도적인 반응이든 자율적인 반응이든 신체생리적 기능에 따라 나타나는 모든 신체반응을 의미한다.

　　Glasser는 [그림 11-2]와 같이 자동차에 비유하여 인간의 행동을 설명한다. 생존, 사랑, 권력, 자유, 재미의 다섯 가지 기본 욕구는 자동차의 엔진을 구성한다. 개인의 욕구를 충족하기 위한 소망(wants)은 핸들에 해당하며 자동차의 방향을 정하게 된다. 행동하기와 생각하기는 자동차의 두 앞바퀴에 해당하는 반면, 느끼기와 생리작용은 두 뒷바퀴에 해당한다. 즉, 행동하기와 생각하기는 선택을 통한 통제 가능성이 높은 반면, 느끼기와 생리작용은 선택하기 어려우며 행동하기와 생각하기를 통해서 간접적으로 통제할 수 있다.

　　Glasser는 심리적 문제를 기술할 때, '우울한(depressed)' '불안한(anxious)' '화가 난(angry)'과 같은 형용사를 사용하기보다 그러한 상태의 선택을 강조하기 위해서

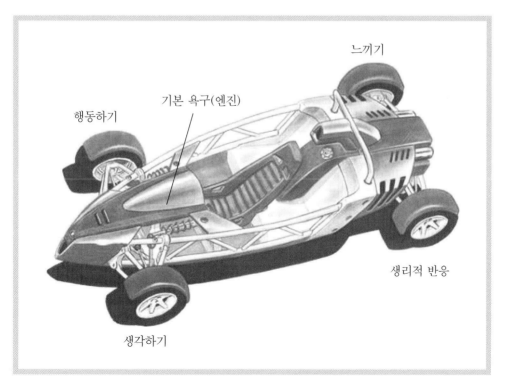

[그림 11-2] 전체행동의 자동차 비유

'우울해하기(depressing)' '불안해하기(anxietizing)' '화를 내기(angering)'와 같은 동사를 사용한다. 인간은 슬퍼하거나 비참해질 수 없다. 다만, 슬프고 비참해지기를 선택한 것이다. Glasser의 관점에서 보면, 부정적인 사건을 겪은 직후에 발생하는 우울한 감정은 "나는 우울해."라고 표현하기보다 "나는 우울해하기를 선택했어."라고 표현하는 것이 더 정확하다. 선택이론에 따르면, 행동 변화의 핵심은 행동하기와 생각하기를 새롭게 선택하는 것이다. 그리고 이러한 선택이 우리의 삶과 운명을 결정하게 된다.

선택이론의 기본적 내용은 다음과 같은 열 가지 원칙으로 요약될 수 있다(Glasser, 1998). ① 우리의 행동을 통제할 수 있는 유일한 사람은 우리 자신이다. ② 우리가 다른 사람에게 줄 수 있는 모든 것은 정보뿐이다. ③ 오래 지속되는 모든 심리적 문제는 인간관계의 문제이다. ④ 인간관계 문제는 항상 우리의 현재 삶의 일부분이다. ⑤ 과거에 일어났던 일은 현재의 사건과 밀접하게 연관되어 있다. 그러나 우리는 우리의 현재 욕구를 만족시키고 미래에도 그러한 욕구가 계속 만족되도록 계획할 수 있을 뿐이다. ⑥ 우리는 좋은 세계의 그림을 충족시킴으로써 우리의 욕구를 만족시킬 수 있을 뿐이다. ⑦ 우리가 할 수 있는 모든 것은 행동하는 것이다. ⑧ 우리가 행동하는 모든 것이 전체행동이며 이것은 네 가지의 요소, 즉 행동하기, 생각하기, 느끼기, 생리과정으로 구성된다. ⑨ 모든 전체행동은 선택되는 것이다. 우리는 행동하기와 생각하기를 선택함으로써 직접 통제할 수 있다. 그러나 느끼기와 생리과정은 행동하기와 생각하기를 선택함으로써 간접적으로 통제할 수 있다. ⑩ 모든 전체행동은 동사형태로 지칭되며 가장 잘 인식되는 부분에 의해서 각 요소로 명명된다.

4. 정신병리 이론

Glasser는 심리적 문제를 정신장애로 진단하는 것에 반대했다. 특히 심리적 문제를 뇌의 문제로 여기고 약물을 처방하여 치료하는 의학적 모델에 반대했다. Glasser(1998, 2000)는 보험회사의 요구와 같은 특별한 경우 외에는 내담자에게 진단적 병명을 붙이지 않아야 한다고 주장한다. 내담자가 심리적 문제를 나타내는 이유는 불행하기 때문이며 불행은 정신적 질병이 아니다. 명백한 뇌손상과 관련된 경우에만 정신적 질병이라고 불러야 한다는 것이 Glasser의 입장이다.

1) 불행의 근원

선택이론에 따르면, 정신장애로 진단되는 대부분의 심리적 문제는 불행의 표현이다. 사람들이 불행한 이유는 기본 욕구를 책임감 있고 효과적인 방식으로 충족시키는 데 실패했기 때문이다. 어떤 욕구들은 과도하게 강조하는 반면, 다른 욕구들은 무시한 결과일 수 있다. 또는 자신의 욕구 충족을 위해서 다른 사람의 욕구를 무시한 결과일 수도 있다. 선택이론에서는 심리적 문제의 원인을 욕구충족을 위한 선택과 책임의 문제로 설명하고 있다.

Glasser는 불행의 가장 주된 근원을 중요한 사람과의 관계라고 보았다. 즉, 배우자, 부모, 자녀, 친구, 동료와 같은 중요한 사람들이 부재하거나 그들과 갈등할 경우에 불행해진다는 것이다. Glasser는 다섯 가지 기본 욕구 중에서 특히 사랑의 욕구를 가장 중요한 것으로 여겼는데, 그 이유는 인간관계가 다른 모든 욕구를 충족시키는 바탕이기 때문이다. 인간의 건강한 발달도 인간관계의 바탕 위에서 이루어진다. 건강한 발달과 성장을 촉진하기 위해서는 인간관계에서의 '좋은 시간'을 갖는 것이 중요하다(Ford, 1979; Wubbolding, 1988). 좋은 시간(quality time)은 개인이 부모, 자녀, 배우자, 친구, 동료들과 함께 나눈 편안하고 유쾌한 관계 경험의 저장고를 의미한다.

여러 발달단계에서 나타나는 대부분의 심리적 문제는 관계에 뿌리를 두고 있다. Glasser는 현재의 관계가 행복과 불행의 주요한 근원이라고 보았다. 그는 특히 결혼과 부부관계가 중요함을 강조했다. 그에 따르면, 최고의 결혼은 비슷한 성격을 지닌 사람들 간의 결혼이다. 부부생활은 두 사람 모두 권력과 자유에 대한 욕구가 낮은 반면 사랑과 재미에 대한 욕구가 높을 경우에 가장 성공적이다.

Glasser에 따르면, 정신적으로 건강한 사람은 다섯 가지의 기본 욕구를 모두 성공적으로 충족시키는 사람들이다. 이러한 사람들은 사고, 감정, 행동을 지혜롭고 책임감 있게 선택함으로써 다른 사람의 욕구 충족 권리를 존중하면서 자신의 욕구를 충족시킨다. 정신적으로 건강한 사람은 자신의 삶을 향상시키려고 노력할 뿐만 아니라 다른 사람을 도우며 세상을 좀 더 나은 곳으로 만들고자 노력한다(Wubbolding, 1991).

2) 정신건강의 단계

Glasser(1998)와 Wubbolding(2000)은 정신건강이 퇴행하고 증진되는 단계를 다음과 같이 각각 세 단계로 제시하고 있다. 정신건강의 퇴행은 욕구 충족을 위한 비효과적인 선택에 의해서 이루어진다. 그 첫째는 욕구 충족을 포기하는 단계이다. 이 단계의 사람들은 자신의 기본 욕구를 충족시키기 위해 나름대로 노력하지만 좌절과 실패를 경험한다. 이러한 경우에 최선으로 보이는 대안은 욕구 충족의 시도를 멈추고 포기하는 것이다. 이러한 사람들은 무기력감, 무관심, 냉담함, 사회적 고립과 같은 행동을 나타내며 우울증으로 진단될 수 있다.

둘째는 부정적 증상의 단계로서 자신의 욕구와 소망을 충족시키기 위해서 부적절한 방법을 선택하는 경우이다. 이들은 자신과 타인에게 유해한 방식으로 행동하기를 선택한다. 경미한 부정적 행동에서부터 폭행이나 강간과 같은 심각한 반사회적 행동을 선택할 수 있다. 반사회성 성격장애로 진단되는 사람들은 반사회적 행동을 선택하여 권력과 자유에 대한 욕구를 충족시키는 데 초점을 맞추지만 사랑이나 재미와 같은 욕구들을 만족스럽게 다루지 못하는 사람들이다. 이 단계의 사람들은 비관적이고 부정적인 생각하기를 선택하며 그 결과 다양한 강도의 불안, 분노, 공포 느끼기를 선택하게 될 뿐만 아니라 두통, 소화불량, 성기능 저하와 같은 생리적 반응을 선택함으로써 다양한 정신장애로 진단될 수 있다.

셋째는 부정적 중독(negative addiction)의 상태로서 일시적인 즐거움을 추구하기 위해 중독행동을 선택함으로써 만성적 불행을 초래하는 심각한 상태이다. 쾌락과 행복은 구분되어야 한다. 쾌락은 재미와 즐거움의 욕구를 일시적으로 충족시키지만 다른 욕구들을 좌절시킴으로써 지속적인 행복을 방해한다. 이 단계의 사람들은 일시적인 쾌락과 통제감을 얻기 위해서 알코올, 마약, 도박, 쇼핑 등에 의존하지만 삶의 전체가 불행한 상태로 빠져들게 된다. 약물중독은 일시적인 강렬한 즐거움을 얻기 위해서 다른 욕구를 희생하는 부정적 중독의 대표적인 경우이다. Glasser(1998)는 섭식장애도 일종의 부정적 중독으로 보았다. 섭식장애를 지닌 사람들은 음식섭취를 제한하거나 음식물을 토하는 행동하기를 선택함으로써 자신의 삶에 대한 통제감을 얻거나 자신을 통제하는 가족이나 타인에게 대항할 수 있게 한다.

인간은 좀 더 만족스러운 결과를 줄 수 있는 대안적 행동을 선택함으로써 불행을 극복하고 행복한 삶을 선택하는 방법을 배울 수 있다. 욕구충족을 위한 효과적인 대처방법을 선택함으로써 다음과 같은 정신건강의 단계로 나아갈 수 있다. 그 첫 번째는 변화를 추구하는 단계이다. 이 단계의 사람들은 "내 삶이 변화하길 바란다." "변화를 위해 노력해보겠다."는 표현을 하지만 확고한 의지와 실천이 부족하다.

두 번째는 긍정적 증상(positive symptoms)의 단계로서 욕구의 좌절을 덜 경험하고 욕구를 좀 더 효과적으로 충족시킬 수 있는 선택을 하게 된다. 이 단계의 사람들은 자신이 원하는 것을 얻기 위해서 어떻게 해야 하는지 알고 있으며 책임감 있는 행동을 선택함으로써 가정과 직장에서 원만한 삶을 영위하게 된다. 또한 합리적인 생각하기를 통해서 통제할 수 있는 것과 없는 것을 구별하고 자신의 행동에 대한 책임을 인식한다. 아울러 편안함, 즐거움, 희망감 느끼기를 선택하게 되며 신체적으로도 건강한 삶을 영위하게 된다.

세 번째는 긍정적 중독의 단계이다. Glasser(1976)는 정신건강을 향상시키고 기본욕구를 강력하게 만족시키는 행동을 긍정적 중독(positive addiction)이라고 칭했다. 이 단계의 사람들은 자기존중감과 성취감을 증진하는 행동, 사고, 감정을 선택함으로써 정신적으로 건강할 뿐만 아니라 행복한 삶을 영위하게 된다. Glasser(1976)는 다음의 6가지 기준에 충족하는 행위를 긍정적 중독이라고 보았다. ① 자신이 자발적으로 선택하는 행위로서 하루에 한 시간은 전념할 수 있으면서 경쟁적이지 않은 행위, ② 쉽게 할 수 있으며 잘하기 위해서 너무 많은 정신적 노력을 기울이지 않아도 되는 것, ③ 혼자할 수 있으며 다른 사람과 함께 하더라도 다른 사람에게 의존하지 않는 것, ④ 자신에게 신체적, 정신적 또는 영적인 가치가 있다고 믿는 것, ⑤ 지속적으로 하면 자신을 향상시킬 것이라고 믿는 것, ⑥ 스스로를 비판하지 않고 할 수 있는 활동. 긍정적 중독의 대표적인 행위로는 규칙적으로 운동하기, 명상하기, 일기쓰기, 독서하기, 긍정적으로 사고하기 등이 있으며 개인의 행복과 성장을 증진하는 습관화된 행동들이 포함된다.

5. 치료 이론

1) 치료목표

현실치료의 궁극적 목표는 내담자가 기본욕구를 잘 충족시킬 수 있는 지혜로운 선택을 하게 함으로써 더 행복하고 만족스러운 삶을 살도록 하는 것이다. 지혜로운 선택은 자신의 기본욕구를 효과적으로 충족시킬 수 있을 뿐만 아니라 타인의 권리를 존중하는 방식으로 선택하는 것을 의미한다. 현실치료는 내담자가 생존, 권력, 사랑, 자유, 재미의 모든 욕구를 충족시키기 위한 지혜로운 선택방법을 배우도록 돕는 데 초점을 두고 있다. 이를 위해서 내담자들이 자신의 욕구와 소망을 명료화하고 이를 충족시킬 수 있는 장·단기목표와 구체적인 계획을 세워서 실천하도록 돕는다.

현실치료는 특히 내담자의 인간관계 개선에 깊은 관심을 지닌다. 대부분의 내담자들이 지니는 문제들은 인간관계의 결핍이나 갈등과 관련되어 있다. 인간관계는 사랑과 소속의 욕구뿐만 아니라 다른 모든 욕구를 충족시키는 바탕으로서 행복의 가장 주된 원천이기 때문이다. 현실치료는 내담자로 하여금 인간관계를 좀 더 만족스럽게 이끌 수 있는 효과적인 행동을 선택하여 실천하도록 돕는다. 성공적인 치료는 내담자로 하여금 만족스러운 인간관계의 바탕 위에서 자신의 기본욕구를 잘 충족시킬 수 있는 효과적인 행동을 선택하게 도움으로써 불행을 극복하고 행복한 삶으로 나아가게 한다.

2) 치료원리 및 치료기제

현실치료는 치료적 환경을 조성하고 내담자의 행동변화를 모색하는 두 가지 요소로 구성되어 있다. 내담자의 긍정적 변화를 이끌어내기 위해서 치료자는 안전한 치료적 환경을 조성하고 내담자와 협동적 관계를 맺는 것이 필수적이다. 이러한 바탕 위에서 치료자는 내담자가 자신의 행동을 지혜롭게 선택하여 실천하도록 돕는다. 현실치료는 내담자의 행동을 변화시키기 위한 구체적인 치료적 절차로서 WDEP 모델을 제시하고 있다.

(1) 치료적 환경 조성

성공적인 치료를 위해서는 내담자가 안전하게 느낄 수 있는 치료적 환경을 조성하는 것이 중요하다. 현실치료는 치료자와 내담자의 상호 협력적인 관계 속에서 실시되어야 한다. 대부분의 경우, 내담자는 타인에 대한 신뢰가 부족할 뿐만 아니라 대인관계 능력이 부족하다. 특히 부모나 학교에 의해서 강제적으로 심리치료를 받게 되는 청소년 내담자의 경우에는 반항심과 경계심 속에서 치료에 임하게 된다. 치료자는 이러한 내담자들이 편안하고 안전하게 느낄 수 있는 치료적 분위기를 조성해야 한다. 이를 위해서 치료자는 지시하기, 훈계하기, 설득하기, 평가하기, 진단하기, 비난하기, 위협하기, 강제하기와 같은 행동을 피해야 한다. 그 대신, 치료자는 수용적이고 공감적인 태도로 내담자를 따뜻하게 보살피고 지지해주어야 한다. 내담자는 치료자를 포함한 치료적 환경을 안전하고 지지적인 것으로 느낄 수 있을 때 비로소 새로운 변화를 모색하려는 자발적인 노력을 기울이게 된다.

아울러 치료자는 내담자가 자신의 삶을 변화시키고자 하는 희망과 용기를 갖도록 노력해야 한다. 또한 치료자는 내담자가 자신의 행동을 선택하고 통제할 수 있다는 사실을 깨닫도록 노력해야 한다. 치료자는 내담자가 타인에 의해 통제되는 희생자가 아니라 자신의 삶을 선택할 수 있는 존재임을 강조한다. 아울러 내담자가 과거에 생각했던 것보다 더 많은 선택이 존재하며 이러한 선택을 통해서 더 만족스러운 삶을 영위할 수 있음을 강조한다. 내담자는 더 나은 선택을 통해서 자신의 삶이 개선될 수 있다는 사실을 깨달을 때 비로소 희망과 용기를 지니고 새로운 변화를 적극적으로 모색하게 된다.

(2) WDEP 모델

현실치료는 내담자의 행동변화를 이끌어내기 위해서 WDEP라는 치료모델을 사용한다(Wubbolding, 1991, 1996, 2000). 치료자는 내담자가 원하는 소망(Wants)을 질문하여 명료화하고 그러한 소망을 실현하기 위해 현재 어떤 행동(Doing)을 선택하고 있는지 묻는다. 이어서 그러한 행동이 소망을 잘 충족시키고 있는지 평가(Evaluate)하고 그렇지 못하다면 좀 더 효과적인 행동을 선택하여 실천할 수 있는 계획(Plan)을 세운다. 현실치료는 과거가 아닌 현재에 초점을 맞추어 내담자의 생각과 행동을 변화시킴으로써 더 행복한 삶을 영위하도록 돕는다.

① W: 소망과 욕구 살펴보기

W(Wants)는 치료자가 내담자로 하여금 자신이 진정으로 원하는 것이 무엇인지를 인식하도록 돕는 것을 의미한다. 내담자가 바라는 소망은 다섯 가지의 욕구, 즉 생존, 권력, 사랑, 자유, 재미의 욕구와 관련되어 있다. 내담자의 소망과 욕구는 내담자의 '좋은 세계'에 존재하는 구체적인 심상들을 탐색함으로써 구체화될 수 있다. 아울러 치료자는 내담자가 현재 자신의 상황을 어떻게 지각하고 있는지를 탐색하는 것이 필요하다. 내담자는 현재 상황과 좋은 세계의 비교를 통해서 그 차이를 해소하기 위해 필요한 것이 무엇인지를 인식할 수 있기 때문이다. 이 단계의 주된 목적은 내담자로 하여금 자신이 정말 이루고 싶은 삶의 모습을 구체화하도록 하는 것이다.

② D: 현재 행동과 지향 살펴보기

D(Doing and Direction)는 치료자가 내담자로 하여금 자신이 현재 무슨 행동을 하며 시간을 어떻게 보내면서 무엇을 추구하며 살아가고 있는지를 명확하게 인식하도록 돕는 것을 의미한다. 이 과정에서 치료자는 내담자가 자신의 전체행동(행동, 사고, 감정, 생리반응)을 구체적으로 기술하도록 격려하면서 무엇을 지향하고 있는지를 살펴보는 것이 중요하다. 현실치료는 주로 현재의 행동에 초점을 맞춘다. 과거의 일

은 현재에 중요한 영향을 미치는 경우에만 관심을 갖는다.

③ E: 현재의 행동 평가하기

E(Evaluation)는 치료자가 내담자로 하여금 지금 현재 자신이 하고 있는 행동이 자신의 소망과 욕구를 충족시키는 데 효과적인지를 평가하도록 돕는 것을 의미한다. 앞의 단계에서 내담자가 진정으로 원하는 것과 더불어 그가 현재 하고 있는 행동이 명료해지면, 과연 내담자의 현재 행동이 자신의 진정한 소망과 욕구를 효과적으로 잘 충족시키는지를 평가하도록 하는 것이다. 치료자가 던지는 핵심 질문은 "당신이 지금 하고 있는 행동은 당신이 진정하게 원하는 것을 얻게 하는 데 도움이 되고 있습니까?"이다.

WDEP 모델에서 평가과정은 매우 중요하다. 내담자가 자신의 행동 평가를 통해서 변화해야 할 필요성을 느끼지 못한다면 변화의 노력을 기울이지 않을 것이기 때문이다. 인간은 누구나 자신의 욕구와 소망이 잘 충족되는 행복한 삶을 원한다. 불행감과 더불어 부적응 문제를 지니고 있는 내담자가 치료자와 함께 따뜻하고 지지적인 분위기 속에서 자신의 행동을 정직하게 평가한다면, 자신이 무언가 변화해야 한다는 인식과 동기를 갖게 될 뿐만 아니라 좀 더 행복한 삶의 희망을 발견하게 될 것이다.

④ P: 행동을 계획하고 실천하기

P(Planning and Commitment)는 치료자가 내담자로 하여금 자신의 소망과 욕구를 충족시킬 수 있는 새로운 행동을 계획하고 실천하도록 돕는 것을 의미한다. 치료자는 내담자의 변화의지를 격려하며 성공적인 결과를 얻을 수 있도록 새로운 행동의 계획을 돕는다. 계획을 수립하여 실천하는 것은 내담자가 자신의 삶에 대한 통제감을 갖도록 하는 데 중요하다. 이 과정에서 치료자는 내담자로 하여금 자신의 선택과 행동에 대한 책임이 자기 자신에게 있음을 인식하도록 촉진해야 한다. 행동을 계획하고 실행하는 과정은 현실치료의 성공여부를 결정하는 중요한 과정이다.

WDEP 모델은 현실치료의 과정에서 반복적이고 순환적으로 적용될 수 있다. 소망(Wants)을 탐색하고 현재의 행동(Doing)을 자각하여 그 유용성을 평가(Evaluate)하고 좀 더 행복한 삶을 위한 계획(Plan)을 세워 실천하는 작업은 치료자와 내담자의 협력적 관계 속에서 지속적으로 이루어진다. 내담자는 자신의 삶을 주체적으로 선택하여 변화시킬 수 있다는 것을 깨달을 뿐만 아니라 이러한 선택과 변화를 실행하는 WDEP 모델을 학습함으로써 자신의 삶을 통제할 수 있다는 자신감을 갖게 된다.

3) 치료기법

현실치료는 치료자가 내담자와의 협력적인 관계 속에서 WDEP 모델을 통해 내담자의 지혜로운 선택을 증진함으로써 내담자의 행복과 성장을 촉진하는 것이다. Glasser(1965)에 따르면, 현실치료는 기법을 중시하는 심리치료가 아니다. 중요한 것은 내담자와의 협력적인 관계를 형성하고 내담자의 지혜로운 선택을 효과적으로 돕는 것이다. 다음과 같은 치료적 기법은 현실치료의 원활한 진행에 도움이 될 수 있다.

(1) 질문하기

질문하기는 WDEP 모델의 전체과정에서 중요한 역할을 담당한다. WDEP 모델은 치료자의 안내에 따라 내담자 스스로 진행해야 한다. 치료자는 각 과정마다 적절한 질문을 통해서 내담자가 자신의 소망과 욕구를 인식하고 현재의 행동을 자각하여 평가하도록 촉진하는 것이 중요하다. 현실치료는 WDEP 모델의 각 단계마다 치료자가 내담자에게 던질 수 있는 다양한 물음들을 구체적으로 제시하고 있다. Wubbolding(1988)에 따르면, 질문하기는 내담자의 내면적 세계로 들어가 정보를 모으고 내담자에게 지혜로운 선택 방법을 습득시키는 유용한 방법이다. 그러나 치료자는 질문하기를 과도하게 남발하지 말고 적극적 경청과 공감적 반응을 통해 지지적인 태도로 내담자를 탐색하는 것이 바람직하다.

(2) 동사로 표현하기

현실치료에서는 내담자로 하여금 자신의 삶을 스스로 통제할 수 있으며 자신의 행동을 선택할 수 있다는 인식을 심어주는 것이 중요하다. 이를 위해서 현실치료자들은 의도적으로 능동태 또는 진행형의 동사를 많이 사용한다. 내담자가 자신의 경험을 형용사나 수동형으로 표현하는 것은 개인적 통제력과 책임을 부정하는 표현이라고 할 수 있다. 예컨대, '우울한' '불안한' '화가 난' 과 같은 형용사의 표현 대신 '우울해하고 있는' '불안해하고 있는' '화를 내고 있는' 이라는 동사로 바꾸어 표현한다. 또는 '우울하기를 선택하는' '불안하기를 선택하는' '화를 내기로 선택하는' 과 같은 표현을 통해서 감정 역시 선택의 결과임을 강조한다. 때로는 치료자가 내담자로 하여금 수동태의 표현을 능동태의 진행형 표현으로 바꾸어 말하도록 격려할 수 있다. 예컨대, "오늘 많이 불안해요."라는 내담자의 표현을 "오늘 많이 불안해하기로 선택했어요."라고 바꾸어 표현하게 할 수 있다. "그 사람이 나를 싫어해요."라는 표현은 "나는 '그 사람이 나를 싫어한다.'고 생각하기로 선택했어요."라고 바꾸어 표현될 수 있다. 이러한 표현법은 행동과 사고뿐만 아니라 감정까지도 스스로 선택한 것이라는 책임의식을 심어주기 위한 것이다.

(3) 긍정적으로 접근하기

긍정적으로 접근하기(being positive)는 부정적인 것을 줄이기보다 긍정적인 것을 늘리는 데 초점을 맞추는 것이다. 현실치료자들은 내담자의 장점과 능력에 초점을 맞추어 새로운 긍정적 행동을 하도록 격려한다. '어리석은 행동하지 않기'보다 '현명한 행동하기'에 초점을 맞춤으로써 부정적인 행동을 긍정적인 행동으로 대체하도록 안내한다. 예컨대, 내담자가 동료의 행동으로 인한 분노를 호소하면, 치료자는 "그 동료가 어떻게 행동했나요?" 또는 "그 동료가 당신을 무시해서 화가 많이 났군요."라고 반응하기보다 "그 동료로 인해 화가 나지 않으려면 당신은 어떤 행동을 선택해야 할까요?"라고 질문함으로써 내담자가 동료에 대한 자신의 행동을 새롭게 변화시켜 선택하는데 초점을 맞춘다.

Glasser(1976)는 '긍정적 중독(positive addiction)'이라는 개념을 통해서 부적응적인 중독행동을 긍정적인 중독행동으로 대체하여 치료할 수 있음을 제시했다. 약물남용이나 자기파멸적 행동을 반복하는 중독증은 포기와 절망을 반영한다. 이러한 중독행동은 욕구를 효과적으로 충족시키거나 그럴 수 있는 능력을 상실한 사람들에게 흔히 나타난다. Glasser는 부정적 중독행동을 감소시키는 한 가지 방법은 '긍정적 중독'을 발전시키는 것이라고 제안하였다. 긍정적 중독행동은 심리적 안정감, 자신감, 의욕, 창조성, 심신건강을 증진하지만 개인의 삶을 통째로 잠식하지는 않는 것들이다. 가장 대표적인 것으로는 규칙적으로 운동하기, 일기쓰기, 연주하기, 명상하기 등이 있다. 이러한 행동을 긍정적 중독으로 발전시키려면 6개월 이상 꾸준한 실천이 필요하다.

(4) 은유적 표현 사용하기

현실치료자는 내담자의 은유적 표현에 귀를 기울이는 동시에 은유적 표현을 통해서 내담자에게 메시지를 전한다. 치료자는 내담자가 자주 사용하는 언어적 표현에 관심을 기울이는 동시에 그러한 언어적 표현을 사용하여 내담자와 소통하는 것이 중요하다. 특히 내담자의 은유적 표현에는 많은 정보가 담겨 있으므로 주의를 기울일 필요가 있다. 치료자는 은유적 표현이나 예화를 통해서 내담자에게 창조적인 방식으로 강력한 메시지를 전달할 수 있다(Wubbolding, 1991). 예컨대, 낚시가 취미인 내담자에게 그의 현재 행동의 부적절함을 암시하기 위해서 "마치 물고기가 거의 없는 호수에서 미끼도 없이 낚시를 하는 것과 같다."는 비유적 표현을 사용할 수 있다. 중요한 점은 치료자가 내담자와 동일한 사고의 틀에서 익숙한 언어로 소통하는 것이다.

(5) 직면시키기

현실치료자는 내담자에게 수용적이고 지지적인 태도를 보이는 한편, 분명하고 확고한 태도를 지녀야 한다. 직면시키기는 내담자의 말과 행동이 일치하지 않는 것을 인식시키는 것이다. 현실치료는 내담자가 자신의 말과 행동에 대해서 책임감을 지니도록 촉진한다. 따라서 치료자는 내담자의 무책임한 행동에 대해서 변명을 받아들이지 않고 직면시킨다. 직면시키기는 내담자를 질책하기 위한 것이 아니라 현재의 실패한 행동을 이해하고 새로운 행동을 계획하기 위한 것이다. 직면시키기는 내담자로 하여금 좀 더 정직하게 자신의 행동을 인식하고 평가할 수 있으며 더욱 책임감 있는 방식으로 행동하도록 돕는다.

(6) 역설적 기법

역설적 기법(paradoxical techniques)은 실존치료자인 Victor Frankl에 의해 제시된 것으로 현실치료에서 내담자의 통제감과 책임감을 증진하기 위해 활용되고 있다. 현실치료에서 내담자는 계획을 세우고 실천하는 것에 대해서 저항할 수 있다. 역설적 기법은 내담자에게 모순되는 지시를 하는 것이다. 예컨대, 발표에서 실수를 하는 것을 두려워하는 환자에게 의도적으로 실수를 하도록 지시하는 것이다. 만약 내담자가 실수를 한다면, 이것은 내담자가 실수를 할 것인지 말 것인지를 선택할 수 있는 통제력을 지니고 있다는 것을 뜻한다. 만약 내담자가 실수를 하지 않는다면, 내담자는 실수를 통제하여 제거한 것이다. 역설적 기법은 신중하게 적용되어야 하지만 내담자로 하여금 자신의 행동을 통제하고 선택할 수 있다는 것을 분명히 인식하게 할 뿐만 아니라 자신의 문제에 대한 생각을 획기적으로 바꾸는 데 도움이 될 수 있다.

(7) 유머 활용하기

현실치료는 치료자가 유머를 적절하게 사용하는 것을 권장한다. 유머는 내담자와 편안하고 친밀한 관계를 맺는 데 도움이 될 뿐만 아니라 치료과정에서 재미와 즐거움의 욕구를 충족시키는 효과를 지닌다. 치료자와 내담자는 유머를 나누면서 서로의 관계가 수평적임을 재확인하는 동시에 편안한 분위기에서 솔직한 대화를 나눌 수 있다. 특히 유머를 사용하는 치료자와의 대화를 통해서 내담자는 자신의 현재 행동이 부적절함을 더 쉽게 인정하고 자신이 세운 계획을 실천하지 못한 것에 더 부드럽게 직면할 수 있다.

6. 현실치료의 실제

현실치료는 20회기 이내의 단기치료로 시행되는 것이 일반적이다. 현실치료의 실제적 과정은 치료적 환경을 조성하고 내담자의 행동변화를 유도하는 두 가지 요소로 구성되어 있다. 치료적 환경을 조성한 이후에 행동변화를 위한 WDEP 모델을 적용하는 것이 일반적이지만, 두 가지 치료적 요소는 순환적으로 일어날 수 있다. 따라서 현실치료는 치료적 환경 조성과 행동 변화가 일어나는 '카운슬링의 순환(cycle of counseling)' 과정이라고 할 수 있다. 치료자는 이러한 순환과정을 창의적으로 적용하는 것이 중요하다.

1) 치료적 환경 조성하기

현실치료는 편안하고 자유로운 분위기 속에서 진행되어야 한다. 현실치료의 치료환경은 선택이론의 살아 있는 표본이 되어야 한다. 즉, 치료자는 내담자에게 아무것도 강요하지 않으며 치료자 역시 내담자로부터 어떤 것도 강요받지 않는다. 자유로운 분위기 속에서 내담자는 창조적으로 새로운 행동을 시도한다. 비판과 처벌이 없이 보살핌을 받는 환경에서 내담자는 성공적인 인간관계를 이룰 수 있는 만족스러운 환경을 경험하고 배우게 된다.

치료적 환경을 조성하기 위해서 치료자는 다음과 같은 사항을 유념해야 한다. 첫째, 따뜻하고 친근한 행동을 통해서 내담자와 협동적인 관계를 형성한다. 둘째, 서로의 역할을 분명하게 한다. 셋째, 내담자가 기본적 욕구를 충족시킬 수 있는 환경을 제공한다. 즉, 내담자가 치료과정에서 신체적으로나 심리적으로 안전함을 느낄 뿐만 아니라 신뢰로운 인간관계, 자신의 능력 발휘, 자유로움, 즐거움의 욕구를 충족시킬 수 있는 환경을 제공하도록 노력한다. 넷째, 내담자의 무책임한 행동에 대해서는 변명을 허용하지 않는다. 다섯째, 현재의 문제와 밀접히 관련된 경우가 아니면 내담자의 과거사를 다루지 않는다. 여섯째, 내담자를 처벌하거나 비난하지 않으며 합당한 결과에 대해서는 보호하지 않는다. 내담자가 자신의 모든 행동에 대해서 스스로 책임을 지게 한다. 마지막으로, 내담자의 이야기에 압도되지 않는다. 내담자의 불행한 과거나 상황을 접할 경우, 치료자는 과도한 감정반응을 나타내지 않을 뿐만 아니라 지나친 동정이나 부적절한 보호행동을 나타내지 않는다.

Wubbolding(1991)은 효과적인 치료적 환경을 조성하기 위한 세 가지의 금지사항과 열세 가지의 권장사항을 제시하고 있다. 치료자가 피해야 할 세 가지 금지사항은 다음과 같다. (1) 치료자는 내담자를 비판하거나 처벌하지 않으며 내담자와 논쟁하지 않는다. 다만 내담자가 행동한 결과를 인정하게 한다. (2) 치료자는 내담자의 변명을 받아들이지 않는다. (3) 치료자는 내담자를 쉽게 포기하지 않는다.

Wubbolding이 제시한 열세 가지의 권장사항은 다음과 같다.

(1) 주의를 기울이는 행동을 한다. 치료자는 내담자와 적절히 눈을 맞추고 진지한 관심을 보이며 경청하고, 열린 마음으로 내담자를 받아들이려는 언어적 · 비언어적 행동을 나타낸다.

(2) AB-CDEFG 원칙을 준수한다. AB-CDEFG 원칙은 내담자와 우호적인 관계를 형성하기 위한 것으로서 치료과정에서 항상 지켜야 할(Always Be) 다섯 가지(CEDFG) 행동규범을 의미한다: 항상 침착하고 예의바를 것(Always Be Calm & Courteous); 항상 확신을 지닐 것(Always Be Determined); 항상 열성적일 것(Always Be Enthusiastic); 항상 단호할 것(Always Be Firm); 항상 진실할 것(Always Be Genuine).

(3) 판단을 보류한다. 이것은 내담자의 어떠한 행동도 일단 내담자 자신의 욕구를 충족시키려는 최선의 선택으로 보아야 한다는 것을 의미한다. 즉, 판단하지 않은 채 내담자의 행동을 있는 그대로 이해하려고 노력해야 한다.

(4) 예상하지 못한 행동을 한다. 내담자가 새로운 관점에서 자신의 소망과 욕구를 바라볼 뿐만 아니라 새로운 행동을 창의적으로 모색하도록 다양한 기회를 제공한다.

(5) 유머를 사용한다. 웃음은 인간의 고통을 치유하는 최상의 묘약이므로 현실치료에서는 유머를 적극적으로 권장한다.

(6) 자신의 진실한 모습으로 내담자를 대한다. 치료자는 자신의 성격과 알맞게 가장 자기다운 모습으로 치료에 임한다.

(7) 자신을 개방한다. 치료자의 솔직하고 개방적인 태도는 치료자에 대한 내담자의 신뢰를 증진할 뿐만 아니라 내담자의 자기 공개를 촉진할 수 있지만 치료자의 자기 개방이 지나치지 않도록 유의한다.

(8) 은유적 표현에 귀를 기울인다. 이러한 노력을 통해서 치료자는 내담자의 피상적 표현 이면에 존재하는 내면적 진심을 더 잘 이해할 수 있게 된다.

(9) 주제를 파악하기 위해 귀를 기울인다. 내담자의 이야기를 경청하면서 핵심적 주제를 파악하고 그것을 확인하거나 반영해준다.

(10) 요약하면서 초점을 맞춘다. 내담자의 이야기를 경청한 후 그 내용을 요약해주고 내담자가 진실로 원하는 것에 초점을 맞출 수 있게 돕는다.

(11) 결과를 인정하거나 책임을 지게 한다. 내담자가 자신의 바람직하지 않은 행동에 대한 부정적인 결과를 인정하거나 그 책임을 받아들이도록 돕는다.

(12) 침묵을 허용한다. 내담자가 자신을 점검하고 소망을 재평가하며 문제해결을 위한 계획을 세우고 자신만의 생각을 할 수 있도록 침묵을 허용한다.

(13) 윤리적으로 행동한다. 치료자는 자신의 윤리적 의미를 잘 인식하고 준수해야 한다. 특히 내담자가 자신이나 타인에게 손상을 입히려는 것이 명백한 경우에는 합법적인 절차를 통해서 관련자나 기관에 알려야 한다.

2) 내담자의 행동 변화

치료자는 치료적 환경을 구축하는 동시에 내담자의 행동 변화에 초점을 맞춘다. 현실치료자는 WDEP 모델에 따라서 내담자의 행동을 변화시키기 위한 노력을 기울인다. WDEP 모델이 적용되는 구체적인 과정을 살펴보면 다음과 같다.

(1) W: 소망과 욕구 살펴보기

대부분의 경우, 치료자는 내담자에게 심리치료를 통해 얻고자 하는 것이 무엇인지를 물어보면서 치료를 시작한다. 치료자의 일차적 과제는 내담자로 하여금 자신의 기본 욕구와 소망을 명료하게 인식하도록 돕는 것이다. 치료자는 내담자의 소망과 욕구를 탐색하기 위해서 다음과 같은 다양한 질문을 던질 수 있다. 이러한 질문들의 핵심은 내담자가 진정으로 원하는 삶을 위해서 추구해야 할 구체적인 목표를 발견하도록 하는 것이다.

- "당신이 진정으로 원하는 것은 무엇입니까?"
- "당신이 상담에서 얻고자 하는 것은 무엇인가요?"
- "당신이 행복함을 느끼는 좋은 삶의 구체적인 모습은 무엇입니까?"
- "당신의 삶이 충분히 만족스러워지려면, 무엇이 어떻게 변해야 합니까?"
- "당신이 원하는 것을 가질 수 있다면, 당신은 무엇을 갖고 싶습니까?"
- "당신이 인간관계에 만족하게 된다면, 어떤 사람들과 어떤 관계를 맺고 있을까요?"
- "당신이 과거에 되고 싶었던 사람이 되어 있다면, 당신은 어떤 사람이 되어 있을까요?"
- "당신이 원하는 방식대로 살고 있다면, 당신은 어떤 행동을 하며 어떻게 살고 있을까요?"
- "만약 신이 당신의 소원 세 가지를 들어준다면, 어떤 소원을 말하시겠습니까?"
- "모든 것이 당신이 원하는 대로 변화되는 기적이 일어났다면, 무엇이 바뀌어 있을까요?"
- "당신이 원하는 변화를 가로막고 있는 것이 있다면, 그것은 무엇입니까?"
- "당신이 원하지만 삶에서 얻지 못할 것이라고 여기는 것은 무엇입니까?"

(2) D: 현재 행동과 지향 살펴보기

내담자의 욕구와 소망이 명료화되면, 치료자는 내담자가 이러한 욕구를 충족시키기 위해서 현재 어떤 행동을 하고 있는지를 구체적으로 탐색한다. 치료자는 내담자로 하여금 현재의 행동에 초점을 맞추도록 "당신은 무엇을 하고 있습니까?(What are you doing?)"라는 물음을 던진다. 이 물음의 각 단어는 중요한 의미를 지니고 있다. 우선, "당신은"에는 내담자 자신이 행동 선택의 주체라는 점을 강조하며 내담자가 자신의 행동 원인을 환경이나 남의 탓으로 돌리거나 변명을 하는 것을 중단시키려는 의도가 담겨 있다. "무엇을"은 내담자가 현재 관심을 갖고 있거나 추구하고 있는 것의 구체적인 내용을 자각하는 기회를 제공한다. "하고 있습니까?"는 내담자로 하여금 현재 어떻게 행동하고 있는지에 초점을 맞추게 하는 의미가 담겨 있다. 이러한 과정에서 치료자는 내담자로 하여금 현재의 증상을 포함하여 모든 행동은 자신에 의해 선택된 것이라는 점을 분명하게 깨닫도록 도와야 한다.

이 밖에도 현재의 행동을 탐색하기 위해서 "당신이 원하는 것을 얻기 위해서 구체적으로 어떤 노력을 기울이고 있나요?" "지난주에 당신은 무엇을 했습니까?" "내일 (또는 다음 주)에는 무엇을 할 예정입니까?" "지난주와 달리 이번 주에 하고 싶은 것은 무엇입니까?" "당신이 하고 싶은 것을 가로막는 것은 무엇입니까?"와 같은 물음을 사용할 수 있다. 이러한 질문들의 목적은 내담자로 하여금 자신이 현재 무엇을 위해 어떻게 행동하고 있는지를 명료하게 자각하도록 하는 것이다.

(3) E: 현재의 행동 평가하기

내담자의 현재 행동을 탐색하고 나면, 치료자는 이러한 행동이 내담자의 욕구와 소망을 충족시키는 데 도움이 되고 있는지를 논의한다. 이 단계에서 치료자가 던지는 핵심적 질문은 "당신이 지금 하고 있는 행동은 당신이 진정하게 원하는 것을 얻게 하는 데 도움이 되고 있습니까?"이다.

치료자는 자신의 가치판단을 배제하고 내담자가 현재의 상황을 정확히 인식하여 자기 행동의 유용성과 효과성을 평가하도록 도와야 한다. 치료자는 다음과 같은 질문을 통해서 내담자가 스스로 자신의 행동을 평가하도록 돕는 것이 중요하다: "당신이 지금 하고 있는 행동은 당신이 진정 원하는 것을 얻게 하는 데 도움이 되고 있는가?" "당신이 지금 하고 있는 행동이 당신의 삶에 도움이 되고 있는가 아니면 피해를 주고 있는가?" "현재의 상황을 그렇게 바라보는 것이 당신에게 도움이 되는가?" "당신이 지금 하고 있는 행동이 당신이 원하는 것을 얻는 최선의 방법인가?" "당신이 지금 하고 있는 행동이 당신이 원하는 삶의 방향으로 당신을 이끌고 있는가?" "당신이 하고 있는 행동이 당신의 가치관이나 신념과 부합하는가?" "당신이 지금 하고 있는 행동이 다른 사람의 삶에 어떤 영향을 미치고 있다고 생각하는가?"

이러한 논의를 통해 내담자가 자신의 행동을 변화시키고자 하는 동기를 갖도록 촉진해야 한다. Glasser(1998)에 따르면, 내담자는 현재의 행동으로는 자신이 원하는 것을 얻을 수 없다고 확신하거나 원하는 것을 성취할 수 있는 더 나은 방법이 있다고 믿을 때 행동의 변화를 시도하게 된다.

(4) P: 행동을 계획하고 실천하기

행동 변화의 동기가 유발되면, 치료자는 내담자가 새로운 행동을 계획하고 실천하도록 돕는다. 행동을 계획하고 실행하는 과정은 현실치료의 성공여부를 결정하는 중요한 과정이다. Wubbolding(1988, 2000)은 새로운 행동 계획이 성공적으로 실행되기 위해서 필요한 8가지 조건을 제시하였다. 각 조건의 영어 첫 글자를 조합하여 "SAMI^{2}C^3"이라고 부르고 있다.

① Simple: 계획은 단순하고 이해하기 쉬워야 한다.
② Attainable: 계획은 내담자의 동기와 능력을 고려할 때 성취할 수 있는 것이어야 한다.
③ Measurable: 계획은 성취여부를 측정할 수 있도록 구체적으로 설정되어야 한다.
④ Immediate: 계획은 먼 미래를 위한 것이 아니라 즉각적으로 실행할 수 있는 것이어야 한다.
⑤ Involving: 계획은 내담자가 관심을 지니고 참여할 수 있는 것이어야 한다.
⑥ Controllable: 계획은 내담자가 통제할 수 있는 것이어야 한다.
⑦ Consistent: 계획은 일관성이 있어야 한다.
⑧ Committed: 계획은 반드시 실천하겠다는 확고한 결심이 뒷받침되어야 하며 이를 위해서 치료자와 내담자는 실천 사항을 서약서 형태로 약속할 수 있다.

치료자는 내담자의 계획 실행과 행동 변화를 꾸준히 따라가며 보살핀다. WDEP 모델을 실행하는 과정에서 중요한 것은 치료자의 끈기로서 '포기하지 않는 것'이다.

3) 치료자의 역할

현실치료의 목적은 치료자와 내담자가 한 팀을 이루어 내담자 스스로 자신의 선택을 탐색하고 평가하여 궁극적으로 생각과 행동을 변화시키도록 돕는 데 있다. 치료자와 내담자의 관계는 내담자의 변화를 유발하는 데 매우 중요하다. 따라서 현실치료자들은 내담자와 친밀하고 우호적인 관계를 형성하는 데 많은 노력을 기울인다.

치료자는 내담자의 변화하려는 동기를 격려하면서 WDEP 과정을 인도할 뿐만 아니라 창의적인 관점을 제시하며 내담자가 치료에 흥미를 지니고 참여할 수 있도록 노력해야 한다. 현실치료에서 중요한 것은 내담자로 하여금 자신의 행동에 책임을 지도록 하는 것이다. 자신의 행동을 스스로 선택할 수 있으며 그러한 선택이 자신의 삶을 결정한다는 사실을 깨닫도록 하는 것이다. 아울러 내담자가 변화하고 성장하려면 내담자 스스로 자신의 행동 변화를 위해 헌신해야 한다.

Wubbolding(1988)은 치료에 대한 내담자의 참여 수준을 다음과 같이 구분하여 제시했다. (1) 저항 단계는 내담자가 "나는 여기에 있고 싶지 않다. 당신은 나를 변화시킬 수 없다."는 마음을 지니는 단계이다. 흔히 강제로 치료실에 끌려온 내담자들이 치료 초기에 나타내는 수준으로서 내담자는 치료에 협력하지 않으며 저항한다. (2) 지향 단계는 "변화하길 원하지만, 너무 어려울 것이다."는 상태로서 변화를 원하지만 책임 있는 노력을 기울일 의사가 없으며 실제로 아무런 노력을 하지 않기 때문에 행동 변화가 일어나기 어렵다. (3) 노력 단계는 "아마도 할 수 있을 것이다. 한 번 시도해보겠다."와 같은 중간 수준의 참여를 뜻한다. 변화를 위한 확신은 없지만 소극적으로 노력해보려는 전념의 초기 단계이다. (4) 실행 단계는 "최선을 다해보겠다."는 상태로서 변화를 위한 적극적 노력이 이루어지는 단계이지만 지속적인 노력에 대한 확신이 부족하다. (5) 전념 단계는 "나는 필요한 것이라면 무엇이든지 다 하겠다."는 상태로서 어떤 경우이든 변명의 여지없이 적극적인 헌신이 이루어지는 단계이며 치료자가 가장 바람직하게 여기는 내담자의 동기 수준이다. 치료자는 치료과정에 대한 내담자의 전념 수준(level of commitment)을 평가하여 상위 단계로 부드럽게 전환하도록 도와주어야 한다.

7. 현실치료의 평가

현실치료는 명칭처럼 매우 현실적인 치료라는 점에서 여러 가지 강점을 지니고 있다. 우선, 현실치료는 명쾌한 치료모델에 근거하여 비교적 단기간에 효과적으로 시행될 수 있는 심리치료라는 강점을 지닌다. 현실치료의 근간이 되고 있는 선택이론과 WDEP 치료모델은 이해하기 쉽고 명쾌하다. 아울러 치료자들이 따라야 할 다양한 지침이 체계적으로 잘 제시되어 있다. 이런 점에서 현실치료는 다른 치료법에 비해서 치료자들이 이해하고 임상현장에서 실시하기가 상대적으로 용이하다.

현실치료는 내담자의 행동 변화를 위한 효과적인 치료방법을 제시하고 있다. 내담자와의 협력적 관계형성과 더불어 자유롭고 안전한 치료적 환경의 조성을 강조하고 있다. 아울러 내담자로 하여금 자신이 진정으로 원하는 소망과 욕구를 인식하고 현재의 행동이 그러한 소망을 충족시키는 데 효과적이지 않다는 점을 깨닫게 함으로써 내담자의 변화 동기를 촉발하고 있다. 현실치료는 치료에 대한 동기가 부족하거나 저항이 심한 내담자들을 치료에 참여하도록 유인하는 데 특히 효과적이다.

현실치료는 무의식보다 의식의 내용을 다룰 뿐만 아니라 과거보다 현재의 행동에 초점을 맞추고 있다는 점에서 매우 실제적이고 경제적인 치료법이라고 할 수 있다. 내담자의 문제를 무의식이나 과거사와 연결시키게 되면, 치료에서 다루어야 할 내용이 확대될 뿐만 아니라 치료기간 역시 장기화될 수 있다. 반면에, 현실치료는 내담자가 의식할 수 있는 현재의 행동에 초점을 맞춤으로써 치료과정이 명료해지고 치료기간 역시 단축될 수 있다.

현실치료는 개인의 선택과 책임을 강조하고 있다. 개인의 삶은 바로 자기 자신에 의해서 선택할 수 있고 또한 자신이 주체적으로 선택해야 한다는 책임의식을 강조하고 있다. 현실치료자들이 무의식과 과거경험을 중시하지 않는 대신에 현재의 의식적 선택을 강조하는 이유가 여기에 있다. 과거에 어떠한 경험을 했든 의식적 선택에 의해서 과거를 단절하고 새로운 삶을 열 수 있다는 현실치료의 입장은 실존주의적 입장과 일맥상통한다.

현실치료는 긍정적인 행동의 선택을 통해서 자연스럽게 부정적 행동을 감소시키는 치료적 방략을 지니고 있다. 현실치료자는 내담자의 문제행동이나 부적응적 행동에 초점을 맞추지 않음으로써 내담자의 수치심이나 자책감을 유발하지 않는다. 그 대신, 내담자가 진정으로 원하는 바를 충족시킬 수 있는 긍정적 행동을 실행하도록 격려함으로써 자연스럽게 문제행동을 극복하도록 유도한다.

현실치료에 대해서는 여러 가지 한계점도 지적되고 있다. 우선, 현실치료는 인간의 심리적 문제를 지나치게 단순하고 낙관적인 입장에서 접근한다는 비판이 제기되고 있다. 많은 내담자들은 자신의 행동이 부적절하다는 것을 의식적으로는 잘 인식하고 있지만 그것에서 벗어나지 못한다. 그 이유는 무의식과 과거경험 그리고 역기능적 신념 등이 내담자의 현실 인식과 판단에 강력한 영향을 미치고 있기 때문이다. 현실치료는 인간의 사고와 행동에 영향을 미치는 다양한 심리적 요인을 경시함으로써 심리적 문제를 설명하고 치료할 수 있는 범위를 제한하고 있다.

또한 현실치료는 과학적인 연구의 뒷받침이 부족하다. 현실치료자들은 선택이론의 실증적 검증뿐만 아니라 치료효과의 검증을 소홀히 하는 경향이 있다. 이런 점에서 현실치료는 매우 실제적인 치료적 접근이기는 하지만 과학적이고 실증적인 근거가 취약하다는 약점을 지니고 있다.

아울러 현실치료는 다양한 정신장애를 이해하고 설명하는 데에도 한계를 지니고 있다. Glasser는 인간의 심리적 문제를 정신장애로 진단하는 것에 대해서 반대하고 있다. 그러나 내담자들이 다양한 유형의 심리적 문제를 지니고 치료자를 찾아오는 것은 사실이다. 이러한 내담자의 문제를 정신장애로 진단하지 않더라도 내담자가 그러한 특수한 문제를 나타내는 심리적 원인에 대한 이해가 필요하다. 체계적인 정신병리 이론에 근거하고 있지 않은 현실치료는 다양한 정신장애를 치료하는 데에 한계를 나타내고 있다. 일반적으로 현실치료는 경미한 심리적 문제의 치료에는 효과적이지만 심각한 정신장애를 치료하는 데에는 한계가 있는 것으로 여겨지고 있다.

그러나 현실치료는 청소년 비행문제, 적응장애, 불안장애, 물질남용을 비롯하여 증상의 심각도가 비교적 경미한 장애의 치료에 적합한 것으로 여겨지고 있다. 또한 현실치료는 심리치료뿐만 아니라 자녀양육, 학교, 교정 및 재활기관, 사회복지기관, 직업장면과 사업경영 등과 같은 다양한 장면에서 활용되고 있다. 현실치료는 교육적인 요소를 지니고 있을 뿐만 아니라 명료하고 구체적인 접근법을 제시하고 있기 때문에 다양한 사회적 장면에서 정신건강을 위한 예방적 활동에도 활용될 수 있다.

자기이해를 위한 생각거리

1. Glasser에 따르면, 인간은 다섯 가지의 선천적인 기본적 욕구(생존, 사랑, 권력, 자유, 재미의 욕구)를 지니며 이러한 욕구를 골고루 잘 충족시키는 것이 중요하다. 나는 이러한 욕구들을 잘 충족시키며 살아가고 있는가? 다섯 가지 욕구 중에서 잘 충족되고 있는 욕구는 무엇이며 그렇지 못한 욕구는 무엇인가?

2. Glasser에 따르면, 인간은 기본적 욕구가 잘 충족된 구체적인 상태에 대한 심상을 뜻하는 '좋은 세상(quality world)'을 마음속에 그리며 살아간다. 나에게 있어서 나의 욕구가 잘 충족된 '좋은 세상'은 어떤 것인가? 나의 '좋은 세상'에는 어떤 사람들이 등장하며 나는 그들과 어떤 관계에서 어떤 일들을 함께하고 있는가?

3. WDEP 모델을 적용하여 나의 삶을 살펴본다. 과연 내가 진정으로 원하는 것은 무엇인가? 나는 현재 무엇을 하며 시간을 어떻게 보내면서 살고 있는가? 나의 현재 행동은 내가 원하는 것을 효과적으로 잘 충족시키고 있는가? 만약 그렇지 못하다면 나의 욕구와 소망을 충족시키기 위해서 무엇을 어떻게 해야 하는가?

4. 현실치료에서는 선택의 중요성을 강조하기 위해서 내담자가 심리상태를 기술할 때 '수동형 형용사'보다 '능동형 동사'를 사용하게 한다. 오늘 하루의 생활에서 경험한 심리상태를 동사로 기술해본다. 예컨대, 나는 '화가 난 것'이 아니라 '화를 낸 것(또는 화를 내기로 선택한 것)'이며, '~한 생각이 든 것'이 아니라 '~한 생각을 한 것(~한 생각을 하기로 선택한 것)'이며, '친구와 멀어진 것'이 아니라 '친구를 멀리한 것(친구를 멀리하기로 선택한 것)'이다. 이처럼 나의 감정상태, 생각과 판단, 대인행동 등 모든 것을 상황에 의한 어쩔 수 없는 것이 아니라 내가 스스로 선택한 것으로 기술해본다. 자신의 경험을 이러한 방식으로 기술하면서 마음에 어떤 변화가 느껴지는가?

5. Glasser는 기본적 욕구를 강력하게 만족시키면서 정신건강을 증진하는 행동을 '긍정적 중독(positive addiction)'이라고 지칭하면서 그러한 행동의 여러 특징을 제시한 바 있다. 과연 나는 어떤 긍정적 중독에 빠져 있는가? 나는 어떤 긍정적 활동에 중독 수준까지 빠져들기를 원하는가? 행복과 정신건강에 도움이 되는 바람직한 활동에 긍정적 중독이 되도록 노력해본다.

더 읽을거리

♣ Wubbolding, R. E. (1988). *Using Reality Therapy*. (김인자 역. 《현실요법의 적용》. 서울: 한국심리상담연구소, 2008).

☞ 현실치료를 실시하는 구체적인 절차와 방법을 알기 쉽게 소개하고 있다.

♣ Glasser, W. (1998). *Choice Theory: A New Psychology of Personal Freedom*. (김인자 역. 《행복의 심리》. 서울: 한국심리상담연구소, 2004).

☞ Glasser가 제시한 선택이론의 핵심적 원리와 그 실제적 적용에 대해서 친절하게 소개하고 있다.

제 **12** 장

가족치료

제12장
가족치료

1. 가족치료의 개요

대부분의 심리치료 이론은 개인에 초점을 맞추고 있다. 개인을 변화시킴으로써 심리적 문제를 치유하고자 한다. 그러나 개인의 삶이 가족과 밀접하게 관련되어 있듯이, 개인의 심리적 문제는 가족과 복잡하게 얽혀 있다. 1940~50년에 접어들면서, 개인의 심리적 문제는 가족의 역기능과 밀접하게 연결되어 있으며 개인의 문제를 해결하기 위해서는 가족의 변화가 필요하다는 인식이 증가되기 시작했다. 이러한 인식 속에서 가족을 치료의 대상으로 하는 가족치료가 태동되었다.

가족치료(Family Therapy)는 개인이 속해 있는 가족의 구조와 소통 방식을 변화시킴으로써 개인의 심리적 문제를 치료한다. 즉, 개인이 속한 가족의 구성원들이 관계를 맺고 소통하는 방식에 영향을 미쳐서 가족체계를 건강하게 변화시킴으로써 개인을 치유하는 것이다. 대부분의 가족치료는 여러 구성원으로 이루어져 기능하는 가족을 하나의 체계(system)로 보고 치료적 개입을 통해 가족체계의 변화를 추구한다. 이러한 점 때문에 가족치료는 가족체계치료(family systems therapy) 또는 체계치료(systemic therapy)라고 불리기도 한다.

가족치료는 가족의 중요성이 인식되면서 다양한 형태로 발전해왔다. 1930년대부터 인간발달에 있어서 부모와 가족의 중요성이 밝혀지고 이혼과 같은 가족문제가 사회적 이슈로 부각되면서 건강한 가정생활에 대한 관심이 깊어졌다. 1950년대 후반부터 개인의 심리적 문제는 가족의 문제와 밀접히 연결되어 있으며 가족 전체를 대상으로 하여 치료해야 한다는 인식이 높아지면서 가족치료가 태동되기 시작했다. 이 시기에는 가족치료의 주요 대상이 정신분열증 환자의 가족이었다. 가족역동과 정신분열증의 관계에 대한 연구가 많이 진행되었으며 기존의 심리치료를 가족 대상의 집단치료 형태로 적용하는 움직임과 더불어 가족의 특수성을 고려한 다양한 가족치료가 시도되었다.

가족치료가 발전하는 계기가 된 것은 캘리포니아의 Palo Alto에 있는 〈정신연구원(Mental Research Institute: MRI)〉에서 시행된 정신분열증 환자 가족의 의사소통에 대한 연구를 통해서였다. 이러한 연구를 통해서 개인의 정신장애는 가족 병리와 관련되어 있다는 사실이 분명하게 드러났다. 병리적인 가족은 의사소통을 할 때 표면적인 내용과 모순되는 암묵적인 메시지를 전달하는 이중구속(double bind)의 현상을 나타낸다. 또한 가족은 유기체처럼 평형상태를 유지하려는 가족 항상성(family homeostasis)을 지니고 있어서 가족 중 한 사람의 상태가 호전되더라도 다른 구성원에게서 장애가 나타나는 경향이 있으므로 가족 전체를 치료대상으로 삼아야 한다는 주장이 제기되었다. Palo Alto의 MRI에 관여하면서 가족치료의 개발에 참여한 치료자들을 'Palo Alto 그룹'이라고 한다.

1970년대에는 가족치료에 대한 관심이 더욱 고조되었으며 체계이론에 입각한 여러 형태의 가족치료가 개발되어 많은 호응을 받았다. 체계이론(systems theory)은 여러 하위요소로 구성된 다양한 체계(예: 자동조절장치, 기계, 자연계, 생명체, 인간, 가족, 기업, 사회)의 구조와 기능을 설명하는 다학문적 이론으로서 가족을 이해하는 바탕을 제공하였다. 체계이론에 따르면, 가족은 구성원의 개인적 특성으로 설명할 수 없는 유기체적 특성을 지니며 이러한 특성은 구성원의 관계구조와 상호작용으로부터 발생한다. 가족체계는 구성원 간의 피드백을 통한 자기조절 기능을 지니며, 가족 전체의 균형을 위해서 구성원 개인이 가족 문제를 완충하는 희생자가 될 수 있다. 이러한 체계이론은 개인의 문제를 가족체계의 맥락에서 이해하고 치료하는 이론적 바탕이 되었다. 체계이론의 토대 위에서 개발된 대표적인 가족치료로는 Bowen의 다세대 가족치료, Minuchin의 구조적 가족치료, Haley의 전략적 가족치료 등이 있다.

1980년대 이후 가족치료는 더욱 정교하게 발전되었을 뿐만 아니라 구성주의의 영향으로 객관적인 가족의 구조나 상호작용보다 개인이 자신의 문제와 가족에 대하여 지니고 있는 의미체계를 중시하는 이야기 치료(narrative therapy)가 대두되었다. 1990년 이후로 다양한 유형의 가족치료가 활발하게 실시되고 있으며 최근에는 서로의 강점을 결합한 통합적인 가족치료로 발전하고 있다.

오늘날 가족관계는 정신건강의 중요한 요소로 여겨지고 있다. 가족이 건강해야 개인 구성원도 건강한 삶을 누릴 수 있다. 가족치료는 가족 구성원의 상호작용에 개입하여 가족을 건강하게 변화시킴으로써 개인의 정신건강을 증진하고자 한다. 개인주의와 가족해체현상이 가속화되고 있는 현대사회에서 가족치료는 더욱 중요한 의미를 지닌다. 가족치료는 현대의 심리치료자들이 가장 선호하는 심리치료 중 하나다.

여기에서는 가족치료의 발전에 기여했을 뿐만 아니라 현재 가장 널리 사용되고 있는 주요한 가족치료 이론을 중심으로 소개하고자 한다.

2. Bowen의 다세대 가족치료

다세대 가족치료(multi-generational family therapy)는 머레이 보웬(Murray Bowen, 1913~1990)이 제시한 가족체계 이론(family systems theory)에 근거하고 있다. Bowen은 정신과의사로서 여러 해 동안 정신분석을 공부하다가 메닝거 클리닉에서 만난 정신분열증 환자가 어머니와 정서적으로 밀착된 특수한 관계를 맺고 있음을 발견했다. 이러한 발견으로부터 정신장애 환자 가족의 큰 특징이 바로 개인적 자주성의 결여이며 '자기분화'가 건강한 가족의 중요한 특성임을 깨닫게 되었다. 아울러 모든 가족이 정서적 융합과 분화라는 연속선상의 한 지점에 놓여 있다고 확신하게 되었다.

그는 1954년에 국립보건원(NIMH)으로 이직하여 정신분열증 환자의 가족들을 관찰하면서 가족체계 이론의 개념을 발달시켰다. 어머니뿐만 아니라 아버지와 자녀의 관계로 연구를 확대하면서 삼각관계가 가족관계의 기본단위라는 것을 발견하게 되었다. 그는 1959년에 Georgetown 대학의 의료센터로 이직하여 가족체계에 대한 연구를 확대하면서 가족의 체계이론을 개발했다. Bowen에 의하면, 인간관계는 서로에게 의존하려는 동시에 독립성을 추구하는 개별성과 연합성의 두 세력에 의해 움직여 나간다. 이러한 양극단의 인간 본성이 얼마나 성공적으로 조화를 이루는가 하는 문제는 친밀한 관계에서의 감정조절, 즉 '자기분화'의 수준에 달려 있다. Bowen 가족치료의 핵심 목표는 자기분화의 수준을 향상시키는 것이다. 즉, 원가족과 친밀한 관계를 잘 유지하는 동시에 자신의 독립성을 잘 유지함으로써 가족 구성원들의 정서적 문제에 덜 휩쓸려들면서 친밀한 관계에서 덜 감정적으로 반응하도록 돕는 것이다. 그의 가족치료법은 다세대 가족치료라고 불리고 있다.

1) 가족체계 이론의 주요내용

Bowen은 정신분열증 환자의 가족을 면밀히 관찰하면서 가족 구성원 간의 과도한 정서적 연결로 인한 개인의 독립성이 저하되는 현상이 세대를 걸쳐 전수된다는 것을 발견하게 되었다. 이러한 발견에 근거하여 Bowen은 가족체계 이론을 제시하였다. 가족체계 이론은 자기분화의 개념을 위시하여 핵가족 정서체계, 삼각관계, 가족투사과정, 다세대 전수과정, 정서적 단절 등의 개념체계로 구성되어 있다.

(1) 자기분화

자기분화(differentiation of self)는 가족체계 이론의 핵심적인 개념으로서 개인이 가족 구성원들로부터 심리적으로 독립된 정도를 의미한다. Bowen에 의하면, 우리는 평소에 생각하는 것보다 심리적인 측면에서 자주성이 적다. 우리들의 생각과 감정은 다른 사람, 특히 가족과 밀접하게 연결되어 있으며 그들로부터 강력한 영향을 받는다. 정신적으로 건강하다는 것은 원가족에 대한 정서적 의존에서 벗어나 심리적으로 독립하여 가족 갈등과 관련된 감정을 잘 조절하는 것이다.

자기분화는 전 생애에 걸친 커다란 과제로서 원가족(family of origin)으로부터 심리적인 독립을 이루면서 그들과의 친밀한 관계를 유지하는 능력을 뜻한다. 자기분화가 잘 된 사람은 사고와 감정에 있어서 균형을 이루며 다른 사람들과의 친밀한 관계에서도 자신의 개체성을 유지할 수 있다. 따라서 다른 사람의 강렬한 정서반응에 끌려들지 않을 뿐만 아니라 친밀한 관계에서도 자신의 감정을 잘 조절할 수 있다.

달리 말하면, 자기분화는 내부 또는 외부로부터의 정서적 압력에 자동적으로 반응하지 않고 생각할 수 있는 능력을 말한다. 자기분화가 잘 된 사람은 충분히 사고하고 자신이 믿는 바에 따라 결정하기 때문에 어떤 문제에서든 분명하게 자신의 입장을 취할 수 있다. 반면에, 자기분화가 잘 이루어지지 않은 사람은 자주적인 정체감이 부족하고 주변사람들에게 순종 또는 반항하는 정서적 반응을 보이며 충동적으로 반응하는 경향을 지닌다.

(2) 삼각관계

가족 구성원 중 두 사람이 해결하기 힘든 문제에 봉착하게 되면 가족 내의 제3자를 끌어들여 문제를 해결하려는 과정에서 삼각관계(triangles)를 형성하게 된다. 두 사람의 관계에 끼어든 제3자가 일시적으로만 관여하거나 두 사람의 문제가 잘 해결되도록 도우면 삼각관계가 고착되지 않지만, 제3자가 지속적으로 관여하게 되면 가족 내에 삼각관계가 굳어지게 된다.

이처럼 한 사람이 다른 가족 구성원과 갈등을 겪을 때 그와 직접 소통하여 해결하지 않고 가족 내의 제3자를 갈등관계로 끌어들여 삼각관계를 만드는데, 이를 가족의 삼각관계화(family triangulation)라고 한다. 이런 경우에는 대부분 두 사람이 연합하여 다른 가족 구성원을 따돌리거나 외톨이로 만들어 가족의 갈등을 심화시키게 된다. 특히 이러한 삼각관계가 오랫동안 지속되면 가족에게 파괴적인 결과를 초래할 수 있다. 예컨대, 남편과 갈등을 하는 아내가 직접 남편과 문제를 해결하지 못하고 딸에게 토로하며 위안을 받는다. 이러한 삼각관계를 통해 아내는 딸에게 집착하며 남편을 멀리한다. 그 결과, 이러한 삼각관계는 남편과 아내의 관계를 더욱 악화시킬 뿐만 아니라 딸의 독립성 발달을 저해하게 된다. Bowen에 따르면, 가족 내의 두 사람 관계는 불안정한 것이어서 스트레스 상황에서는 제3자를 끌어들여 삼각관계로 만드는 경향이 있다.

(3) 정서적 단절

정서적 단절(emotional cutoff)은 원가족과 관련된 정서적 불편감을 회피하기 위해서 가족을 멀리 떠나거나 대화를 회피하는 것을 뜻한다. 부모나 형제를 비롯한 원가족과의 해결되지 않은 정서적 문제를 지닌 사람은 가족과 함께 생활하면서 반복적인 갈등과 불안을 경험하게 된다. 이러한 불안을 회피하기 위한 메커니즘은 정서적 단절이다. 정서적 단절은 직접적인 불안을 감소시킬 수는 있지만 미해결 문제들을 해결하지 못한 채 가족관계의 단절을 초래함으로써 부정적인 영향을 미칠 수 있다. 가족과의 미해결 문제는 해결되지 않으면 다른 인간관계로 전이되어 나타나게 된다. 정서적 단절은 세대 간의 갈등과 불안을 처리해나가는 흔한 방법 중 하나이다. 특히 부모와 자녀 간의 융합이 심할수록, 자녀는 부모로부터 정서적으로 단절하려는 경향이 높다. 이런 경우에 자녀는 부모에게서 멀리 떠나거나 침묵으로 대화를 기피하거나 자신을 고립시킴으로써 거리를 둔다.

(4) 핵가족의 정서체계

부모와 자녀로 구성된 핵가족에서 가족문제가 발생하면 흔히 다음과 같은 네 가지의 관계패턴으로 정서적 문제를 해결하려 하는데, 이를 핵가족의 정서체계(nuclear family emotional system)라고 한다. 이러한 패턴은 여러 해를 거쳐 반복적으로 나타나는 가족 내의 정서적 역동을 반영한다.

첫째는 부부간의 갈등이 발생하는 경우이다. 가족문제가 증가해서 불안해지면, 부부는 배우자에게 문제의 원인을 전가하며 배우자의 약점에 초점을 맞추어 비난하거나 상대방을 통제하려 든다. 이에 대해서 배우자가 저항하거나 반발하게 되면, 부부 갈등이 유발된다.

둘째는 부부 중 한 사람의 역기능이 발생하는 경우이다. 부부 중 한 사람이 상대방에게 압력을 가하고 그 배우자는 순종하거나 굴복한다. 이 경우에 부부는 특별한 갈등 없이 의사소통하지만 어느 수준에 이르면 순종적인 배우자의 스트레스가 증가하여 신체적 또는 심리적 역기능이 나타나게 된다.

셋째는 자녀 중 한 명 또는 그 이상에게 문제가 발생하는 경우이다. 부부는 자신들의 불안을 자녀에게 투사하여 한 명 또는 그 이상의 자녀를 특별히 이상화하여 집착하거나 부정적으로 매도한다. 부모의 특별한 관심을 받는 자녀는 부모의 행동에 민감해지며 자기분화를 이루기 어려울 뿐만 아니라 가족갈등의 영향을 많이 받기 때문에 신체적 또는 심리사회적 문제를 유발할 수 있다.

마지막 네 번째는 부부가 정서적으로 거리를 두는 경우이다. 가족갈등이 발생하면, 불안을 회피하기 위해서 부부가 서로를 멀리하며 관계의 강도를 약화시킨다. 이런 상태가 지속되면, 부부나 가족 간의 관계가 너무 소원해질 수 있다.

(5) 가족 투사과정

가족 투사과정(family projection process)은 부모가 자신의 심리적 문제를 자녀에게 전달하는 과정을 뜻한다. 예컨대, 부모가 지닌 타인에 대한 과도한 관심과 집착, 타인의 기대에 부응하려는 과도한 부담감, 다른 사람에게 과도한 책임전가, 중요한 타인의 행복에 대한 과도한 책임감 등이 가족 투사과정을 통해서 자녀에게 전달되어 자녀의 심리적 기능을 손상시킬 뿐만 아니라 심리적 장애에 대한 취약성을 증가시킬 수 있다. 가족 투사과정은 세 단계를 통해 일어난다. 첫째 단계에서 부모는 자녀 중 한 명에게 무언가 잘못된 일이 벌어지지 않을까 걱정하며 그 자녀에게 집중적인 관심을 보인다. 둘째 단계에서 부모는 그 자녀의 행동을 그들이 걱정하는 것이 나타나고 있는 것으로 해석한다. 셋째 단계에서 부모는 자녀가 정말 무언가 잘못된 점을 지니고 있는 것처럼 취급한다. 예를 들어, 과도한 애착패턴을 지닌 어머니는 자녀에게 사랑이 부족하지 않을까 걱정하고, 자녀의 의기소침한 행동을 애정부족으로 여기며, 과잉보호를 하게 된다. 과잉보호를 받은 자녀는 부모에게 의존하거나 과도한 애착을 통해 자기분화를 이루지 못하게 된다.

(6) 다세대 전수과정

다세대 전수과정(multi-generational transmission process)은 부모의 낮은 자기분화 수준이나 심리적 문제가 여러 세대를 거치면서 후손에게 전수되거나 강화되는 과정을 의미한다. 자기분화 수준이 낮은 부모는 자녀에게 집착하며 심리적 융합을 이루어 자녀의 자기분화를 저해한다. 또한 자녀의 낮은 자기분화 수준은 성장하여 배우자를 선택하는 과정에도 영향을 미치게 된다. 부모의 낮은 자기분화 수준이 모든 자녀에게 전수되는 것은 아니다. 형제 위치에 따라서 부모의 특별한 관심을 받게 되는 자녀가 있는 반면에 그렇지 못한 자녀도 있다. 부모와 가장 심한 융합을 이룬 자녀는 자기분화 수준이 낮아지고, 성장하여 자신의 자녀 중 일부와 더욱 강한 심리적 융합을 이룸으로써 자녀의 자기분화 수준이 더욱 낮아지는 결과를 초래하게 된다. 자기분화 수준은 부부생활의 안정성, 교육적 또는 직업적 성취, 심신건강과 수명에도 영향을 미친다. 다세대 전수과정을 통해서 전달되는 자기분화 수준이나 심리적 문제를 개선하기 위해서 Bowen은 확대가족을 대상으로 하는 다세대 가족치료를 개발하였다.

(7) 정신병리의 발생

Bowen은 심리적 문제가 발생하는 근본적인 원인을 한 세대에서 다음 세대로 전달되는 정서적 융합이라고 보았다. 부모와 자녀 간의 정서적 융합이 심할수록, 자녀는 높은 수준의 자기분화를 이루지 못하고 원초적인 정서적 요구에 의해 쉽게 반응할 뿐만 아니라 다른 사람의 정서적 반응에도 쉽게 상처를 입게 된다.

정서적 융합은 기본적으로 불안 애착에 토대를 두고 있다. 불안 애착을 지닌 부모는 가족투사과정을 통해서 자녀에게 각별한 관심을 기울이며 정서적 융합을 이룸으로써 자녀의 자기분화를 저해한다. 자기분화를 이루지 못한 자녀는 부모에게 과도하게 의존하거나 정서적 단절을 통해 고립을 초래하게 된다. 이처럼 의존적이거나 고립된 사람들은 가족 내에서 스트레스를 경험하면 재빨리 삼각관계를 만들거나 핵가족 정서체계를 통해서 가족갈등을 증폭시킨다. 개인의 정신병리는 가족의 정서적 융합으로 인한 낮은 수준의 자기분화에 기인한다. 정신병리를 지닌 개인은 가족의 문제가 핵가족 정서체계에 의해서 그 사람에게 나타난 것으로서 가족갈등의 희생자라고 할 수 있다. Bowen에 따르면, 개인의 정신병리는 가족체계의 병리현상이 반영된 것이며 세대를 통해 전수되는 가족의 병리현상은 가족치료, 특히 확대가족을 대상으로 다세대 가족치료를 시행함으로써 근본적으로 단절할 수 있다.

2) 다세대 가족치료의 목표와 기법

(1) 치료목표

다세대 가족치료자들은 문제의 근원이 개인보다 가족체계에 있기 때문에 원가족 구성원들과의 관계를 변화시킴으로써 개인의 심리적 문제를 개선할 수 있다고 믿는다. 개인의 문제는 원가족의 관계패턴이 이해되고 다루어져야 의미 있는 변화가 일어날 수 있다. 가족의 미해결 애착관계를 잘 다루어 해소하지 않는 한, 가족의 정서적 문제는 세대를 통해 전수되기 때문이다.

다세대 가족치료의 목적은 가족 구성원의 자기분화 수준을 증가시킴으로써 환자의 불안과 증상을 완화하는 것이다. 이를 위해서 가족체계의 구조와 과정을 잘 관찰하여 파악하는 것이 필요하다. 특히 가족 내의 삼각관계 망을 파악하고 가족 구성원들 간의 정서적 반응패턴을 잘 파악해야 한다. 다세대 가족치료의 핵심은 다세대에 걸친 가족 내의 삼각관계를 해체하여 환자를 그로부터 해방시키는 것, 즉 탈삼각관계화(de-triangulation)를 이루는 것이다. 자기분화는 궁극적으로 가족 구성원들이 자신과 관련된 삼각관계를 인식하고 그로부터 벗어남으로써 성취될 수 있다. 가족 구성원들이 삼각관계로부터 자유로워지면 가족체계의 긴장과 불안이 감소되고 가족체계가 정서적으로 재편성되어 개인의 자기분화를 촉진하게 된다.

(2) 치료기법

다세대 가족치료에서는 치료기법의 적용보다 가족체계가 어떻게 기능하고 있는지 파악하는 것이 더 중요하다. 다세대 가족치료자들은 가족 간의 정서적 연결에 초점을 맞추며 가족체계의 변화를 유도하기 위해서 다양한 기법을 적용한다.

가계도 그리기   Bowen은 가족 구성원들 간의 정서적 관계를 파악하기 위해서 가계도(family genogram)를 활용했다. 가계도는 적어도 3대 이상의 모든 가족 구성원에 대한 정보를 수집하여 가족 구성원의 정서적 관계와 융합 정도를 평가하기 위한 것이다. 가계도는 가족의 객관적 자료뿐만 아니라 구성원들의 갈등, 단절, 삼각관계를 파악함으로써 가족체계의 역기능적 구조를 이해하는 데 도움이 된다.

치료적 삼각관계 만들기　치료자의 주된 초점은 가족 내의 역기능적인 삼각관계를 파악하여 해체하는 것이다. 이를 위해서 치료자는 가족의 주요인물 두 사람과 함께 새로운 삼각관계를 만들어 기존의 삼각관계를 무력화시킬 수 있는데, 이를 치료적 삼각관계라고 한다. 이때 치료자는 가족들의 삼각관계에 휘말려들지 않도록 주의해야 한다. 치료자가 가족들의 정서적 반응에 휘말려들지 않고 중립적 입장을 유지하면, 가족 구성원들은 자신의 정서적 충동에 의한 반응을 자제하면서 자신들의 문제에 대해 좀 더 분명하게 사고하기 시작한다.

질문하기　가족치료자들은 내담자가 가족 내에서 자신의 역할을 생각해보도록 다양한 질문을 던진다. 개인의 반응이 다른 가족 구성원에게 어떤 영향을 미치는지 그 순환적 과정을 이해하도록 촉진하는 순환질문을 다음과 같이 사용할 수 있다. "당신이 무엇을 어떻게 했기에 남편이 그토록 화를 내는지 생각해보셨습니까?" "당신의 원가족 중에서 누가 당신과 비슷한 행동을 했으며 이러한 행동이 당신의 자녀에게 어떻게 나타나고 있습니까?" 또한 "지금 화가 나 있는데 화가 난 자신에 대해 어떤 느낌이 듭니까?" "화가 난 감정을 어떻게 하기를 원합니까?"라는 질문을 통해서 자신의 감정을 인식하고 지적으로 통제하도록 촉진할 수 있다.

관계실험　치료자는 가족 내의 삼각관계를 변화시키기 위해서 가족 구성원에게 새로운 관계를 시도해보는 과제를 줄 수 있다. 관계실험(relationship experiments)은 가족체계의 역기능적 관계를 변화시키도록 가족에게 부여하는 행동적 과제를 의미한다. 치료자는 가족의 삼각관계를 파악하여 구성원들에게 삼각관계를 설명한 후에 그와 반대되는 삼각관계 방향으로 행동하게 하여 그 정서적 과정을 경험하는 관계실험을 부여함으로써 가족들이 삼각관계의 역기능성을 이해하고 자발적으로 삼각관계를 해체할 수 있다. 이 밖에도 가족 구성원에게 상대방에 대한 의존을 자제하거나 상대방에 대한 요구를 중지하거나 정서적 융합의 압력을 줄임으로써 자신과 상대방의 관계에 어떤 일이 발생하는지 관찰하게 할 수 있다.

나의 입장 기법　가족 구성원들이 대화과정에서 서로의 행동을 통제하며 격렬한 정서적 반응을 나타낼 때, '나의 입장' 기법을 사용할 수 있다. 나의 입장(I-positions) 기법은 정서적으로 격앙된 상황에서 상대방의 행동을 지적하고 싶은 정서적 충동에서 벗어나 자신의 견해를 조용하고 분명하게 진술하도록 하는 것이다. 예컨대, "당신은 게으르기 짝이 없어!"라고 말하는 대신에 "나는 당신이 도와줬으면 좋겠어요."라고 말하거나 "당신이 아이들을 망쳐놓고 있어!"라고 말하는 대신에 "나는 당신이 아이들을 좀 더 엄격하게 대하면 좋겠어요."라고 말하게 하는 것이다.

이 밖에도 다세대 가족치료에서는 내담자의 역할에 대한 교육, 행동 변화를 위한 구체적인 지시와 코칭, 가족문제의 이해와 해결을 위한 영화나 비디오 보기 등과 같은 다양한 기법을 사용하고 있다.

3. Minuchin의 구조적 가족치료

구조적 가족치료(Structural Family Therapy)는 살바도르 미누친(Salvador Minuchin, 1921~현재)에 의해서 개발되었다. Minuchin은 아르헨티나에서 러시아계 유태인 이민자의 아들로 태어나 성장하였으며 의과대학에 진학하여 소아과를 전공하고 정신과를 부전공했다. 소아과 의사로 활동하다가 1948년에 1차 중동전쟁이 발발하자 이스라엘로 이주하여 육군에 참여했으며 이후에 장애아동을 위한 치료시설을 운영하기도 했다. 1950년에 미국으로 이주하여 정신의학을 공부하고 뉴욕의 Bellevue 병원에서 정신병을 지닌 아동을 치료하며 정신분석적 접근을 시도했으나 아동에게 적절치 않다는 것을 발견했다.

1965년에 필라델피아 아동병원 정신과와 아동지도 클리닉에서 근무하게 되면서, Minuchin은 심리적 원인에 의해 신체적 증상이 발생하는 정신신체질환(psychosomatic illness)을 가진 아동들을 치료하게 되었다. 이러한 경험을 통해서 그는 가족치료가 이러한 아동의 치료에 효과적이며 부적응적인 가족패턴이 이러한 질병의 주요한 원인이라는 것을 발견하게 되었다. 그는 Gregory Bateson의 의사소통 이론을 참고하여 가족역동을 이해하고 치료하는 구조적 체계이론을 발전시켰다. 구조적 가족치료는 가족 구성원의 심리적 문제를 유발하는 역기능적인 가족구조를 변화시켜 건강한 가족구조로 복원하는 데 초점을 맞춘다. 구조적 가족치료는 단기간에 가족 구성원 간의 동맹과 유대를 변화시킴으로써 구성원들이 건강한 방식으로 소통하고 문제를 해결하도록 돕는다. Minuchin은 2007년에 미국 심리치료자들을 대상으로 한 의견조사에서 지난 25년 동안 가장 영향력 있는 10명의 치료자 중 한 명으로 뽑히기도 했다. 그는 1996년에 은퇴하여 보스턴에서 노년기를 보내고 있다.

1) 구조적 가족치료의 주요내용

Minuchin에 따르면, 개인의 심리적 증상이나 문제는 가족의 구조적 병리에 의해서 생겨난 부산물이다. 개인의 증상과 문제를 해결하기 위해서는 가족의 구조적 변화가 일어나야 한다. 가족 구조(family structure)는 가족 구성원들이 서로 관계를 맺고 상호작용하는 방식을 결정하는 암묵적 규칙과 요구를 의미한다.

(1) 제휴

제휴(coalition)는 가족체계 안에서 개인이 다른 구성원과 협력적인 관계를 맺는 것이다. 제휴에는 연합과 동맹의 두 가지가 있는데, 연합은 두 사람이 제3자에 대항하기 위해서 힘을 합하는 것을 뜻하는 반면, 동맹은 두 사람이 다른 공동의 목적을 위해 제3자와 제휴하는 것으로 반드시 누군가에게 대항하기 위한 것일 필요는 없다. 가족은 부부, 부모, 형제자매의 세 하위체계로 구성되어 있으며 하위체계 간의 제휴가 존재한다.

(2) 경계선

경계선(boundary)이란 가족 내의 구성원 간 또는 개인과 하위체계 간에 접촉과 개입을 허용하는 정도를 의미한다. Minuchin에 따르면, 가족의 건강성은 가족 경계선의 명료성과 적절성에 달려 있다. 적절한 경계선에 의해서 하위체계가 보호받지 못하면, 그 하위체계 내의 개인들이 상호작용하는 기술을 제대로 발달시키지 못하게 된다. 예를 들어, 만약 부모가 항상 자녀들 간의 싸움에 끼어들어 중재자 역할을 하게 되면 자녀들은 갈등 해결 기술을 배울 수 없게 된다. 건강한 가족은 분명하고 유연한 경계선을 지니고 있어서 하위체계 간의 구분이 명료한 동시에 적절한 상호작용이 이루어진다. 그러나 경계선이 모호하여 하위체계의 구분이 애매할 경우에는 가족 구성원들이 서로에 대해서 과도하게 개입하고 간섭하게 된다. 이러한 경우가 융합된 가족 (enmeshed family)으로서 매우 높은 수준의 상호 지지를 보일 수는 있으나 개인의 독립성과 자율성이 손상된다. 반대로 경계선이 지나치게 경직된 경우에는 가족 구성원 또는 하위체계 간의 의사소통이 잘 이루어지지 않게 되는데, 이러한 경우를 유리된 가족(disengaged family)이라고 부른다. 유리된 가족은 구성원 개인이 독립적이지만 가족 간 애정과 지지가 부족하다.

(3) 권력위계

가족의 하위체계는 다른 하위체계나 가족구성원에게 영향력을 행사하는 권력 (power)을 지닌다. 가족은 일종의 작은 정치집단으로서 구성원은 자신의 입장을 반영하기 위해서 서로 영향력을 주고받는다. 가족 내에는 권력의 위계가 존재하며, 일반적으로 부모 하위체계가 권력의 정점에 있으며 자녀 하위체계는 가장 낮은 수준에 위치한다. 건강한 가족에서는 부모가 적절한 권위를 가지고 자녀들과 협상하며 자녀양육을 주도하게 된다. 그러나 경계선이 모호한 가족은 권력의 위계 역시 불분명하여 가족 구성원 간의 충돌이 자주 일어나게 된다.

(4) 기능적 가족과 역기능적 가족

Minuchin은 가족이 스트레스 상황에 효과적으로 대처하는 능력에 따라 기능적 가족과 역기능적 가족으로 명확하게 구분하고 있다. 기능적 가족은 가족 내외의 환경 변화에 잘 적응하는 반면, 역기능적 가족은 변화에 잘 적응하지 못하는 구조적 특성을 지니고 있다. 기능적 가족과 역기능적 가족의 특징이 〈표 12-1〉에 제시되어 있다.

역기능적 가족은 크게 융합된 가족과 유리된 가족의 두 가지 유형이 있다. 융합된 가족은 경계선이 모호하기 때문에 가족 간에 강한 정서적 반응을 보이고 서로의 영역을 침범한다. 이러한 가족의 부모는 자녀문제에 너무 깊이 개입하여 간섭함으로써 자녀들이 스스로 문제를 해결하고 성숙해지는 것을 방해한다. 반면에, 유리된 가족은 경계선이 지나치게 경직되어 있어서 가족 구성원 간에 친밀감이나 유대감이 낮으며 필요한 경우에 적절한 지지를 해주지 못한다. 이러한 가족의 부모는 자녀의 문제가 심각한 상태로 드러나기 전까지 자녀가 우울하거나 학교 적응에 문제가 있다는 것을 알지 못한다.

표 12-1   기능적인 가족과 역기능적인 가족의 특성

기능적 가족	역기능적 가족
가족의 규칙과 역할이 유연하다.	가족의 규칙과 역할이 경직되어 있다.
세대 간의 경계가 명확하다.	세대 간의 경계가 불분명하거나 경직되어 있다.
의사소통이 개방적이고 협동적이다.	의사소통이 폐쇄적이고 일방적이다.
가족주기 단계에 따라 유연하게 적응한다.	특정한 가족주기 단계에 고착되어 변화에 잘 대처하지 못한다.
자율성과 책임을 강조한다.	서로 의존하거나 통제하려 한다.
책임이 적절하게 분산되어 배분된다.	책임을 한 사람에게 몰아 희생양을 만든다.
가족체계가 개방적이다.	가족체계가 폐쇄적이다.
구성원 간의 협상과 조정이 가능하다.	구성원 간의 협상과 조정이 어렵다.
가족들이 현실적인 기대와 욕구를 지닌다.	가족들이 비현실적이고 이상적인 기대나 욕구를 지닌다.
가족의 자원이 풍부하며 서로 지원한다.	가족의 자원이 부족하며 서로 지원되지 않는다.

2) 구조적 가족치료의 목표와 기법

(1) 치료목표

구조적 가족치료의 치료목표는 가족의 구조를 좀 더 건강한 방향으로 재구조화하는 것이다. 구조적 가족치료는 가족의 구조적 변화를 통해서 내담자의 문제해결을 추구한다. 구조적 가족치료자는 가족의 하위체계에 들어가 적극적으로 개입하여 가족구조를 변화시킴으로써 가족 구성원들이 자신의 문제를 더 효과적으로 해결할 수 있도록 돕는다. 달리 말하면, 구조적 가족치료의 목표는 역기능적 가족을 기능적 가족으로 변화시키는 것이다.

구조적 가족치료자는 치료실에서 일어나는 가족 구성원들의 상호작용을 중시한다. 치료실에서 일어나는 구성원들의 행동을 관찰하고 그러한 관계에 개입하여 변화를 유도한다. 의도적으로 가족체계의 불균형을 유발하여 가족 구성원들이 역기능적 패턴을 인식하고 새로운 가족구조를 형성하도록 돕는다.

(2) 치료기법

구조적 가족치료자는 치료하는 가족의 상호작용 속으로 들어가 가족의 구조적 변화를 촉진한다. 치료자는 가족 속에 합류하여 가족구조를 파악하고 적극적인 개입을 통해서 가족구조를 변화시킨다. 가족구조를 변화시키기 위해서 다음과 같은 다양한 치료기법을 사용한다.

가족에 합류하여 적응하기   구조적 가족치료자는 가족의 일원으로 그들의 상호작용에 들어가 합류하여 개입한다. 치료자는 가족들이 자신을 이방인이자 침입자로 여기지 않도록 자연스럽게 적응하는 것이 중요하다. 이러한 가족에의 합류를 통해서 새로운 상호작용을 촉발하고 가족구조를 새롭게 재구성한다.

재현하기   가족 구성원들은 가족 문제나 역기능적 상호작용을 자신의 관점에 따라 일방적으로 기술하는 경향이 있다. 재현하기(enactment)는 치료시간 중에 가족 구성원들에게 역기능적인 행동이나 반응을 실제로 재현하도록 하는 것이다. 예를 들어, 아내가 남편이 너무 엄격하다고 불평하면, 치료자는 남편에게 "지금 부인께서 당신이 너무 엄격하다고 말씀하셨는데, 아내에게 어떻게 대답하시겠습니까?"라고 요청하여 남편이 아내에게 어떻게 행동하는지를 실제로 나타내도록 하는 것이다.

가족지도 그리기   치료자는 치료 초기에 가족의 상호작용을 관찰하여 가능한 한 빨리 가족구조를 파악하는 것이 중요하다. 치료자는 관찰결과에 따라 가족의 구조적 문제를 가족지도의 형태로 그려서 분석하고 지속적으로 정교하게 다듬어간다. [그림 12-1]에는 가족구조를 반영하는 경계선과 관계 특성을 표시하는 기호들이 제시되어 있다. 구조적 가족치료자는 이러한 기호를 사용하여 [그림 12-2]와 같이 가족 구성원들의 관계를 도형화하여 제시한다.

특정한 상호작용을 부각시켜서 조정하기   치료자가 역기능적인 가족 관계를 파악하기 위해서는 가족들이 말하는 내용보다 상호작용하는 과정에 초점을 맞추어야 한다. 치료자는 역기능적인 상호작용을 포착하여 새로운 방식으로 반응하도록 조정할 수 있다. 예를 들어, 네 살인 막내딸이 크게 소리를 지르거나 폭력적 행동을 일삼으며 문제를 나타내는 경우, 치료실에서 언니가 방에서 나가자 막내딸이 자신도 따라 나가겠다고 비명을 지르며 발버둥을 쳤다. 처음에 막내딸을 제지하던 부모가 이런 모

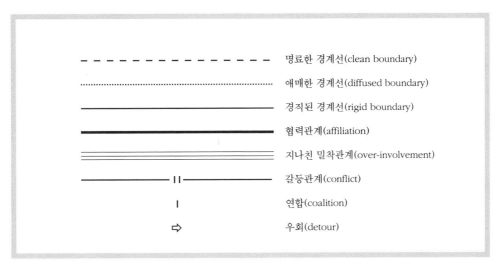

[그림 12-1] 가족지도에 사용되는 기호

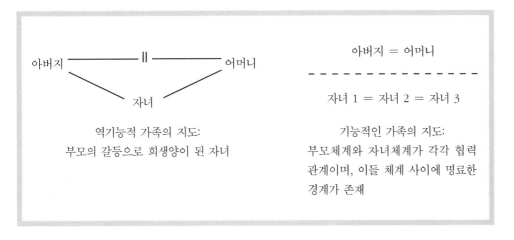

[그림 12-2] 가족지도의 예

습을 보고 물러나려 했을 때, 치료자는 부모가 지지 말아야 한다고 강조하며 막내딸이 조용해질 때까지 붙잡고 있으라고 제안했다. 막내딸은 20분 동안 소리를 질렀지만 결국에는 자신의 뜻이 이루어지지 않을 것이라는 것을 알고는 조용해졌다.

경계선 설정하기　치료자는 가족의 경계선이 지나치게 경직되어 있을 때는 그것을 유연하게 변화시키고, 지나치게 모호할 경우에는 명료하게 경계선을 설정한다. 융합된 가족의 경우에 치료자는 개입을 통해서 부모와 자녀의 하위체계 간의 경계선을 강화하고 개인의 독립성을 키워준다.

균형 무너뜨리기　　치료자는 가족의 고착된 관계구조를 변화시키기 위해서 의도적으로 균형을 무너뜨리며 새로운 구조가 생성되도록 노력한다. 가족들이 특정한 문제에 고착되어 갈등관계의 가족들이 균형 상태를 이루고 있는 경우에는 변화가 일어나기 어렵다. 이런 경우에 치료자는 균형을 무너뜨리기 위해 가족에 합류해서 특정한 개인이나 하위체계를 지지한다.

가족신념에 도전하기　　역기능적인 가족은 구성원들이 경직된 가족신념을 공유하고 있는 경우가 흔하다. 이러한 가족신념은 가족의 상호작용에 부정적인 영향을 미치며 가족문제를 지속시킬 수 있다. 이러한 경우에 치료자는 역기능적인 가족신념을 포착하여 도전함으로써 가족 구성원이 새로운 관점에서 상호작용을 할 수 있도록 유도한다.

4. Haley와 Madanes의 전략적 가족치료

Jay Haley

전략적 가족치료(Strategic Family Therapy)는 제이 헤일리(Jay Haley, 1923~2007)와 클로에 마다네스(Cloe Madanes)에 의해서 개발되었다. Jay Haley는 대학에서 연극학을 전공했으며 극작가로 활동하다가 스탠퍼드 대학에서 의사소통학의 석사학위를 받았다. 이후에 Gregory Bateson과 함께 정신분열증 환자의 의사소통에 관한 연구를 함께 진행했으며 이 연구는 가족치료의 태동에 커다란 영향을 미쳤다. 1962년부터 Palo Alto의 〈정신연구원(MRI)〉에서 일하면서 Milton Erickson을 비롯한 가족치료 선구자들을 만나게 되었으며 가족치료 학술지인 *Family Process*의 초대편집장을 맡기도 했다. 그는 1960년대 중반에 〈필라델피아 아동지도 클리닉〉에서 일하면서 Salvador Minuchin과 협력하면서 구조적 가족치료의 발전에도 영향을 미쳤다. 이처럼 Haley는 그 당시의 가족치료 선구자들과 함께 연구하고 협력하면서 자신만의 독특한 가족치료 이론을 개발하게 되었다.

　Haley는 1976년에 두 번째 아내인 Cloe Madanes와 함께 워싱턴 DC에 〈가족치료연구소〉를 설립하고 전략적 가족치료를 본격적으로 시행하고 전파하는 데 주력하였다. 전략적 가족치료는 내담자의 증상이 지니는 기능적 측면을 가족의 위계구조와 의사소통 패턴에서 파악하고 내담자가 부적응적 증상을 줄일 수 있는 해결책을 모색하여 가족 구성원에게 지시하는 단기치료이다.

　Haley는 특히 환자의 증상이 지니는 기능적 측면에 초점을 맞추어 환자가 그들의 부적응적 행동에 반하는 방식으로 행동하도록 지시하는 단기치료모델을 개발하였다. 전략적 가족치료는 치료자가 적극적인 개입을 통해서 가족문제의 핵심을 포착하여 다양한 창의적인 해결책을 제시함으로써 미국에서 1970~80년대에 커다란 인기를 끌었다. Haley의 주요 저서로는 『전략적 치료의 예술(*The Art of Strategic Therapy*)』 『심리치료의 전략(*Strategies of Psychotherapy*)』 『문제해결치료(*Problem Solving Therapy*)』 『지시적 가족치료(*Directive Family Therapy*)』 등이 있다.

　Cloe Madanes는 아르헨티나 출신의 심리학자로서 Haley와 함께 전략적 가족치료를 개발하고 전파하는 데 크게 기여했다. 그녀는 Maryland 대학교의 정신과 교수로 재직하기도 했으며 저술, 강연, 워크숍을 통해 전략적 가족치료를 널리 알리는 데 기여했다. 대표적인 저서로는 『전략적 가족치료(*Strategic Family Therapy*)』 『유리거울로 관찰하기(*Behind the One-Way Mirror*)』 『섹스, 사랑 그리고 폭력(*Sex, Love and Violence*)』 등이 있다. 현재는 세계적인 코칭전문가인 Anthony Robbins와 함께 〈전략적 개입을 위한 Robbins-Madanes 센터〉를 설립하여 활동하고 있다.

Cloe Madanes

　Haley와 Madanes는 전략적 가족치료의 공동 개발자이지만 가족 구성원들이 상호작용하는 기본 동기에 있어서 서로 다른 견해를 지니고 있다. Haley는 다른 사람에게 영향력을 행사하려는 권력(power)의 동기가 가족관계를 결정하는 주된 동기라고 본 반면, Madanes는 애정과 보호의 동기를 가족관계의 핵심적 동기로 보고 있다. 두 사람 모두 행동변화에 초점을 맞추어 적극적인 개입을 하는 방식은 유사하지만, 내담자의 문제행동과 가족관계를 이해하는 방식에는 다소 차이점이 있다.

1) 전략적 가족치료의 주요내용

전략적 가족치료는 가족체계와 의사소통 이론에 근거하여 가족문제를 전략적으로 해결하는 매우 실용적인 가족치료이다. Haley에 따르면, 가족의 행동은 무언의 규칙에 의해서 지배되고 있다. 대부분의 가족문제는 역기능적인 가족위계에서 발생하는데, 이러한 위계구조를 둘러싸고 있는 규칙이 매우 중요한 역할을 한다. 이러한 규칙은 가족 구성원들의 행동에 영향을 미치고 보상을 통해 그러한 행동을 강화하는 피드백 연결고리를 만들게 된다. 전략적 가족치료의 핵심은 가족문제를 지탱하는 잘못된 긍정적 피드백을 파악하고 이러한 상호작용의 이면에 존재하는 규칙을 발견함으로써 그러한 규칙들을 변화시킬 수 있는 방법을 찾아내어 실행하도록 하는 것이다.

의사소통 이론에 의하면, 개인이 나타내는 증상의 핵심적 기능은 가족체계의 평형상태를 유지하는 것이다. 가족 구성원이 증상을 나타내는 가족은 역기능적인 위계구조를 지닐 뿐만 아니라 고착된 의사소통 패턴에 갇혀 있다. 가족문제가 발생하는 유형은 크게 세 가지로 구분될 수 있다. 첫째 유형은 가족체계의 상호조절기능과 관련된 것으로서 가족에게 어떤 곤경이 닥쳤을 때 부적절한 해결책을 시도하게 되고 그에 대해서 긍정적인 피드백을 줌으로써 만성적인 문제로 발전하는 것이다. 둘째 유형은 가족의 구조적 문제와 관련된 것으로서 가족 구성원 간의 위계구조에 결함이 있는 경우이다. Haley는 개인이 소속된 역기능적 위계의 수가 많을수록 더 많은 장애를 보인다고 주장했다. 셋째 유형은 가족체계의 기능적 문제와 관련된 것으로서 가족 구성원들이 다른 사람을 과도하게 보호하거나 통제하려고 할 때 생기는데, 이러한 문제는 가족체계의 균형을 위해 나름대로의 기능을 담당한다.

Haley와 Madanes는 가족 구성원들이 행동하는 주된 동기에 대해서 깊은 관심을 지녔다. Haley는 내담자가 심리적 증상을 통해서 가족 구성원들에게 영향력을 행사하고자 한다는 점에 주목하여 가족역동의 주된 동기는 다른 구성원을 통제하려는 욕구라고 여겼다. 내담자가 심리적 증상을 나타내는 이면에는 권력, 즉 영향력을 가짐으로써 다른 가족 구성원들을 통제하고 지배하려는 동기가 존재한다. 많은 경우, 내담자의 가족은 구성원들의 힘겨루기에 의해서 가족의 건강한 위계질서가 무너진 상태에서 치료를 받으러 온다.

타인에 대한 통제욕구를 강조했던 Haley와 달리, Madanes는 사랑하고 사랑받고자 하는 욕구를 더 중요한 것으로 여겼다. 그녀는 가족의 위계질서를 보호와 관심이라는 관점에서 이해하려고 한다. 내담자들이 가지고 오는 증상은 가족을 보호하고 서로에 대한 관심을 증가시키기 위한 것이라고 생각한다. 특히 자녀가 부모를 보호하고 돌보는 역할을 하는 경우에 문제가 발생한다. 예를 들어, 부부가 갈등을 겪고 있는 경우에 그 자녀들은 가족이 와해되는 것을 보호하기 위해 부모의 갈등에 신경을 쓰면서 나름대로의 노력을 기울이게 된다. 이러한 과정에서 자녀들은 심리적 증상을 나타내게 되고 그러한 증상을 통해서 가족을 보호하려 할 수 있다.

Haley와 Madanes는 치료 이론을 공식화하는 것보다 가족의 문제를 해결하기 위한 전략적 개입방법의 실제적 적용에 더 깊은 관심을 보였다. 특히 가족관계에서 권력의 배분 방식, 구성원들 간의 의사소통 방식, 가족이 조직화된 방식에 초점을 맞추어 현재의 가족문제를 해결하고자 했다. 전략적 가족치료에서는 행동에 초점을 맞추어 가족 구성원의 상호작용을 변화시키고자 한다.

2) 전략적 가족치료의 목표와 기법

(1) 치료목표

전략적 가족치료의 목표는 내담자의 증상을 완화하기 위해서 가족의 의사소통 방식과 위계구조를 건강하게 변화시키는 것이다. Haley는 내담자의 증상이 가족의 관계구조와 의사소통의 맥락에서 어떤 기능을 하는지 권력(power)의 관점에서 파악하여 무너진 위계질서를 바로 잡고 가족 구성원들이 효과적으로 의사소통하는 데 초점을 맞추고 있다. 반면에, Madanes는 애정과 보호의 관점에서 부모가 부모의 역할을 제대로 하고 자녀들은 자녀의 역할을 하도록 돕는 데 초점을 맞추고 있다.

전략적 가족치료자는 가족 구성원의 깨달음이나 통찰보다 행동의 변화에 초점을 맞춘다. 행동이 변하면 그 결과로 감정과 생각도 변한다는 입장을 지닌다. 전략적 가족치료의 주된 목표는 가족 구성원의 역기능적 행동을 변화시키는 것이다. 행동변화를 위한 다양한 전략적 개입은 가족구조를 바꾸어 현재의 문제가 더 이상 기능하지 않도록 하는 것이다.

전략적 가족치료에서는 가족 구성원의 행동변화를 위해서 치료자가 구체적인 지시와 과제를 주는 등 치료과정을 주도하며 적극적으로 개입한다. 행동변화를 유도하기 위해서 치료자는 창의적인 때로는 도발적인 지시를 사용하기도 한다. 치료자는 내담자와 치료에 관한 신중한 계약을 맺고 문제해결을 위해 가능한 방법들을 실험하고 그 결과를 검토함으로써 치료목표가 달성될 때까지 적극적인 노력을 기울인다.

(2) 치료기법

전략적 가족치료는 내담자의 증상이 지니는 기능적 측면에 초점을 맞추어 환자가 그들의 부적응적 행동에 반하는 방식으로 행동하도록 지시하는 단기치료이다. Haley는 성공적인 치료를 위해서는 첫 면접이 중요함을 강조하고 있다. 치료의 첫 면담은 구조화되어 있으며 다음과 같은 네 단계를 따른다.

첫 단계는 친화 단계로서 치료자는 문제를 지닌 내담자뿐만 아니라 가족 구성원들과 친밀한 관계를 형성한다. 가족들은 치료에 대해서 불편한 감정과 방어적 태도를 지닐 수 있으므로 첫 면담의 초기에는 가족들이 긴장을 풀고 치료에 대해서 편안한 느낌을 갖도록 유도한다.

둘째 단계는 문제 규명 단계로서 내담자의 문제가 유지되는 원인을 가족체계와 의사소통의 맥락에서 발견하고 구체화한다. 친화단계를 거친 후에는 문제에 대한 가족들의 견해를 물어보면서 문제의 핵심을 찾기 위해 노력한다. 아버지로부터 시작하여 가족 구성원들이 문제에 대해서 묘사하는 것을 경청하고 가족들의 반응을 관찰하면서 가족의 위계구조와 의사소통 방식을 파악한다.

셋째 단계는 상호작용 단계로서 가족 구성원들이 가족에 대해 갖고 있는 다양한 관점을 자유롭게 이야기하도록 격려한다. 치료자는 문제에 관한 의견교환에서 가족 구성원들이 어떻게 연합하고 대항하는지를 관찰한다. 예컨대, 부모가 서로 연합하는가 아니면 서로 반대의견을 제시하는가 또는 자녀들이 부모의 의견에 순응하는가 아니면 대항하는가를 살펴보면서 가족의 위계구조와 의사소통 패턴을 평가한다.

넷째 단계는 목표 설정 단계로서 관찰결과에 근거하여 가족의 역기능을 개선할 수 있는 분명한 목표를 세우는 것이다. 치료자는 가족문제에 대한 잠정적 결론에 근거하여 해결 가능한 문제에 초점을 맞추어 구체적인 목표를 설정하고 이를 달성할 수 있는 해결방법을 모색한다. 첫 면담의 끝부분에서 치료자는 가족에게 행동변화를 위한 과제를 제시한다. 이 경우에 치료자가 지시를 효과적으로 전달하는 것이 매우 중요하다. 대부분의 가족문제에는 지속되는 이유가 있기 때문에 섣부른 충고나 지시는 도움이 되지 않기 때문이다. 가족의 행동변화를 위한 해결책은 가족문제의 이해 위에서 전략적으로 설계되어 가족에게 제시되어야 한다.

다음 회기에는 첫 면담에서 지시한 과제를 어떻게 시행했으며 어떤 결과가 나타났는지를 확인하면서 시작한다. 전략적 가족치료에서는 이처럼 가족의 문제를 명료하게 포착하고 구체적인 해결책을 설계하여 가족에게 지시하고 그 결과를 검토하는 과정이 반복된다.

전략적 가족치료자는 직접적이고 지시적인 방법을 통해 적극적으로 가족에 개입한다. 치료자는 가족 구성원의 행동변화를 위해서 다양한 창의적인 방법을 통해 개입할 수 있다. '전략적'이라는 용어에는 치료를 체계적으로 진행한다는 의미와 더불어 상황에 따라 기교적으로 접근한다는 의미도 담겨 있다.

지시하기   Haley는 지시(directives)를 사용한 기법을 많이 사용한다. 지시 기법은 가족의 특성에 맞추어 사려 깊게 고안된 행동방식을 제안하는 것이다. 지시 기법은 두 가지 목적으로 사용될 수 있다. 하나는 치료자가 가족 구성원들이 하기를 원하는 행동을 하도록 만드는 방법이 있고, 다른 하나는 가족 구성원들이 어떤 행동을 하지 않도록 하는 방법이다. 어떤 방법이든 이 기법의 목적은 가족의 상호작용 패턴을 변화시키는 것이다. 또한 지시하기는 직접적, 간접적, 비유적, 역설적 방식으로 다양하게 사용될 수 있다.

과제 부여하기   전략적 가족치료에서는 과제 부여하기가 필수적인 요소이다. 과제 부여하기(homework assignment)는 치료자가 고안한 행동변화 방법을 내담자와 가족 구성원들이 가정에서 수행하도록 매 회기마다 과제로 제시하는 것이다. 과제 부여하기는 지시하기와 밀접하게 연결되어 있으며 내담자와 가족 구성원들이 성공적으로 수행할 수 있도록 명료한 과제를 구체적으로 지시하는 것이 중요하다. 과제를 제시한 다음 회기에는 반드시 과제수행을 확인하고 그 결과를 검토하는 것이 필수적인 과정이다.

증상 처방하기   내담자가 증상이나 문제행동을 포기하도록 하는 방법 중 하나가 증상 처방하기이다. 증상 처방하기(prescribing the symptom)는 내담자의 증상을 유지하기 어렵게 만드는 시련을 처방하는 것이다. 즉, 내담자가 증상을 유지하는 것이 그것을 포기하는 것보다 더 힘들게 함으로써 결국 증상을 포기하도록 하는 것이다. 예컨대, 내담자가 증상을 보일 때마다 자신과 관계가 좋지 않은 가족 구성원에게 선물을 하거나 한밤중에 격렬한 운동을 하게 하는 것이다. 이 기법은 시련 처방하기(prescribing the ordeal)라고 불리기도 한다.

역설적 개입법   내담자와 가족의 문제행동은 오랜 기간 익숙해진 것이어서 쉽게 변화하지 않는다. 그러한 행동을 변화시키라는 치료자의 지시에 가족 구성원들은 저항할 수 있다. 이러한 경우에 전략적 가족치료자들은 역설적인 개입법을 사용한다. 역설적 개입법(paradoxical intervention)은 치료자가 내담자나 가족 구성원에게 문제행동을 오히려 과장하여 표현하도록 하는 것이다. 이를 통해서 문제행동의 부정적 영향을 더욱 분명하게 인식하게 될 뿐만 아니라 그러한 행동이 감소되는 효과를 거둘 수 있다. 예컨대, 사소한 갈등에도 큰 소리를 지르거나 눈물을 흘림으로써 가족 구성원을 통제하려는 여자 내담자에게 새로운 갈등이 생겼을 경우에 더욱 큰 소리를 지르거나 통곡을 하여 가족들이 자신의 요구에 따르도록 하는 것이다.

5. Whitaker의 경험적 가족치료

경험적 가족치료(experiential family therapy)의 대표적인 인물은 미국의 정신과 의사인 칼 휘태커(Carl Whitaker, 1912~1995)이다. 그는 본래 산부인과 의사였으나 정신과 병원에서 근무하게 되면서 정신분열증의 치료에 관심을 갖게 되었다. 증상으로부터 회복된 환자가 퇴원하여 가족에게 돌아가면 증상이 재발하는 것을 관찰하면서, 그는 환자보다 가족 전체를 치료하는 데 초점을 두기 시작했다. 정신분석적 개인치료가 일반적이었던 1960년대에 Whitaker는 가족치료의 발전에 크게 기여하였다.

Whitaker는 에모리 대학의 정신과 주임교수로 재직하면서 정신분열증 환자와 그 가족을 치료하는 데 초점을 맞추었다. 정신분석 치료를 강요하는 의료분야의 현실에 맞서 동료들과 함께 경험적 가족치료를 발전시켰다. 그는 1965년에 위스콘신 대학교로 옮겨 정신과 교수로 재직하다가 1980년대 후반에 은퇴하고 1995년에 사망했다.

그가 제시한 가족치료는 가족의 정서적 측면을 중시한다. 전략적-체계적 가족치료자들이 가족의 행동에 직접 개입하는 반면, Whitaker는 가족의 억압된 정서를 표출하게 함으로써 가족의 변화를 시도했다. 그는 가족의 정서적 측면에 개입하기 위해서 실제적인 체험뿐만 아니라 상징적 행위를 통해서 가족의 억압과 위선을 직면하게 했다. 이런 점을 강조하는 Whitaker는 자신의 치료법을 상징적-경험적 가족치료(symbolic-experiential family therapy)라고 명명했다. 그의 대표적 저서로는 『가족과의 댄스: 상징적-경험적 접근(*Dancing With the Family: A Symbolic-experiential*

Approach)』과 『가족치료자의 심야 묵상(*Midnight Musings of a Family Therapist)*』이 있다.

1) 경험적 가족치료의 주요내용

Whitaker는 가족문제의 원인과 결과가 정서적 억압에 있다고 가정한다. 부모는 자녀의 행동과 감정을 통제하려 하며, 이러한 통제는 정서적 억제로 이어진다. 역기능적 가족은 구성원 개개인의 개성을 나타내는 정서적 표현을 수용하는 수준이 낮다. 따라서 역기능적 가족은 따뜻하지 않으며 정서가 얼어붙어 있다. 가족들은 가족신화(family myths)를 반복하면서 아이들을 자신의 경험으로부터 소외시킨다. 역기능적 가족의 상호작용은 구성원들이 자신의 억압된 욕구와 감정을 서로 투사하는 과정으로 이루어진다. 그 결과, 이러한 가정에서 성장한 아이들은 자신을 충분히 경험하지 못하고 억눌린 감정을 지닌 채 무기력하게 살아간다.

경험적 가족치료자들은 충동을 부정하고 감정을 억압하는 것이 가족문제의 근원이라고 여긴다. Whitaker에 따르면, 결혼은 가족의 두 희생양을 내보내어 가족문제를 반복하는 것이다. 두 사람은 새로운 부부관계 속에서 자신들이 가진 갈등을 겪게 된다. 갈등을 잘 해결하지 못한 역기능적 가족은 그들이 만든 고정된 양식을 고집하며 집착한다.

경험적 가족치료는 가족 내에서 구성원 개개인의 개성이 존중되고 자유롭게 표출되는 것을 지향한다. 역기능적인 가족은 대부분의 경우 가족의 질서라는 미명하에 구성원 개개인의 개성과 욕구를 억압한다. 이러한 가족의 억압은 구성원으로 하여금 진실한 삶을 살지 못하도록 할 뿐만 아니라 자기실현과 성장을 저해하여 심리적 부적응을 초래할 수 있다. 경험적 가족치료는 개인의 선택과 자유 그리고 자기결정을 통한 자기실현과 성장을 촉진하는 가족 분위기가 형성되도록 돕는다. 이를 위해서 가족은 구성원 개개인의 주관적 욕구를 중시하면서 그들의 개성이 자유롭게 표출되도록 허용하는 것이 필요하다. 이런 점에서 경험적 가족치료는 인본주의적 또는 실존주의적 입장에 근거하고 있다고 할 수 있다.

가족은 서로의 경험을 나누고 성장을 촉진하는 공간이 되어야 한다. 기능적인 가족은 다양한 경험을 자유롭게 표현하고 서로를 지지하고 격려할 만큼 안정적이다. 또한 기능적인 가족은 민주적이며 융통성과 자유를 강조한다. 건강한 가족은 구성원들에게 자신의 진실한 모습을 표현할 수 있는 자유를 허용함으로써 개인적 경험의 확장을 촉진하고 자기실현과 성장을 지원한다. 개인의 성격과 가족의 조화를 촉진하는 가장 좋은 방법은 개인의 감정과 충동을 자유롭게 해방시키는 것이다. 억압과 방어를 줄이고 경험의 깊은 수준을 드러내게 하는 것이 중요하다. 이렇게 인간은 자유롭게 허용하면 스스로 꽃을 피우는 존재이다. 가족의 긍정적인 변화를 위해서는 가족 구성원들이 자신의 진정한 정서와 접촉하는 것이 필요하다. 경험적 치료자는 가족 구성원들로 하여금 자신의 정직한 감정을 드러내게 하는 동시에 가족 간의 진정한 유대감을 촉진하고자 한다.

Whitaker는 체계적인 이론을 제시하지 않았을 뿐만 아니라 오히려 이론이 치료에 방해가 될 수 있다는 입장을 취하고 있다. 이론은 치료자로 하여금 개념적인 틀 속에서 가족의 특수성을 무시하거나 거리를 두게 할 수 있으며 치료자 자신의 불안을 통제하는 합리화 수단이 될 수 있다. 경험적 가족치료에서는 이론이나 기법보다 치료자 자신을 중시한다. 치료자에게는 자신의 모든 것을 던져 가족 속에 들어가 가족의 억압적 분위기를 자유롭게 변화시키는 창의적 노력이 필요하다.

2) 경험적 가족치료의 목표와 기법

경험적 가족치료의 목표는 개인적 자율성을 촉진할 뿐만 아니라 가족에 대한 소속감을 증진하는 것이다. 가족 구성원 개개인이 자신의 마음을 자각하고 체험하는 능력이 증가할수록, 가족에 더욱 진정한 친밀감이 형성될 수 있다. 이를 위해서 경험적 가족치료자는 가족의 정서적 차원에 초점을 맞추어 억압된 정서를 자극하고 자유로운 표현을 촉진한다. 이를 위해서 치료자는 가족과 함께 자유로운 정서교류를 할 수 있는 자발성, 창조성, 놀이능력 그리고 기꺼이 자신을 풀어놓으려는 의지가 필요하다.

치료자는 가족의 개방성, 진실성, 자발성의 촉매자여야 한다. 경험적 가족치료자는 가족의 정서적 변화를 위해서 의도적으로 혼란을 조장한 후 체험을 통해서 배울 수 있도록 유도한다. 이러한 적극적인 개입을 위해서는 치료자와 가족의 '관계'가 필수적이다. 관계는 가족이 변화하고 성장하는 바탕이다. 아울러 경험적 가족치료자는 '지금-여기'에서 일어나고 있는 것을 체험하고 자각하도록 촉진한다. 치료의 초점은 변화의 씨앗이 심어지는 치료시간 동안에 펼쳐지는 것에 맞추어져야 한다. 해석해주기보다는 가족 구성원들이 자유롭게 자신이 생각하고 느끼는 것을 표현하도록 함으로써 가족이 재구조화되고 재통합되도록 촉진하는 것이 중요하다.

가족을 변화시키는 것은 교육이 아니라 체험이다. 인간의 많은 체험은 무의식 수준에서 일어나기 때문에 상징적으로 가장 잘 접근될 수 있다. '상징적'이라는 말은 동일한 과정에 대해서 다양한 의미를 발견하는 것을 의미한다. Whitaker는 가족이라는 복잡한 세계를 충동과 상징에 초점을 맞춤으로써 파악하고자 했다. 즉, 가족들 간에 일어나는 피상적인 상호작용의 심층적 의미에 관심을 지녔다. 가족과 치료자 자신 사이에서 진행되고 변화되는 것의 상징적 의미를 다루기 위해서 자신을 무의식적 흐름에 맡기기도 했다. Whitaker는 비관습적이고 도발적인 치료스타일을 보였다. 그는 가족에게서 무슨 일이 일어나고 있는지를 깊이 이해하기 위해서 자신을 흐름 속에 던지고 자신의 무의식에 귀를 기울였다. 때로는 무례한 행동을 보이면서까지 자신의 충동과 환상을 표현함으로써 가족 구성원들이 순간순간의 체험을 더 잘 수용할 수 있도록 노력하였다.

일반적으로 경험적 가족치료자는 초기에 강력하고 적극적 개입을 통해서 불안과 혼란을 조장하며 가족 구성원들이 자신들의 가족패턴을 인식하도록 유도한다. 변화는 이해보다 체험을 통해서 일어나는 것이다. 치료자가 가족을 혼란시키거나 좌절시키지 않으면, 가족은 변화하지 않으려 한다. 가족의 변화는 그들이 느끼는 절박함의 수준에 달려 있다. 가족 구성원들이 무언가 새로운 변화의 필요성을 절실하게 느끼며 가족의 재구성을 위한 욕구가 유발되도록 촉진한다. 가족 구성원들이 새로운 대안적 방법을 추구하게 되면 치료자는 주도적인 역할에서 조언자의 수동적 역할로 서서히 변화한다. 결국에는 가족 구성원들이 자신의 삶과 변화에 대한 책임감을 갖도록 해야 하기 때문이다.

경험적 가족치료의 핵심은 억압된 감정을 표현하게 하는 것이다. Whitaker는 치료자의 인간성이 가족변화를 촉진하는 가장 주된 치료적 요인이라고 믿었다. 그는 계획된 전략이나 구조화된 기법을 사용하는 것보다 '가족과 함께하는 것'을 강조했다. 치료자가 가족을 보살피면서 열정적이고 확고한 태도로 때로는 예측불가능한 체험을 촉진하는 능력이 기법적 전략보다 더 효과적이다. 치료자는 모든 가족 구성원들이 사회적 가면을 벗어버리고 진지하고 정직한 모습으로 진실을 말하게 하는 것이 중요하다.

경험적 가족치료자는 공동치료자(co-therapist)와 함께 팀을 이루어 치료하기도 한다. 공동치료자는 여러 가족 구성원들과의 정서적 교류를 확대하고 심화할 수 있다. 또한 한 명의 치료자가 나타낼 수 있는 역전이를 견제함으로써 치료자가 부적절한 행동을 할 위험을 줄일 수 있다.

6. Satir의 경험적 가족치료

버지니아 사티어(Virginia Satir, 1916~1988)는 Whitaker와 더불어 경험적 가족치료를 제시한 대표적인 인물로서 인본주의적 입장에서 자신이 제시한 가족치료방법을 합동 가족치료(Conjoint Family Therapy)라고 지칭하기도 했다. Virginia Satir는 미국 위스콘신에서 태어났으며 5세경에 맹장염에 걸렸으나 독실한 기독교 신자였던 어머니는 병원치료를 거부했다. 아버지가 어머니를 설득하는 과정에서 Satir의 맹장이 터졌다. 다행히 의사의 도움으로 생명을 건졌지만 여러 달 동안 병원신세를 져야 했다. 이러한 경험을 하면서 Satir는 어른이 되면 '아이들을 위해 부모의 잘못을 조사하는 탐정'이 되겠다고 결심했다고 한다.

Satir는 가족의 경제적 사정이 어려워 부업을 하면서 학교를 다녔으며 밀워키 사범대학을 졸업했다. 졸업 후 교사와 개업활동을 하다가 1955년에는 〈일리노이 정신과 연구소〉에서 근무했고, 1950년대 말에 캘리포니아 Palo Alto의 〈MRI〉에 Don Jackson, Jules Roskin과 함께 공동창립자로 참여했으며, NIMH로부터 지원금을 받아 가족치료의 훈련과정을 구성하면서 자신만의 가족치료를 개발했다. 1964년에는 〈에살렌 연구소〉로 옮겨 명상과 신체를 이용하는 치료에 관심을 가졌으며 인간 잠재력 개발운동(Human Potential Development Program)에 참여하기도 했다. 그녀는 1964년에 『합동 가족치료(Conjoint Family Therapy)』를 출간했으며 1972년과 1988년에 각각 『사람 만들기(Peoplemaking)』와 『새로운 사람 만들기(New Peoplemaking)』를 발표했다. 그녀는 지지적인 인간관계망을 형성하는 것을 중요하게 여겼으며 1970년에는 '아름다운 사람들(Beautiful People)'이라는 국제적인 네트워크를 조직하기도 했다. 활발한 사회적 활동을 펼치다가 1988년에 췌장암으로 세상을 떠났다.

Satir에 따르면, 가족치료의 일차적 목표는 가족의 고통을 다루는 것이다. 가족의 고통은 가족 구성원 중 한 명의 증상으로 나타나게 되며 다른 구성원에게로 확산된다. 가족의 고통은 역기능적 양육패턴을 초래하여 자녀의 심리적 문제를 유발할 수 있다. 환자의 증상은 가족의 고통과 불균형에 대한 도움을 요청하는 신호라고 할 수 있다. 개인은 아버지, 어머니 그리고 자녀로 구성된 일차적인 양육의 삼자관계 속에서 자신의 가치를 인정받게 된다. 이러한 과정을 인간 타당화(human validation)라고 한다. Satir가 제시한 주장들을 '인간 타당화 과정 모델(human validation process model)'이라고 부르기도 한다. 그녀는 가족치료를 통해서 개인이 좀 더 자기다운 인간적인 존재로 성장하는 것을 추구했다. 그녀에 따르면 "가족은 소우주이다. 가족을 치유하는 방법을 아는 것은 세상을 치유하는 방법을 아는 것이다." Satir의 경험적 가족치료는 정서적 체험과 의사소통을 강조하고 있다.

1) 경험적 가족치료의 주요내용

Satir는 개인의 자기존중감 형성에 가족이 중요함을 강조하고 있다. 아동은 가정 생활을 통해서 자신이 가치 있는 존재로 인정받으며 자기존중감을 키워나간다. 자기존중감은 변화하는 세상에 효과적으로 적응하기 위해 필수적인 조건이다. 자기존중 감을 지닌 아동은 새로운 도전적 상황에서 유능감과 안정감을 지니고 효과적으로 대처할 수 있기 때문이다.

(1) 가족규칙

아동은 이미 여러 가지 규칙을 지닌 가족에서 태어나 성장한다. 가족마다 구성원들이 지켜야 할 나름대로의 규칙을 지니고 있다. 가족규칙(family rule)은 해야 할 것과 해서는 안 되는 것을 규정한 것으로서 가족 구성원 간의 상호작용에 영향을 미친다. 가족규칙은 특히 의사소통에 영향을 미쳐서 '어떤 상황에서 누가 누구에게 무엇을 말하는가?'를 결정한다.

건강한 가족은 규칙이 적고 일관성 있게 적용되며 실천 가능하고 융통성이 있다. 가장 중요한 가족규칙은 개인의 독특성과 의사소통 방식에 관한 것이다. 건강한 가족은 구성원 개개인의 특성과 차이를 수용하며 생각과 감정의 솔직한 표현을 자유롭게 허용한다. 따라서 건강한 가족의 아동은 자신의 독특성이 존중되고 솔직한 표현이 장려되면서 높은 수준의 자기존중감을 갖게 된다. 그러나 역기능적인 가족에는 규칙이 많을 뿐만 아니라 일관성이 없으며 실천하기 어렵고 경직되어 있다. 특히 당위적인 것이지만 지키기 어려운 가족규칙이 많은 가정에서 성장한 아동들은 그러한 규칙을 따를 것인지 저항할 것인지 갈등하게 될 뿐만 아니라 부모로부터 압박과 질책을 받게 되면서 낮은 수준의 자기존중감을 갖게 된다.

(2) 기능적 의사소통과 역기능적 의사소통

Satir는 가족의 건강성이 구성원 간의 의사소통에 달려 있다고 주장하면서 기능적 의사소통과 역기능적 의사소통을 구분하고 있다. 기능적 의사소통은 구성원의 독특한 의견을 인정하는 동시에 서로의 의견을 공유한다. 또한 여러 구성원과의 자유로운 소통이 허용되고 권장된다. 새로운 변화를 위협으로 여기기보다 성장의 기회로 여기며 환영한다. 이러한 가족의 구성원은 자유롭고 유연하며 모험심을 지니고 세상을 탐색할 수 있다. 반면에, 역기능적 의사소통은 낮은 자기존중감을 지닌 부모를 둔 가족에서 나타나며 폐쇄적이고 경직된 방식으로 소통이 이루어진다. 구성원의 개성에 대한 존중이 부족하며 가족관계가 긴장되어 있고 자율성과 친밀감이 부족하다. 구성원의 의견에 대한 다양성과 차이를 인정하지 않기 때문에 가족 구성원 대부분이 동일한 생각을 지니는 경향이 있으며 부모는 자녀를 통제하기 위해서 공포, 처벌, 죄책감을 불어넣는다.

(3) 의사소통 패턴

가족 내의 스트레스가 증가하여 가족체계가 와해될 위험에 처하면 구성원들은 방어적 자세를 취한다. Satir는 이러한 방어적 자세를 나타내는 네 가지의 의사소통 패턴을 발견했다. 그 첫째는 회유형(placating type)으로서 상대방을 위한 쪽으로 모든 것을 맞추려 하며 다른 사람에게 해가 될까 두려워하는 유형이다. 이런 유형의 사람들은 매우 순종적이고 자아개념이 약하며 의존적이고 상처받기 쉬우며 자기억압적일 뿐만 아니라 소화불량, 당뇨, 편두통, 변비 등의 신체적인 문제를 나타낼 수 있다. 회유형의 사람들은 자기존중감을 강화하는 동시에 분노감정을 표현하고 자기주장을 할 수 있는 단계적인 훈련이 필요하다.

둘째는 비난형(blaming type)으로서 상대방을 무시하고 오직 자신의 의견이 최선이라고 생각하며 상대방이 받아들이지 않으면 화를 내는 유형이다. 이러한 유형의 사람들은 완고하고 독선적이며 명령적이고 융통성이 없으며 다혈질적이고 다른 사람에게 책임을 전가한다. 자신은 세상의 피해자이고 희생자라고 생각하며 열등의식이 있는 경우가 많으며 고혈압, 근육긴장, 혈액순환 장애와 같은 신체적 문제를 지닐 수 있다. 비난형의 사람들은 자신의 감정을 조절하고 긍정적인 사고를 하며 타인을 존중하고 배려하는 노력이 필요하다. 아울러 감정에 휘둘리기보다 합리적이고 이성적으로 사고하는 훈련이 필요하다.

셋째는 초이성형(super-reasonable type)으로서 감정표현을 억제하며 매우 냉정한 태도를 취하는 유형이다. 이런 사람들은 자신의 일에 지나치게 섬세하고 철두철미하며 타인을 신뢰하지 못한다. 이들은 진정한 자기모습에 접촉하기 어려우며 근육통, 심장마비, 성기능 저하와 같은 신체적 문제를 지닐 수 있다. 초이성형의 사람들은 상대방의 감정을 인식하고 공감할 뿐만 아니라 배려하는 노력이 필요하다. 이를 위해서는 감수성 훈련, 신체이완훈련, 비언어적인 의사소통 훈련 등이 도움이 될 수 있다.

넷째는 부적절형(irrelevant type)으로서 다른 사람의 말이나 행동을 고려하지 않고 대화의 초점이 없이 부적절하게 반응하며 산만형이라고 불리기도 하는 유형이다. 이들은 타인의 인정을 원하고 소외에 대한 두려움을 지니고 있으며 주의가 산만하고 부산하게 움직인다. 이들은 신경계통의 장애, 위 장애, 당뇨, 편두통, 비만 등의 신체적 문제를 나타낼 수 있다. 산만형의 사람들은 주의집중을 통해 상대방의 말을 끝까지 경청할 뿐만 아니라 자신의 생각을 조리 있게 표현하는 훈련이 필요하다. 아울러 자기존중감을 향상시키고 신체적 접촉과 감수성 훈련을 통해서 따뜻하게 수용 받는 경험이 필요하다.

(4) 가족역할과 양육 삼자관계

가족 구성원들은 가족의 균형상태를 유지하는 데 필요한 나름대로의 역할을 하고 있다. 예컨대, 장녀는 부모나 가족의 불화를 완충시키며 무마시키는 평화유지군의 역할을 수행하는 반면, 막내는 가족의 문제를 민감하게 느끼는 희생자의 역할을 담당하고 가족의 관심과 보호를 끌어들임으로써 가족 간 갈등을 완화하는 역할을 수행한다. 이렇듯 가족 역할(family role)은 구성원 개인이 가족 내에서 맡고 있는 독특한 역할과 기능을 의미한다.

가족에서는 부모가 자녀에 대해서 맡고 있는 역할이 매우 중요하다. 자녀에게는 부모가 생존에 중요한 존재이기 때문이다. Satir에 따르면, 부모는 자녀 한 명과 삼각관계를 맺게 되는 양육 삼자관계(nurturing triad)를 형성한다. 이러한 양육관계 속에서 자녀는 아버지 또는 어머니와 다양한 관계를 경험하며 부모의 지지 속에서 건강하게 성장한다. Bowen의 삼각관계는 가족 구성원 한 명에게 대항하기 위한 두 명의 연합인 반면, Satir가 말하는 양육 삼자관계는 자녀 한 명을 지원하기 위한 부모 두 명의 연합이라고 할 수 있다.

2) 경험적 가족치료의 목표와 기법

(1) 치료목표

경험적 가족치료의 목표는 가족 구성원이 변화에 잘 대처하도록 분명하게 의사소통하고 가족관계에 대한 인식을 확장하며 자기존중감을 향상시켜 성장을 향해 나아가도록 하는 것이다. 달리 말하면, 가족치료의 목표는 다음과 같은 세 가지로 요약될 수 있다. 첫째, 가족 구성원들이 자신이 보고 듣고 느끼고 생각하는 것을 정직하게 보고할 수 있어야 한다. 둘째, 가족의 결정은 권위에 의해서 이루어지는 것이 아니라 구성원의 개인적 의견을 탐색하여 협상을 통해서 이루어져야 한다. 셋째, 가족 구성원의 차이는 인정되어야 하며 가족 내에서 성장을 위해 활용되어야 한다.

치료자의 주된 역할은 가족체계의 바람직한 변화를 촉진하는 것이다. 이를 위해서 치료자는 가족 구성원이 새로운 선택을 할 수 있도록 희망과 용기를 북돋는다. 가족 구성원에게 대처기술을 가르치고 강화하며 고양시킨다. 가족 구성원들이 증상 제거를 넘어서 건강과 성장에 이르는 선택을 하도록 격려한다.

치료자는 다음과 같은 다양한 역할을 수행해야 한다. ① 치료자는 구성원이 자신의 행동을 명료하고 객관적으로 바라볼 수 있는 상황을 만든다. ② 가족 구성원들이 자기존중감을 높이도록 돕는다. ③ 내담자의 강점을 인식하도록 돕는다. ④ 가족의 역사를 이해하고 과거의 성취를 인식하게 한다. ⑤ 가족 경계를 명료하게 만들어 불안을 완화시키며 방어의 필요성을 감소시킨다. ⑥ 가족의 고통과 금기사항이 탐색되고 허용될 수 있다는 것을 보여준다. ⑦ 가족 구성원들이 나타내는 의사소통의 역기능을 지적하고 수정한다.

(2) 치료기법

경험적 가족치료에서 치료자는 가족의 변화과정을 이끌며 구성원들을 인도한다. 치료자는 변화과정의 촉진자다. 가족 구성원들이 성장과 자기실현을 이룰 수 있는 능력을 지니고 있다는 믿음을 지니는 것이 중요하다. 이러한 태도를 통해서 치료자는 가족 구성원들을 지지하고 인정하며 자기존중감을 높이도록 격려한다.

치료자와 가족 구성원 간의 관계가 일차적으로 중요하며 치료기법은 이차적이다. 경험적 가족치료는 정서적 체험과 의사소통을 중시한다. 이를 위해서 치료자는 역할연기와 같은 연극적 요소를 사용할 뿐만 아니라 자신의 진정한 감정에 접촉하게 하고 유머를 활용하는 등 다양한 기법을 사용하고 있다. 게슈탈트 치료, 인간중심치료, 사이코드라마에서 사용하는 기법들을 통합하여 가족치료에 적용한다. 이 밖에도 경험적 가족치료자는 다음과 같은 기법을 사용하여 가족의 구조적 변화를 촉진한다.

치료자는 가족 지도 그리기(family mapping)를 통해서 가족 구성원들 간의 관계와 의사소통 구조를 이해하도록 돕는다. 가족 생애-사실 연대기(family life-fact chronology)는 가족 3대의 역사와 생애사를 열거하는 것이다.

가족 조각하기(family sculpting)는 가족이 어떻게 기능하며 다른 사람들에게 어떻게 보이는지를 인식하기 위해서 사용되는 기법이다. 가족 구성원의 의사소통 태도를 고려하여 각 구성원을 가족 전체와의 관계 속에서 공간상에 위치시킨다. 이러한 기법을 통해서 가족의 경계, 상호작용, 과정을 좀 더 분명하게 드러낼 수 있다.

가족 재구성(family reconstruction)은 사이코드라마와 같은 시연을 통해서 내담자가 가족 삼대의 중요사건을 탐색하도록 하는 것이다. 내담자가 원가족으로부터 유래한 역기능적 패턴을 인식하고 벗어나도록 한다. 이를 통해서 가족 구성원들이 가족규칙의 기원을 인식하고, 부모에 대한 현실적 인식을 지니며, 그들의 독특한 성격을 발견하도록 돕는다. Satir는 어머니를 증오하고 다른 사람과의 관계형성에 어려움을 겪는 한 여성 내담자로 하여금 다양한 역할연기를 통해서 그녀의 어머니를 최고의 친구로 받아들이기까지 가족이 재구성되는 과정을 보여준 바 있다. 성공적인 치료를 위해서는 치료자의 자발성, 창의성, 자기공개, 도전적인 위험 감수가 필수적이다.

7. 해결중심 가족치료

심리치료, 특히 가족치료 분야에서 커다란 발자취를 남긴 한국인이 있다. 가족치료의 한 형태인 해결중심 단기치료(Solution-focused brief therapy)를 남편인 스티브 드 쉐이저(Steve de Shazer, 1940~2005)와 함께 개발한 인수 킴 버그(Insoo Kim Berg)이다. 그녀(한국명: 김인수)는 1934년에 서울에서 출생하였으며 이화여자대학교에서 약학을 전공했다. 1957년에 미국으로 건너가 위스콘신 대학교에서 약학과 사회복지학 석사학위를 받았다. 한때 병원에서 약사로 일한 적이 있으나 사회복지 분야로 관심이 옮겨가면서 심리치료에 깊은 관심을 갖게 되었다. 그녀는 〈시카고 가족연구소〉〈메닝거 재단〉팔로 알토(Palo Alto)에 있는 〈정신연구소(Mental Research Institute: MRI)〉에서 대학원과정을 공부했다. MRI에서 남편인 Steve de Shazer를 만나게 되었으며 그와 함께 해결중심 단기치료를 개발하였다.

Insoo Kim Berg와 Steve de Shazer 그리고 부부의 다정했던 모습

그녀의 남편이자 공동연구자였던 Steve de Shazer(1940~2005)는 본래 음악가로서 재즈색소폰 연주자였으나 위스콘신 대학교에서 사회복지학 석사를 받은 후 가족치료 분야에서 활동하게 되었다. 1978년에는 부부가 함께 밀워키에서 〈단기가족치료센터(Brief Family Therapy Center)〉를 설립하여 여러 동료들과 함께 해결중심치료를 발전시켰다. 이 센터에서 일하면서 Insoo Kim Berg는 알코올 및 약물 중독과 가족폭력을 비롯한 다양한 정신건강 문제와 관련된 치료활동과 더불어 강연과 워크숍, 저술, 자문활동을 했으며 대표적인 저서로는 『가족 기반 서비스: 해결중심적 접근(*Family based services: A solution-focused approach*)』 『아동보호 서비스에서의 해결책 구축(*Building Solutions in Child Protective Service*)』 『기적을 넘어서: 해결중심 단기치료의 현황(*More than Miracles: The State of the Art of Solution-Focused Brief Therapy*)』 등이 있다.

그녀는 매우 부지런하고 열정적인 사람이었던 듯하다. 동료의 회고에 따르면, 그녀는 아침에 일찍 일어나 산책하고 다른 사람을 위해 음식준비를 하는 등 매우 헌신적이고 적극적이었다고 한다. 자신이 맡은 원고의 기한을 한 번도 넘긴 적이 없을 만큼 책임감이 강했으며 다양한 신체적 활동을 좋아하여 산책, 등산, 요가, 정원 가꾸기, 요리 만들기를 즐겼던 다재다능한 사람이었다고 한다. 남편인 Shaver는 강연을 위해 유럽을 여행하던 중에 사망하였으며, 그 후 16개월이 지난 2007년 1월에 Insoo Kim Berg는 72세의 나이로 사망하였다. 그녀는 첫 남편인 Charles Berg와의 사이에서 딸을 한 명 남겼다.

1) 해결중심 가족치료의 주요내용

　해결중심 단기치료(Solution-focused brief therapy)는 내담자의 문제에 초점을 맞추기보다 내담자의 긍정적 자원에 초점을 맞추어 내담자가 원하는 삶을 위한 해결책을 강구하는 데 집중하는 단기치료이다. 이러한 치료법의 기본적인 생각은 Milton Erickson, Gregory Bateson, Jay Haley를 비롯한 여러 사람들에 의해 주장되었으나 Steve de Shazer와 Insoo Kim Berg에 의해서 구체적인 치료방법이 개발되었으며 해결중심 단기치료라고 명명되었다.

　"우리는 문제해결(problem solution)보다 해결 구축(solution building)에 초점을 맞춘다. 이것은 말장난처럼 들릴 수 있지만, 심오한 의미에서 다른 패러다임이다."는 주장에서 볼 수 있듯이, 해결중심 단기치료는 내담자의 긍정적 특성과 자원에 초점을 맞추어 내담자가 좀 더 행복한 삶을 살 수 있는 구체적인 해결책을 모색하는 데 집중한다. 해결중심치료는 다음과 같은 가정에 근거하고 있다. (1) 문제의 이해 없이도 문제해결이 가능하다. (2) 개인의 문제점보다 강점과 해결방법에 초점을 맞추는 것이 더 효과적이다. (3) 과거보다 현재와 미래에 초점을 맞추는 것이 더 효과적이다. (4) 인간은 누구나 문제해결을 위한 능력을 지니고 있다.

2) 해결중심 가족치료의 목표와 기법

　해결중심치료자는 내담자로 하여금 자신이 원하는 미래(preferred future)에 대한 구체적인 그림을 그려보게 하고 그러한 미래로 나아가도록 돕는다. 이를 위해서 내담자의 강점과 자원 그리고 문제가 발생하지 않는 예외적 상황에 초점을 맞춘다. 아울러 내담자가 원하는 미래와 유사하거나 근접한 상황이 현재의 삶에서 일어나는 경우를 찾아보게 하여 그러한 상황의 시간, 장소, 사람을 인식하게 한다. 이러한 긍정적 경험의 시간에서의 작은 성공을 자각하게 할 뿐만 아니라 문제가 발생하지 않는 예외적인 경우의 성공적 경험을 반복하도록 도움으로써, 치료자는 내담자가 점차 원하는 미래로 나아가도록 돕는다. 이러한 과정을 촉진하기 위해서 해결중심치료자는 다음과 같은 기법을 사용한다.

　기적 질문(miracle question)을 통해서 내담자가 원하는 미래의 구체적인 모습을 그려보게 한다. 기적 질문은 다음과 같이 내담자에게 묻는 것이다. "이 면담이 끝나고 집으로 돌아가서 하루를 마치고 피곤해서 잠이 들었다고 가정합시다. 당신이 잠을 자는 밤중에 기적이 일어나서 당신이 고민하는 모든 문제들이 완전히 해결되었습니다. 그러나 기적이 한밤중에 일어났기 때문에 아무도 당신에게 기적이 일어난 것을 알려주는 사람이 없습니다. 당신이 아침에 일어났다면, 당신은 기적이 일어난 것을 어떻게 알 수 있을까요? 무엇을 보고 기적이 일어난 것을 알 수 있을까요? 기적으로 달라진 것은 무엇일까요?"

평가 질문(scaling questions)은 내담자의 주관적 상태를 확인하고 해결책의 논의를 구체화하기 위해서 내담자의 만족도를 가장 힘든 상태(0점)에서부터 가장 좋은 상태(10점)까지 0~10점 척도로 평가하게 하는 것이다. 이러한 질문을 통해서 면담이 구체화될 수 있다. 예컨대, 자원을 논의할 때는 "만족도가 1점 이상 내려가는 것을 막아주는 것은?", 예외적 경우를 논의할 때는 "만족도가 1점 이상 높아지는 날은 무엇이 그렇게 만드나요?", 원하는 미래나 종결시점을 논의할 때는 "당신이 원하는 충분히 좋은 점수는 몇 점인가요?" 또는 "당신은 삶의 만족도가 몇 점 정도 되면 치료를 그만둘 생각인가요?"라는 물음을 던질 수 있다.

예외 발견 질문(exception seeking questions)은 내담자의 문제가 나타나지 않거나 덜 심각한 상황과 시간을 찾아내도록 하는 질문이다. 치료자는 내담자로 하여금 그러한 예외적인 경우에 어떤 다른 일들이 벌어지는지를 기술하게 함으로써 과거에 잘 기능했던 해결책을 반복하게 하거나 더 나은 미래가 가능하다는 희망과 자신감을 심어 준다.

대처 질문(coping questions)은 내담자가 스스로 인식하지 못하는 자원과 강점을 발견하도록 돕는 질문이다. 이를 위해서 현재 잘 기능하고 있는 내담자의 삶의 영역이나 활동에 초점을 맞춘다. 치료자는 내담자의 강점과 자원에 대해서 진지한 호기심을 보이며 그것의 소중함을 강조한다. 중요한 것은 내담자가 스스로 자신의 강점과 자원을 인정하도록 돕는 것이다.

문제를 다루지 않는 대화(problem-free talk)는 내담자를 편안하게 만들고 자신감을 증진시킬 뿐만 아니라 내담자의 자원과 강점을 발현하는 데에도 유용한 기법이다. 치료자는 일견 치료와 직접적 관련성이 없는 내담자의 일상생활, 여가활동, 친구와의 교제 등에 대해서 이야기한다. 문제와 관련성이 없는 이러한 삶의 영역을 탐색하면서 내담자의 다양한 강점과 자원을 발견하여 해결책 마련에 활용할 뿐만 아니라 내담자를 편안하게 만들고 라포를 형성할 수 있다.

자원(resources)은 해결중심치료의 핵심적 개념으로서 내담자가 지니고 있는 기술, 능력, 성격강점, 인간관계, 사회적 지지원 등을 포함한다. 해결중심치료는 내담자가 자신의 자원을 인식하고 주목하여 자신의 더 나은 삶을 만드는 데 활용하도록 돕는다. 자원을 활용하여 내담자가 유능한 사람으로 자신을 기술하는 이야기(narrative)를 만들도록 할 뿐만 아니라 내담자가 문제를 해결하는 새로운 방법을 발견하도록 돕는다. 자원은 기술, 강점, 자질, 신념과 같은 내적인 자원과 배우자, 가족, 종교집단과 같은 외적인 자원으로 구분될 수 있다.

해결중심치료는 매 회기마다 다음과 같은 다섯 단계로 구성된다. 1단계는 문제 기술의 단계로서 "내가 당신을 위해 어떻게 기여할 수 있는가?"라는 질문을 통해 내담자로 하여금 자신의 문제를 기술할 기회를 준다. 2단계는 목표 형성의 단계로서 "만약 당신의 문제가 해결되었다면 당신의 삶이 어떻게 달라질 것인가?"라는 질문을 통해서 내담자와 함께 목표를 구체화한다. 3단계는 예외 탐색의 단계로서 내담자에게 문제가 일어나지 않거나 문제가 덜 심각한 경우에 그의 삶이 어떨 것인가를 묻고 무엇이 그러한 예외를 일어나게 할 수 있는지 묻는다. 4단계는 회기종결의 단계로서 내담자에게 면담의 요약과 피드백을 전해주며 격려하고 원하는 미래를 위해 다음 회기 이전에 내담자가 할 수 있는 해결방법을 제안할 수 있다. 5단계는 내담자의 향상 정도를 평가하는 단계로서 치료자와 내담자는 함께 평정척도를 사용하여 내담자가 만족스러운 해결을 달성한 정도를 평가한다. 해결중심치료자는 단기치료를 지향하며 매 회기가 마지막이자 유일한 회기인 것처럼 면담을 진행한다. 해결중심치료는 특히 알코올이나 약물에 대한 중독문제를 해결하는 데 효과적이며 다양한 장면에서 활용되고 있다.

8. 이야기 치료

이야기 치료(narrative therapy)는 호주에서 가족치료자로 활동하고 있는 마이클 화이트(Michael White: 1948~2008)에 의해서 개발되었다. White는 원래 기계 제도사였으나 자신이 기계보다 인간에 더 흥미가 있음을 깨닫고 사회사업가의 길에 투신하면서 가족치료에 깊은 관심을 갖게 되었다. 그는 1970년대 후반에 Bateson의 이론을 접하면서 사람들이 어떻게 세계를 그리는가에 관심을 갖게 되었다. 특히 인간성을 말살하는 사회적 제도의 폐해를 비판한 미셸 푸코(Michel Foucault)의 영향으로 개인의 문제를 외재화하는 독창적인 생각을 하게 되었다.

White는 사람들이 행동하는 방식보다 '자신의 삶에 건설적인 의미를 부여하는 방식'에 더 깊은 관심을 갖게 되었다. 특히 가족의 문제를 좀 더 커다란 관점, 즉 역사적, 문화적, 정치적 관점에서 바라보는 것에 관심을 지녔다. 그는 가족문제를 구성원들의 잘못이라기보다 외부적 원인으로 돌리고 그러한 가족문제가 가족 구성원에게 어떤 영향을 미치는지에 초점을 맞추는 독창적인 생각을 발전시켰다.

　　이야기 치료의 발전에 기여한 또 다른 인물은 뉴질랜드 오클랜드 출신의 가족치료사인 David Epstein이다. 그는 인류학에 대한 관심을 통해 '이야기 은유(narrative metaphor)'라는 독특한 방식을 접하게 되면서 그것이 기존의 가족치료 방법보다 내담자들에게 더 유용하다고 주장했다. 그는 내담자들이 자신의 새로운 이야기를 지속적으로 유지하기 위해서는 '지지적인 공동체'가 필요함을 강조하였다. 그에 따르면, 신경성 식욕부진증을 지닌 내담자에게 편지쓰기를 통해 지지해주었는데, 그 내담자는 치료가 끝난 후에도 자신의 새로운 이야기를 지지해준 치료자의 편지를 다시 읽으면서 문제를 잘 해결할 수 있었다고 한다.

1) 이야기 치료의 주요내용

　　이야기 치료는 경험에 의미를 부여하는 해석과정 자체에 초점을 둔다. 탈구성주의의 영향을 받아 탄생한 이야기 치료는 사람들이 자신의 삶에 대하여 이야기를 창조할 수 있다고 가정한다. 또한 사람들은 이야기의 창조를 통해서 삶의 의미를 되찾고 새로운 미래를 구성할 수 있다고 믿는다. 따라서 치료자는 치료과정을 통해 내담자의 부정적이고 패배적인 견해를 반박하여 문제를 해결할 수 있는 힘을 찾도록 도와준다.

　　이야기 치료는 포스트모던 혁명이 심리치료로 표현된 형태라고 할 수 있다. 이야기 치료의 출발점은 가족 구성원이 행동하는 방식이 아니라 '그들이 의미를 구성하는 방식'과 관련되어 있다. 인간은 복잡한 삶을 설명할 수 있는 방식을 추구한다. 우리가 우리에 대해서 하는 이야기, 즉 설명은 우리의 경험을 구성할 뿐만 아니라 우리의 행동을 결정한다.

　　이야기 치료의 중심가정은 인간의 경험이 근본적으로 불확실하다는 것이다. 인간 경험은 명확히 볼 수 있거나 분석될 수 있는 과정이 아니다. 인간 경험은 그 요소들을 묶어주고 그것들에 의미를 부여하며 우선순위를 매기는 과정을 통해서만 이해할 수 있다. 그런데 경험의 해석은 개인이 자기 자신에 대해 지니고 있는 이야기에 바탕을 두고 있다. 이야기는 개인의 인생 전체를 하나의 줄거리로 엮은 자서전적 설명이다. 어떤 사건의 의미를 부정적인 것에서 긍정적인 것으로 재해석하는 것은 자신에 대해 구성하는 이야기와 일치하지 않으면 오래가지 못한다. 또한 자신에 관한 보다 새롭고 긍정적인 이야기를 구성하도록 도움을 받는다면, 사건에 대한 재해석은 불가피하게 이루어질 수밖에 없다. 예컨대, 자신은 무능하고 따분하며 매력 없는 사람이라는 이야기를 가진 사람에게는 대인관계 사건의 의미를 좀 더 긍정적으로 변화시키는 것이 별 의미가 없다. 그러나 자신을 신중하고 진지한 사람이라는 이야기로 구성하게 되면 그가 경험한 대인관계 사건의 의미가 새롭게 재해석될 수밖에 없다. 이야기 은유에서는 자기패배적인 인지, 즉 자신의 문제에 대해서 스스로 하는 이야기에 초점을 둔다. 자신과 자신의 문제를 다른 방식으로 바라볼 수 있도록 그들의 사고를 확장하는 데 초점을 맞춘다. "이야기는 단지 삶을 반영하는 것이 아니라 삶을 만든다." 이것이 사람들이 자신의 경험에 대해서 말한 이야기에 상응하는 흥미로운 행동 습관을 지니는 이유이다. 또한 이것은 지나치게 서둘러서 자신의 관점을 내담자에게 부과하려는 치료자들이 실패하는 이유이기도 하다.

경험의 진실이란 발견되거나 드러나는 것이 아니라 창조되는 것이다. 치료의 목표는 사실대로의 진실을 밝히는 것에서부터 긍정적인 이야기로 창조될 수 있는 것으로 전환되었다. 과제는 자신을 일관성 있는 존재로 엮을 수 있도록 자신에 관한 사실들을 구성하는 것이다. 즉, 치료자는 고고학자가 아니라 소설가가 되어야 한다.

이야기 치료자들은 문제를 외재화한다. 즉, 문제의 원인을 외부의 탓으로 돌린다. 외재화를 통해서 가족과 구성원들은 자책을 하거나 서로 비난하지 않게 된다. 문제는 내담자도 가족도 아니다. 문제는 사회문화적으로 가족과 개인에게 영향을 미치는 신념이다. 사회문화적 신념과 가치에 의해 구성된 이야기들이 가족 구성원에게 진실인 것으로 내재화되어 문제를 유발하는 것이다. White와 Epston(1990)은 사회과학이 문제를 내재화하는 방법으로 사람들을 분류하여 축소시킨다고 주장했다. 예컨대, DSM과 같은 정신장애 분류체계는 비인간화를 초래하는 유해한 사회문화적 신념체계이다. 사람들은 이 객관화된 범주를 받아들이고 그들 자신을 '정신분열증' 또는 '행동 장애를 가지고 있는 것'으로 여긴다. 그러한 내면화와 규범적인 문제에 대한 해결책은 제한적이다. 이 내재화를 극복하기 위해 이야기 가족치료자들은 가족들이 이야기하기를 통해서 문제를 '외재화'하도록 돕는다. 이러한 외재화는 문제를 개인과 분리된 것으로 만들기 때문에 가족 구성원들은 문제를 다양한 관점에서 새롭게 구성할 수 있게 해준다. 또한 외재화는 불만으로 가득한 이야기하기를 멈추고 개인적인 힘을 제공할 수 있다. 이야기 가족 치료에서 가장 흔하게 하는 질문은 "그 문제가 너의 삶에 어떤 영향을 미쳤나?"이다. 이런 질문은 가족을 그들의 문제와 분리하는 역할을 한다.

이야기 치료에서는 문제의 근원을 개인과 가족에서부터 문화적인 신념과 규범으로 바꾸어 이해하도록 돕는다. 이야기 치료자들은 내담자의 삶을 억압하는 기존의 진리들을 해체하는 방향으로 인도한다. 즉, 개인과 가족이 억압적인 이야기에 의해 어떻게 지배되는가를 이해하고 그로부터 해방되도록 돕는다. 이야기 치료자들은 가족이 문제에 미치는 영향에 관심을 두기보다 문제가 가족에 미치는 영향과 그 영향을 지지하는 사회적으로 구성된 관점에 관심을 갖는다.

사람들은 자신에 대해서 하는 이야기가 경험에 도움이 되지 않는 방향으로 해석될 때 문제로 인한 수렁에 빠져들 수 있다. 이러한 이야기가 고정된 채 지속되면, 좀더 낙관적인 이야기를 구성하지 못하도록 방해한다. 폐쇄적이고 경직된 이야기는 사람들을 취약하게 만들어 파괴적인 정서나 신념에 압도되게 만든다. 이야기 치료자들은 그러한 이야기를 외부 침입자로 이해한다. 문제되는 감정이나 신념은 사회적인 구성물이므로 외부적인 것이라고 믿는다. 이렇게 문제를 외재화하는 것은 죄의식이나 비난을 줄일 수 있다.

2) 이야기 치료의 목표와 기법

이야기 치료자는 내담자의 파괴적인 문화적 가설에서 그들을 분리시켜 그들 스스로에 대해서 새롭고 더 건설적인 관점을 갖도록 돕는다. 이것은 가족 구성원이 그들의 갈등을 직면하거나 그것에 솔직해짐으로써 성취되는 것이 아니라 사람을 문제와 분리한 다음 공동의 적과 싸우기 위해 가족을 연합시킴으로써 이루어진다. 이러한 변화는 가족의 역사를 살펴서 빛나는 사건(unique outcome: 가족이 문제에 저항하거나 문제 이야기와 반대되는 방식으로 행동했던 때)을 찾음으로써 이루어진다. 내담자의 정체성을 약점이 있는 것에서 영웅적인 것으로 바꾸도록 하는 것이다.

이야기 치료는 사람들을 억압적인 문화적 압력으로부터 해방시키고 그들에게 능력을 부여하여 자신의 삶에 책임을 지는 적극적인 주체가 되도록 하는 정치적인 개입이라고 볼 수 있다. 일단 문제로 가득한 이야기에서 해방되면, 가족 구성원들은 더 많은 힘, 긍정성, 인내를 가지고 자신들의 문제를 다루기 위해 서로 협력하거나 지지적인 공동체와 연합할 수 있다.

이야기 치료는 비생산적인 이야기를 해체하고 새롭고 보다 생산적인 이야기로 재구성하도록 돕는다. 즉, 자신의 이야기를 다시 쓰도록 내담자를 돕는다. 해체(recon-struction)는 내담자의 부정적 이야기에 의문을 제기하고 도전하는 것을 말한다. 이를 위해서 사람으로부터 문제를 외재화시켜 사람이 문제가 아니라 상황이 문제라고 바라보도록 돕는다.

이야기 치료자는 치료과정에서 다음과 같은 노력을 기울인다. (1) 내담자의 이야기에 강한 관심을 갖는다. (2) 내담자의 역사에서 그가 강했거나 자원이 풍부했을 때를 탐색한다. (3) 제시되는 어떤 새로운 이야기에도 강제적이지 않고 존중하는 태도로 질문을 사용한다. (4) 사람들에게 진단명을 붙이거나 평가하지 않으며 그 대신 유일무이한 개인적 역사를 가진 인간으로 대우한다. (5) 대안적인 삶의 이야기를 위한 공간을 열기 위해서 그들이 내면화한 부정적인 문화적 이야기로부터 그들을 분리하도록 돕는다.

이야기 치료의 개입은 대부분 질문의 형태로 이루어진다. 다음과 같은 기법을 사용하지만, 어떤 것을 주장하거나 해석을 내리지는 않는다.

외재화하기   이야기 치료의 가장 강력한 두 요소는 이야기 은유 자체와 문제를 외재화하는 기법이다. 사람이 문제가 아니라는 점을 강조한다. 치료자는 내담자에게 문제로 가득한 그들의 이야기를 하도록 요청한다. 이야기를 들으면서 가족이 겪어오고 있는 고충을 인정한다는 느낌을 전달하기에 충분할 만큼 오래 경청한다. 그 후에 치료자는 "사람과 문제 중에서 어떤 것에 더 큰 책임이 있나요?" 하는 '상대적인 영향력 질문'을 던진다. 치료자는 여러 회기에 걸쳐 문제가 어떻게 가족들을 분열시키고 지배해왔는지, 또 이에 대해서 그들이 얼마나 문제를 통제할 수 있었는지에 대한 전체그림을 그리는 많은 질문을 한다.

문제 이야기의 행간 읽기   치료자는 내담자의 이야기를 경청하면서 문제의 부정적 영향을 회피할 수 있었던 빛나는 사건들을 강조하며 그것이 어떻게 이루어졌는지 상술할 것을 요청한다. 이처럼 문제에 관한 이야기 행간에 숨겨진 긍정적 사건들을 발굴하여 강조함으로써 치료자는 내담자로 하여금 자신의 능력을 재평가하고 초점을 미래로 옮겨 과거 · 현재 · 미래의 완전한 이야기를 만들어가도록 돕는다.

전체 이야기 다시 쓰기   내담자가 지닌 능력과 성취경험에 대해서 수집한 증거들(문제와 관련된)은 전반적으로 그가 어떤 사람인가에 대한 새로운 이야기를 구성하는 출발점으로 사용될 수 있다. 이를 위해서 치료자는 과거 또는 현재에 이룬 고난극복과 성취가 내담자에게 무엇을 의미하는지 이야기해보도록 요청한다. 내담자의 새로운 '자기 이야기'가 구체화되기 시작하면, 내담자나 가족에게 나타날 변화를 그려보게 함으로써 이야기의 초점을 미래로 옮긴다.

새로운 이야기 강화하기   새로운 이야기는 옛 이야기를 만들어냈던 동일한 사건이나 맥락에서 진전되지 못하거나 손상되기 쉽다. 치료자는 내담자들이 자신의 새로운 이야기를 지지하고 경청하는 청중을 확보하도록 돕는다. 또한 그들의 새로운 이야기를 지지하는 증인의 역할을 할 수 있는 사람들을 발견하도록 격려한다. 예컨대, 반(反)섭식장애 동맹집단은 미디어에 편지쓰기를 통해서 다이어트와 날씬한 몸매를 강조하는 사회문화적 신념에 저항하며 서로의 이야기를 지지한다.

파괴적인 문화적 가설 해체하기　　이야기 치료자는 내담자로 하여금 자신의 문제를 부정적으로 구성하게 만드는 파괴적인 문화적 가설에 저항하고 그것을 해체하도록 격려한다. 여성의 유일한 가치가 외모라고 믿는 것은 파괴적인 문화적 가설의 예이다. 이와 같이 사회문화적으로 억압적 기능을 하는 남성적 이미지와 여성적 이미지를 부정하고 해체하도록 돕는다. 그런 후에 치료자는 내담자가 사회적 압력에도 불구하고 그러한 파괴적 가설에 저항했던 일들을 기억하고 그러한 노력의 소중함을 인식하도록 지원한다.

이 밖에도 비관적인 삶의 이야기를 파괴하기, 내담자의 능력과 선한 마음에 지속적으로 확신주기 등을 통해서 이야기 치료자는 내담자들이 자신의 긍정적 변화를 위한 효과적인 처방책을 다양하게 만들어 내도록 돕는다.

자기이해를 위한 생각거리

1. 모든 가족에는 크고 작은 문제와 갈등이 존재한다. 우리 가족에는 어떤 갈등이 있는 가? 나는 가족 구성원 중 누구와 갈등을 겪고 있는가? 우리 가족의 권력구조는 어떠한가? 누구의 권력이 가장 강하며 구성원 각자는 어떤 위치에 있는가? 또한 우리 가족의 의사소통 구조는 어떠한가? 가족의 소식이나 정보는 누구를 통해서 전달되는가? 나는 가족 속에서 어떤 위치에 있는가?

2. Bowen의 다세대 가족치료 이론에서 제시하는 주요한 개념을 우리 가족에 적용하여 생각해본다. 나는 가족으로부터 자기분화가 잘 되어 있는가? 나는 부모님이 겪는 고통과 갈등을 마치 나의 고통처럼 몹시 가슴 아파하는가 아니면 그로부터 비교적 초연한 편인가? 우리 가족에게는 어떤 삼각관계가 존재하는가? 우리 집안에는 세대를 통해서 조부모와 부모로부터 전수되어 내려오는 심리적 갈등이 존재하지는 않는가?

3. Minuchin이 제시한 방법에 따라서 우리 가족의 가족지도를 그려본다. 가족지도를 통해서 우리 가족 구성원들의 경계와 관계를 좀 더 구체적으로 생각해본다. 우리 가족은 기능적 가족인가 아니면 역기능적 가족인가? 어떤 측면에서 그러한가? 우리 가족을 좀 더 기능적인 가족으로 변화시키려면 어떤 변화가 필요한가?

4. Satir는 가족이 위기나 갈등에 처했을 때 구성원들이 나타내는 의사소통 패턴을 네 가지의 유형(회유형, 비난형, 초이성형, 부적절형)으로 구분했다. 우리 가족은 위기나 갈등에 처했을 때 각 구성원들이 어떤 의사소통 패턴을 나타내는가? 이러한 경우에 나는 어떤 의사소통 패턴을 나타내는가? 나의 의사소통 패턴을 좀 더 효과적으로 변화시키려면 어떤 노력이 필요한가?

5. 이야기 치료의 관점에서 보면, 우리 가족은 어떤 이야기를 지니고 있는가? 조부모로부터 부모 그리고 나에 이르기까지 우리 가족은 어떤 아픔과 갈등을 담은 이야기를 지니고 있는가? 아니면 우리 가족은 화목하고 성공적인 자랑스러운 '빛나는 사건들'을 담은 이야기를 지니고 있는가? 우리 가족의 역사를 자세하게 조사하여 구성원의 강점과 성공 경험을 중심으로 우리 가족의 이야기를 긍정적으로 재구성해본다.

더 읽을거리

♣ Nichols, M. P. (2010). *The Essentials of Family Therapy* (5th ed.). (김영애, 김정택, 심혜숙 역. 《가족치료: 핵심개념과 실제적용(5판)》. 서울: 시그마프레스, 2011).

☞ 다양한 가족치료의 핵심개념, 치료기법과 사례 그리고 발전과정과 현황을 자세하게 소개하고 있다.

♣ 강문희, 박경, 강혜련, 김혜련 (2011). 가족상담 및 심리치료(2판). 서울: 신정.

☞ 가족의 역동과 갈등을 이해하기 위한 기본적인 개념들을 소개하고 있으며 가족치료의 다양한 기법을 한국의 사례와 함께 제시하고 있다.

제 **13** 장

동양 심리치료와 자아초월 심리치료

제13장
동양 심리치료와 자아초월 심리치료

1. 동양 심리치료의 개요

지금까지 살펴본 심리치료 이론들은 모두 서양문화에서 서양인에 의해 개발된 것이다. 세계화를 통해서 동서양의 문물이 활발하게 교류되고 있는 현대사회에서는 동양과 서양의 차이가 점점 더 줄어들고 있다. 더구나 인간의 심리적 고통과 장애를 효과적으로 치료할 수 있는 방법이라면, 그것이 어느 문화권에서 개발된 것이든 잘 배워서 활용하는 것이 중요하다.

동양인과 서양인은 모두 인간으로서의 공통된 심성구조를 지니지만 각기 다른 문화권에서 성장하기 때문에 서로 다른 심리적 특성을 지니게 된다. 동양인과 서양인은 세계관, 인간관, 정서반응, 추구하는 가치 등에 있어서 서로 다른 특성을 지니고 있다. 예컨대, 서양인은 개인의 자유와 독립성을 중시하는 개인주의적 특성이 강한 반면, 동양인은 다른 사람과의 관계와 조화를 중시하는 집단주의적 특성이 강하다는 연구결과들(Hofstede, 1980, 1991)이 있다.

그렇다면, 과연 서양문화에서 개발된 기존의 심리치료 방법들이 동양인(또는 한국인)에게도 최선의 치료방법일까? 동양인(또는 한국인)의 심성구조에 적합할 뿐만 아니라 동양인(또는 한국인)들이 경험하는 심리적 갈등과 문제를 좀 더 효과적으로 치료할 수 있는 방법은 없을까? 정신세계와 자기수양을 중시했던 동양문화에 근거한 새로운 치료방법을 개발할 수는 없을까?

심리치료는 자본주의 시장경제 문화 속에서 직업 활동이 분업화되고 전문화되던 서양사회의 문화적 산물이다. 따라서 전통적인 동양사회에서는 현대의 심리치료와 같은 형태의 전문적 활동이 이루어지지 않았다. 그렇다면, 동양인들은 심리적 고통과 장애를 어떻게 치유했을까? 동양인들은 심리적 고통과 장애가 발생하는 원인을 어떻게 이해했으며 어떤 치료방법을 제시했을까?

동양에는 인간이 겪는 심리적 고통과 갈등을 이해하고 해결하는 심오한 철학과 종교가 있었다. 동양문화를 대표하는 중국문화와 인도문화는 삶의 문제를 극복하기 위한 독자적인 철학적 또는 종교적 사상과 수행체계를 발전시켰다. 중국문화의 유학과 도교 그리고 인도문화의 불교와 힌두교는 삶의 문제를 이해하고 치유하기 위한 동양의 심리치료 체계라고 할 수 있다. Walsh(2000)에 따르면, 동양의 심리치료는 자기치료 또는 자기수련을 중시하고 있으며 심리적 문제의 해결뿐만 아니라 자아초월을 추구한다는 특성을 지니고 있다.

최근에 서구의 심리치료자들은 동양의 심리학적 사상 또는 수행방법을 받아들여 심리치료의 영역과 방법을 확대하고 있다. 현대의 심리치료자들은 명상의 한 방법인 마음챙김(mindfulness)에 깊은 관심을 보이고 있다. 마음챙김에 근거한 다양한 심리치료법(예: MBSR, DBT, MBCT, ACT)이 개발되어 널리 시행되고 있다.

현재 심리학계에는 동양과 서양의 심리학적 사상을 통합하려는 움직임이 활발하다. 그 대표적인 움직임이 자아초월 심리학(transpersonal psychology)이다. Ken Wilber는 대표적인 자아초월 심리학자로서 동서양의 종교와 철학 그리고 심리학의 모든 이론을 통합한 방대한 이론체계를 제시하고 있다. 최근에는 이러한 자아초월 심리학에 근거한 자아초월 심리치료(transpersonal psychotherapy)가 여러 가지 형태로 제시되고 있다.

동북아시아에서 가장 먼저 근대화를 이룬 일본은 서양의 심리치료를 일찍부터 받아들여 시행해왔다. 아울러 일본의 심리치료자들은 일본인의 독특한 심리적 문제를 일본의 문화적 맥락 속에서 치료하는 독자적인 심리치료 방법을 개발하여 실시해왔다. 그 대표적인 예가 모리타 치료와 나이칸 치료이다. 우리나라의 경우는 한국전쟁을 계기로 서양의 심리치료가 도입되었으며 초기에는 정신역동치료가 주류를 이루었으나 근래에는 다양한 심리치료가 활발하게 실시되고 있다. 한국의 심리치료자와 상담자들도 한국문화와 한국인에게 적합한 치료방법을 개발하기 위한 노력을 기울여왔다. 그 대표적인 예가 도(道)정신치료, 온마음 상담, 본성실현상담, 현실역동상담, 동사섭이라고 할 수 있다.

2. 동양의 심리치료적 사상과 그 특성

동양과 서양의 구분은 지역적인 것이다. 고대 그리스인들이 자신의 관점에서 에게해 동쪽의 지역을 '오리엔트(Orient)'라고 지칭하면서 동서양의 구분이 시작되었다.

동양문화를 대표하는 중국문화와 인도문화는 삶의 문제를 극복하기 위한 독자적인 철학적 또는 종교적 사상과 수행체계를 발전시켰다. 여기에서는 중국문화에서는 공맹(孔孟)사상을 중심으로 한 유학의 전통과 노장(老莊)사상을 중심으로 한 도가의 전통을 살펴보고, 인도문화에서는 힌두교와 불교의 전통을 살펴보고자 한다. 특히 불교는 인간의 마음에 대한 독자적인 체계적 이론을 제시하고 있을 뿐만 아니라 고통에서 벗어날 수 있는 수행방법을 제시하고 있다는 점에서 거대한 심리치료 체계라고 할 수 있다.

1) 유학 사상

유학(儒學)은 중국 춘추시대의 인물인 공자(孔子, 552~479 B.C.)에 의해서 제창된 철학체계이자 윤리학이며 정치학이라고 할 수 있다. 유학의 사상가들이 인간과 사회의 조화를 추구하기 위해 인간의 본성에 대한 다양한 주장과 이론을 제시했다는 점에서 유학사상은 동양의 심리학이라고 할 수 있다.

극심한 정치적 혼란기에 살았던 공자는 조화로운 사회적 관계를 중시하면서 평화롭고 안정된 사회의 구현을 지향하였다. 이를 위해서 인(仁)을 최고의 덕목으로 삼았으며 수신(修身)·제가(齊家)·치국(治國)·평천하(平天下)의 실현을 목표로 하였다. 그에 따르면, 인(仁)은 '사람을 사랑하는 것'으로서 효제(孝悌), 즉 부모에 대한 효도와 형제간의 우애를 실천함으로써 함양되는 것이다. 가족 구성원 간의 진정한 애정을 중시하는 이러한 가족 윤리를 출발점으로 하여, 공자는 인애(仁愛)를 인간사회의 조화와 평화를 이루는 원리로 삼아 정치에도 확대하여 적용하였다. 유교에서는 인간이 지켜야 할 다섯 가지 기본적 덕목인 오상(五常), 즉 인(仁)·의(義)·예(禮)·지(智)·신(信)이 강조되었으며 구체적인 행동적 강령으로서 삼강오륜(三綱五倫)이 제시되었다. 공자에게 있어서 최선의 삶은 긍정적이고 조화로운 인간관계 속에서 평화로운 사회와 국가를 위해 공헌하는 것이라고 할 수 있다.

군자는 수기치인(修己治人) 또는 수기안인(修己安人), 즉 자신을 수양하고 다른 사람들을 편안하게 하는 것을 지향하며 이를 실현하기 위한 절차가 『대학(大學)』에 제시된 팔조목(八條目)이다. 밝은 덕(明德)을 세상에 펼치고자 하는 자는 격물(格物: 사물의 이치를 궁구함), 치지(致知: 지식을 지극히 함), 성의(誠意: 뜻을 성실히 함), 정심(正心: 마음을 바르게 함), 수신(修身: 몸을 닦음), 제가(齊家: 집안을 가지런히 함), 치국(治國: 나라를 잘 다스림), 평천하(平天下: 세상을 평화롭게 함)의 순서로 노력해야 한다. 주자학(朱子學)은 주요한 수양방법으로 거경과 궁리를 제시하고 있다. 거경(居敬)은 내적인 수양방법으로서 항상 몸과 마음을 삼가고 바르게 가지는 일이며, 궁리(窮理)는 외적인 수양방법으로서 널리 사물의 이치를 궁구하여 정확한 지식을 지니는 일이다. 송(宋)나라 시대에 기록된 『근사록(近思錄)』에 따르면, "수양(修養)은 모름지기 경(敬)으로써 하여야 하고 진학(進學)은 치지(致知)에 달려 있다." 거경의 경(敬)이란 주일무적(主一無適), 즉 마음을 한군데에 집중하여 잡념을 버리는 것을 뜻하며 주희(朱熹)는 그 구체적인 방법으로서 정좌(靜座)를 권하였다. 궁리란 이른바 격물치지(格物致知)이며 그 방법으로는 박학(博學: 널리 배움), 심문(審問: 의문을 지니고 질문함), 신사(愼思: 깊이 생각함), 명변(明辨: 분명하게 말함), 독행(篤行: 배운 바에 따라 행동함)이 제시되고 있다. 거경과 궁리는 수레의 두 바퀴와 같이 함께 있어야 비로소 인(仁)을 실천할 수 있다고 보았다.

유학은 궁극적으로 인간세계의 조화와 평화를 추구하고 있으며 그에 필요한 개인의 덕목들을 제시하고 있다. 개인적 성취보다는 원만한 인간관계를 중시하고 있을 뿐만 아니라 종교적이고 초월적인 태도보다는 현세적이고 이성적인 태도를 강조하고 있다. 아울러 공자는 인간의 삶에 있어서 절제와 중용을 강조하면서 극단적인 태도보다는 욕망을 잘 조절하며 삼가는 자기조절을 중시했다. 유학에서 중시하는 덕목들은 주로 인간사회의 조화와 평화를 이루는 데 필요한 긍정적 성품으로 이루어져 있다고 볼 수 있다.

2) 도가 사상

중국문화의 또 다른 중요한 축은 노장사상에 바탕을 두고 있는 도가의 전통이다. 도가(道家)는 노자(老子, 580?~480? B.C.)와 장자(莊子, 369~289 B.C.)의 사상에 바탕을 두고 있다. 노자는 공자와 같은 시대를 살았던 사람으로서 그의 가르침은 『도덕경(道德經)』에 전해지고 있고, 장자는 맹자와 비슷한 시대를 살았던 사람으로 알려지고 있으며 저서인 『장자(莊子)』를 남겼다.

도가는 무위자연(無爲自然)을 통한 초월적인 삶을 지향한다. 우주만물을 생성하고 운행하는 원리인 도(道)를 따르는 삶을 지향한다. 도(道)는 언어로 표현할 수 없는 심오한 것으로서 우주만물의 운행을 관장하면서도 의도적인 노력 없이 자연스럽게 이루어진다. 노자는 이러한 도를 따르며 살아가는 자연(自然)의 태도를 가장 중요한 덕목으로 여겼다. 인위적 노력을 기울이지 않는 무위(無爲)는 자연의 태도를 사회적 삶에 실현하는 방법이라고 할 수 있다.

노장사상에 따르면, 인간의 지식과 신념은 시대, 지역, 교육 등의 환경에 의해 좌우되는 것이므로 보편적 타당성을 보장할 수 없는 것이다. 이러한 지식과 신념에 입각한 행위를 인위(人爲)라고 한다. 인간은 편향적인 지식과 신념에 사로잡혀 우주만물을 인식하고 인위적으로 가치판단을 함으로써 도로부터 멀어지게 되며 타고난 덕을 망각하게 되어 사회적으로도 많은 쟁탈과 갈등을 초래한다.

도(道)는 천지만물의 근본원리로서 어떤 것을 의도하지 않기 때문에 무위(無爲)하다. 아울러 스스로 자기존재를 성립시키며 저절로 움직이므로 자연(自然)하다. 이러한 도가 개별적 존재에 발현된 것을 덕(德)이라고 본다. 도가 천지만물의 공통된 본성이라면, 덕은 개별적인 존재의 본성이라고 할 수 있다. 이러한 덕을 회복하려면 외부적 환경으로부터 오염된 심성(心性)을 닦아야 하는데, 이를 수성반덕(修性反德)이라고 한다. 덕을 회복하게 되면 도에 도달하게 되는데, 그 대표적인 득도방법은 심재(心齋)와 좌망(坐忘)이다. 심재는 제사를 지내기 전에 목욕재계를 하듯이 마음을 비워 깨끗이 한다는 뜻이다. 감각작용을 쉬게 하고 마음을 비움으로써 궁극적으로 허(虛)의 경지에 이르게 되면, 자신과 대상 사이의 간격이 없어지는 물아일체(物我一體)의 상태가 실현된다. 좌망은 조용히 앉아서 자신을 구속하는 일체의 것들을 잊어버리는 것을 의미한다. 앉은 채로 무아의 경지에 들어 모든 시비와 차별을 잊어버리는 상태를 뜻한다. 도가에 따르면, 최선의 삶은 도와 덕을 회복하여 무위자연의 삶을 사는 것이다. 이러한 경지에 이르러 정신적 자유를 누리는 사람을 도가에서는 도인(道人) 또는 지인(至人)이라고 부른다.

노장사상은 몰락한 주(周) 나라의 문물제도가 지닌 허위성과 형식성을 비판하며 나타난 사상이라고 할 수 있다. 유학과는 달리, 노장사상은 반문명적(反文明的)이고 탈가치적(脫價値的)이며 반형식적(反形式的)인 경향을 지닌다. 또한 인의예지(仁義禮智)와 같이 사회의 질서 유지를 위한 인위적 형식을 비판하면서 집단 중심적 태도로부터 개인 중심적인 태도를 지향하고 있다. 개인적인 삶에 있어서 모든 인위(人爲)를 거부하고 세속적인 생활과 가치 체계를 초월함으로써 자연의 흐름에 내맡기고 살아가는 것을 이상적인 삶으로 여긴다. "최고의 선은 물과 같다. 물은 만물을 이롭게 하면서도 서로 다투는 법이 없고, 뭇 사람들이 싫어하는 낮은 곳을 지향한다."는 『도덕경』의 문구처럼, 물이 흘러가는 것처럼 자연스럽게 살아가는 상선약수(上善若水)의 삶을 최선의 삶으로 여긴다. 서로 다투지 않는 조화의 미덕과 낮은 곳을 선호하는 겸손의 자세를 강조하고 있다.

3) 힌두교 사상

힌두교(Hinduism)는 인도에서 고대부터 전해 내려오는 바라문교가 복잡한 민간

신앙과 결합하여 발전한 종교로서 그 기본적 사상은 『리그베다』와 『우파니샤드』를 비롯한 여러 경전에 바탕을 두고 있다. 신성한 최고신인 브라만(Brahman)을 숭배하는 브라만교에 다양한 신을 모시는 민간신앙과 더불어 윤회, 업, 해탈의 철학사상이 결합되면서 힌두교는 교리와 수행법에 있어서 매우 다양한 양상을 나타내고 있다. 힌두교는 다양한 신에 대한 숭배와 봉헌을 중시하는 유신론적 측면을 지닐 뿐만 아니라 지혜와 자기수련을 강조하는 철학적 측면을 지니고 있다.

힌두교는 생명이 죽은 뒤에서도 세상으로 회귀한다는 윤회(輪廻)와 현재의 삶은 과거의 행위에 의해 결정된다는 업(業: Karma)의 사상에 바탕을 두고 있으며 윤회의 사슬로부터 영원히 벗어나는 해탈(解脫: Moksa)을 궁극적인 목표로 삼는다. 이러한 힌두교의 유신론적 측면과 철학적 측면은 범아일여(梵我一如)의 사상, 즉 대우주의 본체인 브라만(brahman, 梵)과 개인 영혼인 아트만(atman, 我)이 하나라는 베단타 철학으로 통합되었다. 심신수련을 통해서 개인이 최고신과 하나임을 깨닫는 신비한 직관을 체득함으로써 해탈에 이를 수 있다는 입장이다.

힌두교는 윤회의 속박에서 벗어나 해탈에 이르는 다양한 수행방법을 제시하고 있다. 그 대표적인 수행체계가 요가로서 그 기저의 철학과 수행방법에 따라 다양한 유파가 있다. 신에 대한 사랑과 헌신을 강조하는 박티 요가(Bhakti yoga), 지식과 지혜의 계발을 중시하는 지나나 요가(Jnana yoga), 선하고 올바른 행위를 강조하는 카르마 요가(Karma yoga), 금욕과 신체의 정화를 강조하는 하타 요가(Hatha yoga), 정신집중과 명상을 중시하는 라자 요가(Rāja yoga) 등이 있다.

요가의 경전인 『요가수트라』에 따르면, 일반적으로 요가수행은 8단계로 구성되어 있다. 제1단계는 금계(禁戒, yama)로서 생명을 죽이지 말고 남의 물건을 훔치지 않으며 탐욕을 내지 않는 것과 같은 부정적인 행위를 금하는 사회적 계율을 잘 따르는 것이다. 제2단계는 권계(勸戒, niyama)로서 청정(淸淨), 만족(滿足), 학습(學習), 고행(苦行), 헌신(獻身)과 같은 긍정적인 행위를 권하는 개인적 규범을 따르는 것이다. 제3단계인 좌법(坐法, asana)은 요가체조를 뜻하며 신체동작을 통해서 몸의 긴장과 이완을 조절하는 수행법이다. 제4단계는 조식(調息, pranayama)으로서 호흡을 통해서 우주의 에너지를 축적하는 수련을 의미한다. 이 단계에서는 신체를 정화하기 위해서 위장, 구강, 비강을 청정하게 하는 여러 방법과 더불어 단식 수행을 하기도 한다. 1~2단계가 도덕적 통제력을 함양하는 수행이라면, 3~4단계는 육체적 통제력을 육성하는 수행이라고 할 수 있다.

제5단계인 제감(制感, pratyahara)은 감각기관에 대한 자극을 차단하여 심신의 평정을 이루게 하는 수행이다. 6단계 이후는 수련의 심화과정에 해당되는데, 제6단계인 응념(凝念, dharana)은 하나의 대상에 정신을 집중하여 통일하는 수행이다. 제7단계는 선정(禪定, dhyana)으로서 의식의 대상을 초월하여 무념, 무상, 무심의 상태에 이르는 것이다. 이러한 수행과정을 통한 심신의 평정상태에서 절대 진아(眞我)와 합일되어 무아상태에 이르는 삼매(三昧, samadhi)가 최후의 8단계이다. 이 단계에서는 자아와 우주가 하나로 통일되는 범아일여의 경지에 이르게 된다.

힌두교는 궁극적으로 최고의 신인 브라만과 개인의 영혼인 아트만의 합일을 추구하는 종교로서 초월과 영성을 핵심덕목으로 중시한다. 또한 죽은 뒤에서도 생명은 계속하여 순환하며 현생의 업(karma)이 내세의 삶을 결정한다는 윤회사상에 근거하는 힌두교에서는 좀 더 나은 내세의 삶을 위한 자기정화로서 고행과 금욕 등의 실천적 덕목을 강조한다. 그러나 인도의 카스트 계급사회에서는 각 계층마다 중시하는 덕목에 차이가 있었다. 예컨대, 교육받은 귀족계층인 브라만에서는 속죄, 회개, 절제, 관용, 청렴, 공정, 지식, 영성이 중시되었고, 무사계급인 크샤트리아에서는 전쟁에서의 용맹, 명예, 활력, 인내가 강조되었으며, 하층계급에서는 노동의 의무를 충실히 따르는 것이 중요했다.

힌두교에서는 신도들이 한평생 동안에 반드시 거쳐야 하는 네 단계의 생활기를 규정하고 있다. 즉, 배움에 집중하는 학생기(學生期), 성인이 되어 가족을 부양하는 가장기(家長期), 자녀가 성장하면 숲속에 들어가 수행을 하는 임주기(林住期), 그리고 인생의 노년에 세상을 떠도는 유행기(遊行期)로 나누고 있다. 인생의 전반기에는 세속적인 삶의 의무에 충실한 반면, 인생의 후반기에는 영적인 수행에 집중하는 것을 권장하고 있다. 이처럼 힌두교는 신에 대한 헌신, 진언과 주문, 금욕과 신체수련, 선한 행위, 정신집중과 명상을 중시하는 다양한 요가수행법을 제시하고 있으며 모두 범아일여의 체득을 통한 해탈을 지향하고 있다(Smart, 1998).

4) 불교 사상: 동양의 대표적인 심리치료 체계

불교(佛敎)는 동양의 대표적인 심리학이자 심리치료 체계라고 할 수 있다. 불교는 인도에서 발원한 종교로서 한국을 비롯하여 중국, 일본, 태국, 미얀마, 티베트 등의 동양문화에 심대한 영향을 미쳤다. 불교는 인도의 북부 카필라 왕국의 고타마 싯타르타(563~484 B.C.)에 의해 창시되었으며 궁극적으로 생로병사(生老病死)의 고통에서 벗어나 해탈에 이르는 길을 추구하는 종교이자 철학체계라고 할 수 있다. 불교의 가르침은 네 가지의 진리를 뜻하는 사성제(四聖諦), 즉 고(苦: 인생은 고통스러운 것이다), 집(集: 모든 고통은 집착에서 비롯한다), 멸(滅: 집착을 없애면 열반에 이를 수 있다),

도(道: 열반에 이르는 길은 팔정도를 따르는 것이다)로 집약될 수 있다. 이러한 사제설을 심리치료의 관점에서 보면, 고제는 심리적 고통과 심리장애에 대한 현상론이며 집제는 그 원인론에 해당된다고 볼 수 있다. 멸제는 심리적 문제가 극복된 궁극적 목표론이며 도제는 이러한 목표에 도달하기 위한 치료방법론에 해당된다고 볼 수 있다(권석만, 1997, 1998).

(1) 고제: 고통의 현상론

불교는 고제(苦諦), 즉 인생이 고통으로 가득하다는 깨달음으로부터 출발한다. 고제는 삶의 현실에 대한 인식으로서 인간이 삶 속에서 경험하는 고통에 대한 현상론을 구성하고 있다. 불교는 인간이 겪는 고통의 인식에서 출발하여 모든 고통과 번뇌로부터 벗어나는 것을 목표로 한다.

고(苦: dukkha)는 '힘이 드는 것'이라는 어원에서 발전한 개념으로서 '자기의 뜻대로 되지 않는 상태'라는 뜻을 내포하고 있다. 고는 주관적으로 불쾌하고 고통스러우며 힘들고 아프게 느껴지는 심리적 상태이며 이로부터 벗어나고 싶은 바람을 유발한다. 불교에서 고는 2고, 3고, 4고, 8고, 110종의 고 등으로 다양하게 분류되고 있다.

불교에서 가장 보편적인 고의 분류는 사고(四苦)와 팔고(八苦)다. 사고는 생로병사(生老病死)의 괴로움을 말한다. 태어남과 삶을 유지하기 위한 생고(生苦), 육신과 정신의 기능이 쇠퇴하며 늙어가는 노고(老苦), 병들어 통증을 느끼는 병고(病苦), 그리고 수명을 다하여 몸과 마음이 사멸하게 되는 죽음에서 느끼는 사고(死苦)가 그것이다. 이러한 사고에 애별이고(愛別離苦: 애착하는 것과 이별하는 고통), 원증회고(怨憎會苦: 미워하는 것과 만나는 고통), 구부득고(求不得苦: 얻고자 하는 것을 얻지 못하는 고통), 오음성고(五陰盛苦: 마음에 떠오르는 모든 것에 집착함으로써 생기는 고통)를 더하여 팔고라고 부르기도 한다.

고와 밀접한 관계를 맺고 있는 불교적 개념이 번뇌(煩惱)이다. 번뇌는 동요하는 마음(煩)과 어지러운 마음(惱)을 뜻하며 번요뇌란(煩擾惱亂)의 준말이다. 번뇌는 흔히 백팔번뇌(百八煩惱)라 하여 108가지로 분류하기도 한다. 인간의 마음을 혼란시키는 번뇌를 가장 세밀하게 분류하고 있는 것이 유식학(唯識學)이다.

(2) 집제: 고통의 원인론

집제(集諦)는 고통의 원인론에 대한 교설이다. 불교의 근본교리는 이 세상 모든 것이 마음의 산물이라는 삼계유심(三界唯心)과 만법유식(萬法唯識)의 사상에서 출발한다. 이러한 사상은 모든 것은 마음이 지어낸 것이라는 일체유심조(一切唯心造), 마음을 떠나 존재하는 것은 아무것도 없다는 심외무일물(心外無一物)이라는 말로 표현되기도 한다. 이 세상 모든 것은 마음이라는 거울에 비친 그림자와 같은 것이다. 인간의 고통 역시 마음이 만들어낸 것이며 마음에 비친 것이다. 따라서 고통의 원인을 밝히고 그로부터 벗어나기 위해서는 인간의 마음에 대한 깊은 탐구가 필요하다. 이러한 입장을 지닌 불교는 근본적으로 심리학적이라고 할 수 있다.

불교의 교설에 따르면, 고통과 번뇌는 마음에 비친 그림자, 즉 망념(忘念)과 그에 대한 집착 때문이다. 이러한 망념과 집착은 그 기원이 무명(無明), 즉 존재의 실상을 알지 못하는 어리석음에 있다. 고통의 원인과 발생에 대한 부처의 근원적 설명이자 존재의 실상에 대한 설명이 연기설(緣起說) 또는 인연설(因緣說)이다. 집제라고 할 때 집(集)이라는 글자는 '인연의 모임'이라는 의미를 내포하고 있으며 이러한 연기설을 대변하고 있다. 연기설에 따르면, 이 세상 모든 것은 그 자체로서 독립적인 속성을 지니지 않으며 다른 것과의 상대적 관계 속에서 존재하는 상의성(相依性)을 지닌다. 모든 것은 다른 것에 의지하여 인연화합으로 생겨나며 변화하는 것이다. 이 세상에는 독립된 주체적 존재, 즉 자아(自我: atman)라고 할 만한 것이 없으며 이 세상 모든 것은 인연에 따라 항상 변하여 찰나도 머무르지 않는 것이 존재의 실상이다. 그런데 인간은 이러한 진리를 알지 못하고 잘못된 생각인 망념에 집착한다. 즉, 육신을 중심으로 하여 자신을 주체적 존재라고 믿고 바깥의 대상을 항상 존재하는 것으로 믿으며 그에 집착한다. 인간의 고통은 근원적으로 이러한 존재의 실상에 대한 무지와 집착에서부터 생겨난다.

이러한 연기설의 관점에서 고통이 생겨나는 과정을 세분하여 설명한 것이 십이연기설(十二緣起說)이다. 십이연기설은 무명(無明)에서 출발하여 노사(老死)에 이르는 12단계를 설명하는 교설이다. 십이연기설이 고통의 발생과정론이라면, 팔식론(八識論)은 유식학에서 주장하는 마음의 구조론이라고 할 수 있다. 유식론은 불교의 심층심리학이라고 할 만큼 인간의 심층적 심리구조에 대한 체계적 설명을 하고 있다.

(3) 멸제: 수행의 목표론

멸제(滅諦)는 불교가 지향하는 이상적 경지 또는 목표에 대한 교설이다. 불교에서는 열반(涅槃: nirvāna)을 이상적 목표로 삼는다. 열반은 '불어서 끄는 것' 또는 '불어서 꺼버린 상태'를 의미하며 마치 활활 타오르는 불을 바람이 끄는 것과 같이 타오르는 번뇌의 불꽃을 지혜의 바람으로 불어 꺼서 모든 고뇌가 사라진 상태를 지칭한다. 모든 망념과 번뇌를 멸절시켜 모든 고통과 구속으로부터 자유롭게 벗어난 상태라하여 해탈(解脫)이라고도 표현한다. 또는 번뇌가 생겨나기 이전의 상태 또는 마음의본자리를 깨달아 체험하는 것이라 하여 견성(見性)이라고도 한다. 이러한 견성을 통해참지혜를 얻은 사람을 부처(buddha, 覺者) 또는 보살(菩薩)이라고 한다.

이러한 해탈과 열반의 경지는 끊임없는 수행의 결과로 도달하게 된다. 유식학에서는 수행을 시작하여 궁극적인 경지, 즉 구경의 상태에 이르는 과정을 다섯 단계로구분하는 오위설(五位說)을 제시하고 있다.

유식학에서는 고통으로부터의 해탈이 수행의 진보에 따라 단계적으로 이루어지는 점오설(漸悟說)을 주장하지만 선불교(禪佛敎)에서는 견성(見性), 즉 깨달음이 몰록일순간에 일어나 일거에 모든 고통으로부터 벗어나게 된다는 돈오설(頓悟說)을 강조한다. 이러한 논란에 대해서 유식론의 오위설은 돈오가 찾아오는 과정을 세분화한 것이라는 견해와 수행 자체가 점차 익어가는 숙성(熟成)의 과정이라는 견해가 있다. 또한 돈오설에는 깨달음을 몰록 얻게 되지만 오랜 습관을 제거하기 위한 점진적인 후속적 수행이 필요하다는 돈오점수설(頓悟漸修說)과 몰록 깨달음을 얻음과 동시에 더 이상 수행할 것이 없는 해탈의 경지에 들어가게 된다는 돈오돈수설(頓悟頓修說)이 있다. 돈오점수설은 고려시대 선승인 보조 지눌(普照 知訥)에 의해 주장되어 한국불교에 이어져 왔으나 근래에 성철(性徹)에 의해 돈오돈수설이 주장되어 학계에서 진지한 논의가 이루어진 바 있다.

(4) 도제: 고통의 치유를 위한 수행방법론

도제(道諦)는 고통스러운 삶으로부터 해방된 해탈의 경지에 도달하기 위한 실천적 방법론을 의미한다. 불교의 주된 수행법은 팔정도(八正道), 육바라밀(六波羅蜜), 삼학(三學), 지관법(止觀法), 참선법(參禪法) 등으로 요약된다. 석가모니는 괴로움의 소멸에 이르는 길인 도제를 설명하면서 구체적인 수행방법으로 팔정도를 제시하였다. 팔정도는 욕망과 집착에서 벗어나 해탈에 이르는 여덟 가지 수행방법으로서 ① 정견(正見: 올바로 보는 것), ② 정사(正思: 올바로 생각하는 것), ③ 정어(正語: 올바로 말하는 것), ④ 정업(正業: 올바로 행동하는 것), ⑤ 정명(正命: 올바로 생계를 유지하는 것), ⑥ 정근(正勤 또는 正精進: 올바로 부지런히 수행하는 것), ⑦ 정념(正念: 올바로 마음을 바라보는 것), ⑧ 정정(正定: 올바로 마음을 평정하게 하는 것)을 말한다.

육바라밀은 특히 대승불교의 보살이 행해야 할 6가지 수행덕목인 보시, 지계, 인욕, 정진, 선정, 지혜를 의미한다. 보시(布施)는 다른 사람에게 베풀어주는 것이며, 지계(持戒)는 수행자로서 지켜야 할 계율을 준수하는 것이다. 인욕(忍辱)은 욕된 일을 당하여도 잘 참는 것이며, 정진(精進)은 나태해지려는 자신을 채찍질하면서 끊임없이 노력하는 것이다. 선정(禪定)은 마음을 고요히 가라앉히고 한곳에 집중하는 것이며, 지혜(智慧)는 분별적 사유를 떠나 인간 존재의 실상을 직관하여 얻게 되는 깨달음을 의미한다.

팔정도와 육바라밀은 계 · 정 · 혜(戒 · 定 · 慧)의 삼학이라고 집약되어 지칭되기도 한다. 삼학의 첫째인 계(戒)는 일상생활에서 '해서는 안 되는 일'과 '해야 할 일'에 대한 행동적 지침이다. 자신의 삶을 변화시키고자 하는 사람은 우선 이러한 행동적 지침에 따라 일상생활 속에서의 행동과 습관을 변화시켜야 함을 의미한다. 정(定)은 한 대상에 대한 주의집중을 통해 안정된 심리상태를 발전시키고 나아가 삼매(三昧)의 경지를 체득하는 것이다. 정은 산란하고 불안정한 마음을 안정시키기 위한 방법으로서 한 대상에 주의를 집중하여 명상하는 것이다. 이러한 선정수행을 통해 궁극적으로 모든 사념이 정지된 청정한 마음상태, 즉 삼매를 체험하게 된다. 삼학의 세 번째인 혜(慧)는 철저한 자기관찰을 통해 삶에 대한 근원적 통찰을 체득하는 방법이다. 이러한 관법(觀法: 위빠사나 또는 마음챙김 명상)은 불교만의 독특한 수행방법이자 가장 핵심적인 수행방법이다. 사념처관(四念處觀)에서 자세히 제시되듯이, 마음의 빛을 내면으로 되돌려 바라보는 회광반조(回光返照)를 통해서 몸의 움직임 하나하나에서부터 가장 심층적인 내면세계까지 세세밀밀(細細蜜蜜)하게 지속적으로 자신의 심리적 경험을 관찰하는 것이다. 자신의 마음을 세세밀밀하게 관조함으로써 모든 현상이 인연화합으로 생겼다 사라져 간다는 연기(緣起)의 깨달음과 삼법인(三法印)의 깨달음, 즉 일체개고(一切皆苦: 모든 것이 고통이다), 제행무상(諸行無常: 모든 것은 끊임없이 변한다), 제법무아(諸法無我: 모든 것에는 '나'라고 할 만한 것이 없다)를 체험적으로 증득하게 됨으로써 해탈의 경지에 들어가게 되는 것이다.

5) 동양 심리치료의 특성

동양인들은 2,500여 년 전부터 개인의 심리적 고통을 극복하고 평화로운 삶을 영위하기 위한 체계적인 수행방법을 개발해왔다. 그러한 노력의 주요한 전통이 불교, 힌두교, 도교, 유교라고 할 수 있다. 이러한 종교적 전통을 심리치료 체계라고 볼 수 있느냐에 대해서는 논란의 여지가 있다. 서구 자본주의 문화의 산물인 심리치료는 심리적 문제를 지닌 내담자가 전문적인 치료기술을 지닌 치료자에게 치료비를 지불하고 도움을 받는 상호작용 과정이라고 할 수 있다. 하지만 동양의 종교적 전통들은 특정한 종교적 신념에 근거하고 있으며 내담자와 치료자의 분명한 개념이 없을 뿐만 아니라 치료비를 매개로 한 지속적인 상호작용이 없다는 점에서 심리치료 체계라고 볼 수 없다는 주장도 있다. 그러나 Walsh(2000)는 이러한 주장이 문화적 자기중심성에 기인한 것으로서 동양에도 심리적 치유와 정신적 성장을 위한 치료적 체계가 존재함을 주장하였다.

Walsh(2000)는 동양의 주요한 심리학적 · 치료적 체계로서 불교, 힌두교, 도교, 유교를 논의하면서 특히 명상과 요가를 가장 대표적인 심리치료적 수행으로 간주하였다. 그는 이러한 동양적 심리치료의 특징을 다음과 같이 8가지로 요약하여 기술하고 있다.

(1) 우리의 일상적인 마음상태는 현저하게 역기능적이고 미발달된 것으로서 통제가 부족한 상태이다.

(2) 우리는 다음과 같은 두 가지의 이유로 인해 이러한 '정상적인' 역기능을 인식하지 못한다. 첫째, 우리 모두가 이러한 역기능을 똑같이 공유하고 있어서 이것이 문제점으로 두드러지게 여겨지지 않는다. 둘째 이유는 자기가면(self-masking)이다. 심리적 방어가 자각을 왜곡시켜서 우리가 그것을 인식하지 못하는 것과 마찬가지로, 심리적 역기능의 일상적 상태는 자각을 왜곡시켜서 자체의 역기능성을 가리게 된다.

(3) 우리의 심리적 고통은 이러한 정신적 역기능에 기인한다.

(4) 인습적인 수준과 한계를 넘어서 마음을 수련하고 발달시킴으로써 이러한 역기능을 줄일 수 있을 뿐만 아니라 고도의 집중력, 자비심, 통찰 및 환희와 같은 정상범위 이상의 능력을 발달시킬 수 있다.

(5) 마음을 수련하는 것은 자신과 타인의 행복을 향상시키는 최선의 방법이다.

(6) 마음 수련을 통해서 우리는 우리가 잘못된 자기정체감으로 인해서 고통을 받고 있다는 것을 인식할 수 있다. 우리가 진정한 자기라고 여기는 자기상, 자기개념 또는 자아가 단지 이미지나 개념일 뿐이며 우리의 진정한 본성은 훨씬 더 대단한 것이라는 것을 인식하게 된다.

(7) 명상과 요가는 마음을 수련하는 효과적인 기법이다.

(8) 이러한 주장은 맹목적인 신앙에 의해 받아들여질 필요가 없으며 검증될 수 있는 것이다.

Walsh(2000)에 따르면, 동양의 심리치료는 인간의 일상적인 마음상태를 역기능적이고 미숙한 것으로 여긴다는 점에서 서양의 관점과 다르다. 동양의 심리치료는 인습적으로 인식된 한계를 넘어 마음을 훈련하고 발달시키는 수련방법을 제시하고 있으며 이러한 마음수련을 통해서 고통의 극복은 물론 행복과 심리적 성장을 목표로 하고 있다.

인간의 발달과 성장을 연구하는 심리학자들(Kohlberg, 1981; Maslow, 1971; Wilber, 1997)은 심리적 발달을 크게 세 가지의 수준, 즉 전개인적, 개인적, 초개인적 수준으로 구분하고 있다. 인간의 발달은 전개인적(prepersonal) 또는 전인습적(preconventional) 수준에서 출발한다. 인간은 출생 초기에 모호한 의식만을 지니고 있을 뿐 분명한 자기의식이 없을 뿐만 아니라 사회적 인습에 대한 인식 역시 없다. 인간의 삶은 이처럼 전개인적이며 전인습적인 수준에서 시작한다.

어린 유아는 성장하며 사회화됨에 따라 분명한 자기의식을 형성하게 되고 사회의 인습적 관점을 학습하여 수용하게 된다. 이러한 발달단계가 개인적(personal) 또는 인습적(conventional) 수준이다. 이러한 발달수준은 대부분의 사람들이 공유하는 일상적이고 정상적인 삶의 상태이다. 동양의 철학자나 종교인들은 이러한 삶의 상태를 인간이 도달할 수 있는 최선의 삶이라고 여기지 않는다. 오히려 이러한 상태는 사회적 인습에 의해 위장된 진실하지 못한 삶일 뿐만 아니라 인간의 잠재능력이 충분히 발현되지 못한 미숙한 상태라고 간주한다.

동양의 심리치료에서는 인간의 발달이 개인적 · 인습적 수준을 넘어서는 것이 가능하다고 주장한다. 우리의 일상적인 개인적 · 인습적 상태는 집단적인 발달적 속박 상태이고 그 한계를 넘어서 발달이 가능하며, 이러한 발달단계가 초개인적(transpersonal) 또는 후인습적(postconventional) 수준이다. 동양의 심리치료는 인습적 적용을 지원하는 동시에 후인습적 성장을 궁극적인 목표로 한다. 후인습적 단계로의 발달은 자기의식뿐만 아니라 동기, 정서, 인지 등의 심리적 영역 전반에서 일어나게 된다.

Walsh(2000)에 따르면, 전개인적이며 전인습적 발달수준은 병리적인 것이다. 이러한 발달수준은 성인의 경우에 부적응적인 것으로서 퇴행으로 간주된다. 개인적이고 인습적인 발달수준은 대다수의 보통 사람들이 경험하는 정상적인 수준으로서 실존적인(existential) 것으로 간주된다. 이 수준의 사람들은 현실적인 생활에 잘 적응하고 있지만 여전히 죽음, 무의미, 고립과 같은 실존적 문제를 안고 살아가기 때문이다. 서양의 심리치료는 병리적 수준의 심리상태를 설명하고 그러한 상태를 정상적인 실존적 수준으로 끌어올리는 기법의 개발에 초점을 맞추고 있다. 즉, 서양의 심리치료는 개인적 또는 인습적 발달수준에서 사회적 환경에의 적응을 목표로 하고 있다. 실존적 심리치료 역시 그러한 발달수준에서 무의미, 고독, 죽음과 같은 인간이 피할 수 없는 실존적인 문제에 대한 대처방식에 초점을 맞추고 있다. 그러나 동양의 심리치료는 마음의 훈련을 통해서 개인적·인습적 수준을 넘어 초개인적·후인습적 발달단계로의 성장을 추구한다.

또한 동양의 심리치료는 자기치료 또는 자기수련을 중시하고 있다. 심리적 고통을 극복하고 성장을 추구하기 위해 타인에게 의존하기보다는 개인 스스로의 노력과 훈련을 중시하고 있다. 그러나 동양의 심리치료는 수련의 체험을 통해 높은 경지에 도달한 지도자의 안내를 필수적인 것으로 여기고 있다. 올바른 수련방법을 지도하고 유혹과 침체에서 벗어날 수 있도록 격려하는 안내자가 중요하다. 동양의 심리치료에서는 이러한 지도자 또는 안내자가 치료자의 역할을 담당한다고 할 수 있다.

동양의 심리치료는 종교의 형태로 유지되고 있는 경우가 있으나 배타적이거나 폐쇄적이지 않다. 즉, 유일신을 가정하거나 그에 대한 무조건적 신앙을 강요하지 않는다. 특정한 종교의 교리나 계율을 채택하거나 종교기관에 소속하지 않은 상태에서도 심리치료적 체계나 기법을 활용할 수 있다. 예컨대, 명상이나 요가는 특별한 종교에 소속되지 않은 상태에서 누구나 그 효과를 체험할 수 있다. 뿐만 아니라 최근에는 명상과 요가의 심리치료적 효과가 다양한 실증적 연구를 통해서 검증되고 있다.

최근에 동양의 심리치료는 다양한 형태로 서양의 심리치료와 접목되고 있다. 가장 대표적인 경우는 마음챙김 명상을 다양한 심리장애의 치료를 위한 기법으로 활용하는 것이다. 다음 절에서 소개할 마음챙김에 근거한 심리치료(mindfulness-based psychotherapy)가 바로 그것이다. 또 다른 흐름은 동양과 서양의 사상적 접목을 통해 새로운 심리학 체계를 발전시키는 것으로서 자아초월 심리학(transpersonal psychology)이 그 산물이라고 할 수 있다. 자아초월 심리학은 인간의 초개인적·후인습적 의식수준에 초점을 맞추고 있으며 심리적 치료와 성장을 위한 자아초월 심리치료(transpersonal psychotherapy)의 이론적 바탕을 제공하고 있다.

3. 마음챙김에 근거한 심리치료

최근에 서구의 심리치료자들은 동양의 심리학적 사상 또는 수행방법을 받아들여 심리치료의 영역과 방법을 확대하기 위해 노력하고 있다. 특히 요즘의 심리치료계에서는 마음챙김 명상에 대한 관심이 드높다. 오래전부터 서구의 심리치료자들은 불교의 교리나 선(禪) 또는 집중명상에 대해서 많은 관심을 보여왔지만, 마음챙김 명상에 대한 관심이 급증한 것은 최근의 일이다. 최근에는 마음챙김에 근거한 다양한 심리치료법이 개발되어 널리 시행되고 있다. 그 대표적인 예는 마음챙김에 근거한 스트레스 감소법(MBSR), 변증법적 행동치료(DBT), 마음챙김에 근거한 인지치료(MBCT), 수용전념치료(ACT)이다.

1) 마음챙김이란 무엇인가

마음챙김(mindfulness)은 자신의 마음에 떠오르는 현상들을 있는 그대로 바라보는 행위를 말한다. 마음챙김은 불교의 수행법 중 하나인 위빠사나 명상(vipassana meditation)에서 기인한다. 불교수행법은 다양하게 구분되지만 그 핵심은 마음을 고요하게 하는 것과 마음을 관찰하여 깨달음을 얻는 것이다. 한 가지 대상에 집중하여 산란한 마음을 멈추게 하여 마음을 맑고 고요하게 하는 수행법이 지법(止法)으로서 삼학(三學)의 정(定)을 의미하며 사마타 명상(samatha meditation) 또는 집중명상이라고 불리기도 한다. 반면에 마음의 현상을 있는 그대로 세세밀밀하게 바라보면서 깨달음에 이르는 수행법은 관법(觀法)으로서 삼학(三學)의 혜(慧)를 의미하며 위빠사나 명상 또는 통찰명상이라고 불리기도 한다.

관법수행, 즉 위빠사나 명상의 핵심이 바로 마음챙김(sati)이다. 사띠(sati)는 '기억하다'라는 의미를 지닌 동사에서 파생된 명사이지만 '분명한 알아차림' '현재에 대한 주의집중' '충분히 깨어있음'을 의미하며 감관의 문을 통해서 일어나고 사라지는 몸과 마음의 모든 현상을 감지하여 알아차리는 것이라고 할 수 있다. 사띠(sati)는 영어로 'mindfulness'로 번역되어 사용되고 있으며 한글로는 마음챙김, 알아차림, 마음지킴, 마음모음, 마음 바라보기 등의 다양한 용어로 사용되고 있으나 여기에서는 현재 국내에서 가장 널리 사용되고 있는 '마음챙김'이라는 번역을 사용하고자 한다.

우 빤디따 사야도(2002)는 마음챙김의 주요한 네 가지 특성으로 (1) 즉시성, 즉 지금 현재 일어나고 있는 대상에 대한 즉각적인 자각, (2) 들뜨지 않음, 즉 관찰대상에 주의를 집중하려는 의도적인 노력, (3) 대상을 조작하지 않음, 즉 몸과 마음에 나타나는 현상을 조작하거나 조절하려하지 않고 다만 대상을 있는 그대로 관찰하는 것, (4) 보호함, 즉 번뇌의 공격으로부터 막아주거나 보호하는 작용을 들고 있다. 마음챙김은 몸과 마음에서 현재 일어나고 있는 의식경험에 주의를 집중하여 이를 있는 그대로, 즉 비판단적이고 비평가적인 수용적 태도로 명확하게 알아차리는 의도적 노력으로써 번뇌에서 벗어나게 해준다. 이처럼 비판단적인 마음, 집중된 주의력, 명확한 알아차림은 마음챙김 명상의 핵심이라고 할 수 있다(안승준, 1993).

서양의 심리학자들은 마음챙김 명상을 심리학적인 관점에서 이해하고자 하였다. Kabat-Zinn(1990)은 마음챙김을 통해서 현재의 순간에 주의를 집중하는 능력이 증진되고, 의도적으로 몸과 마음을 관찰함으로써 순간순간 체험한 것을 느끼며, 또한 체험한 것을 있는 그대로 받아들이게 된다고 보았다. Teasdale 등(2000)에 따르면, 마음챙김은 생각과 감정을 현실의 반영이 아닌 내적인 정신적 사건으로 자각하는 능력, 즉 자기자신을 생각과 감정에서 분리하여 거리를 두는 능력을 증진시킨다. Dimidjian과 Linehan(2003)은 마음챙김의 요소로 (1) 알아차림(내적, 외적 현상에 주의를 기울이고 민감하게 자각하는 것), (2) 명명하기(내적, 외적 현상에 대해 이름을 붙이는 것), (3) 비판단적으로 수용하기, (4) 현재의 순간에 집중하기 등을 제안하고 있다.

2) 마음챙김의 심리치유적 기능

Germer(2005)는 마음챙김의 주요한 특성을 세 가지로 요약하고 있다. 즉, 마음챙김은 (1) 현재의 경험(present experience)을 (2) 수용적으로(with acceptance) (3) 자각하여 알아차리는 것(awareness)이라고 정의하고 있다. 이러한 정의에 따른다면, 마음챙김은 인간의 일상적인 삶의 방식을 역행하는 수행방식이라고 할 수 있다. 즉, 우리는 일상적으로 (1) 마음의 초점을 현재보다 과거와 미래에 두고, (2) 우리의 경험에 대해서 평가적이고 판단적이며, (3) 이러한 자신의 마음 상태를 대부분 자각하여 알아차리지 못한 채로 살아간다.

이러한 마음챙김 명상을 하게 되면 과연 어떤 심리적 변화가 일어나는 것일까? 마음챙김 명상은 어떤 심리치유적 기능을 지니는 것일까? 그러한 심리치유적 효과는 어떤 심리적 과정을 통해서 나타나는 것인가? 마음챙김 명상은 기존의 심리치료에 비해서 어떤 새로운 치료적 효과를 제공하는가?

마음챙김은 다양한 심리치료적 효과를 나타낼 수 있다(권석만, 2006). 그 첫째는 탈동일시(de-identification)다. 마음챙김을 하게 되면, 관찰자아와 체험자아가 분리됨으로써 자기경험을 대상화하여 바라보게 되고 그 결과 관찰자아와 체험자아의 탈동일시가 나타나게 된다. 즉, 관찰자아가 체험자아에 함몰되지 않은 채로 거리를 두고 바라볼 수 있기 때문에, 자기경험의 변화에 대한 정서적 반응이 감소하며 점차 평정의 상태에서 체험자아를 바라볼 수 있게 된다. Kabat-Zinn(1982, 1990)은 통증이나 불안과 관련된 사고를 비판단적으로 관찰함으로써, 그러한 사고가 실재의 반영이 아니라 '단지 생각일 뿐'임을 깨닫게 됨으로써 이를 회피하거나 제거하기 위한 불필요한 행동을 하지 않게 된다고 주장한다.

　　마음챙김을 통해서 자신의 마음에 대한 이해가 깊어진다. 마음챙김 명상에서는 현재의 자기경험에 주의를 집중하여 이를 지속적으로 관찰하기 때문에 자기경험의 세밀한 속성과 변화를 알아차리게 된다. 현재의 자기경험에 대한 세밀한 관찰은 자기이해를 깊게 만들며 자신에 대한 통찰을 촉진하게 된다. 또한 현재의 자기경험에 대한 관찰은 탈자동화(de-automatization)를 통해서 부적응적 습관을 약화시킨다. 마음챙김은 고통과 불안을 유발하는 심리적 경험에 대한 반복적 노출(exposure)을 통해서 그에 대한 인내력을 증진시킨다.

　　마음챙김은 정서적 평정과 심리적 자유로움을 주게 된다. 마음챙김의 주요한 특징은 현재의 자기경험을 관찰하되 비판단적, 비평가적, 수용적 자세로 임한다는 것이다. 마음챙김은 정서를 일으키는 판단과 평가를 멈추고 몸과 마음에 일어나는 현상과 체험을 '있는 그대로' 즉, 수용적 자세로 바라봄으로써 정서적 평정과 심리적 자유로움을 얻게 해준다. 아울러 마음챙김 명상은 목표의 성취를 위해 분주하게 행위에 몰두하는 삶의 방식으로부터 특정한 목표를 지향하지 않으며 모든 것을 있는 그대로 수용하고 허용하는 삶의 방식으로 전환할 수 있게 해준다.

　　최근에 들어 서양의 심리치료자들이 마음챙김 명상에 관심을 갖게 된 근본적인 이유가 존재한다(권석만, 2006). 그것은 서양의 사유방식에 근거한 심리치료가 지니는 한계를 극복하기 위한 것이기도 하다. 서양의 심리치료 이론은 대부분 아리스토텔레스로부터 기원하는 실재론적 또는 대응론적 진리관에 기초하고 있다. 즉, 우리의 마음 밖에는 실재하는 존재들이 있으며, 그러한 존재의 상태를 올바르게 반영하는 사고나 명제가 진리라는 관점이다. 따라서 사고나 명제에는 옳고 그름이 있으며 실상을 올바르게 반영하는 사고가 적응적인 것이라는 생각을 내포하고 있다. 이처럼 서양의 심리치료 이론은 '심리적 부적응이나 장애를 지닌 사람들은 현실을 왜곡한 인식을 지니며 이를 올바른 사실적인 인식으로 대체함으로써 치료될 수 있다.'는 가정에 근거하고 있다. 따라서 심리치료자는 내담자의 사고나 행동에 조작과 통제를 가하여 이를 좀 더 사실적인 사고와 적응적인 행동으로 대체하려는 치료적 태도를 지닌다. 정신분석적 치료에서는 일차적인 미성숙한 심리과정(원초아 또는 무의식)을 이차적이고 성숙한 심리과정(자아 또는 의식)으로 대체하고자 하고, 행동치료에서는 부적응적 행동을 적응적 행동으로 대체하고자 하며, 인지행동치료에서는 비합리적인 왜곡된 인지를 합리적인 적응적 인지로 대체하고자 한다.

　　그러나 이러한 철학적 입장에 근거하고 있는 심리치료는 다음과 같은 실제적인 문제에 봉착하게 된다. 현실은 사람의 관점에 따라 각기 달리 인식될 수 있는데, 과연 어떤 것이 부적응적(미성숙한)이며 어떤 것이 적응적인(성숙한) 것인가? 우리의 삶은 끊임없이 변화할 뿐만 아니라 다양한 상황(또는 맥락) 속에서 펼쳐지는 것인데, 과연 어떤 상황에서나 항상 적응적인 사고나 행동 방식이 존재하는가? 내담자마다 각기 독특하고 다양하게 나타나는 부적응적인 사고나 행동을 어떻게 일일이 적응적인 것으로 대체할 수 있는가? 서구의 심리치료는 그동안 내용 중심적인 조작적 변화, 즉 심리적 경험의 내용에 초점을 맞추어 그 내용을 변화시키려는 조작적인 시도를 해왔던 것이다. 그러나 인간이 지니는 심리적 경험의 내용은 무한하게 다양하며 그 적응성의 여부는 상황(맥락)과 관점에 따라 현저하게 달라질 수 있는 것이다. 최근에 서구의 심리치료자들은 심리적 경험 자체보다는 그러한 경험에 대한 태도가 중요하다는 것을 깨닫게 된 것이다. 심리적 경험의 내용이 어떤 것이라 하더라도 그러한 경험을 바라보는 개인의 태도, 즉 메타심리적 태도(마음을 대하는 마음자세)가 심리치료에 있어서 보다 근본적인 초점이 되어야 한다는 것을 깨닫게 된 것이다.

아울러 이들은 (왜곡되어 있으며 미숙하고 부적응적인 것이라고 가정하는) 내담자의 경험을 어떤 처치나 조작을 통해서 변화시키려는 통제적인 치료의 한계를 느끼게 되었다. 왜냐하면 자신의 경험을 대하는 태도가 변화되지 않는 한, 내담자들은 끊임없이 다양하게 변화하는 자신의 경험에 대해 불만족감을 느끼게 되며 그 결과로서 증상이 재발되어 추가적인 치료를 요구하기 때문이다. 즉, 심리치료자들은 처치나 조작에 의한 변화보다 내담자가 스스로 자신의 경험을 수용하도록 돕는 것이 보다 궁극적인 치료라는 것을 깨닫게 되었다.

뿐만 아니라 서양의 대다수 심리치료는 인과론적인 세계관에 근거하여 현재의 문제를 과거의 요인으로 설명하고 미래에 대한 대처에 초점을 맞추어 치료하고자 했다. 이러한 과정에서 개인이 '지금-여기'에서 경험하는 즉시적 체험은 경시되었으며, 현재 경험에 관심을 갖는 경우에도 과거와의 연결을 위해서 다루어졌을 뿐이다. 그 결과, 내담자가 자신의 문제를 과거 경험과 연결하여 그럴듯한 인과적 이해를 지니게 될 뿐만 아니라 예상되는 미래의 문제 상황에 대처할 수 있는 방법을 잘 알고 있다하더라도, 막상 그러한 문제 상황에 직면하게 되면 과거의 부적응적 방식을 반복하거나 새로운 대처방식을 적용하는 데에 오랜 시행착오를 겪게 된다. 왜냐하면 매 순간순간의 체험을 자각하고 그것에 대응하는 훈련이 되어 있지 않기 때문이다. 서양의 심리치료자들은 불교와 마음챙김 명상을 통해서 이러한 치료적 딜레마를 극복할 수 있는 가능성을 발견하게 된 것이다.

3) 마음챙김에 근거한 스트레스 감소 프로그램(MBSR)

서양사회의 경우, 마음챙김 명상을 체계적인 훈련 프로그램으로 개발하여 시행한 사람은 존 카밧진(Jon Kabat-Zinn)이다. 그는 1979년에 생활 스트레스, 만성적 통증과 질병, 두통과 고혈압, 불안장애, 수면장애 등을 지닌 사람들을 위해서 '마음챙김에 근거한 스트레스 감소(Mindfulness-Based Stress Reduction: MBSR)' 프로그램을 개발하여 실시하기 시작하였다. MBSR은 8주 정도의 마음챙김 훈련을 통해서 신체적·심리적 건강을 증진하기 위한 프로그램이다. MBSR 프로그램은 신체의 모든 감각에 대한 알아차림을 강조하고 있으며 먹기, 걷기, 숨쉬기와 같은 일상행동에 대한 마음챙김, 신체의 각 부위의 감각에 집중하는 바디스캔(body scan), 그리고 몸을 골고루 풀어주는 하타요가와 같은 다양한 요소로 구성되어 있다. 8주 프로그램의 내용을 간략히 소개하면 다음과 같다.

MBSR의 1회기에서는 방황하는 마음의 속성을 설명하고 마음챙김 명상과 이를 위한 7가지 기본적 태도를 소개한다. 건포도 먹기 훈련을 통해서 무심코 자동적으로 먹는 행위에서 벗어나 건포도를 관찰하고 입으로 느껴지는 다양한 감각에 집중하면서 마음챙김을 하는 연습을 한다. 다음으로 주의를 몸의 각 부위로 옮겨 다니며 그 감각을 관찰하는 바디스캔에 관한 실습을 한다.

2회기는 행위양식에서 존재양식으로의 변화를 주제로 진행된다. 바디스캔을 통해서 마음의 산만성을 재삼 깨닫게 하고, 스트레스 사건을 경험하면서 몸이 어떻게 반응하는지를 살펴보도록 한다. 바디스캔과 더불어 마음챙김 걷기명상의 실습을 한다.

3회기의 주제는 '호흡의 힘'으로서 마음이 얼마나 분주하게 움직이는가를 호흡훈련을 통해 다시 한 번 인식하도록 하고, 의도적으로 마음을 챙겨 호흡을 해나가도록 유도하고 있다. 실습은 바디스캔과 호흡명상으로 구성되어 있다.

4회기의 주제는 '마음챙김 호흡'으로서 호흡을 하면서 감정이나 생각의 변화를 순간순간 알아차리는 훈련을 하게 된다. 실습은 마음챙김 호흡과 더불어 정좌명상으로 구성된다. 정좌명상에서 참가자는 의자나 방석에 편안하게 앉아 주변 환경에서 발생하는 소리나 냄새와 같은 외부자극을 알아차리는 연습을 한 후에 주의의 초점을 감정이나 생각으로 옮겨가고 마지막에는 자신의 의식에 떠올랐다가 변화되고 사라져가는 것을 지속적으로 살펴보는 훈련을 하게 된다.

5회기에는 현재에 머물며 항상 깨어 있는 연습을 한다. 일상생활에서 일어나는 마음의 움직임을 판단하지 않은 채 있는 그대로 알아차리며 수용하도록 한다. 실습은 정좌명상과 소리듣기와 생각하기로 구성되어 있다.

6회기에는 하타요가를 하면서 마음챙김을 하게 된다. 하타요가의 47개 동작을 느리고 부드럽게 행하면서 움직임을 알아차리도록 한다. 동작을 하는 동안 자신의 호흡을 관찰하고 신체감각에 주의를 기울이며 요가 동작과 함께 마음챙김하는 것을 익히도록 한다.

7회기는 '마음챙김의 날(A Day of Mindfulness)'로서 참가자 모두가 묵언을 하며 서로의 시선을 마주치지 않은 채 먹기 명상과 더불어 일상적 활동을 하게 된다. 참가자는 정좌명상, 걷기명상, 바디스캔, 요가 수행에 참여하게 되며 지도자에 의해 제공되는 지시를 제외하고는 하루 종일 침묵 속에서 지내게 된다.

8회기 주제는 '자신만의 명상법'으로 참가자가 모두 8주 간의 프로그램에서 느낀 소감을 발표한다. 바디스캔이나 정좌명상을 통한 자신만의 명상법을 소개하고 지도자로부터 피드백을 받는다. 참가자들은 서로의 체험과 깨달음을 공유하며 프로그램을 마무리한다.

Kabat-Zinn(1990)은 마음챙김을 통해 특정한 상황에서 자동적 또는 습관적으로 반응하지 않고 사려 깊게 반응할 수 있다고 하였다. 마음챙김 수행을 통해 더 이상 자동반응을 하지 않고 숙고반응을 할 수 있음으로 해서 스트레스로부터 자유로워지고 신체적 또는 심리적 질병으로부터의 치유를 체험하게 된다는 것이다. MBSR은 정신건강과 더불어 신체건강을 증진하는 데 효과적인 것으로 알려져 있다. MBSR 프로그램을 적용한 64개의 연구들의 메타분석 결과에 의하면, MBSR은 행복감을 증진할 뿐만 아니라 우울, 불안, 불면, 통증을 완화하는데 효과적인 것으로 보고되고 있다 (Davidson & Kabat-Zinn, 2004; Grossman, Niemann, Schmidt, & Walach, 2004).

4) 변증법적 행동치료(DBT)

변증법적 행동치료(Dialectical Behavior Therapy: DBT)는 마샤 리네한(Marsha Linehan)이 경계선 성격장애의 치료를 위해 1993년에 개발한 것으로서 마음챙김이 주요한 구성요소를 이루고 있다. 최근에는 DBT가 진단과 상관없이 강렬한 정서적 고통이나 충동을 경험하는 내담자들에게 효과적인 것으로 알려져 있다. Linehan에 따르면, 경계선 성격장애 환자는 감정조절에 어려움을 겪게 하는 정서적 취약성(emotional vulnerability)을 지닌다. 이러한 정서적 취약성은 (1) 정서 자극에 매우 예민하고, (2) 정서 자극에 매우 강렬하게 반응하며, (3) 평상시의 정서 상태로 돌아오는 데 시간이 걸리는 특성을 의미한다.

DBT의 치료목표 중 하나는 내담자의 경험에 대한 수용과 변화의 변증법적 갈등을 해결하고 균형을 이루게 하는 것이다. 변화 대 수용의 변증법에 따르면, 치료자는 내담자를 그 순간에 있는 그대로 수용해주어야 하는 동시에 그들의 목표를 성취하기 위해 일어나야 할 변화들이 무엇인지를 밝혀주어야 한다. DBT 치료자는 회기 내에 수용이 변화를 이끌 수 있고, 변화가 다시 수용을 이끌 수 있음을 강조한다.

정서조절을 어렵게 만드는 주된 원인은 내담자가 불쾌감정을 자각하고 싶어 하지 않는다는 점이다. 따라서 마음챙김(mindfulness)을 통해서 내담자가 두려워하고 회피하는 정서에 노출하고 직면하게 함으로써, 상상했던 것보다 덜 두려운 정서로부터 거리를 두고 관찰할 수 있는 여유를 갖도록 한다. 즉, 정서적 고통을 알아차리고 이를 있는 그대로 수용하도록 도움으로써 내담자의 정서적 강도를 감소시키고 빠르게 평상시 정서 상태로 되돌아오도록 하여 정서 회피에 대한 욕구를 줄일 수 있다.

DBT는 감정조절장애를 지닌 내담자들에게 다양한 심리적 대처기술을 교육함으로써 격렬한 정서상태에서도 이러한 기술을 활용하는 것이 습관화되도록 지속적으로 훈련시킨다. DBT에서 가장 중요하게 가르치는 기술이 마음챙김 기술이다. 마음챙김 기술은 DBT의 중심이 되는 기술이기 때문에 가장 먼저 가르치는 기술이자 1년 내내 역점을 두고 나머지 모듈을 시작하기 전에 우선적으로 복습하는 기술이기도 하다. Linehan은 세 가지 마음상태를 제시하는데, 첫째는 '합리적 마음', 둘째는 '감정적 마음', 셋째는 '지혜로운 마음'이다. 합리적 마음상태란 지적으로 경험에 접근하고 합리적이고 논리적으로 사고하며 문제를 해결할 때 냉철함을 유지하는 것이다. 한편, 어떤 사람의 생각과 행동이 그 사람의 현재 정서상태에 따라 좌우된다면, 그 사람은 감정적 마음상태에 있는 것이다. 지혜로운 마음은 이 두 마음을 통합한 상태로서, 이 두 개의 마음상태를 뛰어넘어 감정적 경험과 논리적 분석에 직관적 인식을 추가해놓은 상태를 가리킨다. 이때 마음챙김 기술은 감정적 마음과 합리적 마음 간의 균형을 유지하면서 지혜로운 마음을 갖도록 하는 견인차 역할을 한다.

이 밖에도 DBT에서는 대인관계 기술, 정서조절 기술, 고통감내 기술, 의미창출 기술을 가르친다. 대인관계 기술은 내담자가 구체적인 대인관계 문제를 해결하는 방법을 익히는 것으로서 사회적 기술과 자기주장 기술을 습득하면서 궁극적으로 대인관계에서 자신이 원하는 것을 이루도록 하는 것이 목표이다. DBT에서의 정서조절 기술은 불쾌한 성서를 제거하는 것이 목표가 아니라 정서적 고통을 줄이면서 강렬한 정서 상태의 강도, 지속시간, 빈도를 감소시키기 위한 것이다. 감정을 회피하거나 대항하는 것이 아니라 자신의 감정과 함께 작업하는 것을 배우는 것이다. 고통감내 기술은 인간의 삶에서 필연적인 고통이나 아픔을 수용하고 감내하는 다양한 방법을 의미한다. 고통 감내는 개인의 환경과 현재의 감정을 억지로 바꾸려 하지 않고 있는 그대로 인식하고 경험하며 자신의 생각과 행동방식을 멈추거나 통제하지 않은 채 그대로 관찰하는 것을 의미한다. 고통을 회피하거나 저항하기보다 그것을 감내함으로써 오히려 이차적 정서반응과 회피행동을 감소시킬 수 있다. 의미창출 기술은 자신의 행위와 경험에 대해서 스스로 의미를 부여하고 창조함으로써 생활 속에서 만족감과 충만감을 느끼도록 하는 다양한 방법을 의미한다.

5) 마음챙김에 근거한 인지치료(MBCT)

마음챙김에 근거한 인지치료(Mindfulness-Based Cognitive Therapy: MBCT)는 John Teasdale과 그의 동료들(Teasdale, 1999; Segal, Williams, & Teasdale, 2002)이 우울증의 재발방지를 위해서 개발한 치료방법이다. MBCT의 목표는 우울증을 유발하는 자동적 사고의 영향력을 약화시키는 것으로서 인지치료의 이론과 MBSR의 기법을 접목한 것이라고 할 수 있다. 즉, 마음챙김 훈련을 통해서 우울증의 재발을 촉발하는 자동적 사고가 떠오르는 것을 알아차리고 수용하며 거리를 둠으로써 자동적 사고의 부정적 영향력을 약화시키는 것이다.

MBCT는 Barnard와 Teasdale(1991)이 제시한 '상호작용하는 인지 하위체계(Interacting Cognitive Subsystems)' 이론에 근거하고 있다. 이 이론에 따르면, 인간의 마음은 정보를 처리하고 감정을 느끼는 여러 가지 마음의 양식(mode)으로 이루어진다. 그 주요한 두 가지 마음의 양식은 행위 양식과 존재 양식이다. 행위 양식(Doing mode)은 목표지향적이고 목표의 성취를 위해 행위에 몰두하는 삶의 방식으로서 현실과 목표의 괴리를 인식할 때 촉발된다. 이러한 양식이 촉발되면 자동적으로 부정적 감정이 유발되며 그러한 괴리를 줄이기 위해서 습관적인 심리과정과 행동패턴이 작동한다. 행위양식에서는 마음이 현재에 머무르지 못하고 과거로 또는 미래로 분주하게 옮겨 다닌다. 반면에, 존재 양식(Being mode)은 특정한 목표를 지향하지 않으며 모든 것을 있는 그대로 수용하고 어떤 변화도 바라지 않으면서 있는 그대로 허용(allow)하는 삶의 방식을 뜻한다. 존재 양식에서는 현재의 경험을 충분히 자각하고 현재의 순간에 충분히 존재하고자 한다. 존재 양식에서는 사고나 감정이 단지 마음을 지나가는 사건이며 생겨났다 사라지는 일시적 현상으로 여겨지기 때문에 편안함과 자유로움을 느끼게 된다. 정신건강은 한 가지 양식에 고착되지 않고 두 가지 양식을 자유롭게 넘나들 수 있는 능력과 관련되어 있다. 즉, 환경의 조건에 따라 적절한 양식으로 유연하게 전환할 수 있는 능력이 중요하다. 우울증의 재발을 방지하기 위해서는 내담자로 하여금 존재 양식으로 전환하게 하는 기술을 습득하게 하는 것이 필요하다.

Barnard와 Teasdale(1991)에 따르면, 존재 양식으로의 전환을 위해서는 상위인지적 자각이 중요하다. 상위인지적 자각(metacognitive awareness)은 부정적인 생각과 감정을 자신의 일부분으로 여기기보다 마음에 떠오른 정신적 사건으로 경험하는 능력을 의미한다. 달리 말하면, 자신의 생각이나 감정이 영원한 것이 아니라 마음에 일시적으로 나타났다가 사라지는 현상에 불과하다고 인식하는 탈중심화(decentering) 능력을 의미한다. 이처럼 상위인지적 자각능력을 지닌 사람들은 심한 스트레스 상황에서도 부정적 사고나 감정에 함몰되지 않기 때문에 우울증이나 정신장애에 빠져들지 않는다.

MBCT는 집단치료의 형태로 8주에 걸쳐 실시되는 매우 구조화된 치료이다. 매 회기마다 우울증의 인지이론과 관련된 교육과 더불어 MBSR과 유사한 마음챙김 훈련이 병행된다. 1회기에는 자동조종(automatic pilot)에 대한 설명과 더불어 마음챙김을 교육한다. 자동조종은 자신에게 무슨 일이 일어나고 있는지 자각하지 못한 채 기계적으로 어떤 행동을 하고 있는 것을 의미한다. 마음챙김을 훈련하기 위해서 건포도 명상과 바디스캔을 실시한다. 2회기에서는 바디스캔을 통해서 신체에 대한 집중적인 마음챙김을 훈련하고, 3회기에는 호흡에 대한 마음챙김을 연습한다. 4회기에는 마음챙김을 통해서 현재에 머물기를 훈련하며 정좌명상과 호흡명상을 실습한다. 이 회기에서는 자동적 사고척도를 실시하고 우울증의 진단기준을 소개한다. 5회기에는 수용하기와 내버려두기를 다룬다. 자신의 사고나 경험을 변화시키거나 억제하려 애쓰지 않고 있는 그대로 놓아두는 수용적 태도를 가르친다. 6회기에는 '생각은 사실이 아니다.'라는 것을 깨닫게 하며 정좌명상을 실시한다. 7회기에는 우울증상이 시작되려는 재발 경고를 알아차리고 그에 대처하는 방법을 가르친다. 아울러 즐거움과 숙달감을 느낄 수 있는 활동을 계획하고 정좌명상을 비롯한 마음챙김 연습을 한다. 8회기에는 그동안 배운 것을 활용하여 우울한 기분에 대처하는 방법을 논의하고 가르친다. 규칙적인 마음챙김 연습을 통해서 삶의 균형을 유지하고 우울증상에 효과적으로 대처하도록 격려한다.

MBCT는 우울증의 재발률 감소에 있어서 기존의 인지치료와 동등한 효과를 나타내는 것으로 보고되었다(Teasdale, Segal, Williams, Ridgeway, Soulsby, & Lau, 2000). Ma와 Teasdale(2004)에 따르면, 3~4번 이상 우울증을 경험했던 사람들이 MBCT를 통해서 재발률이 약 50% 정도 감소했다.

6) 수용전념치료(ACT)

수용전념치료(Acceptance and Commitment Therapy: ACT)는 Steven Hayes와 그의 동료들(Hayes, Strosahl, & Wilson, 1999)에 의해 개발된 제3세대 인지행동치료로서 마음챙김을 주요한 치료적 요소로 포함시키고 있다. ACT는 내담자로 하여금 고통스러운 부정적 감정에 저항하지 말고 수용하면서 자신이 원하는 가치와 목표를 실현하는 데 전념하도록 돕는다.

ACT의 대전제는 '고통은 인간 삶의 기본 요소'라고 하는 가정으로서 인간에게 있어 고통은 보편적이며 정상적이라고 본다. ACT에서는 인간의 정신병리가 '경험회피'와 '인지적 융합'으로 인한 '심리적 경직성' 때문이라고 주장한다. 경험회피 (experiential avoidance)는 인간이 고통스러운 경험을 직면하기보다 그것을 제거하거나 변화시키려고 통제하려는 노력을 의미한다. 그러나 이러한 통제의 노력은 오히려 역설적 효과로 인해 고통을 가중시킨다. 한편, 인지적 융합(cognitive fusion)이란 언어로 인해서 생각을 현실로 인식하면서 개념의 틀 속에서 갇혀 고통을 겪는 것을 뜻한다. 즉, 인간은 경험을 있는 그대로 바라보는 것이 아니라 언어를 통해 재구성하여 생각이 마치 '현실'인 것처럼 또는 '자기'인 것처럼 인식하는 것이다. 이러한 경험회피와 인지적 융합으로 인해 인간은 자신이 원하는 가치에 따라 살지 못할 뿐만 아니라 경직된 삶의 방식으로 인해 다양한 정신장애를 경험하게 된다.

ACT의 목표는 개인의 심리적 유연성을 증대시키는 것이다. 심리적 유연성이란 개인이 추구하는 가치에 기여하는 행동을 지속할 수 있는 능력을 뜻한다. ACT는 다음과 같은 6가지의 핵심적인 치료적 요소들을 강조한다.

수용(acceptance)은 비판단적인 태도를 지니고 자신의 생각, 감정, 신체적 감각 등의 경험을 능동적으로 껴안는 것이다. 수용은 경험을 없애거나 통제하거나 회피하지 않고 있는 그대로를 기꺼이 경험하는 것이다. 즉, 고통은 '통제' 노력으로 인해 강화되고 '통제'는 더 이상 고통을 완화시킬 수 없다는 '창조적 절망감'을 자각하게 되면서, 고통에 대한 관계를 변화와 통제가 아닌 '수용'으로 바꾸는 것이다. 이를 위해서는 언어적인 설득과 지적인 통찰을 삼가고 마음챙김 명상을 비롯하여 비유, 게임이나 연습, 게슈탈트 치료기법 등과 같은 체험적 기법이 활용된다. 이 과정에서 내담자는 점진적인 연습을 통해 지금껏 회피해온 신체감각, 감정, 생각 등을 알아차리고 수용하는 것을 배울 뿐만 아니라 그동안 추구하지 못했던 구체적인 행동적 목표를 수용의 맥락에서 추구하게 된다.

인지적 탈융합(cognitive defusion)은 생각, 심상, 감정, 기억을 언어적 개념으로 추상화하지 말고 있는 그대로 체험하도록 하는 것이다. 인간은 언어로 인해서 인지적 융합을 경험하게 되므로 심리적 고통을 가중시킨다. 따라서 ACT에서는 생각을 생각으로, 감정을 감정으로, 기억을 기억으로, 신체적 감각을 신체적 감각으로 보도록 가르침으로써 언어의 굴레로부터 벗어나도록 한다. 예컨대, '우유'를 반복적으로 외치면서 '우유'는 현존하는 실체가 아니라 단지 '언어'일 뿐임을 깨닫는 것이다.

맥락으로서의 자기(self as context)는 지금-여기의 경험을 '조망하는 자기' 혹은 '관찰하는 자기'를 의미한다. ACT에서는 언어로 인해 개념화된 자기(예: '나는 쓸모없는 사람이다'라는 평가)와의 과도한 융합이 심리적 경직성을 초래한다고 본다. 따라서 개념화된 자기로부터 벗어나 생각, 감정, 기억, 신체적 감각 등과 같은 사적인 사건이 일어나는 '맥락으로서의 자기', 즉 지금-여기의 경험을 '조망하는 자기' 혹은 '관찰하는 자기'로 경험하는 것이다. 이를 위해서 마음챙김, 명상을 비롯하여 체험적인 연습과 비유 등을 사용한다.

현재에 존재하기(being present)는 언어로 인해서 과거와 미래에 집착하는 것으로부터 벗어나 지금-여기의 체험을 알아차리며 현재에 존재하도록 하는 것이다. ACT에서는 개방적이며 비방어적으로 현재의 순간에 접촉하도록 촉진한다. 이를 위해서 내담자로 하여금 환경과 사적 경험의 존재를 관찰하고 알아차리도록 훈련시킨다. 또는 내담자가 과도한 판단이나 평가 없이 현재에 존재하는 것을 명명하거나 기술하도록 가르치는 것이다. '현재에 존재하기'를 위한 기법으로서 흔히 알아차림 연습과 함께 행동치료에서 많이 사용하는 행동적, 인지적 노출을 사용한다.

가치(value)는 개인이 실현하기를 원하는 삶의 중요한 가치나 목표를 의미한다. 내담자는 생각과 감정을 통제하려는 노력이 비효과적임을 깨닫고 경험을 있는 그대로 수용하면서, 그동안 통제에 투여했던 에너지를 어디에 쓸 것인지 관심을 갖게 된다. 이 단계에서 내담자는 진정으로 삶을 통해 실현시키고자 하는 가장 소중한 가치를 생각해 본다. 개인의 가치가 명료해지면, 그에 따른 구체적인 목표와 행동들을 정할 수 있다. 가치는 인간으로 하여금 불가피한 고통과 심리적 장애를 직면할 수 있는 이유이자 근거가 된다.

전념적 행동(committed action)은 소중한 가치와 목표를 실현하기 위한 구체적인 행동에 전념하는 것이다. 이 단계에서는 내담자로 하여금 자신의 행동에 대한 의도한 또는 의도하지 않은 결과를 받아들이도록 격려하는 동시에 가치 있는 행동을 지속적으로 실행하도록 한다. ACT에서는 변화가 가능한 영역에서는 구체적인 행동을 통해서 변화를 유발하는 데에 초점을 두는 한편, 변화가 불가능하거나 유익하지 않은 영역에서는 수용과 알아차림에 역점을 두는 균형적인 접근을 취한다. 행동적 영역에서는 내담자 문제에 따라 심리교육, 문제해결, 행동과제, 노출 및 행동치료적 기법 등을 활용할 수 있다.

지금까지의 치료이론들이 '존재의 고통' 즉 존재하는 다양한 고통과 어떻게 싸워 이길 것인지에 초점을 맞추었다면, ACT는 '부재의 고통', 즉 실체가 없는 괴물과 싸우기를 멈추고 자기가 원하는 삶의 방향대로 살아오지 못한 고통을 자각하면서 가치를 선택하고 행동에 전념할 것을 강조한다. '고통을 떨쳐내야만 행복한 삶이 가능한' 것이 아니라 '고통과 함께하면서도 원하는 삶이 가능하다'는 것을 인식하고 가치 있는 삶의 방향을 설정하고 그것에 전념하게 하는 것이다.

ACT에서는 다양한 비유(metaphor)를 적절한 맥락과 시점에서 사용하며, 논리적인 설득이 아니라 내담자의 직접적 체험을 통해서 치료적 변화를 도모한다. 또한 구체적인 행동기술을 훈련시키고 치료시간뿐만 아니라 치료시간 밖에서도 내담자가 기술을 훈련하도록 격려한다. 이러한 훈련의 목표는 '좋은 기분을 느끼는 것(feeling good)'이 아니라 '좋은 행동을 하는 것(doing good)'이다. ACT는 소중한 가치를 실현할 수 있는 행동을 내담자 스스로 선택할 수 있다는 것, 즉 내담자가 효과적인 반응을 선택할 수 있는 능력(response-ability)을 지니고 있다는 것을 일깨움으로써 그렇게 살도록 안내하는 작업이다. 이러한 의미에서, ACT는 Accept, Choose, Take action의 머리글자를 따서 만들어진 것이라고 이야기되기도 한다.

4. 자아초월 심리치료

인간의 경험세계는 참으로 넓고도 깊다. 인간의 능력 역시 그 한계를 알 수 없을 정도로 다양하고도 탁월하다. 인간의 경험과 능력 중에는 이성과 과학으로 이해하기 어려운 것들이 무수히 많다. 이러한 경험과 능력 중에서는 종교적 또는 영적인 것으로 간주되는 것들이 많다. 예컨대, 우주 또는 신과의 합일경험, 자아의식이 소멸하는 무아경험이나 삼매경험, 궁극적 또는 절대적 의미감, 절정경험, 황홀경을 비롯한 초월적인 신비체험이 이에 해당한다. 서양의 심리학은 인간 정신의 영적인 차원을 무시해왔다.

그러나 William James, Carl Jung, Otto Rank, Roberto Assagioli, Abraham Maslow 등과 같은 일부 심리학자들은 인간의 영적인 신비경험에 대해서 깊은 관심을 지녔다. 1968년에 Anthony Sutich, Abraham Maslow, Joseph Adams 등의 심리학자들은 영성과 의식의 변성 상태(altered states of consciousness)에 대한 심리학적

연구를 자아초월 심리학(transpersonal psychology)이라고 명명하며 정신분석학, 행동주의 심리학, 인본주의 심리학에 이은 '심리학의 제4세력'이라고 공표했다. 이들은 〈자아초월 심리학회(Association of Transpersonal Psychology)〉를 결성하고 1969년부터 『자아초월 심리학회지(*Journal of Transpersonal Psychology*)』를 발간하기 시작했다.

자아초월 심리학은 인간 경험의 초개인적, 자기초월적, 영적 측면을 연구하는 심리학의 분야를 의미한다. 전통적으로 '종교적 또는 영적'이라고 간주해왔던 인간의 경험에 대한 반성적이고 과학적인 접근이라고 할 수 있다. 자아초월 심리학의 주된 관심사는 영적이고 자아초월적인 의식 상태, 인간의 고도의 또는 궁극적 잠재능력, 자아와 개인적 자기의 초월, 신비경험과 절정경험, 인간의 영적인 발달 등이다.

자아초월 심리학자들은 인간의 영적 경험과 초월적인 의식상태에 대한 연구뿐만 아니라 이러한 연구결과를 인간의 치유와 성장을 위해 활용하려는 노력을 기울여왔다. 자아초월 심리학은 Abraham Maslow와 Roberto Assagioli를 위시한 1세대를 거쳐 Stanislav Grof와 같은 2세대에 이어 3세대에 해당되는 Ken Wilber라는 탁월한 인물에 의해서 인간의 정신세계에 대한 방대한 이론체계가 제시되었다.

1) Ken Wilber의 통합심리학

Ken Wilber는 모든 심리학적 이론을 비롯하여 동서양의 종교, 인문학, 사회과학, 자연과학의 방대한 연구와 이론을 아우르며 인간의 정신세계에 대한 거대한 통합적 이론을 제시한 천재적 인물이다. Ken Wilber는 1949년에 미국의 오클라호마에서 태어났다. 대학교 시절에는 화학과 생물학을 전공했으며, 석사 과정에서는 생화학을 전공했다. 그는 도덕경을 비롯한 동양철학에 심취하였으며 24세가 되는 1973년에 『의식의 스펙트럼(*The Spectrum of Consciousness*)』이라는 책을 저술했다. Wilber는 이 책에서 인간의 의식 상태를 전개인적, 개인적, 초개인적 수준으로 크게 구분하고 7개의 층으로 세분하였다. 이후 Wilber는 1980년에 발표한 『아트만 프로젝트: 인간발달의 자아초월적 관점(*The Atman Project: A Transpersonal View of Human Development*)』를 비롯하여 『에덴으로부터의 상승: 인간 진화의 자아초월적 관점(*Up to Eden: A Transpersonal View of Human*

Evolution)』『성, 생태, 영성(Sex, Ecology, Spirituality)』『통합심리학(Integral Psychology)』 등을 출간하면서 자신의 이론을 발달시켰다. 그의 이론적 체계는 인류가 밝혀낸 거의 모든 지식을 통합한 것으로서 매우 방대하고 심오하여 이해하기가 쉽지 않다. 그가 제시한 통합심리학의 핵심은 AQAL 모델이라고 할 수 있다.

(1) 홀론과 4상한

Wilber는 인간의 존재와 경험을 이해하기 위해서 홀론(holon)이라는 개념에 주목하고 있다. 홀론은 '하나의 전체'인 동시에 '다른 것의 부분'인 어떤 존재를 의미한다. 모든 개체는 전체인 동시에 부분이라는 이중적 역할을 지닌다. 개인은 자율적이고 독자적인 존재인 동시에 사회나 집단이라는 다른 전체의 일부로 기능하고 있다.

인간은 자신에 의한 자기 경험의 인식을 의미하는 '내면적 관점'과 제3자에 의한 인식과 평가로 이루어지는 '외면적 관점'에서 이해될 수 있다. 또한 인간은 결코 독자적으로 존재할 수 없으며 모든 존재는 세계-내-존재이다. 개인은 항상 어떤 집단의 일부로 존재하는데, 그 집단에도 내면과 외면이 존재한다. Wilber는 인간의 내면적-외면적 관점과 개인적-집단적 관점을 조합하며 네 가지 관점으로 구성된 4상한(Quadrants)을 제시하고 있다. 인간은 이러한 네 가지의 관점에서 이해되고 설명될 수 있다.

좌상(左上) 상한은 '나(I)'라는 개인의 주관적인 관점으로서 개인의 내면세계이자 의식의 주관적 측면을 나타낸다. Freud의 정신분석은 개인의 내면적인 주관적 경험 세계를 설명하려는 이론의 한 예라고 할 수 있다. 좌상 상한은 '나-언어(I-language)'

표 13-1 Wilber의 4상한

좌상(左上) 상한 "나(I)" 내면적, 개인적, 의도적 Freud	우상(右上) 상한 "그것(It)" 외면적, 개인적, 행동적 Skinner
좌하(左下) 상한 "우리(We)" 내면적, 집단적, 문화적 Gadamer	우하(右下) 상한 "그것들(Its)" 외면적, 집단적, 사회적 Marx

라는 일인칭 언어로 표현할 수 있는 의식의 내면적 경험에 대한 주관적 설명을 의미한다. 이러한 좌상 상한은 신체적 감각에서 정신과 영혼에 이르는 모든 것, 즉 개인의 내면에서 나타나는 의식의 스펙트럼 전체를 포함한다.

　　우상(右上) 상한은 '그것(It)'이라는 객관적 관점으로서 의식의 내면적 상태에 대한 외면적 상관물을 의미한다. Skinner를 위시한 행동주의 심리학은 제3자의 입장에서 개인을 외현적 행동에 근거하여 객관적으로 설명하려는 시도의 예라고 할 수 있다. 인간은 물질로 이루어져 있으며 뇌에서 일어나는 변화를 객관적으로 관찰할 수 있고 그러한 변화는 의식의 주관적 측면과 밀접히 연관되어 있다. 우상 상한은 '그것-언어(it-language)', 즉 3인칭 언어로 객관적인 관점에서 개인을 이해하기 위해 그의 외현적 행동, 육체, 구성 물질 등을 과학적으로 설명하는 모든 것을 포함한다.

　　좌하(左下) 상한은 '우리(We)'라는 집단의 내면적 관점으로서 개인이 속한 사회의 집단적 의식을 의미한다. 개인으로 구성된 집단이 공유하고 있는 가치, 의미체계, 세계관, 도덕과 윤리를 포함한다. 좌하 상한의 대표적인 설명은 독일 철학자 Gadamer에 의한 철학적 해석학으로서 그는 제3자적 관점에서 사회문화와 자연세계를 인식하려는 과학적 입장을 비판하고 '문화적으로 형성된 의식'을 강조하면서 해석을 통해서 사회의 집단적 의식을 이해하고자 했다. 좌하 상한은 '우리-언어(we-language)'에 의해서 설명될 수 있는 것으로서 '나와 너'의 상호 이해와 상호 조정을 포함하는 문화적 상한이다.

　　우하(右下) 상한은 '그것들(Its)'이라는 집단의 객관적 관점으로서 사회와 문화의 외면적 측면에 대한 설명을 의미한다. 모든 집단의 문화적 요소는 그에 대응하는 외면적·물질적·제도적 측면을 지닌다. Marx의 경제학 이론은 사회의 제도적 측면을 객관적인 관점에서 설명한 예라고 할 수 있다. 우하 상한은 인간 집단의 사회문화적 현상뿐만 아니라 자연생태계와 우주를 '그것들-언어(its-language)'를 통해서 객관적으로 설명하려는 사회과학과 자연과학의 모든 이론을 포함한다.

(2) 온 상한 온 수준(AQAL)의 통합 모델

　　Wilber 이론의 핵심은 온 상한 온 수준(All Quadrants All Levels: AQAL) 모델에 있다. AQAL 모델은 개인을 이해하는 5개의 독립적 범주, 즉 모든 상한, 모든 발달라인, 모든 발달수준, 모든 상태, 모든 유형을 고려하여 통합적 설명을 시도한 것이다.

　　AQAL 모델의 첫 번째 범주는 이해와 설명의 관점으로서 앞에서 소개한 4상한의 모든 관점을 포함한다. 두 번째 범주는 발달라인(line)으로서 개인의 발달이 이루어지는 20여 개의 지류(streams)를 의미한다. 주요한 발달라인에는 인지, 정서, 욕구, 성(sexuality), 창의성, 심미안, 도덕성, 자기정체성, 세계관, 영성, 유머 등이 있다. 개인은 발달라인마다 각기 다른 발달 수준을 나타낼 수 있다. 예컨대, 인지나 창의성이 탁월하게 발달된 사람도 발달 수준이 낮은 도덕성이나 영성을 나타낼 수 있다.

　　세 번째 범주는 개인의 발달수준(levels)을 의미한다. 발달수준은 발달라인에 따라 다양하게 구분된다. Wilber가 제시하고 있는 발달수준은 여러 심리학자들이 제시한 발달단계 이론들, 즉 Piaget의 인지발달단계, Kohlberg의 도덕발달단계, Maslow의 욕구발달위계, Erikson의 심리사회적 발달단계, Loevinger의 자기발달단계 등에 근거하고 있다. 특히 Wilber는 의식의 발달과 진화에 깊은 관심을 지니고 의식의 발달수준을 크게 전개인적, 개인적, 초개인적 수준으로 나누고 자세하게는 7개 수준으로 구분하고 있다.

　　네 번째 범주는 상태(states)로서 일시적으로 체험되는 의식의 측면을 의미한다. 의식 상태는 심리적 구조의 발달에 따른 의식수준과 밀접히 관련되어 있으나 구별되어야 한다. 예컨대, 약물이나 종교적 수행에 따라 일시적으로 경험하게 되는 환각경험이나 신비체험은 개인의 구조적 발달에 근거한 의식의 변화가 아니라 일시적인 의식의 변화상태이다. 개인은 매일 각성, 수면, 꿈이라는 의식 상태의 자연적인 변화를 경험한다. 또한 감각, 정서, 사고, 기억, 영감 등에 있어서 의식 상태의 현상학적인 변화를 경험한다. 또한 정상적인 의식범위를 벗어나는 변성 의식상태(altered states of consciousness)가 존재하는데, 이러한 변성 의식상태는 약물이나 최면 등에 의한 외부적 요인에 의한 것과 명상이나 이미지 훈련과 같은 자발적인 수행을 통한 것으로 구분될 수 있다.

　　마지막 다섯 번째 범주는 유형(types)으로서 앞의 범주로 설명할 수 없는 개인의 특성을 의미한다. Wilber는 남성성과 여성성, Jung의 성격유형론, Enneagram의 9가지 유형 등을 포함시키고 있다. AQAL 모델은 개인을 그야말로 모든 관점과 모든 측면과 모든 수준에서 이해할 수 있는 통합적 설명모델이라고 할 수 있다.

(3) 의식의 발달단계

　　과연 인간은 어느 수준까지 발달하고 성장할 수 있는가? 인간의 의식은 어디까지 확대되고 발달할 수 있는가? Wilber는 『의식의 스펙트럼』에서 동서양의 신비사상을 통합하여 의식의 발달단계를 7개의 수준으로 구분하여 소개하고 있다. 자기와 우주의 일체의식을 뜻하는 가장 높고 깊은 일심 수준에서부터 점차로 자기정체성이 좁혀져

가는 과정을 보여주고 있다. 달리 말하면, 가장 협소하게 자신을 규정하며 살아가는 가면 수준에서 점차로 자기정체성이 확대되어 우주와 합일의식에 이르게 되는 의식의 발달과정을 제시하고 있는 것이다.

① 가면 수준: 개인적 윤리관에 의해 수용 가능한 것만을 자기라고 여기며 자기 정체성이 협소하게 좁혀진 수준이다. 이 상태의 사람들은 자신의 처지, 역할, 지위, 성격, 능력 등을 자신의 모든 것이라고 동일시하며 그 밖의 모든 것은 자기가 아니라고 인식한다. 사회적 역할과 윤리의식에 의해 투영된 자신의 그림자를 자기 자신이라고 여긴다는 점에서 그림자 수준이라고 지칭하기도 한다.

② 철학 수준: 개인은 자신의 개인적 신념이나 사고방식, 주의주장과 같은 나름 대로의 철학 속에 자신을 가두어 두는 의식수준을 뜻한다. 이러한 철학적 신념은 개인적인 판단의 기준으로 작용하며 가면과 자아를 분리시키는 역할을 하게 된다.

③ 자아 수준: 몸과 마음을 구분하여 자신을 신체와 동일시하는 것에서 벗어나 심리적 자아를 지니는 의식수준을 의미한다. 가장 일상적으로 경험하는 의식수준으로서 신체적 요소에 대한 억압이 지나치면 심리적 불안을 경험할 수 있다. 평균적인 현대인들은 가면수준에서부터 자아수준 사이를 오가며 살아가고 있다.

④ 생물사회적 수준: 개인이 생물사회적 존재로서 언어와 문법구조, 문화적 신념, 가족의 규칙과 관습과 같은 사회적 정보를 무의식적으로 받아들여 내면화한 의식수준을 뜻한다. 특히 언어가 중요한 의미를 지니는데, 언어는 개인이 세계를 구성하는 틀이 되기 때문이다. 이처럼 자신도 의식하지 못한 채 당연한 것으로 받아들이게 되는 생물학적, 사회문화적 무의식 속에서 살아가는 상태를 의미한다.

⑤ 실존 수준: 개인이 자신은 항상 세계와 분리되어 존재하고 있다는 의식을 지니는 수준을 의미한다. 이 수준에서는 '나'와 세계의 분리가 일어나며 시간과 공간 속에 존재하는 유한한 유기체로서 자기정체성이 형성된다. 개인이 다른 어떤 것으로도 대체할 수 없는 고유한 존재임을 의식하면서 자신의 존재방식을 스스로 선택하고 결단해야 함을 인식하고 있다.

⑥ 초개인 수준: 개체의식이 초월될 뿐만 아니라 환경과의 분리의식도 사라져서 시간과 공간을 초월하는 의식수준을 뜻한다. 개인이라는 독립된 자기의식이

소멸하고 타인과의 경계가 희미해진다. 그러나 이 수준은 개체의식을 초월하기는 했지만 아직 우주와 일체화되는 의식수준에는 이르지 못하고 있다.

⑦ 일심 수준: 어떠한 분리나 분열이 없으며 이원적 대립이 존재하지 않는 모든 것이 일체화된 마음상태, 즉 일심(一心)이라고 지칭되는 수준이다. 이 수준은 우주와 자기의 분열이 없으며 내가 곧 우주이며 우주가 곧 나인 우주의식 수준을 뜻한다. 이 수준은 동서의 신비사상에서 최고신, 브라만, 공(空), 우주 등과 같은 다양한 용어로 표현되는 것으로서 인간과 모든 존재가 하나라고 보는 궁극적인 의식수준을 의미한다.

Wilber는 인간의 궁극적 목표와 욕구는 초월자가 되어 우주와 하나가 되려는 것으로서 아트만과 일체화가 되는 것이라고 보았다. 인간이 현재의 자기모습을 지닌 채로 현재의 자신이 아닌 아트만이 되려는 모순에 찬 추구를 '아트만 프로젝트'라고 지칭했다. Wilber는 『아트만 프로젝트: 인간발달의 자아초월적 관점』에서 의식의 발달 단계를 전개인적 단계, 개인적 단계, 초개인적 단계로 구분하였다.

인간은 자아의식이 발달하기 이전의 전개인적 단계에서 자아의식이 확립되는 개인적 단계로 나아가 자기주장의 기초를 형성하는 외향적인 발달과정을 거친다. 아트만 프로젝트는 개인적 단계에서 자아를 초월하여 초개인적 단계로 나아가 본래의 자기로 되돌아가려는 내향적인 발달과정이라고 할 수 있다. 이러한 발달과정에서 유의해야 할 점은 초개인적 단계와 전개인적 단계에서는 모두 비합리적인 의식을 나타내기 때문에 두 단계를 혼동하는 전(前)·초(超) 오류(pre-trans fallacy)에 빠지지 않는 것이다.

Wilber는 플레로마에서 아트만에 이르는 10단계의 의식발달 단계를 소개하고 있다. ① 플레로마(pleroma): 연금술 용어로서 각종 물질이 혼합된 혼돈상태를 상징하며 신생아가 물질적 세계와 융합되어 자기와 외부세상의 구분도 하지 못하고 시간과 공간의 의식도 없는 의식상태를 뜻한다. ② 우로보로스(uroboros): 자신의 꼬리를 삼키는 뱀을 상징하며 자기완결적이지만 미분화된 상태를 뜻한다. 어린 유아는 어머니의 젖을 빨며 외부 세상을 인식하게 되지만 자신과 타인을 희미하게만 구분하게 된다. ③ 신체자아(body self): 유아는 의식이 혼돈스러운 플레로마 상태에서 우로보로스 상태를 거쳐 점차로 의식을 신체에 집중하여 신체자아를 형성하게 된다. 이 단계는 물질과의 일체성으로부터 최초로 자기 신체를 중심으로 한 명료한 자아의식이 나타나는 단계이다. ④ 구성원 자기(membership self): 언어를 습득하고 사회화 과정을 거쳐서 집단의 구성원으로서 살아가는 능력을 획득하는 단계이다. 이 단계에서는 현실적이고 이성적인 사고능력을 지니게 되며 시간과 공간 개념을 분명하게 획득하게 된다. ⑤ 정신적 자아(mental ego): 언어능력이 발달하면서 모호했던 자기인식이 좀더 명료한 자기개념으로 통합된 정신적 자아가 확립되는 단계이다. 이 단계는 초기 자아 단계(4~7세), 중기 자아단계(7~12세), 후기 자아단계(12~21세 이상)로 구분된다. 후기 자아단계를 거쳐 성숙한 자아가 형성되면 주체적 자아와 객체적 자아를 냉철하게 구별하며 그동안 자신이라고 여겼던 것들에 대한 탈동일시가 일어날 뿐만 아니라 자아를 초월하는 것에 관심을 갖게 된다. ⑥ 생물사회적 속박(biosocial bonds): 자아초월에 대한 욕구를 지니고 있으나 주체와 객체, 자기와 타인, 삶과 죽음 등과 같은 이원론적 사고에서 벗어나지 못한 단계를 뜻한다. 이 단계에서는 언어, 윤리, 논리, 규칙, 법률, 금기 등과 같은 사회문화적 필터에 의해서 개인의 경험이 선별적으로 인식된다. ⑦ 켄타우로스 영역(centauric realms): 켄타우로스는 말의 하반신과 사람의 상반신을 지닌 그리스 신화에 등장하는 신화적 존재로서 몸과 마음이 조화롭게 통합된 자기를 상징한다. 이 단계에서는 언어와 사회적 관념을 중심으로 한 자아를 넘어서 한층 높은 수준으로 자아의 모든 것을 통합한 단계이다. 언어와 문화의 속박을 넘어섰지만 여전히 자아의식을 지니고 있다. ⑧ 현묘 영역(subtle realms): 신체적 자아의 속박에서 벗어나 초감각적인 현묘한 체험을 하게 되며 자기의식의 원형인 신(神)과의 일체화가 일어난다. 이 단계에서 신은 다른 존재가 아니라 자기 자신의 최고 원형이자 의식의 근본적 본성으로 인식되며 고차원적인 종교적 직관과 영감을 경험하게 된다. ⑨ 인과 영역(causal realms): 통합과 초월의 과정이 계속됨으로써 더욱 고차원적인 통일성이 나타나는 단계이다. 신의식(神意識)이 고양되어 중생의 고통을 덜어주기 위한 초월적인 사랑과 자비를 실천하게 되며 주객을 초월한 순수의식 속에서 일체의 외형적 형상을 초월하게 된다. ⑩ 아트만(atman): 아트만은 모든 이원적 구분이 사라지고 모든 존재의 공성(空性)을 깨달아 일체의 집착에서 벗어나는 해탈의 단계를 의미한다. 이 단계는 인간 정신과 영성 발달의 궁극적 단계이며 어떠한 형상과 내용도 없는 순수한 의식상태의 영역이라고 할 수 있다.

(4) 개인과 인류의 영적 성장

Wilber는 『아트만 프로젝트』에 이어 1981년에 『에덴으로부터의 상승: 인간 진화의 자아초월적 관점』을 발간하면서 인류도 개인과 동일한 단계를 거쳐서 진화한다는 의견을 제시했다. 인류가 무지의 낙원 에덴에서 떠난 것은 전개인적 단계에서 개인적 단계로의 발달을 의미하며 인류 의식의 진화와 성장을 위한 과정이라고 보고 있다.

『아트만 프로젝트』에서 제시한 의식의 발달단계론은 개인뿐만 아니라 인류의 진화에도 적용될 수 있다. 집단으로서의 인류는 평균적으로 겨우 자아 수준에 도달한 상태이며 붓다, 예수, 루미, 삼바바, 마하리쉬와 같은 소수의 성자들은 개인적 단계를 초월하여 초개인적 단계에 도달한 사람들이라고 할 수 있다. 인간은 누구나 의식의 발달을 위해서 진실되게 살면서 영적 수행을 하게 되면 자아초월과 함께 영적인 성장을 이룰 수 있다고 주장하고 있다.

Wilber에 따르면, 인간 정신의 가장 깊은 심연에는 본능이 아닌 영혼(spirit)이 존재한다. 인간은 자아를 초월하여 영적인 성장을 이루고자 하는 깊은 욕구를 지니고 있다. 인간의 의식발달이 이루어지기 위해서는 하위수준에서 상위수준으로 진전될 때마다 분화와 통합, 탈동일화와 동일화의 과제를 극복해야 한다. 현재의 의식발달 구조가 성숙하게 되어 분화가 일어나면서 혼란을 경험하게 되면, 현재의 의식구조에 대한 탈동일화가 일어나면서 새로운 의식구조를 추구하게 된다. 이러한 추구과정에서 혼란이 새로운 구조로 통합되면서 상위의 의식구조가 나타나게 되고 그러한 의식구조에 대한 동일화를 통해서 한 단계로의 발달이 완성된다.

이처럼 인간의 의식발달은 분화, 탈동일화, 통합, 동일화의 과정을 통해서 상위의 의식구조로 나아가게 된다. 이러한 과정이 순조롭게 이루어지지 못할 때 정신병리적인 현상이 나타날 수 있다. Wilber는 이러한 정신병리를 해리와 고착의 두 형태로 나누어 제시하고 있다. 해리(dissociation)는 새로운 의식구조가 생성되어 통합과 동일화가 이루어지기 전에 그 구조로부터 분화와 탈동일화가 일어나는 것을 뜻한다. 즉, 새로운 의식구조가 자기의 것으로 정착되기도 전에 상위구조로 옮아가는 것을 말한다. 고착(fixation)은 새로운 의식구조가 생성되었음에도 이전의 구조에 집착하여 탈동일시하지 못하는 것을 의미한다. 때로는 전(前)·초(超) 오류로 인해서 새로운 의식구조로의 변화가 전단계로의 퇴행으로 잘못 간주될 수 있다. 초개인적 의식단계와 전개인적 의식단계는 모두 비합리적인 사고양상을 나타내기 때문에 두 단계를 혼동하여 초개인적 수준으로의 발달과정을 전개인적 단계로의 퇴행으로 오인하는 오류를 범할 수 있다.

Wilber의 주장은 매우 거시적이고 통합적이다. Wilber에 따르면, 개인뿐만 아니라 인류, 그리고 우주 역시 진화하며 성장한다. 이 우주는 '하나의 전체'인 동시에 '다른 것의 부분'인 존재 즉 홀론으로 구성되어 있을 뿐만 아니라 이들은 위계적인 구조, 즉 홀라키(holarchy)를 이루며 진화한다. 홀라키의 진화과정은 내포와 초월이라는 특징을 수반한다. 즉, 물질은 자체 속성을 내포하면서 이를 초월하여 생명체로 진화한다. 또한 생명체는 유기체적 특성을 내포하면서 이를 초월하는 심리적 존재인 인간으로 진화한다. 인간의 의식발달은 자아의식이 발달하기 이전의 전개인적 수준에서 자아의식이 확립되는 개인적 수준으로 진화하고 나아가서 자아를 초월하는 초개인적 수준으로 나아간다. 인류의 의식발달은 이제 개인적 수준에 도달했으며 앞으로 초개인적 수준을 향해 진화하게 될 것이라는 견해를 제시하고 있다. 붓다나 예수와 같은 소수의 종교적 성자만이 초개인적 수준의 의식발달을 이루었다.

Ken Wilber가 제시한 통합심리학은 심리학의 연구와 이론을 중심으로 하여 인문학, 사회과학, 자연과학의 학문적 이론뿐만 아니라 동서양의 철학과 종교를 아우르는 방대한 것으로서 거대한 담론이자 가설적인 이론체계라고 할 수 있다. 미래의 심리학 연구는 신체에서 마음과 영혼에 이르는, 전개인적 의식에서 개인적 의식을 거쳐 초개인적 의식에 이르는, 그리고 수면에서 반각성을 거쳐 완전한 각성에 이르는 모든 과정을 다루어야 할 것이다. 자아초월 심리학은 영성과 과학을 통합함으로써 인간의 성장 가능성에 대한 지평을 확장하고 있다.

2) 자아초월 심리치료의 기본골격

자아초월 심리치료(transpersonal psychotherapy)는 깨달음, 초월, 우주적 일체감과 같은 인간의 궁극적 상태에 대한 인식, 수용, 실현에 직접적 또는 간접적으로 관심을 지니는 다양한 심리치료들을 포함한다(Sutich, 1980). 달리 말하면, 자아초월 심리치료는 전통적으로 인정된 정신건강의 수준을 넘어서 영적 성장과 자각을 촉진하고 의식의 변화를 강조한다(Walsh & Vaughan, 1980). 자아초월 경험은 자아 경계를 초월할 뿐만 아니라 시간과 공간의 일상적 한계를 넘어서는 의식의 확장 경험을 의미한다. 이러한 경험은 개인의 정체성, 인간관계, 생활방식, 동기와 목표, 인생관과 세계관에 강력한 영향을 미칠 수 있다. 자아초월 심리치료는 일상적인 개인적 의식수준을 넘어 자아를 초월하는 초개인적 의식수준으로의 성장을 촉진함으로써 생활 적응뿐만 아니라 영적 성장을 돕는 다양한 치료적 개입을 의미한다.

(1) 통합적 변형수련

자아초월 심리치료는 현재 다양한 형태로 시도되고 있다. 그중에서 가장 대표적인 자아초월적 개입방법은 **통합적 변형수련**(Integral Transformative Practice: ITP)이다. 통합적 변형수련은 〈에살렌 연구소(Esalen Institute)〉에서 Murphy(1992)와 Leonard & Murphy(1995)에 의해서 시작되었다. 〈에살렌 연구소〉는 인간의 잠재능력을 충분히 발현하고 인간성의 조화로운 성장을 추구하기 위해서 1961년에 Michael Murphy와

Dick Price가 창립하였으며 동양과 서양의 철학과 수행방법을 접목하거나 통합하는 다양한 분야의 학술회의, 연구, 교육 및 수련 활동을 주관하는 비영리조직이다. 이 연구소는 미국의 캘리포니아 Big Sur 해안에 위치하고 있는 합숙 공동체이자 수련 센터로서 명상, 요가, 마사지, 심리학, 생태학, 영성 등과 같은 다양한 활동의 워크숍과 교육 및 훈련 프로그램을 실시하고 있다.

ITP는 인간 삶의 다양한 측면(신체, 정서, 정신, 관계, 영성)을 통합적으로 수련하여 개인의 삶을 획기적으로 변형시켜 긍정적 변화를 추구하는 종합적인 수련방식을 의미한다. ITP를 최초로 제안한 Murphy는 인도의 요가 구루이자 철학자인 Sri Aurobindo의 통합적 비전에 영향을 받아 몸(body), 마음(mind), 가슴(heart), 영혼(spirit)에 긍정적 변화를 유발하기 위한 다양한 기법들로 구성된 수련체계를 개발했다. ITP의 궁극적 목표는 통합적 변형(integral transformation) 또는 통합적 깨달음(integral enlightenment)으로서 인간이 지닌 모든 속성과 능력을 꽃피우게 함으로써 인간의 내면에 내재된 신성(神性)을 발현하는 것이다. ITP의 기본원칙은 다음과 같다. ① 지속적인 변형을 위해서는 장기간의 수련이 필요하다. ② 몸, 마음, 가슴, 영혼을 포함한 전인적 수련이 효과적이다. ③ 변형수련은 한 명의 지도자에게 의존하기보다 다수의 멘토로부터 안내를 받는 것이 바람직하다. ④ 수련자는 멘토, 공동체, 수련기관의 안내를 따르지만 최종적인 결정권은 그 자신에게 있다.

ITP는 몸, 마음, 가슴, 영혼의 긍정적 변화를 위해서 동서양의 다양한 심신수련 방법을 조합하여 취사선택적으로 활용한다. 예컨대, 몸의 변화를 위해서는 운동, 요가, 다이어트 등을 실시하고, 마음의 진전을 위해서는 독서, 토론, 사색 등을 하게 한다. 가슴의 변화를 위해서는 집단과정과 봉사활동에 참여하게 하고, 영성의 성장을 위해서는 명상, 요가, 심상법 등을 수행하게 한다. ITP의 기본골격은 유산소 운동, 저지방 다이어트, 멘토링과 공동체 지지, 긍정적 확신으로 구성되며 ITP Kata라는 일정한 형식의 수련을 주기적으로 실시하는 것이다. ITP Kata는 몸과 마음의 균형과 중심을 잡아주는 동작으로 시작하여 근육의 긴장과 이완을 통해 유연성을 증진하고 깊은 호흡을 하며 변형적 심상작업(몸과 마음의 건강을 증진하고 긍정적 성품을 촉진하는 심상을 의도적으로 떠올리는 활동)을 하고 자기관찰과 명상으로 이어지는 일련의 심신수련 활동으로 이루어져 있으며 40~50분 동안에 실시할 수 있다.

(2) 통합적 삶을 위한 수련

Wilber(2000a, 2000b)는 통합적 변형수련(ITP)이라는 명칭으로 인간의 핵심적 차원을 함양하는 자신만의 수련목록을 제시하였다. 그에 따르면, ITP는 궁극적으로 '불이적(不二的) 깨달음(nondual enlightenment)' 또는 '일미(一味: One Taste)'를 목표로 한다. 그러나 이러한 깨달음은 우연하게 찾아오는 것이기 때문에 ITP는 그러한 깨달음을 유발할 수는 없지만 그 가능성을 높이기 위한 촉진적 시도라고 할 수 있다.

ITP는 몸, 마음, 영성을 성장시키는 다양한 수련기법들로 구성되어 있으며 개인에 따라 취사선택적으로 이러한 기법들을 활용할 수 있다. Wilber는 인간의 핵심적 차원을 다음과 같이 6개의 영역으로 나누고 각 영역을 성장시키는 수련방법의 목록을 제시하고 있다. ① 신체적 영역(유산소 운동, 근력 운동, 다이어트 등), ② 정서적-성적 영역(요가, 기공, 태극권 등), ③ 정신적-심리적 영역(심리치료, 시각화, 긍정적 사고 등), ④ 관조적-명상적 영역(마음챙김, 참선, 기도 등), ⑤ 공동체 영역(공동체 봉사활동, 자비 돌봄, 타인과의 관여 등), ⑥ 자연 영역(물품 재활용, 산책이나 등산, 자연 감상 등). Wilber에 따르면, ITP의 핵심은 각 영역에서 하나 이상의 수련을 선택하여 동시에 실천하는 것이다. 여러 영역을 수련할수록, 더 효과적일 뿐만 아니라 깨달음의 기회를 갖게 될 확률이 높아진다. Wilber는 ITP가 자아강화를 위한 자기애적 유희가 될 수 있을 뿐만 아니라 취사선택적 속성으로 인해서 현대사회에 널리 퍼져 있는 영적인 백화점식 모델로 퇴색될 수 있음을 경고하고 있다.

Wilber 등(2008)은 자신의 통합적 심리학 이론에 근거하여 영적인 성장을 위한 좀 더 체계적인 수련방식 또는 치료적 개입방식을 제시하면서 통합적 삶을 위한 수련(Integral Life Practice: ILP)이라고 명명했다. ILP는 AQAL 모델에 근거하여 개인의 핵심적 영역을 함양하는 다양한 수련모듈로 구성되어 있다. ILP의 이론체계와 수련체계는 매우 정교하고 복잡하며 그 핵심적 내용을 소개하면 다음과 같다. ILP는 AQAL 모델에 따라 개인의 4상한을 지원하는 핵심모듈과 보조모듈로 구성되어 있다(문일경, 2010).

핵심모듈은 몸, 마음, 영, 그림자의 네 가지 영역을 지원하는 것으로 구분된다. 몸(body)모듈은 육체의 다양한 측면을 함양할 수 있는 근육훈련, 유산소 운동, 집중 강화 훈련, 영양섭취, 다이어트, 태극권, 기공, 요가 등으로 구성되어 있다. 마음(mind)모듈은 복잡한 세상을 이해하고 타인을 사랑하기 위한 이성과 합리적 사고능력을 함양하기 위한 것으로 독서와 공부, 다양한 관점 취하기, AQAL 이해하기, 비전과 인생관 세우기 등이 있다. 영성(spirit) 모듈은 높은 발달수준의 의식 상태이자 삶을 바라보는 태도로서 마음챙김 명상, 통합적 탐구, 큰마음, 기도, 자비행동, 헌신, 우주적 명상 등의 수련이 포함된다. 그림자(shadow)모듈은 정신의 어두운 부분인 억압된 무의식을 의식적 자각으로 통합시키기 위한 것으로서 게슈탈트 치료, 인지치료, 꿈 작업, 정신분석, 표현예술치료 등이 해당된다.

ILP의 핵심모듈은 개인적 성장과 발달을 위해서 좌상·우상 상한에 집중하는 반면, 보조모듈은 사회적이며 관계적인 삶의 성장을 위한 좌하·우하 상한에 초점을 두고 있다. 보조모듈은 윤리, 일, 관계, 삶의 전 영역으로 구분된다. 윤리(ethics)모듈은 윤리적 결정을 도와주는 사고의 틀을 제공하는 것으로서 행동규범, 전문가 윤리, 사회적/생태학적 행동주의, 자기절제, 스포츠정신, 맹세와 서약 등을 포함한다. 일(work)모듈은 자신의 능력을 발휘하는 동시에 사회를 위해 봉사하는 영역으로서 바른 생계, 전문가적 훈련, 금전관리, 공동체 봉사, 자원봉사 등과 같은 다양한 활동을 포함한다. 관계(relation) 모듈은 타인과의 친밀한 관계 형성을 위한 것으로서 자녀양육, 대화기술, 부부치료, 결혼생활, 헌신적 관계와 같은 다양한 행동의 실천을 요구한다. 이밖에도 보조모듈은 번식을 위한 성(sex), 창의성, 의지 등과 같이 다양한 삶의 영역으로 무한히 확장될 수 있다.

ILP는 기본적으로 개인이 일상생활 속에서 스스로 실천하는 자가 수련방식이라고 할 수 있다. 그러나 혼자서 수련하는 것은 많은 어려움이 따르기 때문에 수련 그룹의 지지를 받거나 경험있는 안내자의 도움을 받는 것이 필요하다. ILP에서는 경험 많은 수련자가 선배로서 수련을 안내하고 지도하는 통합 코치(integral coach)의 역할이 중요하다. 통합 코치는 영적인 성숙이나 권위보다 인간적 깊이, 전문적 기술과 경험, 그리고 윤리의식을 인정받은 사람으로서 수련자의 다차원적 성장을 위해서 그의 ILP 설계와 실천을 돕는다. ILP는 인간의 전체적이고 균형 잡힌 성장을 위해 다양한 영역을 동시에 계발하는 새로운 방식의 통합적 수련이다.

5. 일본의 심리치료

일본은 동북아시아에서 가장 먼저 근대화를 이룬 나라로서 서양의 심리치료도 가장 먼저 받아들였다. 아울러 일본의 심리치료자들은 나름대로의 독특한 심리치료 방법을 개발하여 실시하려는 노력을 기울였다. 일본에서 개발된 일본형 심리치료의 대표적인 예는 모리타 치료와 나이칸 치료다.

1) 모리타 치료

모리타 치료(Morita Therapy)는 일본의 정신과 의사인 모리타 쇼마(森田 正馬)가 일본인 특유의 신경증 장애인 신케이쉬추(神經衰弱)를 치료하기 위해 1920년대에 개발한 치료법이다. 신케이쉬추는 내향적인 신경과민 증세로서 소심하고 불안하며 건강염려증적인 경향을 나타내는 일종의 불안장애라고 할 수 있으며 다양한 불안증세, 강박행동, 공포증, 사회적 위축, 신체화 증상을 주된 특징으로 한다(박성희, 2007c; Reynolds, 1976, 1980, 2001a).

모리타 치료는 선(禪)의 여러 요소를 도입한 심리치료적 접근방법으로서 자기관찰과 명상, 교육, 자기 훈련, 행동적 실천이 혼합되어 있다. 모리타 치료는 환자가 지닌 증상을 제거하려고 시도하기보다 그러한 증상에도 불구하고 생산적으로 잘 살 수 있도록 돕는 것을 목표로 하고 있다.

모리타 치료는 환자를 4~5주간 입원하게 하여 네 단계의 치료를 받게 한다. 첫 단계는 휴식 단계로서 1주일간 고립된 상태에서 환자는 먹고 자고 화장실 가는 것 이외에는 아무런 활동도 하지 않은 채 지내게 된다. 이 단계에서 환자는 아무런 방해도 받지 않은 상태에서 인생을 회고하고 다양한 감정을 경험하며 자기 자신과 만나는 기회를 갖게 된다. 아울러 혼자만의 고립된 생활이 과거에는 자신이 원했던 안전한 것이지만 권태롭고 불편하다는 것을 체험하면서 일과 활동의 소중함을 느끼게 된다.

두 번째 단계는 단순노동의 단계로서 환자로 하여금 1주일 정도 침묵 속에서 가벼운 수공일과 같은 단순한 노동을 하도록 한다. 다른 사람과의 접촉이나 대화는 금지되며 제한된 책만을 읽을 수 있다. 처음에는 단순한 일에 재미를 느끼지만 곧 싫증을 느끼며 불만족을 경험하게 된다. 이러한 경험은 자신의 능력과 가치를 느낄 수 있는 생산적인 활동이 중요함을 느끼는 계기가 된다.

세 번째 단계는 육체노동과 일기쓰기의 단계로서 1주일 정도 심한 육체적 활동을 요하는 과제를 부여한다. 이 단계에서는 여전히 다른 사람과의 관계나 오락활동이 제한되며 어떤 내용의 책이든 독서는 가능하다. 아울러 매일의 활동에 대해서 기록하게 하는 일기를 쓰도록 하는데 특히 일상적인 활동을 잘 통제할 수 있는 것과 없는 것으로 구분하여 양식에 따라 기록한다. 치료자는 환자의 일기를 읽고 의견을 첨부해 주는데 환자는 이러한 피드백을 통해서 자신의 사고방식을 돌아보게 되며 자기비난적인 자기평가에서 좀 더 객관적인 자기관찰로 옮겨가게 된다. 또한 이 단계에서 환자는 모리타 치료에 관한 책을 읽거나 강의에 참석하게 된다. 모리타 치료에서 치료자의 의견 제시와 집단토의는 중요한 부분으로서 이러한 과정을 통해 환자로 하여금 이상적이고 완벽주의적 태도를 버리고 현실적인 사고를 하도록 하여 증상을 지닌 채로 견디며 필요한 활동을 할 수 있게 한다.

네 번째 단계는 병원 밖의 외출 단계로서 환자들은 앞의 단계에서 새롭게 깨달

은 삶의 방식을 병원 밖의 실제 세계에 적용해본다. 예컨대, 대인관계의 개선을 위해
서 사교댄스, 탁구, 집단소풍 등에 참여하면서 새로운 삶의 방식을 실생활에 통합하
도록 노력한다. 아울러 병원에서 경험한 규칙적인 명상, 신체활동, 명료한 사고, 질서
정연한 생활, 자연과의 친근한 접촉을 실제 생활에서 실천한다. 이러한 과정을 통해
서 환자는 새로운 자기를 경험하게 되며 과거와 다른 적응적인 삶을 영위하게 된다.

이러한 과정을 성공적으로 거치게 되면 퇴원한다. 퇴원 후에는 퇴원환자 모임에
참석하여 서로를 지지한다. 아울러 매월 병원소식지를 통해서 서로의 근황을 주고받
으며 새로운 삶의 방식을 유지하도록 노력한다.

모리타 치료는 환자로 하여금 고통스러운 감정을 통제하거나 증상을 제거하기
위해 노력하기보다 매 순간 현실이 요구하는 것에 순응하게 한다. 모리타 치료는 내
담자로 하여금 마음챙김을 함양하여 자신이 하고 있는 것과 상황이 요구하는 것을 알
아차리고 그 둘 간의 차이를 인식하게 한다. 또한 자신이 통제할 수 있는 것과 그렇
지 못한 것을 알아차리고 적절하게 대처하도록 한다. 불쾌 감정과 증상을 통제하려는
노력이 오히려 문제를 악화시킬 수 있기 때문에 그보다는 현재 상황에서 해야 하는
일들에 집중하며 생산적인 삶을 살아가도록 격려한다.

모리타 치료를 받은 환자들의 60% 이상이 현저하게 호전되었다고 보고하고 있
다(Reynolds, 1976). 모리타 치료는 일본뿐만 아니라 서양사회에 전파되어 시행되고
있다. 모리타 치료는 사회불안, 수줍음, 신경증을 치료하는 데 효과적인 것으로 알려
져 있다(Ishiyama, 1988).

2) 나이칸 치료

나이칸 치료(內觀 治療: Naikan Therapy)는 1950년대에 요시모토 이신(吉本 伊信)
이 일본의 불교종파인 요도신수(淨土新宗)의 승려들이 자신의 마음을 살피기 위해 사
용하던 수행법을 활용하여 개발한 심리치료적 접근법이다(박성희, 2007a; Reynolds,
1980, 2001b). 나이칸 치료에서는 내담자로 하여금 조용한 공간에서 세 가지의 주제,
즉 "다른 사람들로부터 받은 것이 무엇인가?" "그들에게 되돌려 주어야 할 것이 무
엇인가?" "내가 그들에게 어떤 걱정을 끼쳤나?"에 대해서 집중적으로 깊이 성찰하게
한다.

심리적 문제의 많은 부분을 차지하는 대인관계의 갈등은 대부분 상대방과 주고받
는 것의 불균형에 대한 불만과 분노에 기인한다. 대인관계에서 서로 주고받는 것은
객관적인 계산이 불가능할 뿐만 아니라 명확한 기준도 없기 때문에 자기중심적인 왜

곡이 개입되기 쉽다. 자신이 상대방에게 준 것보다 받은 것에 초점을 맞추게 되면, 자기중심적인 생각에서 벗어나 감사의 마음과 더불어 상대방에게 은혜를 갚고자 하는 긍정적인 마음과 행동을 갖게 된다. 나이칸 치료에서는 '어머니'를 첫 성찰의 대상으로 할당한다. 이어서 아버지와 주변 친척들, 친구와 동료들로 그 대상을 넓혀간다.

나이칸 치료는 심리적 문제를 지닌 사람뿐만 아니라 일반인을 대상으로 실시될 수 있으며 참가자를 수행자라고 지칭한다. 수행자는 나이칸 센터에 1주일 정도 입소하여 매일 15시간씩 앉아서 자신의 마음을 바라보는 작업을 하게 된다. 아침 5시경에 일어나서 침구정리와 세면을 한 후 즉시 나이칸을 시작하고 9시경에 취침한다. 방 한 구석의 작은 공간에 병풍을 치고 그 안에 편안히 앉아서 나이칸에 전념한다. 나이칸은 어머니에 대한 세 가지 주제, 즉 "어머니로부터 받은 것이 무엇인가?" "어머니에게 되돌려 드려야 할 것이 무엇인가?" "내가 어머니에게 어떤 걱정을 끼쳤나?"에 대한 명상으로부터 시작한다. 모든 식사는 수행자가 앉아있는 장소로 배달되며 수행자는 병풍 속에서 식사를 한다.

수행자는 1~2시간 간격으로 나이칸 지도자와 면담시간을 갖게 되는데, 처음에는 시간간격을 짧게 하다가 나이칸이 깊어지면 점차 그 간격을 넓혀간다. 지도자와 수행자는 동등한 위치에서 서로 절을 하며 면담을 시작한다. 지도자는 수행자가 성찰한 주제와 내용에 대해서 질문한다. 또한 다음 명상시간에 성찰할 주제에 대해서 묻거나 주제를 할당한다. 지도자는 수행자에게 질문이 있는지를 물으며 그에 대해 답변한다. 이러한 면담내용은 녹음해 두었다가 수행자가 집에 가져가서 다시 들을 수 있다.

나이칸 치료는 이러한 집중적인 방식 외에도 일주일 중 편리한 시간에 규칙적인 나이칸을 하는 방식과 매일 그날 있었던 일을 잠자기 전에 30분 정도 성찰하는 방식으로 시행될 수도 있다. 일본에서는 나이칸 치료가 다양한 심리적 장애를 지닌 사람뿐만 아니라 교정기관, 알코올중독치유센터, 아동재활센터 등의 내담자 그리고 일반인을 대상으로 널리 시행되고 있으며 치료효과도 우수한 것으로 보고되고 있다.

6. 한국의 심리치료

우리나라에는 한국전쟁을 계기로 서양의 심리학이 본격적으로 도입되면서 심리치료가 소개되었다. 초기에는 정신분석을 위시한 정신역동치료가 주류를 이루었으나 곧 이어서 행동치료를 비롯한 다양한 심리치료가 도입되었다. 현재 우리나라에서는 이 책에서 소개한 대부분의 심리치료가 다양한 장면에서 활발하게 실시되고 있다. 서양의 심리치료를 도입하여 그 진수를 전달하려는 노력과 더불어 한국형 심리치료를 개발하여 실시하려는 노력도 이루어졌다. 한국의 심리치료자와 상담자들도 한국문화와 한국인에게 적합한 치료방법을 개발하기 위한 노력을 기울였다. 그 대표적인 예가 도(道)정신치료, 온마음 상담, 본성실현상담, 현실역동상담, 동사섭이라고 할 수 있다.

1) 도(道)정신치료

도(道)정신치료는 이동식(1989, 1997, 2008)이 한국인의 주체성을 세우기 위해서 수도(修道)와 정신분석을 융합하여 개발한 것이다. 이동식은 1920년에 경북 칠곡군 농가에서 태어났으며 1938년 대구의전에 입학했으나 무미건조한 의학보다 인문사회 분야에 흥미가 많았다. 졸업 이후 경성제국대학 의학부 시절에 정신의학을 비롯하여 정신분석, 철학, 문화인류학, 심리학, 자연과학을 섭렵하였다. 1954년에 정신분석을 공부하기 위해 미국으로 건너간 그는 뉴욕대학교의 신경정신과 레지던트로 근무했으며 뉴욕에 있는 윌리엄 알란 손화이트 정신분석연구소에서 1년간 일반학생으로 수강하면서 6개월간 수련을 받기도 했다. 1957년부터는 아이오와 주 체로키 정신보건원과 켄터키 주립중앙병원에서 의사로 근무하면서 다양한 사례를 경험했다. 1959년에 귀국한 이후로 이동식은 우리의 전통사상과 문화가 세계 어디에 내놓아도 뒤지지 않는다는 것을 확인하고 동양철학, 특히 불교에 심취하였으며 동양의 도(道)사상과 서양의 정신분석을 접목하여 도정신치료를 개발하게 되었다.

도정신치료의 목표는 자신을 비하하고 말살하는 열등감을 극복하고 주체성을 회복하는 데 있다. 이동식(2008)은 어린 시절에 집안 여인들이 울고불고 하는 것을 보면서 "인간의 행복과 불행은 감정 처리 여하에 달려 있다."는 것을 깨달았다고 한다. 아울러 그는 한국인이 지니고 있는 중국에 대한 모화사상과 일본의 식민지 경험 그리고 서양문화에 대한 열등감을 극복하고 주체성을 세워야 한다는 염원에서 도정신치료를 개발하였다.

(1) 핵심감정

도정신치료의 핵심은 핵심감정이다. 핵심감정(核心感情: Nuclear Feelings)은 내담자가 어린 시절에 중요한 인물, 특히 부모에게 느꼈던 애증의 감정으로서 성인이 되어 다른 사람들에게 이러한 감정을 투사함으로써 심리적인 갈등과 문제를 초래하게 된다. 신경증과 정신병의 뿌리는 어린 시절에 부모로부터 받은 마음의 상처가 풀리지 않은 채로 세월이 갈수록 크고 단단해져서 녹지 않는 핵심감정에 있다. 정신장애의 원인은 부모, 특히 어머니에 대한 사랑과 미움에 뿌리를 두고 있다. 사랑이 채워지지 않으면 미움으로 변한다. 어려서 받은 마음의 상처가 풀리지 않고 세월이 갈수록 눈덩이처럼 커지고 단단해지는데, 이것이 '핵심감정'이다. 핵심감정은 어려서부터 풀리지 않은 채 간직하고 있는 감정으로서 본인이 의식하지 못할 뿐 아니라 본인이 보지 않으려는 감정이며 평생 동안 행동을 통해 모든 일에서 반복된다. 건강하고 행복한 인생은 핵심감정으로부터 자유로워지는 것, 특히 자신을 비하하는 열등감을 극복하고 주체성을 회복하는 데 있다.

이동식에 따르면, 핵심감정은 서양의 심리치료에서 콤플렉스, 중심갈등, 핵심역동 등으로 불리고 있으며 불교에서는 집착, 특히 대혜(大慧) 선사가 말하는 애응지물(碍膺之物)에 해당하는 것이다. 이러한 핵심감정은 주관적으로 느끼는 감정 자체로서 말로 전달되기 어려우며 공감에 의해서만 느껴지고 전달될 수 있다. 도정신치료에서는 치료자가 내담자의 핵심감정을 충분하게 공감해주는 것이 매우 중요하다.

(2) 치료자의 공감

이동식(2008)에 따르면, 정신치료는 "치료자가 자신의 인격으로 동토(凍土)에 떨고 있는 환자에게 봄을 가져다주는 것"이다. 환자는 치료자가 존재함으로써 안심하고 자기 자신일 수 있으며, 치료자와 환자는 서로를 공감하고 속임 없이 있는 그대로를 드러내며 진정한 대화를 하게 된다. 도정신치료에서는 내담자의 핵심감정을 충분하게 공감해줄 수 있는 치료자의 인격과 공감능력이 매우 중요하다.

도정신치료에서는 치료자의 인격이 치료의 주된 수단이다. 치료자는 자신의 핵심감정을 이해하고 극복함으로써 투사나 역전이가 없는 중립성(neutrality) 또는 완전한 정심(淨心)을 지녀야 한다. 이를 위해서 치료자는 수도를 하거나 정신치료를 받아야 한다. 수도는 스승의 도움을 받아 자신의 마음을 바라봄으로써 애증의 핵심감정에서 벗어나는 것이지만 주로 자신이 스스로 해나가는 것이다. 가장 좋은 방법은 좋은 치료자를 만나서 자신의 핵심감정을 자각하고 정신치료와 수도를 병행하거나 정신치료 후에 수도로 넘어가는 것이다.

이동식(2008)은 동아시아 전통의 정수를 유교, 불교, 노장사상에 나타나 있는 도(道)라고 본다. 도는 정심(淨心)이며 애응지물(碍膺之物), 즉 핵심감정을 제거하는 것이다. 달리 말하면, 현실을 있는 그대로 받아들임으로써 마음을 편안하게 하는 것이고 투사를 없앰으로써 인지적 왜곡을 교정하는 것이다.

도정신치료에서 치료자는 환자의 핵심감정을 공감하는 동시에 그의 주체성을 강화한다. 치료자는 환자 자신이 인생과 세상의 주인공이라는 자각을 할 수 있도록 돕는다. 천상천하 유아독존(天上天下 唯我獨尊)의 경지를 회복시키기 위해서 환자에게 있어서는 자신이 가장 존귀한 존재라는 자각을 이끌어낸다. 환자들은 외부의 영향에 의해서 주체성을 잃은 채 열등감을 지니며 살아간다. 치료자가 환자의 얼어 있는 마음을 공감해줌으로써 환자의 억압된 감정이 발산되면 외부의 힘에 이끌리지 않으면서 자신의 주체성을 회복할 수 있게 된다.

이동식에 따르면, 정신치료는 수도와 같다. 동양의 유불선 경전은 이미 정신치료의 해법을 제시하고 있다. 집착을 없애고 마음을 정화한다. 정신치료는 환자의 착각, 즉 핵심감정으로 인해 갈등을 일으키는 투사를 없애는 것이다. 불취외상 자심반조(不取外相 自心返照)는 투사를 그만두고 자신의 내면을 밝히라는 것을 의미한다. 수도는 자신이 스스로 하는 것이고, 정신치료는 개인이 스스로 못 고치는 것을 치료자가 환자 스스로 고칠 수 있도록 도와주는 것이다. 정신건강이란 옛말로 하면 도를 닦는 수도요, 마음을 깨끗이 하여 감정을 순화시키고 부당한 욕심을 없애는 것이며 인격을 성숙시켜 사람다운 사람이 되는 것이다.

도정신치료는 동양의 도사상에 근거하며 독자적인 치료이론을 제시한 최초의 한국적 심리치료라는 점에서 커다란 의의를 지닌다. 그러나 도정신치료는 개념과 이론의 체계성과 논리성이 미흡할 뿐만 아니라 구체적인 치료적 절차나 기법을 제시하고 있지 않다. 그보다는 치료자의 인격, 특히 공감능력과 자비심을 강조하고 있다. 현재 이동식은 90대의 나이에도 불구하고 서울소재의 동북병원에서 치료활동을 하고 있으며 1980년대부터 한국정신치료학회를 이끌며 후진양성을 하고 있다.

2) 온마음 상담

온마음 상담은 윤호균(1999, 2001, 2005, 2007)이 불교의 연기론에 근거하여 제안한 상담 모델이다. 이 모델에 따르면, 내담자의 심리적 괴로움이나 문제는 공상을 사실로 착각하고 집착하는 데서 일어난다. 따라서 상담자는 내담자로 하여금 그의 공상과 집착에서 벗어나도록 함으로써 문제나 괴로움에서 해방되어 그가 진정으로 원하는 삶을 살 수 있도록 돕는 것을 목표로 한다.

(1) 공상과 집착

윤호균에 따르면, 개인의 경험은 사실과 상상의 합성물이다. 개인이 세상과 접촉하는 과정에서 외부 대상은 감각기관과 접촉하거나 육감(六感)을 통해서 반사적 또는 직관적으로 감각적 인상과 느낌, 사고, 생리적 반응을 촉발하는데 이를 '유기체적 경험'이라고 할 수 있다. 그러나 때로는 대상이 있는 그대로 지각·사고·감정·욕구에 반영되는 것이 아니라 유기체적으로 촉발된 경험이 개인의 변별평가체계를 통해서 채색되고 편집된 형태로 경험되기도 한다. 이러한 경우에 대상에 대한 개인의 경험은 그의 변별평가체계를 이루는 그의 과거경험, 지식, 기존관념 및 기대 등에 비추어 그 사람 나름대로 변별하고 해석하고 평가하여 변형시키고 채색한 것이다. 즉, 개인과 접촉된 내적·외적 자극들이 있는 그대로 지각되고 느껴지고 받아들여진 것이 아니라 자신의 변별평가체계에 따라서 해석되고 평가되어 선택적으로 받아들여지고 편집된 것이다. 달리 말하면, 이러한 경험은 자기중심적으로 변형된 것이다. 경험이 이루어지는 이러한 두 가지 양식은 누구에게나 공통된 것이다. 전자가 그때그때의 있는 그대로의 사실을 반영한 것이라면, 후자는 경험자의 변별평가체계에 따라 채색되고 변형된 것이다. 이렇게 변형되고 채색된 경험을 '공상(空想)'이라고 할 수 있다.

변별평가체계의 기억, 관념, 지식 중 일부는 '자기'라는 관념을 형성한다. 그리고 이러한 자기에게 만족을 줄 것으로 생각되는 것들을 바라고 추구하며, 위협을 줄 것으로 간주되는 것들을 두려워하고 회피한다. 이처럼 자기관념과 그에 따른 자기의 바람과 두려움이 형성되면 순간순간 개인에게 일어나는 경험은 그 순간의 생생한 현실을 반영하는 것이 아니라 습관적이고 상투적이며 유형화된 반응의 반복이 된다. 즉, 상황이나 조건의 변화에도 불구하고 그는 자기관념 및 자기의 바람이나 두려움과 관련된 과거경험, 관념, 지식 등에 따라서 상투적인 특정한 방식으로 반응하게 된다. 이처럼 고착적이고 집요하게 특정한 방식으로 지각하고 사고하고 느끼고 추구하는 것을 '집착(執着)'이라고 할 수 있다.

심리적인 문제와 괴로움은 공상을 공상으로 자각하지 못하고 사실로 착각하거나 그것에 집착할 때 생겨난다. 따라서 문제와 괴로움에서 벗어나려면 공상을 공상인 줄 알고 그에 대한 집착에서 탈피하여 본래의 깨끗한 마음이 드러나도록 해야 한다. 이를 위해서는 자신의 순간순간의 경험이 자기가 그려낸 공상임을 분명히 자각할 필요가 있다. 아울러 자신의 두려움, 바람, 그리고 자신의 존재 역시 가공적 실체임을 자각해야 그것의 구속으로부터 벗어날 수 있다. 불교에서 말하는 아공(我空), 즉 자기라는 존재 역시 관념의 산물에 불과한 허구라는 사실을 깨닫게 될 때, 현실적인 문제에 대한 집착은 물론 죽음, 무의미, 고독과 같은 실존적 문제로부터 자유로워질 수 있다.

(2) 온마음 상담의 과정

온마음 상담은 내담자가 자기경험의 공상적 성격을 자각하여 집착으로부터 탈피함으로써 심리적 고통으로 벗어나는 동시에 자신이 진정으로 원하는 삶을 살도록 돕는 것이다. 이를 위해서 상담자는 내담자의 존재 자체에 대한 믿음을 지니는 것이 중요하다. 내담자가 어떤 고통과 문제를 나타내든 그는 소중한 영적인 존재(예컨대, 부처인 동시에 하느님의 자녀)라는 믿음을 지니고 그의 참모습을 드러낼 수 있는 공간을 만들어주어야 한다.

온마음 상담의 일반적 과정은 내담자의 내적 세계를 이해하고 공감하는 것, 내담자로 하여금 경험의 공상적 성격을 자각하고 집착으로부터 탈피하도록 하는 것, 그리고 대안적 관점의 탐색을 통해서 새로운 비전과 희망을 지니도록 하는 것이다(윤호균, 2007). 상담자의 가장 우선적인 과제는 내담자의 내적 세계를 이해하고 공감하는 것이다. 상담자는 편안한 상담분위기를 제공하면서 내담자가 자신의 속마음과 심정을 솔직하게 거리낌 없이 속 시원하게 털어놓을 수 있게 해야 한다. 내담자로 하여금 자신의 생각과 감정, 욕망, 상처와 한(恨), 희망과 기대, 자랑과 부끄러움, 과거와 현재의 삶, 환상과 기억 등 마음속에 있는 온갖 것들을 자신이 원하는 만큼 자유롭게 충분히 드러내게 한다. 온마음 상담에서는 상담자와 내담자 간의 '나-너 관계'를 중시한다. 내담자의 심리적 상처는 대부분 인격적으로 존중받고 소중히 돌보아지기보다는 능력, 역할, 모습에 따라 평가되고 취급되었기 때문이다. 상담자가 내담자를 인격적인 관계 속에서 소중히 여기며 수용하고 존중할 때 내담자도 자신을 소중히 여기며 자신의 참 모습을 회복하게 된다.

온마음 상담의 두 번째 과정은 내담자로 하여금 자기 경험의 공상적 성격을 자각하도록 하는 것이다. 내담자는 일반인에 비해서 현실과 공상을 착각하는 범위나 정도가 심하다. 또한 특정한 영역에서는 그러한 착각이 매우 심할 뿐만 아니라 그것을 자각하지 못한다. 상담자는 내담자의 관점과 인식을 존중하지만 입장과 시각을 달리했을 때 그것들이 달라질 수 있음을 알아차리도록 도움으로써 그의 감정과 생각은 그의 입장과 관점의 산물이며 공상으로 채색된 것임을 깨닫도록 돕는다. 온마음 상담자는 내담자의 주관적 사고와 감정을 존중하고 인정하면서도 그것이 자기중심적인 입장에서 채색된 공상임을 깨닫도록 돕는다.

이를 위해서 상담자는 문제 상황에서 내담자의 지각, 생각, 감정, 의도 및 행동이 어떤 식으로 전개되어 문제를 만들어내는지 확인한다. 내담자의 문제나 증상이 자기중심적인 공상의 산물이라는 것을 자각하도록 돕기 위한 일반적인 과정은 다음과 같다. ① 감정이 실려 있거나 그렇게 추정되는 경험을 찾아내기, ② 그러한 경험에 주의를 집중하고 거기에 머물러보기, ③ 그 경험을 가능한 한 재경험하거나 재구성해보기, ④ 그 경험을 촉발한 구체적인 외적, 내적 자극을 탐색하여 확인하기, ⑤ 그 경험의 전개과정에 내담자의 짐작, 추리, 투사, 해석이 어떻게 개입했는지 확인하기, ⑥ 이러한 짐작과 해석에 그의 과거경험이나 기존관념, 기대가 어떻게 개입했는지 확인하기, ⑦ 사실과 공상을 구별하고 정리하기.

많은 내담자들은 자신의 문제나 증상이 사실의 반영이라기보다 자신의 공상과 착각에 기인함을 인식한다하더라도 여전히 그런 집착으로부터 자유롭지 못하고 거기에 묶여있다. 이를 돕기 위해서 상담자는 내담자에게 그들의 감정, 생각, 욕구가 '지금-여기'에서의 유기체적 경험보다 그들의 과거경험, 기존관념, 기대에 좌우되는 것이며 상황과 입장에 따라 끊임없이 변화하는 것이라는 점을 자각하도록 돕는다. 자신의 생각과 감정이 무의식적이고 맹목적인 동일시와 집착 때문이라는 것을 자각하는 것만으로도 내담자는 주체적인 선택가능성과 자유로움을 느끼고 고통과 갈등으로부터 벗어날 수 있다.

온마음 상담의 마지막 과정은 내담자로 하여금 새로운 관점에서 자신의 존재와 상황을 바라보고 생각하며 그에 따라 살아보도록 하는 것이다. 상담자는 내담자가 자신의 경험을 공상적인 것으로 자각하도록 돕는 동시에 여러 가지 대안적인 관점을 검토하고 그러한 관점에서 자신의 경험을 새롭게 보거나 상상해보도록 한다. 예컨대, 상대방이나 제3자 또는 절대자의 입장에서 생각해보거나 고요하고 평화로운 상태 또는 즐겁고 행복한 마음의 관점에서 생각해보게 하는 것이다. 온마음 상담에서는 현실검증을 중시하지만 내담자의 자유롭고 창조적인 상상도 중요하게 여긴다. 내담자의 문제는 객관적 현실의 왜곡에서 생겨나기도 하지만 자유로운 상상과 희망적 믿음의 결여에서 오는 것도 사실이다. 상담자는 내담자가 지니고 있는 자유롭고 새로운 비전과 경험을 존중하고 격려하는 것 역시 현실을 검증하는 것 못지않게 중요하게 여긴다.

온마음 상담의 핵심은 모든 경험의 공상적인 성격을 철저히 자각함으로써 자신의 경험이 가변적이고 실체가 없는 것임을 깨닫는 것이다. 윤호균(2007)에 따르면, 온마음 상담의 실제에서는 순간순간의 마음의 흐름에 대한 알아차림과 진정한 소망에 따른 선택이 있을 뿐이다. 또한 상담의 모든 과정은 끊임없는 질문, 즉 화두의 참구라고 할 수 있다. "진정한 나(또는 그)는 누구인가?" "왜 내(또는 그)가 온전한 존재(하느님의 자녀 또는 부처)일 수 있는가?" "지금의 이 일이 왜 의미있는 일(하느님의 역사 또는 부처님의 일)일 수 있는가?"이다. 이러한 질문은 한없이 열려 있는 질문이며 내담자 스스로 자신에게 던지는 질문이다. 이러한 물음은 간화선에서 화두를 의심하게 하는 것처럼 내담자로 하여금 자신의 존재와 실체가 무엇인지를 의심해보도록 하기도 한다. 이것은 특정한 정답을 찾기 위한 것이라기보다는 자기가 믿어 의심치 않는 관념, 경험 그리고 자기 존재의 허구성과 더불어 열려있는 존재로서의 자기를 깨닫도록 하기 위한 것이다. 상담자의 과제 중 가장 중요한 것은 내담자의 온갖 모습에 반영되어 있는 그의 참모습을 볼 수 있는가 하는 점이다.

3) 본성실현상담

본성실현상담은 이형득(李炯得, 1933~2005)이 동서양의 종교에 근거하여 인간의 본성과 성장가능성을 최대한 발현하도록 돕기 위해 제안한 상담모형이다. 이형득(1998, 2003)에 따르면, 상담이란 병리나 문제를 지닌 개인을 정상상태로 회복하도록 돕는 것을 넘어서 보다 나은 성장발달을 촉진함으로써 그가 지닌 생래적 성장가능성을 최대한 발휘하도록 돕는 과정이다.

(1) 인간의 본성과 장애 요인

본성실현상담은 불교, 도교, 유교, 한국의 전통사상 그리고 기독교의 사상에 근거하여 인간의 본성을 구체화하고 있다. 불교에 의하면, 인간은 불성을 지닌 존재로서 부처가 소유한 여러 특성을 본성으로 지닌다. 도교에서는 인간을 덕(德)이라는 신비한 능력을 지닌 존재로서 누구나 도인이 될 자질을 본래 갖추고 있는 것으로 본다. 그리고 기독교에서는 인간을 하나님의 형상에 따라 지음을 받은 존재로 보고 그 표본적인 인물인 예수의 특징을 모든 인간의 본성으로 여긴다. 이러한 사상체계들은 각기 표방하는 인물과 그 구체적인 성격특질은 다르지만 인간은 행복하고 생산적인 삶을 영위하기에 충분한 본성을 소유하고 있다고 본다. 아울러 인간은 도덕적으로 선악을 초월하며, 정서적으로는 탐심과 집착을 초탈하여 불안과 고뇌에서 해방될 수 있고, 지적으로는 현실을 있는 그대로 정확하게 지각하고 수용하는 지혜를 지니며, 타인과 자연에 대해서 개방적이며 공평무사하므로 그들과 사랑의 관계를 발전시킬 수 있고, 신 또는 우주정신과의 영교를 통해서 여러 가지 초인적 능력을 발휘할 수 있는 것으로 본다.

이형득(2003)에 따르면, 인간이 이러한 본성과 능력을 지니고 있으면서도 불안하고 무능하며 불행한 경험을 하게 되는 것은 다음과 같은 본성실현의 장애 때문이다.

그 첫째 장애는 이분법적 사고와 상반된 시각이다. 인간은 이분법적 또는 양극적 사고를 하게 되면서 긍정적인 선한 것은 취하고 부정적인 악한 것은 배척하게 되었다. 이분법적 사고에 근거한 선악판단은 본성에 따른 느낌, 생각, 행동을 방해함으로써 자유롭고 생산적인 삶을 저해한다. 둘째 장애는 부정적 자기개념과 열등의식이다. 인간은 자신의 본성과 별개로 자신에 대한 상징과 개념을 동일시하여 독립적인 자아가 존재하는 것처럼 여기는 허구적인 자기개념을 지닌다. 또한 부모의 애정박탈과 불신으로 인해 부정적인 자기개념과 열등의식을 형성함으로써 다양한 심리적 문제를 나타내게 된다. 셋째는 비효과적인 관계와 결여의식으로서 부모나 타인의 부정적 평가에 의해 형성된 부정적 자아개념이 강화되어 다른 사람과 진정한 만남의 관계를 형성하지 못하게 만든다. 그 결과 타인, 자연 그리고 신과 효과적인 관계를 형성하지 못하고 결여의식을 경험하면서 관계의 단절과 소외감을 느끼게 된다. 넷째 장애는 이기적인 욕심과 집착이다. 인간은 자신의 부정적 모습을 보상하기 위해서 욕심을 내게 되고 그 대상에 집착하게 된다. 인간의 욕심과 집착은 다분히 자기중심적이고 이기적인 속성을 지니고 있기 때문에 타인과의 긴장과 갈등을 초래하게 된다. 마지막으로, 예상불안과 그에 따른 반응의 주저나 조급한 행동이 본성실현을 저해한다. 인간은 욕심과 집착을 지니게 되면 소유하고 싶은 것을 더 빨리 그리고 더 많이 갖기 위해 조급해하거나 그렇게 되지 못할 것을 염려하여 주저하거나 회피하게 된다. 이러한 장애들은 위계적인 관계를 지니고 있어서 이분법적 사고와 선악판단에 의해서 부정적인 자기개념이 구성되고, 그에 따라 불신과 소외를 경험하게 되며 이를 보상하기 위해서 욕심과 집착을 하게 되고 그 결과 주저와 조급이라는 행동적 특성이 나타나게 된다.

(2) 본성실현상담의 과정

본성실현상담은 내담자가 이러한 장애요인들을 극복하고 그에게 부여된 본성적 능력을 최대한 실현할 수 있도록 돕는 것을 목표로 한다. 이를 위해서 상담자는 내담자로 하여금 ① 자신의 본성과 가능성에 대한 이해와 확신, ② 자신의 느낌과 생각에 대한 허용적 태도, ③ 직관적 반응의 함양, ④ 타인과 자연에 대한 조화로운 행동을 육성하도록 돕는다.

본성실현을 위한 첫 걸음은 본성의 속성, 삶의 기본원리, 그리고 우주의 존재양식에 대한 바른 인식을 하는 것이다. 그 기본내용은 다음과 같다. ① 우리 속에는 본성적으로 무한한 능력이 내재되어 있다. ② 우리의 생각과 행동을 통제하는 자아는 착각이며 이러한 허구적 자아개념에 집착하는 것은 본성실현의 장애요인이다. ③ 우주의 만상은 불가분의 관계이므로 타인과 자연의 복지가 바로 나 자신의 안녕과 직결된다. ④ 세상의 만상은 음과 양의 이원적 현상의 흐름으로 이루어지므로 이 양면의 조화된 균형이 행복하고 생산적인 삶에 필수적이다.

둘째는 허용적 태도로서 어떤 상황이나 사물에 대해서도 있는 그대로 감지하고 허용할 수 있는 태도를 기르는 것이다. 우리는 마음을 동요시키는 욕심과 집착에 의해 마음이 속박되어 본성적 느낌과 생각의 자율적인 흐름을 억제하게 된다. 허용적 태도를 함양함으로써 선악의 판단 없이 모든 것을 있는 그대로 받아들이는 것이 중요하다.

셋째, 본성실현을 위해서는 직관적 반응이 중요하다. 언어와 더불어 논리적이고 분석적인 사고를 관장하는 좌뇌의 과도한 발달이 직관적 능력을 저해한다. 따라서 직관적 능력을 발달시킴으로써 좀 더 균형적인 본성실현이 가능하다. 무엇을 성취하려고 의식적으로 애쓰는 노력 자체에 의해서 성취가 방해될 수 있다. 따라서 우리의 직관력이 스스로 작용하도록 신뢰하고 허용하는 것이 행동의 효율성을 증진하는 최선임을 깨달아야 한다.

마지막으로, 타인 및 자연과 조화롭게 살아가는 것이 중요하다. 개인은 타인 및 자연과 상호의존적인 불가분의 관계 속에서 살게 되어 있다. 도교의 무위사상이 시사하듯이, 우주 만물은 각기 그 자체의 본성과 흐름에 따라 존재하도록 허용되기만 하면 저절로 조화를 이루게 된다. 이러한 원리를 깨닫고 매 순간 자신, 타인, 그리고 주위환경을 있는 그대로 수용하기만 하면 그것이 바로 참된 의미의 조화로운 삶이 될 것이다.

4) 현실역동상담

현실역동상담은 장성숙(2000, 2002, 2007)이 집단주의적이고 가족중심적인 한국 문화의 특성을 반영하여 제안한 상담모형이다. 장성숙에 따르면, 일찍이 산업화를 이룩한 서양은 자율성 또는 독립성을 강조하는 개인주의 사상을 발달시켰고, 이러한 문화에서 서양의 상담접근은 개인내적인 갈등에 초점을 맞추었으며 자아성장 내지는 자아실현을 상담의 궁극적인 목표로 삼았다. 그러나 이와 달리 가족주의를 근간으로 제반문화를 발달시켰던 우리사회는 현대화가 이루어졌음에도 불구하고 여전히 나름대로의 강한 가족주의적 색채를 지니고 있다.

우리나라에서는 삶의 질을 결정하는 주요 요인으로 관계를 중시하기 때문에 일반적인 상담목표는 조화를 이룬 인간관계에 두는 것이 타당하다. 따라서 우리나라에서 상담자의 역할은 내담자가 관계를 잘 유지하도록 하면서 자신도 살고 상대방도 살리도록 돕는 것이다. 이를 위해서 상담자는 적극적으로 어른의 노릇을 하며 내담자를 일깨워줘야 한다. 그러나 상담자가 내담자의 주요 역동을 제대로 이해하고 분노를 다루어주지 않으면 상담자의 말이 수용되거나 소화되지 못한다. 우리의 관계주의 문화권에서는 상담자가 심리내적인 문제뿐만 아니라 대외적인 현실의 문제를 보다 적극적으로 또는 보다 직접적으로 다루어줄 때 만족할 만한 상담성과를 거둘 수 있다. 현실역동상담에서는 무엇보다 상담자가 치료자로서의 역할뿐만 아니라 내담자의 성장을 도와주는 어른으로서의 역할을 해야 한다고 강조한다. 내담자가 호소하는 문제를 심리적 차원에서뿐만 아니라 실제 삶이 이루어지는 전체 맥락 속에서 다루기 위해 상담자는 증상을 다루는 치료자 역할 외에도 때로는 스승이나 부모와 같은 적극적인 역할을 하는 것이 필요하다고 본다. 현실역동상담의 목표는 내담자의 현실적인 적응을 돕는 것이다. 적응적인 삶이란 우리가 처해 있는 현실의 관계 속에서 조화를 이루며 힘 있게 사는 것이다. 즉, 더불어 사는 관계 속에서 삶의 주인으로서 자기 목소리를 내며 당당하게 살자는 것이다. 이러한 현실역동상담은 다음과 같은 특성을 지니고 있다(장성숙, 2007).

(1) 문제의 진상 파악하기: 우리나라 사람들은 자기를 독립된 존재로 인식하기보다 '우리'라는 가족의 한 부분으로 인식하는 경향이 있다. 이러한 경향은 집단주의를 발달시켰고 동시에 체면문화를 이루었다. 그렇기 때문에 우리나라 사람들은 의식적으로든 무의식적으로든 솔직하게 털어놓는 것에 어려움을 느낀다. 그러므로 상담자는 내담자가 표현해내는 내용에 의해 문제를 파악하려 하기보다 전체적 맥락을 고려해 문제의 진상을 파악할 수 있어야 한다.

(2) 상담에 대한 방향 설정하기: 일반적으로 내담자가 자신의 문제에 대해서 자기에게 적합한 방향을 스스로 잡도록 하는 것이 원칙이라고 하지만, 흔히 내담자는 흥분하거나 취약한 상태에 있기 때문에 본인 스스로가 선택을 하도록 하면 바람직한 방향보다는 오히려 역효과를 내는 부적응적 방향을 선택하곤 한다. 따라서 위기개입이나 단기상담에서는 내담자를 대신해 상담자가 적합한 방향을 설정해주는 것이 바람직하다.

(3) 심정을 헤아려주기: 사람들은 대체적으로 자신의 마음을 알아주어야 비로소 변화에 대한 움직임을 시작한다고 하는데, 한국 사람들은 정한(情恨)의 존재라고 일컬어질 만큼 심정적인 면을 중요하게 여긴다. 따라서 상담자는 무엇보다 내담자의 심정 특히 원통하고 서러운 감정을 잘 헤아려주며 공명을 해

주어야 탄탄한 상담자와 내담자의 관계형성을 이룩할 수가 있고, 나아가서 변화의 단초를 마련하기가 용이하다. 직면을 시도하되, 내담자의 심정에 대한 정확한 공감적 이해는 한국적 상담접근에 필수사항이다.

(4) 외적 현실을 중시하기: 관계주의라는 우리사회의 특성상 내담자들이 호소하는 문제는 인간관계의 불화가 대부분이다. 그러므로 서구의 개체중심 사회에서 독립된 실체로서의 자아를 강조함으로 인해 중시되는 개인의 심리내적 갈등을 우리나라의 내담자에게 정도이상으로 부각시키는 것은 적절하지 않다. 오히려 내담자가 살아가는 외적인 현실세계, 즉 갈등이나 문제에 대인관계가 차지하는 중요성을 인식하고 처한 관계 속에서 어떤 것이 원활하지 못해 문제가 생기는지에 적극적으로 초점을 맞출 필요가 있다.

(5) 역할에 대한 강조: 우리 사회는 '우리'라는 공동체적인 삶을 무엇보다 강조하기 때문에 각자 자신의 위치에 따른 역할을 얼마나 제대로 수행하고 있는지를 점검하는 것이 매우 중요하다. 그러므로 상담자는 내담자의 고통을 이해하고 공감하는 것 이상으로 그가 관계 속에서 무엇을 챙기지 못하는지, 즉 자신에게 부과된 역할에서 무엇을 제대로 이행하지 못해 문제가 생겨나게 되었는지를 일깨워주고 그 역할을 수행하도록 돕는 것에 많은 비중을 둔다.

(6) 상담자의 어른 역할: 우리 사회에서는 상담자를 단지 심리적 도움을 주는 전문인으로서 뿐만 아니라 지혜로운 지침이나 방향을 모색해주는 어른으로 여기는 경향이 있다. 그러므로 상담자는 이런 기대에 어느 정도 부응을 해야 하는데 우리사회에서 이상적인 어른의 표상은 엄부자모(嚴父慈母)이다. 따라서 상담자는 공감적인 반응뿐만 아니라 내담자를 인도하기 위해 때로는 질타를 아끼지 않는 엄한 모습을 취할 수도 있어야 한다.

(7) 직면을 활용하기: 내담자가 좀처럼 변화에 대한 진전을 하지 못할 때가 있다. 사태의 심각성을 깨닫지 못하기 때문일 수도 있고, 변화에 대한 저항일 수도 있고, 의존적 욕구 때문일 수도 있다. 이럴 경우에는 지지나 공감만으로는 부족하고 모순점을 지적한다든가 질타를 가한다든가 아니면 부끄러움을 자극하는 방식으로 다양한 직면을 시도하는 것이 필요하다. 즉, 상담자가 다양한 개입방법을 구사할 수 있을 때 상담이 진전될 수 있다.

(8) 부모-자녀 관계 복원하기: 한국인은 부모와 자녀 간의 혈연관계를 관계의 근간으로 삼고 있기 때문에 부모-자녀 간의 관계를 회복시켜주는 것은 내담자에게 든든한 울타리를 갖게 해주는 것과 같다. 그러므로 상담자는 어느 정도의 시점에 이르러서는 내담자에게 자원으로서 부모의 상을 재조망하도록 해

주는 전략을 모색한다.

(9) 사회성 촉진하기: 삶을 관계로 보는 관계주의 문화권인 우리 사회에서는 주위사람들과 원만한 관계를 유지하도록 하는 것이 무엇보다 중요하다. 특히 한국사회에서는 독립성보다 사람들과 무난하게 어울리는 사회성을 강조하는 편이다. 그렇기 때문에 상담자는 내담자가 사람들을 향해 나아가도록, 즉 사람들에게 다가가는 몸짓을 하도록 적극 일러주는 태도를 취할 때 내담자의 적응을 직접적으로 돕게 된다.

5) 동사섭

동사섭(同事攝)은 불교승려인 용타(龍陀) 스님에 의해서 개발된 수행 프로그램이자 집단상담 또는 행복증진 프로그램이다. 용타 스님은 1980년에 동사섭 수행프로그램을 개발하여 실시하기 시작했으며 현재는 함양군에 소재한 동사섭 행복마을 문화센터에서 프로그램 운영을 계속하고 있다.

동사섭(同事攝)은 불교의 사섭법 중 하나로서 다른 사람들과 희로애락을 함께함을 뜻한다. 사섭법(四攝法)은 중생을 구제하는 보살이 지녀야 하는 네 가지 삶의 태도를 의미하며, 그 첫째는 중생을 향해서 베푸는 보시섭(布施攝)이고, 둘째는 자애어린 말로 위로하는 애어섭(愛語攝), 셋째는 이로운 행동으로 돕는 이행섭(利行攝), 그리고 넷째가 중생과 희로애락을 함께하는 동사섭(同事攝)이다.

동사섭은 불교의 기본원리와 여러 수행법에 근거하여 자신과 이웃 그리고 사회의 행복증진을 목표로 하는 수행 프로그램이다. 동사섭은 불교와 현대 심리학을 접목한 것으로서 Carl Rogers의 참만남 집단(Encounter Group)이 그 연원이라고 할 수 있다. 동사섭 수행 프로그램은 행복의 5대 원리, 즉 정체성, 대원, 수심, 화합, 작선의 원리에 근거하고 있다(박성희, 2007b). 정체성(正體性)의 원리는 우주의 중심인 귀하고 소중한 존재로서의 자기 자신의 정체성을 깨닫는 것이며, 대원(大願)의 원리는 우리 모두의 행복을 추구하고자 하는 커다란 소망을 세우는 것이다. 수심(修心)의 원리는 자신의 마음을 잘 다스리는 것이고, 화합(和合)의 원리는 주변사람들과 더불어 조화롭게 잘 지내는 것이며, 작선(作善)의 원리는 선한 행위를 실천하며 살아가는 것이다. 행복의 5대 원리를 한 문장으로 요약하면 다음과 같다. "우주의 중심인 귀하고 소중한 나는 우리 모두의 행복을 위하여 먼저 내 마음을 잘 다스리고 주변사람들과 더불어 잘 화합하며 선을 지으며 산다."

동사섭 프로그램은 심리적 고통과 문제를 지닌 사람뿐만 아니라 누구나 참여할 수 있으며 집단으로 실시된다. 동사섭은 일반과정, 중급과정, 고급과정으로 이루어져 있으며 지금까지 일반과정 200회 이상, 중급과정 30여 회, 고급과정 10여 회를 실시했으며 연인원 1만여 명의 참가자를 배출했다.

일반과정은 5박 6일의 합숙수련으로 이루어지며 오전 6시 30분에 일어나 국선도를 하는 것에서 시작하여 오후 10시에 와선에 들기까지 다양한 프로그램으로 구성된다(박성희, 2007b). 삶의 5대원리를 비롯한 동사섭의 기본원리에 대한 설명과 더불어 소그룹 마당, 마음 나누기, 교류4덕, 다양한 명상(옴나 명상, 독배 명상, 지족 명상, 비아 명상, 죽음 명상 등)과 같은 다양한 활동이 이루어진다. 옴나 명상은 우리의 의식이 공(空)함을 깨닫고 당당한 가운데 걸림 없이 자유롭고 진정한 휴식을 체험하는 수행법이며, 독배 명상은 우리 영혼의 자유로움을 방해하는 탐심과 욕구를 발견하고 그로부터 벗어나 심리적으로 느긋해지는 명상법이다. 지족(知足) 명상은 관점을 전환하여 매사를 긍정적으로 생각하고 작은 것에도 감사하는 마음을 길러 편안하고 행복한 마음을 갖게 하는 명상법이며, 주전자 명상은 보잘 것 없는 듯이 여겨지는 것들의 소중함을 느끼게 하는 명상법이다. 동사섭은 동양의 불교수행법과 서양의 참만남 집단 방식을 통합한 한국형 집단프로그램으로서 많은 사람들에게 감동과 함께 변화의 길을 열어주었다.

자기이해를 위한 생각거리

1. 한 인간은 세 가지의 심리적 속성, 즉 인류 보편적 특성, 집단적 특성, 개인적 특성으로 이루어진다. 나는 모든 인간에게 공통적인 속성과 더불어 내가 소속한 집단(동양, 한국, 지역, 학교, 가족 등)의 특성을 지니고 있다. 아울러 나만의 독특한 특성과 경험을 지니고 있다. 나의 다양한 심리적 특성을 세 가지 범주로 분류해본다. 내가 느끼는 욕구와 감정은 인류 보편적인 것인가, 일부 집단만이 느끼는 것인가 아니면 나만이 느끼는 것인가? 나는 개인주의적 성향이 강한가 아니면 집단주의적 성향이 강한가? 나만이 지닌 고유한 심리적 특성은 무엇인가?

2. 과연 한국은 다른 나라와 구별되는 독특한 문화를 지니고 있는가? 한국인은 다른 나라 사람들과 구별되는 독특한 심리적 경향성을 지니는가? 한국인은 동북아의 일본이나 중국인과 다른 심리적 특성을 지니는가? 21세기의 한국인은 다른 나라 사람들과 차별화되는 독특한 심리적 문제나 갈등을 지니는가? 나는 전형적인 한국인이라고 할 수 있는가? 어떤 점이 그렇고 어떤 점이 그렇지 않은가? 나는 한국인이 공유하는 심리적 문제나 갈등을 지니고 있는가?

3. 동양의 종교와 철학은 자아초월을 지향하는 경향이 있다. 작은 육체를 자신이라고 여기는 소아(小我)를 넘어서 우주와 하나가 되는 대아(大我)를 지향한다. 과연 나는 무엇을 '나'라고 여기고 살아가는가? '나'라는 자기개념이 하나의 허상에 불과하다는 주장에 동의하는가? 인간의 정상적인 일상적 의식보다 더 높은 수준의 자아초월적 의식이 존재한다는 주장에 동의하는가? 일시적으로나마 자기를 초월한 의식상태를 경험한 적이 있는가?

4. 동양의 일부 종교에 따르면, 인간은 누구나 하늘의 본성을 담고 있는 존귀한 존재이다. 인간과 생명체에는 위대한 영혼이 깃들어 있다. 다만 자신이 그토록 존귀한 존재임을 깨닫지 못하고 있을 뿐이다. 과연 나는 그토록 존귀한 존재인가? 어떤 점에서 그렇게 여길 수 있는가? 나에게는 어떤 위대한 영혼이 깃들어 있는가? 내가 존귀한 존재이듯이, 내 주변의 모든 사람 역시 존귀한 존재로 느껴지는가?

5. 많은 심리치료자들이 마음챙김 명상의 심리치료적 기능에 깊은 관심을 보이고 있다. 마음챙김이 무엇이며 어떤 심리적 효과를 지니는지 몸소 체험해본다. 적어도 1주일 동안 매일 30분씩 마음을 집중하여 자신의 마음에 떠오른 모든 체험을 있는 그대로 비판단적으로 관찰해본다. 걸을 때나 음식을 먹을 때나 언제든 현재의 체험(감각, 생각, 감정 등)을 알아차리려고 노력한다. 마음에 떠오르는 생각과 감정은 '나 자신'이 아니며 다만 내 마음에 떠오른 '사건'에 불과하다는 것을 느껴본다. 평소의 생활에서 마음에 떠오른 생각이나 감정에 휩싸여 함몰되지 말고 그것을 바라보며 '일시적으로 지나가는 그림자'에 불과하다는 것을 인식해본다.

더 읽을거리

♣ 최상진, 윤호균, 한덕웅, 조긍호, 이수원(1999). 동양심리학: 서구심리학에 대한 대안 모색. 서울: 지식산업사.

    ☞ 동양의 철학과 종교 그리고 한국인의 심리에 관심을 지녔던 한국의 여러 심리학자들이 유학과 불교의 심리학적 측면 그리고 한국인의 심리에 관한 연구결과를 소개하고 있다.

♣ Baer, R. A. (Ed.). (2006). *Mindfulness-Based Treatment Approaches.* (안희영, 김재성, 박성현, 김영란, 조옥경 역.《마음챙김에 근거한 심리치료》. 서울: 학지사, 2009).

    ☞ 마음챙김을 활용하여 다양한 정신장애를 치료하는 여러 심리치료 방법들이 소개되고 있다.

♣ Germer, C. K., Siegel, R. D., & Fulton, P. R. (2005). *Mindfulness and Psychotherapy.* (김재성 역.《마음챙김과 심리치료》. 서울: 무우수, 2009).

    ☞ 불교명상과 심리학의 만남을 통한 심리치료의 새로운 가능성을 모색하고 있으며 마음챙김 명상을 심리치료에 활용하는 다양한 방법을 소개하고 있다.

♣ Wilber, K. (2000). *Integral Psychology: Consciousness, Spirit, Psychology, Therapy.* (조옥경 역.《켄 윌버의 통합심리학: 의식·영·심리학·심리치료의 통합》. 서울: 학지사, 2008).

    ☞ Ken Wilber가 인간의 정신세계에 대해서 제시하고 있는 방대하고 난해한 사상의 핵심적 내용이 잘 요약되어 소개되고 있다.

제 **14** 장

21세기의
심리치료와 상담

제14장
21세기의 심리치료와 상담

　　인류 역사에 있어서 20세기는 인간의 심리적 고통과 장애를 치유하는 심리치료와 상담이라는 새로운 전문분야가 생겨난 시기이다. 이 지구상에 호모 사피엔스가 출현한 이후로 인간은 다양한 심리적 고통과 불행을 경험했을 것이다. 지적인 존재인 인간은 이러한 고통과 불행에서 벗어나기 위해서 그 원인과 해결방법을 탐색했을 것이다. 고통과 불행을 극복하려는 노력은 크게 두 가지 방향으로 진행되었다. 그 하나는 외향적인 접근으로서 고통과 불행의 원인을 가혹한 자연, 불평등한 사회구조 그리고 열악한 의식주 환경 때문이라고 여기며 이러한 외부환경을 개선하고자 했던 다양한 노력을 의미한다. 다른 하나는 내향적인 접근으로서 고통과 불행의 원인과 해결책을 인간의 마음과 삶의 방식에서 발견하려는 다양한 노력을 의미한다. 이러한 내향적인 접근의 노력으로 인해서 고대의 샤머니즘을 비롯하여 다양한 종교, 철학, 심신수련법 등이 발전되었다.

　　인간사회의 문화적 기능이 분화되고 전문화되는 거대한 흐름 속에서 마침내 19세기 후반에 심리학이라는 새로운 학문분야가 생겨나고 20세기에 비로소 심리치료와 상담이라는 전문분야가 출현하여 발전하게 된 것이다. 지난 20세기는 인간의 심리적 고통과 불행을 학문적으로 설명하고 체계적으로 치유할 수 있는 다양한 심리치료 이론과 기법이 발전한 시기이다. 이 책은 20세기에 심리치료와 상담 분야를 선도했을 뿐만 아니라 현재 가장 널리 시행되고 있는 주요한 심리치료들을 소개하고 있다.

　　심리치료는 인간의 고통과 장애를 치료하는 학문적 또는 과학적 접근방법이다. 심리치료가 인간의 심리적 문제를 다루고 있는 기존의 종교, 철학 또는 심신수련법과 다른 점은 심리학이라는 과학적인 학문의 토대 위에 서 있을 뿐만 아니라 치료의 이론적 근거와 효과를 실증적으로 확인하고 평가하는 자기반성적인 노력을 끊임없이 기울인다는 점이다. 20세기에는 심리치료의 다양한 이론과 기법이 개발되었을 뿐만 아니라 이러한 심리치료의 효과를 검증하려는 많은 노력이 이루어졌다.

1. 어떤 심리치료가 더 효과적인가?: 도도새의 판결

과연 심리치료는 내담자의 고통과 장애를 치유하는 데 효과가 있는가? 다양한 심리치료법 중에서 어떤 치료가 가장 효과적인가? 두 개의 다른 치료법(예: 정신분석과 행동치료) 중 어떤 것이 더 효과적인가? 이러한 물음은 심리치료자뿐만 아니라 내담자를 비롯한 많은 사람들이 궁금해하는 점이다. 그동안 심리치료의 효과를 확인하기 위한 수많은 실증적 연구들이 수행되었다.

대다수의 연구에서 심리치료는 내담자의 문제와 증상을 유의미하게 개선하는 치료효과가 있는 것으로 나타났다(Luborsky, Singer, & Luborsky, 1975; Smith, Glass, & Miller, 1980). 심리장애를 지닌 사람들은 특별한 치료를 받지 않아도 시간이 흐름에 따라 자연적으로 증상이 호전되는 자발적 회복(spontaneous recovery)을 나타내는 경우가 있다. 따라서 심리치료의 효과를 검증하기 위해서는 치료 전보다 치료 후에 증상이 감소했는지를 확인할 뿐만 아니라 심리치료를 통해서 이러한 자발적 회복이나 다른 요인에 의한 경우보다 증상이 더 많이 감소되었는지를 확인해보아야 한다. 심리치료를 받은 치료집단과 치료를 받지 않는 통제집단을 비교한 많은 연구에서 치료집

'이상한 나라의 엘리스'에 나오는 도도새

단이 통제집단보다 유의미하게 더 많은 증상의 호전을 나타냈다(Luborsky et al., 1975). 특히 치료효과를 검증한 475개의 연구결과에 대한 메타분석연구를 수행한 Smith, Glass와 Miller(1980)에 따르면, 치료집단과 통제집단을 비교한 평균적 효과크기(effect size)는 .85였다. 이러한 효과크기는 심리치료가 우연하게 증상이 호전되는 경우보다 상당히 확실하게 더 많은 치료효과를 나타낸다는 것을 의미한다.

그렇다면, 여러 심리치료 중 어떤 치료가 더 효과적인가? 이러한 물음에 답하기 위해서 두 개 이상의 심리치료의 효과를 비교하는 많은 연구가 이루어졌다. Luborsky, Singer와 Luborsky(1975)는 서로 다른 심리치료의 효과를 비교하는 100개의 연구결과를 종합적으로 검토하고 다음과 같은 결론을 내렸다. "모든 이들이 승리했으며 모두 상을 받아야 한다(Everyone has won and all must have prizes)." 이 문구는 Lewis Carroll(1865)이 지은 공상소설 『이상한 나라의 엘리스(*Alice's Adventures in Wonderland*)』에 나오는 도도새가 한 말이다. 이 공상소설에 등장하는 여러 인물들은 물에 흠뻑 젖은 채로 호수 주변을 달리면서 누가 가장 먼저 옷을 말리는지 시합을 한다. 그리고 우승자의 판결을 상상의 동물인 도도새에게 맡긴다. 누가 이겼는지를 물었을 때, 도도새가 한 말이 바로 위의 문장이다.

1936년에 Saul Rosenzweig는 「다양한 심리치료 방법의 내현적 공통요인들(Some implicit common factors in diverse methods of psychotherapy)」이라는 논문을 발표하면서 다양한 심리치료들 간에 공통적인 치료요인이 많기 때문에 치료효과에 있어서 커다란 차이가 없을 것이라고 주장하면서 '도도새의 판결(Dodo bird's verdict)'이라는 용어를 사용한 바 있다. 그로부터 40년이 흐른 후에 Luborsky 등(1975)은 치료효과를 비교한 많은 연구를 종합적으로 분석한 결과를 발표하면서 도도새의 판결을 언급하며 다음과 같은 결론을 내렸다. 모든 치료들이 비슷한 치료효과를 나타냈으며 여러 치료들 간의 차이는 미미했다. 그로부터 27년이 흐른 후에 Luborsky 등(2002)은 그 동안에 이루어진 17개의 메타분석연구를 종합하면서 도도새의 판결이 여전히 유효하다는 점을 보여주었다.

Luborsky 등(2002)은 이처럼 심리치료 방법에 있어서 치료효과의 차이가 나타나지 않는 이유를 다음과 같이 네 가지로 제시하고 있다. 첫째, 여러 심리치료들 간의 주요한 치료적 요소들이 서로 크게 다르지 않기 때문에 치료효과의 차이가 미미하게 나타날 수 있다. 둘째, 연구자들이 특정한 심리치료를 선호하는 경향이 각기 달라서 자신이 선호하는 치료방식에 유리한 연구설계나 결과분석 방식을 사용했기 때문일 수 있다. 자신이 선호하는 치료가 다른 치료보다 우월하다는 결과가 나타나기를 바라는 기대가 연구과정에 직·간접적으로 영향을 미칠 수 있다. 이러한 경향으로 인해서

A치료를 선호하는 연구자는 A치료가 B치료보다 우월하다는 결과를 얻는 반면, B치료를 선호하는 연구자는 B치료가 A치료보다 우월하다는 결과를 제시할 수 있다. 이처럼 상반된 연구결과들이 상쇄되어 치료들 간의 차이를 적게 만들었을 수 있다. 셋째, 치료효과를 비교하는 연구에서 겪게 되는 임상적 · 절차적 어려움 때문일 수 있다. 치료효과를 비교하는 연구에서 치료유형 간의 차이가 나타나지 않은 것은 연구의 절차나 설계의 한계 때문일 수 있다(Kazdin, 1986; Wampold, 1997). 마지막으로, 환자의 특성과 치료 유형 간의 상호작용으로 인해 치료효과의 차이가 나타나지 않을 수 있다. 즉, 환자의 성격이나 장애에 적합한 치료유형을 고려하지 않은 채 무작위로 환자를 배정하여 치료효과를 평가했기 때문이라는 것이다. 환자의 성격에 적합한 치료방식을 치료유형과 잘 연결하는 것은 치료효과를 증진하는 데 중요하다(Blatt & Felsen, 1993).

심리치료의 우열을 가리는 공정한 연구를 시행하는 것은 결코 쉽지 않다. 치료방식마다 치료목표, 치료대상, 치료기간, 그리고 치료자의 훈련과 조건이 각기 다르기 때문이다. 예컨대, 정신분석치료는 장기간의 치료를 통해서 증상의 기저에 있는 무의식적 갈등을 해결하여 성격구조를 변화시키고자 하는 반면, 행동치료는 단기간의 치료를 통해서 내담자의 증상을 제거하는 것이 주된 목표이다. 정신분석치료는 장기간의 이론적 교육뿐만 아니라 치료경험과 교육분석을 받은 치료자에 의해서 시행되는 반면, 행동치료는 상대적으로 짧은 기간의 교육과 훈련을 받은 치료자에 의해서 실시될 수 있다. 따라서 정신분석치료와 행동치료의 치료효과를 공정하게 비교하기 위해서는 어떤 치료자(예: 성격, 교육수준, 훈련경험, 자격증 여부)가 얼마간의 치료기간(예: 단기, 중기, 장기)에 어떤 내담자들(예: 문제나 장애 유형, 성격, 교육수준, 성별)을 대상으로 치료하며 그 치료효과를 어떤 방식(예: 증상수준 또는 성격성숙도에 대한 자기보고형 질문지 또는 행동관찰방법)으로 평가하느냐가 중요하다. 이러한 실제적인 문제를 해결하여 두 치료의 효과를 공정하게 비교하는 연구를 시행하기란 결코 쉬운 일이 아닐 뿐만 아니라 사실상 거의 불가능하다.

최근의 연구 초점은 치료효과를 비교하는 것보다 치료의 과정이나 치료요인의 상호작용 효과를 밝히는 데 모아지고 있다. 즉, 어떤 치료가 더 효과적인가라는 물음보다 치료자의 어떤 반응이 내담자에게 어떤 긍정적인 영향을 주는가 또는 어떤 치료방법을 어떤 성격의 치료자가 어떤 성격 또는 장애를 지닌 내담자에게 시행했을 때 치료효과가 극대화되는가라는 물음을 해결하는 데 연구의 초점이 모아지고 있다. 이와 더불어 현대의 심리치료 연구자들은 효과적인 심리치료에 공통적으로 존재하는 치료적 요인을 밝히는 데 깊은 관심을 보이고 있다.

2. 효과적인 심리치료의 조건

현재까지의 많은 연구에 따르면, 어떤 한 치료법이 다른 치료법보다 항상 월등하게 더 우수하다는 증거가 없다. Luborsky 등(1975)의 연구가 발표된 이후에 시행된 많은 연구에도 불구하고 도도새의 판결은 아직까지 유효하다(Beutler & Consoli, 1993; Luborsky et al., 2002). 사실, 많은 심리치료 연구들은 다양한 치료적 접근들이 차이점보다 공통점을 훨씬 더 많이 지니고 있음을 보여주고 있다. 현대의 심리치료 연구자들은 치료의 유형에 상관없이 효과적인 심리치료의 공통요인을 찾아내는데 깊은 관심을 보이고 있다.

1) 심리치료의 공통요인

공통요인(common factors)은 다양한 유형의 심리치료들이 공유하고 있는 치료의 효과적인 측면을 의미한다. 이미 Saul Rosenzweig는 1936년에 발표한 논문에서 다양한 심리치료 방법에는 공통요인이 존재할 수 있음을 주장하면서 다음과 같은 네 가지의 공통요인을 제시한 바 있다. 그 첫째는 모든 유형의 치료에 존재하는 치료적 관계로서 내담자에게 안정감과 신뢰감을 제공하며, 둘째는 체계적인 논리로서 내담자의 혼란스러운 마음과 문제를 그럴듯한 논리로 설명하여 이해할 수 있는 것으로 만들어준다. 셋째는 변화의 속성으로서 어떤 영역의 변화가 다른 영역에도 상승적인 영향을 미치는 것이며, 마지막 넷째는 치료자의 성격으로서 내담자를 격려하고 감화시키는 치료자는 어떤 치료법을 사용하든 치료적 효과를 거둘 수 있다는 것이다.

Frank(1973)는 『설득과 치유(*Persuasion and Healing*)』라는 저명한 저서에서 내담자에게 희망을 갖게 하는 것이 중요함을 강조했다. '낙담한(demoralized)' 상태에 있는 내담자는 심리치료를 받게 되면서 치료자의 도움을 통해 자신의 상황이 나아질 수 있다는 '기대(expectation)'와 '희망(hope)'을 갖게 된다. 이러한 희망은 내담자의 사기를 진작시키는데, 이러한 변화만으로도 내담자의 증상이 개선된다. Frank(1973)는 이러한 주장의 근거로서 내담자들이 위약(placebo)에 의해서 증상 호전을 나타낼 뿐만 아니라 본격적인 치료를 받기도 전에 치료에 대한 기대감으로 기분측정치가 긍정적으로 변한다는 실증적인 연구결과를 제시했다.

Frank(1982)는 희망을 강화함으로써 내담자의 사기를 높일 수 있는 네 가지의 공통요인을 제시하였다. 그 첫째는 치료적 관계(therapeutic relationship)이다. Frank는 치료적 관계의 중요성을 강조하고 있는데, 치료적 관계의 핵심은 유능한 치료자가 자신을 돕기 위해 노력하고 있다는 내담자의 믿음이다. 이러한 믿음은 미래에 대한 희망을 증가시키고 사기를 진작시키게 된다. 둘째는 치유적 환경(healing setting)이다. 내담자를 보살피고 체계적으로 관리하며 치료하는 환경 자체가 내담자에게 안정감과 희망을 주게 된다. 셋째는 이론적 근거(rationale)로서 내담자의 문제에 대한 설명과 더불어 문제를 경감시킬 수 있는 방법을 포함한다. 심리치료는 내담자가 이전에 납득하기 어려웠던 자신의 문제들을 더 잘 이해할 수 있는 새로운 설명체계를 제공해줄 뿐만 아니라 실질적인 변화가 가능하다는 점을 전달함으로써 희망을 증대시킨다. Frank는 심리치료 이론의 객관적 진실성보다 내담자에게 믿음직한 것으로 느껴지는 것이 더 중요하다는 점을 강조했다. 넷째는 처방된 치료(prescribed treatments)로서 문제를 완화시키기 위해 치료자가 제시한 구체적인 처방을 뜻한다. 만약 치료자에 대한 믿음을 지니고 그러한 처방을 따르게 된다면, 내담자는 자신의 문제가 해결될 것이라는 기대를 갖게 되고 성공 경험을 통해서 자존감과 사기가 더욱 증진된다.

Frank는 Rosenzweig에 의해 제시된 공통요인을 확장시키고 구체화했을 뿐만 아니라 자신의 주장을 지지하는 경험적 자료를 제시했다는 점에서 새로운 기여를 했다. 또한 그는 공통요인들이 성공적인 치료효과를 유발하는 역동적인 경로를 제안했다. Frank에 따르면, 내담자는 사기가 저하된 낙담상태에서 치료를 받으러 오며 치료적 관계, 치유적 환경, 문제를 설명하는 이론적 근거, 문제해결을 위한 처방을 통해서 희망과 기대를 갖게 됨으로써 사기가 진작되고 증상이 호전된다.

2) 성공적인 심리치료의 주요 공통요인

1980년대의 심리치료 연구에서는 공통요인을 밝히는 것이 가장 중요한 연구주제로 떠올랐다. Garfield(1989)는 공통요인으로 6개의 치료적 요인, 즉 치료적 관계, 정서적 발산과 정화, 문제의 이해와 해석, 적응적 행동의 습득과 강화, 자기문제에 대한 둔감화, 문제의 직면을 들었다. Grencavage와 Norcross(1990)는 공통요인과 관련된 연구논문에서 빈번하게 언급되는 공통요인을 제시한 바 있다. 이들에 따르면, 가장 빈번하게 언급된 공통요인은 치료적 동맹의 발달, 정서적 표현과 직면, 새로운 행동의 습득과 실천, 내담자의 긍정적 기대, 치료자의 자질, 내담자의 문제에 대한 설명과 해결의 이론적 근거 제공 등의 순서로 나타났다. 이밖에도 주요한 공통요인으로 Stricker(2001)는 치료적 동맹, 교정적 정서체험, 긍정적 변화를 위한 치료자와 내담자의 기대, 공감이나 긍정적 존중 등의 효과적인 치료자의 자질, 문제를 바라보는 이론적 근거에 대한 설명 등을 열거했으며, Jorgensen(2004)은 정서적 발산, 노출, 둔감화, 수동적 자세에서 능동적 자세로의 변화, 교정적 정서경험, 치료적 상호작용의 내재화, 정서조절, 문제에 대한 심리학적 이해, 대인간 상호작용을 다루는 능력의 발달, 자기에 대한 새로운 이야기(narrative) 등을 제시한 바 있다. 가장 빈번하게 언급되는 주요한 공통요인들을 좀 더 자세하게 살펴보면 다음과 같다.

(1) 치료적 관계

심리치료의 공통요인으로 가장 빈번하게 그리고 가장 중요한 것으로 여겨지는 것은 치료적 관계이다. 치료적 관계(therapeutic relationship)는 치료자와 내담자의 협력적 관계를 의미하며 치료적 동맹(therapeutic alliance) 또는 작업 동맹(working alliance)이라고 불리기도 한다. 치료적 관계는 Rogers가 주장했듯이 치료자가 무조건적 존중, 정확한 공감, 그리고 진실성을 나타낼 때 촉진되는 것으로 여겨지고 있다. 긍정적인 치료적 관계가 성공적인 치료성과를 가져온다는 점은 많은 실증적인 연구들에서 입증되고 있다(Alexander & Luborsky, 1986; Gaston, 1990; Horvath & Greenberg, 1986).

(2) 정서적 표현과 직면

정서적 표현과 직면은 심리치료의 긍정적 성과를 유발하는 중요한 치료적 요인으로 알려져 있다(Orlinsky & Howard, 1986). 정신역동치료의 연구자들(Horowitz, 1974, 1976)은 교정적 정서체험(corrective emotional experience)이 강력한 치료효과를 가져온다고 주장하고 있다. 또한 교정적 정서체험의 효과는 노출에 대한 행동치료자들의 연구에서도 지지되었다. 노출(exposure)은 내담자가 어려움을 겪으며 회피해왔던 주제를 직면하게 하는 것으로서 그동안 상상하거나 두려워했던 것만큼 압도적이지는 않다는 것을 학습하는 기회를 제공한다. 노출은 내담자가 두려움에 직면하여 새로운 행동으로 대처하게 함으로써 문제를 개선시키는 데 기여한다.

(3) 자기 자신과 문제에 대한 이해와 통찰

대다수 심리치료의 공통적 특징은 내담자가 자기 자신과 자신의 문제를 더 잘 이해하게 된다는 점이다. 심리치료는 내담자의 문제를 설명하고 그 해결방법을 제시하는 이론적 근거를 제공하고 있다. 이처럼 내담자에게 제시하는 여러 가지 설명과 해석을 통해서 내담자의 자기이해가 증진되는 것은 긍정적인 치료적 효과를 유발한 다. 치료자가 경험과 확신을 지니고 제시하는 설명과 해석을 내담자가 신뢰할 만한 것으로 받아들인다면, 그 내용이 무엇인지는 중요하지 않다. 치료에서 중요한 것은 그러한 설명에 대한 내담자의 수용이며 그러한 설명의 과학적 타당성이 반드시 필요 한 것은 아니다(Frank, 1971; Garfield, 1980; van Kalmthout, Schaap, & Wojciechowski, 1985).

(4) 적응적 행동의 습득과 실천

대부분의 심리치료는 다양한 방식으로 내담자의 부적응적 행동을 감소시키고 적 응적 행동을 증가시킴으로써 적응을 돕는다(Garfield, 1989). 내담자가 새로운 적응적 행동을 습득하여 어려움을 겪던 상황에 적용하여 실천하는 것은 내담자의 현실적 적 응을 도움으로써 치료효과를 증진하게 된다. 치료자는 내담자의 적응에 도움이 된다 고 판단하는 행동, 사고, 신념을 습득시키고 강화한다. 새로운 행동을 실천하여 긍정 적인 결과를 경험하게 되면, 내담자는 문제해결에 대한 자신감과 자기효능감을 갖게 되고 이것은 성공적인 치료결과로 이어지게 된다.

(5) 긍정적 기대와 자기효능감

긍정적 기대(positive expectation)는 내담자가 어떤 행동을 성공적으로 수행할 수 있다는 기대와 자신감을 의미한다. 이는 Bandura(1977)가 제시한 자기효능감(self-efficacy)과 밀접히 관련되어 있는 것이다. 자기효능감은 어떤 행동을 시작할 것인지, 그 행동에 얼마나 많은 노력을 투입할 것인지, 그리고 어려운 난관이나 장애에 부딪 혔을 때 얼마나 오래 노력을 지속할 것인지를 결정한다. Bandura는 자기효능감을 증 진하는 것이 효과적인 심리치료의 필수적 조건이라고 주장했다. 대부분의 심리치료 들은 내담자의 자기효능감을 다양한 방식으로 강화함으로써 문제상황에 효과적으로 대처하도록 돕는다.

⑥ 자기관찰

최근에 Beitman과 Soth(2006)은 자기관찰의 활성화가 심리치료의 핵심적 과정이라고 주장하였다. 대부분의 심리치료는 내담자로 하여금 자신의 내면세계를 관찰하고 탐색하도록 격려한다. 여러 연구자들(Grencavage & Norcross, 1990; Prochaska & Norcross, 2006) 역시 심리치료에서 자기관찰의 중요성을 강조해왔다. 자기관찰(self-observation)은 자신의 내면적 세계(의도, 기대, 감정, 인지, 그리고 행동)에 대한 적극적인 탐색을 의미하며 자신의 사고를 성찰하는 능력뿐만 아니라 자신이 사회문화적 환경과 맺고 있는 관계를 이해하는 것을 포함한다. 최근에 심리치료 분야에서 주목받고 있는 마음챙김(mindfulness)은 사고나 감정을 포함한 자신의 내면세계를 수용적이고 비판단적으로 바라보는 활동이라는 점에서 자기관찰의 한 유형이라고 할 수 있다. 심리치료는 내담자의 자기관찰 수준을 높임으로써 자신을 고통스럽게 만드는 내면적 요인의 자각을 통해서 좀 더 효과적인 대처를 하도록 촉진한다.

⑦ 치료자의 성격

여러 연구에 따르면, 치료자의 인구통계학적 특성(예: 성별, 나이, 전공분야, 전문적인 훈련배경 등)은 치료효과와 특별한 관계를 나타내지 않는다. 반면에 치료자의 성격은 성공적인 치료에 중요한 영향을 미치는 것으로 보고되고 있다. 일반적으로 치료자의 정서적 안정성, 낙천성, 자기효능감 등이 치료성과와 긍정적인 관련성을 맺고 있다(Sexton & Whiston, 1991). Najavits와 Weiss(1994)의 연구에 따르면, 치료자의 대인관계 기술이 치료효과와 밀접하게 관련되어 있었다. Seligman(2001)은 치료자의 중요한 자질로서 공감능력, 신뢰성, 진솔성, 설득력 그리고 희망을 불어넣는 능력을 제시하고 있다. 한 가지 흥미로운 연구결과는 어린 시절에 어려움을 겪었다고 인식하는 치료자들이 성공적인 치료성과를 나타내는 경향이 있다는 점이다(Poal & Weisz, 1989; Watts, Trusty, Canada, & Harvill, 1995). 이러한 결과는 과거에 겪었던 개인적인 어려움의 경험이 이후에 효과적인 치료자가 되는 자산으로 작용할 수 있음을 시사한다. 아울러 치료자의 긍정적 성격이나 행동 자체보다는 그것을 내담자가 긍정적으로 인식하는 것이 치료성과와 더 밀접하게 관련되는 것으로 밝혀지고 있다.

3. 심리치료 통합운동

21세기에는 심리치료 통합운동이 커다란 흐름을 이룰 것으로 예견되고 있다. 이미 많은 심리치료자와 상담자들은 특정한 하나의 치료적 접근에 자신을 소속시키기보다는 몇 개의 접근을 통합하거나 절충한 치료적 입장을 취하고 있다. Prochaska와 Norcross(1994)에 따르면, 임상가의 35% 이상이 자신의 이론적 입장을 절충적이거나 통합적이라고 보고했다. 이러한 경향은 세월이 지나면서 급격하게 증가되고 있으며 앞으로도 지속될 것으로 예상된다.

현재 지구상에는 명칭과 방법을 달리하는 심리치료법이 약 400개 이상으로 추산되고 있다(Kazdin, 1986; Corsini & Wedding, 2000). 매우 다양한 치료법들이 개발되어 시행되고 있는 것이다. 또한 현대사회에서는 내담자들이 호소하는 문제의 양상이 매우 다양하고 복잡해지고 있다. 이러한 상황에서는 어떤 하나의 치료법만으로 모든 내담자의 모든 문제를 성공적으로 해결할 수는 없다. Thompson(1996)에 따르면, 이러한 상황에서 특정한 치료이론을 고수하는 것은 자신이 치료할 수 있는 내담자의 범위를 스스로 제한하는 것과 같다.

게다가 수많은 노력에도 불구하고 그 어떤 하나의 이론적 모델이 다른 모델에 비해 우수하다고 증명된 바가 없다. 또한 앞에서 살펴보았듯이, 많은 연구자들은 다양한 치료들이 차이점보다 공통점을 더 많이 지니고 있다는 점을 보고하고 있다. 치료효과의 30~70%가 공통요인에 기인한 것이라는 연구결과도 제시되고 있다(Imel & Wampold, 2008). 또한 특정한 치료법이 우월한지를 밝히는 것보다 특정한 장애나 문제를 치료하는 데 어떤 치료법이 가장 효과적인지를 밝히는 연구들이 증가하고 있다(Seligman, 1998). 이러한 상황 속에서 많은 심리치료자들은 하나의 특정한 치료법을 고수하기보다 통합적이고 절충적인 치료적 접근을 선호하게 되었다(Prochaska & Norcross, 1999).

여러 심리치료를 통합하거나 절충하려는 움직임은 다양하게 나타나고 있다. Norcross와 Goldfried(2005)에 따르면, 심리치료의 통합 움직임은 크게 네 가지의 유형, 즉 공통요인 이론, 기술적 절충주의, 동화적 통합, 이론적 통합으로 나타나고 있다.

1) 공통요인 이론

공통요인 이론(common factors theory)은 앞 절에서 소개했듯이 여러 치료에서 공통적으로 나타나는 핵심적인 공통요인을 찾아내어 그러한 요인을 중심으로 이론체계를 구성하여 치료적으로 접근하려는 시도를 뜻한다. 이러한 접근의 치료적 개입은 특정한 이론에 근거하기보다 치료과정에서 공통요인을 촉진하는 데 초점을 맞추게 된다. 이러한 접근의 대표적인 예는 Weinberger(1990, 1995)가 실증적인 연구결과에 근거하여 제시한 REMA 모델이다. REMA 모델은 네 가지의 핵심적 공통요인인 관계(relationship), 노출(exposure), 숙달(mastery), 귀인(attribution)의 첫 글자를 따서 명명한 것이다. 이 모델에 따르면, 모든 요인들은 치료과정에서 동등한 중요성을 지니며 상호작용한다. 긍정적인 변화가 일어나고 유지되기 위해서는 모든 요인들이 작용해야만 한다. 관계는 그 자체로도 치료적 효과를 지니지만, 그것만으로는 충분하지 않다. 중요한 주제들에 대한 노출은 치료적 관계 속에서만 비로소 효과를 거둘 수 있으며, 이러한 노출이 대처행동의 숙달 경험으로 이어질 때 치료적 성과를 나타낼 수 있다. 마지막으로 내담자가 치료과정에서 나타낸 개선효과를 자기 자신의 노력과 역량에 의한 것으로 귀인하게 될 때, 치료적 변화가 지속될 수 있다.

2) 기술적 절충주의

기술적 절충주의(technical eclecticism)는 내담자와 그의 문제에 가장 효과적이라고 알려진 최선의 치료기법을 선택할 수 있는 치료체계를 제공하려는 시도를 뜻한다. 기술적 절충주의는 일관성 있는 이론적 통합을 추구하기보다 다양한 치료적 전략과 기법을 이론적 입장에 구애받지 않고 내담자의 문제에 따라서 적절하게 사용하도록 권장한다. 가장 잘 알려진 기술적인 절충적 치료는 Arnold Lazarus(1996, 2005)의 다중양식치료(multimodal therapy)이다. 다중양식치료는 내담자의 다양한 심리적 측면을 행동(behavior), 정동(affect), 감각(sensation), 심상(imagery), 인지(cognition), 대인관계(interpersonal relationship) 그리고 약물 및 생리(drug/biology)의 7가지 양식으로 나눈다. 이러한 7가지 양식의 첫 글자를 딴 BASIC ID 모델에 근거하여 내담자를 평가하고 각 양식의 문제를 해결할 수 있는 다양한 치료기법(예: 행동변화를 위한 행동치료적 기법, 고통스러운 감정의 해소를 위한 정서적 발산, 긴장이완을 위한 바이오피드백, 인지적 재구성, 모델링, 약물치료 등)을 사용한다.

3) 동화적 통합

동화적 통합(assimilative integration)은 한 치료적 입장의 바탕 위에서 다른 치료의 관점이나 기법을 흡수하거나 통합하여 사용하는 방식을 말한다. 대다수의 심리치료자들은 그들의 치료적 기반이 되는 한 가지의 이론적 입장을 선택하고 치료경험을 쌓아감에 따라 다른 치료로부터 개념과 기법을 받아들여 자신만의 치료방법으로 발전시키는 경우가 일반적이다. 이러한 동화적 통합은 정신역동적 입장이나 인지행동적 입장에 기반을 두는 경우가 흔하다. 예컨대, 치료자는 내담자의 삶을 가장 포괄적이고 심층적으로 이해할 수 있는 정신역동적 치료에 기반을 두고 있지만 내담자의 다양한 문제행동을 변화시키는 기법의 한계를 느낄 수 있다. 따라서 인지행동치료의 인지재구성법이나 과제사용법을 사용하거나 게슈탈트 치료의 빈의자 기법을 활용할 수 있다. 동화적 통합은 특정한 이론을 통해서 내담자의 내면세계와 욕구를 체계적으로 이해하고 그러한 이해의 기반 위에서 부적응 행동을 변화시킬 수 있는 다양한 치료기법을 활용하고자 할 때 유용하다(Stricker & Gold, 1996).

4) 이론적 통합

이론적 통합(theoretical integration)은 하나의 개별적인 치료보다 더 나은 치료효과를 거두기 위해서 두 가지 혹은 그 이상의 치료를 이론적으로 통합하는 개념체계를 지향한다. 이론적 통합을 통해서 내담자를 더 잘 이해할 수 있는 이론체계 뿐만 아니라 그들을 더 효과적으로 도울 수 있는 치료방법을 제시하고자 한다. 그 대표적인 예는 Jeffrey Young의 심리도식치료(Young, Klosko, & Weishaar, 2003)이다. 심리도식치료는 성격장애나 만성적인 문제를 지닌 내담자를 치료하기 위해서 인지행동치료, 정신분석치료, 애착이론, 게슈탈트 치료, 구성주의 치료 등을 이론적으로 통합한 치료법이다. 심리도식치료에 따르면, 성격장애는 어린 시절에 부모와의 상호작용을 통해서 형성된 초기 부적응 도식(early maladaptive schema)에 뿌리를 두고 있으며 이러한 도식은 자기패배적인 인지와 정서의 패턴을 의미한다. Young 등(2003)은 18가지 주제의 심리도식(예: 애정결핍, 버림받음, 학대, 고립, 의존, 특권의식 등)을 제시하고 있으며 이러한 심리도식은 굴복, 회피, 과잉보상을 통해 다양한 부적응 행동으로 나타나게 된다. 심리도식치료의 목표는 초기 부적응 도식을 약화시키는 것으로서 다양한 인지적·행동적·체험적 기법과 더불어 치료자와 내담자의 관계를 통해서 제한적 재양육과 공감적 직면을 사용한다. 또 이론적 통합의 다른 예로는 Anthony Ryle(1995,

2005)이 제시한 인지분석치료(cognitive analytic therapy)가 있다. 인지분석치료는 정신분석의 대상관계이론과 인지적 심리치료를 통합한 단기치료로서 내담자로 하여금 자신의 부적응적 행동패턴을 파악하게 하고 그러한 행동패턴을 갖게 된 어린 시절의 기원을 이해하게 한 후에 문제 상황에 잘 대처하기 위한 대안적인 방법을 습득하여 실행하게 한다.

4. 맺는말

21세기의 심리치료는 통합(integration)과 전문화(specialization)의 추세를 나타낼 것으로 예상된다. 여러 심리치료의 장점들을 결합하여 활용하는 다양한 형태의 심리치료 통합 움직임과 더불어 특정한 문제나 장애를 효과적으로 치료할 수 있는 전문화된 정교한 치료기법을 개발하여 적용하는 심리치료 전문화의 추세가 강화될 것으로 예상된다. 어떠한 경우이든 20세기에 제시된 심리치료의 이론과 기법이 그 근간을 이루게 될 것이다. 20세기의 걸출한 심리치료자들이 수많은 치료경험을 통해서 제시하고 있는 인간의 삶과 심리치료에 대한 통찰과 지혜를 습득하는 것은 21세기의 유능한 심리치료자가 되는 밑거름이 될 것이다.

우리나라는 유능한 심리치료자와 상담자를 절실하게 필요로 하고 있다. 심리적 고통과 불행이 많은 나라이기 때문이다. 지난 반세기 동안 우리나라는 기적에 가까운 경제적 성장과 사회적 번영을 이루었다. 대한민국은 세계 10위권의 경제 강국으로 성장했으며 1인당 GDP 2만 불을 훌쩍 넘어섰다. 월드컵과 올림픽 대회를 비롯한 세계적인 스포츠행사를 모두 유치했고 G20 정상회의에 이어 핵안보 정상회의까지 개최할 만큼 세계 속에서 대한민국의 국가적 위상은 높다. 그러나 대한민국의 밝은 모습 뒤에는 그만큼 짙은 그림자가 드리우고 있다. 우리나라는 OECD 국가 중에서 자살률이 단연 1위로서 가장 높을 뿐만 아니라 이혼율 역시 미국과 1~2위를 다투고 있다. 직장인의 스트레스 역시 OECD 국가 중 가장 높다. 한국인 전체의 행복도는 OECD 국가 중 중하위권에 속하며 특히 청소년의 행복도는 지난 4년간 연속 최하위이다. 이러한 상황을 반영하듯이, 우울증과 알코올 중독을 비롯한 정신장애의 유병률이 급격하게 증가하는 추세를 나타내고 있다. 최근의 통계청 자료에 따르면, 10년 전에 비해서 자살률은 41.3%, 우울증과 조울증을 포함한 기분장애는 47.6% 그리고 알코올 중독 환자는 44.9% 증가했다(최은미, 2010). 이러한 현실은 한국인의 고통과 불행을 치유하고 행복과 성장을 촉진하기 위한 심리치료자와 상담자의 노력이 절실하게 필요함을 의미한다.

　우리의 삶에는 변화시킬 수 있는 것과 변화시킬 수 없는 것이 존재한다. 모든 것을 다 변화시킬 수 있는 것은 아니다. 심리치료자가 내담자를 돕는 과정에서도 변화시킬 수 있는 것과 변화시킬 수 없는 것이 존재한다. 심리치료자는 자신의 삶에서든 내담자의 삶에서든 변화시킬 수 있는 것과 없는 것을 지혜롭게 구분하는 것이 매우 중요하다. 이런 점에서 심리치료자와 상담자들은 신학자 Reinholt Niebur의 기도문을 깊이 음미해볼 필요가 있다.

신이시여!

바꿀 수 없는 것에 대해서는

그것을 겸허히 수용할 수 있는 평안을 주시고,

바꿀 수 있는 것에 대해서는

그것을 과감히 바꿀 수 있는 용기를 주소서.

그리고

바꿀 수 있는 것과 없는 것을

냉철히 구분할 수 있는 지혜를 주소서.

참고문헌

강문희, 박경, 강혜련, 김혜련(2011). 가족상담 및 심리치료(2판). 서울: 신정.

권석만(1997). 認知治療의 觀點에서 본 佛教. 심리학의 연구문제(서울대학교 심리학과), 4, 279-321.

권석만(1998). 佛教修行法에 대한 心理學的 考察: 三學을 중심으로. 심리학의 연구문제(서울대학교 심리학과), 5, 99-142.

권석만(2003). 현대 이상심리학. 서울: 학지사.

권석만(2006). 위빠사나 명상의 심리치유적 기능. 불교와 심리(불교대학원대학교), 1, 1-49.

권석만(2008). 긍정 심리학: 행복의 과학적 탐구. 서울: 학지사.

권석만(2011). 인간의 긍정적 성품. 서울: 학지사.

권석만(2013). 현대 이상심리학(2판). 서울: 학지사.

김영환(1997). 행동치료의 원리. 서울: 하나의학사.

김정규(1996). 게슈탈트 심리치료. 서울: 학지사.

김춘경(2006). 아들러 아동상담: 이론과 실제. 서울: 학지사.

김필진(2007). 아들러의 사회적 관심과 상담. 서울: 학지사.

문일경(2010). Ken Wilber의 Integral Life Practice 수련경험에 관한 현상학적 연구. 서울불교대학원대학교 박사학위논문.

박성희(2007a). 나이칸 상담(동양상담학 시리즈 8). 서울: 학지사.

박성희(2007b). 동사섭 상담(동양상담학 시리즈 9). 서울: 학지사.

박성희(2007c). 모리타 상담(동양상담학 시리즈 7). 서울: 학지사.

안승준(1993). 대념처경의 수행체계와 교리체계 연구. 동국대학교 석사학위 청구논문.

연문희, 이영희, 이장호(2008). 인간중심상담-이론과 사례 실제. 서울: 학지사.

우 빤디따 사야도(2002). 위빠사나 수행의 길. 김재성 역. 서울: 보리수 선원.

윤순임(1999). 독일정신분석 치료의 현황과 교육. 한국정신치료학회 발표자료.

윤호균(1999). 불교의 연기론과 상담. 최상진 등(공저), 동양심리학: 서구심리학에 대한 대안 모색 (pp. 327-375). 서울: 지식산업사.

윤호균(2005). 심리상담의 기제. 한국심리학회지: 상담 및 심리치료, 17(1), 1-13.

윤호균(2007). 온마음 상담. 한국심리학회지: 상담 및 심리치료, 19(3), 505-522.

이동식(1989). 현대인의 정신건강. 서울: 한강수.

이동식(1997). 한국인의 주체성과 도. 서울: 일지사.

이동식(2008). 도정신치료 입문-프로이트와 융을 넘어서. 서울: 한강수.

이무석(2003). 정신분석에로의 초대. 서울: 도서출판 이유.

이부영(2002). 자기와 자기실현. 서울: 한길사.

이부영(2011). 분석심리학: C. G. 융의 인간심성론(3판). 서울: 일조각.

이형득(1998). 본성실현 집단상담 프로그램. 집단상담활동프로그램집 간행위원회(편), 집단상담 활동 프로그램집(pp. 39-66). 대구: 상담출판사.

이형득(2003). 본성실현상담. 서울: 학지사.

장성숙(2000). 현실역동상담: 한국인의 특성에 적합한 상담접근. 한국심리학회지: 상담 및 심리치료, 12(2), 17-32.

장성숙(2002). 우리 문화에서의 상담자상. 한국심리학회지: 상담 및 심리치료, 14(3), 547-561.

장성숙(2007). 가족주의와 현실역동상담의 일체적 관점. 한국심리학회지: 상담 및 심리치료, 19(3), 523-537.

최상진, 윤호균, 한덕웅, 조긍호, 이수원(1999). 동양심리학: 서구심리학에 대한 대안 모색. 서울: 지식산업사.

최은미(2010). "괴로운 한국인…정신질환 유병률 급증." 중앙일보, 2010년 5월 11일자 기사.

Adler, A. (1927). *Menschenkenntnis*. Frankfurt: Fischer (Tb.) (라영균 역. 《인간 이해》. 서울: 일빛, 2009).

Adler, A. (1929/1964). *Social interests: A challenge to mankind*. New York: Capricorn.

Alexander, L. G., & Luborsky, L. (1986). The Penn helping scales. In L. S. Greenberg & W. M. Ponsof (Eds.), *The psychotherapeutic process: A research handbook* (pp. 326-366). New York: The Guilford Press.

American Psychiatric Association. (2013). *Diagnostic and statistical manual of mental disorders, text revision* (5th ed.). Washington, DC: Author.

Ansbacher, H. L. (1968). The concept of social interest. *Journal of Individual Psychology, 24,* 131-141.

Bachrach, H. M., Galatzer-Levy, R., Skolnikoff, A. Z., & Waldron, S., Jr. (1991). On the efficacy of psychoanalysis. *Journal of the American Psychoanalytic Association, 39,* 871-916.

Baer, R. A. (Ed.). (2006). *Mindfulness-Based Treatment Approaches*. San Diego, CA: Elsevier. (안희영, 김재성, 박성현, 김영란, 조옥경 역. 《마음챙김에 근거한 심리치료》. 서울: 학지사, 2009).

Bair, D. (2003). *Jung: A biography*. New York: Little, Brown and Company. (정영목 역. 《융》. 경기도 파주: 열린책들, 2008).

Bandura, A. (1973). *Aggression: A social learning analysis*. Englewood Cliffs, NJ:

《융》. 경기도 파주: 열린책들, 2008).

Bandura, A. (1973). *Aggression: A social learning analysis*. Englewood Cliffs, NJ: Prentice-Hall.

Bandura, A. (1977). *Social learning theory*. Englewood Cliffs, NJ: Prentice-Hall.

Bandura, A. (1986). *Social foundations of thought and action: A social cognitive theory*. Englewood Cliffs, NJ: Prentice-Hall.

Bandura, A. (1997). *Self-efficacy: The exercise of control*. New York: Freeman.

Barnard, P. J., & Teasdale, J. D. (1991). Interacting cognitive subsystems: A systemic approach to cognitive-affective interaction and change. *Cognition and Emotion, 5*, 1-39.

Beck, A. T. (1961). A systematic investigation of depression. *Comprehensive Psychiatry, 2*, 305-312.

Beck, A. T. (1963). Thinking and depression: I. Idiosyncratic content and cognitive distortion. *Archives of General Psychiatry, 9*, 324-333.

Beck, A. T. (1964). Thinking and depression: II. Theory and therapy. *Archives of General Psychiatry, 10*, 561-571.

Beck, A. T. (1976). *Cognitive therapy and the emotional disorders*. New York: International University Press.

Beck, A. T. (1983). Cognitive therapy of depression: New perspectives. In P. J. Clayton & J. E. Barrett (Eds.), *Treatment of depression: Old controversies and new approaches* (pp. 265-284). New York: Raven Press.

Beck, A. T. (1987). Cognitive models of depression. *Journal of Cognitive Therapy: An International Quarterly, 1*, 5-37.

Beck, A. T. (1988). *Love is never enough*. New York: Harper and Row.

Beck, A. T. (1993). Cognitive therapy: Past, present, and future. *Journal of Consulting and Clinical Psychology, 61*, 194-198.

Beck, A. T., & Freeman, A. (1990). *Cognitive therapy of personality disorders*. New York: The Guilford Press.

Beck, A. T., Brown, G., Steer, R. A., Eidelson, J. I., & Riskind, J. H. (1987). Differentiating anxiety and depression: A test of the cognitive content-specificity hypothesis. *Journal of Abnormal Psychology, 96*, 179-183.

Beck, A. T., Emery, G., & Greenberg, R. L. (1985). *Anxiety disorders and phobias: A cognitive perspective*. New York: Basic Books.

Beck, A. T., Freeman, A., & Davis, D. D. (2004). *Cognitive therapy of personality disorders* (2nd ed.). New York: The Guilford Press. (민병배, 유성진 역. 《성격장애의 인지치료》. 서울: 학지사, 2008).

Beck, A. T., Rush, J., Shaw, B., & Emery, G. (1979). *Cognitive therapy of depression*. New York: The Guilford Press. (원호택 외 공역. 《우울증의 인지치료》. 서울: 학지사, 1996).

Beck, A. T., Wright, F. D., Newman, C. E., & Liese, B. (1993). *Cognitive therapy of substance abuse*. New York: The Guilford Press.

Beck, J. S. (1997). *Cognitive therapy: Basics and beyond*. New York: The Guilford Press. (최영희, 이정흠 역. 《인지치료》. 서울: 하나의학사, 1999).

Becker, E. (1973). *The denial of death*. New York: The Free Press. (김재영 역. 《죽음의 부정: 프로이트의 인간 이해를 넘어서》. 서울: 인간사랑, 2008).

Beitman, B. D., & Soth, A. M. (2006). Activation of self-observation: A core process among the psychotherapies. *Journal of Psychotherapy Integration, 16(4)*, 383-397.

Berg, I. K. (1994). *Family-based service: A solution-focused approach*. New York: Norton.

Berg, I. K. (2000). *Building solutions in child protective service*. New York: Norton.

Berg, I. K. (2001). *Tales of solution*. New York: Norton.

Beutler, L. E., & Consoli, A. J. (1993). Matching the therapist's interpersonal stance to the clients's characteristics: Contributions from systemic eclectic psychotherapy. *Psychotherapy, 30(3)*, 417-422.

Blatt, S. J., & Felsen, I. (1993). Different kinds of folks may need different kinds of strokes: The effect of patients's characteristics on therapeutic process and outcome. *Psychotherapy Research, 3*, 245-259.

Brenner, C. (1955). *An elementary textbook of psychoanalysis*. New York: International Universities Press.

Buber, M. (1970). *I and thou*. (W. Kaufmann, Trans.). New York: Scribner's.

Bugental, J. F. T. (1987). *The art of the psychotherapist*. New York: Norton.

Burns, D. D. (1990). *The feeling good handbook*. New York: Plume.

Cain, D. J. (2002). Defining characteristics, history, and evolution of humanistic psychotherapies. In D. J. Cain & J. Seeman (Eds.), *Humanistic psychotherapies: Handbook of research and practice* (pp. 3-54). Washington, DC: American Psychological Association.

Capuzzi, D., & Gross, D. R. (2003) *Counseling and psychotherapy: Theories and interventions*. Columbia, OH: Merrill Prentice Hall.

Casement, A. (2001). *Carl Gustav Jung*. London: Sage Publications. (박현순, 이창인 역. 《분석심리학의 창시자 칼 융》. 서울: 학지사, 2007).

Chambless, D. et al. (1996). An update on empirically validated therapies. *The Clinical Psychologists, 49*, 5-18.

Clark, D. A., & Beck, A. T. (1989). Cognitive theory and therapy of anxiety and depression. In P. C. Kendall & D. Watson (Eds.), *Anxiety and depression: Distinctive and overlapping features* (pp. 379-411). San Diego, CA: Academic Press.

Clark, D. A., & Beck, A. T. (1991). Personality factors in dysphoria: A psychometric refinement of Beck's Sociotropy-Autonomy Scale. *Journal of Psychopathology and Behavioral Assessment, 13,* 369-388.

Conger, J. J. (1951). The effects of alcohol on conflict behavior in the albino rat. *Quarterly Journal of Studies on Alcohol, 12,* 1-29.

Conger, J. J. (1956). Alcoholism: Theory, problems and challenge. II. Reinforcement theory and the dynamics of alcoholism. *Quarterly Journal of Studies on Alcohol, 14,* 291-324.

Corey, G. (2009). *Theory and practice of counseling and psychotherapy* (8th ed.). Belmont, CA: Wadsworth. (조현춘, 조현재, 문지혜, 이근배, 홍영근 역. 《심리 상담과 치료의 이론과 실제》. 서울: 시그마프레스, 2010).

Corsini, R. J. (Ed.). (2001). *Handbook of innovative therapy* (2nd ed.). New York: John Wiley & Sons.

Corsini, R. J. (Ed.). (2002). *Encyclopedia of psychology* (2nd ed.). New York: John Wiley & Sons.

Corsini, R. J., & Wedding, D. (2000). *Current psychotherapies* (6th ed.). F. E. Peacock. (김정희 역. 《현대 심리치료》. 서울: 학지사, 2004).

Davidson, R., & Kabat-Zinn, J. (2004). Response to letter by J. Smith. *Psychosomatic Medicine, 66,* 149-152.

DeRubeis, R. J., & Beck, A. T. (1988). Cognitive therapy. In K. S. Dobson (Ed.), *Handbook of cognitive-behavioral therapies* (pp. 273-306). New York: The Guilford Press.

Dimidjian, S., & Linehan, M. (2003). Defining an agenda for future research on the clinical application of mindfulness practice. *Clinical Psychology: Science and Practice, 10* (2), 166-171.

Dobson, K. S. (1989). A meta-analysis of the efficacy of cognitive therapy in depression. *Journal of Consulting and Clinical Psychology, 57,* 414-419.

Dreikurs, R. (1953). *Fundamentals of Adlerian psychology.* Chicago, IL: Alfred Adler Institute.

Dreikurs, R. (1967). *Psychodynamics, psychotherapy, and counseling.* Chicago, IL: Alfred Adler Institute.

Dreikurs, R. (1997). Holistic medicine. *Individual Psychology, 53* (2), 127-205.

Dryden, W. (1984). Rational-emotive therapy. In W. Dryden (Ed.), *Individual therapy in Britain.* Milton Keynes: OUP.

Ellis, A. (1958). Rational psychotherapy. *Journal of General Psychology, 59,* 35-49.

Ellis, A. (1962). *Reason and emotion in psychotherapy.* New York: Lyle Stuart.

Ellis, A. (1985). *Overcoming resistance: Rational-emotive therapy with difficult clients.* New York: Springer.

Ellis, A. (1996). *My philosophy of psychotherapy.* New York: Albert Ellis Institute for Rational Emotive Behavior Therapy.

Ellis, A. (2000). Spiritual goals and spiritual values in psychotherapy. *The Journal of Individual Psychology, 56*, 277-284.

Ellis, A., & Bernard, M. E. (1985). What is rational-emotive therapy (RET)? In A. Ellis & M. E. Bernard (Eds.), *Clinical applications of rational-emotive therapy* (pp. 1-30). New York: Plenum.

Ellis, A., & Dryden, W. (1997). *The practice of rational-emotive therapy* (2nd ed.). New York: Springer.

Ellis, A., & Harper, R. A. (1997). *A guide to rational living* (3rd ed.). North Hollywood, CA: Melvin Powers. (이은희 역. 《마음을 변화시키는 긍정의 심리학》. 서울: 황금비늘, 2007).

Ellis, A., & MacLaren, C. (1995). *Rational emotive behavior therapy: A therapist's guide* (2nd ed.). Atascadero, CA: Impact. (서수균, 김윤희 역. 《합리적 정서행동치료》. 서울: 학지사, 2007).

Epictetus. (1899). *The collected works of Epictetus.* Boston, MA: Little, Brown.

Evans, T. (1996). Encouragement: The key to reforming classrooms. *Educational Leadership, 54*, 81-85.

Evans, T. D., Dedrick, R. F., & Epstein, M. J. (1997). Development and initial validation of the encouragement scale (educator form). *Journal of Humanistic Education and Development, 35* (3), 163-174.

Eysenck, H. J. (1952). The effects of psychotherapy: an evaluation. *Journal of Consulting Psychology, 16* (5), 319-324.

Ferguson, E. D. (2001). Adler and Dreikurs: Cognitive-social dynamic innovators. *Journal of Individual Psychology, 57*, 324-341.

Fonagy, P., & Target, M. (1996). Predictors of outcome in child psychoanalysis: A retrospective study of 763 cases at the Anna Freud Centre. *Journal of the American Psychoanalytic Association, 44*, 27-77.

Frank, J. D. (1971). Therapeutic factors in psychotherapy. *American Journal of Psychotherapy, 25* (3), 350-361.

Frank, J. D. (1973). *Persuasion and healing: A comparative study of psychotherapy.* Baltimore, MD: Johns Hopkins University.

Frank, J. D. (1982). Therapeutic components shared by all psychotherapies. In J. H. Harvey & M. M. Parks (Eds.), *The master lecture series (Vol. 1). Psychotherapy research and behavior change* (pp. 9-37). Washington, D.C.: American Psychological Association.

Frankl, V. (1946/1963). *Man's search for meaning.* Boston, MA: Beacon. (이시형 역. 《죽음의 수용소에서: 죽음조차 희망으로 승화시킨 인간 존엄성의 승리》. 서울: 청아출판사, 2012).

Freedman, N., Hoffenberg, J. D., Vorus, N., & Frosch, A. (1999). The effectiveness of psychoanalytic psychotherapy: The role of treatment duration, frequency of sessions, and the therapeutic relationship. *Journal of the American Psychoanalytic Association, 47,* 741-772.

Freud, A. (1936). *The ego and mechanisms of defense.* New York: International Universities Press.

Freud, S. (1900). *The interpretation of dream.* (Standard Edition, Vol. 4).

Freud, S. (1905). *Three essays on sexuality.* (Standard Edition, Vol. 7).

Freud, S. (1909). *Analysis of a phobia of a five year old boy.* (Standard Edition, Vol. 8).

Freud, S. (1917). *Mourning and melancholia.* (Standard Edition, Vol. 14).

Freud, S. (1920). *Beyond the pleasure principle.* (Standard Edition, Vol. 18).

Freud, S. (1923). *The ego and the id.* (Standard Edition, Vol. 19).

Freud, S. (1924). *The loss of reality in neurosis and psychosis.* (Standard Edition, Vol. 19).

Freud, S. (1926). *Inhibitions, symptoms, and anxiety.* (Standard Edition, Vol. 20).

Garfield, S. L. (1980). *Psychotherapy: An eclectic approach.* New York: Wiley.

Garfield, S. L. (1989). *The practice of the brief psychotherapy.* New York: Prentice-Hall. (권석만, 김정욱, 문형춘, 신희천 역. 《단기심리치료》. 서울: 학지사, 2002).

Garfield, S. L. (1995). *Psychotherapy: An eclectic-integrative approach.* New York: John Wiley and Son.

Gaston, L. (1990). The concept of the alliance and its role in psychotherapy: Theoretical and empirical considerations. *Psychotherapy, 27,* 143-153.

Germer, C. K. (2005). Mindfulness: What is it? What does it matter? In C. K. Germer, R. D. Siegel, & P. R. Fulton (Eds.), *Mindfulness and psychotherapy* (pp. 3-27). New York: The Guilford Press.

Germer, C. K., Siegel, R. D., & Fulton, P. R. (2005). *Mindfulness and Psychotherapy.* New York: The Guilford Press. (김재성 역. 《마음챙김과 심리치료》. 서울: 무우수, 2009).

Glasser, W. (1961). *Mental health or mental illness?* New York: Harper & Row.

Glasser, W. (1965). *Reality therapy: A new approach to psychiatry.* New York: Harper & Row. (김양현 역. 《현실치료: 정신치료에 대한 새로운 접근》. 서울: 원미사, 1995).

Glasser, W. (1976). *Positive addiction.* New York: Harper & Row.

Glasser, W. (1981). *Stations of the mind.* New York: Harper & Row.

Glasser, W. (1985). *Control theory: A new explanation of how we control our lives.* New York: Harper & Row.

Glasser, W. (1998). *Choice theory: A new psychology of personal freedom.* New York: Harper Collins. (김인자 역. 《행복의 심리》. 서울: 한국심리상담연구소, 2004).

Glasser, W. (2000). *Counseling with choice theory: The new reality therapy.* New York: Harper Collins.

Grawe, K., Donati, R., & Bernauer, F. (1998). *Psychotherapy in transition.* Seattle, MA: Hogrefe & Huber.

Greenberg, M. S., & Beck, A. T. (1989). Depression versus anxiety: A test of the content-specificity hypothesis. *Journal of Abnormal Psychology, 98,* 9-13.

Grencavage, L. M., & Norcross, J. C. (1990). Where are the commonalities among the therapeutic common factors? *Professional Psychology: Research and Practice, 21,* 372-378.

Grossman, P., Niemann, L., Schmidt, S., & Walach, H. (2004). Mindfulness-based stress reduction and health benefits: A meta-analysis. *Journal of Psychosomatic Research, 57(1),* 35-43.

Haley, J. (1963). *Strategies of psychotherapy.* New York: Grune & Stratton.

Haley, J. (1976). *Problem-solving therapy.* San Francisco, CA: Jossey-Bass.

Hayes, S. C. (2004). Acceptance and commitment therapy, relational frame theory, and the third wave of behavioral and cognitive therapies. *Behavior Therapy, 35(4),* 639-665.

Hayes, S. C., Strosahl, K. D., & Wilson, K. G. (1999). *Acceptance and commitment therapy: An experiential approach to behavior change.* New York: The Guilford Press.

Heidegger, M. (1962). *Being and time.* New York: Harper & Row.

Hjelle, A. L., & Ziegler, J. D. (1981). P*ersonality theories: Basic assumptions, research and applications.* London: McGraw-Hill International Book Company.

Hofstede, G. (1980). *Culture's consequence: International differences in work-related values.* Beverley Hills, CA: Sage.

Hofstede, G. (1991). *Cultures and organizations: software of the mind. Intercultural cooperation and its importance for survival.* London: McGraw-Hill International.

Holmgren, S., Humble, K., Norring, C., Roos, B., Rosmark, B., & Sohlberg, S. (1983). The anorectic bulimic conflict: An alternative diagnostic approach to anorexia nervosa and bulimia. *International Journal of Eating Disorders, 2,* 3-15.

Horowitz, M. J. (1974). Stress response syndromes: Character style and dynamic psychotherapy. *American Journal of Psychotherapy, 27,* 506-515.

Horowitz, M. J. (1976). *Stress response syndromes.* New York: Jason Aronson Inc.

Horvath, A., & Greenberg, L. S. (1986). The development of the working alliance inventory. In L. S. Greenberg & W. M. Pinsof (Eds.), *The psychotherapeutic process: A research handbook.* New York: The Guilford Press.

Imel, Z., & Wampold, B. (2008). The Importance of Treatment and the Science of Common Factors in Psychotherapy. In S. D. Brown & R. W. Lent (Eds.), *Handbook of counseling Psychology* (4th ed., pp. 249-262). John Wiley & Sons Inc.

Ishiyama, F. I. (1988). Morita therapy: A treatment of dogmatic self-containment in anxious and nervous clients. *The Psychotherapy Patient, 4,* 243-262.

Jones, E. (1963). *The life and work of Sigmund Freud.* Oxford, England: Doubleday.

Jorgensen, C. R. (2004). Active ingredients in individual psychotherapy: Searching for common factors. *Psychoanalytic psychology, 21* (4), 516-540.

Jung, C. G. (1954). Problems of modern psychotherapy. In The practice of psychotherapy. *Collected works* (Vol. 16, pp. 53-75). Princeton, NJ: Princeton University Press.

Jung, C. G., & Jaffé, A. (1965). *Memories, dreams, reflections*. London: Routledge & Kengan Paul. (이부영 역. 《C. G. 융의 회상, 꿈, 그리고 사상》. 서울: 집문당, 2012).

Kabat-Zinn, J. (1982). An outpatient program in behavioral medicine for chronic pain patients based on the practice of mindfulness meditation: Theoretical considerations and preliminary results. *General Hospital Psychiatry, 4* (1), 33-47.

Kabat-Zinn, J. (1990). *Full catastrophe living: Using the wisdom of your body and mind to face stress, pain, and illness*. New York: Dell.

Kabat-Zinn, J. (1994). *Where you go there you are: Mindfulness meditation in everyday life*. New York: Hyperion.

Kahn M. (2002) *Basic Freud: Psychoanalytic thoughts for the 21st century*. New York: Basic Books. (안창일 역. 《21세기에 다시 읽는 프로이트 심리학》. 서울: 학지사, 2008).

Kazantzis, N., & Ronan, K. R. (2006). Can between-session(homework) activities be considered a common factor in psychotherapy? *Journal of Psychotherapy Integration, 16*(2), 115-127.

Kazdin, A. (1986). Comparative outcome studies of psychotherapy: Methodological issues and strategies. *Journal of Consulting and Clinical Psychology, 54,* 95-105.

Knight, R. P. (1941). Evaluation of the results of psychoanalytic therapy. *American Journal of Psychiatry, 98,* 434-446.

Kobasa, S. C., & Maddi, S. R. (1977). Existential personality theory. In R. J. Corsini (Ed.), *Current personality theories* (pp. 243-276). Itasca, IL: Peacock.

Kohlberg, L. (1981). *Essay on moral development: Vol. I. The philosophy of moral development*. New York: Harper and Row.

Korchin, S. J. (1975). *Modern clinical psychology*. New York: Basic Books.

Korchin, S. J. (1983). The history of clinical psychology: A personal view. In M. Hersen, A. E. Kazdin, & A. S. Bellack (Eds.), *The clinical psychology handbook*. New York: Pergamon Press.

Krueger, M. J. J., & Hanna, R J. (1997). Why adoptees search: An existential treatment perspective. *Journal of Counseling and Development, 75,* 195-202.

Kushner, M. G., Abrams, K., & Borchardt, C. (2000). The relationship between anxiety disorders and alcohol use disorders: A review of major perspectives and findings. *Clinical Psychology Review, 20,* 149-171.

Laing, R. D. (1965). *The divided-self*. United Kingdom: Penguin Books.

Laing, R. D. (1967). *The politics of experience and the bird of paradise*. United Kingdom: Penguin Books.

Last, C. G., & Hersen, M. (1993). *Adult behavior therapy casebook*. New York: Plenum. (김영환, 백용매, 홍상황 역.《성인행동치료 사례집》. 서울: 학지사, 2000).

Lazarus, A. A. (1996). The utility and futility of combining treatments in psychotherapy. *Clinical Psychology: Science and Practice, 3*, 59-68.

Lazarus, A. A. (2005). Multimodal therapy. In J. C. Norcross & M. R. Goldfried (Eds.), *Handbook of psychotherapy integration* (2nd ed., pp. 105-120). New York: Oxford.

Leonard, G., & Murphy, M. (1995). *The life we are given: A long-term program from realizing the potential heart and soul.* Los Angeles, CA: Jeremy P. Tarcher.

Lewinsohn, P. M., Antonuccio, D. O., Steinmetz, J. L., & Terry, L. (1984). *The coping with depression course: A psycho-educational intervention for unipolar depression.* Eugene, OR: Castilia Publishing.

Lewinsohn, P. M., Hops, H., Roberts, R. E., Seeley, J. R., & Andrews, J. A. (1993). Adolescent psychopathology: 1. prevalence and incidence of depression and other DSM-III disorders in high school students. *Journal of Abnormal Psychology, 102*, 133-144.

Lombardi, D. M. (1969). The special language of the addict. *Pastoral Psychology, 20*, 51-52.

Luborsky, L., Rosenthal, R., Digurer, L., Andrusyna, T. P., Berman, J. S., Levitt, T. T., Seligman, D. A., & Krause, E. D. (2002). The Dodo bird verdict is alive and wel-mostly. *Clinical Psychology: Science and Practice, 9*, 2-12.

Luborsky, L., Singer, B., & Luborsky, L. (1975). Comparative studies of psychotherapies: Is it true that "Everyone has won and all must have prizes"? *Archives of General Psychiatry, 32*, 995-1008.

Lundin, R. (1989). *Alfred Adler's basic concepts and implication.* Essex: Mark Paterson & Associates. (노안영 외 공역.《아들러 상담이론과 실제》. 서울: 학지사, 2001).

Lyons, L. C., & Woods, P. J. (1991). The efficacy of rational-emotive therapy: A quantitative review of the outcome research. *Clinical Psychology Review, 11*, 357-369.

Ma, S. H., & Teasdale, J. D. (2004). Mindfulness-Based Cognitive Therapy for Depression: Replication and Exploration of Differential Relapse Prevention Effects. *Journal of Consulting and Clinical Psychology, 72* (1), 31-40.

Madanes, C. (1980). *Strategic family therapy.* San Francisco, CA: Jossey-Bass.

Madanes, C. (1984). *Behind the one-way mirror.* San Francisco, CA: Jossey-Bass.

Maples, M., Dupey, P., Torres-Rivera, E., Phan, L. T., Vereen, L., & Garrett, M. (2001). Ethnic diversity and the use of humor in counseling: Appropriate or inappropriate? *Journal of Counseling and Development, 79* (1), 53-60.

Maslow, A. H. (1971). *The farther reaches of human nature.* New York: Viking.

May, R. (1950). *The meaning of anxiety.* New York: Norton.

May, R. (1969). *Love and will*. New York: Norton.

May, R. (1992). *The cry for myth*. New York: Norton.

McMullin, R. E. (1986). *The handbook of cognitive therapy technique*. New York: W. W. Norton.

McWilliams, N. (1999). *Psychoanalytic case formulation*. New York: The Guilford Press. (권석만, 김윤희, 한수정, 김향숙, 김지영 역.《정신분석적 사례이해》. 서울: 학지사, 2005).

McWilliams, N. (2004). *Psychoanalytic psychotherapy: A practitioner's guide*. New York: The Guilford Press. (권석만, 이한주, 이순희 역.《정신분석적 심리치료》. 서울: 학지사, 2007).

Michael, J. (2003). *Sigmund Freud* (2nd ed.). London: Sage Publications. (이용승 역.《지그문트 프로이트》. 서울: 학지사, 2007).

Milliren, A. P., Evans, T. D., & Newbauer, J. F. (2003). Adlerian counseling and psychotherapy. In D. Capuzzi, & D. R. Gross (Ed.), *Counseling and psychotherapy: Theories and interventions* (pp. 91-130). Upper saddle river, NJ: Merril Prentice Hall.

Mosak, H. H. (2000). Adlerian Psychotherapy. In R. J. Corsini & D. Wedding (Ed.), *Current psychotherapies* (pp. 89-155). Monument, CO: Peacock Publishers.

Mosak, H. H., & Maniacci, M. (2008). Adlerian psychotherapy. In R. J. Corsini & D. Wedding (Eds.), *Current psychotherapies* (pp. 63-106). Belmont, CA: Brooks/Cole.

Mowrer, O. H. (1939). A stimulus-response analysis of anxiety and its role as a reinforcing agent. *Psychological Review, 46,* 553-565.

Mowrer, O. H. (1950). *Learning theory and personality dynamics*. New York: Ronald.

Mowrer, O. H., & Mowrer, W. M. (1938). Enuresis: A method for its study and treatment. *American Journal of Orthopsychiatry, 8,* 436-459.

Murphy, M. (1992). *The future of the body: Explorations into the further evolution of human nature*. Los Angeles, CA: Jeremy P. Tarcher.

Najavits, L. M., & Weiss, R. D. (1994). Variations in therapist effectiveness in the treatment of patients with substance use disorders: An empirical view. *Addiction, 89,* 679-688.

Nichols, M. P. (2010). *The essentials of family therapy* (5th ed.). New York: Prentice-Hall. (김영애, 김정택, 심혜숙 역.《가족치료: 핵심개념과 실제적용(5판)》. 서울: 시그마프레스, 2011).

Norcross, J. C., & Goldfried M. R. (Eds.). (2005), *Handbook of psychotherapy integration* (2nd ed.). New York: Oxford.

Norcross, J. C., & Prochaska, J. O. (1982). A national survey of clinical psychologists: Affiliations and orientations. *The Clinical Psychologist, 35* (3), 1-6.

Orlinsky, D. E., & Howard, K. I. (1986). Process and outcome in psychotherapy. In S. L.

Garfield & A. E. Bergin (Eds.), *Handbook of psychotherapy and behavior change* (3rd ed., pp. 311-381). New York: Wiley.

Patton, M. J., & Meara, N. (1992). *Psychoanalytic counseling.* New York: Wiley.

Perls, F. S. (1942/1969a). *Ego, hunger and aggression.* New York: Vintage Books.

Perls, F. S. (1969b). *Gestalt therapy verbatim.* Moab, UT: Real People Press.

Perls, F. S., Hefferline, R. E., & Goodman, P. (1951). *Gestalt therapy: Excitement and growth in the human personality.* New York: Delta.

Perls, L. (1976). Comments on the New Directions. In E. Smith (Ed.), *The Growing Edge of Gestalt Therapy,* New York: Brunner/Mazel.

Poal, P., & Weisz, J. R. (1989). Therapists' own childhood problems as predictors of their effectiveness in child psychotherapy. *Journal of Clinical Child Psychology, 18*(3), 202-205.

Polster, E. (1987). Escape from the present: Transition and storyline. In J. K. Zeig (Ed.), *The evolution of psychotherapy* (pp. 326-340). New York: Brunner/Mazel.

Polster, E., & Polster, M. (1973). *Gestalt Therapy Integrated: Contours of theory and practice.* New York: Brunner/Mazel.

Poppen, R. (1995). *Joseph Wolpe.* London: Sage Publication. (신민섭, 이현우 역.《행동치료의 거장 조셉 월피》. 서울: 학지사, 2008).

Powers, R. L., & Griffith, J. (1987). *Understanding life-style: The psycho-clarity process.* Chicago, IL: Americas Institute of Adlerian Studies.

Prochaska, J. O., & Norcross, J. C. (1994). *Systems of psychotherapy: A transtheoretical analysis* (3th ed.), Pacific Grove, CA: Brooks-Cole.

Prochaska, J. O., & Norcross, J. C. (1999). *Systems of psychotherapy: A transtheoretical analysis* (4th ed.), Pacific Grove, CA: Brooks-Cole.

Prochaska, J. O., & Norcross, J. C. (2006). *Systems of psychotherapy: A transtheoretical analysis* (6th ed.), Pacific Grove, CA: Brooks-Cole.

Rachman, S. (1977). The conditioning theory of fear acquisition: A critical examination. *Behaviour Research and Therapy, 15,* 375-387.

Reynolds, D. K. (1976). *Morita psychotherapy.* Berkeley, CA: University of California Press.

Reynolds, D. K. (1980). *The quiet therapies: Japanese pathways to personal growth.* Honolulu: The University Press of Hawaii.

Reynolds, D. K. (2001a). Morita psychotherapy. In. R. J. Corsini (Ed.), *Handbook of Innovative Therapy* (2nd ed., pp. 392-400). New York: John Wiley & Sons.

Reynolds, D. K. (2001b). Naikan psychotherapy. In. R. J. Corsini (Ed.), *Handbook of Innovative Therapy* (2nd ed., pp. 408-414). New York: John Wiley & Sons.

Robinson, L. A., Berman, J. S., & Neimeyer, R. A. (1990). Psychotherapy for the treatment of depression: A comprehensive review of controlled outcome research. *Psychological Bulletin, 108,* 30-49.

Rogers, C. R. (1942). *Counseling and psychotherapy*. Boston, MA: Houghton Mifflin.

Rogers, C. R. (1951). *Client-centered therapy*. Boston, MA: Houghton Mifflin.

Rogers, C. R. (1957). The necessary and sufficient conditions of therapeutic personality change. *Journal of Consulting Psychology, 21*, 95-103.

Rogers, C. R. (1961). *On Becoming A Person*. Boston, MA: Houghton Mifflin. (주은선 역. 《진정한 사람되기: 칼 로저스 상담의 원리와 실제》. 서울: 학지사, 2009).

Rogers, C. R. (1966) The necessary and sufficient conditions of therapeutic change. In Bard (Ed.), *Counseling and psychotherapy: Classic theories on issues* (pp. 126-141). Palo Alto, CA: Science and Behavior Books.

Rogers, C. R. (1969). *Freedom to learn: A view of what education might become*. Columbus, OH: Charles E. Merrill.

Rogers, C. R. (1970). *Carl Rogers on encounter groups*. New York: Harper & Row.

Rogers, C. R. (1980). *A way of being*. Boston, MA: Houghton Mifflin.

Rogers, C. R. (1982). Reply to Rollo May's letter. *Journal of Humanistic Psychology, 22*(4), 85-89.

Rosenzweig, S. (1936). Some implicit common factors in diverse methods of psychotherapy. *American Journal of Orthopsychiatry, 6*, 412-415.

Ryle, A. (1995). *Cognitive analytic therapy: Developments in theory and practice*. Chichester: John Wiley & Sons.

Ryle, A. (2005). Cognitive analytic therapy. In J. C. Norcross & M. R. Goldfried (Eds.), *Handbook of psychotherapy integration* (2nd ed., pp. 196-217). New York: Oxford.

Sandler, J., Dare, C., & Holder, A. (1972). Frame of reference in psychoanalytic psychology: II. The historical context and phases in the development of psychoanalysis. *British Journal of Medical Psychology, 45*, 133-142.

Satir, V. M. (1964). *Conjoint family therapy*. Palo Alto, CA: Science and Behavior Books.

Satir, V. M. (1972). *Peoplemaking*. Palo Alto, CA: Science and Behavior Books.

Schafer, R. (1954). *Psychoanalytic interpretation in Rorschach testing: Theory and application*. New York: Grune & Stratton.

Schultz, D. (1977). *Growth psychology: Models of the healthy personality*. New York: Van Nostrand Reihold Co.

Segal, Z. V., Williams, M. G., & Teasdale, J. D. (2002). *Mindfulness-based cognitive therapy for depression: A new approach to preventing relapse*. New York: The Guilford Press. (이우경, 조선미, 황태연 역. 《마음챙김 명상에 기초한 인지치료》. 서울: 학지사, 2006).

Seligman, L. (1998). *Selecting effective treatments: A comprehensive systematic guide to treating mental disorders* (2nd ed.). San Francisco, CA: Jossey-Boss.

Seligman, L. (2001). *Systems, strategies, and skills of counseling and psychotherapy*.

Upper saddle river. NJ: Merril Prentice Hall.

Seligman, L. (2001). *Systems, strategies, and skills of counselling and psychotherapy*. New Jersey: Merrill Prentice Hall.

Seligman, M. E. P. (1975). *Helplessness: On depression, development, and death*. San Francisco, CA: W. H. Freeman.

Senf, W., & Broda, M. (1996). *Praxis der psychotherapie*. Stuttgart-New York: Georg Thieme.

Sexton, T. L., & Whiston, S. C. (1991). A review of the empirical basis for counseling: Implications for practice and training. *Counselor Education and Supervision, 30*, 330-354.

Shapiro, D. A., & Shapiro, D. (1982). Meta-analysis of comparative therapy outcome studies: A replication and refinement. *Psychological Bulletin, 92*, 581-604.

Sharf, R. S. (2004). *Theories of psychotherapy and counseling: concepts and cases* (3rd ed.), CA: Brooks/Cole.

Shulman, B. H. (1973). *What is the life style? Contributions to individual psychology*. Chicago, IL: Alfred Adler Institute.

Shulman, B. H., & Mosak, H. H. (1988). *Manual for life style assessment*. Muncie, IN: Accelerated Development.

Skinner, B. F. (1948) *Walden two*. New York: Macmillan.

Skinner, B. F. (1971). *Beyond freedom and dignity*. New York: Knopf.

Sloane, R. B., Staples, F. R., Cristol, A. H., Yorkston, N. J., & Whipple, K. (1975). *Psychotherapy versus behavior therapy*. Cambridge, MA: Harvard University Press.

Smith, M. L., Glass, G. V., & Miller, T. I. (1980). *The benefits of psychotherapy*. Baltimore, MD: Johns Hopkins University Press.

Spiegler, M. D., & Guevremont, D. C. (2003). *Contemporary behavior therapy* (4th ed.). Belmont, CA: Wadsworth.

Spring, B., & Hitchcock, K. (2009) Evidence-based practice in psychology. In I. B. Weiner & W. E. Craighead (Eds.), *Corsini's Encyclopedia of Psychology* (4th ed.), New York: Wiley.

Spring, B., & Neville, K. (2011). Evidence-based practice in clinical psychology. In D. H. Barlow (Ed.), *The Oxford handbook of clinical psychology* (pp. 128-149). New York: Oxford University Press.

Stricker, G. (2001). An introduction to psychotherapy integration. *Psychiatric times*. 18(7).

Stricker, G., & Gold, J. R. (1996). Psychotherapy integration: An assimilative, psychodynamic approach. *Clinical Psychology: Science and Practice, 3*, 47-58.

Sutich, A. J. (1980). Transpersonal psychotherapy: History and definition. In S. Boorstein (Ed.), *Transpersonal psychotherapy* (pp. 8-11). Palo Alto, CA: Science and Behavior Books.

Sweeney, T. J. (1998). *Adlerian counseling: A practitioner's approach*. Oxford, OX: The Taylor & Francis Group. (노안녕 외 역. 《아들러 상담이론과 실제》. 서울: 학지사, 2005).

Teasdale, J., (1999). Metacognition, mindfulness and the modification of mood disorders. *Clinical Psychology and Psychotherapy, 6,* 146-155.

Teasdale, J., Segal, Z., & Williams, J. (1995). How does cognitive therapy prevent depressive relapse and why should attentional control (mindfulness) training help? *Behaviour Research and Therapy, 33,* 25-39.

Teasdale, J., Segal, Z., Williams, J., Ridgeway, V., Soulsby, J., & Lau, M. A. (2000). Prevention of relapse/recurrence in major depression by mindfulness-based cognitive therapy. *Journal of Consulting and Clinical Psychology, 68*(4), 615-623.

Thompson, R. A. (1996). *Counseling techniques*. Washington, DC: Accelerated Development.

Thorne B. (2003). *Carl Rogers* (2nd ed.), London: Sage Publication. (이영희, 박외숙, 고향자 역. 《인간중심치료의 창시자 칼 로저스》. 서울: 학지사, 2007).

Tracey, T. J. G., Lictenberg, J. W., Goodyear, R. K., Claiborn, C. D., & Wampold, B. E. (2003). Concept mapping of the therapeutic factors. *Psychotherapy Research, 13,* 401-413.

Vaillant, G. E. (1971). Theoretical hierarchy of adaptive defense ego mechanisms. *Archives of General Psychiatry, 24,* 107-118.

Vaillant, G. E. (1992). *Ego mechanisms of defense*. Washington, DC: American Psychiatric Association.

van Kalmthout, M. A., Schaap, C., & Wojciechowski, F. L. (1985). *Common factors in psychotherapy*. Lisse, Swets & Zeitlinger.

Walen, S. R., DiGiuseppe, R., & Dryden, W. (1992). *A practitioner's guide to rational-emotive therapy* (2nd ed.). New York: Oxford University Press.

Walen, S. R., DiGiuseppe, R., & Wessler, R. L. (1980). *A practitioner's guide to rational-emotive therapy*. New York: Oxford University Press.

Walsh, R. N. (2000). Asian psychotherapies. In R. J. Corsini & D. Wedding (Eds.), *Current psychotherapies* (6th ed.). New York: Peacock Publishers.

Walsh, R. N., & Vaughan, F. E. (1980). Comparative models of the person and psychotherapy. In S. Boorstein (Ed.), *Transpersonal psychotherapy* (pp. 12-27). Palo Alto, CA: Science and Behavior Books.

Walton, F. X. (1998). Use of the most memorable observation as a technique for understanding choice of parenting style. *The Journal of Individual Psychology, 54* (4), 487-494.

Wampold, B. E. (1997). Methodological problems in identifying efficacious psychotherapies. *Psychotherapy Research, 7,* 21-43.

Wampold, B. E. (2001). *The great psychotherapy debate: Models, methods, and findings*. Mahwah, NJ: Lawrence Erlbaum Associates.

Wampold, B. E., Mondin, G. W., Moody, M., Stich, F., Benson, K., & Ahn, H. (1997). A meta-analysis of outcome studies comparing bona fide psychotherapies: Empirically, "all must have prizes". *Psychological Bulletin, 122*(3), 203-215.

Watson, J. B., & Raynor, R. (1920). Conditioned emotional reactions. *Journal of Experimental Psychology, 3*, 1-14.

Watts, R. E., Trusty, J., Canada, R., & Harvill, R. L. (1995). Perceived early childhood family influence and counselor effectiveness: An exploratory study. *Counselor Education and Supervision, 35*(2), 104-110.

Weinberger, J. (1990). *Application of the REMA model to psychodynamic psychotherapy*. Paper delivered at the Society for the Exploration for Psychotherapy Integration, Philadelphia, PA.

Weinberger, J. (1991). *The REMA (relationship, exposure, mastery, attribution) common factor model of psychotherapy*. Unpublished manuscript, Derner Institute, Adlphi University.

Weinberger, J. (1995). Common factors aren't so common: The common factors dilemma. *Clinical Psychology: Science and Practice, 2*(1), 45-69.

Weishaar, M. E. (1993). *Aaron T. Beck*. London: Sage Publication. (권석만 역. 《인지치료의 창시자 아론 벡》. 서울: 학지사, 2007).

Weissman, A. N., & Beck, A. T. (1978). *Developmental validation of the Dysfunctional Attitude Scale*. Paper presented at the Annual meeting of the Association of Advancement of Behavioral Therapy, Chicago.

Weisz, J. R., Weiss, B., Alicke, M. D., & Klotz, M. L. (1987). Effectiveness of psychotherapy with children and adolescents: A meta-analysis for clinicians. *Journal of Consulting and Clinical Psychology, 55*, 542-549.

Weisz, J. R., Weiss, B., Han, S. S., Granger, D. A., & Morton, T. (1995). Effects of psychotherapy with children and adolescents revisited: A mata-analysis of treatment outcome studies. *Psychological Bulletin, 117*, 450-468.

Whitaker, C. A., & Bumberry, W. M. (1988). *Dancing with the family: A symbolic experiential approach*. New York: Brunner/Mazel.

White, M., & Epston, D. (1990). *Narrative means to therapeutic ends*. New York: Norton.

Wilber, K. (1977). *The spectrum of consciousness*. New York: Quest. (박정숙 역. 《의식의 스펙트럼》. 서울: 범양사, 2006).

Wilber, K. (1980). *The Atman project*. Wheaton, IL: Quest.

Wilber, K. (1981). *No boundary*. Boston, MA: Shambhala. (김철수 역. 《무경계: 자기성장을 위한 동서양의 통합접근》. 서울: 무우수, 2005).

Wilber, K. (1995). *Sex, ecology, spirituality: The spirit of evolution*. Boston: Shambhala.

Wilber, K. (1996). *A brief history of everything*. Boston, MA: Shambhala. (조효남 역.《모 든 것의 역사》. 서울: 대원출판사, 2004).

Wilber, K. (1997). *The eye of spirit*. Boston, MA: Shambhala.

Wilber, K. (1999). *One taste: The journals of Ken Wilber*. Boston, MA: Shambhala.

Wilber, K. (2000a). *Integral Psychology: Consciousness, Spirit, Psychology, Therapy*. Boston, MA: Shambhala. (조옥경 역.《켄 윌버의 통합심리학: 의식 · 영 · 심리학 · 심리 치료의 통합》. 서울: 학지사, 2008).

Wilber, K. (2000b). Integral transformative practice: In this world or out of it? *What is enlightenment, 18 (Fall/winter)*, 34-39.

Wilber, K. Patten, T., Leonard, A., & Morelli, M. (2008). *Integral life practice: How to design your training program for body, mind, and spirit*. Boston, MA: Integral Books.

Wolberg, L. R. (1977). *The technique of psychotherapy* (3rd ed.). New York: Grune & Stratton.

Wolpe, J. (1958). *Psychotherapy by reciprocal inhibition*. Stanford, CA: Stanford University Press.

Wubbolding, R. E. (1988). *Using reality therapy*. New York: Harper & Row. (김인자 역. 《현실요법의 적용》. 서울: 한국심리상담연구소, 2008).

Wubbolding, R. E. (1991). *Understanding reality therapy*. New York: Harper & Row.

Wubbolding, R. E. (1996). Reality therapy: Theoretical underpinnings and implementation in practice. *Directions in Mental Health Counseling, 6(9)*, 4-16.

Wubbolding, R. E. (2000). *Reality therapy for the 21st century*. Philadelphia, PA: Brunner-Routledge.

Yalom, I. D. (1970). *The theory of practice of group psychotherapy*. New York: Basic Books.

Yalom, I. D. (1980). *Existential psychotherapy*. New York: Basic Books. (임경수 역.《실 존주의 심리치료》. 서울: 학지사, 2007).

Yalom, I. D. (1989). *Love executioner and other tales of psychotherapy*. (최윤미 역.《나 는 사랑의 처형자가 되기 싫다》. 서울: 시그마프레스, 2005).

Yalom, I. D. (1999). *Momma and the meaning of life*. New York: Basic Books.

Yankura, J., & Dryden, W. (1994). *Albert Ellis*. London: Sage Publication. (이동귀 역.《합 리적 정서행동치료의 창시자 앨버트 엘리스》. 서울: 학지사, 2011)

Yontef, M. G. (1993). *Awareness, dialogue and process: Essays on Gestalt therapy*. Highland, NY: Gestalt Journal Press. (김정규, 김영주, 심정아 역.《알아차림, 대화 그 리고 과정》. 서울: 학지사, 2008).

Young, J. E., Klosko, J. S., & Weishaar, M. E. (2003). *Schema therapy: A practitioner's guide*. New York: The Guilford Press. (권석만, 김진숙, 서수균, 주리애, 유성진, 이지 영 역.《심리도식치료》. 서울: 학지사, 2005).

Zinker, J. (1977). *Creative process in Gestalt therapy*. New York: Brunner/Mazel.

찾아보기

인 명

내 용

◐ 저자 소개 ◑

권석만

1958년 경기도 포천 출생
서울대학교 심리학과 학부 및 대학원 졸업(임상심리학 전공)
서울대학교병원 신경정신과 임상심리연수원 과정 수료
호주 Queensland 대학교 심리학과 대학원 졸업(철학박사, 임상심리학 전공)
임상심리전문가 1급(한국심리학회), 정신건강임상심리사 1급(보건복지부)
서울대학교 사회과학대학 심리학과 교수(1993년~현재)
서울대학교 학생생활연구소 상담부장 역임
서울대학교 사회과학대학 학생부학장 역임
한국임상심리학회장 역임
서울대학교 대학생활문화원장 역임

저서
『현대 이상심리학』(대한민국학술원 우수도서)
『긍정 심리학: 행복의 과학적 탐구』(대한민국학술원 우수도서)
『인간의 긍정적 성품』(대한민국학술원 우수도서)
『젊은이를 위한 인간관계의 심리학』『인생의 2막 대학생활』『우울증』
『이상심리학 총론』『인간 이해를 위한 성격심리학』『현대 성격심리학』
『삶을 위한 죽음의 심리학』,『성격강점검사(대학생 및 청년용)-전문가 지침서』(공저)
『성격강점검사(청소년용)-전문가 지침서』(공저) 등

역서
『마음읽기: 공감과 이해의 심리학』『인지치료의 창시자: 아론 벡』『단기심리치료』(공역)
『심리도식치료』(공역),『정신분석적 사례이해』(공역),『정신분석적 심리치료』(공역)
『인생을 향유하기』(공역),『인간의 강점 발견하기』(공역),『정서적 경험 활용하기』(공역)
『역경을 통해 성장하기』(공역),『인간의 번영 추구하기』(공역) 등

현대 심리치료와 상담 이론
-마음의 치유와 성장으로 가는 길-

2012년 8월 30일 1판 1쇄 발행
2024년 8월 20일 1판 25쇄 발행

지은이 • 권 석 만
펴낸이 • 김 진 환
펴낸곳 • (주) **학지사**

04031 서울특별시 마포구 양화로 15길 20 마인드월드빌딩 5층

대표전화 • 02) 330-5114   팩스 • 02) 324-2345

등록번호 • 제313-2006-000265호

홈페이지 • http://www.hakjisa.co.kr
인스타그램 • https://www.instagram.com/hakjisabook

ISBN 978-89-6330-926-2 93180

정가 22,000원

파본은 구입처에서 교환하여 드립니다.

출판미디어기업 **학지사**

간호보건의학출판 **학지사메디컬** www.hakjisamd.co.kr
심리검사연구소 **인싸이트** www.inpsyt.co.kr
학술논문서비스 **뉴논문** www.newnonmun.com
원격교육연수원 **카운피아** www.counpia.com
대학교재전자책플랫폼 **캠퍼스북** www.campusbook.co.kr